Троицкій Православный Русскій КАЛЕНДАРЬ На 2026 годъ

Свято-Троицкій Монастырь
Тѵпографія преп. Іова Почаевскаго
въ Джорданвиллѣ

Напечатано по благословенію Высокопреосвященнѣйшаго
НИКОЛАЯ,
Митрополита Восточно-Американскаго и Нью Іоркскаго

2026 Holy Trinity Orthodox Russian Calendar/
Троицкій Православный Русскій Календарь на 2026 г.
Liturgical Calendar and Rubrics
©2025 by Holy Trinity Monastery

Holy Trinity Monastery
1407 Robinson Road, Jordanville, NY, 13361-0036
HolyTrinityPublications.com

ISBN 978-0-88465-516-9

All rights reserved.
No part of this book may be reproduced in any manner
without written permission from the Publisher.

Printed and bound in the United States of America
by Books International, 22883 Quicksilver Drive,
Dulles, VA, 20166. booksintl.com

Отъ Издательства

Благодареніе Господу, мы теперь вступаемъ въ новый 2026-й годъ.

Нашъ **Троицкій Православный Календарь** съ самаго своего начала, съ 20-ыхъ годовъ прошлаго столѣтія, ставитъ себѣ цѣлью — обслуживать нужды нашей Русской Зарубежной Церкви. Поэтому въ календарѣ помѣщаются самыя необходимыя церковно-богослужебныя свѣдѣнія, нужныя для священнослужителей, а также и для клироса — для регентовъ и псаломщиковъ.

Въ первомъ отдѣлѣ помѣщаются: — общія календарныя свѣдѣнія; во второмъ отдѣлѣ — печатается Мѣсяцесловъ съ указаніемъ ветхозавѣтныхъ, апостольскихъ и евангельскихъ чтеній на каждый день; а въ третьемъ отдѣлѣ — помѣщенъ Тѵпиконъ, сіесть церковный богослужебный уставъ на 2026 годъ, въ которомъ указаны особенности богослуженія на всѣ воскресные и праздничные дни года, а также и дни Великаго поста и Цвѣтной тріоди.

Согласно постановленію Архіерейскаго Сѵнода Русской Православной Церкви Заграницей, отъ 1-го сентября 2009 года, вносимъ измѣненія въ уставѣ чтеній Священнаго писанія. Съ 2010 года Русская Зарубежная Церковь слѣдуетъ указаніямъ Евангельскихъ чтеній по 10-й главѣ Тѵпикона (т. н. «Воздвиженской отступкѣ»).

Отдѣльнымъ приложеніемъ къ Календарю, какъ и въ прошлые годы, будетъ разсылаться списокъ архіереевъ, священнослужителей и приходовъ Русской Православной Церкви Заграницей съ ихъ адресами.

Издательство Троицкаго Календаря.

6/19 января исполняется 150 лѣтъ со дня рожденія священномученика Іоанна Рижскаго (1876 г.)

ПРАВОСЛАВНЫЙ КАЛЕНДАРЬ
на 2026 годъ

(Годъ простой въ 365 дней)

Отъ Рождества по плоти Бога Слова..................2026-й годъ
Отъ сотворенія міра................................7534-й годъ
Отъ крещенія Русскаго народа..........................1038-й годъ

Начало астрономическаго года 1-го января по новому стилю
(19-го декабря 2025-го года по старому стилю) въ полночь

ВРЕМЕНА ГОДА

Начало весны — 7/20 марта; лѣта —8/21 іюня;
осени — 10/23 сентября; зимы — 8/21 декабря

ЗРЯЧАЯ ПАСХАЛІЯ НА 2026 ГОДЪ

Индиктъ — 4 Кругъ солнцу — 6; Вруцѣлѣто — 7;
Кругъ лунѣ — 14; Основаніе — 7; Епакта — 14;

СВЯЩЕННАЯ ПАСХАЛІЯ НА 5 ЛѢТЪ

Годъ	Нач. Тріоди	Мясопустъ	Пасха	Пятидесятница
2026	19 янв./1 фев.	2/15 фев.	30 мар./12 апр.	18/31 мая
2027	9/22 фев.	23 фев./8 мар.	19 апр./2 мая	7/20 іюня
2028	24 янв./6 фев.	7/20 фев.	3/16 апр.	22 мая/4 іюня
2029	15/28 янв.	29 янв./11 фев.	26 мар./8 апр.	14/27 мая
2030	4/17 фев.	18 фев./3 мар.	15/28 апр.	3/16 іюн.

ПОСТЫ:

Навечеріе Богоявленія — 5/18 янв.
Великій постъ 10/23 фев. —29 мар./11 апр.
Петровъ постъ 26 мая/8 іюн. — 28 іюн./11 іюл.
Успенскій постъ 1/14 авг. — 14/27 авг.
Усѣкновеніе главы Іоанна Крест-
ителя — 29 авг./11 сен.

Воздвиженіе Креста Господня —
14/27 сентября
Рождественскій постъ (Филипповъ)
15/28 ноя. — 24 дек./6 янв.
Среда и пятница всего года, кромѣ
сплошныхъ седмицъ

СПЛОШНЫЯ СЕДМИЦЫ:

Рождественскія святки —
  25 дек./7 янв. — 4/17 янв.
Седмица мытаря и фарисея —
  20 янв./2 фев. — 26 янв./8 фев.

Седмица сырная 3/16 фев. — 9/22 фев.
Седм. Пасхаль. 31 мар./13 апр. — 6/19 апр.
Троицкая сед-ца 19 мая/1 іюн. — 25 мая/7 іюн.

МЯСОѢДЫ:

Съ 25 дек./7 янв. 2023/4 — 2/15 фев.
Съ 30 мар./12 апр. — 25 мая/7 іюн.

Съ 29 іюн./12 іюл. — 31 іюл./13 авг.
Съ 15/28 авг. — 14/27 ноя.

ДНИ, ВЪ КОТОРЫЕ НЕ СОВЕРШАЮТСЯ БРАКИ:

Во всѣ посты. На канунѣ всѣхъ воскресныхъ дней и дней великихъ праздниковъ. На канунѣ среды и пятницы. Въ дни Рождественскихъ святокъ съ 25 декабря по 6 января. Въ теченіе Сырной седмицы. Въ теченіе Свѣтлой седмицы.

ДНИ ПОМИНОВЕНІЯ УСОПШИХЪ:

Пом. усоп. пострадавшихъ въ годину
  гоненій за вѣру Христову — 27 янв. и 25 окт.
Родительская мясопустная суббота
  — 1 фев.
Субботы 2-я, 3-я и 4-я Вел. поста —
  22 фев., 1 мар. и 8 мар.

Радоница — 8 апр.
Троицкая суббота — 17 мая.
Пом. православ. воиновъ на полѣ
  брани убіенныхъ — 26 апр. и 29 авг.
Димитріевская поминальная субб.
  — 25 окт.

АМЕРИКАНСКІЕ УЗАКОНЕННЫЕ ПРАЗДНИКИ.
AMERICAN LEGAL HOLIDAYS.

Нов. Стиль		
	Every Sunday	Каждое воскресенье въ году
1 января	New Year	Новый годъ (19 дек. ст. ст.)
19 января	M. L. King Day	День рожденія М. Л. Кинга
16 февраля	President's Day	День рожденія Президентовъ Георгія Вашингтона и Авраама Ликольна
3 апрѣля	Good Friday	Великая Пятница
5 апрѣля	Easter	Пасха
25 мая	Memorial Day	День поминовенія усопшихъ
4 іюля	Independence Day "Fourth of July"	День провозглашенія Независимости Соединенныхъ Штатовъ
7 сентября	Labor Day	День въ честь Трудящихся
26 ноября	Thanksgiving Day	День Благодаренія
25 декабря	Christmas Day	Рождество Христово

| Дни недели | **Январь** | День имѣетъ 10 ч. а ночь 14 ч. |

Среда

1/14 **Обрѣзаніе Господне. Свят. Василія Великаго, архіеп. Кесаріи Каппадокійскія (379). Новый годъ.**
Муч. Василія Анкирскаго (ок. 362). Свят. Григорія, еп. Назіанзскаго (отца св. Григорія Богослова) (374). Прав. Еміліи, (матери св. Василія Великаго) (375). Свят. Фульгентія, еп. Руспійскаго (ок. 530). Преп. Ѳеодосія, игум. Триглійскаго (VIII в.). Муч. Петра Пелопонезскаго (1776). Свят. Аѳанасія, еп. Полтавскаго и Мгарскаго, чуд. (1801). Преподобномуч. Іереміи (Леонова) Валаамскаго (1918). Священномуч. Платона, еп. Ревельскаго и иже съ нимъ Михаила (Блейве) и Николая (Бежаницкаго) пресвв. (1919). Священномуч. Александра, архіеп. Самарскаго, Александра (Иванова), Александра (Органова), Василія (Витевскаго), Вячеслава (Инфантова), Іакова (Алферова), Іоанна (Смирнова), Іоанна (Сульдина) и Трофима (Мячина) пресвв. (1938). Муч. Ѳеодота.
На веч.: 1) Быт. **17**, 1-7, 9-12, 14, 2) Притч. **8**, 22-30. 3) Притч. **10**, 31 — **11**, 12.
Утр. Іоан. (зач. 36) **10**, 9-16.
Литургія свят. Василія Великаго.
На лит.: Праздника: Кол. (зач. 254) **2**, 8-12: Лук. (зач. 6) **2**, 20-21, 40-52.
Свят.: Евр. (зач. 318) **7**, 26 — **8**, 2: Лук. (зач. 24) **6**, 17-23.

Январь

Четвергъ
2/15 *Предпразднство Просвѣщенія.* Свят. Сильвестра, папы Римскаго (335). **Преставленіе (1833) и второе обрѣтеніе мощей (1991) преп. Серафима Саровскаго.** Прав. Ѳеодоты (III). Свят. Домна, еп. Антіохійскаго (273). Муч. Сергія Кесарійскаго (304). Священномуч. Ѳеогена, еп. Парійскаго (320). Преп. Аммона Тавеннисіотскаго (V). Свят. Космы, архіеп. Константинопольскаго (1081). Преп. Сильвестра Печерскаго (XII). Св. прав. Іуліаніи Лазаревскія (1604). Свят. Герасима, патр. Александрійскаго (1714). Мучч. Ѳеописта и Зорсиса (1770). Муч. Василія (Петрова) (1942). Преп. Ѳеопемпта. Преп. Марка глухаго.
На веч.: Преп.: 1) Прем. Сол. **3**, 1-9. 2) Прем. Сол. **5**, 15 — **6**, 3. 3) Прем. Сол. **4**, 7-15.
Утр.: Матѳ. (зач. 43) **11**, 27-30.
Преп.: Галат. (зач. 213) **5**, 22 — **6**, 2: Лук. (зач. 24) **6**, 17-23.

Пятница
3/16 *Предпразднство Просвѣщенія.* Пророка Малахіи (IV в. до Р.Х.). Муч. Гордія Каппадокійскаго (IV). Преп. Геновефы Парижскія (512). Преп. Ѳомаиды Константинопольскія (X). Священномуч. Василія (Холмогорова) пресв. (1938). Прав. Евѳимія, человѣка Божія, Тбилисскаго (1953).
Царскіе часы: 1) Исаіи **35**, 1-10: Дѣян. (зач. 33) **13**, 25-32: Матѳ. (зач. 5) **3**, 1-11. 3) Исаіи **1**, 16-20: Дѣян. (зач. 42) **19**, 1-8: Марк. (зач. 1) **1**, 1-8. 6) Исаіи **12**, 3-6: Рим. (зач. 91) **6**, 3-11: Марк. (зач. 2) **1**, 9-15. 9) Исаіи **49**, 8-15: Тит. (зач. 302) **2**, 11-14 — **3**, 4-7: Матѳ. (зач. 6) **3**, 13-17.
Литургіи нѣтъ.

Суббота
4/17 *Суббота предъ Просвѣщеніемъ.*
Предпразднство Просвѣщенія. Соборъ 70-ти Апостоловъ: Іакова, брата Господня, ев. Марка, ев. Луки, Клеопы, Симеона, Варнавы, Іосіи (Іуста), Ѳаддея, Ананіи, Стефана, Филиппа, Прохора, Никанора, Тимона, Пармена, Тимоѳея, Тита, Филимона, Онисима, Епафраса, Архиппа, Силы, Силуана, Крискента, Криспа, Епенета, Андроника, Стахія, Амплія, Урвана, Наркисса, Апеллія, Аристовула, Родіона (Иродіона), Агава, Руѳа, Асинкрита, Флегонта, Ерма, Патрова, Ермія, Лина, Гаія, Филолога, Лукія, Іасона, Сосипатра, Олимпа (Олимпана), Тертія, Ераста, Куарта (Кварта), Евода, Онисифора, Климента, Сосѳена, Аполлоса, Тихика, Епафродита, Карпа, Ко-

Январь

драта, Марка, Зины, Аристарха, Пуда, Трофима, Марка, Артемы, Акиллы, Фортуната, Ахаика, Діонисія Ареопагита и Симеона Нигера (I-II). Преп. Ѳеоктиста Сикелійскаго (800). Преподобномуч. Зосимы Киликійскаго и муч. Аѳанасія комментарисія (III-IV). Препп. Евагрія и Иліи діакона Зедазенскихъ (VI). Преподобномуч. Евѳимія Ватопедскаго и съ нимъ 12-ти монаховъ (ок. 1275). Свят. Евстаѳія, архіеп. Сербскаго (1285). Преп. Ахилы, діакона Печерскаго (XIV). Свят. Симеона, Митр. Смоленскаго (1699). Преподобномуч. Онуфрія Хіосскаго (1818). Священномуч. Александра Юзефовича пресв. (1921). Священномучч. Александра (Скальскаго), Стефана (Пономарева) и Филиппа (Григорьева) пресвв. (1933). Священномуч. Марка, еп. Сергіевскаго (1938). Священномуч. Николая (Маслова) пресв. (1939). Священномуч. Павла (Фелицына) пресв. (1941). Мучч. Хрисанѳа и Евѳиміи.

На литургіи: Суб. предъ Просвѣщеніемъ: 1 Тим. (зач. 284) **3**, 14 — **4**, 5: Матѳ. (зач. 5) **3**, 1-11.

Апп.: Рим. (зач. 96 отъ полу) **8**, 8-14: Лук. (зач. 50) **10**, 1-21.

Воскресеніе
5/18 *Недѣля 32-я по Пятидесятницѣ,* она же предъ Просвѣщеніемъ. **Гласъ 7-й.**

Навечеріе Богоявленія. Священномуч. Ѳеопемпта, еп. Никомидійскаго и муч. Ѳеоны волхва (303). Преп. Синклитикіи Александрійскія (350). Прор. Михея 1-го (IX в. до Р.Х.). Препп. женъ Талиды (367) и Таоры (391) и двухъ подвижницъ Ѳивскихъ. Преп. Аполлинаріи дѣвицы (470). Преп. Мины Синайскаго (VI). Преп. Григорія Акритскаго (820). Преп. Фостирія (IX). Преподобномуч. Романа Аѳонскаго (1694). Священномуч. Андрея (Зимина) пресв. (1920). Муч. Іосифа (Беспалова) и съ нимъ 37-ми мучч. (1921). Мучц. Евгеніи (Доможировой) (1933). Священномуч. Сергія (Лаврова) пресв. (1934). Муч. Матѳея (Гусева) (1938). Преп. Симеона Псково-Печерскаго (1960). Преп. Ѳеофана (Рыхловскаго) (1977). Муч. Ѳеоида, Муч. Саиса. Препп. женъ Домнины и Татіаны.

Утр.: Еван. 10-е: Іоан. (зач. 66) **21**, 1-14.

Литургія свят. Іоанна Златоуста.

На лит.: Нед. предъ Просвѣщеніемъ: 2 Тим. (зач. 298) **4**, 5-8: Марк. (зач. 1) **1**, 1-8.

На вечернѣ: 1) Быт. **1**, 1-13. 2) Исх. **14**, 15-18, 21-23, 27-29. 3)

Январь

Исх. **15**, 22 — **16**, 1. 4) Іис. Нав. **3**, 7-8, 15-17. 5) 4 Цар. **2**, 6-14. 6) 4 Цар. **5**, 9-14. 7) Исаія **1**, 16-20. 8) Быт. **32**, 1-10. 9) Исх. **2**, 5-10. 10) Суд. **6**, 36-40. 11) 3 Цар. **18**, 30-39. 12) 4 Цар. **2**, 19-22. 13) Исаія **49**, 8-15. 1 Кор. (зач. 143 отъ полу) **9**, 19— **10**, 4. Лук. (зач. 9) **3**, 1-18.

Въ концѣ вечерни освященіе воды въ храмѣ.

На освященіе воды: 1 Кор. (зач. 143 отъ полу) **10**, 1-4: Маркъ. (зач. 2) **1**, 9-11.

День постный.

Понедѣльникъ

6/19 **Богоявленіе. Крещеніе Господне.**
Седмица 33-я по Пятидесятницѣ. Свят. Мелана исп., еп. Редонскаго (ок. 530). Священномуч. Романа Лакедемонца (1695). Свят. Ѳеофана, затворника Вышинскаго (1894). Священномуч. Андрея (Зимина) пресв. и иже съ нимъ: мучц. Лидіи, Домники, Маріи и двухъ дочерей его (1919).
Утр.: Маркъ. (зач. 2) **1**, 9-11.
Литургія свят. Василія Великаго.
На литургіи: Тит. (зач. 302) **2**, 11-14; **3**, 4-7: Матѳ. (зач. 6) **3**, 13-17.
Крестный ходъ на Іорданъ.
На освященіе воды: 1 Кор. (зач. 143 отъ полу) **10**, 1-4: Маркъ. (зач. 2) **1**, 9-11.
Апостольскія и евангельскія чтенія 32-й седмицы.

Вторникъ

7/20 *Соборъ честнаго и славнаго Пророка, Предтечи и Крестителя Господня Іоанна.* Муч. Аѳанасія Атталійскаго (1700).
ряд.: Іак. (зач. 54) **3**, 1-10: Маркъ. (зач. 50) **11**, 11-23.
Предтечи: Дѣян. (зач. 42) **19**, 1-8: Іоан. (зач. 3) **1**, 29-34.

Среда

8/21 Преп. Георгія Хозевита (VII). Преп. Домники Константинопольскія (ок. 474). Преп. Емиліана исп. (IX). Священномуч. Картерія, пресв. Кесаріи Каппадокійскія (304). Муч. Іуліана и Василиссы и иже съ ними: Кельсія, Маріониллы, Антонія, Анастасія, 7 отроковъ и 20 воиновъ (313). Муч. Ѳеофила діакона и Елладія (IV). Преп. Иліи, пустынника Египетскаго (IV). Преп. Агаѳона Египетскаго (IV). Святт. Аттика (426) и Кира (714) патрр. Константинопольскихъ. Муч. Або Тифлисскаго (786). Свят. Григорія, еп. Мизійскаго (XI). Преп. Григорія, затворника Печерскаго (XIII). Священномуч. Исидора пресвитера и съ нимъ 72 отъ латинъ въ Юрьевѣ пострадавшихъ (1472). Преп. Паисія Угличскаго (1504).

Январь

Священномуч. Виктора (Усова) пресв. (1937). Священномучч. Димитрія (Плышевскаго), Владиміра (Пастернацкаго) пресвв., преподобномуч. Пафнутія (Костина) и муч. Михаила (Новоселова) (1938). Священномуч. Василія (Архангельскаго) пресв. (1939). Муч. Іоанна (Малышева) (1940). Прав. Михаила (Розова) пресв. исп. (1941). Муч. Іоанна (Любимова) (1942).

ряд.: Іак. (зач. 55) **3,** 11 — **4,** 6: Марк. (зач. 51) **11,** 23-26.

Четвергъ
9/22 Муч. Поліевкта Мелитенскаго (259). **Свят. Филиппа, митр. Московскаго и всея Руси (1569).** Прор. Самея (X в. до Р.Х.). Свят. Петра, еп. Севастійскаго (391). Преп. Евстратія Тарсійскаго, чуд. (832). Преп. Іоны, въ схимѣ Петра, Кіевскаго (1902). Священномуч. Павла (Никольскаго) пресв. (1943).

Утр.: Лук. (зач. 24) **6,** 17-23.
ряд.: Іак. (зач. 56) **4,** 7 — **5,** 9: Марк. (зач. 52) **11,** 27-33.
подъ зач.: 1 Пет. (зач. 58) **1,** 1-2, 10-12, **2,** 6-10: Марк. (зач. 53) **12,** 1-12.
Свят.: Евр. (зач. 335) **13,** 17-21: Іоан. (зач. 36) **10,** 9-16.

Пятница
10/23 Свят. Григорія, еп. Нисскаго (395). Преп. Дометіана, еп. Мелитинскаго (601). Преп. Маркіана, пресв. Константинопольскаго (471). **Свят. Ѳеофана, затворника Вышинскаго (1894).** Блаж. Ѳеозвы діакониссы (385). Преп. Аммонія отшельника Египетскаго (ок. 403). Преп. Макарія Писемскаго (XIV). Преп. Павла Комельскаго (Обнорскаго) (1429). Преп. Антипы Валаамскаго (1882). Священномуч. Зиновія (Сутормина) (1920), Священномуч. Петра (Успенскаго) пресв. (1930). Священномуч. Анатолія, митр. Одесскаго и Херсонскаго (1938). Преподобномучц. Арсеніи (Добронравовой) въ схимѣ Ѳомы Шуйскія (1939). Преп. Маркіана Печерскаго.

Утр.: Іоан. (зач. 35 отъ полу) **10,** 1-9.
Свят. Ѳеофану: Евр. (зач. 318) **7,** 26 — **8,** 2: Іоан. (зач. 36) **10,** 9-16.
Свят. Григорію: Кор. (зач. 151) **12,** 7-11: Матѳ. (зач. 34 отъ полу) **10,** 1-8.

Суббота
11/24 *Суббота по Просвѣщеніи.*
Преп. Ѳеодосія Великаго, общихъ житій начальника (529). Муч. Маира (IV), Преп. Ѳеодосія Антіохійскаго (ок.

412). Свят. Ѳеодосія, митр. Трапезунтскаго (XIV). Преп. Романа Виддинскаго (ок. 1375). Преп. Михаила Клопскаго (ок. 1453). Преп. Пахомія Кенскаго (XVI). Священномучч. Николая (Маціевскаго), Ѳеодора (Антипина) и Владиміра (Фокина) пресвв. (1919). Прав. Владиміра (Хираско) исп. пресв. (1932). Свят. Стефана плакидіанина. Препп. Ѳеодора и Агапія архимандрита. Иконы Божіей Матери «Елецкія».

Утр.: Лук. (зач. 24) **6,** 17-23.

Суббота по Просвѣщеніи: Ефес. (зач. 233) **6,** 10-17: Матѳ. (зач. 7) **4,** 1-11.

подъ зач.: 1 Сол. (зач. 273) **5,** 14-23: Лук. (зач. 84) **17,** 3-10.

Преп.: 2 Кор. (зач. 176) **4,** 6-15: Матѳ. (зач. 43) **11,** 27-30.

Воскресеніе

12/25 **Недѣля 33-я по Пятидесятницѣ,** *она же по Просвѣщеніи.* **Гласъ 8-й.**

Мучц. Татіаны дѣвицы и иже съ нею (226-235). Муч. Мертія воина (ок. 300). Муч. Аркадія Мавританскаго (ок. 302). Муч. Петра Авссаламита (ок. 309). Преп. Евпраксіи Тавенскія (393). Свят. Саввы, архіеп. Сербскаго (1237). Препп. Мартиніана (1483) и Галактіона (1506) Бѣлозерскихъ. Муч. Евѳасіи. Иконъ Божіей Матери «Акаѳистная», «Млекопитательница» и «Попская».

Утр.: Еван. 11-е: Іоан. (зач. 67) **21,** 15-25.

На лит.: Нед. по Просв.: Ефес. (зач. 224 отъ полу) **4,** 7-13: Матѳ. (зач. 8) **4,** 12-17.

ряд.: 1 Тим. (зач. 285 отъ полу) **4,** 9-15 (нед. 32-я): Лук. (зач. 94) **19,** 1-10 (нед. 32-я).

Понедѣльникъ

13/26 **Седмица 34-я по Пятидесятницѣ.** Мучч. Ермила и Стратоника (ок. 315). Муч. Петра Анійскаго (309). Свят. Агриція, еп. Трирскаго (329). Свят. Леонтія, еп. Кесаріи Каппадокійскія (337). Свят. Іакова Низибійскаго (350). Преп. Максима Капсокаливита, Аѳонскаго (1354). Преп. Иринарха затворника, Ростовскаго чуд. (1616). Преп. Елеазара Анзерскаго (1656). Мучч. Аѳанасія, Пахомія и Папирина. *(Служба Препп. отецъ въ Синаи и Раиѳѣ избіенныхъ переносится съ 14 января.)*

Апостольскія и евангельскія чтенія 33-й седмицы.

ряд.: 1 Пет. (зач. 59) **2,** 21 — **3,** 9: Маркъ. (зач. 54) **12,** 13-17.

Препп.: Рим. (зач. 99) **8,** 28-39: Лук. (зач. 24) **6,** 17-23.

Январь

Вторникъ
14/27 *Отданіе Богоявленія.* Препп. отецъ въ Синаи и Раиѳѣ избіенныхъ: Исаіи, Саввы, Моисея и ученика его Моисея, Іереміи, Павла, Адама, Сергія, Домна, Прокла, Ипатія, Исаака, Макарія, Марка, Евсевія, Веніамина, Иліи и иныхъ съ ними (IV-V). Св. Равноап. Нины, просвѣтительницы Грузіи (335). Священномуч. Барбасцемина, еп. Селевкійскаго (348). Свят. Иларія, еп. Поатьерскаго (368). Преп. Іосифа Аналитина (IV). Преп. Ѳеодула, сына преп. Нила Синайскаго (V). Свят. Кентигерна, еп. Глазго и Стретчглайда (612). Преп. Стефана, основ. обители Ханолакковой (716). Свят. Акакія, еп. Тверскаго (1567). Свят. Мелетія, еп. Рязанскаго (1900). Мучч. вел. князей Павла, Николая, Димитрія и Георгія (1919). Раиѳскихъ новопреподобномучч.: Сергія, Іосифа, Антонія, Варлаама, Іова, Петра и мірянъ Василія и Стефана (1930). Преп. Іоанна (Кевролѣтина) исп. (1961). Муч. Агніи дѣвы.
(Служба Препп. отецъ въ Синаи и Раиѳѣ избіенныхъ переносится на 13 января.)
ряд.: 1 Пет. (зач. 60) **3**, 10-22: Марк. (зач. 55) **12**, 18-27.

Среда
15/28 Преп. Павла Ѳивейскаго (341). Преп. Іоанна Кущника (V). Преподобномуч. Пансофія Александрійскаго (ок. 249). Свят. Максима, еп. Ноланскаго (ок. 250). Преп. Алпсидія, епископа (IV). Прав. Саломіи Уджармскія и Перожавры Сивнійская (IV). Преп. Прохора Пшинскаго (X). Преп. Гавріила Лѣсновскаго (XI). Свят. Нектарія, архіеп. Тобольскаго (1667). Свят. Герасима, патр. Александрійскаго (1714). Священномуч. Михаила (Самсонова) пресв. (1942).
ряд.: 1 Пет. (зач. 61) **4**, 1-11: Марк. (зач. 56) **12**, 28-37.
Препп.: Гал. (зач. 213) **5**, 22 — **6**, 2: Матѳ. (зач. 43) **11**, 27-30.

Четвергъ
16/29 Поклоненіе честнымъ веригамъ св. ап. Петра. Мучч. Спевсиппа, Елевсиппа и Мелевсиппа, Леониллы, Неона, Турвона и Іовиллы (161-180). Муч. Данакта чтеца (II). Свят. Гонората, еп. Арльевскаго (429). Преп. Ромила Раваницкаго (1375). Прав. Максима пресв. Тотемскаго (1650). Священномуч. Николая, пресв. Митилинскаго (1771). Преподобномуч. Дамаскина Хилендарскаго (1771). Священномуч. Іоанна (Петтайя) пресв. (1919).
ряд.: 1 Пет. (зач. 62) **4**, 12 — **5**, 5: Марк. (зач. 57) **12**, 38-44.
Ап. Петра: Дѣян. (зач. 29) **12**, 1-11: Іоан. (зач. 67) **21**, 15-25.

Январь

Пятница
17/30 Преп. Антонія Великаго (356). Св. царя Ѳеодосія Великаго (395). Преп. Ахилы Скитскаго исп. (V). Преп. Антонія Римлянина, Новгородскаго (1147). Преп. Антонія Дымскаго (1224). Преп. Антонія новаго, Верійскаго (XIV). Преп. Антонія Краснохолмскаго (1481). Преп. Антонія Черноезерскаго (XVI). Преп. Макарія Калогеры, Патмосскаго (1737). Муч. Георгія Янинскаго (1838). **Перенесеніе мощей преподобномучцц. Алапаевскихъ: вел. княгини Елисаветы и инокини Варвары (1921).** Священномуч. Виктора (Европейскаго) пресв. (1931). Священномуч. Павла (Успенскаго) пресв. (1938).
Утр.: Матѳ. (зач. 43) **11**, 27-30.
ряд.: 2 Пет. (зач. 64) **1**, 1-10: Марк. (зач. 58) **13**, 1-8.
Преп.: Евр. (зач. 335) **13**, 17-21: Лук. (зач. 24) **6**, 17-23.

Суббота
18/31 Святт. Аѳанасія Великаго (373) и Кирилла (444), архіепп. Александрійскихъ. Преп. Маркіана Кирскаго (383). Преп. Силвана Палестинскаго (IV). Преп. Ефрема малаго, философа (1101). Свят. Іоакима, патр. Тырновскаго (1235). Препп. Кирилла и Маріи, род. преп. Сергія Радонежскаго (ок. 1337). Свят. Максима, архіеп. Сербскаго (1516). Преп. Аѳанасія Сяндемскаго (1550). Прав. Аѳанасія Новолоцкаго (XVII). Священномуч. Михаила (Каргополова) пресв. (1919). Преп. Алексія (Теклатскаго) (1923). Священномучч. Евгенія (Исадскаго) пресв. (1930). Священномучч. Александра (Русинова), Владиміра (Зубковича), Николая (Красовскаго) и Сергія (Лебедева) пресвв. (1938). Мучц. Ксеніи.
Святт.: Евр. (зач. 334) **13**, 7-16: Матѳ. (зач. 11) **5**, 14-19.
ряд.: 2 Тим. (зач. 293) **2**, 11-19: Лук. (зач. 88) **18**, 2-8.

Воскресеніе
19/1ф. Недѣля о мытарѣ и фарисеѣ. Гласъ 1-й.
Преп. Макарія Великаго Египетскаго (390). Мучц. Евфрасіи дѣвы (303). Преп. Макарія Александрійскаго (394). Преп. Антонія, столпника Марткобскаго (VI). Свят. Арсенія, архіеп. Керкирскаго (VIII). Перенесеніе мощей свят. Григорія Богослова (950). Преп. Макарія, инока Печерскаго (XII). Преп. Мелетія Валлисіота (1286). Блаж. Ѳеодора, Христа ради юродиваго, Новгородскаго (1392). Преп. Макарія, діакона Печерскаго (XIV). Свят. Марка, архіеп. Ефесскаго (1444). Преп. Макарія Римлянина, Новгородскаго (XVI). Обрѣтеніе мощей преп. Саввы Сторожевскаго (1652). Священномуч.

Январь

Петра (Скипетрова) пресв. (1918). Священномуч. Николая (Восторгова) пресв. (1930). Муч. Ѳеодора (Гусева) (1940). Преп. Евѳимія (Кереселидзе) исп. (1944).
Утр.: Еван. 1-е: Матѳ. (зач. 116) **28,** 16-20.
ряд.: 2 Тим. (зач. 296) **3,** 10-15: Лук. (зач. 89) **18,** 10-14.
(Сплошная седмица)

Понедѣльникъ
20/2 **Преп. Евѳимія Великаго (473).** Мучч. Инны, Пинны и Риммы скиѳовъ (II). Мучч. Васса, Евсевія, Евтихія, Василида (303). Прав. царя Льва Великаго (474). Препп. Печерскихъ Евѳимія молчальника (XIV) и Лаврентія затворника (XIV). Свят. Евѳимія, патр. Тырновскаго (1403). Преп. Евѳимія Сянжемскаго (1465). Преп. Евѳимія Архангелородскаго (ок. 1523). Муч. Захаріи Патрскаго (1782). Прав. Ѳеодора Томскаго (1864). Священномуч. Павла (Добромыслова) пресв. (1940). Мучч. Фирса и Агны.
Апостольскія и евангельскія чтенія 34-й седмицы.
Утр.: Матѳ. (зач. 43) **11,** 27-30.
ряд.: 2 Петр. (зач. 66) **1,** 20 — **2,** 9: Марк. (зач. 59) **13,** 9-13.
Преп.: Евр. (зач. 335) **13,** 17-21: Лук. (зач. 24) **6,** 17-23.

Вторникъ
21/3 Преп. Максима исповѣдника (662). Муч. Неофита Никейскаго (303). Мучч.: Евгенія, Канидія (Кандида), Валеріана и Акилы (303). Мучц. Агніи дѣвы, Римскія (304). Муч. Анастасія Римскаго (662). Преп. Неофита Ватопедскаго (XIV). Преп. Максима Грека (1556). Преп. Тимона Надѣевскаго (1840). Священномуч. Иліи (Березовскаго) пресв. (1938). Иконъ Божіей Матери «Ктиторскія», «Отрада» или «Утѣшеніе» и «Ксенофонскія».
ряд.: 2 Петр. (зач. 67) **2,** 9-22: Марк. (зач. 60) **13,** 14-23.
Преп.: Евр. (зач. 330) **11,** 33-40: Лук. (зач. 64) **12,** 8-12.

Среда
22/4 Ап. Тимоѳея отъ 70-ти (ок. 96). Препмуч. Анастасія персянина (628). Мучч. Мануила, Георгія, Петра, Леонтія епископовъ, Сіонія, Гавріила, Іоанна, Леонта, Парода и проч. 377 (814-817). Преподобномуч. Анастасія, діакона Печерскаго (XII). Преп. Іосифа освященнаго, Критскаго (1511). Преп. Макарія Жабынскаго, Бѣлевскаго чудотворца (1623). Священномучч. Іакова (Зяблицкаго), Іоанна (Доброхотова), Іоанна (Коржавина), Іоанна (Розанова), Іоанна (Успенскаго), Евѳимія (Тихонравова), Николая (Бухарина) и Петра (Зяблицкаго) пресвв. (1938).

Январь

ряд.: 2 Петр. (зач. 68) **3**, 1-18: Марк. (зач. 61) **13**, 24-31.
Ап.: 2 Тим. (зач. 290 отъ полу) **1**, 3-9: Лук. (зач. 50) **10**, 1-15.

Четвергъ

23/5 Священномуч. Климента Анкирскаго и муч. Агаѳангела (312). Преп. Мавсимы Сирина (IV). Преп. Евсевія Сирійскаго (IV). Преп. Саламана молчальника (ок. 400). Свят. Павлина милостиваго, еп. Ноланскаго (431). Преп. Геннадія Костромскаго (1565). Перенесеніе мощей свят. Ѳеоктиста, архіеп. Новгородскаго (1786). Преп. Варлаама Чикойскаго (1846). Преподобномуч. Серафима (Булашова), преподобномуччц. Евдокіи (Кузьминовой), Екатерины (Черкасовой) и мучч. Милицы (Кувшиновой) (1938). Воспоминаніе VI-го Вселенскаго собора (680-681). Соборъ святыхъ Костромской митрополіи.
ряд.: 1 Іоан. (зач. 69) **1**, 8 — **2**, 6: Марк. (зач. 62) **13**, 31 — **14**, 2.
подъ зач.: ряд.: 1 Іоан. (зач. 70) **2**, 7-17: Марк. (зач. 63) **14**, 3-9.
Свящмуч.: Евр. (зач. 334) **13**, 7-16: Іоан. (зач. 36) **10**, 9-16.

Пятница

24/6 Преп. Ксеніи Римлянины (ок. 430). **Блаженныя Ксеніи, Христа ради юрод., Петербургскія (1803).** Священномуч. Феліціана, еп. Фолинійскаго и мучч. Мессалины (250). Муч. Вавилы Сицилійскаго и учениковъ его: Тимоѳея и Агапія (III). Мучч. Павла, Павсирія и Ѳеодотіана Египетскихъ (303). Преп. Македонія Сирійскаго (ок. 420). Преп. Филона, еп. Калпасійскаго (V). Преп. Лупицина Липидіакскаго (500). Перенесеніе мощей преподобномуч. Анастасія персянина (632). Преп. Неофита затв. Кипрскаго (1220). Свят. Герасима Пермскаго (1441). Муч. Іоанна Казанскаго (1529). Преп. Діонисія Олимпійскаго (1541). Муч. Николая (Цикури) (1918). Преп. Филиппика пресв. Муч. Варсимы съ 2-мя братьями. Преп. Зосимы Синайскаго.
Утр.: Лук. (зач. 78) **15**, 1-10.
Святой: Лит.: Гал. (зач. 208) **3**, 23 — **4**, 3: Матѳ. (зач. 104) **25**, 1-13.

Суббота

25/7 **Свят. Григорія Богослова, архіеп. Царьградскаго (389). Новосвященномуч. Владиміра, митр. Кіевскаго (1918).** Мучч. Филицаты и 7 сыновей ея: Іаннуарія, Феликса, Филиппа, Силвана, Александра, Виталія и Марціала (ок. 164). Свят. Кастина, еп. Византійскаго (240). Свят. Ветрана, еп. Томійскаго (378). Преп. Поплія Сирійскаго (ок. 380). Преп.

Январь

Мара пѣвца Омирицкаго (ок. 430). Преп. Димитрія скевофилакса, Константинопольскаго (VIII). Свят. Моисея Новгородскаго (1362). Преп. Григорія, игум. Голутвинскаго (1405). Муч. Авксентія Константинопольскаго (1720). Преп. Анатолія (старш.) Оптинскаго (1894). Свят. Гавріила, еп. Имеретинскаго (1896). Священномуч. Петра, архіеп. Воронежскаго (1929). Священномуч. Василія, еп. Прилукскаго (1930). Священномуч. Стефана (Грачева) пресв. и муч. Бориса (Заварина) (1938). Иконъ Божіей Матери «Утоли моя печали» и «Въ скорбехъ и печалехъ утѣшеніе».

На веч.: 1) Притч. **10**, 7, 6; 3, 13-16; **8**, 6, 34-35, 4, 12, 14, 17, 5-9; **1**, 23; **15**, 4. 2) Прем. Сол. **3**, 1-9, 3) Прем. Сол. **4**, 7-15.

Утр.: Іоан. (зач. 35 отъ полу) **10**, 1-9.

ряд.: 2 Тим. (зач. 295) **3**, 1-9: Лук. (зач. 103) **20**, 45 — **21**, 4.

Свят.: 1 Кор.: (зач. 151) **12**, 7-11: Іоан. (зач. 36) **10**, 9-16.

Воскресеніе

26/8 **Недѣля о блудномъ сынѣ. Гласъ 2-й.**
Соборъ Новомучениковъ и Исповѣдниковъ Церкви Русской. Преп. Ксенофонта, Маріи и чадъ ихъ: Аркадія и Іоанна (V-VI). Мучч. Ананіи, Петра и съ ними седьми воиновъ (295). Преп. Аммона еп., Скитскаго (350). Преп. Симеона ветхаго (ок. 390). Преп. Павлы Палестинскія (404). Преп. Гавріила, игум. Іерусалимскаго (490). Свят. Іосифа, архіеп. Солунскаго (830). Перенесеніе мощей преп. Ѳеодора Студійскаго (845). Благов. Давида III Возобновителя, царя Иверскаго (1125). Муч. Іоанна (Попова) (1938). *Поминовеніе всѣхъ усопшихъ въ годину гоненій за вѣру Христову.*

На веч.: 1) Исаіи **43**, 9-14. 2) Прем. Сол. **3**, 1-9, 3) Прем. Сол. **4**, 7-15.

Утр.: Еван. 2-е: Марк. (зач. 70) **16**, 1-8.

ряд.: 1 Кор. (зач. 135) **6**, 12-20: Лук. (зач. 79) **15**, 11-32

Новомуч.: Рим. (зач. 99) **8**, 28-39: Лук. (зач. 106) **21**, 12-19.

Понедѣльникъ

27/9 **Перенесеніе мощей свят. Іоанна Златоуста, архіеп. Царьградскаго (438).** Преп. Петра Египетскаго (ок. 400). Муч. Димитрія Галатскаго (1784).

На веч.: 1) Притч. **10**, 7, 6; 3, 13-16; **8**, 6, 34-35, 4, 12, 14, 17, 5-9; **1**, 23; **15**, 4. 2) Прем. Сол. **3**, 1-9, 3) Прем. Сол. **29**, 2.

Утр.: Іоан. (зач. 35 отъ полу) **10**, 1-9.

ряд.: 1 Іоан. (зач. 71) **2**, 18 — **3**, 10: Марк. (зач. 49) **11**, 1-11.

Свят.: Евр.: (зач. 318) **7**, 26 — **8**, 2: Іоан. (зач. 36) **10**, 9-16.

Январь

Вторникъ
28/10 Преп. Ефрема Сирина (378). Преп. Палладія пустынника Сирскаго (IV). Преп. Исаака Сирина, еп. Ниневійскаго (VII). Преп. Ефрема Новоторжскаго чудотворца (1053). Преп. Ефрема Печерскаго, еп. Переяславскаго (ок. 1098). Преп. Ѳеодосія Тотемскаго (1568). Прав. Ѳеодора (Богоявленскаго) исп., пресв. (1933). Свят. Арсенія исповѣдника, митр. Новгородскаго и Старорусскаго (1936). Священномучч. Игнатія, еп. Скопинскаго, Владиміра (Пищулина) пресв., преподобномуч. Варѳоломея (Ратныхъ) и мучц. Ольги (Евдокимовой) (1938). Преп. Леонтія (Стасевича) исп (1972). Иконы Божіей Матери «Суморинскія-Тотемскія».
ряд.: (зач. 72) 1 Іоан. **3**, 10-20. Марк. (зач. 64) **14**, 10-42.
Преп.: Гал. (зач. 213) **5**, 22 — **6**, 2: Матѳ. (зач. 43) **11**, 27-30.

Среда
29/11 Перенесеніе мощей священномуч. Игнатія Богоносца (438). Свят. Варсимея, еп. Едесскаго (II). Мучч. Романа, Іакова, Филоѳея, Ипсрихія, Авива, Іуліана и Паригорія (297). Мучч. Силвана епископа, Луки діакона и Мокія чтеца (312). Свят. Валерія, еп. Трирскаго (ок. 320). Преп. Афраата Сирійскаго (370). Муч. Ашота, царя Тао-Кларджетскаго (829). Преп. Лаврентія Печерскаго, еп. Туровскаго (1194). Свят. Игнатія, еп. Смоленскаго (1210). Святт. Пермскихъ: Герасима (1441), Питирима (1456) и Іоны (1470). Муч. Димитрія Хіосскаго (1802). Священномучч. Іоанна (Гранитова), Леонтія (Клименко) пресвв., Константина (Звѣрева) діакона и съ ними 5-ти мучениковъ (1920). Соборъ Екатеринбургскихъ святыхъ. Соборъ Коми святыхъ.
ряд.: 1 Іоан. (зач. 73) **3**, 21 — **4**, 6: Марк. (зач. 65) **14**, 43 — **15**, 1.
подъ зач.: 1 Іоан. (зач. 74) **4**, 20 — **5**, 21: Марк. (зач. 66) **15**, 1-15..
Свящмуч.: Евр. (зач. 311) **4**, 14 — **5**, 6: Марк. (зач. 41) **9**, 33-41.

Четвергъ
30/12 **Соборъ трехъ святителей. Василія Великаго (379), Григорія Богослова (389) и Іоанна Златоуста (407).** Священномуч. Ипполита, папы Римск. и съ нимъ: Кенсорина, Савина, Хрисіи дѣвы, Филикла, Максима, Геркулина, Венерія, Стиракина, Мины, Коммода, Ерма, Мавра, Евсевія, Рустика, Монагрея, Амандина, Олимпія, Кипра, Ѳеодора, Тривуна, Максима пресв., Архелая діак. и Кирина еп. (III). Свят. Агриппина, патр. Александрійскаго (179). Свят. Макарія, патр.

Январь

Іерусалимскаго (II). Преп. Зинона, ученика св. Василія Вел. (414). Благов. Батильды, королевы Французскія (680). Муч. Θеофила новаго (784). Прав. Петра, царя Болгарскаго (970). Преп. Зинона постника Печерскаго (XIV). Муч. Θеодора Митиленскаго (1784). Муч. Димитрія Сливенскаго (1841). Блаж. Пелагіи Дивѣевскія (1884). Священномуч. Владиміра (Хрищеновича) пресв. (1933). Муч. Стефана (Наливайко) (1945). Иконы Божіей Матери «Тиносскія».

На веч.: 1) Втор. **1**, 8-11, 15-17. 2) Втор. **10**, 14-21. 3) Прем. Сол. **3**, 1-9.

Утр.: Іоан. (зач. 36) **10**, 9-16.

Святт.: Евр. (зач. 334) **13**, 7-16: Матθ. (зач. 11) **5**, 14-19.

Пятница
31/13 Свв. безсребр. и чудотв. Кира и Іоанна (311). Мучц. Аθанасіи и дочерей ея: Θеоктисты, Θеодотіи и Евдоксіи (311). Мучц. Трифены Кизическія (I). Мучч. Викторина, Виктора, Никифора, Клавдія, Діодора, Серапіона и Папія (251). Мучц. Маркеллы Римскія (410). Свят. Никиты затворника Печерскаго, еп. Новгородскаго (1108). Преподобномуч. Иліи Аθонскаго (1686). Преп. Арсенія Паросскаго (1877). Муч. Евгенія (Поселянина) (1931). *(Службы Предпразднство Срѣтенія и св. мученика Трифона переносится съ 31 января.)*

ряд.: 2 Іоан. **1,** (зач. 75) 1-13: Марк. (зач. 68) **15**, 22-25, 33-41.

Муч.: Рим. (зач. 99) **8**, 28-39: Лук. (зач. 51 отъ полу) **10**, 19-21.

| Дни недѣли | **Февраль** | День имѣетъ 11 ч. а ночь 13 ч. |

Суббота
1/14 *Мясопустная родительская суббота*
Предпразднство Срѣтенія. Муч. Трифона Апамейскаго (250). Мучч. Перпетуи и съ нею: Сатира, Ревоката, Саторнила, Секунда и Фелицитаты Карѳагенскихъ (ок. 203). Преп. Петра Галатійскаго (ок. 429). Преп. Вендеміана Виѳинійскаго (512). Преп. Бригитты Кильдерскія (ок. 525). Преп. Серіола Пенмонскаго (VI). Свят. Василія исп., архіеп. Солунскаго (ок. 870). Свят. Трифона, еп. Ростовскаго (1466). Муч. Анастасія навпліота (1655). Священномуч. Михаила (Бѣлороссова) (1920). Священномуч. Николая (Мезенцева) пресв. (1938). *(Службы Предпразднство Срѣтенія и св. мученика Трифона переносится на 31 января.)*
ряд.: 1 Кор. (зач. 146) **10**, 23-28: Лук. (зач. 105) **21**, 8-9, 25-27, 33-36.
За упокой: 1 Сол. (зач. 270) **4**, 13-17: Іоан. (зач. 16) **5**, 24-30.

Воскресеніе
2/15 **Недѣля мясопустная, о страшномъ судѣ. Гласъ 3-й.**
Срѣтеніе Господне.
Муч. Агаѳадора Капподакійскаго (IV). Муч. Іордана Трапезунтскаго (1650). Преподобномуч. Гавріила Константинопольскаго (1676). Соборъ святыхъ Пермскія митрополіи. Иконы Божіей Матери «Умягченіе злыхъ сердецъ».
На вечернѣ: 1) Исх. **12**, 51: **13**, 1-3, 10-12, 14-16: **22**, 29. Числ. **8**, 16: Лев. **12**, 1-4, 6, 8: Числ. **8**, 16-17. 2) Исаіи **6**, 1-12, 3) Исаіи

Февраль

19, 1-5, 12, 16, 19-21.
Утр.: Праздника: Лук. (зач. 8) **2**, 25-32.
ряд.: 1 Кор. (зач. 140) **8**, 8 — **9**, 2: Матѳ. (зач. 106) **25**, 31-46.
Праздника: Евр. (зач. 316) **7**, 7-17: Лук. (зач. 7) **2**, 22-40.
(Сплошная седмица)

Понедѣльникъ

3/16 **Седмица сырная.** Св. прав. Симеона Богопріимца и Анны пророчицы (I). Пророка Азаріи (X в. до Р.Х.). Мучч. Папія, Діодора и Клавдіана (250). Муч. Власія вукола (т.е. пастуха) Кесарійскаго (III). Муч. Павла Сирійца (305). Мучч. Адріана и Еввула (ок. 308). Свят. Лаврентія, архіеп. Кентерберійскаго (619). Преп. Вербурги Честерскія (699). Свят. Ансгарія, еп. Гамбургскаго, просвѣтителя Даніи и Швеціи (865). Благов. вел. кн. Святослава, въ крещеніи Гавріила и сына его Димитрія (1253). Благов. князя Романа Угличскаго (1285). Свят. Симеона, еп. Тверскаго (1289). Свят. Іакова, архіеп. Сербскаго (1292). Преп. Саввы Янинскаго (XV). Свят. Игнатія Маріупольскаго, митр. Готѳейскаго (1786). Свв. равноапп. Николая, архіеп. Японскаго (1912) и Иннокентія, митр. Московскаго (1879). Священномучч. Іоанна (Томилова), Тимоѳея (Изотова,) Адріана (Троицкаго), Василія (Залесскаго) пресвв., преподобномуч. Владиміра (Загребы) и муч. Михаила (Агаева) (1938). Мучц. Ѳеоктисты Ченцовой (1942).

Апостольскія и евангельскія чтенія сырной седмицы.
ряд.: 3 Іоан. (зач. 76) **1**, 1-15: Лук. (зач. 96) **19**, 29-40; **22**, 7-39.
Св. Симеона: Евр. (зач. 321 отъ полу) **9**, 11-14: Лук. (зач. 8) **2**, 25-38.

Вторникъ

4/17 Преп. Исидора Пелусіота (ок. 436). Мучч. Исидора и Іадора (III). Священномуч. Филея, еп. Тмуинскаго и муч. Филорома трибуна (307). Свят. Іоанна еп. Иринопольскаго (ок. 325). Священномуч. Авраамія, еп. Арвильскаго (ок. 344). Преп. Евагрія, сподвижника преп. Шіо Мгвимскаго (VI). Преп. Николая исп., игум. Студійскаго (868). Св. благов. велик. князя Георгія Владимірскаго и благов. кн. Агаѳіи (1238). Преп. Авраамія и Копрія Печенгскихъ (XV). Преп. Кирилла Новоезерскаго чуд. (1532). Муч. Іосифа Алепскаго (1686). Священномуч. Діонисія, еп. Измаильскаго (1918). Священномуч. Меѳодія, еп. Петропавловскаго (1921). Священномучч. Александра (Минервина), Александра (Покровскаго), Александра (Соколова), Алексія (Княжескаго), Алексія (Лебедева), Алексія (Шарова), Андрея (Бѣднова), Аркадія (Лобцова), Бориса (Назарова), Димитрія (Кедроливанскаго), Евстаѳія (Сокольскаго), Іоанна (Алешковскаго), Іоанна (Артоболевскаго), Іоанна (Тихомирова), Михаила (Рыбина), Николая (Голышева), Николая (Кандаурова), Николая (Поспѣлова), Петра (Соколова,) Сергія (Соловьева), Ѳеодосія (Бобкова) пресвв., преподобномуч. Серафима (Вавилона), преподобномучцц. Анны (Ефремовой), Екатерины (Декалиной), Маріи (Виноградовой), Рафаилы (Вишняковой), мучч. Василія (Иванова), Димитрія (Ильинскаго), Димитрія (Казамацкаго), Іоанна (Шувалова) и Ѳеодора (Пальшкова) (1938).

ряд.: Іуд. (зач. 77) **1**, 1-10: Лук. (зач. 109) **22**, 39-42, 45 — **23**, 1.

Среда
5/18 Муч. Агаѳіи Панормскія (251). **Свят. Ѳеодосія, архіеп. Черниговскаго (1696).** Мучц. Ѳеодуліи и съ нею Елладія, Макарія, Евагрія (ок. 304). Свят. Авита, еп. Вьеннскаго (ок. 525). Свят. Поліевкта, патр. Константинопольскаго (907). Муч. Антонія Аѳинскаго (1774). Преподобномуч. Николая (Цикуры) (1918). Преподобномучц. Александры (Каспаравой) и муч. Михаила (Амелюшкина) (1942). Иконъ Божіей Матери «Елецкія-Черниговскія», «Сицилійскія» или «Дивногорскія» и «Взысканіе погибшихъ».

Литургіи нѣтъ. На 6 ч. Іоил. **2**, 12-26. На веч. Іоил. **3**, 12-21.

Четвергъ
6/19 *Отданіе Срѣтенія.* Преп. Вукола, еп. Смирнскаго (ок. 100). Мучц. Дороѳеи и съ нею: Христины, Каллисты и Ѳеофила (288-300). Мучц. Фавсты дѣвы и съ нею: Евиласія и Максима (305-311). Муч. Іуліана Емесскаго (312). Преп. Іоанна Ликонскаго (IV). Преп. Іакова Сирійскаго (ок. 460). Свят. Маела, еп. Ардахскаго (488). Препп. Іоанна пророка и Варсануфія Великаго (ок. 563). Преп. Шіо Мгвимскаго (VI). Свят. Фотія, патріарха Царьградскаго (891). Преп. Арсенія Икалтойскаго (1127). Преп. Дороѳеи Кашенскія (1629). Священномуч. Димитрія (Рождественскаго) пресв. и муч. Анатолія сына его (1921). Священномуч. Василія (Надеждина) пресв. (1930). Священномуч. Александра (Телемакова) пресв. (1938). Мучц. Марѳы, Маріи и брата ихъ Ликаріона отрока.

ряд.: Іуд. (зач. 78) **1**, 11-25: Лук. (зач. 110) **23**, 1-34, 44-56.

Февраль

Пятница
7/20 Преп. Парѳенія, еп. Лампсакійскаго (IV). Преп. Луки Елладскаго (ок. 946). Мучениковъ 1003-хъ Никомидійскихъ (303). Преп. Мастридіи Палестинскія (ок. 580). Муч. Георгія Критскаго (1867). Священномуч. Александра (Талызина) пресв. (1938). Священномучч. Варлаама, еп. Гомельскаго и Алексія (Троицкаго) пресв. (1942). Преп. Апріона, еп. Кипрскаго. Преп. Петра Моневматійскаго.
Литургіи нѣтъ. На 6 ч.: Захар. **8**, 7-17. На веч.: Тріоди: Захар. **8**, 19-23.

Суббота
8/21 *Память всѣхъ святыхъ, въ постничествѣ просіявшихъ.*
Великомуч. Ѳеодора Стратилата (319). Прор. Захаріи Серповидца (ок. 520 до Р.Х.). Муч. Конита Александрійскаго (249). Преп. Вавилы скомороха Тарсійскаго (VII). Свят. Саввы 2-го, архіеп. Сербскаго (1271). Свят. Макарія, еп. Пафскаго (1688). Блаж. Любови Рязанскія (1921). Священномучч. Андрея (Добрынина), Петра (Маркова), Сергія (Любомудрова), и Симеона (Кульгавца) пресвв. (1938). Священномуч. Александра (Аббисова) пресв. (1942).
ряд.: Рим. (зач. 115) **14**, 19-26: Матѳ. (зач. 16) **6**, 1-13.
Препп. отецъ: Гал. (зач. 213) **5**, 22 — **6**, 2: Матѳ. (зач. 43) **11**, 27-30.

Воскресеніе
9/22 **Недѣля сыропустная, воспоминаніе Адамова изгнанія. Гласъ 4-й. (Прощеное воскресенье).**
Муч. Никифора изъ Антіохіи Сирскія (ок. 257). Священномучч. Маркелла, еп. Сицилійскаго, Филагрія, еп. Кипрскаго и Панкратія, еп. Тавроменійскаго (I). Муч. Аполлоніи Александрійскія (248). Мучч. Аммона и Александра Кипрскихъ (248-251). Преп. Тейло, еп. Лландафскаго (ок. 580). Преп. Панкратія Печерскаго (XIII). Муч. Петра Дамаскина (XII). Препп. Никифора (1557) и Геннадія (ок. 1516) Важеозерскихъ. Обрѣтеніе мощей свят. Иннокентія Иркутскаго (1805). Священномуч. Василія (Измайлова) пресв. (1930). Священномуч. Іоанна (Фрязинова) пресв. (1938). Обрѣтеніе мощей свят. Тихона, патр. Московскаго (1992). Перенесеніе мощей преп. Гавріила Самтаврійскаго (2014).
Утр.: Еван. 4-е: Лук. (зач. 112) **24**, 1-12.
ряд.: Рим. (зач. 112) **13**, 11 — **14**, 4: Матѳ. (зач. 17) **6**, 14-21.
Заговѣніе на Великій постъ.

Февраль

Понедѣльникъ
10/23 Начало Великаго поста. Чистый понедѣльникъ.
Седмица 1-я Великаго поста. Священномуч. Харалампія, еп. Магнисійскаго и съ нимъ мучч. Порфирія и Ваптоса воиновъ и трехъ женъ (202). Мучц. дѣвъ Еннаѳы, Валентины и Павлы (308). Преп. Схоластики, сестры преп. Венедикта (543). Свят. Анастасія, патр. Іерусалимскаго (705). Свят. Трумвина, еп. Аберкорнскаго (705). Благов. вел. княгини Анны Новгородскія (1056). Преп. Прохора Печерскаго (1107). Святт. Новгородскихъ: Іоакима (1030), Луки (1059), Германа (1096), Аркадія (1162), Григорія (1193), Мартирія (1199), Антонія (1231), Василія (1352), Симеона (1421), Геннадія (1504), Пимена (1571) и Афѳонія (1653). Преп. Іоанна Чимчимели (XIII). Прав. Іуліаніи, матери бл. Николая Кочанова (1383). Преп. Лонгина Коряжемскаго (1540). Священномуч. Константина (Вѣрецкаго) пресв. (1918). Священномучч. Петра (Грудинскаго) и Валеріяна (Новицкаго) пресвв. (1930). Иконы Божіей Матери «Огневидная».
На 6-мъ часѣ: Исаіи **1**, 1-20. На веч.: Быт. **1**, 1-13: Притч. **1**, 1-20.

Вторникъ
11/24 Чистый вторникъ.
Священномуч. Власія, еп. Севастійскаго и съ нимъ двухъ отроковъ и семь женъ (ок. 316). Свят. Евтропія, еп. Адріанопольскаго (IV). Священномуч. Лукія, еп. Адріанопольскаго (348). Преп. Кедмона Уитбійскаго (680). Преп. Венедикта Аніанскаго (821). Прав. Ѳеодоры царицы Греческія (867). Благов. вел. князя Всеволода Псковскаго, въ крещеніи Гавріила (1138). Преп. Димитрія Прилуцкаго (1392). Муч. Георгія новаго, Софійскаго (1515).
На 6-мъ часѣ: Исаіи **1**, 19 — **2**, 3. На веч.: Быт. **1**, 14-23: Притч. **1**, 20-33.

Среда
12/25 Чистая среда.
Свят. Мелетія, архіеп. Антіохійскаго (381). **Свят. Алексія, митр. Московскаго и всея Руси (1378).** Священномуч. Урвана, еп. Римскаго (230). Преп. Маріи, переименованной въ Марина, и отца ея преп. Евгенія (VI). Свят. Эѳильвальда, еп. Линдисфарна (740). Преп. Калліи Константинопольскія (891). Свят. Антонія, патр. Константинопольскаго (895). Препп. Прохора (1066), Луки (1277) и Николая (1314) и

Февраль

проч. святыхъ жившихъ въ Грузинскихъ монастыряхъ въ Іерусалимѣ. Преп. Вассіана Угличскаго (1509). Муч. Христа Албанскаго (1748). Свят. Мелетія, архіеп. Харьковскаго (1840). Свят. Василія исп., архіеп. Каневскаго (1933). **Иконы Божіей Матери «Иверскія».** *(Службу святителя Алексія переносится на 15 февраля.)*

Литургія Преждеосвященныхъ Даровъ. На 6-мъ часѣ: Исаіи **2**, 3-11. На веч.: Быт. **1**, 24 — **2**, 3: Притч. **2**, 1-22.

Четвергъ
13/26 Чистый четвертокъ.

Преп. Мартиніана (422). Св. ап. Акилы и жены его Прискиллы (I). Свят. Тимоѳея, архіеп. Александрійскаго (385). Прав. Кастора, пресв. Карденскаго (ок. 400). Свв. женъ Зои и Фотиніи (Свѣтланы) (V). Свят. Евлогія, архіеп. Александрійскаго (607). Преп. Симеона Мѵроточиваго (въ мірѣ Стефана), князя Сербскаго (1200). Свят. Георгія, архіеп. Могилевскаго (1795). Священномучч. пресв. Василія (Тріумфова) и Гавріила (Преображенскаго) (1919). Священномуч. Сильвестра, архіеп. Омскаго (1920). Священномучч. Василія (Горбачева), Владиміра (Покровскаго), Зосимы (Трубачева), Іоанна (Калабухова), Іоанна (Косинскаго), Іоанна (Покровскаго), Леонтія (Гримальскаго), Михаила (Попова), Николая (Добролюбова), Парѳенія (Грузинова) пресв., Евгенія (Никольскаго) діакона, преподобномучцц. Анны (Корнѣевой), Вѣры (Морозовой), Ирины (Хвостовой) и муч. Павла (Соколова) (1938). Свят. Серафима, архіеп. Богучарскаго (1950). Соборъ Омскихъ святыхъ.

На 6-мъ часѣ: Исаіи **2**, 11-21. На веч.: Быт. **2**, 4-19: Притч. **3**, 1-18.

Пятница
14/27 Чистый пятокъ.

Преп. Авксентія Виѳинскаго (ок. 470). Преп. Марона, пустынника Сирійскаго (423). Свят. Авраамія, еп. Каррійскаго (444). Равноап. Кирилла, въ схимѣ Константина, первоучит. славянъ (869). Препп. 12 грековъ, здателей каменныя соборныя Успенскія церкве Кіево-Печерскія Лавры (XI). Преп. Исаакія, затворника Печерскаго (ок. 1190). Муч. Николая Коринѳскаго (1554). Перенесеніе мощей муч. князя Михаила Черниговскаго и болярина его Ѳеодора (1572). Муч. Георгія Митиленскаго (1693). Преп. Иларіона Грузинскаго, Аѳонскаго (1864). Свят. Рафаила, еп. Бруклинскаго (1915).

Февраль

Священномуч. Павла (Дернова) пресв. съ его сыновьями мучч. Бориса, Григорія и Симеона (1918). Священномуч. Онисима, еп. Тульскаго (1937). Священномуч. Трифона (Родонежскаго) діакона (1938).

Литургія Преждеосвященныхъ Даровъ. На 6-мъ часѣ: Исаіи **3**, 1-14. На веч.: Быт. **2**, 20 — **3**, 20: Притч. **3**, 19-34.

Суббота

15/28 *Ѳеодоровская суббота.*

Великомуч. Ѳеодора Тирона (ок. 306). Ап. Онисима отъ 70-ти (ок. 109). Муч. Маіора Газскаго (ок. 304). Преп. Евсевія, пустынника Сирійскаго (430). Преп. Пафнутія и дочери его Евфросиніи (V). Преп. Ѳеогнія, еп. Витилійскаго (522). Преп. Пафнутія, затворника Печерскаго (XIII). Муч. Іоанна Ѳессалоникійскаго (1776). Священномучч. Михаила (Питаева) и Іоанна (Куминова) пресвв. (1930). Священномучч. Алексія (Никитскаго), Алексія (Смирнова), Николая (Морковина) пресвв., Симеона (Кулямина) діакона, преподобномуч. Павла (Козлова) и преподобномучц. Софіи (Селиверстовой) (1938). Преп. Анѳима Хіосскаго (1960). Иконъ Божіей Матери «Виленскія» и «Далматскія». *(Службу святителя Алексія переносится съ 12 февраля.)*

Утр.: Іоан. (зач. 36) **10**, 9-16.

ряд.: Евр. (зач. 303) **1**, 1-12: Марк. (зач. 10) **2**, 23 — **3**, 5.

Св. Ѳеодора: 2 Тим. (зач. 292) **2**, 1-10: Іоан. (зач. 52) **15**, 17 — **16**, 2.

Свят: Евр. (зач. 335) **13**, 17-21: Лук. (зач. 24) **6**, 17-23.

Воскресеніе

16/1 м. **Недѣля 1-я Великаго поста.** *Торжество Православія.* **Гласъ 5-й.**

Муч. Памфила пресвитера и иже съ нимъ: Валента діакона, Павла, Селевка, Порфирія, Ѳеодула, Іуліана и пяти египтянъ: Иліи, Іереміи, Исаіи, Самуила и Даніила (307-309). Мучч. персидск. Мартиропольскихъ (IV). Преп. Маруѳы, еп. Месопотамскаго (422). Преподобномуч. Романа Карпенисійскаго (1694). Прав. Василія Павлово-Посадскаго (1869). Свят. Макарія (Невскаго), митр. Московскаго (1926). Священномуч. Петра (Успенскаго) пресв. (1938). Соборъ святыхъ Новосибирской митрополіи. Иконы Божіей Матери «Кипрскія» в селѣ Стромынь Московской обл.

Утр.: Еван. 5-е: Лук. (зач. 113) **24**, 12-35.

ряд.: Евр. (зач. 329 отъ полу) **11**, 24-26, 32 — **12**, 2: Іоан. (зач. 5) **1**, 43-51.

Февраль

Понедѣльникъ
17/2 Седмица 2-я Великаго поста. Великомуч. Ѳеодора Тирона (ок. 306). **Свят. Ермогена, патр. Московскаго и всея Руси (1612).** Св. Маріамны, сестры ап. Филиппа (I). Свят. Авксивія 1-го, еп. Кипрскаго (102). Благов. царя Маркіана (457) и супруги его Пульхеріи (453). Свят. Финана, еп. Линдесфарна (661). Обрѣт. мощей муч. Мины Калликелада (IX). Преп. Ѳеодора молчаливаго Печерскаго (XIII). Препп. Ѳеодосія (1362) и Романа (ок. 1370) Болгарскихъ. Муч. Михаила Адріанопольскаго (1490). Муч. Ѳеодора Митилинскаго (1795). Священномуч. Ѳеодора Аджарскаго (1822). Преп. Варнавы Геѳсиманскаго (1906). Прав. Николая, пресв. Аѳинскаго (1932). Священномучч. Михаила (Никологорскаго) и Павла (Косминкова) пресвв. (1938). Мучц. Анны (Четвериковой) (1940).
Утр.: Іоан. (зач. 35 отъ полу) **10**, 1-9.
На 6-мъ часѣ: Исаіи **4**, 2-6; **5**, 1-7. На веч.: Быт. **3**, 21 — **4**, 7: Притч. **3**, 34 — **4**, 22.

Вторникъ
18/3 Свят. Льва, папы Римскаго (461). Мучч. Льва и Паригорія Патарскихъ (ок. 258). Свят. Агапита исп., еп. Синадскаго и мучч. Виктора, Дороѳея и Ѳеодула и Агриппы (IV). Священномуч. Абида епископа (IV). Свят. Флавіана исп., патріарха Царьградскаго (449). Свят. Колмана, еп. Линдесфарнскаго (676). Преп. Власія Аѳонскаго (IX). Преп. Космы Яхромскаго (1492). Свят. Николая, католикоса Грузинскаго (1591). Преп. Владиміра (Терентьева) исп. (1933). Обрѣт. мощей мучц. Ирины Лезвійскія (1961).
На 6-мъ часѣ: Исаіи **5**, 7-16. На веч.: Быт. **4**, 8-15: Притч. **5**, 1-15.

Среда
19/4 Апостолъ отъ 70-ти: Архиппа, Филимона, и мучц. равноап. Апфіи (I). Свят. Авксивія 2-го, еп. Кипрскаго (II). Мучч. Максима, Ѳеодота, Исихія и Асклипіодоты (305-311). Препп. Макарія и Евгенія Антіохійскихъ исповѣдн. (363). Преп. Равулы Константинопольскаго (ок. 530). Преп. Конона Палестинскаго (ок. 555). Преп. Досиѳея Газскаго (VII), ученика аввы Дороѳея. Преп. Филоѳеи Аѳинскія (1589). Преп. Ѳеодора Санаксарскаго (1791). Священномуч. Никиты Епирскаго, Серрскаго (1809). Новомуч. Димитрія (Волкова) (1942).

Февраль

Литургія Преждеосвященныхъ Даровъ. На 6-мъ часѣ: Исаіи **5**, 16-25. На веч.: Быт. **4**, 16-26: Притч. **5**, 15 — **6**, 3.

Четвергъ
20/5 Преп. Льва, еп. Катанскаго (780). Священномуч. Елевѳерія, еп. Византійскаго (II). Свящмуч. Садока, еп. Персидскаго и съ нимъ 128 мучениковъ (342-344). Преп. Агаѳона, еп. Римскаго (681). Свят. Евхарія, еп. Орлеанскаго (743). Благов. кн. Ярослава мудраго (1054). Преп. Агаѳона Печерскаго (XIV). Преподобномучч. Корнилія Псковопечерск. и ученика его Вассіана Муромскаго (1570). Преподобномучч. Валаамскихъ отъ лютеровъ избіенныхъ: Тита, Тихона, Геласія, Сергія, Варлаама, Саввы, Конона, Сильвестра, Кипріана, Пимена, Іоанна, Самона, Іоны, Давида, Корнилія, Нифонта, Аѳанасія, Серапіона, Варлаама, Аѳанасія, Антонія, Луки, Леонтія, Ѳомы, Діонисія, Филиппа, Игнатія, Василія, Пахомія, Василія, Ѳеофила, Іоанна, Ѳеодора и Іоанна (1578). Священномуч. Николая (Розова) прес. (1938). Свят. Киндея, еп. Писидійскаго.

На 6-мъ часѣ: Исаіи **6**, 1-12. На веч.: Быт. **5**, 1-24: Притч. **6**, 3-20.

Пятница
21/6 Преп. Тимоѳея, иже въ Символѣхъ (795). Свят. Евстаѳія, архіеп. Антіохійскаго (337). Священномуч. Северіана, еп. Скиѳопольскаго (452). Свят. Іоанна схоластика, патр. Константинопольскаго (577). Свят. Захаріи, патр. Іерусалимскаго (632). Свят. Георгія, еп. Амастридскаго (803). Священномучч. Александра (Вислянскаго), Григорія (Хлѣбунова) и Даніила (Алферова) пресвв. (1930). Священномучч. Константина (Пятикрестовскаго) прес. и Павла (Широкого-рова) діакона (1938). Мучц. Ольги (Кошеловой) (1939). Иконы Божіей Матери «Козельщанскія».

Литургія Преждеосвященныхъ Даровъ. На 6-мъ часѣ: Исаіи **7**, 1-14. На веч.: Быт. **5**, 32 — **6**, 8: Притч. **6**, 20 — **7**, 1.

Суббота
22/7 *Суббота 2-я Великаго поста, родительская.*
Обрѣт. мощей мучч. иже въ Евгеніи (ок. 400). Свят. Авилія, патр. Александрійскаго (98). Свят. Телесфора, еп. Римскаго (127). Священномуч. Папія, еп. Іеропольскаго (II). Мучч. Маврикія и сына его Фотина, и съ ними: Ѳеодора, Филиппа и проч. 70-ти воиновъ (ок. 305). Свят. Тита, еп. Бостры (378). Мучч. Евѳерія, Палатина, Викторины, Павлы, Емериты, Ан-

тоніаны, Дативы, Рогатіаны, Антиги, Урваны, Максимы, Марины, Матроны, Перегрины, Секундулы, Іусты, Кастулы, Флорентія, Виктора, Маркеллины, Касты, Донатулы, Либозы, Флавіи, Доты, Фурнаты, Лукіана, Амика, Регины, Кіріака, Галатія, Валерія и Горгіана Никомидійскихъ (IV). Препп. Ѳалассія, Лимнія и Варадата, пустынниковъ Сирійскихъ (V). Преп. Вавилы скомороха и двухъ женъ его Комиты и Никосы (VII). Преп. Аѳанасія Павлопетрійскаго исп. (ок. 821). Преп. Германа Столобенскаго (1614). Священномучч. Владиміра (Ильинскаго), Іосифа (Смирнова) и Михаила (Лисицына) пресвв., Іоанна (Касторскаго) діакона и муч. Іоанна (Перебаскина) (1918). Священномучч. Андрея (Ясенева), Виктора (Моригеровскаго), Іоанна (Орлова), Іоанна (Парусникова), Михаила (Горбунова), Павла (Смирнова) пресвв. (1938). Сергія (Бѣлокурова) пресв., преподобномучч. Антипы (Кириллова), Сергія (Букашкина), преподобномучц. Параскевы (Макаровой), мучч. Николая (Некрасова), Стефана (Франтова), мучц. Варвары (Лосевой), Елисаветы (Тимохиной) и Ирины (Смирновой) (1938). Муч. Андрея (Гневышева) (1941). Преподобномуч. Филарета (Пряхина) (1942).

ряд.: Евр. (зач. 309) **3**, 12-16: Марк. (зач. 6) **1**, 35-44.

За упокой: 1 Сол. (зач. 270) **4**, 13-17: Іоан. (зач. 16) **5**, 24-30.

Воскресеніе

23/8 **Недѣля 2-я Великаго поста.** *Свят. Григорія Паламы, архіеп. Ѳессалоникійскаго (1360).* **Гласъ 6-й.**
Священномуч. Поликарпа, епископа Смирнскаго (167). Преп. Горгоніи (372), сестры свят. Григорія Богослова. Преп. Александра, чина неусыпающихъ первоначальника (ок. 430). Свят. Полихронія, еп. Апамейскаго (ок. 431). Препп. пустыножителей Сирійскихъ: Іоанна, Антіоха, Антонина, Моисея, Зевина, Полихронія, другаго Моисея и Даміана (V). Преп. Іоанна Стиларскаго (1054). Преп. Даміана Есфигменскаго (1280). Преп. Моисея Бѣлозерскаго (1480). Муч. Даміана, инока Аѳонскаго (1568). Священномуч. Лазаря Пелопонезскаго (1618). Преп. Поликарпа Брянскаго (1620). Преп. Назарія Валаамскаго (1809). Священномуч. Павла (Кушникова) пресв. (1918). Священномучч. Алексія (Никольскаго), Михаила (Ражкина) и Николая (Дмитріева) пресвв., муч. Сергія (Бородавкина) (1938). Обрѣтеніе мощей блаж. Матроны Московскія (1998). Соборъ Кіево-

Печерскихъ преподобныхъ отецъ. Иконы Божіей Матери «Сокольскія».
Утр.: Еван. 6-е: Лук. (зач. 114) **24**, 36-53.
ряд.: Евр. (зач. 304) **1**, 10 — **2**, 3: Маркъ. (зач. 7) **2**, 1-12.
Свят. Григорія: Евр. (зач. 318) **7**, 26 — **8**, 2: Іоан. (зач. 36) **10**, 9-16.

Понедѣльникъ
24/9 **Седмица 3-я Великаго поста. Первое (IV) и второе (452) обрѣтеніе честныя главы Предтечи и Крестителя Господня Іоанна.** Мучч. Монтана, Лукія, Іуліана, Виктора, Квартилозіи, Викторина, Флавіана и Рена Карѳагенскихъ (259). Преп. Еразма Печерскаго (1160). Обрѣт. мощей благ. кн. Романа Угличскаго (1486).

Веч: 1) Исаіи **40**, 1-3, 9; **41**, 17-18; **45**, 8; **48**, 20-21; **54**, 1. 2) Мал. **3**, 1. Маркъ. **1**, 2. Мал. **3**, 2-3, 5-7, 12, 17-18; **4**, 4-6. 3) Прем. **4**, 7, 16-17, 19-20; **5**, 1-7.
Утр.: Лук. (зач. 31) **7**, 17-30.
Литургія Прежесосвященныхъ Даровъ. На 6-мъ часѣ: Исаіи **8**, 13 — **9**, 7. На веч.: Быт. **6**, 9-22: Притч. **8**, 1-21.
Предтечи: 2 Кор. (зач. 176) **4**, 6-15: Матѳ. (зач. 40) **11**, 2-15.

Вторникъ
25/10 Свят. Тарасія, архіеп. Царьградскаго (806). Священномуч. Ригина, еп. Скопельскаго (ок. 355). Преп. Пафнутія Кафалискаго (IV). Благов. короля Эѳельберта Кентскаго (616). Преп. Вальбурги Хайденхаймскія (779). Свят. Сильвестра, архіеп. Омскаго исп. (1920). Священномуч. Александра (Виноградова) пресв. и преподобномучц. Мстиславы (Фокиной) (1938). Священномуч. Николая (Троицкаго) пресв. (1945).

На 6-мъ часѣ: Исаіи **9**, 9 — **10**, 4. На веч.: Быт. **7**, 1-5: Притч. **8**, 32 — **9**, 11.

Среда
26/11 Свят. Порфирія, архіеп. Газскаго (420). Мучч. Севастіана и Христодула (ок. 66). Преп. Севастіана Пошехонскаго (ок. 1500). Муч. Іоанна Калфы (1575). Священномуч. Михаила (Лисицына) пресв. (1918). Священномуч. Петра (Варламова) пресв. (1930). Священномуч. Сергія (Воскресенскаго) (1933). Священномучч. Іоанна, еп. Рыльскаго и Іоанна (Дунаева) пресв.; преподобномучц. Анны (Благовѣщенской) (1938). Иконы Божіей Матери «Межетскія».

Литургія Преждеосвященныхъ Даровъ. На 6-мъ часѣ: Исаіи **10**, 12-20: На веч.: Быт. **7**, 6-9: Притч. **9**, 12-18.

Февраль

Четвергъ
27/12 Преп. Прокопія Декаполита исп. (ок. 750). Мучч. Іуліана, Евна (Кроніона) слуги его, Безы (Виса) воина и Мекара (ок. 249). Муч. Геласія лицедѣя Геліопольскаго (297). Свят. Макарія, еп. Іерусалимскаго (333). Преп. Ѳалалея Сирійскаго (ок. 460). Препп. Асклипія и Іакова Сирійскихъ (V). Преп. Стефана Царьградскаго (ок. 614). Преп. Тита, пресвитера Печерскаго (1190). Преп. Тита воина, инока Печерскаго (XIV). Муч. Иліи Трапезундскаго (1749). Священномуч. Сергія (Увицкаго) пресв. (1932). Священномуч. Петра (Успенскаго) пресв. и муч. Михаила (Маркова) (1938).
На 6-мъ часѣ: Исаіи **11**, 10 — **12**, 2. На веч.: Быт. **7**, 11 — **8**, 3: Притч. **10**, 1-22.

Пятница
28/13 Преп. Василія (ок. 750), спостника Прокопіева, исп. Апп. Нимфы (Немфана) и Еввула (I). Священномуч. Нестора, еп. Магиддійскаго (250). Препп. женъ: Марины, Киры и Домники Сирійскихъ (ок. 450). Священномуч. Протерія, патр. Александрійскаго (457). Блаж. Николая Салоса, Христа ради юродиваго Псковскаго (1576). Мучц. Киръ-Анны Солунскія (1751). Благов. вел. кн. Ярослава. Священномуч. Арсенія, митр. Ростовскаго (1772). (Съ 29-го. фев.) Преп. Іоанна-Кассіана Римлянина (435). Преп. Іоанна, нареченнаго Варсанофіемъ, Дамасскаго (V). Преп. Германа Дакійскаго (V). Преподобномуч. Ѳеостирикта (Ѳеоктириста) Пеликитскаго (VIII). Свят. Освальда, еп. Іоркскаго (992). Преп. Кассіана затворника Печерскаго (XIV). Иконы Божіей Матери «Девпетерувскія».
Литургія Преждеосвященныхъ Даровъ. На 6-мъ часѣ: Исаіи **13**, 2-13. На веч.: Быт. **8**, 4-21: Притч. **10**, 31 — **11**, 12.

| Дни недѣли | Мартъ | День имѣетъ 12 ч. а ночь 12 ч. |

Суббота

1/14 *Суббота 3-я Великаго поста, родительская.*
Преподобномуч. Евдокіи Иліопольскія (152). Мучч. Нестора еп. и Тривимія діакона (ок. 250). Мучч. Марекелла и Антонія (III). Мучц. Антонины (ок. 305). Преп. Домнины Сирійскія (ок. 450). Свят. Давида, еп. Валлійскаго (ок. 600). Преп. Свитберта Кайзервертскаго (713). Преп. Агапія Ватопедскаго (XIII). Преп. Мартирія Зеленецкаго (1603). Мучц. Параскевы Трапезундскія (1659). Священномучч. Василія (Никитскаго), Веніамина (Фаминцева), Іоанна (Стрельцова), Михаила (Букринскаго), Петра (Любимова) пресвв., преподобномуч. Антонія (Коржа), преподобномуччц. Александры (Дьячковой), Анны (Макандиной), Даріи (Зайцевой), Евдокіи (Архиповой), Матроны (Макандиной), Ольги (Жильцовой), муч. Василія (Архипова) и мучц. Надежды (Абакумовой) (1938). Священномуч. Александра (Ильенкова) пресв. (1942), Священномуч. Василія (Константинова-Гришина) пресв. (1943).
ряд.: Евр. (зач. 325) **10**, 32-38: Марк. (зач. 8) **2**, 14-17.
За упокой: 1 Сол. (зач. 270) **4**, 13-17: Іоан. (зач. 16) **5**, 24-30.

Воскресеніе

2/15 **Недѣля 3-я Великаго поста.** *Крестопоклонная.* **Гласъ 7-й.**
Священномуч. Ѳеодота, еп. Киринейскаго (ок. 326). Мучц. Евѳаліи дѣвы (257). Муч. Троадія Неокесарійскаго (III). Муч. Исихія Антіохійскаго (ок. 304). Преп. Агаѳона Египетскаго

Мартъ

(V). 440 мучениковъ иже въ Италіи (ок. 579). Свят. Чада, еп. Личфильдскаго (672). Свят. Арсенія, еп. Тверскаго (1409). Препп. Саввы (XV), Варсонофія (ок. 1467), Савватія (ок. 1434) и Евфросина (1460) Тверскихъ. Преп. Іоакима Ватопедскаго (1868). Иконы Божіей Матери «Державныя».

Утр.: Еван. 7-е: Іоан. (зач. 63) **20**, 1-10.

ряд.: Евр. (зач. 311) **4**, 14 — **5**, 6: Марк. (зач. 37) **8**, 34 — **9**, 1.

Понедѣльникъ
3/16 **Седмица 4-я Великаго поста.** Мучч. Евтропія, Клеоника и Василиска (ок. 308). Преп. Піамы дѣвы (337). Преп. Александры Александрійскія (ок. 376). Преп. Винвало Бретонскаго (532). Свят. Іоанна IV, католикоса Грузинскаго (1001). Преподобномучц. Марѳы (Ковровой) и муч. Михаила (Строева) (1938). Прав. Зинона и Зоила. Иконы Божіей Матери «Волоколамскія».

На 6-мъ часѣ: Исаіи **14**, 24-32. На веч.: Быт. **8**, 21 — **9**, 7: Притч. **11**, 19 — **12**, 6.

Вторникъ
4/17 Преп. Герасима, иже на Іорданѣ (475). Муч. Павла и сестры его Іуліаніи и съ ними: Квадрата, Акакія и Стратоника (ок. 273). Преп. Іакова постника Финикійскаго (VI). Перенесеніе мощей св. князя Вячеслава Чешскаго (938). Преп. Герасима Вологодскаго (1178). Свят. Григорія, еп. Асскаго (1185). Благов. князя Василія (Василька) Ростовскаго (1238). Преподобномуч. Іоасафа Снѣтногорскаго (1299). Преподобномуч. Василія Мирожскаго (1299). Благов. князя Даніила Московскаго (1303). Прав. Петра Томскаго (1820). Священномуч. Димитрія (Иванова) пресв. (1933). Священномуч. Александра (Лихарева) пресв. (1938). Свят. Григорія, еп. Констанціи Кипрскаго.

На 6-мъ часѣ: Исаіи **25**, 1-9. На веч.: Быт. **9**, 8-17: Притч. **12**, 8-22.

Среда
5/18 Муч. Конона Исаврійскаго (I). Муч. Онисія Исаврійскаго (I). Свят. Ѳеофила, еп. Кесаріи Палестинскія (ок. 200). Муч. Конона градаря (огородника) (ок. 251). Мучц. Ираиды и съ нею: Архелая и 152 мучениковъ (308-310). Преп. Марка постника Египетскаго (V). Свят. Кіерана, еп. Сайгерскаго (530). Свят. Виргилія, архіеп. Арелатскаго (618). Преп. Исихія Виѳинскаго (790). Переенесеніе мощей благов. князя Ѳеодора Смоленскаго и Ярославскаго и чадъ его: Давида и

Константина (1463). Преп. Адріана Пошехонскаго (1550) и преп. Леонида (1549), сподвижника его. Муч. Іоанна Болгарскаго (1784). Священномуч. Николая (Покровскаго) пресв. (1919). Священномуч. Іоанна (Миротворцева) пресв., преподобномучч. Мардарія (Исаева) и Ѳеофана (Графова) (1938). Свят. Николая, еп. Жичскаго (1956). Обрѣт. мощей свт. Луки исп., архіеп. Симферопольскаго (1996). Мучч. Евлогія и Евлампія Палестинскихъ. Иконы Божіей Матери «Воспитаніе».

Литургія Преждеосвященныхъ Даровъ. На 6-мъ часѣ: Исаіи **26**, 21 — **27**, 9. На веч.: Быт. **9**, 18 — **10**, 1: Притч. **12**, 23 — **13**, 9.

Четвергъ

6/19 42 мучениковъ Амморейскихъ: Ѳеодора, Константина, Аетія, Ѳеофила, Мелиссена, Васоя, Каллиста и проч. (ок. 845). Преподобномуч. Конона Иконійскаго и сына его Конона діакона (ок. 275). Свят. Тиранна, еп. Антіохійскаго (311). Преп. Аркадія Кипрскаго (IV) и учениковъ его мучч. Іуліана и Еввула (ок. 361). Муч. Григориса Армянскаго (IV). Свят. Евагрія исп., патр. Константинопольскаго (IV). Преп. Фридолина, игум. Сакингенскаго (538). Преп. Іова, въ схимѣ Іисуса, Анзерскаго (1720). Обрѣт. честнаго Креста и честныхъ гвоздей св. царицею Еленою (326). Иконъ Божіей Матери «Ченстоховскія», «Шестоковскія» и «Благодатное Небо».

На 6-мъ часѣ: Исаіи **28**, 14-22. На веч.: Быт. **10**, 32 — **11**, 9: Притч. **13**, 20 — **14**, 6.

Пятница

7/20 Священномучч. Херсонскихъ: Ефрема (ок. 315), Василія (309), Евгенія (311), Елпидія (311), Агаѳодора (311), Евѳерія (324) и Капитона (по 325). Преп. Павла препростаго (IV). Свят. Павла исп., еп. Прусіадскаго (ок. 850). Преп. Лаврентія Саламинскаго (1770). Священномуч. Николая Розова пресв. (1930). Преподобномуч. Нила (Тютюкина), преподобномучцц. Анны (Гороховой), Антонины (Новиковой), Евдокіи (Синициной), Екатерины (Константиновой), Ксеніи (Петрухиной), Маріи (Грошевой), Матроны (Грошевой) и Надежды (Кругловой) (1938). Препп. Нестора и Аркадія, епп. Тримиѳунта Кипрскаго. Преп. Еміліана Италійскаго, въ мірѣ Викторина. Иконъ Божіей Матери «Споручница грѣшныхъ» въ Корцѣ, въ Ординѣ и въ Москвѣ.

Мартъ

Литургія Преждеосвященныхъ Даровъ. На 6-мъ часѣ: Исаіи **29**, 13-23. На веч.: Быт. **12**, 1-7: Притч. **14**, 15-26.

Суббота
8/21 *Суббота 4-я Великаго поста, родительская.*
Преп. Ѳеофилакта исп., еп. Никомидійскаго (ок. 845). Ап. Ерма отъ 70-ти (I). Священномуч. Ѳеодорита пресв. Антіохійскаго (ок. 363). Преп. Дометія персіянина (IV). Свят. Феликса Бургундскаго, еп. Данвичскаго (648). Препп. Лазаря (1391) и Аѳанасія (XV) Муромскихъ. Священномуч. Іоанна (Знаменскаго) пресв. (1923). Новомуч. Владиміра (Ушкова) (1942). Иконы Божіей Матери «Знаменіе» Курскія-Коренныя, въ память чуднаго спасенія иконы отъ посяганія революціонеровъ-безбожниковъ (1898 г.).

ряд.: Евр. (зач. 313) **6**, 9-12: Марк. (зач. 31) **7**, 31-37.
За упокой: 1 Кор. (зач. 163) **15**, 47-57: Іоан. (зач. 16) **5**, 24-30.

Воскресеніе
9/22 **Недѣля 4-я Великаго поста.** *Преп. Іоанна Лѣствичника (649).* **Гласъ 8-й.**
Сорока мучениковъ Севастійскихъ: Киріона, Кандида, Домна, Исихія, Ираклія, Смарагда, Евноика, Валента, Вивіана, Клавдія, Приска, Ѳеодула, Евтихія, Іоанна, Ксанѳія, Иліана, Сисинія, Ангія, Аетія, Флавія, Акакія, Екдикія, Лисимаха, Александра, Илія, Горгонія, Ѳеофила, Дометіана, Гаія, Леонтія, Аѳанасія, Кирилла, Сакердона, Николая, Валерія, Филоктимона, Северіана, Худіона, Аглая и Мелитона (ок. 320). Муч. Урпасіана Никомидійскаго (ок. 295). Правед. Кесарія (369), брата свят. Григорія Богослова. Преп. Филорома Галатійскаго исп. (IV). Перенес. мощей муч. Авраамія Болгарскаго (1230). Свят. Іоны, архіеп. Новгородскаго (1470). Прав. Ѳеодосія Балтскаго (1845). Священномучч. Алексія (Смирнова), Димитрія (Гливенко), Михаила (Маслова), Сергія (Лебедева), Сергія (Цвѣткова) пресвв., Николая (Горюнова) діакона, преподобномуч. Іоасафа (Шахова), преподобномучцц. Александры (Самойловой) и Наталіи (Ульяновой) (1938). Прав. Тарасія чуд. Ликаонійскаго. Иконы Божіей Матери «Албазинскія» именуемой «Слово плоть бысть». *(Ради праздника 40 мучениковъ, службу преп. Іоанна Лѣствичника вычитывается на повечеріи.)*

Веч.: 40 мучениковъ: 1) Исаіи **43**, 9-14. 2) Прем. Сол. **3**, 1-9. 3) Прем. Сол. **5**, 15 — **6**, 3.
Утр.: Еван. 8-е: Іоан. (зач. 64) **20**, 11-18.

Мартъ

ряд.: Евр. (зач. 314) **6**, 13-20: Маркъ. (зач. 40) **9**, 17-31.
40 мучч.: Евр. (зач. 331) **12**, 1-10: Матѳ. (зач. 80) **20**, 1-16.

Понедѣльникъ

10/23 **Седмица 5-я Великаго поста.** Муч. Кодрата и иже съ нимъ: Кипріана, Діонисія, Анекта, Павла, Крискента, Діонисія (другого), Викторина, Виктора, Никифора, Клавдія, Діодора, Серапіона, Папія, Леонида и св. женъ: Харіессы, Нунехіи, Василиссы, Ники, Калисы Гали, Галины, Ѳеодоры и многихъ другихъ (250-258). Муч. Кодрата Никомидійскаго и съ нимъ Саторина, Руфина и проч. (III). Преп. Анастасіи патрикіи (ок. 568). Преп. Георгія Арселаита, брата преп. Іоанна Лѣствичника (VI). Преп. Іоанна Хахульскаго (XI). Муч. Михаила Солунскаго (1544). Блаж. Павла Таганрогскаго (1879). Священномуч. Димитрія (Легейдо) пресв. (1938).

На 6-мъ часѣ: Исаіи **37**, 33 — **38**, 6. На веч.: Быт. **13**, 12-18: Притч. **14**, 27 — **15**, 4.

Вторникъ

11/24 Свят. Софронія, патр. Іерусалимскаго (644). Свящмуч. Піонія, пресв. Смирнскаго и съ нимъ: Асклипіада, Македоніи, Лина, Сабины (Савины) (250). Перенесеніе мощей муч. Епимаха (250). Преп. Георгія Синаита (VI). Преп. Іоанна Мосха (622). Преп. Энгуса, еп. Кломенахскаго (ок. 830). Священномуч. Евлогія, архіеп. Кордубскаго (859). Преп. Георгія новаго чуд., Константинопольскаго (ок. 970). Преп. Ѳеодоры, царицы Арты (1275). Преп. Софронія, затворника Печерскаго (XIII). Свят. Евѳимія, архіеп. Новгородскаго (1458). Свят. Софронія, еп. Врачанскаго (1813). Преп. Алексія (Голосѣевскаго), Кіевскаго (1917). Преп. Патрикія (Петрова) исп. (1933). Прав. Василія (Малахова) исп., пресв. (1937).

На 6-мъ часѣ: Исаіи **40**, 18-31. На веч.: Быт. **15**, 1-15: Притч. **15**, 7-19.

Среда

12/25 Преп. Ѳеофана исп. Сигріанскаго (818). Прав. Финееса первосвященника Израильскаго (1500 до Р.Х.). Преп. Аввакира или Кира Александрійскаго (VI). Свят. Григорія Двоеслова, еп. Римскаго (604). Преп. Симеона Благоговѣйнаго (987). Преп. Симеона Новаго Богослова (1022). Муч. Димитрія царя Грузинскаго (1289). Благов. Стефана Драгутина, въ мон. Ѳеоктиста, короля Сербскаго (1316). Прав. Александра (Державина) исп. пресв. (1933). Священномучч. Іоанна (Плеханова), Константина (Соколо-

Мартъ

ва) пресвв. и преподобномуч. Владиміра (Волкова) (1938). Священномуч. Сергія (Скворцова) пресв. (1943). Иконы Божіей Матери «Римскія» или «Лиддскія».
Литургія Преждеосвященныхъ Даровъ. На 6-мъ часѣ: Исаіи **41**, 4-14. На веч.: Быт. **17**, 1-9: Притч. **15**, 20 — **16**, 9.

Четвергъ
13/26 *Андреево стояніе.*
Перенесеніе мощей свят. Никифора, патр. Константинопольскаго (846). Священномуч. Пуплія, еп. Аѳинскаго (II). Муч. Савина Египетскаго (287). Мучч. Африкана, Пуплія и Терентія (III). Священномуч. Александра пресв. Македонскаго (ок. 305). Мучц. Христины Персидскія (IV). Священномуч. Николая (Попова) пресв. (1919). Священномуч. Григорія (Поспѣлова) пресв. (1921). Священномуч. Стефана, еп. Ижевскаго (1933). Священномуч. Михаила (Околовича) пресв. (1938). Преп. Анина пресв. чуд. Иконы Божіей Матери «Молдавскія».
Литургія Преждеосвященныхъ Даровъ. На 6-мъ часѣ: Исаіи **42**, 5-16. На веч.: Быт. **18**, 20-33: Притч. **16**, 17 — **17**, 17.

Пятница
14/27 Преп. Венедикта Нурсійскаго (543). Муч. Евстаѳія иже въ Каррахъ съ дружиной его (741). Свят. Евсхимона, еп. Лампсакійскаго (IX). Благов. вел. кн. Кіевскаго Ростислава-Михаила Мстиславича (1167). Свят. Ѳеогноста, митр. Кіевскаго (1353). Преп. Андрея, игум. обители Рафаиловской-Тобольской (1820). Иконы Божіей Матери «Ѳеодоровскія-Костромскія».
Литургія Преждеосвященныхъ Даровъ. На 6-мъ часѣ: Исаіи **45**, 11-17. На веч.: Быт. **22**, 1-18: Притч. **17**, 17 — **18**, 5.

Суббота
15/28 *Суббота 5-я Великаго поста, Акаѳистная. Похвала Пресвятыя Богородицы.*
Муч. Агапія и съ нимъ 7 мучч.: Пуплія, Тимолая, Ромила, двухъ Діонисіевъ и двухъ Александровъ (302). Свящмуч. Александра пресв. Сидіи Памфилійскія (ок. 275). Муч. Никандра Египетскаго (ок. 302). Свят. Захаріи, папы Римскаго (752). Преп. Никандра Городнеозерскаго (1603). Муч. Мануила Критскаго (1792). Священномуч. Алексія (Виноградова) пресв. (1938). Священномуч. Михаила (Богословскаго) пресв. (1940). Обрѣт. мощей преп. Варсонофія Херсонскаго, исп. (2007). Иконы Божіей Матери «Азъ есмь съ вами и никтоже на вы».

ряд.: Евр. (зач. 322) **9**, 24-28: Марк. (зач. 35) **8**, 27-31.

Богородицы: Евр. (зач. 320) **9**, 1-7: Лук. (зач. 54) **10**, 38-42; **11**, 27-28.

Воскресеніе

16/29 **Недѣля 5-я Великаго поста.** *Преп. Маріи Египетскія (522).* **Гласъ 1-й.**

Муч. Савина Египетскаго (287). Муч. Папы Ликаонскаго (ок. 305). Ап. Аристовула отъ 70-ти, еп. Вританійскаго (Британскаго) (I). Священномуч. Александра, еп. Римскаго (115). Священномучч. Трофима и Ѳала, пресвитеровъ Лаодикійскихъ (ок. 300). Муч. Іуліана Аназарвскаго (ок. 305). Преп. Христодула Патмосскаго чудотворца (1111). Препп. Пимена юродиваго и Антонія Месхи (XIII). Свят. Серапіона, архіеп. Новгородскаго (1516). Свят. Амвросія исп., католикоса Грузіи (1927). Преп. Евтропіи Херсонскія (1968).

Утр.: Еван. 9-е: Іоан. (зач. 65) **20**, 19-31.

ряд.: Евр. (зач. 321 отъ полу) **9**, 11-14: Марк. (зач. 47) **10**, 32-45.

Преп. Маріи: Гал. (зач. 208) **3**, 23-29: Лук. (зач. 33) **7**, 36-50.

Понедѣльникъ

17/30 **Седмица 6-я Великаго поста.** Преп. Алексія, человѣка Божія (411). Муч. Марина воина (260). Преп. Патрикія, просвѣтителя Ирландіи (V). Преп. Гертруды Нивельскія (659). Преп. Беккана Румскаго (677). Преподобномуч. Павла Критскаго (767). Преп. Макарія Калязинскаго (1483). Священномуч. Гавріила малаго (1802). Преп. Парѳенія Кіевскаго (1855). Свят. Гурія, архіеп. Таврическаго (1882). Священномуч. Александра (Поливанова) пресв. (1919). Священномуч. Виктора (Киранова) пресв. (1942).

На 6-мъ часѣ: Исаіи **48**, 17 — **49**, 4. На веч.: Быт. **27**, 1-41: Притч. **19**, 16-25.

Вторникъ

18/31 Свят. Кирилла, архіеп. Іерусалимскаго (386). Мучч. Трофима, Евкарпія и Сократа Никомидійскихъ (ок. 300). Свят. Тетрика, еп. Лангрскаго (572). Преп. Даніила Египетскаго (VI). Муч. Эдуарда, короля Англіи (979). Преп. Кирилла Астраханскаго (1576). Священномуч. Димитрія (Розанова) пресв., и преподобномучч. Наталіи (Баклановой) (1938). Преподобномучц. Маріи (Скобцовой) (1945). Преп. Анина монаха. Преп. Ананіи Евфратскаго.

На 6-мъ часѣ: Исаіи **49**, 6-10. На веч.: Быт. **31**, 3-16: Притч. **21**, 3-21.

Мартъ

Среда
19/1 а. Мучч. Хрисанѳа и Даріи, и съ ними Клавдія, жены его Иларіи, двухъ сыновъ ихъ Іасона и Мавра, Діодора пресвитера и Маріана діакона (283). Муч. Панхарія Никомидійскаго (ок. 302). Благов. кн. Маріи Владимірскія, въ мон. Марѳы (1206). Преп. Вассы Псково-Печерскія (ок. 1473). Преп. Иннокентія Вологодскаго (1521). Муч. Димитрія Торнары (1564). Прав. Софіи, кн. Слуцкія (1612). Блаж. Николая Вологодскаго, Христа ради юрод. (1837). Прав. Іоанна (Блинова) исп. (1933). Преподобномучц. Матроны (Алексѣевой) (1938). Преп. Симеона Дайбабскаго (1941). Преп. Симеона Псково-Печерскаго (1960). Иконы Божіей Матери «Умиленіе-Смоленскія».
Литургія Преждеосвященныхъ Даровъ. На 6-мъ часѣ: Исаіи **58**, 1-11. На веч.: Быт. **43**, 26-31; **45**, 1-16: Притч. **21**, 23 — **22**, 4.

Четвергъ
20/2 Препп. отецъ въ обители св. Саввы избіенныхъ: Іоанна, Сергія, Патрикія и проч. (796). Муч. Фотины (Свѣтланы) Самаряныни, сыновей ея Виктора нареченнаго Фотиномъ и Іосіи, мучцц. Анатоліи, Фото, Фотиды, Параскевы, Киріакіи, Домнины и муч. Севастіана (ок. 61). Мучцц. 7 дѣвъ: Александры, Клавдіи, Евфрасіи, Матроны, Іуліаніи, Евфиміи и Ѳеодосіи (310). Свят. Мартина, еп. Брагскаго (580). Свят. Куѳберта, еп. Линдисфарнскаго (687). Муч. Михаила Савваита (691). Муч. Арчила, царя Иверскаго (744). Свят. Никиты исповѣд., арх. Аполлоніадскаго (ок. 820). Преп. Евфросина Синоезерскаго (1612). Муч. Мирона Критскаго (1793). Священномуч. Владиміра (Пиксанова) пресв. (1918). Священномуч. Василія (Соколова) діакона (1938). Муч. Родіана.
На 6-мъ часѣ: Исаіи **65**, 8-16. На веч.: Быт. **46**, 1-7: Притч. **23**, 15 — **24**, 5.

Пятница
21/3 Преп. Іакова Катанскаго, исп., епископа (по 775). Свят. Кирилла, еп. Катанскаго (II). Преп. Серапіона Нитрейскаго (358). Преп. Серапіона, еп. Тмуисскаго (ок. 366). Преп. Лупиціана Кондатскаго, отшельника (480). Преп. Енды Ирландскаго (ок. 530). Преп. Софронія Палестинскаго (542). Свят. Ѳомы, патр. Константинопольскаго (610). Преп. Пахомія Нерехтскаго (1384). Муч. Михаила Солунскаго (1752), Священномуч. Владиміра (Введенскаго) пресв. (1931).

Преп. Серафима Вырицкаго (1949).
Литургія Преждеосвященныхъ Даровъ. На 6-мъ часѣ: Исаіи **66,** 10-24. На веч.: Быт. **49,** 33 — **50,** 26: Притч. **31,** 8-32.

Суббота
22/4 *Лазарева суббота. Воскрешеніе праведнаго Лазаря.*
Прав. Лазаря четверодневнаго съ сестрами его Марѳой и Маріей (I). Священномуч. Василія, пресв. Анкирскаго (363). Мучц. Дросиды и съ нею дѣвъ Аглаиды, Аполлинаріи, Даріи, Мамфусы и Таисіи (ок. 117). Мучцц. Каллиники и Василиссы Римскихъ (ок. 252). Свят. Павла, еп. Нарбоннскаго (III). Преп. Исаакія Далматскаго (383). Свят. Деогратія, еп. Карѳагенскаго (V). Преподобномуч. Евѳимія Константинопольскаго (1814). Священномуч. Василія, еп. Прилуцкаго (1930). Преп. Софіи Кіевскія исп. (1941).
ряд.: Евр. (зач. 333 отъ полу) **12,** 28 — **13,** 8: Іоан. (зач. 39) **11,** 1-45.

Воскресеніе
23/5 **Недѣля Ваій. Входъ Господень во Іерусалимъ.**
Преподобномуч. Никона, еп. и 199 учениковъ его съ нимъ мучившихся (251). Мучч. Филита, Лидіи, Македона, Ѳеопрепія, Кронида и Амфилохія (117-138). Муч. Дометія перса (IV). Преп. Никона, игум. Печерскаго (1088). Свят. Вассіана, архіеп. Ростовскаго (1481). Муч. Василія Мангазейскаго (1602). Преподобномуч. Луки новаго Мителенскаго (1802). Преп. Елены Кіево-Флоровскія (1834). Священномуч. Константина (Снятиновскаго) пресв. (1918). Священномуч. Макарія (Квиткина) пресв. (1931). Священномуч. Стефана (Преображенскаго) пресв. (по 1937). Священномуч. Василія (Коклина) пресв., преподобномуч. Иліи (Вятлина), преподобномучцц. Анастасіи (Бобковой), Варвары (Конкиной) и муч. Алексія (Скоробогатова) (1938). Преп. Сергія (Сребрянскаго) исп. (1948).
Веч.: 1) Быт. **49,** 1-2, 8-12. 2) Соф. **3,** 14-19. 3) Зах. **9,** 9-15.
Утр.: Матѳ. (зач. 83) **21,** 1-11, 15-17.
Литургіи свят. Іоанна Златоуста.
Праздника: Филип. (зач. 247) **4,** 4-9: Іоан. (зач. 41) **12,** 1-18.

Понедѣльникъ
24/6 **Великій понедѣльникъ.**
Страстная седмица. Прав. Іосифа Прекраснаго (XVII в. до Р.Х.). *Предпразднство Благовѣщенія.* Свят. Артемона (Артемія), еп. Селевкіи Писидійской (II). Преп. Захаріи монаха

Мартъ

иже въ Латрѣ (IV). Преп. Сеннуфія знаменосца (IV). Преп. Ѳомы игумена (542). Преп. Каймина Святоосторвскаго (ок. 644). Свят. Севира Катанскаго (811). Преп. Іакова исп. (IX). Преп. Захаріи постника Печерскаго (XIV). Мучч. Стефана и Петра Казанскихъ (1552). Священномуч. Парѳенія, патр. Константинопольскаго (1657). Священномуч. Александра (Флегинскаго) пресв. (1918). Священномуч. Владиміра (Пань-ника) пресв. (1920). 8-ми мучч. изъ Кесаріи Палестинскія. Преп. Мартина Ѳивеянина. Иконы Божіей Матери «Тучная гора».

Утр.: Матѳ. (зач. 84) **21**, 18-43.

Литургія Преждеосвященныхъ Даровъ. На 6-мъ часѣ: Іезек. **1**, 1-20. На веч.: Исх. **1**, 1-20: Іова **1**, 1-12 и праздника 3: 1) Быт. **28**, 10-17. 2) Іез. **43**, 27 — **44**, 4. 3) Притч. **9**, 1-11. Лит.: Матѳ. (зач. 98) **24**, 3-35.

Вторникъ

25/7 **Великій вторникъ.**
Благовѣщеніе Пресвятыя Богородицы.
Свят. Тихона исповѣдника, патріарха Московскаго и всея Россіи (1925). Преп. Саввы новаго Колимносскаго (1948).

На утр.: Праздника: Лук. (зач. 4) **1**, 39-49, 56.

Литургіи свят. Іоанна Златоуста.

На 6-мъ часѣ: Іезек. **1**, 21 — **2**, 1. На веч.: Исх. **2**, 5-10: Іова **1**, 13-22 и праздника 2: 1) Исх. **3**, 1-8. 2) Притч. **8**, 22-30.

На Лит.: Праздника: Евр. (зач. 306) **2**, 11-18: Лук. (зач. 3) **1**, 24-38. дне: Матѳ. (зач. 102) **24**, 36 — **26**, 2.

Среда

26/8 **Великая среда.**

Отданіе праздника Благовѣщенія. Соборъ Архангела Гавріила. Священномуч. Иринея, еп. Сирмійскаго (304). Священномучч. Монтана пресв. Сирмійскаго и Максимы супруги его (304). Мучч. Ваѳусія и Верка пресвитеровъ, Арпилы монаха, мірянъ: Авипа, Агна, Реаса, Игаѳракса, Искоя, Силы, Сигица, Сонирила, Суимвла, Ѳерма, Филла, и отъ женъ: Анны, Аллы, Ларисы, Моико, Мамики, Уирко, Анимаисы, Гааѳы и Дуклиды (ок. 375). Преп. Малха Сирійскаго (IV). Свят. Брауліо, еп. Сарагосскаго (646). Свят. Лудгера, еп. Мимигардскаго (809). Преп. Василія Новаго (ок. 944). Муч. Георгія Софійскаго (1437). Мучч. Параскевы (Кочневой) (1939). Иконы Божіей Матери «Мелитинскія».

Утр.: Іоан. (зач. 41 отъ полу) **12**, 17-50.

Мартъ

Литургія Преждеосвященныхъ Даровъ. На 6-мъ часѣ: Іезек. **2, 3 — 3,** 3. На веч.: Исх. **2,** 11-22: Іова **2,** 1-10. Лит.: Матѳ. (зач. 108). **26,** 6-16.

Четвергъ
27/9 **Великій четвертокъ. Воспоминаніе Тайной Вечери.**
Мучц. Матроны Солунскія (III). Пророка Ананіи (X в. до Р.Х.). Мучч. Мануила и Ѳеодосія (304). Преп. Іоанна прозорливаго Египетскаго (395). Преп. Пафнутія Гераклейскаго (IV). Преп. Павла, еп. Коринѳскаго (IX). Свят. Ефрема, архіеп. Ростовскаго (1454). Преп. Александра Вочскаго (XV). Свят. Антонія, митр. Тобольскаго (1740). Преп. Кирика Ѳракійскаго.
Утр.: Лук. (зач. 108 отъ полу) **22,** 1-39. На 1-мъ часѣ: Іерем. **11,** 18 — **12,** 5, 9-11, 14-15.
На вечерни съ литургіей свят. Василія Великаго: 1) Исх. **19,** 10-19. 2) Іов. **38,** 1-23; **42,** 1-5. 3) Исаія **50,** 4-11. Апост. 1 Кор. (зач. 149) **11,** 23-32. Еванг. Матѳ. (зач. 107) **26,** 1-20; Іоан. **13,** 3-17; Матѳ. **26,** 21-39; Лук. **22,** 43-45; Матѳ. **26,** 40 — **27,** 2.

Пятница
28/10 **Великій пятокъ. Воспоминаніе Святыхъ и Спасительныхъ Страстей Господа нашего Іисуса Христа.**
Преп. Иларіона новаго, игум. Пеликитскаго (ок. 754). Мучч. Приска, Малха и Александра (260). Мучч. Іоны и Варахисія и съ ними Заниѳана, Лазаря, Маруѳана, Нарсина, Иліи, Марина, Авива, Сивсиѳина и Саввы (ок. 330). Св. Исихія Богослова, пресв. Іерусалимскаго (434). Преп. Стефана чудотв. (815). Мучч. Бояна, кн. Болгарскаго, Георгія еп., Парода и Петра пресвв. (833). Преподобномуч. Евстратія Печерскаго (1097). Преп. Иларіона Гдовскаго (1476). Преп. Діонисія милостиваго, еп. Ларисскаго (1510). Преп. Іоанна, еп. Манглисскаго (1751). Прав. Николая (Постникова) исп. пресв. (1931). Священномуч. Николая (Писканскаго) пресв. (1935). Священномуч. Василія (Малинина) пресв. (1938). Муч. Іоанна (Чернова) (1939).
На утрени чтеніе 12-ти евангелій: 1) Іоан. (зач. 46) **13,** 31 — **18,** 1, 2) Іоан. (зач. 58) **18,** 1-28. 3) Матѳ. (зач. 109) **26,** 57-75. 4) Іоан. (зач. 59) **18,** 28 — **19,** 16. 5) Матѳ. (зач. 111) **27,** 3-32. 6) Марк. (зач. 67) **15,** 16-32. 7) Матѳ. (зач. 113) **27,** 33-54. 8) Лук. (зач. 111) **23,** 32-49. 9) Іоан. (зач. 61) **19,** 25-37. 10) Марк. (зач. 69) **15,** 43-47. 11) Іоан. (зач. 62) **19,** 38-42. 12) Матѳ. (зач. 114) **27,** 62-66.
На часахъ: 1) Захаріи **11,** 10-13. Гал. (зач. 215 отъ полу) **6,** 14-

Мартъ

18. Матѳ. (зач. 110) **27**, 1-56. 3) Исаіи **50**, 4-11. Рим. (зач. 88 отъ полу) **5**, 6-11. Марк. (зач. 67) **15**, 16-41. 6) Исаіи **52**, 13 — **54**, 1. Евр. (зач. 306) **2**, 11-18. Лук. (зач. 111) **23**, 32-49. 9) Іерем. **11**, 18 — **12**, 5, 9-11, 14-15. Евр. (зач. 324) **10**, 19-31. Іоан. (зач. 59) **18**, 28 — **19**, 37.

На веч.: 1) Исх. **33**, 11-23. 2) Іов. **42**, 12-17. 3) Исаіи **52**, 13 — **54**, 1. Апост.: 1 Кор. (зач. 125) **1**, 18 — **2**, 2. Еванг.: Матѳ. (зач. 110) **27**, 1-38; Лук. **23**, 39-43; Матѳ. **27**, 39-54; Іоан. **19**, 31-37; Матѳ. **27**, 55-61.

Суббота
29/11 **Великая суббота.**
Преподобномуч. Марка, еп.Ареѳуссійскаго, Кирилла діакона и иныхъ при Іуліанѣ мучителѣ пострадавшихъ (360-363). Преп. Іоанна пустынника (IV). Свят. Евстаѳія исповѣдника, еп. Виѳинійскаго (IX). Препп. Іоны (1480) и Марка (XV) Псково-Печерск. Священномуч. Павла (Войнарскаго) и иже съ нимъ мучч. Павла и Алексія (1919). Прав. Михаила (Викторова) исп. пресв. (1933).

Утр.: Іезек. **37**, 1-14: Апост.: 1 Кор. (зач. 133) **5**, 6-8; Гал. **3**, 13-14: Еванг.: Матѳ. (зач. 114) **27**, 62-66.

На вечерни съ литургіей свят. Василія Великаго: 1) Быт. **1**, 1-13. 2) Исаіи **60**, 1-16. 3) Исх. **12**, 1-11. 4) Іоны **1**, 1 — **4**, 11. 5) Іис. Нав. **5**, 10-15. 6) Исх. **13**, 20 — **14**, 32; **15**, 1-19. 7) Софон. **3**, 8-15. 8) 3 Цар. **17**, 8-23. 9) Исаіи **61**, 10 — **62**, 5. 10) Быт. **22**, 1-18. 11) Исаіи **61**, 1-9. 12) 4 Цар. **4**, 8-37. 13) Исаіи **63**, 11 — **64**, 5. 14) Іерем. **31**, 31-34. 15) Дан. **3**, 1-56; 57-88. Апост.: Рим. (зач. 91) **6**, 3-11. Еванг.: Матѳ. (зач. 115) **28**, 1-20.

Воскресеніе
30/12 **Свѣтлое Христово Воскресеніе. Пасха Господня.**
Преп. Іоанна, списателя «Лѣствицы» (649). Пророка Іоада (XV в. до Р.Х.). Апост. отъ 70-ти: Сосѳена, Аполлоса, Кифы, Кесаря и Епафродита (I). Прав. Еввулы (ок. 303), матери великомуч. Пантелеимона. Свят. Іоанна, патріарха Іерусалимскаго (417). Преп. Іоанна безмолвника (558). Преп. Зосимы, еп. Сиракузскаго (662). Священномуч. Захаріи, еп. Коринѳскаго (1684). Свят. Софронія, архіеп. Иркутскаго (1771). Прав. Монаки Александрійскія.

На лит.: Дѣян. (зач. 1) **1**, 1-8: Іоан. (зач. 1) **1**, 1-17.

На веч.: Іоан. (зач. 65) **20**, 19-25.

(Сплошная седмица)

Понедѣльникъ
31/13 Свѣтлый понедѣльникъ.

Седмица 1-я по Пасхѣ. Свят. Ипатія чудотв., еп. Гангрскаго (360). Прав. Іосифа прекраснаго (XVIII в. до. Р.Х.). Преп. Акакія исп., еп. Мелитинскаго (251). Преп. Аполлонія Египетскаго (395). Мучч. Авды епископа и Веніамина діакона (424). Преп. Ипатія, игум. Руфіанскаго (ок. 446). Преп. Власія Аморейскаго (ок. 908). Преп. Ипатія, цѣлителя Печерскаго (XIV). Свят. Іоны, митр. Московскаго (1461). Свят. Иннокентія, митр. Московскаго (1879). Священномуч. Іоанна (Блюмовича) пресв. (1938). Иконы Божіей Матери «Сладкое лобзаніе».

ряд.: Дѣян. (зач. 2) **1**, 12-17, 21-26: Іоан. (зач. 2) **1**, 18-28.

31 марта/13 апрѣля исполняется 50 лѣтъ со дня кончины архіепископа Аверкія (Таушева) (1976 г.)

| Дни недѣли | **Апрѣль** | День имѣетъ 13 ч. а ночь 11 ч. |

Вторникъ

1/14 **Свѣтлый вторникъ.**
Преп. Маріи Египетскія (522). Свят. Мелитона, еп. Сардійскаго (II). Мучч. Геронтія и Василида (III). Преп. Макарія исп. Пеликитскаго (ок. 830). Преп. Прокопія Сазавскаго (1053). Муч. Авраамія Болгарскаго (1229). Преп. Іоанна Шавтели, еп. Гаенатскаго (XIII). Преп. отрока Геронтія, канонарха Печерскаго (XIV). Преп. Евѳимія, архим. Суздальскаго (1404). Преподобномучч. отцевъ Давидо-Гареджійскія обители (1616). 179 преподобномучч. Дау-Пенделійскихъ (1680). Свят. Пахомія, еп. Романскаго (1724). Препп. Ѳеохарія (1828) и Апостола (1845) Дуйя. Преп. Варсонофія Оптинскаго (1913). Священномуч. Сергія (Заварина) пресв. (1938). Свят. Макарія (Васильева), схи-епископа, исп. (1944). Прав. Ахаза. Муч. Георгія Самосскаго. Иконъ Божіей Матери «Иверскія», и «Шуйскія-Смоленскія».
ряд.: Дѣян. (зач. 4) **2,** 14-21: Лук. (зач. 113) **24,** 12-35.

Среда

2/15 **Свѣтлая среда.**
Преп. Тита чудотворца (IX). Мучч. Амфіана и Едесія Патарскихъ (306). Муч. Поликарпа Александрійскаго (IV). Свят. Никиты, еп. Ліонскаго (573). Преп. Георгія Ацкурскаго (X). Свят. Саввы, архіеп. Сурожскаго (XII). Преп. Григорія Никомидійскаго (1290). Соборъ преподобныхъ отцевъ на горѣ Синай подвизавшихся. Иконы Божіей Матери «Касперовскія».
ряд.: Дѣян. (зач. 5). **2,** 22-36: Іоан. (зач. 4) **1,** 35-51.

Апрѣль

Четвергъ
3/16 Свѣтлый четвертокъ.
Преп. Никиты исп., игум. Мидикійскаго (824). Мучч. Елпидифора, Дія, Виѳонія и Галика (III). Мучч. Кассія, Филиппа и Евтихія Солунскихъ (304). Муч. Ульфіана Тирскаго (306). Мучц. Ѳеодосіи дѣвы, Тирскія (308). Мучч. Евагрія, Бенигна, Христа, Ареста, Киннудія, Руфа, Патрикія и Зосимы Томійскихъ (ок. 310). Преп. Бургундофары Фармутьерскія (657). Преп. Нектарія Бѣжецкаго (1492). Преп. Анастасіи кн. Кіевскія (1900). Преп. Иллирика чуд., Мирсинонскаго. Иконы Божіей Матери «Неувядаемый цвѣтъ».
ряд.: Дѣян. (зач. 6) **2,** 38-43: Іоан. (зач. 8) **3,** 1-15.

Пятница
4/17 Свѣтлый пятокъ. *Празднованіе Живоносному Источнику Божіей Матери.*
Преп. Іосифа Пѣснописца (883). Преп. Георгія Малеина (IX). Мучц. Фервуѳы дѣвы, сестры и рабыни ея (341-343). Преп. Зосимы, обрѣтшаго Марію Египетскую (VI). Преп. Іосифа многоболѣзненнаго Печерскаго (XIV). Преп. Ѳеоны, митр. Солунскаго (1541). Преп. Зосимы Ворбозомскаго (ок. 1550). Преп. Іакова Галичскаго (XVI). Священномуч. Никиты Албанскаго (1808). Преподобномучч. Веніамина (Кононова) и Никифора (Кучина) (1928). Священномуч. Николая, еп. Вѣльскаго и преподобномучц. Маріи (Леляновой) Гатчинскія (1932). Священномуч. Іоанна (Вечорко) пресв. (1933). Муч. Іоанна (Колесникова) (1943). Преп. Иліи (Макѣевскаго) (1946). Иконы Божіей Матери «Герондисса».
ряд.: Дѣян. (зач. 7) **3,** 1-8: Іоан. (зач. 7) **2,** 12-22.
Богородицы: Филип. (зач. 240) **2,** 5-11: Лук. (зач. 54) **10,** 38-42; **11,** 27-28.
На освященіе воды: Евр. (зач. 306) **2,** 11-18: Іоан. (зач. 14) **5,** 1-4.

Суббота
5/18 Свѣтлая суббота.
Мучч. Ѳеодула и Агаѳопода, и иже съ ними (ок. 303). Преп. Пуплія Египетскаго (IV). Препп. Ѳеоны, Симеона и Форвина (IV). Преп. Марка Аѳинскаго (400). Преп. Платона исповѣдника, игум. Студійскаго (814). Преп. Ѳеодоры Солунскія (892). Перенесеніе мощей свят. Іова, патр. Московскаго (1652). Муч. Георгія Ново-Ефесскаго (1801). Муч. Панагіота

Апрѣль

Іерусалимскаго (1820). Священномуч. Алексія (Кротенкова) пресв. (1930). Священномуч. Николая (Симо) пресв. (1931).

ряд.: Дѣян. (зач. 8) **3,** 11-16: Іоан. (зач. 11) **3,** 22-33.

Воскресеніе
6/19 **Недѣля 2-я по Пасхѣ.** *Ѳомина или Антипасхи.*

Свят. Евтихія, патр. Константинопольскаго (582). Мучч. Іереміи и Архилія Римскихъ (III). Преп. Платониды Сирскія (308). Мучч. 120 въ Персидѣ. (344-347). Преп. Павла Студійскаго (V). Св. равноап. Меѳодія, архіеп. Моравскаго, первоучителя славянъ (885). Преп. Григорія Аѳонскаго (1326). Муч. Николая Лезвійскаго (1463). Свят. Аѳоѳнія, митр. Новгородскаго (1653). Муч. Павла Русскаго (1683). Священномуч. Геннадія Аѳонскаго (1818). Мучч. Петра (Жукова) и Прохора (Михайлова) (1918). Священномуч. Іоанна (Бойкова) пресв. (1934). Священномуч. Іакова (Бойкова) пресв. (1943). Преп. Севастіана исп., Карагандинскаго (1966).

Утр.: Еван. 1-е: Матѳ. (зач. 116) **28,** 16-20.

ряд.: Дѣян. (зач. 14) **5,** 12-20: Іоан. (зач. 65) **20,** 19-31.

Понедѣльникъ
7/20 **Седмица 2-я по Пасхѣ.** Преп. Георгія, еп. Мелитинскаго (820). Прав. Егезиппа (180). Муч. Калліопія Помпеопольскаго (304). Мучч. Руфина діакона, Акилины и съ ними 200 воиновъ (ок. 310). Преп. Серапіона Синдонита (V). Свят. Георгія, патр. Іерусалимскаго (807). Преп. Нила Сорскаго (1508). Обрѣт. мощей преп. Серапіона Новгородскаго (1517). Преп. Даніила Переяславскаго (1540). Преп. Герасима Патмосскаго (1739). Свят. Гавріила, архіеп. Рязанскаго (1862). Священномуч. Аркадія (Добронравова) пресв. (1933). Преподобномучц. Евдокіи (Павловой) (1939).

ряд.: Дѣян. (зач. 9) **3,** 19-26: Іоан. (зач. 6) **2,** 1-11.

Вторникъ
8/21 *Радоница — поминовеніе усопшихъ.*

Свв. Апостолъ отъ 70-ти: Иродіона, Агава, Руфа, Асинкрита, Флегонта, Ерма и иже съ ними (I). Муч. Павсилиппа (138). Преподобномучч. Іосіи и Іосифа Персидскихъ (ок. 341). Свят. Келестина, папы Римскаго (432). Свят. Нифонта, еп. Новгородскаго, Печерскаго (1156). Преп. Руфа послушливаго, затворника Печерскаго (XIV). Муч. Іоанна Навклира (1669). Священномуч. Сергія (Родаковскаго) пресв. (1933).

ряд.: Дѣян. (зач. 10) **4,** 1-10: Іоан. (зач. 10) **3,** 16-21.

Апрѣль

Среда
9/22 Муч. Евпсихія Кесарійскаго (362). Свят. Максима, патр. Александрійскаго (282). Мучч. Фортуната, Доната, 12 дѣвъ и 6 другихъ Сирмійскихъ (304). Мучч. Дисана, еписк., Маріава, пресвитера Авдіеса и проч. 270-ти (362). Преподобномуч. Вадима, архим. Персидскаго (376). Свят. Акакія, еп. Амидскаго (V). Мучч. Рафаила архим., Николая діак., и Ирины Лесбосскихъ (1463). Муч. Гавріила (Ѳомина) (1942).
ряд.: Дѣян. (зач. 11) **4**, 13-22: Іоан. (зач. 15) **5**, 17-24.

Четвергъ
10/23 Мучч. Терентія, Помпія и иже съ ними: Африкана, Максима, Макарія, Зинона, Александра и прочихъ 33-хъ (249-251). Пророчицы Олды (Олдамы) (VII в. до Р.Х.). Свят. Мильтіада, папы Римскаго (314). Мучч. Іакова пресвитера, Азадана и Авдикія діаконовъ (ок. 380). Мучч. избіенныхъ въ обители Квабтахевской (1386). Преподобномучц. Анастасіи, игум. Углическія и съ нею 35 монахинъ (1609). Преподобномуч. Арсенія и проч. препп. отецъ въ Давидо-Гареджійской пустыни избіенныхъ (1615). Священномуч. Мисаила, архіеп. Рязанскаго (1655). Муч. Дима Адріанопольскаго (1763). Священномуч. Григорія V-го, патр. Константинопольскаго (1821). Преподобномуч. Хрисанѳа Ксенофонтскаго (1821). Священномуч. Флегонта (Понгильскаго) пресв. (1938). Муч. Димитрія (Вдовина) (1942).
ряд.: Дѣян. (зач. 12) **4**, 23-31: Іоан. (зач. 16) **5**, 24-30.

Пятница
11/24 Священномуч. Антипы, еп. Пергамскаго (ок. 68). Мучч. Прокесса и Мартиніана (ок. 67). Священномуч. Даміона (Домнія), еп. Салонскаго и съ нимъ 8 воиновъ (ок. 100). Свят. Филиппа, еп. Гортинскаго (180). Преп. Фармуѳія Египетскаго (IV). Преп. Гутлака отш. Краулэндскаго (714). Преп. Іоанна, ученика свят. Григорія Декаполита (IX). Преп. Іакова Желѣзноборовскаго (1442) и Іакова Брылѣевскаго сподвижника его (XV). Препп. Евѳимія (до 1465) и Харитона (1509) Сянжемскихъ. Свят. Варсонофія, еп. Тверскаго (1576). Свят. Каллиника Черникскаго, еп. Рымникскаго (1868). Священномуч. Николая (Гаварина) пресв. (1938).
ряд.: Дѣян. (зач. 13) **5**, 1-11: Іоан. (зач. 17) **5**, 30 — **6**, 2.

Суббота
12/25 Преп. Василія, еп. Парійскаго (754). Священномуч. Зинона, еп. Веронійскаго (360). Преп. Исаака Сирина Сполетскаго

# Апрѣль

(550). Преподобномучч. Мины, Давида и Іоанна (по 636). Преп. Анѳусы дѣвы (801). Преп. Аѳанасіи, игуменіи Эгинскія (860). Свят. Сергія II-го, патр. Константинопольскаго (1019). Свят. Василія, еп. Рязанскаго (1295). Муч. Акакія, инока Аѳонскаго (1730). Преподобномуч. Сергія (Крестникова) (1938). Перенесеніе честнаго пояса Богоматери въ Царьградъ (942). Иконъ Божіей Матери «Муромскія-Рязанскія» и «Бѣлыничскія».

ряд.: Дѣян. (зач. 15) **5,** 21-33: Іоан. (зач. 19) **6,** 14-27.

Воскресеніе
13/26 Недѣля 3-я по Пасхѣ. *Свв. женъ мѵроносицъ Маріи Магдалины, Маріи Клеоповы, Маріи Іаковлевы, Саломіи, Іоанны, Марѳы, Маріи, Сусанны и иныхъ; правв. Іосифа Аримаѳейскаго и Никодима фарисея (I).* **Гласъ 2-й.**
Священномуч. Артемона, пресвитера Лаодикійскаго (303). Муч. Елевѳерія Персидскаго (IV). Муч. Зоила Римскаго (IV). Мучц. Ѳомаиды Александрійскія (476). Свят. Мартирія, архіеп. Іерусалимскаго (486). Преп. Мартія Клермонтскаго (ок. 530). Благ. царицы Тамары Грузинскія (1213). Муч. Димитрія Пелопонезскаго (1803). Преподобномучц. Марѳы (Тестовой) (1941). Муч. Крискента изъ Муръ-Ликійскихъ. Соборъ Ѳессалоникійскихъ святыхъ.

Утр.: Еван. 3-е: Марк. (зач. 71) **16,** 9-20.
ряд.: Дѣян. (зач. 16) **6,** 1-7: Марк. (зач. 69) **15,** 43 — **16,** 8.

Понедѣльникъ
14/27 Седмица 3-я по Пасхѣ. Свят. Мартина исп., папы Римскаго (655). Преп. Фронтона Нитрійскаго (II). Муч. Ардаліона лицедѣя (311). Мучч. 1000 и съ ними Азата скопца (344). Свят. Тассаха, еп. Рахолпскаго (495). Преп. Христофора савваита (797). Мучч. Антонія, Іоанна и Евстаѳія Виленскихъ (1347). Муч. Димитрія Триполитанскаго (1803). Прав. Александра (Орлова) исп. пресв. (1941). Иконъ Божіей Матери «Виленскія-Одигитріи» и «Виленскія-Остробрамскія».

ряд.: Дѣян. (зач. 17) **6,** 8 — **7,** 5, 47-60: Іоан. (зач. 13) **4,** 46-54.

Вторникъ
15/28 Апостолъ отъ 70-ти: Аристарха, Пуда и Трофима. (ок. 67). Мучцц. Василиссы и Анастасіи Римскихъ (ок. 68). Муч. Сухія и дружины его: Андрея, Анастасія, Талале, Ѳеодорита, Ивхиріона, Іордана, Кодрата, Лукіана, Мимненоса, Нерангіоса, Поліевкта, Іакова, Фоки, Доментіана, Виктора и Зосимы (100-130). Муч. Саввы Готѳскаго (372). Свят. Леонида, еп. Аѳин-

скаго (IV), Преп. Руадхана Лоррхскаго (584). Благ. вел. князя Мстислава-Ѳеодора Кіевскаго (1132). Муч. Василія Поляномерульскаго (1767). Прав. Даніила Ачинскаго (1843). Священномуч. Александра (Гнѣвушева) пресв. (1930). Мучч. Просдока, Вероники, Діонины, Октавіи, Потаміи, Пруденціи, Фоки, Сира и Лукіана въ Антіохіи Сирской.

ряд.: Дѣян. (зач. 18) **8,** 5-17: Іоан. (зач. 20) **6,** 27-33.

Среда
16/29 Мучцц. дѣвъ Агапіи, Ирины и Хіоніи Иллирійскихъ (304). Муч. Леонида и съ нимъ женъ: Харіессы, Ники, Галины, Калисы, Нунехіи, Василиссы и Ѳеодоры (258). Мучц. Ирины Коринѳскія (258). Мучч. Феликса епископа, Іануарія пресв., Фортуната и Септимина Ликаонскихъ (304). Преп. княгини Ѳеодоры-Вассы, Нижегородскія (1378). Блаж. Іоанна Верхотурскаго, Христа ради юродиваго (1701). Муч. Михаила Вурліота (1772). Преподобномуч. Христофора Адріанопольскаго (1818). Священномуч. Константина (Жданова) пресв. (1919). Иконъ Божіей Матери «Тамбовскія», «Черниговскія» и «Шуйскія».

ряд.: Дѣян. (зач. 19) **8,** 18-25: Іоан. (зач. 21) **6,** 35-39.

Четвергъ
17/30 Священномуч. Симеона, еписк. Персидскаго и съ нимъ Авделая и Ананіи пресвитеровъ, Усѳазана евнуха, Фусика, Аскитреи дочери его, Азата и иныхъ многихъ (344). Муч. Адріана Коринѳскаго (251). Преп. Акакія, еп. Мелетинскаго (435). Преп. Агапита, еп. Римскаго (536). Священномуч. Доннана Эйггскаго (ок. 618). Преп. Ефрема Ацкурскаго (IX). Преп. Зосимы Соловецкаго (1478). Обрѣтеніе мощей преп. Александра Свирскаго (1641). Преп. Макарія Нотара, еп. Коринѳскаго (1805). Преп. Паисія Кіевскаго, Христа ради юрод. (1893). Прав. Михаила (Новицкаго) исп. пресв. (1935). Священномуч. Ѳеодора (Недосѣкина) пресв. (1942).

ряд.: Дѣян. (зач. 20) **8,** 26-39: Іоан. (зач. 22) **6,** 40-44.

Пятница
18/1 м. Преп. Іоанна, ученика свят. Григорія Декаполита (850). Мучч. Виктора, Зотика, Зинона, Акиндина, Северіана и Кесарія (303). Преп. Василія Ратшивили (XIII). Свят. Космы, еп. Халкидонскаго и сподвижника его Авксентія (815-820). Препп. Антонія (1435), Евѳимія и Феликса (1418) Корельскихъ. Муч. Іоанна Яницкаго (1526). Муч. Іоанна Кулики (1564). Священномуч. Виссаріона (Селинина) пресв.

Апрѣль

(1918). Преподобномучц. Тамары (Сатси) (1942). Иконы Божіей Матери «Максимовскія».

ряд.: Дѣян. (зач. 21) **8,** 40 — **9,** 19: Іоан. (зач. 23) **6,** 48-54.

Суббота
19/2 Преп. Іоанна ветхопещерника (VIII). Мучч. Ѳеоны, Христофора и Антонина воиновъ (303). Священномуч. Пафнутія Іерусалимскаго (IV). Свят. Георгія исп., еп. Антіохіи Писидійскія (820). Свят. Трифона, патр. Константинопольскаго (933). Муч. Омира Іерусалимскаго (1579). Преп. Симеона Босаго (1594). Обрѣт. мощ. преп. Іоакима Опочскаго (1621). Преподобномуч. Агаѳангела Есфигменскаго (1819). Священномуч. Виктора, еп. Глазовскаго (1934). Блаж. Матроны Московскія (1952). Преп. Никифора, игум. Катавадскаго.

ряд.: Дѣян. (зач. 22) **9,** 19-31: Іоан. (зач. 52) **15,** 17 — **16,** 2.

Воскресеніе
20/3 **Недѣля 4-я по Пасхѣ.** *О разслабленномъ.* **Гласъ 3-й.**
Прав. Тавиѳы Іоппійскія (I). Преп. Ѳеодора Трихины (400). Ап. Закхея, еп. Кесарійскаго, быв. мытаря (I). Свят. Ветрана, еп. Малой Скиѳіи (ок. 378). Свят. Ѳеотима, еп. Малой Скиѳіи (ок. 412). Святт. Григорія (593) и Анастасія (599), патр. Антіохійскихъ. Священномуч. Анастасія II-го, патр. Антіохійскаго (609). Преп. Анастасія Синаита (ок. 699). Перенесеніе мощей муч. Авраамія Болгарскаго (1230). Препп. Аѳанасія (1380) и Іоасафа (1422) игум. Метеорскихъ. Преп. Александра Ошевенскаго (1479). Муч. младенца Гавріила Слуцкаго (1690). Свят. Ѳеодосія исп., еп. Коломенскаго (1937). Перенесеніе мощей свят. Николая Жичскаго (1991). Соборъ Евбейскихъ святыхъ. Иконъ Божіей Матери «Кипяжскія» и «Кипрскія».

Утр.: Еван. 4-е: Лук. (зач. 112) **24,** 1-12.

ряд.: Дѣян. (зач. 23) **9,** 32-42: Іоан. (зач. 14) **5,** 1-15.

Понедѣльникъ
21/4 **Седмица 4-я по Пасхѣ.** Священномуч. Іаннуарія еп. и съ нимъ мучч.: Фавста, Прокула, Соссія діаконовъ, Дисидерія чтеца, Евтихія и Акутіона мірянъ (ок. 305). Священномуч. Ѳеодора и матери его Филиппіи, Діоскора жреца и двухъ воиновъ: Сократа и Діонисія (ок. 140). Мучч. Исаакія, Аполлоса и Кодрата (303). Свят. Максиміана, патр. Царьградскаго (434). Преп. Беуно Клинногскаго (ок. 660). Преп. Іакова Стромынскаго (XIV). Преп. Аѳанасія Высоцкаго младшаго (1395). Прав. Алексія Бортсурманскаго (1848).

Апрѣль

Священномуч. Іоанна (Пригоровскаго) пресв. (1918). Прав. Николая (Писаревскаго) исп. пресв. (1933). Священномуч. Алексія (Протопопова) пресв. (1938). Обрѣт. мощей преп. Ѳеодора Санаксарскаго (1999).

ряд.: Дѣян. (зач. 24) **10**, 1-16: Іоан. (зач. 24) **6**, 56-69.

Вторникъ
22/5 Преп. Ѳеодора Сикеота, еп. Анастасіопольскаго (613). Апп. отъ 70-ти: Наѳанаила, Луки и Климента (I). Муч. Епипода Ліонскаго (ок. 170). Мучч. Леонида, Аратора, Киріака, и Василія Александрійскихъ (202). Муч. Неарха воина (III). Преп. Виталія монаха (620). Перенесеніе мощей благ. князя Всеволода-Гавріила Псковскаго (1834). Священномуч. Евстаѳія (Малаховскаго) пресв. (1918). Священномуч. Платона, еп. Банья-Лукскаго (1941). Муч. Димитрія (Власенкова) (1942).

ряд.: Дѣян. (зач. 25) **10**, 21-33: Іоан. (зач. 25) **7**, 1-13.

Среда
23/6 *Преполовеніе Пятидесятницы.*
Великомуч. Георгія Побѣдоносца (303). Мучц. царицы Александры (303). Муч. Анатолія и Протолеона (303). Муч. Гликерія, земледѣльца. Аѳанасія волхва, Валерія, Доната и Ѳерина (303). Блаж. Георгія Шенкурскаго, Христа ради юродиваго (XV). 172 преподобномучч. обители Двадцати финикіанокъ (1507). Муч. Георгія Птолемаидскаго (1752). Муч. Лазаря Болгарскаго (1802). Священномуч. Іоанна (Ансерова) пресв. (1940). Преп. Софіи Хотокуриду (1974). Иконы Божіей Матери «Иверскія». Иконы Божіей Матери «Моздокскія».

На веч.: праздника: 1) Михея **4**, 2-3, 5; **6**, 1-5, 8; **5**, 4. 2) Исаіи **55**, 1-13. 3) Притч. **9**, 1-11. и мученику: 1) Исаіи **43**, 9-14. 2) Прем. Сол. **3**, 1-9. 3) Прем. Сол. **4**, 7-15.

Утр.: мученику: Лук. (зач. 63) **12**, 2-12.

На лит.: ряд.: Дѣян. (зач. 34) **14**, 6-18: Іоан. (зач. 26) **7**, 14-30. Муч.: Дѣян. (зач. 29) **12**, 1-11: Іоан. (зач. 52) **15**, 17 — **16**, 2.

На освященіе воды: Евр. (зач. 306) **2**, 11-18: Іоан. (зач. 14) **5**, 1-4.

Четвергъ
24/7 Муч. Саввы Стратилата и съ нимъ 70-ти воиновъ (272). Муч. Александра Ліонскаго (177). Мучч. Пасикрата и Валентина Доростольскихъ (228). Мучч. Евсевія, Неона, Леонтія, Лонгина и иже съ ними (303). Преп. Елисаветы игуменіи, чуд. Царьградскія (540). Преп. Иннокентія пресв. Елеонскаго (IV).

Апрѣль

Преп. Ѳомы юродиваго Сирійскаго (VI). Свят. Вильфрида, архіеп. Іоркскаго (709). Преп. Эгберта Ратмельсигійскаго (729). Преп. Ксенофонта Аѳонскаго (1018). Перенесеніе мощей муч. Авраамія Болгарскаго (1230). Препп. Саввы и Алексія затворника Печерскихъ (XIII). Муч. Луки (1564). Свят. Симеона, митр. Трансильванскаго (1656). Святт. Иліи (1678) и Саввы (1683), митр. Ердельскихъ. Свят. Іосифа исп., еп. Марамурешскаго (1712). Муч. Дуки Византійскаго (1776). Муч. Георгія Анатолійскаго (1796). Муч. Николая Магнезійскаго (XVIII). Прав. Алексія Тофта пресв. (1909). Муч. Сергія (Архангельскаго) (1938). Священномуч. Бранко пресв. Велюсскаго (1941). Иконы Божіей Матери «Молченскія».

ряд.: Дѣян. (зач. 26) **10,** 34-43: Іоан. (зач. 29) **8,** 12-20.

Пятница
25/8 **Апостола и Евангелиста Марка (63).** Свят. Аніана, еп. Александрійскаго (86). Священномуч. Стефана, еп. Антіохійскаго (479). Свят. Македонія, патр. Константинопольскаго (516). Преп. Сильвестра Обнорскаго (1379). Преп. Василія Поляномерульскаго (1767). Священномуч. Сергія (Рохлецова) пресв., прав. Надежды (Семеновой) исп. (1938). Иконы Божіей Матери «Царьградскія».

Утр.: Лук. (зач. 50) **10,** 1-21.

ряд.: Дѣян. (зач. 27) **10,** 44 — **11,** 10: Іоан. (зач. 30) **8,** 21-30.
Ап.: 1 Петр. (зач. 63) **5,** 6-14: Марк. (зач. 23) **6,** 7-13.

Суббота
26/9 Священномуч. Василія, еп. Амасійскаго (322). Прав. Глафиры, дѣвы (322). Преп. Рихарія Пикардійскаго (645). Преп. Калантія Кипрскаго (VIII). Преп. Георгія Кипрскаго (по 1091). Преп. Іоанникія Дѣвиченскаго (XIII). Свят. Стефана, еп. Пермскаго (1396). Священномуч. Іоанна (Панкова) пресв. и мучч. Николая и Петра сыновей его (1918). Преп. Іусты. Соборъ новомучениковъ въ Бутовѣ пострадавшихъ. ***Поминовеніе православныхъ воиновъ на полѣ брани убіенныхъ.***

ряд.: Дѣян. (зач. 29) **12,** 1-11: Іоан. (зач. 31) **8,** 31-42.

Воскресеніе
27/10 **Недѣля 5-я по Пасхѣ.** *О самаряныни.* **Гласъ 4-й.**
Мучц. Фотины (Свѣтланы) самаряныни (I). Ап. и священномуч. Симеона, еп. Іерусалимскаго, сродника Господня (107). Прав. Евлогія странноприімца (IV). Свят. Флориберта, еп. Льежскаго (746). Преп. Іоанна, игумена каѳаровъ (ок. 832). Свят. Стефана, игум. Печерскаго, еп. Владимірскаго

на Волыни (1094). Священномучч. Павла (Свѣтозарова) и Іоанна (Рождественскаго) пресв., мучч. Петра (Языкова), Николая (Малкова), Авксентія (Калашникова), Сергія (Меѳодіева), и мучц. Анастасіи (1922). Преподобномучц. Маріи (Носовой) (1938). Священномуч. Іоанна (Спасскаго) пресв. (1941). Перенесеніе мощей священномуч. Иларіона, архіеп. Верейскаго (1999). Мучч. Попліона и Лолліона. Иконы Божіей Матери «Казанскія» въ Александровкѣ (С.П.Б.).

Утр.: Еван. 7-е: Іоан. (зач. 63) **20**, 1-10.

ряд.: Дѣян. (зач. 28) **11**, 19-26, 29-30: Іоан. (зач. 12) **4**, 5-42.

Понедѣльникъ

28/11 **Седмица 5-я по Пасхѣ.** Апостолъ отъ 70-ти: Іасона и Сосипатра и съ ними пострадавшихъ Керкиры дѣвы, Саторнія, Іакисхола, Фавстіана, Іаннуарія, Марсалія, Евфрасія, Маммія, Мурина, Зинона, Евсевія, Неона и Виталія (I). Мучч. Дады, Максима и Квинтиліана (286). Муч. Тибальда Паннонскаго (304). Преп. Кронана Роскрейвкаго (626). Свят. Кирилла, еп. Туровскаго (1183). Преп. Киріака Каргопольскаго (1402). Преп. Кирилла Сырьинскаго (XVI). Мучц. Анны (Шашкиной) (1940). Обрѣт. мощ. преп. Софіи (Гриневой) исп. Кіевской (2012).

ряд.: Дѣян. (зач. 30) **12**, 12-17: Іоан. (зач. 32) **8**, 42-51.

Вторникъ

29/12 9-ти мучч. въ Кизицѣ: Ѳеогнида, Руфа, Антипатра, Ѳеостиха, Артемы, Магна, Ѳеодота, Ѳавмасія и Филимона (ок. 299). Преп. Мемнона чуд. (II). Мучч. Діодора и Родопіана діакона (ок. 305). Преп. Никиты, игум. Синадскаго (IX). Преп. Іоанна Калоктена, еп. Ѳиванскаго (XII). Свят. Арсенія, архіеп. Суздальскаго (1625). Свят. Василія Осторжскаго (1671). 300 мучч. въ горахъ Дудиквати и Папати пострадавшихъ (XVII-XVIII). Муч. Станко пастуха (1712). Преп. Нектарія Оптинскаго (1928). Преподобномучц. Аѳанасіи (Лепешкиной) (1932). Преп. Амфилохія Почаевскаго (1970).

ряд.: Дѣян. (зач. 31) **12**, 25 — **13**, 12: Іоан. (зач. 33) **8**, 51-59.

Среда

30/13 *Отданіе Преполовенія.* **Апостола Іакова Зеведеева, брата Іоанна Богослова (44). Свят. Игнатія, еп. Кавказскаго и Черноморскаго (1867).** Священномуч. Евтропія, еп. Сентскаго и мучц. Евстеллы (III). Обрѣт. мощей священномуч. Василія, еп. Амасійскаго (322). Свят. Доната, еп. Еврійскаго

Апрѣль

(ок. 387). Свят. Эрконвальда, еп. Лондонскаго (693). Преп. Климента Александрійскаго, пѣснописца (по 868). Обрѣт. мощей свят. Никиты, еп. Новгородскаго (1558). Мучц. Аргиры Константинопольскія (1721). Муч. Максима Ефесскаго. Иконы Божіей Матери «Страстныя».

Утр.: Апост.: Іоан. (зач. 67) **21,** 15-25 или Свят.: Іоан. (зач. 35 отъ полу) **10,** 1-9.

ряд.: Дѣян. (зач. 32) **13,** 13-24: Іоан. (зач. 18) **6,** 5-14.

Ап.: Дѣян. (зач. 29) **12,** 1-11: Лук. (зач. 17) **5,** 1-11 или Свят.: Евр. (зач. 318) **7,** 26 — **8,** 2: Іоан. (зач. 36) **10,** 9-16.

| Дни недѣли | Май | День имѣетъ 14 ч. а ночь 10 ч. |

Четвергъ

1/14 Пророка Іереміи (VI в. до Р.Х.). Преподобномуч. Ваты Персянина (IV). Свят. Асафа, еп. Лланъ-Эльвійскаго (601). Преподобномуч. Романа Раккскаго (780). Преп. Михаила Халкидонскаго (IX). Благ. царицы Тамары Грузинскія (1213). Преп. Пафнутія Боровскаго (1477). Священномуч. Макарія, митр. Кіевскаго (1497). Преп. Герасима Болдинскаго (1554). Свят. Зосимы, еп. Кумурдинскаго (XVI). Свят. Панарета, еп. Пафскаго (1791). Преподобномучч. Аѳонскихъ: Акакія (1813), Евѳимія (1814) и Игнатія (1814). Преп. Никифора Хіосскаго (1821). Мучц. Маріи Мерамвельскія (1826). Мучц. Нины (Кузнецовой) (1938). Иконъ Божіей Матери «Нечаянная Радость», «Византійскія», «Мѵроносицкія» или «Царевококшайскія», «Андрониковыя» и «Межирицкія».
ряд.: Дѣян. (зач. 35) **14**, 20-27: Іоан. (зач. 35) **9**, 39 — **10**, 9.
Прор.: 1 Кор. (зач. 156) **14**, 20-25: Лук. (зач. 14) **4**, 22-30.

Пятница

2/15 Свят. Аѳанасія Великаго, патр. Александрійскаго (373). Мучч. Еспера, Зои и чадъ ихъ: Киріака и Ѳеодула (ок. 124). Благов. князя Бориса-Михаила Болгарскаго (907). Перенесеніе мощей благ. князей страстотерпцевъ Бориса и Глѣба, въ крещеніи Романа и Давида (1115). Преп. Аѳанасія Свирскаго (1550). Свят. Аѳанасія Лубенскаго, патр. Константинопольскаго (1654). Блаж. Василія Рязанскаго, Христа ради юрод. (1848). Иконъ Божіей Матери «Путивльскія» и «Вутиванскія».

Май

ряд.: Дѣян. (зач. 36) **15,** 5-34: Іоан. (зач. 37) **10,** 17-28.
Свят.: Евр. (зач. 318) **7,** 26 — **8,** 2: Матѳ. (зач. 11) **5,** 14-19.

Суббота
3/16 Муч. Тимоѳея чтеца и Мавры (ок. 304). **Преп. Ѳеодосія, игум. Печерскаго (1074).** Мучц. Ксеніи Пелопоннесскія (318). Свят. Мамая, католикоса Грузинскаго (744). Препп. Михаила и Арсенія Улумбійскихъ (IX). Преп. Петра, еп. Аргосскаго (ок. 928). Преп. Икуменія, еп. Триккскаго (ок. 945). Перенесеніе мощ. преп. Луки Стридонскаго (953). Препп. Іуліаніи игуменіи (1393) и Евпраксіи (1394) Московскихъ. Свят. Ѳеофана, митр. Перефеорійскаго (XIV). Муч. Ахмеда краснописца Константинопольскаго (1682). Священномуч. Николая (Беневолѣнскаго) пресв. (1941). Иконъ Божіей Матери Успенія «Кіево-Печерскія», «Свѣнскія», «Печерскія», «Яскинскія» и «Влахернскія».
Утр.: Лук. (зач. 24) **6,** 17-23.
ряд.: Дѣян. (зач. 37) **15,** 35-41: Іоан. (зач. 38) **10,** 27-38.
Преп.: Евр. (зач. 334) **13,** 7-16: Матѳ. (зач. 43) **11,** 27-30.

Воскресеніе
4/17 **Недѣля 6-я по Пасхѣ.** *О слѣпомъ.* **Гласъ 5-й.**
Преп. Пелагіи дѣвы Тарсійскія (ок. 290). Священномуч. Еразма, еп. Формійскаго и иже съ нимъ (303). Муч. Флоріана Лоршскаго и иже съ нимъ (304). Священномуч. Альвіана, еп. Анійскаго и учениковъ его (304). Прав. Моники, матери блаж. Августина (307). Священномуч. Силвана, еп. Газскаго и съ нимъ 40 мучч. (311). Преподобномучч. Палестинскихъ Афродисія, Леонтія, Антонія, Валеріана, Макровія и проч. (IV). Преп. Эѳельреда, короля Мерсійскаго (ок. 716). Преп. Никифора, игум. Мидикійскаго (813). Перенесеніе мощей прав. Лазаря и равноап. Маріи Магдалины (898). Свят. Аѳанасія, еп. Коринѳскаго (X). Преп. Никифора Аѳонскаго (1340). Перенесеніе мощей препп. братьевъ Алфановыхъ Никиты, Кирилла, Никифора, Климента и Исаака Новгородскихъ (1775). Прав. Іоны пресв. Одесскаго чуд. (1924). Священномуч. Димитрія, архіеп. Гдовскаго (1935). Священномуч. Іоанна (Васильева) пресв. (1942). Священномуч. Николая (Тохтуева) діакона (1943). Иконы Божіей Матери «Старорусскія». Иконы Божіей Матери «Страстная». *Воспоминаніе о возстановленіи полноты братскаго общенія въ помѣстной Русской Православной Церкви (2007 г.).*
Утр.: Еван. 8-е: Іоан. (зач. 64) **20,** 11-18.
ряд.: Дѣян. (зач. 38) **16,** 16-34: Іоан. (зач. 34) **9,** 1-38.

Май

Понедѣльникъ

5/18 **Седмица 6-я по Пасхѣ.** Великомучц. Ирины (II). Препп. Мартина и Ираклія Иллирійскихъ (IV). Свят. Иларія, еп. Арелатскаго (449). Преп. Евѳимія Фракійскаго (ок. 990). Преп. Варлаама Серпуховскаго (1377). Преп. Ефрема Новомакрійскаго (1426). Преп. Адріана Монзенскаго (1610). Обрѣт. мощ. преп. Іакова Желѣзноборскаго (1613). Мучч. Неофита, Гаіа и Гаіана. Иконы Божіей Матери «Неупиваемая Чаша».

ряд.: Дѣян. (зач. 39) **17,** 1-15: Іоан. (зач. 40) **11,** 47-57.

Вторникъ

6/19 Св. праведнаго Іова Многострадальнаго (ок. XX-XV в. до. Р.Х.). Мучч. Димитріона, Даната, Месира и Ферина (250). Мучч. Варвара воина, Вакха, Каллимаха и Діонисія (ок. 362). Свят. Кассіана, еп. Нарнскаго (VII). Свят. Эдберта, еп. Линдисфарнскаго (698). Перенесеніе мощей свят. Фульгентія, еп. Руспійскаго (714). Муч. Варвара Епирскаго, бывш. разбойника (IX). Перенесеніе мощей свят. Саввы Сербскаго (1238). Преп. Михея, усника преп. Сергія Радонежскаго (1385). Препп. Синаитовъ Сербскихъ Ромила Раваницкаго, Романа Джунисскаго, Нестора, Мартирія Рукумійскаго, Сисоя, Зосимы Туманскаго и Іова (XIV). Преп. Іова, игумена и чудотворца Почаевскаго (1651). Обрѣт. мощ. преп. Пахомія Нерехтскаго (1675). День рожденія Царя-мученика Николая II-го (1868). Муч. Вукашина Ясеновацкаго (1943).

ряд.: Дѣян. (зач. 40 отъ полу) **17,** 19-28: Іоан. (зач. 42) **12,** 19-36.

Святаго: Гал. (зач. 213) **5,** 22 — **6,** 2: Матѳ. (зач. 43) **11,** 27-30.

Среда

7/20 *Отданіе Пасхи.*

Воспоминаніе знаменія честнаго Креста въ Іерусалимѣ (357). Муч. Акакія сотника (303). Мучц. Домитиллы (IV). Свят. Дометіана, еп. Маастрихтскаго (560). Препп. Іоанна Зедазнійскаго и 12 учениковъ его: Авива, Антонія, Давида, Зинона, Ѳаддея, Исе (Иессея), Іосифа, Исидора, Михаила, Пирра, Стефана и Шіо (VI). Свят. Іоанна, еп. Іоркскаго (721). Преп. Нила Сорскаго (1508). Обрѣт. мощ. преп. Нила мѵроточиваго Аѳонскаго (1815). Преподобномуч. Пахомія русскаго, Аѳонскаго (1730). Соборъ преподобныхъ отецъ Русского на Аѳонѣ Свято-Пантелеимонова монастыря. Иконъ Божіей Матери «Жировицкія» и «Любечскія».

ряд.: Дѣян. (зач. 41) **18,** 22-28: Іоан. (зач. 43) **12,** 36-47.

Май

Четвергъ
8/21 **Вознесеніе Господне.**
Апостола и Евангелиста Іоанна Богослова (98-117). Преп. Арсенія Великаго (ок. 450). Прав. Емиліи, матери свят. Василія Вел. (375). Преп. Іеракса Египетскаго (V). Преп. Уиро, благовѣстника Нидерландскаго (753). Преп. Пимена постника Печерскаго (XII). Преп. Арсенія, трудолюбиваго Печерскаго (XIV). Препп. Зосимы и Адріана Волоколамскихъ (XV-XVI). Мучч. въ долинѣ Ферейданъ (Иранъ) отъ персовъ пострадавшихъ (XVII). Перенесеніе мощ. преп. Арсенія Новгородскаго, Христа ради юрод. (1787). Муч. Никифора (Зайцева) (1942). Иконы Божіей Матери «Кассіопійскія».

Веч.: 1) Исаіи **2**, 2-3. 2) Исаіи **62**, 10-12; **63**, 1-3, 7-9. 3) Зах. **14**, 4, 8-11 и апостола: 1) 1 Іоан. **3**, 21 — **4**, 6. 2) 1 Іоан. **4**, 11-16. 3) 1 Іоан. **4**, 20 — **5**, 5.

Утр.: праздника: Марк. (зач. 71) **16**, 9-20.

Лит.: праздника: Дѣян. (зач. 1) **1**, 1-12: Лук. (зач. 114) **24**, 36-53.

Апостола: 1 Іоан. (зач. 68) **1**, 1-7: Іоан. (зач. 61) **19**, 25-27; **21**, 24-25.

Пятница
9/22 Пророка Исаіи (VIII в. до Р.Х.). Муч. Христофора Ликійскаго (ок. 250). **Перенесеніе мощей Святителя Николая, архіеп. Мѵръ Ликійскихъ чудотворца (1087).** Мучцц. Акилины и Каллиники Ликійскихъ (ок. 250). Муч. Епимаха новаго, Александрійскаго (250). Муч. Гордіана Римскаго (362). Преп. Шіо Мгвимскаго (VI). Преподобномуч. Николая Вунени (700). Перенесеніе мощей муч. младенца Гавріила (1775). Священномучч. Николая и Георгія пресвв. и проч. мучч. Новосельскихъ (1876). Преп. Іосифа Оптинскаго (1911). Священномуч. Димитрія (Воскресенскаго) пресв. (1938). Священномуч. Василія (Колосова) пресв. (1939). Иконы Божіей Матери «Перекопскія».

Веч.: 1) Притч. **10**, 7, 6; **3**, 13-16; **8**, 6, 34-35, **4**, 12, 14, **17**, 5-9; **1**, 23; **15**, 4. 2) Притч. **10**, 31 — 32; **11**, 1-2, 4, **3**, 5-12. 3) Прем. Сол. **4**, 7-15.

Утр.: Іоан. (зач. 35 отъ полу) **10**, 1-9.

ряд.: Дѣян. (зач. 42) **19**, 1-8: Іоан. (зач. 47) **14**, 1-11.

Свят.: Евр. (зач. 335) **13**, 17-21: Лук. (зач. 24) **6**, 17-23.

Май

Суббота
10/23 **Ап. Симона Зилота (Кананита) (I).** Мучч. Филадельфа, Кипріана, Алфія, Онисима, Еразма и иже съ ними (251). Преп. Исидоры Египетскія, Христа ради юрод. (ок. 365). Муч. Исихія Антіохійскаго (IV). Блаж. Таиси Египтяныни (V). Преп. Конлета Килдарскаго (520). Преп. Лаврентія, инока Египетскаго (VI). Преп. Симона, чуд. Печерскаго, еп. Владимірскаго и Суздальскаго (1226). Блаж. Симона Юрьевскаго, Христа ради юрод. (1584). Перенесеніе мощ. муч. Василія Мангазейскаго (1670). Преп. Синесія, архим. Иркутскаго (1787). Прав. Ѳеодора (Андреева) исп. пресв. (1929). Иконы Божіей Матери «Кіево-Братскія».
Утр.: Іоан. (зач. 67) **21,** 15-25.
ряд.: Дѣян. (зач. 43) **20,** 7-12: Іоан. (зач. 48) **14,** 10-21.
Апостола: 1 Кор. (зач. 131) **4,** 9-16: Матѳ. (зач. 56) **13,** 54-58.

Воскресеніе
11/24 **Недѣля 7-я по Пасхѣ.** *Свв. Отцевъ I-го Вселенскаго собора.* Гласъ 6-й.
Священномуч. Мокія пресв. Амфипольскаго (ок. 295). **Свв. Равноапостольныхъ Меѳодія (885) и Кирилла (въ схимѣ Константина) (869) первоучителей Словенскихъ.** Обновленіе Царьграда (330). Преп. Комгалла Бангорскаго (ок. 603). Равноап. Ростислава, кн. Великоморавскаго (870). Преп. Софронія, затворника Печерскаго (XIII). Свят. Никодима, архіеп. Сербскаго (1325). Священномуч. Іосифа, митр. Астраханскаго (1672). Блаж. Христеси, въ мон. Христофора, Гареджійскаго (1771). Мучч. Діоскора новаго и Аргира Солунскаго (1806). Свят. Антонія, архіеп. Воронежскаго (1846). Свят. Ѳеофилакта, еп. Ставропольскаго (1872). Священномуч. Михаила (Бѣлороссова) пресв. (1920). Священномуч. Александра, архіеп. Харьковскаго (1940). Иконы Божіей Матери «Константинопольскія».
На веч.: 1) Быт. **14,** 14-20. 2) Втор. **1,** 8-11, 15-17. 3) Втор. **10,** 14-21 и святымъ: 1) Притч. **10,** 7, 6; **3,** 13-16; **8,** 6, 34-35, **4,** 12, 14, **17,** 5-9; **1,** 23; **15,** 4. 2) Притч. **10,** 31 — 32; **11,** 1-2, 4, **3,** 5-12. 3) Прем. Сол. **4,** 7-15.
Утр.: Еван. 10-е: Іоан. (зач. 66) **21,** 1-14.
Лит.: Дѣян. (зач. 44) **20,** 16-18, 28-36: Іоан. (зач. 56) **17,** 1-13.
Святымъ: Евр. (зач. 318) **7,** 26 — **8,** 2: Матѳ. (зач. 11) **5,** 14-19.

Май

Понедѣльникъ
12/25 Седмица 7-я по Пасхѣ. Свят. Епифанія, епископа Кипрскаго (403). Свят. Германа, патр. Царьградскаго (740). Муч. Панкратія отрока Римскаго (304). Святт. Савина, архіеп. Кипрскаго (V) и Полувія, еп. Ринокирскаго (V). Священномуч. Филиппа пресв. Агирскаго (V). Преп. Ѳеодора Киѳерскаго (X). Муч. Іоанна Серрскаго (XVI). Преп. Діонисія Радонежскаго (1633). Муч. Іоанна Влаха (1662). Преподобныхъ отцевъ Молченскихъ: Софронія (1692), Ѳеодосія (1802), Серапіона (1718) и Сергія (1879). Преп. Антонія, Радонежскаго (1877). Прославленіе свят. Ермогена, патр. Московскаго (1913). Священномуч. Петра (Попова) пресв. (1937). Мучц. Евдокіи (Мартишкиной) (1938). Второе обрѣт. мощей прав. Симеона Верхотурскаго (1992). Иконы Божіей Матери «Кипрскія» въ Н.-Новгородѣ».
ряд.: Дѣян. (зач. 45) **21,** 8-14: Іоан. (зач. 49) **14,** 27 — **15,** 7. Святителямъ: Евр. (зач. 318) **7,** 26 — **8,** 2: Матѳ. (зач. 11) **5,** 14-19.

Вторникъ
13/26 Мучц. Гликеріи дѣвы и съ нею Лаодикія, стража темничнаго (ок. 177). Муч. Александра Римскаго (ок. 305). Свят. Серватія, еп. Маастрихтскаго (384). Священномуч. Александра, еп. Тиверіадскаго (IV). Свят. Павсикакія, еп. Синадскаго (606). Прав. Георгія исп., Ирины супруги его со чадами (IX). Преп. Евѳимія, основателя Иверскаго монастыря на Аѳонѣ (1028) и его сподвижниковъ: Іоанна (998), Георгія (1065) и Гавріила (X). Препп. отцевъ въ обители Иверскія отъ латинянъ избіенныхъ (XIII). Преп. Макарія Глушицкаго (ок. 1480). Прав. дѣвы Гликеріи Новгородскія (1522). Перенесеніе мощей препобномуч. Макарія Овручскаго (1688). Преп. Евфросина Иверскаго (XVIII). Священномучч. Василія (Соколова), Александра (Заозерскаго) и Христофора (Надеждина) пресвв., преподобномуч. Макарія (Телегина) и муч. Сергія (Тихомирова) (1922). 103 священномучч. Черкасскихъ (XX).
ряд.: Дѣян. (зач. 46) **21,** 26-32: Іоан. (зач. 53) **16,** 2-13.

Среда
14/27 Муч. Исидора Хіосскаго (250). Муч. Максима купца Азійскаго (ок. 250). Свят. Апронкула исп., еп. Клермнонскаго (ок. 488). Преп. Серапіона Синдонита (V). Преп. Додо Гараджійскаго (623). Преп. Никиты, еп. Новгородскаго, затв. Печерскаго (1108). Свят. Леонтія, патр. Іерусалимскаго (1187). Блаж.

Май

Исидора, Христа ради юрод., Ростовскаго чуд. (1474). Муч. Марка Смирнскаго (1643). Муч. Іоанна Болгарскаго (1802). Преп. Андрея, игум. Тобольскаго (1820). Первое обрѣт. мощей свят. Тихона Задонскаго (1846). Преп. Матѳея Яранскаго (1927). Священномуч. Петра (Рождествина) пресв. (1939). Соборъ Старобѣльскихъ святыхъ. Иконъ Божіей Матери «Ярославскія», «Теребинскія» и «Серафимо-Понетаевскія».
ряд.: Дѣян. (зач. 47) **23**, 1-11: Іоан. (зач. 54) **16**, 15-23.

Четвергъ
15/28 Преп. Пахомія Великаго (348). Свят. Ахиллія, еп. Ларисійскаго (ок. 330). Преп. Давида Гареджійскаго (VI). Свят. Исаіи, еп. Ростовскаго (1090). Преп. Исаіи Печерскаго (1115). Преп. Андрея отш. Каланскаго (XIII). Препп. Пахомія игум. (1384) и Силуана (Силвана) Нерехтскихъ. Препп. Евфросина (1481) и Серапіона (1480) Псковскихъ. Благов. царевича Димитрія Московскаго (1591). Преп.Ареѳы,архим. Верхотурскаго (1903). Иконы Божіей Матери «Тупическія».
ряд.: Дѣян. (зач. 48) **25**, 13-19: Іоан. (зач. 55) **16**, 23-33.
Преп.: 2 Кор. (зач. 176) **4**, 6-15: Лук. (зач. 77) **14**, 25-35.

Пятница
16/29 *Отданіе Вознесенія.* Преп. Ѳеодора Освященнаго (368). Свят. Александра, еп. Іерусалимскаго (249). Мучч. Вита, Модеста и Крискентіи (ок. 303). Священномуч. Авдисуса епископа и съ нимъ 16 іереевъ, 9 діаконовъ, 7 дѣвъ и 6 монаховъ (ок. 375). Свят. Поссидія, еп. Каламскаго (440). Блаж. отроковицы Музы Римскія (V). Преп. Брендона странника Клонфертскаго (ок. 577). Преп. Варды Петрскаго (VI). Препп. отцевъ въ лаврѣ преп. Саввы избіенныхъ (614). Муч. Петра Влахернскаго (761). Свят. Ѳомы, патр. Іерусалимскаго (820). Свят. Георгія, еп. Митиленскаго (842). Свят. Николая Мистика, патр. Константинопольскаго (925). Препп. Кассіана (1537) и Лаврентія (1548) Комельскихъ. Перенесеніе мощей преп. Ефрема Перекомскаго, Новгородскаго чуд. (1545). Священномуч. Ѳеодора, еп. Вршацкаго (1594). Муч. Николая Триккальскаго (1617).
ряд.: Дѣян. (зач. 50) **27**, 1-44: Іоан. (зач. 57) **17**, 18-26.

Суббота
17/30 *Троицкая родительская суббота.*
Ап. отъ 70-ти Андроника и святой Іуніи помощницы его (I). Мучч. Солохона, Памфамира и Памфалона воиновъ (ок. 305). Преп. Мелангеллы Уэллскія (VI). Свят. Стефана,

Май

архіеп. Константинопольскаго (893). Благов. кн. Евдокіи, въ инокиняхъ Евфросиніи, Московскія (1407). Препп. Нектарія (1550) и Өеофана (1544) Метеорскихъ. Обрѣт. мощей преп. Адріана Ондрусовскаго (1551). Муч. Николая Софійскаго (1555). Свят. Аөанасія новаго, еп. Христіанопольскаго (1735). Батакскіе мученики (1876). Прав. Іоны, пресв. Одесскаго (1924). Иконъ Божіей Матери «Споручница грѣшныхъ» и «Шуйскія».

ряд.: Дѣян. (зач. 51) **28**, 1-31: Іоан. (зач. 67) **21**, 15-25.

За упокой: 1 Сол. (зач. 270) **4**, 13-17: Іоан. (зач. 16) **5**, 24-30.

Воскресеніе

18/31 Пятидесятница — Св. Троица Сошествіе Св. Духа на Апостоловъ.

Муч. Өеодота Анкирскаго и съ нимъ 7 мученицъ дѣвъ: Текусы, Александры, Клавдіи, Фаины, Евфрасіи, Матроны и Іуліи (303). Мучч. Петра, Діонисія и иже съ ними: Андрея, Павла и Христины Лампсакійскихъ (ок. 250). Мучч. Ираклія, Павлина и Венедима Аөинскихъ (ок. 250). Мучц. Евфрасіи Никейскія (ок. 303). Мучч. Симеона, Исаака и Вахтисія Персидскихъ (339). Священномуч. Патамона, еп. Ираклійскаго (341). Мучч. Давида и Таричана Грузинскихъ (693). Преп. Макарія Алтайскаго (1847). Прав. Іоанна пресв. Кормянскаго (1917). Прав. Михаила (Виноградова) исп. пресв. (1932). Священномуч. Даміана пресв. Граховскаго (1941). Священномуч. Василія (Крылова) пресв. (1942). Святыхъ отцевъ семи Вселенскихъ соборовъ. Соборъ Карпаторусскихъ святыхъ. Иконы Божіей Матери «Псково-Печерскія».

Веч.: 1) Числ. **11**, 16-17, 24-29. 2) Іоил. **2**, 23-32. 3) Іезек. **36**, 24-28.

Утр.: Іоан. (зач. 65) **20**, 19-23.

Лит.: Дѣян. (зач. 3) **2**, 1-11: Іоан. (зач. 27) **7**, 37-52: **8**, 12.

(Сплошная седмица.)

Понедѣльникъ

19/1ін. День Святаго Духа.

Седмица 1-я по Пятидесятницѣ. Священномуч. Патрикія, еп. Прусскаго и дружины его: Акакія, Менандра и Поліена пресвв. (ок. 100). Муч. Парөенія Римскаго (250). Муч. Калуөа Египетскаго (303). Мучц. Өеотимы Никомидійскія (311). Преп. Іоанна, еп. Готөскаго (790). Свят. Дунстана, архіеп. Кантерберійскаго (988). Благов. вел. кн. Владиміра Мономаха

(1125). Преподобномучч. Кантарскихъ: Іоанна, Конона, Іереміи, Кирилла, Өеоктиста, Варнавы, Максима, Өеогноста, Іосифа, Геннадія, Герасима, Марка и Германа (1234). Благовѣрныхъ вел. кнн. Димитрія Донского (1389) и супруги его Евдокіи, въ инокиняхъ Евфросиніи (1407). Преп. Корнилія Палеостровскаго (ок. 1420). Благов. кн. Іоанна Угличскаго, въ монашествѣ Игнатія (1522). Преп. Корнилія Комельскаго (1537). Преп. Сергія Шухтомскаго (1609). Священномуч. Матѳія (Вознесенскаго) пресв. (1919). Священномуч. Виктора (Каракулина) пресв. (1937). Священномучч. Онуфрія, архіеп. Курскаго и Обоянскаго, Антонія, еп. Бѣлгородскаго, Александра (Ерошова), Александра (Саульскаго), Василія (Иванова), Георгія (Богоявленскаго), Ипполита (Красновскаго), Максима (Богданова), Митрофана (Вильгельмскаго,) Михаила (Дейнеки), Николая (Кулакова), Николая (Садовскаго), Павла (Брянцева), Павла (Попова) пресвв. и муч. Михаила (Вознесенскаго) (1938). Преподобномуч. Валентина (Лукьянова) (1940). Соборъ Харьковскихъ новосвященномучч. Соборъ новомучениковъ и исповѣдниковъ Бѣлгородскихъ. Иконы Божіей Матери «Рудосельскія».

ряд.: Ефес. (зач. 229) **5,** 8-19: Матѳ. (зач. 75) **18,** 10-20.

Вторникъ
20/2   **Третій день Святой Троицы.**
Муч. Өалалея врача и съ нимъ мучениковъ: Александра и Астерія (ок. 284). Обрѣт. мощей свят. Алексія, митр. Московскаго чуд. (1431). Муч Аскалона Өиваидскаго (ок. 287). Препп. Завулона и Сосанны, родителей равноап. Нины (III-IV). Преп. Өалассія мѵроточца, Ливійскаго (ок. 660). Муч. Эѳельберта, короля Восточной Англіи (794). Препп. Никиты, Іоанна и Іосифа Хіосскихъ (ок. 1050). Св. Довмонта-Тимоѳея, князя Псковскаго (1299). Преп. Стефана Пиперскаго (1697). Священномуч. Павла (Лазарева) пресв. (1919). Преподобномучц. Олимпіады (Вербицкой), игум. Козельщанскаго мон. (1938).   ряд.: Рим. (зач. 79) **1,** 1-7, 13-17: Матѳ. (зач. 10) **4,** 25 — **5,** 13.

Среда
21/3   **Равноапостольныхъ царей Константина Великаго (337) и матери его Елены (327).** Священномуч. Секунда пресв. Александрійскаго и иже съ нимъ (356). Преп. Госпитія Ниццкаго (581). Благов. князя Муромскаго Константина

Май

(Ярослава) (1129) и чадъ его: Михаила и Ѳеодора (XII). Свят. Кирилла, еп. Ростовскаго (1262). Преп. Елены Дечанскія (ок. 1350). Преп. Кассіана грека, Угличскаго чуд. (1504). Преподобномуч. Агапита Маркушевскаго (1584). Муч. Пахомія Аѳонскаго (1730). Преп. Моисея Уфимскаго (1982). Обрѣт. мощей блаж. Андрея Симбирскаго, Христа ради юрод. (1998). Соборъ Уфимскихъ святыхъ. Соборъ Карельскихъ святыхъ. Соборъ Симбирскихъ святыхъ. Срѣтеніе иконы Божіей Матери «Владимірскія». Иконы Божіей Матери «Оранскія».

На веч.: 1) 3 Цар. **8,** 22-23, 27-30. 2) Исаіи **61,** 10-11; **62,** 1-5. 3) Исаіи **60,** 1-16.

Утр.: Іоан. (зач. 36) **10,** 9-16.

ряд.: Рим. (зач. 80) **1,** 18-27: Матѳ. (зач. 12) **5,** 20-26.

Святымъ: Дѣян. (зач. 49) **26,** 1-5, 12-20: Іоан. (зач. 35 отъ полу) **10,** 1-9.

Четвергъ
22/4 Муч. Василиска воина (ок. 308). Прав. Мелхиседека, царя Салимскаго (XX в. до Р.Х.). Священномуч. Доната, еп. Тмуисскаго, Макарія пресв. и Ѳеодора діакона (ок. 316). Память II-го Вселенскаго собора (381). Мучц. Квитеріи дѣвы (476). Св. царя страстотерпца Іоанна-Владиміра Сербскаго (1015). Прав. Іакова Боровичскаго (ок. 1540). Священномуч. Захаріи Прусскаго (1802). Преподобномуч. Павла Триполитанскаго (1818). Священномуч. Максима, еп. Серпуховскаго (1931). Священномуч. Михаила (Борисова) пресв. (1942). Обрѣт. мощей блаж. Павла Таганрогскаго (1998). Мучч. Маркелла, Кодра и Софіи врачебницы. Иконы Божіей Матери «Умиленіе». Иконы Божіей Матери «Споручница грѣшныхъ» Корецкія.

ряд.: Рим. (зач. 81) **1,** 28 — **2,** 9: Матѳ. (зач. 13) **5,** 27-32.

Пятница
23/5 Преп. Михаила исповѣдника, еп. Синадскаго (821). Св. мѵроносицы Маріи Клеоповой (I). Свят. Синесія, еп. Карпасійскаго (V). Преп. Даміана Гареджійскаго (1157). Обрѣт. мощей свят. Леонтія, еп. Ростовскаго (1164). Преп. Евфросиніи, княжны Полоцкія (1173). Преподобномуч. Михаила черноризца (IX). Преп. Паисія Галичскаго (1460). Обрѣт. мощей мучцц. Евдокіи (Шейковой), Даріи (Тимагиной), Даріи (Улыбиной) и Маріи (Неизвѣстной) (2001). Муч. Салона Римлянина. Соборъ Ростово-Ярослав-

Май

скихъ святыхъ. *(Служба св. Іоанна Предтечи, 25 мая., переносится на сей день.)*

На веч.: Предтечи: 1) Исаіи **40,** 1-3, 9; **41,** 17-18; **45,** 8; **48,** 20-21; **54,** 1. 2) Мал. **3,** 1. Марк. **1,** 2. Мал. **3,** 2-3, 5-7, 12, 17-18; **4,** 4-6. 3) Прем. **4,** 7, 16-17, 19-20; **5,** 1-7.

Утр.: Лук. (зач. 31) **7,** 17-30.

ряд.: Рим. (зач. 82) **2,** 14-29. Матѳ. (зач. 14) **5,** 33-41.

Предтечи: 2 Кор. (зач. 176) **4,** 6-15: Матѳ. (зач. 40) **11,** 2-15.

Суббота
24/6 *Отданіе Пятидесятницы.* Преп. Симеона столпника на Дивной горѣ (596). Мучч. Мелетія стратилата, Стефана, Іоанна и съ ними 1218 воиновъ съ женами и дѣтьми (ок. 218). Мучч. Серапіона египтянина, Каллиника волхва, Ѳеодора и Фавста (ок. 218). Свят. Викентія, еп. Леринскаго (ок. 450). Преп. Марѳы, игуменіи Монемвасійскія и съ нею трехъ подвижницъ (990). Перенесеніе мощей преп. Георгія святогорца (1067). Преп. Никиты столпника, Переяславскаго, чуд. (1186). Преп. Григорія, архіеп. Новгородскаго (1193).

ряд.: Рим. (зач. 79 отъ полу) **1,** 7-12: Матѳ. (зач. 15) **5,** 42-48.

Воскресеніе
25/7 **Недѣля 1-я по Пятидесятницѣ.** *Всѣхъ Святыхъ.* **Гласъ 8-й.**

Третіе обрѣтеніе честныя Главы св. и славнаго Пророка, Предтечи и Крестителя Господня Іоанна (ок. 850). Священномуч. Ѳерапонта, еп. Кипрскаго (IV). Свят. Иннокентія, архіеп. Херсонскаго и Таврическаго (1857). Преподобномучц. Елены (Коробковой) (1938). Преподобномуч. Тавріона (Толоконцева) (1939). Преп. Олвіана. Муч. Келестина. Воспоминаніе возсоединенія 3.000.000 уніатовъ съ Православной Церковью въ г. Вильно (1831). Соборъ Холмскихъ и Подляшскихъ мучениковъ. Иконы Божіей Матери «Нерушимая стѣна». *(Служба св. Іоанну Предтечи переносится на 23 мая.)*

На веч.: 1) Исаіи **43,** 9-14. 2) Прем. Сол. **3,** 1-9. 3) Прем. Сол. **5,** 15 — **6,** 3.

Утр.: Еван. 1-е: Матѳ. (зач. 116) **28,** 16-20.

ряд.: Евр. (зач. 330) **11,** 33 — **12,** 2: Матѳ. (зач. 38) **10,** 32-33, 37-38; **19,** 27-30.

Заговѣніе на Петровскій постъ.

Май

Понедѣльникъ
26/8 **Начало Петрова поста.**
Седмица 2-я по Пятидесятницѣ. Апостолъ отъ 70-ти: Карпа и Алфея (I). Мучч. Аверкія и Елены (I). Священномуч. Елевѳерія, папы Римскаго (189). Преп. Іоанна исп. Константинопольскаго (IX). Перенесеніе мощей великомуч. Георгія новаго, Софійскаго (1515). Обрѣт. мощей преп. Макарія Колязинскаго (1521). Муч. Александра Смирнскаго (1794). Священномучч. Милана (Баняча) и Милана (Голубовича) пресвв. (1941). Иконы Божіей Матери «Селигерскія-Владимірскія».
ряд.: Рим. (зач. 83) **2,** 28—**3,** 18: Матѳ. (зач. 19) **6,** 31-34: **7,** 9-11.

Вторникъ
27/9 Священномуч. Ѳерапонта, еп. Сардійскаго (259). Муч. Іулія Доростольскаго (ок. 302). Мучч. Ѳеодоры дѣвы и Дидима воина (304). Преп. Михаила Парехскаго (IX). Преп. Василія Хахульскаго (XI). Преп. Ѳерапонта Бѣлозерскаго (1426). Перенесеніе мощей (1472) святт. Кіевскихъ: Кипріана (1406), Фотія (1431) и Іоны (1461). Преп. Ѳерапонта Монзенскаго (1597). Обрѣт. мощей преп. Нила Столобенскаго (1667). Прав. Іоанна Русскаго, исп. (1730).
ряд.: Рим. (зач. 86) **4,** 4-12: Матѳ. (зач. 22) **7,** 15-21.

Среда
28/10 Преп. Никиты исп., еп. Халкидонскаго (IX). Священномуч. Евтихія, еп. Мелетинскаго (I). Мучц. Еликониды Ѳессалоникійскія (244). Мучч. Крискента, Павла и Діоскора Римскихъ (326). Свят. Александра, еп. Солунскаго (IV). Свят. Германа, еп. Парижскаго (576). Священномуч. Елладія епископа (VII). Свят. Игнатія, еп, Ростовскаго (1288). Свят. Геронтія, митр. Московскаго (1489). Преп. Софронія Болгарскаго (1510). Муч. Димитрія Триполицкаго (1794). Муч. Захаріи Прусскаго (1802). Преп. Елены Дивѣевскія (1832). Священномуч. Николая (Аристова) діакона, преподобномучч. Макарія (Моржова) и Діонисія (Петушкова), мучч. Игнатія (Маркова) и Петра (Юдина) (1931). Преп. Ираклія (Мотяха) исп. (1936). Преподобномучц. Гермогены (Кадомцевой) (1942). Блаж. Домники (Алешковскія) (1967). Иконъ Божіей Матери «Никейскія», «Антіохійскія», «Орловскія», «Умиленіе» и «Галичскія».
ряд.: Рим. (зач. 87) **4,** 13-25: Матѳ. (зач. 23) **7,** 21-23.

Май

Четвергъ
29/11 Преподобномучц. Ѳеодосіи дѣвицы Царьградскія (730). Мучч. Кирилла, Кареля отрока, Примола, Финода, Венуста, Гуссина, Александра, Тредентія и Іокунда Кесарійскихъ (ок. 259). Священномуч. Олвіана, еп. Анеусійскаго съ учениками его (ок. 303). Мучц. дѣвы Ѳеодосіи Тирскія (308). Свят. Александра, патр. Александрійскаго (328). Правв. Іоанна и Маріи Устюжскихъ (XIII). Муч. Андрея Хіосскаго (1465). Блаж. Іоанна, Христа ради юродиваго, Устюжскаго чуд. (1494). Муч. Іоанна Смирнскаго (1802). Священномуч. Іоанна (Преображенскаго) діакона и муч. Андрея (Трофимова) (1938). Свят. Луки исп., архіеп. Симферопольскаго (1961). Обрѣт. мощей преп. Іова, въ схимѣ Іисуса, Анзерскаго (2000). Память 1-го Вселенскаго собора (325). Соборъ святыхъ Красноярской митрополіи. Иконъ Божіей Матери «Недремлющее Око», «Мателикійскія», «Цесарскія-Боровскія» и «Споручница грѣшныхъ».
ряд.: Рим. (зач. 89) **5,** 10-16: Матѳ. (зач. 27) **8,** 23-27.

Пятница
30/12 Преп. Исаакія Далматскаго исп. (383). Мучч. Наталія и Салона (III). Прав. Василія, дѣда Василія Вел., и супруги его Макрины (V). Преп. Варлаама Хутынскаго (1192). Преп. Іакова Галичскаго (XV), Священномуч. Василія (Смоленскаго) пресв. (1942). Мучч. Романа и Телетія. Соборъ святыхъ Пензенской митрополіи. Иконъ Божіей Матери «Табынскія» и «Курскія-Коренныя».
ряд.: Рим. (зач. 90) **5,** 17 — **6,** 2: Матѳ. (зач. 31) **9,** 14-17.

Суббота
31/13 Ап. Ерма (Ермія) отъ 70-ти (I). Муч. Ермія Команскаго (II). Муч. Мага волхва (II). Муч. Философа Александрійскаго (252). Свят. Евстаѳія, патр. Константинопольскаго (1025). Свят. Филоѳея, въ схимѣ Ѳеодора, митр. Тобольскаго (1727). Муч. вел. кн. Михаила и муч. Николая (1918). Священномуч. Философа (Орнатскаго) пресв. и сыновей его мучч. Бориса и Николая (1918). Священномуч. Іероѳея, еп. Никольскаго (1928). Обрѣт. мощей муч. Николая, діакона Мелитинскаго (1960). 5 мучч. Асколонскихъ.
ряд.: Рим. (зач. 84) **3,** 19-26: Матѳ. (зач. 20) **7,** 1-8.

| Дни недѣли | Іюнь | День имѣетъ 15 ч. а ночь 9 ч. |

Воскресеніе

1/14 **Недѣля 2-я по Пятидесятницѣ. Всѣхъ святыхъ въ землѣ Русской просіявшихъ. Гласъ 1-й.**
Преподобныхъ отцевъ на Аѳонѣ подвизавшихся. Муч. Іустина Философа и другого Іустина и съ ними: Харитона, Хариты жены, Евелписта, Іеракса, Пеона и Валеріана (166). Муч. Ѳеспесія Каппадокійскаго (230). Муч. Фирма Магусскаго (ок. 303). Свят. Метрія земледѣльца (912). Преп. Агапита, безмезднаго врача Печерскаго (1095). Свят. Ѳеолипта, еп. Филадельфійскаго (1325). Преп. Діонисія Глушицкаго (1437). Преподобномучч. Шіо новаго, Давида, Гавріила и Павла Гареджійскихъ (1696-1700). Священномуч. Василія (Преображенскаго) пресв. и мучц. Вѣры (Самсоновой) (1940). Преставленіе (1979) и перенесеніе мощей (2014) преп. Іустина (Поповича), архим. Челійскаго (1979). Соборъ Болгарскихъ святыхъ. Соборъ Румынскихъ святыхъ. Соборъ всѣхъ Чешскихъ святыхъ.
На веч.: 1) Исаіи **43**, 9-14. 2) Прем. Сол. **3**, 1-9. 3) Прем. Сол. **5**, 15 — **6**, 3.
Утр.: Еван. 2-е: Марк. (зач. 70) **16**, 1-8.
ряд.: Рим. (зач. 81 отъ полу) **2**, 10-16: Матѳ. (зач. 9) **4**, 18-23.
Святымъ: Евр. (зач. 330) **11**, 33—**12**, 2: Матѳ. (зач. 10) **4**, 25— **5**, 12.

Іюнь

Понедѣльникъ

2/15 **Седмица 3-я по Пятидесятницѣ.** Свят. Никифора исп., патр. Константинопольскаго (828). Священномуч. Поѳина, еп. Ліонскаго и съ нимъ муч. Бландина и др. (177). Священномуч. Еразма Охридскаго (303). Свят. Одо, архіеп. Кентерберійскаго (959). Свят. Никифора, еп. Милетскаго (XI). Великомуч. Іоанна Сочавскаго (1330). Благов. кн. Андрея Нижегородскаго (1365). Муч. Димитрія Филадельфійскаго (1657). Муч. Константина изъ агарянъ (1819). Обрѣт. мощей прав. Іуліаніи, кн. Вяземскія, Новоторжскія (1819). Иконы Божіей Матери «Кіево-Братскія».

ряд.: Рим. (зач. 94) **7**, 1-13: Матѳ. (зач. 34) **9**, 36 — **10,** 8.

Вторникъ

3/16 Муч. Лукилліана и съ нимъ 4-хъ отроковъ: Клавдія, Ипатія, Павла, Діонисія и Павлы дѣвы (ок. 270). Священномуч. Лукіана еп. и съ нимъ: Максіана пресв., Іуліана діак., Маркеллина и Сатурнина (ок. 86). Преп. Іеріи Сирискія (ок. 320). Свят. Ахиллы, патр. Александрійскаго (313). Прав. Клотильды, королевы Франціи (545). Преп. Кевина, игум. Глендалохскаго (618). Преп. Аѳанасія чуд. Виѳинскаго (925). Преп. Димитрія Прилуцкаго (1392). Перенесеніе мощей муч. царевича Димитрія Московскаго (1606). Священномуч. Іосифа, митр. Ѳессалоникійскаго (1821). Преподобномуч. Кипріана (Нелидова) (1934). Священномуч. Михаила (Маркова) пресв. (1938).

ряд.: Рим. (зач. 95) **7**, 14 — **8**, 2: Матѳ. (зач. 35) **10**, 9-15.

Среда

4/17 Свят. Митрофана, 1-го патр. Константинопольскаго (326). Свв. мѵроносицъ Марѳы и Маріи, сестеръ Лазаря (I). Мучч. Фронтасія, Северина, Северіана и Силана (I). Священномуч. Астія, еп. Диррахійскаго (98). Муч. Конкордія Туисскаго (ок. 175). Свят. Тита, еп. Византійскаго (III). Священномуч. Кирина, еп. Сиськаго (309). Свят. Оптата, еп. Мелевитскаго (376). Преп. Алонія Египетскаго (V). Преп. Зосимы Киликійскаго, еп. Вавилона Египетскаго (VI). Преподобномуч. Іоанна игум. Монагрійскаго (761). Преп. Софіи Фракійскія (XI). Преп. Меѳодія Пѣшношскаго (1392). Препп. Елеазара и Назарія Олонецкихъ чуд. (XV). Священномуч. Петра (Бѣляева) пресв. (1918). Священномуч. Іоанникія, митр. Черногорскаго (1941). Священномуч. Саввы, еп. Горне-Карловацкаго (1941). Обрѣт. мощей

Іюнь

священномуч. Петра, архіеп. Воронежскаго (1999).

ряд.: Рим. (зач. 96) **8,** 2-13: Матѳ. (зач. 36) **10,** 16-22.

Четвергъ

5/18 Священномуч. Дороѳея, еп. Тирскаго (362). Мучч. Маркіана, Никандра, Иперехія, Аполлона, Леонида, Арія, Горгія, Селинія, Иринія и Памвона (305-311). Свят. Иллидія, еп. Клермонскаго (385). Преп. Анувія, исп., пустынника Египетскаго (V). Преп. Ѳеодора чуд., пустынника Іорданскаго (583). Преп. аввы Дороѳея Палестинскаго (VI). Преп. Дороѳея Хиліокамскаго (XI). Перенесеніе мощей блаж. Игоря-Георгія, въ мон. Гавріила, вел. кн. Черниговскаго и Кіевскаго (1150). Свят. Константина, митр. Кіевскаго (1159). Благ. кн. Ѳеодора Ярославича, Новгородскаго (1233). Преп. Петра Коришскаго (XIII). Препп. Агапита и Никодима Ватопедскихъ (XIV). Обрѣт. мощей препп. Вассіана и Іоны Пертоминскихъ (1599). Муч. Марка Смирнскаго (1801). Священномуч. Михаила (Вотякова) пресв. (1931). Священномуч. Николая (Рюрикова) пресв. (1943). Мучч. Христофора и Конона Римскихъ. Иконъ Божіей Матери «Игоревскія» и «Свято-Крестовскія».

ряд.: Рим. (зач. 98) **8,** 22-27: Матѳ. (зач. 37) **10,** 23-31.

Пятница

6/19 Преп. Виссаріона Египетскаго (466). Свят. Іуста, патр. Александрійскаго (130). Препмучцц. дѣвъ: Архелаи, Ѳеклы и Сусанны Салернскихъ (293). Мучч. Аманда, Луція, Александра и Авальда Нивидунскихъ (IV). Свят. Іарлафа, еп. Туамскаго (ок. 550). Свят. Клавдія, еп. Бѣзансонскаго (699). Преп. Иларіона Далматскаго (845). Обрѣт. мощей преп. Варлаама Хутынскаго (1452). Свят. Іоны, еп. Пермскаго-Устьвымскаго (1470). Преп. Паисія Угличскаго (1504). Преп. Іоны Климецкаго (1534). Преп. Рафаила (Шейченко) исп. (1957). Иконы Божіей Матери «Пименовскія».

ряд.: Рим. (зач. 101) **9,** 6-19: Матѳ. (зач. 38) **10,** 32-36; **11,** 1.

Суббота

7/20 Священномуч. Ѳеодота Анкирскаго (303). Свят. Анаклета, еп. Римскаго (I). Мучцц. Есіи и Сосанны (I). Священномуч. Маркеллина, еп. Римскаго и съ нимъ Клавдія, Кирина и Антонина (304). Мучц. Потаміены Александрійскія (304). Мучцц. Киріакіи, Калеріи и Маріи Кесаріи Палестинскія (304). Священномуч. Маркелла, еп. Римскаго и съ нимъ мучч. Сисинія и Киріака діаконовъ, Смарагда, Ларгія, Апроніана, Сатурнина, Папія, Мавра и Крискентіана, и свв. мучцц. женъ Прискиллы, Лукины и Артеміи царевны (309). Преп. Даніила Скитскаго (420). Свят. Колмана, еп. Дроморскаго (VI). Преп. Антонія Кенскаго (1592). Препп. Герасима и Ѳаддея Луховскихъ (XVI). Преп. Паисія Кефалонскаго (1888). Священномучч. Андроника, архіеп. Пермскаго, Александра (Махетова), Александра (Осетрова), Александра (Преображенскаго), Валентина (Бѣлова), Веніамина (Луканина), Виктора (Никифорова), Владиміра (Бѣлозерова), Игнатія (Якимова), Михаила (Денисова), Николая (Конюхова), Николая (Онянова), Николая (Рождественскаго), Павла (Аношкина) и Павла (Соколова), пресвв., Григорія (Смирнова) діакона, мучч. Аѳанасія (Жуланова) и Александра (Зуева) (1918). Священномуч. Петра (Кузнецова) пресв. (1919). Прославленіе блаж. Павла Таганрогскаго (1999). Соборъ святыхъ Ивановской митрополіи.

ряд.: Рим. (зач. 85) **3**, 28 — **4**, 3: Матѳ. (зач. 24) **7**, 24 — **8**, 4.

Воскресеніе
8/21 **Недѣля 3-я по Пятидесятницѣ.** Гласъ 2-й.
Перенесеніе мощей великомуч. Ѳеодора Стратилата (IV). Мучч. Никандра и Маркіана Доростольскихъ (ок. 303). Преп. Меланіи старицы (410). Преп. Аѳра Египетскаго (V). Свят. Ефрема, патр. Антіохійскаго (545). Свят. Медарда, еп. Нуайонскаго (558). Преп. Зосимы Финикійскаго (VI). Муч. Павла Каіюмскаго (766). Преп. Навкратія Студійскаго (848). Свят. Ѳеодора, еп. Суздальскаго (ок. 1043). Преп. Ѳеофила Лужскаго (1412). Обрѣт. мощей благов. кнн. Василія и Константина Ярославскихъ (1501). Муч. Ѳеофана Константинопольскаго (1559). Священномуч. Ѳеодора Квелтскаго (1609). Священномуч. Григорія (Златорунского) пресв. (1918). Соборъ новомучениковъ Турецкаго ига. Соборъ Новгородскихъ святыхъ. Соборъ Бѣлорусскихъ святыхъ. Соборъ Псковскихъ святыхъ. Соборъ Санктъ-Петербургскихъ и Ладожскихъ святыхъ. Соборъ Вологодскихъ святыхъ. Соборъ Одесскихъ святыхъ. Соборъ святыхъ Чувашской митрополіи. Соборъ Удмуртскихъ святыхъ. Иконъ Божіей Матери «Ярославскія» и «Урюпинскія».

Утр.: Еван. 3-е: Марк. (зач. 71) **16**, 9-20.

ряд.: Рим. (зач. 88) **5**, 1-10: Матѳ. (зач. 18) **6**, 22-23.

Муч.: 2 Тим. (зач. 292) **2**, 1-10: Матѳ. (зач. 36) **10**, 16-22.

Іюнь 73

Понедѣльникъ
9/22 **Седмица 4-я по Пятидесятницѣ.** Свят. Кирилла, архіеп. Александрійскаго (444). Мучцц. Ѳеклы, Марѳы и Маріи въ Персіи (346). Преп. Колумбы Іонскаго (597). Преп. Байтена Тирійскаго (600). Преп. Іоанна Шавтели, еп. Гаенатскаго (XIII). Преп. Кирилла Бѣлозерскаго (1427). Преп. Александра, игум. Куштскаго (1439). Преп. Рафаила Агапійскаго (1645). Прав. Алексія (Мечева), пресв. Московскаго (1923). Обрѣт. мощей преп. Рафаила (Шейченко) исп. (2005). Иконы Божіей Матери «Коломенскія».
ряд.: Рим. (зач. 102) **9,** 18-33: Матѳ. (зач. 40) **11,** 2-15.
Свят.: Евр. (зач. 334) **13,** 7-16: Матѳ. (зач. 11) **5,** 14-19.

Вторникъ
10/23 Священномуч. Тимоѳея, еп. Прусскаго (363). Мучч. Александра и Антонины дѣвы (ок. 313). Преп. Ѳеофана Антіохійскаго (369). Преп. Пансеміи Сирійскія (369). Свят. Астерія, еп. Петрскаго (IV). Свят. Вассіана, еп. Лавдійскаго (409). Преп. Канида Каппадокійскаго (460). Преп. Силуана схимника Печерскаго (XIV). Обрѣт. мощей свят. Василія, еп. Рязанскаго (1609). Свят. Іоанна, митр. Тобольскаго (1715). Преп. Ѳамари (Марджановой) исп. (1936). Священномуч. Тимоѳея (Ульянова) пресв. (1940). Муч. Неаникса мудраго Александрійскаго. Соборъ святыхъ Тобольскія митрополіи. Соборъ Рязанскихъ святыхъ.
ряд.: Рим. (зач. 104) **10,** 11 — **11,** 2: Матѳ. (зач. 41) **11,** 16-20.

Среда
11/24 **Апостоловъ Варѳоломея (I) и Варнавы (I).** Преп. Варнавы Ветлужскаго (1445). Преп. Вассіана Угличскаго (1509). Перенесеніе мощей преп. Ефрема Новоторжскаго (1572). Перенесеніе мощей преп. Аркадія Вяземскаго (1677). Священномуч. Митрофана пресв. и иже съ нимъ мучениковъ многихъ въ Китаѣ (1900). Иконъ Божіей Матери «Достойно есть» и «Абульскія».
Утр.: Іоан. (зач. 67) **21,** 15-25.
ряд.: Рим. (зач. 105) **11,** 2-12: Матѳ. (зач. 42) **11,** 20-26.
Апп.: Дѣян. (зач. 28) **11,** 19-26, 29-30: Лук. (зач. 51) **10,** 16-21.

Четвергъ
12/25 Преп. Онуфрія Великаго (400). Преп. Петра Аѳонскаго (734). Свят. Амфіана исп., еп. Киликійскаго (ок. 310). Препп. пустынножителей: Іоанна, Андрея,Ираклемона и Ѳеофила Египетскихъ (IV). Свят. Олимпія исп., еп. Ѳракійскаго (IV). Преп.

Тимоѳея Египетскаго (IV). Преп. Іоанна Аѳонскаго (1005). Преп. Арсенія Коневскаго (1447). Преп. Онуфрія Мальскаго (1492). Преп. Стефана Комельскаго (1542). Препп. Вассіана и Іоны Соловецкихъ (1561). Преп. Онуфрія, игум. Катромскаго (XVI). Препп. Онуфрія и Авксентія Вологодскихъ (XVI). Обрѣт. мощей благов. кн. Анны Кашинскія (1650). Обрѣт. мощей блаж. Іоанна Московскаго, Христа ради юрод. (1672).

ряд.: Рим. (зач. 106) **11**, 13-24: Матѳ. (зач. 43) **11**, 27-30.

Преп.: Гал. (зач. 213) **5**, 22 — **6**, 2: Матѳ. (зач. 43) **11**, 27-30.

Пятница
13/26 Мучц. Акилины Финикійскія (293). Свят. Трифиллія, еп. Левкусіи Кипрскія (ок. 370). Мучц. Антонины (ок. 305). Свят. Антипатра, еп. Бостры Аравійской (V). Преп. Анны (826) и сына ея Іоанна (IX). Препп. Андроника (ок. 1395), Саввы (1410) и Александра (по 1427) Московскихъ. Священномуч. Анѳима, митр. Унгро-Валахійскаго (1716). Преп. Александры Дивѣевскія (1789). Священномуч. Алексія (Архангельскаго) пресв. (1918). Священномуч. Димитрія (Смирнова) пресв. (1940). Мучц. Пелагіи (Жидко) (1944). Обрѣт. мощей преподобномуч. Николая Лесбосскаго (1960). Соборъ новомучч. и испп. Запорожскихъ.

ряд.: Рим. (зач. 107) **11**, 25-36: Матѳ. (зач. 44) **12**, 1-8.

Суббота
14/27 Прор. Елиссея (IX в. до Р.Х.). Свят. Меѳодія, патр. Константинопольскаго (847). Преп. Іулитты (Юліи) Тавенскія (IV). Свят. Іоанна, митр. Евхаитскаго (1100). Благов. кн. Мстислава-Георгія Новгородскаго (1180). Преп. Саввы Ватопедскаго (1349). Преп. Меѳодія, игум. Пѣшношскаго (1392). Преп. Нифонта Аѳонскаго (1411). Преп. Елиссея Сумскаго (XVI). Священномучч. Іосифа (Сикова) и Димитрія (Семенова) пресвв. (1918). Священномучч. Александра (Парусникова), Николая (Виноградова), Павла (Иванова) пресвв. и Николая (Запольскаго) діакона (1938). Обрѣтеніе мощей священномуч. Владиміра, митроп. Кіевскаго (1992). Соборъ Дивѣевскихъ святыхъ.

Прор.: Іак. (зач. 57) **5**, 10-20: Лук. (зач. 14) **4**, 22-30.

ряд.: Рим. (зач. 92) **6**, 11-17: Матѳ. (зач. 26) **8**, 14-23.

Воскресеніе
15/28 **Недѣля 4-я по Пятидесятницѣ. Гласъ 3-й.**
Прор. Амоса (VIII в. до Р.Х.). **Свят. Іоны, митр. Московскаго (1461).** Апп. Ахаика и Фортуната отъ 70-ти (I). Свят. Кердона, патр. Александрійскаго (106). Муч. Исихія

Іюнь

воина и двухъ иныхъ (ок. 302). Мучч. Вита, Модеста и Крискентіи (ок. 303). Муч. Дулы Киликійскаго (ок. 315). Преп. Орсисія Тавенисіотскаго (IV). Мучц. Леониды Сирійскія (IV). Преп. Іеронима Стридонскаго (420). Блаж. Августина, еп. Иппонійскаго (430). Преп. Авраамія Клермонскаго (480). Преп. Дулы страстотерпца Египетскаго (V). Свят. Михаила, митр. Кіевскаго (992). Перенесеніе мощей преп. Ѳеодора Сикеота (IX). Свят. Спиридона пѣснописца, патр. Сербскаго (1389). Великомуч. Лазаря, царя Сербскаго (1389). Свят. Ефрема, патр. Сербскаго (1400). Свят. Симеона, архіеп. Новгородскаго (1421). Обрѣт. мощей (1524) препп. Григорія (1392) и Кассіана (1392) Авнежскихъ. Священномуч. Амоса (Иванова) пресв. (1919). Свят. Гликерія, митр. Слатіоарскаго (1985). Соборъ Сербскихъ мучениковъ. Соборъ Псково-Печерскихъ преподобныхъ.

Утр.: Еван. 4-е: Лук. (зач. 112) **24**, 1-12.

ряд.: Рим. (зач. 93) **6**, 18-23: Матѳ. (зач. 25) **8**, 5-13.

Свят.: Евр. (зач. 318) **7**, 26 — **8**, 2: Іоан. (зач. 36) **10**, 9-16.

Понедѣльникъ

16/29 **Седмица 5-я по Пятидесятницѣ.** Свят. Тихона, еп. Амаѳунтскаго (425). Мучч. Тигрія пресвитера и Евтропія чтеца (ок. 404). Преп. Тихона Медынскаго, Калужскаго (1492). Преп. Тихона Луховскаго (1503). Преп. Никифора Калужскаго (XVI). Преподобномуч. Кайхосро Грузинскаго (1612). Преп. Моисея Оптинскаго (1862). Священномучч. Ермогена, еп. Тобольскаго, Ефрема (Долганова), Михаила (Макарова), Петра (Корелина) пресвв. и муч. Константина (Минятова) (1918). Перенесеніе мощей свят. Ѳеофана, затворника Вышенскаго (2002).

ряд.: Рим. (зач. 109) **12**, 4-5, 15-21: Матѳ. (зач. 45) **12**, 9-13.

Вторникъ

17/30 Мучч. Мануила, Савела и Исмаила Персидскихъ (362). Прав. Соломона, царя Израильскаго (X в. до Р.Х.). Священномуч. Филонида, еп. Курійскаго (ок. 306). Препп. Іосифа и Піора, учениковъ преп. Антонія Великаго (IV). Преподобномуч. Нектана, Хартландскаго (VI). Муч. Шалвы Ахалтихскаго и 10,000 мучч. Грузинскихъ (1227). Обрѣт. мощей правв. братьевъ Алфановыхъ: Никиты, Кирилла, Никифора, Климента и Исаака (1562). Преп. Ананіи Новгородскаго (1581). Священномуч. Аверкія (Сѣверовостокова) пресв. (1918). Преподобномуч. Максима (Попова) исп. (1934). Священномуч. Милана (Поповича), пресв. Рманьскаго (1941). Мучц. Пелагіи (Балакиревой) (1943).

ряд.: Рим. (зач. 114) **14,** 9-18: Матѳ. (зач. 46) **12,** 14-16, 22-30. Мучч: Ефес. (зач. 233) **6,** 10-17: Лук. (зач. 106) **21,** 12-19.

Среда
18/1іл. Муч. Леонтія Финикійскаго и съ нимъ Ипатія и Ѳеодула (73). Муч. Еѳерія Никомидійскаго (305). Преп. Марины дѣвы Виѳинскія (VIII). Преп. Леонтія отрока, канонарха Печерскаго (XIV). Преп. Леонтія прозорливаго Аѳонскаго (ок. 1580). Священномучч. Александра (Крутицкаго), Василія (Крылова), Василія (Смирнова) и Сергія (Кроткова) пресвв. и преподобномуч. Никанора (Морозкина) (1938). Обрѣт. мощей священномуч. Виктора, еп. Глазовскаго (1997). Иконъ Божіей Матери «Боголюбскія» и «Пюхтицкія» именуемой «У источника».

ряд.: Рим. (зач. 117) **15,** 7-16: Матѳ. (зач. 48) **12,** 38-45. Муч.: Дѣян. (зач. 29) **12,** 1-11: Іоан. (зач. 52) **15,** 17 — **16,** 2.

Четвергъ
19/2 **Апостола Іуды, брата Господня по плоти (ок. 80).** Св. мѵроносицы Маріи Іаковлевой (I). Муч. Зосимы воина Аполлоніадскаго (116). Преп. Зинона Египетскаго (IV). Преп. Паисія Великаго (400). Преп. Іоанна, отшельника Іерусалимскаго (586). Преп. Ромуальда Камальдолійскаго (1027). Преп. Варлаама Шенкурскаго (1462). Свят. Іова, патріарха Московскаго (1607). Преп. Паисія Хилендарскаго (XVIII). Свят. Іоанна, архіеп. Шанхайскаго и Санъ-Францисскаго (1966).

Утр.: Апостолу: Іоан. (зач. 67) **21,** 15-25.
ряд.: Рим. (зач. 118) **15,** 17-29: Матѳ. (зач. 49) **12,** 46 — **13,** 3. Апост.: Іуды (зач. 77) **1,** 1-25: Іоан. (зач. 48 отъ полу) **14,** 21-24.

Пятница
20/3 Священномуч. Меѳодія, еп. Патарскаго (312). Перенесеніе мощей мучч. Инны, Пинны и Риммы скиѳовъ (II). Мучч. Павла, Киріака, Павлы, Феликиланы, Ѳомы, Феликса, Мартирія, Виталія, Криспина и Емилія Томійскихъ (290). Мучч. Аристоклія пресв., Димитріана діак. и Аѳанасія чтеца (306). Свят. Левкія, еп. Врунтисіопольскаго (V). Преп. Студія, основателя Студійскаго мон. (V). Преп. Наума Охридскаго (910). Свят. Мины, еп. Полоцкаго (1116). Благов. князя Глѣба Андреевича, Владимірскаго (1175). Преп. Каллиста, патр. Константинопольскаго (1363). Свят. Николая Кавасила, еп. Диррахійскаго (1397). Перенесеніе мощей свят. Гурія, архіеп.

Іюнь

Казанскаго (1630). Священноисп. Николая (Флорова) пресв. (1933). Обрѣт. мощей священномуч. Рафаила Лесвійскаго (1959). Преп. Каллиста византіанина и 2-хъ пустынниковъ. Иконы Божіей Матери «Моденскія».

ряд.: Рим. (зач. 120) **16,** 1-6: Матѳ. (зач. 50) **13,** 4-9.

подъ зач.: Рим. (зач. 97) **8,** 14-21: Матѳ. (зач. 30) **9,** 9-13.

Суббота

21/4 **Свят. Іоанна, архіеп. Шанхайскаго и Санъ-Францисскаго (1966).** Муч. Іуліана Тарсійскаго (ок. 305). Священномуч. Терентія (Тертія), еп. Иконійскаго (I). Препп. Іулія пресв. (391) и Іуліана діакона (400). Муч. Арчила II-го, царя Иверскаго (744). Преп. Анастасіи, матери свят. Саввы Сербскаго (1200). Муч. Луарсаба II-го, царя Карталинскаго (1622). Муч. Никиты Нисиросскаго (1792). Священномуч. Іоанна (Будрина) пресв. (1918). Преп. Георгія (Лаврова) исп. (1932). Священномучч. Алексія (Скворцова), Николая (Розанова) и Павла (Успенскаго) пресвв. и преподобномуч. Іоны (Санкова) (1938). Муч. Никиты (Сухарева) (1942). Обрѣт. мощей преп. Максима Грека (1996). Муч. Афродисія Киликійскаго.

Веч.: 1) Притч. **10,** 7, 6; **3,** 13-16; **8,** 6, 34-35, 4, 12, 14, 17, 5-9; **1,** 23; **15,** 4. 2) Притч. **10,** 31-32; **11,** 1-2, 4, 3, 5-12. 3) Прем. Сол. **4,** 7-15.

Утр.: Свят.: Іоан. (зач. 35 отъ полу) **10,** 1-9.

Свят.: Евр. (зач. 318) **7,** 26 — **8,** 2: Іоан. (зач. 36) **10,** 9-16

Воскресеніе

22/5 **Недѣля 5-я по Пятидесятницѣ. Гласъ 4-й.**

Священномуч. Евсевія, еп. Самосатскаго (380). Мучч. Зинона и слуги его Зины (304). Муч. Албана Веруламскаго (ок. 305). Свят. Аѳанасія, еп. Хитрскаго (IV). 1480 мучч. въ Самаріи (ок. 615). Преп. Василія, игум. Пателарійскаго (IX). Свят. Григорія, митр. Валашскаго (1834). Священномучч. Ѳеодора (Смирнова) и Гавріила (Архангельскаго) діаконовъ (1938). Мучч. Помпіона, Галактіона, Сатурнина и Іуліаніи Константинопольскихъ. Иконы Божіей Матери «Коробейниковскія-Казанскія».

Утр.: Еван. 5-е: Лук. (зач. 113) **24,** 12-35.

ряд.: Рим. (зач. 103) **10,** 1-10: Матѳ. (зач. 28) **8,** 28 — **9,** 1.

Понедѣльникъ

23/6 **Седмица 6-я по Пятидесятницѣ.** Мучц. Агрипины Римляныни (ок. 253). **Срѣтеніе Владимірскія иконы Божіей Матери (1480).** Мучч. Евстохія, Гаія, Провія, Лоллія, Урвана

Іюнь

и иже съ ними (300-305). Преп. Эѳельдреды Элійскія (679). Прав. отрока Артемія Веркольскаго (1545). Прав. Параскевы дѣвы Переминскія (XVI). Препп. Іосифа (1612), Антонія и Іоанникія (XVII) Вологодскихъ. Перенесеніе мощей свят. Германа, архіеп. Казанскаго (1714). Священномучч. Александра (Миропольскаго), Алексія Введенскаго) и Петра (Смородинцева) пресв. (1918). Священномучч. Митрофана, архіеп. Астраханскаго и Леонтія еп. Енотаевскаго (1919). Соборъ Владимірскихъ святыхъ. Иконъ Божіей Матери «Заоникіевскія» и «Псково-Печерскія» именуемой «Умиленіе».

Утр.: Лук. (зач. 4) **1**, 39-49, 56.

ряд.: Рим. (зач. 121) **16**, 17-24: Матѳ. (зач. 51) **13**, 10-23.

подъ зач..: 1 Кор. (зач. 122) **1**, 1-9: Матѳ. (зач. 52) **13**, 24-30.

Богородицы: Филип. (зач. 240) **2**, 5-11: Лук. (зач. 54) **10**, 38-42; **11**, 27-28.

Вторникъ

24/7 Рождество Предтечи и Крестителя Господня Іоанна.

Мучч. Орентія, Фарнакія, Ероса, Фирмоса, Фирмина, Киріака и Лонгина (III-IV). Свят. Никиты, еп. Ремесіанскаго (ок. 420). Преп. Іоанна отшельника, Богемскаго (904). Преп. Антонія Дымскаго (ок. 1224). Преп. Іоанна Яренгскаго (Соловецкаго) (1561). Правв. отроковъ Іакова (1566) и Іоанна (1569) Менюжскихъ. Перенесеніе мощей благов. вел. кн. Михаила Тверскаго (1320). Великомуч. Іоанна Сочавскаго (1330). Муч. Панагіота Кесарійскаго (1765). Свят. Герасима, еп. Астраханскаго (1880).

На веч.: 1) Быт.: **17**, 15-17, 19; **18**, 11-14; **21**, 1-2, 4-8. 2) Суд.: **13**, 2-8, 13-14, 17-18, 21. 3) Исаіи: **40**, 1-3, 9; **41**, 17-18; **45**, 8: **48**, 20-21; **54**, 1.

Утр.: Лук. (зач. 3) **1**, 24-25, 57-68, 76, 80.

Предтечи: Рим. (зач. 112) **13**, 11 — **14**, 4: Лук. (зач. 1) **1**, 1-25, 57-68, 76, 80.

Среда

25/8 Преподобномуч. Февроніи дѣвы (ок. 304). Мучцц. Лениды, Ливіи и Евтропіи Сирійскихъ (ок. 305). Преп. Симеона Синайскаго (V). Благов. кнн. Петра, въ монашествѣ Давида и княгини Февроніи въ мон. Евфросиніи, Муромскихъ чудотворцевъ. (1228). Препп. Діонисія (ок. 1389) и Дометія (ок. 1405) Аѳонскихъ. Преп. Далмата Исетскаго (1697). Преподобномуч. Прокопія Смирнскаго (1810).

Іюнь

Священномуч. Василія (Милицына) пресв. (1918). Преп. Никона исп., Оптинскаго (1931). Священномуч. Василія (Протопопова) пресв. (1940).
ряд.: 1 Кор. (зач. 127) **2,** 9—**3,** 8. Матѳ. (зач. 53) **13,** 31-36.
Препмучц. 2 Кор. (зач. 181) **6,** 1-10: Лук. (зач. 33) **7,** 36-50.

Четвергъ

26/9 Преп. Давида Солунскаго (540). **Явленіе иконы Божіей Матери «Тихвинскія».** Мучч. Галликана патрикія, Іоанна и Павла Римлянина (361-363). Свят. Іоанна, еп. Готѳскаго (ок. 800). Муч. Пелагія Кордувійскаго (924). Свят. Діонисія, архіеп. Суздальскаго (1385). Обрѣт. мощей преп. Тихона Луховскаго, Костромскаго (1569). Преподобномуч. Давида Аѳонскаго (1813). Священномуч. Георгія (Степанюка) пресв. (1918). Иконъ Божіей Матери «Нямецкія», «Седміезерныя» и «Лиддскія».
Утр.: Лук. (зач. 4) **1,** 39-49, 56.
ряд.: 1 Кор. (зач. 129) **3,** 18-23: Матѳ. (зач. 54) **13,** 36-43.
Богородицы: Филип. (зач. 240) **2,** 5-11: Лук. (зач. 54) **10,** 38-42; **11,** 27-28.

Пятница

27/10 Преп. Сампсона странопріимца (ок. 530). Св. Іоанны мѵроносицы (I). Муч. Анекта Кесарійскаго (304). Преп. Севира пресв. Валерійскаго (VI). Преп. Георгія Иверскаго, Святогорца (1065). Преп. Мартина Туровскаго (1150). Преп. Серапіона Кожеезерскаго (1611). Священномуч. Кирилла, патр. Константинопольскаго (1638). Священномуч. Киріона, католикоса-патріарха Грузинскаго (1918). Священномучч. Александра (Сидорова), Владиміра (Сергѣева) и Григорія (Никольскаго) пресвв. (1918). Священномуч. Петра (Остроумова) пресв. (1939). Обрѣт. мощей препп. Амвросія, Льва, Макарія, Иларіона, Анатолія (старшаго), Варсанофія и Анатолія (младшаго) Оптинскихъ (1998). Священномуч. Піерея, пресв. Антіохійскаго.
ряд.: 1 Кор. (зач. 130 отъ полу) **4,** 5-8: Матѳ. (зач. 55) **13,** 44-54.
Преп.: Гал. (зач. 213) **5,** 22 — **6,** 2: Лук. (зач. 67) **12,** 32-40.

Суббота

28/11 Перенесеніе мощей безсребренниковъ и чудотворцевъ Кира и Іоанна (412). Преп. Австолла Корнуэльскаго (VI). Преп. Павла врача Коринѳскаго (VII). Преп. Сергія магистрата Критскаго (IX). Преп. Ксенофонта, игум. Робейскаго (1262). Препп. Сергія и Германа Валаамскихъ чудотв. (ок. 1353).

Священномуч. Василія (Сытникова) діакона (1918). Преподобномучц. Севастіаны (Агеева-Зуевой) (1938). Священномуч. Григорія (Самарина) діакона (1940). Иконы Божіей Матери «Троеручицы».

Безср.: 1 Кор. (зач. 153) **12,** 27 — **13,** 8: Матѳ. (зач. 34 отъ полу) **10,** 1, 5-8.

ряд.: Рим. (зач. 100) **9,** 1-5: Матѳ. (зач. 32) **9,** 18-26.

Воскресеніе
29/12 **Недѣля 6-я по Пятидесятницѣ.** Гласъ. 5-й.
Свв. Первоверховныхъ Апостоловъ Петра и Павла (ок. 67).

Преподобномучч. Неофита (1558), Іоны (1561), Неофита (1609), Іоны (1635) и Парѳенія (1696) Липсійскихъ. Обрѣт. мощей преп. Никандра Псковскаго (1686). Преп. Паисія Святогорца (1994).

На веч.: 1) 1 Петр. (зач. 58 отъ полу) **1,** 3-9. 2) 1 Петр. (зач. 58 отъ полу) **1,** 13-19. 3) 1 Петр. (зач. 58 отъ полу) **2,** 11-24.

Утр.: Еван. 6-е: Лук. (зач. 114) **24,** 36-53.

ряд.: Рим. (зач. 110) **12,** 6-14: Матѳ. (зач. 29) **9,** 1-8.

Апп.: 2 Кор. (зач. 193) **11,** 21 — **12,** 9: Матѳ. (зач. 67) **16,** 13-19.

Понедѣльникъ
30/13 **Седмица 7-я по Пятидесятницѣ.** *Соборъ 12-ти Апостоловъ:* Петра, Андрея, Іакова Зеведеева. Іоанна брата его, Филиппа, Варѳоломея, Ѳомы, Матѳея, Іакова Алфеева, Іуды Іаковлева или Ѳаддея, Симона Зилота и Матѳія. Благов. царицы Динары Грузинскія (X). Благ. кн. Андрея Боголюбскаго (1175). Преп. Петра, царевича Ордынскаго, Ростовскаго (1290). Свят. Геласія Рымецкаго, еп. Трансильванскаго (XVI). Муч. Михаила Аѳинскаго (1770). Прав. Стефана Омскаго (1877). Прославленіе свят. Софронія, еп. Иркутскаго (1918). Священномучч. Алексія (Введенскаго) и Тимоѳея (Петропавловскаго) пресвв. и преподобномуч. Никандра (Прусака) (1918). Преподобномуч. Ѳеогена (Козырева) (1939). Муч. Александра (Шмореля) Мюнхенскаго (1943). Муч. Іоанна (Демидова) (1944). Обрѣт. мощей преп. Иларіона Троекуровскаго (1999). Соборъ Биробиджанскихъ святыхъ. Иконъ Божіей Матери «Балыкинскія» и «Горбаневскія».

ряд.: 1 Кор. (зач. 134) **5,** 9 — **6,** 11: Матѳ. (зач. 56) **13,** 54-58.

Апп.: 1 Кор. (зач. 131) **4,** 9-16: Марк. (зач. 12) **3,** 13-19.

Дни недѣли	Іюль	День имѣетъ 14 ч.
		а ночь 10 ч.

Вторникъ
1/14 Безсребренниковъ Космы и Даміана Римскихъ (284). Муч. Потита отрока Гаргарскаго (II). Мучч. Іулія и Аарона Уэльскихъ (304). Свят. Галла, еп. Клермонскаго (551). Преп. Епархія Ангулемскаго (581). Свят. Сервана, еп. Калросскаго (VI). Преп. Петра Константинопольскаго (854). Преп. Василія Каппадокійскаго (X). Перенесеніе мощей преп. Іоанна Рыльскаго (1469). Свят. Леонтія Радовецкаго (XV). Преп. Ангелины, депотиссы Сербскія (1520). Преп. Никодима Святогорца (1809). Священномуч. Аркадія (Гаряева) пресв. (1918). Священномуч. Алексія (Дроздова) діакона (1942). Иконы Божіей Матери «Валаамскія».
ряд.: 1 Кор. (зач. 136) **6,** 20 — **7,** 12: Матѳ. (зач. 57) **14,** 1-13.
Безср.: 1 Кор. (зач. 153) **12,** 27 — **13,** 8: Матѳ. (зач. 34 отъ полу) **10,** 1, 5-8.

Среда
2/15 *Положеніе ризы Пресвятыя Богородицы во Влахернѣ (V).* Свят. Іувеналія, патр. Іерусалимскаго (ок. 458). Преп. Монегунды Шартрскія (530). Свят. Фотія, митр. Кіевскаго (1431). Благов. кн. Стефана великаго, Молдавскаго (1504). Муч. Лампра Макрійскаго (1835). Иконъ Божіей Матери «Ахтырскія», «Пожайскія», «Турковицкія» и «Ѳеодотьевскія».
ряд.: 1 Кор. (зач. 137) **7,** 12-24: Матѳ. (зач. 60) **14,** 35 — **15,** 11.
Богородицѣ: Евр. (зач. 320) **9,** 1-7: Лук. (зач. 54) **10,** 38-42; **11,** 27-28.

Іюль

Четвергъ
3/16 Муч. Іакинѳа Кесаріи Каппадокійскія (108). Мучч. Діомида, Евлампія, Асклипіодота и мучц. Голиндухи (108). **Перенесеніе мощей священномуч. Филиппа, митр. Московскаго (1652).** Свят. Клавдіана, патр. Александрійскаго (167). Святт. Анатолія и Евсевія, епп. Лаодикійскихъ (III). Мучч. Мокія и Марка (IV). Преп. Александра, первонач. обители Неусыпающихъ (ок. 430). Свят. Анатолія, патр. Царьградскаго (458). Свят. Германа, еп. Мэнскаго (ок. 474). Преп. Исаіи отшельника (ок. 489). Преп. Георгія Богоносца, съ Черной Горы (1068). Преп. Анатолія Печерскаго (XII). Благов. князей Василія (1249) и Константина (1257) Ярославскихъ. Свят. Василія, еп. Рязанскаго (1295). Преп. Анатолія (иного) затворника Печерскаго (XIII). Свят. Василія Калики, архіеп. Новгородскаго (1352). Препп. Іоанна и Лонгина Яренскихъ (1544-5). Блаж. Іоанна, Христа ради юрод., Московскаго (1589). Преп. Никодима Кожеезерскаго (1640). Блажж. Михаила, Иродіона, Василія и Ѳомы, Христа ради юродд. Солвычегодскихъ (XVII). Преп. Іоакима Нотенскаго (XVII). Преподобномуч. Герасима новаго, Карпенисійскаго (1812). Блаж. Евфросиніи Колюпановскія, Христа ради юродивыя (1855). Священномуч. Антонія, архіеп. Архангельскаго (1931). Обрѣт. мощей священномуч. Сильвестра, архіеп. Омскаго (2005).

Утр.: Лук. (зач. 24) **6,** 17-23.
ряд.: 1 Кор. (зач. 138) **7,** 24-35: Матѳ. (зач. 61) **15,** 12-21.
подъ зач.: 1 Кор. (зач. 139) **7,** 35 — **8,** 7: Матѳ. (зач. 63) **15,** 29-31.
Свят.: Евр. (зач. 335) **13,** 17-21: Іоан. (зач. 36) **10,** 9-16.

Пятница
4/17 Свят. Андрея, архіеп. Критскаго (712). Преп. Марѳы, матери преп. Симеона Дивногорца (551). **Свв. Царственныхъ мучениковъ — Царя-муч. Николая II-го, царицы-мучц. Александры, царевича-муч. Алексія, царевенъ-мучцц: Ольги, Татіаны, Маріи, Анастасіи и иже съ ними убіенныхъ: мучч. Евгенія, Анны, Іоанна, Климента, Іоанна, Анастасіи, Екатерины, Василія, Иліи и Алексія (1918).** Мучч. Ѳеодота и Ѳеодотіи Кесарійскихъ (108). Священномучч. Иннокентія и Савватія Сирмійскихъ и съ ними 33

мучч. (304). Священномуч. Ѳеодора, еп. Киринейскаго и съ нимъ мучцц. Киприллы, Іарои и Лукіи (308). Священномуч. Доната Ливійскаго (ок. 360). Перенесеніе мощей свят. Мартина Милостиваго, еп. Турскаго (490). Свят. Ульриха, еп. Аугсбургскаго (973). Благов. князя Андрея Боголюбскаго (1174). Преп. Андрея Рублева иконописца (1430). Обрѣт. мощей преп. Евѳимія Суздальскаго (1507). Прав. Андрея Русскаго исп., Каирскаго (ок. 1850). Преподобномуч. Нила Полтавскаго (1918). Священномучч. Саввы, еп. Горнокарловацкаго и Георгія пресв. (1941). Священномуч. Димитрія (Казанскаго) пресв. (1942). Препп. Тихона, Василія и Никона Соловецкихъ. Иконы Божіей Матери «Галатскія».

Веч.: 1) Прем. Сол. **3,** 1-9. 2) 3 Цар. **8,** 22-23, 27-30. 3) Исаіи **61,** 10 — **62,** 5.

Утр.: Матѳ. (зач. 36) **10,** 16-22.

Мучч.: Рим. (зач. 99) **8,** 28-39: Іоан. (зач. 52) **15,** 17 — **16,** 2.

Суббота

5/18 **Преп. Аѳанасія Аѳонскаго (1000). Обрѣт. мощей преп. Сергія Радонежскаго (1422). Преподобномучцц.: вел. княгини Елисаветы, инокини Варвары и иже съ ними мучч. князей: Іоанна, Игоря, Константина, Сергія, Владиміра и муч. Ѳеодора (1918).** Священномуч. Стефана, еп. Регійскаго и съ нимъ Свера еп. и женъ Агніи, Филикиты и Перпетуи (I). Мучцц. Анны и Кириллы (304). Муч. Аѳанасія, діак. Іерусалимскаго (451). Благов. княгини Морвенны Корнуолльскія (VI). Преп. Лампада чуд., Иринопольскаго (X). Препп. Ѳеодосія и Аѳанасія Череповецкихъ (1382). Препмуч. Кипріана Аѳонскаго (1679). Священномуч. Геннадія (Здоровцева) пресв. (1918). Преп. Агапита (Таубе) исп. (1936). Соборъ Черниговскихъ святыхъ. Иконы Божіей Матери «Экономисса».

Утр.: Матѳ. (зач. 43) **11,** 27-30.

Преп.: Гал. (зач. 213) **5,** 22 — **6,** 2: Лук. (зач. 24) **6,** 17-23.

ряд.: Рим. (зач. 108) **12,** 1-3: Матѳ. (зач. 39) **10,** 37 — **11,** 1.

Воскресеніе

6/19 **Недѣля 7-я по Пятидесятницѣ. Гласъ 6-й.**

Преп. Сисоя Великаго (429). Мучч. Марѳы, Марина, Авдифакса, Аввакума, Кирина, Валентина пресв. и Астерія въ Римѣ (269). Муч. Васта трибуна (ок. 270). Муч. Коинта Фригійскаго (ок. 283). Мучч. Исавра діак., Иннокентія, Феликса, Ерміи, Василія, Перегрина, Руфа и Руфина (283-4). Мучч. Лукіи

Іюль

дѣвицы и иже съ нею: Рикса, Антонія, Лукіана, Исидора, Діона, Діодора, Кутонія, Ароноса, Каписа и Сатура (301). Преп. Гоара, отш. Рейнскаго (649). Преп. Сисоя Печерскаго (XIII). Свят. Арсенія, еп. Тверскаго (1409). Обрѣт. мощей св. Іуліаніи, княжны Ольшанскія (ок. 1550). Преподобномуч. Кирилла Хилендарскаго (1566). Препп. Тихона, Василія и Никона Соколовскихъ (XVI). Преподобномуч. Евѳимія (Любовичева) (1931). Преподобномуч. Ѳеодора (Богоявленскаго) (1943). Соборъ Радонежскихъ святыхъ. Соборъ Тверскихъ святыхъ. Иконы Божіей Матери «Богородско-Уфимскія».

Утр.: Еван. 7-е: Іоан. (зач. 63) **20**, 1-10.

ряд.: Рим. (зач. 116) **15**, 1-7: Матѳ. (зач. 33) **9**, 27-35.

Понедѣльникъ

7/20 **Седмица 8-я по Пятидесятницѣ.** Преп. Ѳомы Малеина (X). Преп. Акакія иже въ Лѣствицѣ (VI). Мучч. Перегрина, Лукіана, Помпея, Исихія, Папія, Саторнина и Германа (II). Прав. Пантена исп., учителя Александрійскаго (203). Препмучч. Епиктета пресвитера и Астіона монаха (290). Мучч. Киріакіи Никомидійскія (ок. 303). Священномуч. Евангела, еп. Румынскаго (IV). Свят. Хедды, еп. Винчестерскаго (705). Свят. Виллибальда, еп. Айжштетскаго (ок. 786). Благ. вел. кн. Евдокіи, въ инокиняхъ Евфросиніи, Московскія (1407). Священномуч. Павла (Чернышева) пресв. (1918). Иконы Божіей Матери «Влахернскія».

ряд.: 1 Кор. (зач. 142) **9**, 13-18: Матѳ. (зач. 65) **16**, 1-6.

подъ зач.: 1 Кор. (зач. 144) **10**, 5-12: Матѳ. (зач. 66) **16**, 6-12.

Вторникъ

8/21 Великомуч. Прокопія Кесарійскаго (303). **Явленіе «Казанскія» иконы Божіей Матери (1579).** Мучц. Ѳеодосіи, матери Прокопіевой (IV). Муч. Митридата, царя Карталинскаго (410). Блаж. Прокопія, Христа ради юродиваго, Устюжскаго чуд. (1303). Преп. Ѳеофила мѵроточиваго (1548). Прав. Прокопія Устьянскаго (ок. 1600). Преподобномуч. Анастасія Янинскаго (1743). Перенесеніе мощей преп. Димитрія Басарбовскаго (1774). Священномучч. Александра (Попова), Николая (Брянцева) и Ѳеодора (Распопова) пресвв. (1918). Иконы Божіей Матери «Песчанскія».

Утр.: Лук. (зач. 4) **1**, 39-49, 56.

Богородицѣ: Филип. (зач. 240) **2**, 5-11: Лук. (зач. 54) **10**, 38-42; **11**, 27-28.

Іюль

Среда
9/22 Священномуч. Панкратія, еп. Тавроменійскаго (I). Священномуч. Кирилла, еп. Гортинскаго (ок. 303). Муч. Александра воина, Египетскаго (IV). Препп. Патермуфія и Коприя, подвиж. Египетскихъ (IV). Священномучч. Киліана, еп. Вюрцбургскаго, Колмана пресв. и Тотмана діак. (689). Свят. Ѳеодора, еп. Едесскаго (848). Преп. Ѳеодосія столпника Едесскаго (IX). Священномуч. Петра пресв. Сольвычегодскаго (1613). Муч. Михаила Аѳинскаго (1771). Священномуч. Меѳодія, еп. Лампскаго (1793). Священномуч. Константина (Лебедева) пресв. (1918). Иконъ Божіей Матери «Кипрскія» и «Колочскія».
ряд.: 1 Кор. (зач. 145) **10,** 12-22: Матѳ. (зач. 68) **16,** 20-24.
подъ зач.: 1 Кор. (зач. 147) **10,** 28 — **11,** 7: Матѳ. (зач. 69) **16,** 24-28.

Четвергъ
10/23 45-ти мучч. въ Никополѣ Арменскомъ: Леонтія, Маврикія, Даніила, Антонія, Александра, Менея, Іаникиты, Сисинія, Вирилада, Тимонія и другихъ (ок. 318). **Преп. Антонія Кіево-Печерскаго (1073).** Муч. Аполлонія Сардійскаго (III). Препп. 10,000 пустынниковъ египетскихъ, огнемъ и дымомъ уморенныхъ (398). Мучч. Віанора и Силуана Писидійскихъ (IV). Преп. Силуана, схимника Печерскаго (XIV). Священномуч. Іосифа, пресв. Дамасскаго и иже съ нимъ (1860). Препп. Парѳенія (1905) и Евменія (1920) Гортинскихъ. Священномучч. Александра (Попова), Василія (Побѣдоносцева), Петра (Зефирова), Стефана (Луканина) пресвв., Георгія (Бегмы) и Нестора (Гудзовскаго) діаконовъ (1918). Положеніе честныя ризы Господней въ Москвѣ (1625). Иконы Божіей Матери «Коневскія».
Утр.: Матѳ. (зач. 43) **11,** 27-30.
Преп.: Гал. (зач. 213) **5,** 22 — **6,** 2: Матѳ. (зач. 10) **4,** 25 — **5,** 12.

Пятница
11/24 Великомучц. Евфиміи прехвальныя (304). Равноапостольныя Ольги, кн. Россійскія, во св. крещеніи Елены (969). Священномуч. Киндея пресв. Памфилійскаго (ок. 300). Преп. Дросдана Абердинскаго (610). Преп. Никодима Ватопедскаго (1320). Препмуч. Никодима славянина (1722). Преподобномуч. Нектарія Аѳонскаго (1820). Священномучч. Дабро-Боснійскихъ: Момчило, Доброслава, Милана, Миха-

ила, Іоанна, Іоанна, Божидара, Богдана, Тифуна, Велиміра, Божидара, Миладина, Варнавы еп., Марка, Димитрія, Будиміра, Рельи, Лазаря, Саввы, Саввы, Милорада, Ратиміра, Михаила, Душана, Доброслава, Нестора, Серафима, Андрея, Слободана, Симо, Мирко, Милана, Вукосава, Милана, Родолюба и Даміана (1941-45). Обрѣт. мощей священномуч. Иларіона, архіеп. Верейскаго (1998). Иконъ Божіей Матери «Ржевскія», «Шуйскія-Смоленскія» и «Борколабовскія».

ряд.: 1 Кор. (зач. 148) **11**, 8-22: Матѳ. (зач. 71) **17**, 10-18.
Мучч. 2 Кор. (зач. 181) **6**, 1-10: Лук. (зач. 33) **7**, 36-50.

Суббота

12/25 Мучч. Прокла и Иларія Калиптянъ (II). Преп. Михаила Малеина (962). Прав. Вероники, исцѣленной Іисусомъ Христомъ (I). Мучц. Голиндухи, въ крещеніи Маріи (591). Мучч. Ѳеодора и сына его Іоанна, въ Кіевѣ (983). Препп. Іоанна (988) и Гавріила (X) Святогорцевъ. Свят. Серапіона, еп. Владимірскаго (1275). Преп. Арсенія Новгородскаго (1570). Преп. Симона Воломскаго (1641). Свят. Григорія, митр. Иракліискаго (1925). Иконы Божіей Матери «Троеручица».

ряд.: Рим. (зач. 111) **13**, 1-10: Матѳ. (зач. 47) **12**, 30-37.

Воскресеніе

13/26 **Недѣля 8-я по Пятидесятницѣ.** *Память Свв. Отецъ 6-ти Вселенскихъ Соборовъ.* **Гласъ 7-й.**

Соборъ Архангела Гавріила. Преп. Стефана Савваита (794). Свят. Іуліана, еп. Кеноманійскаго (I). Муч. Серапіона (ок. 205). Муч. Маркіана Иконійскаго (258). Преп. Сарры, подвиж. Египетскія (370). Преп. Милдреды Танетскія (ок. 700). Соборъ препп. отцевъ обители Хилендарскія. Всѣхъ святыхъ в землѣ Литовской просіявшихъ.

Веч.: Отцевъ: 1) Быт. **14**, 14-20. 2) Втор. **1**, 8-11, 15-17. 3) Втор. **10**, 14-21

Утр.: Еван. 8-е: Іоан. (зач. 64) **20**, 11-18.

ряд.: 1 Кор. (зач. 124) **1**, 10-18: Матѳ. (зач. 58) **14**, 14-22. Отцевъ: Евр. (зач. 334) **13**, 7-16: Іоан. (зач. 56) **17**, 1-13.

Понедѣльникъ

14/27 **Седмица 9-я по Пятидесятницѣ.** Апостола Акилы отъ 70-ти (I). Муч. Іуста воина Римскаго (I). Свят. Иракла, патр. Александрійскаго (246). Преп. Еллія Египетскаго (IV). Муч. Іоанна Мервскаго (IV). Преп. Онисима, Магнезійскаго чуд. (IV). Преп. Маркеллина Девентерскаго (775). Преп. Стефана Махрищскаго (1406). Священномуч. Константина (Богоявленскаго) пресв. (1918). Священномуч. Николая

Іюль

(Порѣцкаго) пресв. (1933). Обрѣт. мощей преп. Ѳеофила Кіевскаго, Христа ради юродиваго (1993). *(Ради праздника св. Владиміра, служба мучч. Кирика и Іулитты переносится съ 15 іюля.)*

ряд.: 1 Кор. (зач. 150) **11**, 31 — **12**, 6: Матѳ. (зач. 74) **18**, 1-11.

подъ зач.: ряд.: 1 Кор. (зач. 152) **12**, 12-26: Матѳ. (зач. 76) **18**, 18-22; — **19**, 1-2, 13-15.

Мучч.: 1 Кор. (зач. 154 отъ полу) **13**, 11 — **14**, 5: Лук. (зач. 51 отъ полу) **10**, 19-21.

Вторникъ
15/28 **Св. Равноап. вел. князя Владиміра (Василія), просвѣтителя Русскаго народа (1015).** Мучч. Кирика и Іулитты (ок. 305). Муч. Авудима Тенедосскаго (IV). Свят. Свитхуна, еп. Винчестерскаго (862). Преп. Зосимы Владимірскаго (1710). Преп. Никандра (Борисоглѣбскаго) (1911). Преп. Іова Угольскаго (1985). Священномуч. Петра (Троицкаго) діакона (1938). Соборъ Кіевскихъ святыхъ.

Веч.: Святаго 1) 3 Цар. **8**, 22-23, 27-30. 2) Исаіи **61**, 10-11; **62**, 1-5. 3) Исаіи **60**, 1-16.

Утр.: Іоан. (зач. 36) **10**, 9-16.

Святаго: Гал. (зач. 200) **1**, 11-19: Іоан. (зач. 35 отъ полу) **10**, 1-9.

Среда
16/29 Священномуч. Аѳиногена, еп. Иракліопольскаго и 10-ти учениковъ его (311). Мучч. Павла, Алевтины (Валентины) и Хіоніи (308). Мучч. Антіоха врача и Фавсты (IV). Мучц. Іуліи дѣвы (440). Святыхъ отцевъ IV-го Вселенскаго собора (451). Муч. Гелерія Джерсійскаго (VI). Муч. Іоанна Тырновскаго (1822). Блаж. Матроны Анемнясевскія исп. (1936). Священномучч. Іакова, архіеп. Барнаульскаго, Петра (Гаврилова), Іоанна (Можирина) пресвв., преподобномуч. Ѳеодора (Никитина) и муч. Іоанна Протопопова (1937). Преподобномуч. Ардаліона (Пономарева) (1938). Иконы Божіей Матери «Чирскія».

ряд.: 1 Кор. (зач. 154) **13**, 4 — **14**, 5: Матѳ. (зач. 80) **20**, 1-16.

Четвергъ
17/30 Великомучц. Марины (Маргариты) Антіохійскія (IV). Муч. Кенельма, царя Мерсіи. (821). Перенесеніе мощей преп. Лазаря Галасійскаго (1054). Преп. Иринарха, игум. Соловецкаго (1628). Преп. Леонида Устьнедумскаго (1654). Препп. Софронія (1692) и Серапіона (1718) Молченскихъ. Иконы

Іюль

Божіей Матери «Святогорскія».
ряд.: 1 Кор. (зач. 155) **14,** 6-19: Матѳ. (зач. 81) **20,** 17-28.
Мучц. 2 Кор (зач. 181) **6,** 1-10: Лук. (зач. 33) **7,** 36-50.

Пятница
18/31 Муч. Еміліана (363). Муч. Іакинѳа Амастридскаго (IV). Преп. Памвы, пустынника Египетскаго (ок. 373). Свят. Филастрія, еп. Бриксійскаго (387). Священномуч. Фридриха, еп. Утрехтскаго (838). Свят. Стефана, архіеп. Константинопольскаго (928). Свят. Іоанна II-го исп., еп. Халкидонскаго (IX). Преп. Іоанна многострадальнаго, Печерскаго (1160). Преп. Памвы, затворника Печерскаго (1241). Преп. Леонтія, игум. Новгородскаго (1429). Священномуч. Космы Давидо-Гареджійскаго (1630). Соборъ Калужскихъ святыхъ.
ряд.: 1 Кор. (зач. 157) **14,** 26-40: Матѳ. (зач. 83) **21,** 12-14, 17-20.
подъ зач.: Рим. (зач 113) **14,** 6-9: Матѳ. (зач. 64) **15,** 32-39.

Суббота
19/1а. Преподобныя Макрины (380), сестры Василія Великаго. Преп. Дія, игум. Антіохійскаго (430). **Первое обрѣтеніе мощей преп. Серафима Саровскаго чуд. (1903).** Блаж. князя Рязанскаго Романа Олеговича (1270). Преп. Паисія Печерскаго (XIV). Блаж. Стефана (1427), короля Сербскаго и матери его Милицы (1405). Соборъ Курскихъ святыхъ. Иконы Божіей Матери «Серафимо-Дивѣевскія».
На веч.: Преп.: 1) Прем. Сол. **3,** 1-9. 2) Прем. Сол. **5,** 15 — **6,** 3. 3) Прем. Сол. **4,** 7-15.
Утр.: Матѳ. (зач. 43) **11,** 27-30.
Преп.: Гал. (зач. 213) **5,** 22 — **6,** 2: Лук. (зач. 24) **6,** 17-23.

Воскресеніе
20/2 **Недѣля 9-я по Пятидесятницѣ. Гласъ 8-й.**
Прор. Божія Иліи Ѳесвитянина (IX в. до Р.Х.). Прав. Аарона первосвященника (XVI в. до. Р.Х.). Свят. Тимоѳея, патр. Александрійскаго (385). Свят. Флавіана, патр. Антіохійскаго (512). Свят. Иліи, патр. Іерусалимскаго (518). Мучц. Саломіи Грузинки (XIII). Преп. Авраамія Галичскаго (1375). Преп. Саввы Стромынскаго (1392). Обрѣтеніе мощей преп. Аѳанасія, игум. Брестскаго (1649). Прав. Иліи Чавчавадзе (1907). Священномуч. Константина (Словцова) пресв. (1918). Священномуч. Іувеналія (Ушакова) діакона (1919). Священномучч. Александра (Архангельскаго), Георгія (Никитина), Іоанна (Стеблина-Каменскаго), Сергія (Гор-

Іюль

тинскаго) и Ѳеодора (Яковлева) пресвв., преподобномучч. Тихона (Кречкова), Георгія (Пожарова), Космы (Вязникова) и мучч. Евѳимія (Гребенщикова) и Петра (Вязникова) (1930). Прав. Алексія (Медвѣдкова), пресв. Парижскаго (1934). Священномуч. Алексія (Знаменскаго) пресв. (1938). Преподобномуч. Ѳеодора (Абросимова) (1941). Священномуч. Димитрія (Клепнинина) пресв. и муч. Георгія (Скобцова) (1944). Преподобномучц. Маріи (Скобцовой) (1945). Иконъ Божіей Матери «Абалацкія», «Чухломскія», и «Оршанскія».

Веч.: 1) 3 Цар. **17,** 1-23. 2) 3 Цар. **18,** 1, 17-40, 44, 42, 45-46; **19,** 1-16. 3) 3 Цар. **19,** 19-21; 4 Цар. **2,** 1, 6-14.

Утр.: Еван. 9-е: Іоан. (зач. 65) **20,** 19-31.

ряд.: 1 Кор. (зач. 128) **3,** 9-17: Матѳ. (зач. 59) **14,** 22-34.

Пророка: Іак. (зач. 57) **5,** 10-20: Лук. (зач. 14) **4,** 22-30.

Понедѣльникъ

21/3 **Седмица 10-я по Пятидесятницѣ.** Препп. Симеона, Христа ради юродиваго и Іоанна спостника его (ок. 590). Прор. Іезекіиля (VI в. до Р.Х.). Священномуч. Зотика, еп. Команскаго (204). Муч. Виктора Марсельскаго (III). Препп. Онуфрія молчальника и Онисима затворника Печерскихъ (XII). Обрѣт. мощей преп. Анны Кашинскія (1649). Священномуч. Петра (Голубева) пресв. (1938). Священномучч. Симо и Мирко Гламочскихъ (1941). Обрѣт. мощей прав. Романа (Медвѣдя) исп. пресв. (1999).

ряд.: 1 Кор. (зач. 159) **15,** 12-19: Матѳ. (зач. 84) **21,** 18-22.

Вторникъ

22/4 Св. Мѵроносицы равноап. Маріи Магдалины (I). Перенесеніе мощей священномуч. Фоки, еп. Синопійскаго (403). Свят. Кирилла I-го, патр. Антіохійскаго (298). Преподобномучц. Маркеллы Хіосскія (III). Блаж. Кипріана Суздальскаго, Христа ради юрод. (1622). Преп. Корнилія Переяславскаго (1693). Священномуч. Михаила (Накарякова) пресв. (1918). Священномуч. Алексія (Ильинскаго) пресв. (1931).

ряд.: 1 Кор. (зач. 161) **15,** 29-38: Матѳ. (зач. 85) **21,** 23-27.

Святыя: 1 Кор. (зач. 141) **9,** 2-12: Іоан. (зач. 64) **20,** 11-18 или Лук. (зач. 34) **8,** 1-3.

Среда

23/5 Мучч. Трофима, Ѳеофила и проч. 13 мучч. Ликійскихъ (305). Священномуч. Аполлинарія, еп. Равеннскаго (ок. 75). Преп. Анны Левкадійскія (919). **Воспоминаніе чуда явленія Божіей Матери на горѣ Почаевской для спасенія Лавры отъ**

нашествія турокъ (1675). Священномуч. Михаила (Троицкаго) пресв. и муч. Андрея (Аргунова) (1938). Преп. Іоанна, новаго Хозевита (1960). Прославленіе прав. воина Ѳеодора (Ушакова) (2001). Иконы Божіей Матери «Всѣхъ скорбящихъ радости», что на стеклянномъ заводѣ въ Петроградѣ.
Утр.: Лук. (зач. 4) **1**, 39-49, 56.
ряд.: 1 Кор. (зач. 165) **16**, 4-12: Матѳ. (зач. 86) **21**, 28-32.
подъ зач.: 2 Кор. (зач. 167) **1**, 1-7: Матѳ. (зач. 88) **21**, 43-46.
Богородицы: Евр. (зач. 320) **9**, 1-7: Лук. (зач. 54) **10**, 38-42: **11**, 27-28.

Четвергъ
24/6 Мучц. Христины Тирскія (ок. 300). **Благов. князей-страстотерпцевъ Бориса, въ крещеніи Романа, и Глѣба, въ крещеніи Давида (1015).** Прав. Аѳинагора Аѳинскаго, апологета (ок. 190). Преп. Иларіона Твалели (1041). Преп. Поликарпа, архим. Печерскаго (1182). Преп. Пахомія Каменскаго (XV). Муч. Ѳеофила Закинѳскаго (1635). Прав. Боголѣпа Черноярскаго (1654). Муч. Аѳанасія Кійскаго (1670). Священномуч. Алфея (Корбанскаго) діакона (1937). Пребиловацкіе мучч. (1941). Правв. Николая (Понгильскаго) пресв. (1942) и Іоанна (Калинина) пресв. (1951) испп. Обрѣт. мощей преп. Далмата Исетскаго (1994).
Утр.: Лук. (зач. 106) **21**, 12-19.
Свв.: Рим. (зач. 99) **8**, 28-39: Іоан. (зач. 52) **15**, 17 — **16**, 2.

Пятница
25/7 *Успеніе праведныя Анны, матери Пресвятыя Богородицы (I).* Свв. женъ Олимпіады діакониссы (408) и Евпраксіи дѣвы, Тавеннскія (413). Мучч. Ліонскихъ: Сакта діак., Маттура, Аттала, Бландины, Вивліи, Веттія, Епагаѳа, Понтика, Александра и др. (ок. 177). Муч. Кукуфаса Барселнскаго (304). Свв. отцевъ V-го Вселенскаго собора (553). Преп. Макарія Желтоводскаго (1444). Преп. Христофора Сольвычегодскаго (ок. 1572). Священномуч. Николая (Удинцева) пресв. (1918). Священномуч. Александра (Сахарова) пресв. (1927). Священномучч. Родолюба (Куленъ-Вакуфскаго) и Вукослава (Миланковича) пресвв. (1941). Прав. Ираиды (Тиховой) испц. (1967).
ряд.: 2 Кор. (зач. 169) **1**, 12-20: Матѳ. (зач. 91) **22**, 23-33.
Св. Аннѣ: Гал. (зач. 210 отъ полу) **4**, 22-31: Лук. (зач. 36) **8**, 16-21.

Іюль

Суббота
26/8 Священномуч. Ермолая и съ нимъ: Ермиппа и Ермократа, іереевъ Никомидійскихъ (ок. 305). Преподобномучц. Параскевы Римлянины (II). Мучц. Ореозиллы Византійскія (ок. 250). Преп. Моисея Угрина, Печерскаго (ок. 1050). Преп. Геронтія Аѳонскаго (XIII). Свят. Саввы III, архіеп. Сербскаго (1360). Прав. Іакова Нецвѣтова пресв. (1864). Священномуч. Сергія (Стрѣльникова) пресв. (1937). Преп. Ѳеодосія Кавказскаго (1948).

ряд.: Рим. (зач. 119) **15**, 30-33: Матѳ. (зач. 73) **17**, 24 — **18**, 4.

Воскресеніе
27/9 **Недѣля 10-я по Пятидесятницѣ. Гласъ 1-й.**
Великомуч. и цѣлителя Пантелеимона (305). Преп. Сисинія чуд. (IV). Преп. Анѳисы игуменіи Мантинейскія и 90 сестеръ ее (759). Препп. Климента (916), Ангеляра (ок. 886), Горазда (896), Наума (910) и Саввы (X), учениковъ свв. Кирилла и Меѳодія. Блаж. Николая Кочанова, Христа ради юродиваго, Новгородскаго (1392). Свят. Іоасафа, митр. Московскаго (1555). Муч. Христодула Солунскаго (1777). Священномучч. Амвросія, еп. Сарапульскаго, Платона (Горныхъ) и Пантелеимона (Богоявленскаго) пресвв. (1918). Священномуч. Іоанна (Соловьева) пресв. (1941). День прославленія преп. Германа Аляскинскаго чуд. (1970). Соборъ Смоленскихъ святыхъ.
Утр.: Еван. 10-е: Іоан. (зач. 66) **21**, 1-14.
ряд.: 1 Кор. (зач. 131) **4**, 9-16: Матѳ. (зач. 72) **17**, 14-23.
Муч.: 2 Тим. (зач. 292) **2**, 1-10: Іоан. (зач. 52) **15**, 17 — **16**, 2.

Понедѣльникъ
28/10 **Седмица 11-я по Пятидесятницѣ.**
Свв. апостоловъ отъ 70-ти и діаконовъ: Прохора, Никанора, Тимона и Пармена (I). **Явленіе иконы Божіей Матери Смоленскія «Одигитріи».** Муч. Іуліана Далматскаго (II). Муч. Евстаѳія воина Анкирскаго (ок. 316). Муч. Акакія Апамейскаго (ок. 321). Свят. Сампсона, еп. Дольскаго (565). Преп. Павла Ксиропотамита, Аѳонскаго (820). Преп. Ирины Каппадокійскія (921). Преп. Георгія Иверскаго (1029). Преп. Моисея, чудотворца Печерскаго (XIII). Свят. Питирима, еп. Тамбовскаго (1698). Священномуч. Николая (Пономарева) діакона (1918). Преподобномуч. Василія (Эрикаева); преподобномучцц. Анастасіи (Камаевой) и Елены (Асташкиной), мучч. Ареѳы (Еремкина), Іоанна (Ломакина), Іоанна (Сельманова), Іоанна (Милешкина) и мучц. Мавры (Моисеевой)

(1937). Мучц. Дросиды. Соборъ Тамбовскихъ святыхъ. Иконъ Божіей Матери «Умиленіе» «Дивѣевскія», «Гребневскія» и «Костромскія».

Утр.: Лук. (зач. 4) **1,** 39-49, 56.

ряд.: 2 Кор. (зач. 171) **2,** 3-15: Матѳ. (зач. 94) **23,** 13-22.

Богородицѣ: Филип. (зач. 240) **2,** 5-11: Лук. (зач. 54) **10,** 38-42; **11,** 27-28.

Вторникъ

29/11 Муч. Каллиника Киликійскаго (ок. 250). Мучц. Серафимы дѣвы, Антіохійскія (II). Мучч. Симпликія, Фавстина и Веатрисы (303). Мучц. Ѳеодотіи и 3-хъ чадъ ея (304). Благ. царя Ѳеодосія младшаго (450). Свят. Луппа, еп. Тройскаго (479). Муч. Евстаѳія Мцхетскаго (589). Свят. Константина, патр. Константинопольскаго (676). Преподобномуч. Михаила Едесскаго (IX). Муч. Олафа, короля Норвежскаго (1030). Препп. Константина (1240) и Космы (XIII) Косинскихъ. Преп. Романа Киржацкаго (1392). Священномуч. Виссаріона, еп. Смолянскаго (1670). Муч. Даніила Мліевскаго (1766). Преподобномучц. Евдокіи (Вѣрненскія) (1918). Преподобномучч. Серафима (Богословскаго) и Ѳеогноста (Пивоварова) (1921). Преподобномуч. Анатолія (Смирнова) (по 1930). Священномуч. Алексія Красновскаго) пресв. и преподобномуч. Пахомія (Русина) (1938). Обрѣт. мощей преп. Манеѳы Гомельскія (1984). Иконы Божіей Матери «Тамбовскія» и «Рудосельскія».

ряд.: 2 Кор. (зач. 172) **2,** 14 — **3,** 3: Матѳ. (зач. 95) **23,** 23-28.

Среда

30/12 Апостоловъ отъ 70-ти Силы и Силуана, и съ ними: Крискента, Епенета и Андроника (I). Священномучч. Полихронія, еп. Вавилонскаго, Парменія, Елимы и Христотеля пресвв., Луки и Муко діакк., Олимпія и Максима (ок. 251). Мучч. Авдона и Синеса, кнн. Персидскихъ (251). Священномуч. Валентина, еп. Интерамны и мучч. Прокула, Ефива, Аполлонія и Авундія (273). Муч. Іоанна воина (IV). Свят. Тимоѳея II-го исп., патр. Александрійскаго (482). Обрѣт. мощей благов. кн. Владислава Сербскаго (1243). Обрѣт. мощей преп. Германа Соловецкаго (1484). Преп. Ангелины, деспотицы Сербскія (XVI). Священномуч. Іоанна (Плотникова) пресв. (1918). Преп. Анатолія (младшаго) Оптинскаго (1922). Соборъ Самарскихъ Святыхъ. Иконъ Божіей Матери «Оконскія».

ряд.: 2 Кор. (зач. 173) **3,** 4-11: Матѳ. (зач. 96) **23,** 29-39.

Іюль

Четвергъ

31/13 *Предпразднство происхожденія Честныхъ Древъ Животворящаго Креста Господня.* Прав. Евдокима Каппадокійскаго (IX). Прав. Аода, судьи Израильскаго (XV в. до Р.Х.). Прав. Іосифа Аримаѳейскаго (I). Мучц. Іулитты Кесарійскія (304). Свят. Германа, еп. Оксерскаго (448). Преп. Неота Корнуэльскаго (877). Преп. Арсенія Ниноцминдскаго (1082). Преподобномуч. Діонисія Ватопедскаго (1822). Священномуч. Веніамина, митр. Петроградскаго, преподобномуч. Сергія (Шеина), мучч. Георгія (Новицкаго) и Іоанна (Ковшарова) (1922). Муч. Максима (Румянцева) (1928). Священномуч. Владиміра (Холодковскаго) пресв. (1937). Священномуч. Іоанна (Румянцева) пресв., прав. Константина (Разумова) исп. пресв., мучц. Анны (Сѣровой) и прав. Елисаветы (Румянцевой) испц. (по 1937). Священномуч. Николая (Правдолюбова) пресв. (1941). Свят. Василія исп., еп. Кинешемскаго (1945).

ряд.: 2 Кор. (зач. 175) **4,** 1-6: Матѳ. (зач. 99) **24,** 13-28.

подъ зач.: 2 Кор. (зач. 177) **4,** 13-18: Матѳ. (зач. 100) **24,** 27-33, 42-51.

Святаго: Гал. (зач. 213) **5,** 22 — **6,** 2: Матѳ. (зач. 43) **11,** 27-30.

Заговѣнье на Успенскій постъ.

28 іюля/10 августа исполняется 90 лѣтъ со дня кончины блаженнѣйшаго митрополита Антонія (Храповицкаго) (1936 г.)

| Дни недѣли | **Августъ** | День имѣетъ 13 ч. а ночь 11 ч. |

Пятница
1/14 **Начало Успенскаго поста.**
Происхожденіе Честныхъ Древъ Животворящаго Креста Господня. Свв. мучч. Маккавеевъ: Авима, Антонина, Гурія, Елеазара, Евсевона, Алима, Маркелла, Матери ихъ Соломоніи и учителя ихъ Елеазара (166 г. до Р.Х.). Мучч. въ Пергіи Памфилискія: Леонтія, Аттія, Александра, Киндея, Минсиѳея, Киріака, Минеона, Катуна и Евклея (III). Мучц. Елесы Киѳерскія (375). Препп. Фріарда Виндумиттскаго (ок. 573) и Секуделла діакона (VI). Свят. Тимоѳея чуд., еп. Проконнеса (VI). Свят. Эѳильвалда, еп. Винчестерскаго (984). Священномуч. Димитрія (Павскаго) пресв. (1937). Обрѣт. мощей преп. вел. кн. Софіи Суздальскія (1995).
Кресту: 1 Кор. (зач. 125) **1**, 18-24: Іоан. (зач. 60) **19**, 6-11, 13-20, 25-28, 30-35.
Мучч.: Евр. (зач. 330) **11**, 33 — **12**, 2: Матѳ. (зач. 38) **10**, 32-33, 37-38; **19**, 27-30.
На освященіе воды: Евр. (зач. 306) **2**, 11-18: Іоан. (зач. 14) **5**, 1-4.

Суббота
2/15 Перенесеніе мощей св. первомуч. архидіак. Стефана (428). Священномуч. Стефана, еп. Римскаго и иже съ нимъ (257). Священномуч. Фруктуоза, еп. Таррагонскаго и съ нимъ: Евлогія и Авгурія діаконовъ (259). Обрѣт. мощей праведд. Никодима, Гамаліила и Авива (415). Блаж. Василія Кубенскаго

(1472). Блаж. Василія, Христа ради юродиваго, Московскаго чуд. (ок. 1557). Преп. Марка Бѣлавинскаго (по 1630). Муч. Ѳеодора Дарданелльскаго (1690). Муч. Аѳанасія (Жуланова) (1918). Преподобномуч. Платона (Колегова) (1937). Иконы Божіей Матери «Ачаирскія».

Муч.: Дѣян. (зач. 17) **6,** 8 — **7,** 5, 47-60: Матѳ. (зач. 87) **21,** 33-42.

ряд.: 1 Кор. (зач. 123) **1,** 3-9: Матѳ. (зач. 78) **19,** 3-12.

Воскресеніе

3/16 **Недѣля 11-я по Пятидесятницѣ. Гласъ 2-й.**

Препп. Исаакія (383), Далмата (по 446) и Фавста (V). Св. мѵроносицы Саломіи (I). Муч. Раждена перса (457). Преп. Космы, скопца и отшельника (VI). Преп. Іоанна исп., игум. Паталареи (IX). Преп. Антонія Римлянина, Новгородскаго чуд. (1147). 9000 мучч. убіенныхъ на Марабдинскомъ полѣ (1625). Священномуч. Вячеслава (Луканина) діакона (1918). Священномуч. Николая Померанцева пресв. (1938).

Утр. Еван. 11-е: Іоан. (зач. 67) **21,** 15-25.

ряд.: 1 Кор. (зач. 141) **9,** 2-12: Матѳ. (зач. 77) **18,** 23-35.

Понедѣльникъ

4/17 **Седмица 12-я по Пятидесятницѣ.** Свв. 7-ми отроковъ, иже во Ефесѣ: Максимиліана, Ексакустодіана, Іамвлиха, Мартиніана, Діонисія, Іоанна и Антонина (ок. 446). Преподобномучц. Евдокіи Персидскія и иже съ ней (362). Муч. Елевѳерія кувикулярія (ок. 305). Преподобномуч. Михаила (Жука), мучч. Симеона (Воробьева) и Димитрія (Воробьева) (1937). Обрѣт. мощей прав. Алексія Бортсурманскаго (2000). Обрѣт. мощей свят. Арсенія (Элассонскаго), арх. Суздальскаго (2005). Иконы Божіей Матери «Пензенскія».

ряд.: 2 Кор. (зач. 179) **5,** 10-15: Марк. (зач. 2) **1,** 9-15.

Вторникъ

5/18 *Предпразднство Преображенія Господня.* Муч. Евсигнія Антіохіанина (362). Священномучч. Анѳира (236) и Фавія (250), еп. Римскихъ. Муч. Понтія Римлянина (ок. 257). Прав. Нонны, матери свят. Григорія Богослова (374). Мучч. Кантидія, Кантидіана и Сивела въ Египтѣ убіен. (IV). Свят. Евѳимія, патр. Константинопольскаго (496). Муч. Освальда, короля Норѳумбрійскаго (642). Свят. Ѳеоктиста, еп. Черниговскаго (1123). Преп. Іова Ущельскаго (1628). Муч. Христа

Августъ

Превезскаго (1668). Мучцц. Евдокіи (Шейковой), Даріи (Улыбиной), Даріи (Тимагиной) и Маріи (Неизвѣстной) (1919). Священномуч. Стефана (Хитрова) пресв. (1920). Священномуч. Сергія (Тихомирова) пресв. (1930). Священномуч. Симона, еп. Уфимскаго (1921). Священномуч. Іоанна (Смирнова) діакона (1939).

ряд.: 2 Кор. (зач. 180) **5,** 15-21: Марк. (зач. 3) **1,** 16-22.

подъ зач.: 2 Кор. (зач. 182) **6,** 11-16: Марк. (зач. 4) **1,** 23-28.

Среда
6/19 **Преображеніе Господне.**

Муч. Аввакума Солунскаго (1628). Преподобная Олимпіады Арзамасскія (1828). Священномуч. Николая (Заварина) пресв. (1937).

Веч.: 1) Исх. **24,** 12-18. 2) Исх. **33,** 11-23; **34,** 4-6, 8. 3) 3 Цар. **19,** 3-9, 11-13, 15-16.

Утр.: Лук. (зач. 45) **9,** 28-36.

Лит.: 2 Петр. (зач. 65) **1,** 10-19: Матѳ. (зач. 70) **17,** 1-9.

Четвергъ
7/20 Препмуч. Дометія Персянина и двухъ учениковъ его (363). Священномуч. Наркисса, патр. Іерусалимскаго (213). Мучч. Марина воина и Астерія сенатора (260). Мучц. Афры Аугсбергскія (304). Преп. Ора, пустынника Ѳиваидскаго (ок. 390). Преподобномучц. Потаміи чуд. (IV). Преп. Ѳеодосія новаго, цѣлителя Пелопонезскаго (862). Свят. Іероѳея, еп. Туркійскаго (X). Благ. короля Стефана I-го Венгерскаго (1038). Преп. Пимена, многоболѣзненнаго Печерскаго (1110). Преп. Меркурія Печерскаго, еп. Смоленскаго (1239). Преп. Пимена, постника Печерскаго (XIV). Преп. Дометія Филоѳеевскаго (XVI). Преп. Ѳеодоры Сихлинскія (XVIII). Первое обрѣт. мощей свят. Митрофана Воронежскаго (1832). Преп. Антонія Оптинскаго (1865). Священномучч. Александра (Хотовицкаго), Алексія (Воробьева), Димитрія (Миловидова), Іоанна (Воронца), Михаила (Плышевскаго), Петра (Токарева) пресвв., Елиссея (Штольдера) діакона и преподобномуч. Аѳанасія (Егорова) (1937). Священномуч. Василія (Аменицкаго) пресв. (1938). Муч. Созонта Никомидійскаго. Свв. 10,000 преподобныхъ отцевъ Ѳиваидскихъ.

ряд.: 2 Кор. (зач. 183) **7,** 1-10: Марк. (зач. 5) **1,** 29-35.

Препмуч.: Ефес. (зач. 233) **6,** 10-17: Іоан. (зач. 52) **15,** 17—**16,** 2.

Августъ

Пятница
8/21 Свят. Емиліана испов., еп. Кизическаго (ок. 815). Свят. Мирона, еп. Критскаго (ок. 350). Мучч. Елевѳерія и Леонида Константинопольскихъ (IV). Муч. Гормизда Персидскаго (418). Преп. Григорія Синаита (1346). Преп. Зосимы Туманскаго (XIV). Муч. Тріандафила Солунскаго (1680). Первое (1566) и второе (1992) перенесеніе мощей препп. Зосимы и Савватія, Соловецкихъ чудотворцевъ. Муч. Анастасія Болгарина (1794). Преп. Евѳимія многотруднаго, Гареджійскаго (1804). Прав. Филарета Ичалковскаго (1913). Преподобномуч. Іосифа (Баранова) (1918). Священномучч. Николая (Прозорова) и Сергія (Тихоміорова) пресвв. (1930). Священномучч. Николая (Шумкова) и Сергія (Бондаренко) пресвв. (1937). Священномуч. Никодима, архіеп. Костромскаго (1938). Обрѣт. мощей преп. Варлаама Чикойскаго (2002). Иконы Божіей Матери «Толгскія».

ряд.: 2 Кор. (зач. 184) **7**, 10-16: Марк. (зач. 9) **2**, 18-22.

Суббота
9/22 **Апостола Матѳія (ок. 63).** Преп. Псоя Египетскаго (IV). Блаж. Самуила, пресв. Едесскаго (VI). Мучч. Іуліана, Маркіана, Іоанна, Іакова, Алексія, Димитрія, Фотія, Петра Леонтія и Маріи Константинопольскихъ (730). Преп. Макарія Оредежскаго (1532). Свят. Филарета, архіеп. Черниговскаго (1866). Преподобномучц. Маргариты (Гунаронуло) (1918). Муч. Антонія (Александрійскаго). Соборъ Соловецкихъ святыхъ.

Утр. Іоан. (зач. 67) **21**, 15-25.
Ап.: Дѣян. (зач. 2) **1**, 12-17, 21-26: Лук. (зач. 40) **9**, 1-6.
ряд.: 1 Кор. (зач. 125 отъ полу) **1**, 26-29: Матѳ. (зач. 82) **20**, 29-34.

Воскресеніе
10/23 **Недѣля 12-я по Пятидесятницѣ. Гласъ 3-й.**
Муч. Лаврентія архидіакона Римскаго (258). Священномучч. Сикста, еп. Римскаго, Феликиссима и Агапита діаконовъ (258). Муч. Романа воина (258). Блаж. Лаврентія, Христа ради юродиваго, Калужскаго (1515). Священномуч. Вячеслава (Закедскаго) пресв. (1918). Священномуч. Аѳанасія (Кислова) пресв. (1937). Второе обрѣт. мощей преп. Саввы Сторожевскаго (1998). Соборъ новомучениковъ и исповѣдниковъ Соловецкихъ. Соборъ Валаамскихъ святыхъ.

Утр.: Еван. 1-е: Матѳ. (зач. 116) **28**, 16-20.
ряд.: 1 Кор. (зач. 158) **15**, 1-11: Матѳ. (зач. 79) **19**, 16-26.

Августъ

Понедѣльникъ
11/24 **Седмица 13-я по Пятидесятницѣ.** Муч. Евпла архидіакона (304). Мучц. Сосанны дѣвы и съ нею: Гаія, еп. Римскаго, Гавинія пресвитера, Клавдія, Максима, Препедигны, Александра и Куфія (295-296). Преп. Пассаріона, наставника Евѳимія Вел. (428). Свят. Жери, еп. Брюссельскаго (590). Свят. Блейна, еп. Бьютскаго (VI). Препмучч. Ѳеодора и Василія Печерскихъ (1098). Преп. Ѳеодора, князя Острожскаго (1483). Преп. Нифонта, патр. Константинопольскаго (1508). Муч. Анастасія Асоматскаго (1816). Муч. Димитрія Лесвійскаго (1819). Преп. Іоанна, Харьковскаго затворника (1867).

ряд.: 2 Кор. (зач. 186) **8**, 7-15: Маркъ. (зач. 11) **3**, 6-12.

Вторникъ
12/25 Мучч. Фотія и Аникиты и многихъ съ ними (305-306). Священномуч. Александра, еп. Команскаго (III). Мучч. Памфила и Капитона (III). Преп. Паламона Египетскаго (ок. 323). Преп. Кастора, еп. Аптскаго (V). Свят. Муртаха, еп. Киллилійскаго (VI). Преп. Сегина Іонскаго (652). Преподобномучч. Геронтія, Серапіона, Германа, Виссаріона, Михаила, Отара и Симона Гареджійскихъ (1851). Преподобномуч. Варлаама (Коноплева) архимандрита и иже съ нимъ убіенныхъ братія Бѣлогорскаго монастыря: іеромонаховъ Сергія (Вершинина), Иліи (Попова), Вячеслава (Косожихина), Іоасафа (Сабанцева), Іоанна (Новоселова), Антонія (Арапова); іеродіаконовъ Михея (Подкорытова), Виссаріона (Окулова), Матѳея (Банникова), Евѳимія (Короткова); монаховъ Варнавы (Надеждина), Димитрія (Созинова), Саввы (Колмогорова), Ермогена (Боярышнева), Аркадія (Носкова), Евѳимія (Ширшилова), Маркелла (Шиврина); послушниковъ Іоанна (Ротнова), Іакова (Старцева), Петра (Рочева), Іакова (Данилова), Александра (Арапова), Ѳеодора (Бѣлкина), Петра (другаго), Сергія (Саматова) и Алексія (Короткова). (1918). Священномуч. Василія (Инфантьева) пресв. (1918). Священномучч. Леонида (Бирюковича), Іоанна (Никольскаго) и Николая (Доброумова) пресвв. (1937).

ряд.: 2 Кор. (зач. 187) **8**, 16 — **9**, 5: Маркъ. (зач. 12) **3**, 13-19.

Среда
13/26 *Отданіе Преображенія.* Преп. Максима исповѣдника (662). **Преставленіе (1783) первое (1861) и второе (1991) обрѣт. мощей святителя Тихона, еп. Воронежскаго, Задонскаго чуд.** Мучч. Ипполита, Конкордіи, Иринея и Авундія

Римскихъ (258). Блаж. царицы Евдокіи (460). Преп. Серида игумена Газскаго (ок. 543). Преп. Радегонды, королевы франковъ (587). Преп. царицы Ирины, въ иночествѣ Ксеніи (1134). Обрѣт. мощей блаж. Максима Московскаго, Христа ради юродиваго (1547). Священномучч. Іоанна (Шишева), Іоасафа (Панова) и Константина (Попова) пресвв. (1918). Священномучч. Серафима, еп. Дмитровскаго, Николая (Орлова), Іакова (Архипова) пресвв. и Алексія (Введенскаго) діакона (1937). Муч. Василія (Александрина) (1942). Иконъ Божіей Матери «Минскія», «Семистрѣльная» и «Страстная».

Утр.: Іоан. (зач. 36) **10**, 9-16.

ряд.: 2 Кор. (зач. 189) **9**, 12 — **10**, 7: Марк. (зач. 13) **3**, 20-27. Свят. Евр. (зач. 318) **7**, 26 — **8**, 2: Матѳ. (зач. 11) **5**, 14-19.

Четвергъ

14/27 *Предпразднство Успенія Пресвятыя Богородицы.* Пророка Михея 2-го (VIII в. до. Р.Х.). Перенесеніе мощей преп. Ѳеодосія Кіево-Печерскаго (1091). Муч. Урсикія Иллирійскаго (ок. 305). Священномуч. Маркелла, еп. Апамійскаго (ок. 389). Преп. Аркадія Новоторжскаго (1077). Муч. Симеона Трапезундскаго (1653). Священномуч. Василія, архіеп. Черниговскаго, преподобномуч. Матѳея (Померанцева) и муч. Алексія (Звѣрева) (1918). Священномучч. Петра (Космодаміанскаго) и Владиміра (Цедринскаго) пресвв. (1918). Священномучч. Владиміра (Смирнова), Николая (Толгскаго) пресвв., преподобномуч. Елевѳерія (Печенникова), преподобномучцц. Евы (Павлавой) игуменіи, Евдокіи (Перевозниковой) и муч. Ѳеодора (Захарова) (1937). Священномуч. Назарія, митр. Кутаисскаго и съ нимъ убіенныхъ (1924). Преп. Александра (Уродова) исп. (1961). Иконъ Божіей Матери «Бесѣдныя» и «Нарвскія».

ряд.: 2 Кор. (зач. 190) **10**, 7-18: Марк. (зач. 14) **3**, 28-35. подъ зач.: 2 Кор. (зач. 192) **11**, 5-21: Марк. (зач. 15) **4**, 1-9.

Пятница

15/28 **Успеніе Пресвятыя Богородицы.**
Препп. Макарія Римлянина и Харитона (XV). Иконъ Божіей Матери «Ацкурскія», «Бахчисарайскія», «Владимірскія-Ростовскія», «Влахернскія», «Гаенатскія», «Крымскія», «Моздокскія», «Подательница ума», «Псково-Печерскія», «Сурдегскія», «Тупическія», «Чухломскія» и «Цилканскія».

Веч.: 1) Быт. **28**, 10-17. 2) Іезек. **43**, 27 — **44**, 4. 3) Прит. **9**, 1-11. Утр.: Богородицы: Лук. (зач. 4) **1**, 39-49, 56.

Августъ

Богородицы: Филип. (зач. 240) **2**, 5-11: Лук. (зач. 54) **10**, 38-42; **11**, 27-28.

Суббота
16/29 *Перенесеніе Нерукотвореннаго образа Господня изъ Едессы въ Константинополь.* Муч. Діомида врача (298). Муч. Алквіада (II). Преп. Херимона Египетскаго (IV). Преп. Іоакима Осоговскаго (ок. 1105). Свят. Евстаѳія II-го, архіеп. Сербскаго (1309). Преп. Нила Ерикусійскаго (ок. 1335). Препмуч. Никодима Метеорскаго (1551). Преп. Герасима новаго, Кефелонскаго (1579). Свят. Тимоѳея, архіеп. Еврипскаго (1590). Преп. Рафаила Банатскаго (ок. 1590). Преп. Романа Сербскаго (XVI). Муч. Стаматія Ѳессалійскаго (1680). Муч. Апостола Константинопольскаго (1686). Мучч. воеводы Константина Валашскаго, сыновей его Константина, Стефана, Раду, Матѳея и совѣтника Іоанникія (1714). Священномуч. Александра (Соколова) пресв., преподобномучц. Анны (Ежовой) и муч. Іакова (Гортинскаго) (1937). Мучч. 33-хъ Палестинскихъ. Иконъ Божіей Матери «Ѳеодоровскія» и «Торжество Пресвятыя Богородицы» (Портъ-Артурскія).
Образа: Кол. (зач. 250) **1**, 12-18 или 2 Кор. (зач. 173) **3**, 4-11: Лук. (зач. 48 отъ полу) **9**, 51-56; **10**, 22-24.
ряд.: 1 Кор. (зач. 126) **2**, 6-9: Матѳ. (зач. 90) **22**, 15-22.

Воскресеніе
17/30 **Недѣля 13-я по Пятидесятницѣ.** Гласъ 4-й.
Муч. Мирона пресв. Кизическаго (250). Мучч. Фирса, Левкія, Короната и дружины ихъ (249-251). Мучч. Павла и сестры его Іуліаніи и иже съ ними Кодрата, Стратоника и Акакія (ок. 273). Муч. Патрокла Трикоссинскаго (ок. 275). Мучч. Стратона, Филиппа, Евтіхіана и Кипріана Никомидійскихъ (ок. 303). Свят. Ѳомы, еп. Германиціи (IV). Прав. Іакова діакона Іоркскаго (VII). Священномуч. Іеронима, еп. Ноордвійскаго (857). Преп. Иліи Калаврійскаго (903). Преп. Алипія, иконописца Печерскаго (ок. 1114). Преп. Левкія Волоколамскаго (XV). Преп. Ѳеодорита Кольскаго (1571). Преп. Филиппа Янковскаго (1662). Муч. Димитрія Епирскаго (1808). Преп. Пимена Угрѣшскаго (1880). Священномуч. Алексія (Великосѣльскаго) пресв. (1918). Священномуч. Николая (Околовича) пресв. (1934). Священномуч. Димитрія (Остроумова) пресв. (1937). Соборъ Кузбасскихъ святыхъ. Иконы Божіей Матери «Свенскія». Иконы Божіей Матери «Прибавленіе ума».

Августъ

Утр. Еван. 2-е: Маrк. (зач. 70) **16,** 1-8.
ряд.: 1 Кор. (зач. 166) **16,** 13-24: Матѳ. (зач. 87) **21,** 33-42.

Понедѣльникъ

18/31 **Седмица 14-я по Пятидятницѣ.** Мучч. Флора и Лавра Иллирійскихъ (II). Мучч. Ерма, Серапіона и Поліена Римскихъ (II). Священномуч. Еміліана епископа и съ нимъ: Иларіона, Діонисія и Ермиппа (ок. 300). Препп. Варнавы и Софронія Мелогорскихъ (412). Святт. Іоанна (674) и Георгія (683), патріарховъ Константинопольскихъ. Преп. Христофора Сумельскаго (VII). Преп. Макарія Пеликитскаго (830). Преп. Іоанна Рыльскаго (946). Преп. Христодула философа (XII). Преп. Софронія Аѳонскаго (XVIII). Преподобномуч. Димитрія Влаха, Іоаннинскаго (1808). Преп. Арсенія Паросскаго (1887). Священномучч. Иларіона, еп. Порѣченскаго, Григорія (Бронникова) пресв. мучч. Евгенія (Дмитріева) и Михаила (Ерогодскаго) (1937). Муч. Льва Мѵрликійскихъ. Иконы Божіей Матери «Всецарица».

ряд.: 2 Кор. (зач. 195) **12,** 10-19: Маrк. (зач. 16) **4,** 10-23.
Мучч.: Ефес. (зач. 233) **6,** 10-17: Лук. (зач. 63) **12,** 2-12.

Вторникъ

19/1с. Муч. Андрея Стратилата и съ нимъ 2593 воина (284-305). Мучч. Тимоѳея, Агапія и Ѳеклы Палестинскихъ (ок. 304). Святт. Питирима Пермскаго (1456). Обрѣт. мощей преп. Геннадія Костромскаго (1646). Преп. Ѳеофана чуд. Македонскаго (XVI). Прав. Николая (Лебедева) исп. пресв. (1933). Преп. Маріи (Кореповой) исп. (1945). Иконы Божіей Матери «Донскія».

ряд.: 2 Кор. (зач. 196) **12,** 20 — **13,** 2: Маrк. (зач. 17) **4,** 24-34.
Мучч.: Ефес. (зач. 233) **6,** 10-17: Лук. (зач. 106) **21,** 12-19.

Среда

20/2 Пророка Самуила (XI в. до Р.Х.). Мучч. Севира и Мемнона и съ ними 37 мучч. (304). Муч. Лукія Кипрскаго, сенатора (310). Мучч. Иліодора и Досы Персидскихъ (380). Муч. Освина, короля Норѳумбрійскаго (651). Преп. Филиберта Жумьежскаго (685). Священномучч. Александра (Малиновскаго), Льва (Ершова) и Владиміра (Четверина) пресвв., преподобномуч. Іосифа (Баранова) (1918). Священномуч. Николая (Бирюкова) пресв. (1919). Обрѣт. мощей священномуч. Ермогена, еп. Тобольскаго (2005).

ряд.: 2 Кор. (зач. 197) **13,** 3-13. Маrк. (зач. 18) **4,** 35-41.

Августъ

Четвергъ
21/3 Апостола Ѳаддея отъ 70-ти (ок. 44). Мучц. Вассы и чадъ ея: Ѳеогнія, Агапія и Писта (305-311). Свят. Авита, еп. Клермонскаго (594). Свят. Сармеана, католикоса Карталинскаго (774). Преп. Ѳеоклиты чудотворицы (829). Преп. Авраамія, чудотворца Смоленскаго (1220). Преп. Ефрема Смоленскаго (по 1238). Преп. Авраамія трудолюбиваго, Печерскаго (XIII). Преп. Исаіи Аѳонскаго (XIV). Преп. Корнилія (1420) и ученика его Авраамія (XV) Палеостровскихъ. Блаж. Ѳаддея Петрозаводскаго (1726). Священномуч. Симеона Самоковскаго (1737). Преп. Марѳы Дивѣевскія (1829). Священномуч. Александра (Елоховскаго) пресв. (1918). Священномучч. Павла (Ягодинскаго) и Ѳеодора (Каллистова) пресвв. (1937). Священномуч. Рафаила (Шишатовацкаго) (1941). Преподобномуч. Игнатія (Даланова) (1942). Перенесеніе мощей свят. Нектарія Пентапольскаго (1953).
ряд.: Гал. (зач. 198) **1**, 1-10, 20 — **2**, 5: Марк. (зач. 19) **5**, 1-20.

Пятница
22/4 Муч. Агаѳоника и съ нимъ: Зотика, Ѳеопрепія (Боголѣпа), Акиндина, Северіана, Зинона и проч. (305-311). Муч. Симфоріана Отонскаго (ок. 275). Преп. Анѳусы и священномуч. Аѳанасія епископа, крестившаго ее и двухъ слугъ ея: Харисима и Неофита (ок. 275). Мучц. Евлаліи дѣвы Барселонскія (ок. 304). Мучч. Иринея, Ора и Оропса (ок. 304). Преп. Зигфрида Урмутскаго (688). Преп. Боголѣпа Угличскаго (XVI). Преп. Исаакія (перваго) Оптинскаго (1894). Священномучч. Макарія, еп. Вяземскаго, Іоанна (Бояршинова) и Алексія (Наумова) пресвв. (1918). Священномучч. Ѳеодора, еп. Пензенскаго, и съ нимъ Василія (Смирнова) и Гавріила (Архангельскаго) пресвв. (1937). Священномучч. Алексія, архіеп. Омскаго, Андрея, архіеп. Ухтомскаго, Іоанна, еп. Великолукскаго, Александра (Ратьковскаго), Михаила (Люберцева) и Ѳеодора (Маляровскаго) пресвв., преподобномучч. Иларіона (Цурикова), Іоанна (Лабы) и Іероѳея (Глазкова) (1937). Священномуч. Горазда, еп. Богемскаго и Мораво-Силезскаго (1942). Иконы Божіей Матери «Грузинскія».
ряд.: Гал. (зач. 201) **2**, 6-10: Марк. (зач. 20) **5**, 22-24, 35 — **6**, 1.

Августъ

Суббота
23/5 *Отданіе Успенія.* Муч. Луппа Солунскаго (ок. 306). Священномуч. Поѳина, еп. Ліонскаго (ок. 177). Священномуч. Иринея, еп. Ліонскаго (202). Свят. Ѳеоны, еп. Александрійскаго (299). Препп. Евтихія (540) и Флорентія (547) Нурсійскихъ. Свят. Каллиника, патр. Константинопольскаго (705). Преподобномуч. Эббы Колдингемскія и иже съ нею (870). Священномучч. Ефрема, еп. Селенгинскаго, Іоанна (Восторгова), Вячеслава (Закедскаго) пресвв., и муч. Николая (Варжанскаго) (1918). Священномучч. Іоанна (Карабанова) и Павла (Гайдая) пресвв. (1937). Соборъ Херсонскихъ святыхъ. Богородицы: Филип. (зач. 240) **2**, 5-11: Лук. (зач. 54) **10**, 38-42; **11**, 27-28.

ряд.: 1 Кор. (зач. 130) **4**, 1-5: Матѳ. (зач. 93) **23**, 1-12.

Воскресеніе
24/6 **Недѣля 14-я по Пятидесятницѣ. Гласъ 5-й.**
Священномуч. Евтиха (Евтихія) (I), ученика св. ап. Іоанна Богослова. **Перенесеніе мощей свят. Петра, митр. Московскаго (1479).** Муч. Татіона Клавдіопольскаго (305). Мучц. Сиры дѣвы Персидскія (558). Преп. Георгія Лимнеота (ок. 716). Свят. Мартирія, архіеп. Новгородскаго (1199). Преп. Арсенія Комельскаго (1550). Перенесеніе мощей свят. Діонисія Закинѳскаго, архіеп. Эгинскаго (1717). Преп. Серапіона чуд., Гараджейскаго (1774). Священномуч. равноап. Космы Этольскаго (1779). Священномуч. Максима Сандовича, Горлицкаго (1914). Преп. Аристоклія Московскаго (1918). Священномуч. Михаила (Воскресенскаго) пресв. и с нимъ 28-ми мучч. (1918). Преподобномуч. Серафима (Шахмутя) Жировицкаго (1946). Соборъ Московскихъ святыхъ. Иконы Божіей Матери «Петровскія».

Утр.: Еван. 3-е: Марк. (зач. 71) **16**, 9-20.

ряд.: 2 Кор. (зач. 170) **1**, 21 — **2**, 4: Матѳ. (зач. 89) **22**, 1-14.

Понедѣльникъ
25/7 **Седмица 15-я по Пятидесятницѣ.** Возвращеніе мощей св. ап. Варѳоломея (580). Апостола Тита отъ 70-ти (I). Святт. Варсиса и Евлогія, епп. Едесскихъ и Протогена, еп. Карійскаго исповѣдника и иже съ ними (IV). Святт. Іоанна (520), Епифанія (535) и Мины (552), патрр. Константинопольскихъ. Преп. Аредія Лиможскаго (ок. 591). Преп. Григорія Утрехтскаго (775). Перенесеніе мощей преп. Хильды Уитбійскія (860). Преподобномуч. Моисея (Кожина)

Августъ

(1931). Священномуч. Владиміра (Мощанскаго) пресв. (1938).
ряд.: Гал. (зач. 202) **2,** 11-16: Марк. (зач. 21) **5,** 24-34.
Ап.: Тит. (зач. 300) **1,** 1-4; **2,** 15 — **3,** 3, 12-13, 15: Матѳ. (зач. 11) **5,** 14-19.

Вторникъ
26/8 Мучч. Адріана и Наталіи и съ ними 23-хъ мучч. (305-311). **Срѣтеніе иконы Божіей Матери «Владимірскія»** (1395). Преп. Тифоя Ѳиваидскаго (IV). Преп. Ивистіона Египетскаго (ок. 450). Преп. Адріана Угличскаго (по 1504). Преп. Адріана Ондрусовскаго (1549). Блаж. Кипріана Сторожевскаго (по 1598). Священномуч. Петра (Іевлева) пресв. (1918). Прав. Георгія (Коссова) исп., пресв. (1928). Блаж. Маріи Дивѣевскія (1931). Священномуч. Виктора (Элланскаго) пресв., мучч. Димитрія (Морозова), Петра (Бордана) и прав. Романа (Медвѣдя) исп., пресв., въ схимѣ Іосифа (1937). Обрѣт. мощей свят. Николая, митр. Алма-Атинскаго (2000). Соборъ Орловскихъ святыхъ. Соборъ святыхъ Средне-Азіатскаго митрополичіего округа.
Утр.: Лук. (зач. 4) **1,** 39-49, 56.
ряд.: Гал. (зач. 204) **2,** 21 — **3,** 7: Марк. (зач. 22) **6,** 1-7.
Богородицы: Филип. (зач. 240) **2,** 5-11: Лук. (зач. 54) **10,** 38-42; **11,** 27-28.

Среда
27/9 Преп. Пимена Великаго (ок. 450). Муч. Фанурія Родосскаго (III). Свят. Осіи исп., еп. Кордувійскаго (359). Свят. Ливерія исп., еп. Римскаго (366). Свят. Кесарія, еп. Арелатскаго (453). Преп. Пимена Палестинскаго (VI). Священномуч. Кукши и преп. Пимена постника Печерскихъ (по 1114). Новосвященномуч. Михаила (Воскресенскаго) пресв. и съ нимъ 28-ми мучч. (1918). Священномуч. Стефана (Нѣмкова) пресв. и съ нимъ 18-ти мучч. (1918). Священномуч. Хризостома, митроп. Смирнскаго (1922). Священномучч. Павла (Фокина), Іоанна (Лебедева) и Іоанна (Смирнова) пресвв., преподобномучч. Симеона (Холмогорова) и Меѳодія (Иванова) (1937). Священномуч. Александра (Цицерова) пресв. (1939). Священномуч. Владиміра (Соколова) пресв. (1940). Прав. Димитрія (Крючкова) исп. пресв. (1952). Обрѣт. мощей Антонія, еп. Вологодскаго (1998). Преп. Саввы, иже въ Венефалехъ. Мучц. Анѳисы.
ряд.: Гал. (зач. 207) **3,** 15-22: Марк. (зач. 23) **6,** 7-13.
подъ зач.: Гал. (зач. 208) **3,** 23 — **4,** 5: Марк. (зач. 25) **6,** 30-45.
Преп.: Гал. (зач. 213) **5,** 22 — **6,** 2: Матѳ. (зач. 10) **4,** 25 — **5,** 12.

Августъ

Четвергъ

28/10 Преп. Моисея Мурина (ок. 400). **Обрѣт. мощей преп. Іова, игум. и чуд. Почаевскаго (1659).** Прав. Езекіи, царя Іудейскаго (691 до Р.Х.). Прав. Анны пророчицы (I). Мучц. Шушаники, царицы Ранскія (475). Свят. Амфилохія, еп. Владимірскаго на Волыни (1122). Преп. Саввы Крыпецкаго (1495). Священномучч. Алексія (Будрина) пресв. и Александра Медвѣдева діакона (1918). Преподобномуч. Сергія (Зайцева) архим. Зилантьева монастыря и иноковъ: Лаврентія (Никитина), Серафима (Кузьмина), Ѳеодосія (Александрова), Леонтія (Карякина), Стефана, Георгія (Тимофеева), Сергія (Галина), Иларіона (Правдина), Іоанна (Срѣтенскаго) и Іосифа (1918). Священномуч. Николая (Георгіевскаго) пресв. (1931). Священномуч. Василія (Сокольскаго) пресв. (1937). Соборъ свв. угодниковъ Печерскихъ, почивающихъ въ Дальнихъ (Ѳеодосіевыхъ) пещерахъ. Иконы Божіей Матери «Азовскія».
На веч.: 1) Прем. Сол. **3**, 1-9. 2) Прем. Сол. **5**, 15 — **6**, 3. 3) Прем. Сол. **4**, 7-15.
Утр.: Матѳ. (зач. 43) **11**, 27-30.
Преп.: Гал. (зач. 213) **5**, 22 — **6**, 2: Лук. (зач. 24) **6**, 17-23.

Пятница

29/11 Усѣкновеніе главы Пророка, Предтечи и Крестителя Іоанна.
Препп. Кандиды (418) и Геласіи (422) Константинопольскихъ. Прав. Себби, короля Эссекскаго отшельника (694). Муч. Анастасія Болгарскаго (1794). *Поминовеніе православныхъ воиновъ на полѣ брани убіенныхъ.*
День постный, разрѣшеніе на вино и елей, но безъ рыбы.
Веч. Предтечи: 1) Исаіи **40**, 1-3, 9; **41**, 17-18; **45**, 8; **48**, 20-21; **54**, 1. 2) Мал. **3**, 1. Марк. **1**, 2. Мал. **3**, 2-3, 5-7, 12, 17-18; **4**, 4-6. 3) Прем. **4**, 7, 16-17, 19-20; **5**, 1-7.
Утр.: Матѳ. (зач. 57) **14**, 1-13.
Предтечи: Дѣян. (зач. 33) **13**, 25-32: Марк. (зач. 24) **6**, 14-30.

Суббота

30/12 Святт. Александра (340), Іоанна (595) и Павла Новаго (784), патр. Константинопольскихъ. **Перенесеніе мощей благов. вел. князя Александра Невскаго, въ схимѣ Алексія (1724).** Священномуч. Ермила діакона Сингидонскаго (ок. 315). Преп. Вріенны Низибійскія (318). Преп. Сармата Египетскаго (ок. 362). Свят. Евлалія, еп. Кесарійскаго (IV). Преп.

Августъ

Христофора Римлянина (VI). Преп. Фантина чуд. Солускаго (984). Свят. Іоанна Ксифилина, патр. Константинопольскаго (1075). Преп. Александра, игум. Вочскаго (XV). Преп. Александра Свирскаго (1533). Обрѣт. мощей благ. вел. кн. Даніила Московскаго (1652). Соборъ Сербскихъ святителей: Саввы I (1237), Саввы II (1269), Никодима (1325), Іоанникія (1354), Арсенія (1266), Евстаѳія (ок. 1285), Іакова (1292), Даніила (1338), Ефрема (1395), Спиридона (1388), Макарія (1574), Гавріила (1659) и Григорія (1012). Свят. Варлаама, митр. Молдавского (1657). Священномучч. Петра (Решетникова) и Алексія (Великосѣльскаго) пресв. (1918). Преподобномуч. Аполлинарія (Мосалитинова) (1918). Священномуч. Павла (Малиновскаго) пресв., преподобномучц. Елисаветы (Ярыгиной) и муч. Ѳеодора (Иванова) (1937). Преподобномуч. Игнатія (Лебедева) (1938). Прав. Петра (Чельцова) исп. пресв. (1972).

Веч.: 1) Исаіи **66,** 10-14. 2) Исаіи **61,** 10 — **62,** 5. 3) Исаіи **60,** 1-16.

Утр.: Матѳ. (зач. 43) **11,** 27-30.

Святаго: Гал. (зач. 213) **5,** 22 — **6,** 2: Лук. (зач. 24) **6,** 17-23.

ряд.: Гал. (зач. 210) **4,** 8-21: Маркъ. (зач. 26) **6,** 45-53.

подъ зач.: 1 Кор. (зач. 132) **4,** 17 — **5,** 5: Матѳ. (зач. 97) **24,** 1-13.

Воскресеніе

31/13 Недѣля 15-я по Пятидесятницѣ. Гласъ 6-й.

Положеніе честнаго пояса Пресвятыя Богородицы (395). Священномуч. Кипріана, еп. Карѳагенскаго (258). Свят. Павлина, еп. Трирскаго (358). Свят. Геннадія, патр. Константинопольскаго (471). Блаж. Діадоха, еп. Фотикійскаго (V). Преп. Энсвиѳы Фолкстоунскія (640). Свят. Айдана, еп. Линдисфарнскаго (651). Свят. Іоанна, митр. Кіевскаго (1089). Священномучч. Александра (Любимова) пресв. и Владиміра (Двинскаго) діакона (1918). Священномучч. Михаила (Косухена) и Мирона (Ржепика) пресвв. (1937). Священномуч. Димитрія (Смирнова) пресв. (1938). Перенесеніе мощей благов. кн. Петра, въ монашествѣ Давида и княгини Февроніи въ мон. Евфросиніи, Муромскихъ чудотворцевъ (1992). Соборъ святыхъ Нижегородскія митрополіи. Соборъ Саратовскихъ святыхъ. Соборъ Ясеновацкихъ новомучениковъ (1941-45).

Утр.: Еван. 4-е: Лук. (зач. 112) **24,** 1-12.

ряд.: 2 Кор. (зач. 176) **4,** 6-15: Матѳ. (зач. 92) **22,** 35-46.

Богородицы: Евр. (зач. 320) **9,** 1-7: Лук. (зач. 54) **10,** 38-42; **11,** 27-28.

| Дни недѣли | Сентябрь | День имѣетъ 12 ч. а ночь 12 ч. |

Понедѣльникъ

1/14 Седмица 16-я по Пятидесятницѣ. *Начало индикта — Церковное новолѣтіе.* Преп. Симеона Столпника (459) и матери его Марѳы (428). Прав. Іисуса Навина (XVI в. до Р.Х.). Мучц. Каллисты и братьевъ ея мучч. Евода и Ермогена (309). Мучцц. 40 женъ: Адамантины, Каллирои, Хариклеи, Пенелопы, Кліо, Ѳаліи, Маріанѳы, Евтерпы, Терпсихоры,Ураніи, Клеоники, Сапфо, Ераты, Полимніи, Додоны, Аѳины, Троады, Клеопатры, Коралии, Каллисты, Ѳеонои, Ѳеаны, Аспасіи, Полиники, Діоны, Ѳеофаны, Ерасміи, Ерменеи, Афродиты, Маргариты, Антигоны, Пандоры, Хайдо, Лампро, Мосхо, Аривои, Ѳеонимфы, Акривы, Мельпомены и Ельпиники; и св. Аммуна діакона и учителя ихъ (321-323). Преп. Вераны Цурахскія (ок. 350). Муч. Аиѳала діакона Персидскаго (376). Преп. Мелетія новаго (1095). Преп. Николая Критскаго (1670). Муч. Ангелиса Караманійскаго (1680). Преп. Марѳы Тамбовскія (1800). Преподобномучц. Татіаны (Грибковой) и мучц. Наталіи (Козловой) (1937). Соборъ Винницкихъ святыхъ. Соборъ Пресвятыя Богородицы въ Міасинстѣй обители (въ память обрѣтенія Ея иконы). Иконъ Божіей Матери «Всеблаженныя», «Черниговскія-Геѳсиманскія», «Александровскія» и «Августовскія».

На веч.: 1) Исаіи **61**, 1-9. 2) Лев. **26**, 3-12, 14-17, 19-20, 22, 33, 40-41. 3) Прем. Сол. **4**, 7-15.

Новолѣтія: 1 Тим. (зач. 282) **2**, 1-7: Лук. (зач. 13) **4**, 16-22.

Преп.: Кол. (зач. 258) **3**, 12-16: Матѳ. (зач. 43) **11**, 27-30.

Сентябрь

Вторникъ
2/15 Муч. Маманта (275), отца его Ѳеодота и матери Руфины (III). Преп. Іоанна постника, патр. Царьградскаго (595). Прав. Елеазара, сына Аарона (XV в. до. Р.Х.). Мучч. 3618 въ Никомидіи (IV). Преп. Хье Тадкастерскія (657). Преп. Елпидія игумена. Препп. Антонія (1073) и Ѳеодосія (1074) Печерскихъ. Обрѣт. мощей преп. Ѳеодосія Тотемскаго (1796). Священномуч. Варсонофія, еп. Кирилловскаго и иже съ нимъ, Іоанна (Иванова) пресв., преподобномучц. Серафимы (Сулимовой) игум., мучч. Николая (Бурлакова), Анатолія (Барашкова), Филиппа (Марышева) и Михаила (Трубникова) (1918). Священномучч. Дамаскина, еп. Стародубскаго и съ нимъ Евѳимія (Горячева), Іоанна (Мельниченко), Іоанна (Смоличева), Владиміра (Моринскаго), Виктора (Басова), Василія (Зеленскаго), Ѳеодота (Шатохина), Петра (Новосѣльскаго), Стефана (Ярошевича) пресвв. и преподобномучц. Ксеніи (Черлина-Браиловской) (1937). Священномучч. Германа, еп. Вязниковскаго, Стефана (Ермолина) пресв. и муч. Павла (Елькина) (1937). Священномуч. Павла (Боротинскаго) пресв. (1938). Иконы Божіей Матери «Калужскія».
ряд.: Гал. (зач. 211) **4**, 28 — **5**, 10: Марк. (зач. 27) **6**, 54 — **7**, 8.
подъ зач.: Гал. (зач. 212) **5**, 11-21: Марк. (зач. 28) **7**, 5-16.
Муч.: Рим. (зач. 99) **8**, 28-39: Іоан. (зач. 50) **15**, 1-7.

Среда
3/16 Священномуч. Анѳима, еп. Никомидійскаго и съ нимъ мучч. Ѳеофила діакона, Дороѳея, Мардонія, Мигдонія, Петра, Индиса, Горгонія, Зинона, Домны дѣвы и Евѳимія (302). Преп. Ѳеоктиста, спостника преп. Евѳимія (467). Св. Фивы, діакониссы Кенхрейскія (I). Священномуч. Аристона, еп. Александрійскаго (III). Мучц. Василиссы Никомидійскія (309). Свят. Анастасія І-го, патр. Іерусалимскаго (479). Благ. царя Константина новаго (641). Преп. Ремакля Арденнскаго (675). Священномуч. Эгульфа Провансальскаго (676). Свят. Іоанникія, патр. Сербскаго (1349). Блаж. Іоанна власатаго, Ростовскаго чудотворца (1580). Муч. Полидора Кипрскаго (1794). Священномучч. Пимена, еп. Вѣрненскаго, Сергія (Феноменова), Василія (Колмыкова), Филиппа (Шатова), Владиміра (Дмитріевскаго) пресвв. и преподобномуч. Мелетія (Голоколосова) (1918). Священномучч. Василія (Красивскаго) и Парѳенія (Красивскаго) пресвв. (1919). Свя-

щенномучч. Андрей (Дальникова) и Өеофана (Соколова) пресвв. (1920). Священномучч. Владиміра (Садовскаго) и Михаила (Сущкова) пресвв. (1921). Священномучч. Николая (Сущевскаго) и Евөимія (Круговыхъ) пресв. и съ нимъ 4-хъ мучч. (1924). Священномуч. Романа (Марченко) пресв. (1929). Священномучч. Алексія (Зиновьева) и Иліи (Бажанова) пресвв. (1937). Священномуч. Петра (Сорокина) діакона (1953). Иконы Божіей Матери «Писидійскія».
ряд.: Гал. (зач. 214) **6,** 2-10: Марк. (зач. 29) **7,** 14-24.
Свящмуч.: Евр. (зач. 334) **13,** 7-16: Іоан. (зач. 36) **10,** 9-16.

Четвергъ
4/17 Священномуч. Вавилы, еп. Антіохійскаго и съ нимъ мучч. отроковъ: Урвана, Прилидіана, Епполонія и матери ихъ Христодулы (251). Пророка и Боговидца Моисея (XV в. до Р.Х.). Мучц. Ерміоніи, дщери ап. Филиппа діакона (ок. 117). Мучч. Өеодора, Міана, Іуліана, Кіона (ок. 305). Преп. Петронія, уч. преп. Пахомія (ок. 348). Муч. Вавилы Никомидійскаго и съ нимъ 84-хъ отроковъ (IV). Преп. Симеона Гареджійскаго (1773). Преп. Анөима слѣпаго Кефалонитскаго (1783). Преподобномуч. Парөенія, игум. Кизилташскаго (1867). Обрѣт. мощей свят. Іоасафа, еп. Бѣлгородскаго (1911). Священномучч. Григорія, еп. Шлиссельбургскаго, Сергія, еп. Нарвскаго, Павла (Васильевскаго), Іоанна (Васильевскаго), Николая (Лебедева), Никалая (Срѣтенскаго), Іоанна (Ромашкина), Николая (Хвощева), Александра (Никольскаго), Петра (Лебединскаго), Михаила (Богородскаго), Иліи (Измайлова) пресвв., преподобномуч. Стефана (Кускова), мучч. Василія (Ежова), Петра (Лонскова), Стефана (Матюшкина), и Александра (Блохина) (1937). Священномуч. Петра, митр. Дабро-Боснійскаго (1941). Мучц. Елены (Черновой) (1943). Второе обрѣт. и перенесеніе (1989) мощей свят. Митрофана, въ схимѣ Макарія, еп. Воронежскаго. Соборъ Воронежскихъ святыхъ. Иконы Божіей Матери «Неопалимая Купина».
ряд.: Ефес. (зач. 216) **1,** 1-9: Марк. (зач. 30) **7,** 24-30.
Свящмуч.: Евр. (зач. 330) **11,** 33 — **12,** 2: Лук. (зач. 67) **12,** 32-40.

Пятница
5/18 Пророка Захаріи и прав. Елисаветы, родителей св. Іоанна Предтечи (I). Мучч. Өифаила и сестры его Өивеи (II). Муч. Сервила, Мучц. Раисы (или Ираиды) (ок. 308). Мучч. Іувентина и Максима воиновъ (361). Мучч. Урвана, Өеодора, Медимна и съ ними 77-ми въ Никомидіи пострадавшихъ

(370). Муч. Авдія (Авида) въ Персіи (420). Убіеніе благов. князя Глѣба, во св. крещеніи Давида (1015). Преподобномуч. Аѳанасія Брестскаго (1648). Муч. Евѳимія (Кочева) (1937). Обрѣт. мощей преп. Александра (Урдова) исп. (2001). Обрѣт. мощей прав. Ѳеодосія (Мелитопольскаго) исп. пресв. (2012). Явленіе св. ап. Петра имп. Юстиніану въ Аѳирѣ (VI). Иконы Божіей Матери «Оршанскія».

ряд.: Ефес. (зач. 217) **1,** 7-17: Марк. (зач. 32) **8,** 1-10.

Пророка: Евр. (зач. 314) **6,** 13-20: Лук. (зач. 2) **1,** 5-25.

Суббота
6/19 Чудо Архистратига Божія Михаила въ Хонѣхъ (IV). Муч. Ромила и съ ними 11.000 въ Арменіи (107-115). Мучч. Киріака, Фавста пресвитера, Авива діакона и съ нимъ 11 мучч. (ок. 250). Свят. Кирилла, еп. Гортинскаго (ок. 303). Мучч. Евдоксія, Зинона, Макарія и съ ними 1104 воина (311-312). Преп. Архиппа иже въ Хонѣхъ (IV). Преп. Давида Египетскаго (VI). Преп. Беги Каберленскія (681). Свят. Михаила, еп. Юрьевскаго (XI). Преп. Лазаря, еп. Переяславскаго (1117). Священномуч. Димитрія (Спасскаго) пресв. (1918). Священномучч. Константина (Богословскаго), Іоанна (Павловскаго) и Всеволода (Потеминскаго) пресвв. (1937). Иконъ Божіей Матери «Кіево-Братскія» и «Арапетскія».

Арх.: Евр. (зач. 305) **2,** 2-10: Лук. (зач. 51) **10,** 16-21.

ряд.: 1 Кор. (зач. 146) **10,** 23-28: Матѳ. (зач. 101) **24,** 34-44.

Воскресеніе
7/20 **Недѣля 16-я по Пятидесятницѣ,** *она же предъ Воздвиженіемъ.* **Гласъ 7-й.**

Предпразднство Рождества Пресвятой Богородицы. Муч. Созонта Помпеопольскаго (304). Прав. Іудиѳи (VII в. до Р.Х.). Апп. Евода отъ 70-ти (66) и Онисифора (по 67). Муч. Евпсихія Кесаріи Каппадокійскія (по 117). Преп. Клодоальда исп., принца Франціи (560). Преп. Кассіи (Кассіаны), пѣснописицы Константинопольскія (IX). Преп. Луки игумена. (по 975). Свят. Иліи, въ схимѣ Іоанна, архіеп. Новгородскаго (1186). Свят. Прохора, въ схимѣ Трифона, еп. Ростовскаго (1328). Преподобномучч. Александра Пересвѣта и Андрея Осляби, воиновъ-схимниковъ Великорусскихъ (1380). Преп. Серапіона Спасо-Елеазаровскаго, Псковскаго (1480). Препмуч. Макарія Каневскаго (1678). Преп. Макарія Оптинскаго (1860). Священномучч. Петра (Снѣжницкаго) и Михаила (Тихоницкаго) пресвв. (1918). Священномуч. Іоанна

(Масловскаго) пресв. (1921). Новомучениковъ Малоазіатскія катастрофы: Священномучч. Хризостома, митр. Смирнскаго, Амвросія, митр. Мосхонисскаго, Прокопія, митр. Иконійскаго, Григорія, митр. Кидонійскаго и Евѳимія, еп. Зилонскаго (1921-22). Священномучч. Евгенія, митр. Нижегородскаго и съ нимъ Стефана (Крѣйдича) пресв., преподобномучч. Евгенія (Выжвы), Николая (Ащепьева) и Пахомія (Іонова) (1937). Священномучч. Василія (Сунгурова), Григорія (Аверина) и Льва (Егорова) пресвв. (1937). Соборъ Алтайскихъ святыхъ. Соборъ новомучениковъ и исповѣдниковъ Казахстанскихъ.
Утр.: Еван. 5-е: Лук. (зач. 113) **24,** 12-35.
Нед. предъ Воздв.: Гал. (зач. 215) **6,** 11-18: Іоан. (зач. 9) **3,** 13-17.
подъ зач.: 2 Кор. (зач. 181) **6,** 1-10: Матѳ. (зач. 105) **25,** 14-30.
Муч.: Ефес. (зач. 233) **6,** 10-17: Іоан. (зач. 52) **15,** 17 — **16,** 2.

Понедѣльникъ

8/21 **Рождество Пресвятыя Богородицы.**
Седмица 17-я по Пятидесятницѣ. Преп. Лукіана Переяславскаго (1654). Муч. Аѳанасія Солунскаго (1774). Свят. Софронія, еп. Ахталинскаго (1803). Препп. Іоанна (1957) и Георгія (1962) испп. Грузинскихъ. Иконъ Божіей Матери: «Курскія-Коренныя», «Домницкія», «Леснинскія», «Лукіановскія», «Почаевскія», «Сямскія», «Холмскія», «Глинскія» и «Софіи — Премудрости Божіей».
Веч.: 1) Быт. **28,** 10-17. 2) Іез. **43,** 27 — **44,** 4. 3) Притч. **9,** 1-11.
Утр.: Лук. (зач. 4) **1,** 39-49, 56.
празд.: Филип. (зач. 240) **2,** 5-11: Лук. (зач. 54) **10,** 38-42; **11,** 27-28.

Вторникъ

9/22 Праведныхъ Богоотецъ Іоакима и Анны (I). Мучч. Харитона и Стратора (III). Преп. Ѳеофана, исп. (ок. 300). Муч. Севиріана (320). Свв. отцевъ III-го Вселенскаго Собора (431). Преп. Кіерана Клонмакнойскаго (556). Преп. Вильфриды Вильтонскія (988). Преп. Вульфхильды Баркингскія (ок. 1000). Блаж. Никиты сокровеннаго (XII). Преп. Іосифа Волоцкаго (1515). Преп. Іоакима Опочскаго (ок. 1550). Преп. Іоакима Шартомскаго (1625). Преп. Онуфрія Воронскаго (1789). Соборъ преподобныхъ отцевъ Глинскихъ: Филарета (1841), Иліодора (1879), Іоанникія (по 1912), Серафима (1958), Иннокентія (1888), Василія (1831), Макарія (1864), Луки (1898), Архиппа (1896), Евѳимія (1866), Ѳеодота (1859), Мартирія

Сентябрь

(1896), Досиѳея (1874), Андроника (1974), Серафима (1976) и схимитр. Серафима (1984). Обрѣт. и перенесеніе мощей свят. Ѳеодосія Углицкаго, архіеп. Черниговскаго (1896). Священномучч. Григорія (Горяева) пресв. и Александра (Ипатова) діакона (1918). Священномучч. Захаріи, архіеп. Воронежскаго, Сергія (Уклонскаго), Василія (Разумова), Іосифа (Архарова), Алексія (Успенскаго) пресвв., Димитрія (Троицкаго) діакона и муч. Василія (Шикалова) (1937). Преподобномуч. Андроника (Сурикова) (1938). Священномуч. Александра (Виноградова) пресв. (1942).

ряд.: Ефес. (зач. 219) **1**, 22 — **2**, 3: Марк. (зач. 48) **10**, 46-52.

подъ зач.: Ефес. (зач. 222) **2**, 19 — **3**, 7: Марк. (зач. 50) **11**, 11-23.

Святыхъ: Гал. (зач. 210 отъ полу) **4**, 22-31: Лук. (зач. 36) **8**, 16-21.

Среда
10/23 Мучч. Минодоры, Митродоры и Нимфодоры (ок. 305). Апп. отъ 70-ти: Апеллія, Лукія и Климента (I). Муч. Варипсава (II). Благов. Пульхеріи, царицы греческія (453). Преп. Финіана Ольстерскаго (579). Свят. Сальвія, еп. Альбійскаго (584). Священномуч. Ѳеодарда, еп. Маастрихтскаго (670). Свят. Петра (826) и Павла (IX), епп. Никейскихъ. Преп. Павла послушливаго Печерскаго (XIV). Преп. кн. Андрея, въ иноч. Іоасафа, Спасокубенскаго (1453). Свят. Ѳеодорита, архіеп. Рязанскаго (1617). Священномучч. Исмаила (Кудрявцева), Евгенія (Попова), Іоанна (Попова), Константина (Колпецкаго), Петра (Григорьева), Василія (Максимова), Глѣба (Апухтина), Василія (Малинина), Іоанна (Софронова), Петра (Юркова), Николая (Павлинова), Палладія (Попова) пресвв., преподобномучч. Мелетія (Ѳедюнева), Гавріила (Яцика), муч. Симеона (Туркина) и мучч. Татіаны (Гримблитъ) (1937). Священномуч. Уара, еп. Липецкаго (1938). Соборъ Липецкихъ святыхъ.

ряд.: Ефес. (зач. 223) **3**, 8-21: Марк. (зач. 51) **11**, 23-26.

Четвергъ
11/24 Преп. Ѳеодоры Александрійскія (ок. 474). Муч. Димитрія, жены его Еванѳіи и Димитріана (I). Мучч. Серапіона, Кронида и Леонтія Александрійскихъ (237). Мучч. Іи и 9000 мучч. съ ней въ Персіи (362-364). Мучч. Діодора и Дидима Сирскихъ (IV). Преп. Пафнутія исп., еп. Таисскаго (IV). Свят. Патіента, еп. Ліонскаго (491). Преп. Даніила Бангорскаго (584). Преп. Евфросина повара (IX). Перенесеніе мощей

препп. Сергія и Германа, Валаамскихъ чудотворцевъ (1542). Священномучч. Николая (Подьякова) и Виктора (Усова) пресвв. (1918). Священномуч. Карпа (Эльба) пресв. (1937). **Преп. Силуана Аѳонскаго (1938).** Священномуч. Николая (Широгорова) діакона (1942). День прославленія Блаж. Ксеніи Петербургскія, Христа ради юрод. (1978). Иконы Божіей Матери «Каплуновскія».
ряд.: Ефес. (зач. 225) **4,** 14-19: Марк. (зач. 52) **11,** 27-32.
Преп.: Гал. (зач. 213) **5,** 22 — **6,** 2: Лук. (зач. 24) **6,** 17-23.

Пятница
12/25 *Отданіе Рождества Пресвятыя Богородицы.* Священномуч. Автонома, еп. Италійскаго (313). Свят. Корнута, еп. Никомидійскаго (249). Мучч. Македонія, Татіана и Ѳеодула Фригійскихъ (361). Муч. Іуліана и съ нимъ 40 мучч. (IV). Свят. Сакердоса, еп. Ліонскаго (551). Преп. Даніила Ѳасійскаго (843). Преп. Аѳанасія Серпуховскаго (1401) и ученика его Аѳанасія (1395). Преп. Вассіана Тиксненскаго (1624). Перенесеніе мощей прав. Симеона Верхотурскаго (1704). Священномуч. Досиѳея, митр. Тбилисскаго (1795). Блаж. Алексія Елнатскаго, Христа ради юрод. (1937). Священномучч. Ѳеодора (Лебедева), Іоанна (Прудентова), Николая (Житова) пресв. и муч. Алексія (Ворошина) (1937). Муч. Ѳеодора Александрійскаго. Иконы Божіей Матери «Боянскія».
ряд.: Ефес. (зач. 226) **4,** 17-25: Марк. (зач. 53) **12,** 1-12.
подъ зач.: 1 Кор. (зач. 156) **14,** 20-25: Матѳ. (зач. 104) **25,** 1-13.
Богородицы: Филип. (зач. 240) **2,** 5-11: Лук. (зач. 54) **10,** 38-42; **11,** 27-28.

Суббота
13/26 *Суббота предъ Воздвиженіемъ.*
Предпразднство Воздвиженія. Обновленіе храма во Іерусалимѣ (Воскресеніе словущее) (335). Священномуч. Корнилія сотника (I). Мучч. Кронида, Леонтія и Серапіона (237). Мучч. Селевка и Стратоника (III). Мучч. Макровія, Гордіана, Иліи, Зотика, Лукіана и Валеріана (320). Свят. Литорія, еп. Турскаго (371). Священномуч. Іуліана пресв. Галатійскаго (IV). Преп. Петра въ Атрои (IX). Преп. Іоанна Прислопскаго (XVI). Великомучц. Кетевани, царицы Грузинскія (1624). Преп. Іероѳея Иверянина (1745). Священномучч. Стефана (Костогрыза), Александра (Аксенова) пресвв. и Николая (Васюковича) діакона (1937).

Сентябрь

Обновленія: Евр. (зач. 307) **3,** 1-4: Матѳ. (зач. 67) **16,** 13-18.
Субб. предъ Воздв.: 1 Кор. (зач. 126) **2,** 6-9: Матѳ. (зач. 39) **10,** 37 — **11,** 1.

Воскресеніе
14/27 Недѣля 17-я по Пятидесятницѣ. Гласъ 8-й.
Воздвиженіе Креста Господня.
Свят. Іоанна Златоустаго, архіеп. Константинопольскаго (407). Преподобномуч. Макарія Солунскаго (1522). Священномуч. Анѳима, митр. Унгро-Валахійскаго (1716). Соборъ Нижегородскихъ святыхъ. Иконы Божіей Матери «Лѣснянскія».
Веч.: 1) Исх. **15,** 22 — **16,** 1. 2) Притч. **3,** 11-18. 3) Исаіи **60,** 11-16.
Утр.: Іоан. (зач. 42 отъ полу) **12,** 28-36.
Лит.: 1 Кор. (зач. 125) **1,** 18-24: Іоан. (зач. 60) **19,** 6-11, 13-20, 25-28, 30-35.
День постный, разрѣшеніе на вино и елей, но безъ рыбы.

Понедѣльникъ
15/28 Седмица 18-я по Пятидесятницѣ. Великомуч. Никиты (ок. 372). Обрѣт. мощей свят. Акакія, еп. Мелетинскаго (257). Мучч. Ѳеодота, Аскліады (Асклипіодоты) и Максима (ок. 305). Муч. Порфирія лицедѣя (361). Прав. Плакиллы царицы (ок. 400). Свят. Альбина, еп. Ліонскаго (ок. 400). Обрѣт. мощей архидіакона Стефана (415). Свят. Іосифа, еп. Алавердскаго (570). Преп. Маріи Егисскія (607). Преп. Филоѳея пресвитера (X). Свят. Симеона, архіеп. Солунскаго (1429). Преп. Никиты Боровскаго (XV). Свят. Виссаріона, архіеп. Ларисскаго (1541). Свят. Іосифа новаго, митр. Темишварскаго (1656). Преп. Герасима въ Мизіи (ок. 1740). Муч. Іоанна Критскаго (1811). Священномуч. Іоанна (Ильинскаго) пресв. и преподобномучц. Евдокіи (Ткаченко) (1918). Священномучч. Андрея (Ковалева), Григорія (Конокотина), Григорія (Троицкаго) и Іоанна (Яковлева) пресвв. (1921). Преп. Игнатія (Бирюкова) исп. (1932). Священномуч. Димитрія (Игнатенко) пресв. (1935). Священномучч. Іоанна (Бороздина), Іакова (Леоновича), Петра (Петрикова), Николая (Скворцова) пресвв., Николая (Цвѣткова) діакона, преподобномучц. Маріи (Рыковой) и мучц. Людмилы (Петровой) (1937). Иконы Божіей Матери «Новоникитскія».

Евангельскія чтенія 11-й (Матвеевой) седмицы по причинѣ Воздвиженскія отступки.
ряд.: Ефес. (зач. 227) **4,** 25-32: Матѳ. (зач. 94) **23,** 13-22.
Муч.: 2 Тим. (зач. 292) **2,** 1-10: Матѳ. (зач. 36) **10,** 16-22.

Сентябрь

Вторникъ

16/29 Великомучц. Евфиміи всехвальныя (304). Мучц. Севастіаны (86). Мучц. Мелитины (138). Мучч. Виктора и Сосѳена (304). Преп. Дороѳея, пустынника Египетскаго (IV). Свят. Ниніана, еп. Уитхорнскаго (ок. 432). Мучч. Исаака и Іосифа Грузинскихъ (808). Мучц. Людмилы, кн. Чешскія (927). Преп. Эдиѳы принцессы, Вильтонскія (984). Преп. Прокопія, игум. Сазавскаго, въ Богеміи (1053). Свят. Кипріана, митр. Кіевскаго (1406). Священномуч. Григорія (Раевскаго) пресв. (1937). Священномуч. Сергія (Лосева) пресв. (1942). Обрѣт. мощей преп. Кукши Одесскаго, исп. (1994). Перенесеніе мощей прав. Алексія (Мечева), пресв. Московскаго (2001). Иконы Божіей Матери «Призири на смиреніе».
ряд.: Ефес. (зач. 230) **5,** 20-26: Матѳ. (зач. 95) **23,** 23-28.
Мучц.: 2 Кор. (зач. 181) **6,** 1-10: Лук. (зач. 33) **7,** 36-50.

Среда

17/30 Мучц. Вѣры, Надежды, Любве и матери ихъ Софіи (ок. 137). Священномучч. Ираклида (I) и Мирона (II), епп. Тамасскихъ Кипрскихъ. Мучцц. Агаѳокліи и Ѳеодотіи (ок. 230). Мучц. Лукіи и сына ея Геминіана (ок. 303). Мучч. Пелія и Нила, епископовъ Египетскихъ, Зинона пресвитера, Патермуѳія, Иліи и пр. 156. (310). Священномуч. Ламберта, еп. Маастрійхтскаго (696). Преп. Анастасія Періотерскаго (XII). Свят. Іоакима, патр. Антіохійскаго (1567). Преподобномучч. Павла (Моисеева), Ѳеодосія (Соболева), Никодима (Шапкова) и Серафима (Кулакова) (1918). Преподобномучц. Ирины (Фроловой) (1931). Муч. Іоанна (Короткова) (1941). Преподобномучц. Александры (Хворостянниковой) (1943). Иконъ Божіей Матери «Цареградскія» и «Макарьевскія».
ряд.: Ефес. (зач. 231) **5,** 25-33: Матѳ. (зач. 96) **23,** 29-39.

Четвергъ

18/1 о. Преп. Евменія, еп. Гортинскаго (VII). Мучц. Аріадны Фригійскія (II). Мучц. Софіи и Ирины (III). Свят. Аркадія, еп. Новгородскаго (1162). Велмуч. кн. Бидзина и мучч. князей Шалвы и Елизбара (1616). Прославленіе преп. Евфросиніи Суздальскія (1698). Преп. Иларіона Оптинскаго (1873). Священномучч. Алексія (Кузнецова) и Петра (Діаконова) пресвв. (1918). Священномучч. Амфилохія, еп. Красноярскаго, Іоанна (Васильева), Бориса (Боголѣпова), Михаила (Скобелева), Владиміра (Чекалова), Веніамина (Благонадеждина), Константина (Твердислова) пресвв.

Сентябрь

и муч. Сергія (Ведерникова) (1937). Муч. Кастора Александрійскаго. Соборъ новомучениковъ и исповѣдниковъ земли Владимірскія. Иконъ Божіей Матери: «Цѣлительницы», «Молченскія» и «Старорусскія».

ряд.: Ефес. (зач. 232) **5**, 33 — **6**, 9: Матѳ. (зач. 99) **24**, 13-28.

Пятница

19/2 Мучч. Трофима, Савватія и Доримедонта (276). Священномуч. Іаннуарія, еп. Беневентскаго и дружины его (305). Муч. Зосимы, пустынника Киликійскаго (IV). Преп. Секуана Реомскаго (580). Свят. Ѳеодора Тарсійскаго, архіеп. Кентерберійскаго (690). Блаж. Игоря, вел. кн. Черниговскаго и Кіевскаго (1147). Благ. князя Ѳеодора Смоленскаго и Ярославскаго (1299), и чадъ его Давида (1321) и Константина (до 1321). Священномуч. Константина (Голубева) пресв. и съ нимъ двухъ мучч. (1918). Священномуч. Николая (Искорскаго) пресв. (1919). Преп. Алексія Зосимовой пустыни (1928). Священномуч. Константина (Богословскаго) пресв. (1937). Священномуч. Нила (Смирнова) пресв. и преподобномучц. Маріи (Мамантавой-Шашкиной) (1938). Священномуч. Никандра (Гривскаго) пресв. (1939).

ряд.: Ефес. (зач. 234) **6**, 18-24: Матѳ. (зач. 100) **24**, 27-33, 42-51.

Суббота

20/3 *Суббота по Воздвиженіи.*

Великомуч. Евстаѳія Плакиды, жены его Ѳеопистіи, и сыновей ихъ Агапія и Ѳеописта (ок. 118). Муч. Іоанна Египетскаго и иже съ нимъ 40 мучч. (310). Препп. Анастасія (662), Анастасія (другаго) (666), Ѳеодора (VII) и Евпрепія (650) испп., учен. преп. Максима исп. Мучч. Михаила, князя Черниговскаго и болярина его Ѳеодора (1245). Благов. князя Олега Брянскаго (1307). Благов. кн. муч. Іоанна Путивльскаго (XIV). Преподобномуч. Иларіона Критскаго (1804). Священномучч. Ѳеоктиста (Смельницкаго) и Александра (Тетюева) пресвв. (1937). Соборъ Брянскихъ святыхъ.

Суб. по Воздв.: 1 Кор. (зач. 125 отъ полу) **1**, 26-29: Іоан. (зач. 30) **8**, 21-30.

подъ зач.: 1 Кор. (зач. 162) **15**, 39-45: Матѳ. (зач. 78) **19**, 3-12.

Муч.: Ефес. (зач. 233), **6**, 10-17: Лук. (зач. 106) **21**, 12-19.

Воскресеніе

21/4 **Недѣля 18-я по Пятидесятницѣ,** *она же по Воздвиженіи.* **Гласъ 1-й.**

Отданіе Воздвиженія. Ап. Кодрата отъ 70-ти (ок. 130). **Обрѣтеніе мощей свят. Димитрія Ростовскаго (1752).**

Сентябрь

Муч. Евсевія Финикійскаго (II). Муч. Приска Фригійскаго (260). Мучч. Евсевія, Нестава и Зинона Газскихъ (361). Священномуч. Ипатія, еп. Ефесскаго и Андрея, пресвитера его (ок. 730). Преп. Іоны Савваита (IX). Преп. Даніила Шужгорскаго (XVI). Преп. Іосифа Заоникіевскаго (1612). Священномучч. Александра (Ѳедосѣева), Алексія (Стабникова), Константина (Широкинскаго) и Іоанна (Флерова)пресв. (1918). Священномучч. Валентина (Никольскаго), Александра (Бѣлякова), Іоанна (Лазарева), Андрея (Бенедиктова), Петра (Сахаровскаго), Іоанна (Никольскаго), Василія (Носова) пресвв., преподобномуч. Маврикія Полетаева), мучч. Владиміра (Правдолюбова) и Василія (Кондратьева) (1937). Священномуч. Іоанна (Быстрова) пресв. (1938). Священномуч. Василія (Крымкина) пресв. (1942). Святт. Исаакія и Мелетія Кипрскихъ. Соборъ святыхъ въ землѣ Германской просіявшихъ. Соборъ святыхъ Кубанской митрополіи.

Утр.: Еван. 7-е: Іоан. (зач. 63) **20**, 1-10.

Нед. по Воздв.: Гал. (зач. 203) **2**, 16-20: Марк. (зач. 37) **8**, 34 — **9**, 1.

ряд.: 2 Кор. (зач. 188) **9**, 6-11: Матѳ. (зач. 77) **18**, 23-35 (нед. 11-я).

Понедѣльникъ

22/5 **Седмица 19-я по Пятидесятницѣ.** Священномуч. Фоки, еп. Синопскаго (117). Пророка Іоны (VIII в. до Р.Х.). Преп. Іоны пресвитера, отца свв. Ѳеофана, творца каноновъ и Ѳеодора, начертанныхъ (IX). Муч. Фоки вертоградаря (ок. 320). Прав. Петра мытаря (VI). Священномуч. Эммерама, еп. Регенсбургскаго (652). 26 преподобномучч. Зографскихъ (XIII). Преп. Космы, отшельника Зографскаго (1323). Преп. Іоны Яшезерскаго (1592). Преп. Макарія Жабынскаго, Бѣлевскаго чуд. (1623). Священномуч. Ѳеодосія, митр. Бразскаго (1694). Блаж. Параскевы Дивѣевскія (1915). Священномуч. Веніамина, еп. Романовскаго (1932). Соборъ Тульскихъ святыхъ. *(Службу апостолу Кодрату переносится на сей день съ 21-го сентября).*

Евангельскія чтенія 18-й седмицы.

ряд.: Филип. (зач. 235) **1**, 1-7: Лук. (зач. 10) **3**, 19-22.

Свящмуч.: Евр. (зач. 311) **4**, 14 — **5**, 6: Іоан. (зач. 36) **10**, 9-16.

Сентябрь

Вторникъ
23/6 *Зачатіе Предтечи и Крестителя Господня Іоанна.* Препп. женъ Ксанѳиппы и Поликсеніи (109). Мучц. Ираиды дѣвы (ок. 308). Преп. Адамнана Іоркскаго (704). Мучч. Андрея, Іоанна, Петра и Антонина (886). Муч. Николая Пентапольскаго (1672). Муч. Іоанна Епирскаго (1814). Муч. Льва (Кунцевича) (1918). Священномуч. Іоанна (Панкраточива) пресв. (1937). Иконы Божіей Матери «Словенскія». Соборъ Кипрскихъ святыхъ.
ряд.: Филип. (зач. 236) **1**, 8-14: Лук. (зач. 11) **3**, 23 — **4**, 1.
Предтечи: Гал. (зач. 210 отъ полу) **4**, 22-31: Лук. (зач. 2) **1**, 5-25.

Среда
24/7 Равноапостольныя и первомучц. Ѳеклы Иконійскія (I). Преп. Копрія Палестинскаго (530). Преп. Авраамія Мирожскаго (1158). Свв. кралей Стефана (въ монашествѣ Симона) (1224), Давида (XIII) и Владислава (по 1267) Сербскихъ. Преп. Никандра Псковскаго (1581). Преп. Галактіона Вологодскаго (1612). Преп. Ѳеодосія, иг. Манявскаго (1629). Преп. Дороѳеи Кашенскія (1629). Преп. Гавріила Седміезерскаго (1915). Священномуч. Василія (Воскресенскаго) діакона (1918). Священномучч. Андрея (Быстрова), Павла (Березина) пресвв., преподобномуч. Виталія (Кокорева), мучч. Василія (Виноградова), Сергія (Михайлова) и Спиридона (Савельева) (1937). Иконы Божіей Матери «Мирожскія».
ряд.: Филип. (зач. 237) **1**, 12-20: Лук. (зач. 12) **4**, 1-15.
подъ зач.: Филип. (зач. 238) **1**, 20-27: Лук. (зач. 13) **4**, 16-22.
Мучц.: 2 Тим. (зач. 296) **3**, 10-15: Матѳ. (зач. 104) **25**, 1-13.

Четвергъ
25/8 Преп. Евфросиніи Александрійскія (445). **Преп. Сергія Радонежскаго, чуд. (1392).** Препмуч. Пафнутія Египетскаго и съ нимъ 546-ти мучч. (ок. 303). Свят. Луппа, еп. Ліонскаго (542). Священномуч. Кадока, еп. Валлійскаго (580). Свят. Финбара, еп. Коркскаго (ок. 633). Преп. Чолфрида Уирмутскаго (716). Свят. Арсенія, католикоса Грузинскаго (887). Преп. Евфросиніи Суздальскія (1250). Перенесеніе мощей свят. Германа, архіеп. Казанскаго (1595). Преп. Досиѳеи, затворницы Кіевскія (1777). Прав. Николая (Розова) исп. пресв. (1941). Обрѣт. мощей священномучч. Александра (Смирнова) и Ѳеодора (Лебедева) пресвв. (1985). Память труса (то-есть землетрясенія) въ Константинополѣ (447).

Сентябрь

Утр.: Матѳ. (зач. 43) **11**, 27-30.
Преп.: Гал. (зач. 213) **5**, 22 — **6**, 2: Лук. (зач. 24) **6**, 17-23.

Пятница
26/9 **Преставленіе Апостола и Евангелиста Іоанна Богослова (II).** Прав. Гедеона, судіи Израильскаго (XIV в. до Р.Х.). Препп. Нила Калаврійскаго (1014) и Варѳоломея (1040) ученика его. Преп. Ефрема Перекомскаго (1492). Бл. кн. Нягу Бессарабскаго (1521). Священномучч. Александра (Левитскаго), Аѳанасія (Докукина), Димитрія (Розанова) пресвв., мучч. Іоанна (Золотова) и Николая (Гусева) (1937). Священномуч. Владиміра (Вятскаго) пресв. (1939). Прав. Димитрія (Крючкова) исп. пресв. (1952). Прославленіе (въ Россіи) свят. Тихона, патр. Московскаго и Всея Россіи (1989). Веч.: 1) 1 Іоан. **3**, 21 — **4**, 6. 2) 1 Іоан. **4**, 11-16. 3) 1 Іоан. **4**, 20 — **5**, 5. Утр. Іоан. (зач. 67) **21**, 15-25.
Ап.: 1 Іоан. (зач. 73 отъ полу) **4**, 12-19: Іоан. (зач. 61) **19**, 25-27: **21**, 24-25.

Суббота
27/10 Муч. Каллистрата и дружины его, Гимнасія и иныхъ (304). Апостоловъ отъ 70-ти: Марка, Аристарха и Зины (I). Мучц. Епихаріи (ок. 305). Священномуч. Флавіана, еп. Антіохійскаго и съ нимъ Ѳеодота и Пелагіяна клириковъ (ок. 404). Преп. Игнатія игумена (X). Преп. Савватія Соловецкаго (1435). Священномуч. Анѳима Иверянина, митр. Валашскаго (1716). Мучц. Акилины Адріанопольскія (1764). Священномуч. Димитрія (Шишокина) пресв. (1918). Священномучч. Германа, еп. Вольскаго и Михаила (Платонова) пресв. (1919). Преп. Рахили (Богородинскія) (1928). Священномуч. Петра, митр. Крутицкаго (1937). Священномуч. Ѳеодора (Богоявленскаго) пресв. (1937).
ряд.: Филип. (зач. 239) **1**, 27 — **2**, 4: Лук. (зач. 14) **4**, 22-30.
подъ зач.: 1 Кор. (зач. 164) **15**, 58 — **16**, 3: Лук. (зач. 15) **4**, 31-36.

Воскресеніе
28/11 **Недѣля 19-я по Пятидесятницѣ. Гласъ 2-й**
Преп. Харитона исповѣдника (350). Пророка Варуха (VI до Р.Х.). мучч. Александра, Алфея, Зосимы, Марка, Никона, Неона, Иліодора и проч. Препп. женъ Евстохіи и Павлы (IV). Преп. Фавста Регійскаго (490). Священномуч. Аннемунда, еп. Ліонскаго (658). Муч. Вячеслава, еп. Чешскаго (935). Преп. Авксентія Аламана (XI). Препп. Кирилла и Маріи,

Сентябрь

род. преп. Сергія Радонежскаго (1337). Преп. Харитона Сянжемскаго (1509). Преп. Иродіона Илозерскаго (1541). Обрѣт. мощей преподобномучц. вел. княгини Елисаветы, инокини Варвары и иже съ ними убіенныхъ (1918). Мучц. Анны (Лыкошиной) (1925). Преподобномуч. Иларіона (Громова) и преподобномучц. Михаилы (Ивановой) (1937). Преподобномуч. Татіаны (Чекмазовой) (1942). Обрѣт. мощей преп. Георгія (Лаврова) исп. (2000). Соборъ свв. угодниковъ Печерскихъ, почивающихъ въ Ближнихъ (Антоніевыхъ) пещерахъ. Соборъ святыхъ Челябинской митрополіи. Соборъ святыхъ въ землѣ испанской и Португальскихъ просіявшихъ.

Утр.: Еван. 8-е: Іоан. (зач. 64) **20,** 11-18.

ряд.: 2 Кор. (зач. 194) **11,** 31 — **12,** 9: Лук. (зач. 17) **5,** 1-11 (нед. 18-я).

Преп.: 2 Кор. (зач. 176) **4,** 6-15: Лук. (зач. 24) **6,** 17-23.

Понедѣльникъ

29/12 **Седмица 20-я по Пятидесятницѣ.** Преп. Киріака отшельника (556). **Обрѣт. мощей свят. Іоанна, архіеп. Шанхайскаго и Санъ-Францисскаго (1993).** Мучч. Дады, Гаведдая и Каздои (IV). Муч. Гуделіи Персидскаго (IV). Свв. 80-ти мучч. иже въ Византіи (IV). Преп. Маріи Палестинскія (553). Преп. Кипріана Устюжскаго (1276). Преподобномуч. Малахіи Родосскаго (1500). Преп. Онуфрія Гареджійскаго (1733). Священномуч. Іоанна, архіеп. Рижскаго (1934). Священномуч. Михаила (Красноцвѣтова) пресв. (1937). Преп. Ѳеофана Милостиваго. Соборъ Полтавскихъ святыхъ. Иконы Божіей Матери «Горбаневскія».

Евангельскія чтенія 19-й седмицы.

Веч.: 1) Притч. **10,** 7, 6; **3,** 13-16; **8,** 6, 34-35, **4,** 12, 14, **17,** 5-9; **1,** 23; **15,** 4. 2) Притч. **10,** 31-32; **11,** 1-2, 4, 3, 5-12. 3) Прем. Сол. **4,** 7-15.

Утр.: Свят.: Іоан. (зач. 35 отъ полу) **10,** 1-9.

ряд.: Филип. (зач. 241) **2,** 12-16: Лук. (зач. 16) **4,** 37-44.

Свят.: Евр. (зач. 318) **7,** 26 — **8,** 2: Іоан. (зач. 36) **10,** 9-16.

Вторникъ

30/13 Священномуч. Григорія просвѣтителя, еп. Великой Арменіи (335). Мучч. Рипсиміи, наставницы ея Гаіаніи и 35-ти свв. дѣвъ (IV). Свят. Гонорія, архіеп. Кентерберійскаго (653). Свят. Михаила, перваго митр. Кіевскаго (992). Преп. Григорія Вологодскаго (1442). Свят. Мелетія, патр. Александрійскаго

(1601). Священномуч. Прокопія (Попова) пресв. (1918). Священномучч. Александра (Орлова), Василія (Гурьева), Вячеслава (Занкова), Петра (Пушкинскаго), Петра (Соловьева), Симеона (Лилѣева) пресвв., Серафима (Василенко) діакона, преподобномучц. Александры (Червяковой), мучч. Алексія (Серебренникова), Матѳея (Соловьева) и Аполлинаріи (Тупициной) (1937). Священномуч. Леонида (Прендковича) пресв. (1938). Преп. Николая (Загоровскаго) исп., въ мон. Серафима (1943).

ряд.: Филип. (зач. 242) **2,** 16-23: Лук. (зач. 18) **5,** 12-16.

подъ зач.: Филип. (зач. 243) **2,** 24-30: Лук. (зач. 21) **5,** 33-39.

Свящмуч.: 1 Кор. (зач. 166) **16,** 13-24: Матѳ. (зач. 103) **24,** 42-47.

| Дни недѣли | Октябрь | День имѣетъ 11 ч. а ночь 13 ч. |

Среда

1/14 **Покровъ Пресвятыя Богородицы.**
Ап. Ананіи отъ 70-ти (I). Преп. Романа Сладкопѣвца (566). Мучч. Вериссима, Максимы и Іуліи Лиссабонскихъ (ок. 300). Муч. Домнина Солунскаго (IV). Свят. Ремигія, еп. Реймсскаго (533). Преп. Бавона Гарлемскаго (650). Препмуч. Михаила Зовійскаго и съ нимъ 36-ти преподономучч. (780-790). Свят. Мелхиседека, католикоса Грузіи (ок. 1033). Преп. Іоанна Кукузеля (1341). Преп. Григорія доместика (1355). Преп. Саввы Вишерскаго (1461). Священномуч. Алексія (Ставровскаго) пресв. (1918). Священномуч. Михаила (Вологодскаго) пресв. (1920). Священномучч. Александра (Агаѳонникова), Георгія (Архангельскаго), Исмаила (Рождественскаго), Николая (Кулигина) пресвв. и муч. Іоанна (Артемова) (1937). Явленіе св. Столпа въ Мцхетѣ и подъ нимъ Хитона Господня (ок. 330). Соборъ Молдавскихъ святыхъ. Иконъ Божіей Матери «Псково-Покровскія», «Кукузелисса», «Люблинскія», «Браиловскія», «Гербовскія», «Барскія» и «Касперовскія».
Веч.: 1) Быт. **28,** 10-17. 2) Іезек. **43,** 27 — **44,** 4. 3) Притч. **9,** 1-11.
Утр.: Лук. (зач. 4) **1,** 39-49, 56.
Богородицы: Евр. (зач. 320) **9,** 1-7: Лук. (зач. 54) **10,** 38-42; **11,** 27-28.

Октябрь

Четвергъ
2/15 Священномуч. Кипріана и мучц. Іустины (304). Муч. Ѳеоктиста (304). Блаж. Андрея, Христа ради юродиваго (911). Священномуч. Леодегарія, еп. Отонскаго (679). Мучч. князей Давида и Константина Грузинскихъ (740). Муч. Ѳеодора Гавраса (1098). Преп. княгини Анны Кашинскія (1338). Преп. Кассіана Углицкаго (1504). Блаж. Кипріана Суздальскаго, Христа ради юродиваго (1622). Муч. Георгія филадельфійца (1794). Прав. воина Ѳеодора (Ушакова) (1817). Мучц. Александры (Булгаговой) (1938).
ряд.: Филип. (зач. 244) **3,** 1-8: Лук. (зач. 23) **6,** 12-19.
Свящмуч.: 1 Тим. (зач. 280) **1,** 12-17: Іоан. (зач. 36) **10,** 9-16.

Пятница
3/16 Священномуч. Діонисія Ареопагита, еп. Аѳинскаго, муч. Рустика пресвитера и Елевѳерія діакона (96). Священномуч. Діонисія, еп. Парижскаго (III). Преп. Іоанна Хозевита, еп. Кесарійскаго (532). Блаж. Исихія хоревита (VI). Преп. Діонисія, затворника Печерскаго (XV). Свят. Агаѳангела исп., митр. Ярославскаго (1928). Преп. Іеронима Эгинскаго (1966). Иконы Божіей Матери «Трубчевскія».
ряд.: Филип. (зач. 245) **3,** 8-19: Лук. (зач. 24) **6,** 17-23.
Свящмуч.: Дѣян. (зач. 40) **17,** 16-34: Матѳ. (зач. 55) **13,** 44-54.

Суббота
4/17 Священномуч. Іероѳея, еп. Аѳинскаго (I). Свят. Ѳеодора чуд., еп. Тамасскаго (II). Мучч. Гаія, Фавста, Евсевія и Херимона (III). Мучц. Домнины и дщерей ея Виринеи (Вероники) и Проскудіи (Просдоки) (ок. 302). Муч. Давикта и дщери его Каллисѳеніи (ок. 318). Преп. Павла препростого Египетскаго (340). Преп. Аммона Египетскаго (350). Священномуч. Петра, еп. Капетолійскаго (IV). Свят. Іоакима Корсунянина, еп. Новгородскаго (1030). Благов. князя Владиміра Ярославовича Новгородскаго (1052) и его матери кн. Анны (1056). Прав. Стефана Щиляновича (1154). Препп. Елладія, Онисима, Піора и Аммона, затворниковъ Печерскихъ (XII-XIII). Обрѣт. мощей святт. Гурія, архіеп. Казанскаго и Варсанофія, еп. Тверскаго (1595). Священномуч. Евдемона, католикоса Грузинскаго (1642). Прав. отр. Петра Томскаго (1820). Священномуч. Димитрія (Вознесенскаго) пресв. (1918). Священномучч. Николая (Верещагина), Михаила (Твердовскаго), Іакова (Бобырева), Тихона (Архангельскаго) пресвв., и преподобномуч. Василія (Цвѣткова) (1937). Прав. Хіоніи

Октябрь

Архангельской исп. (1945). Преп. Варсонофія Херсонскаго, исп. (1954). Соборъ Казанскихъ святыхъ.
ряд.: 2 Кор. (зач. 168) **1,** 8-11: Лук. (зач. 19) **5,** 17-26.

Воскресеніе
5/18 **Недѣля 20-я по Пятидесятницѣ. Гласъ 3-й.** Мучц. Харитины (304). **Святт. Петра (1326), Ѳеогноста (1353), Алексія (1378), Кипріана (1406), Фотія (1431), Іоны (1461), Геронтія (1489), Іоасафа (1555), Макарія (1563), Филиппа (1569), Іова (1607), Ермогена (1612), Филарета (1867), Иннокентія (1879), Макарія (1926), Тихона (1925) и Петра (1937) Московскихъ чудотворцевъ.** Священномуч. Діонисія, еп. Александрійскаго (265). Мучц. Мамелхѳы Персидскія (ок. 344). Преп. Григорія Хандзойскаго (861). Преп. Космы Виѳинскаго (X). Препп. Даміана цѣлебника (1071), Іереміи (1070) и Матѳея (1085) прозорливыхъ Печерскихъ. Свят. Іоанна Мавропа, еп. Евхаитскаго (1100). Преп. Харитины, княжны Литовскія (1281). Преп. Саввы Ватопедскаго (1350). Преп. Евдокима Ватопедскаго (1841). Преп. Варлаама, пустынника Чикойскаго (1846). Преп. Меѳодія Кимольскаго (1908). Преп. Гавріила (Игошкина) исп. Мелесскаго (1959). Соборъ Кипрскихъ святыхъ.
Утр.: Еван. 9-е: Іоан. (зач. 65) **20,** 19-31.
ряд.: Гал. (зач. 200) **1,** 11-19: Лук. (зач. 26) **6,** 31-36 (нед. 19-я).
Святт.: Евр. (зач. 335) **13,** 17-21: Матѳ. (зач. 11) **5,** 14-19.

Понедѣльникъ
6/19 **Седмица 21-я по Пятидесятницѣ. Апостола Ѳомы.** Мучцц. Тертіаны и Мигдоніи Индійскихъ (I). Священномуч. Сагариса, еп. Лаодикійскаго (II). Муч. Макарія Кійскаго (1590). Прав. Михаила (Союзова) пресв. исп. (1922). Священномуч. Іоанна (Рыбина) пресв. (1937). Мучц. Еротіиды дѣвы. Иконы Божіей Матери «О, Всепѣтая Мати».
Евангельскія чтенія 20-й седмицы.
Утр.: Іоан. (зач. 67) **21,** 15-25.
ряд.: Филип. (зач. 248) **4,** 10-23: Лук. (зач. 25) **6,** 24-30.
подъ зач.: Кол. (зач. 249) **1,** 1-2, 7-11: Лук. (зач. 27) **6,** 37-45.
Ап.: 1 Кор. (зач. 131) **4,** 9-16: Іоан. (зач. 65) **20,** 19-31.

Вторникъ
7/20 Мучч. Сергія и Вакха (ок. 300). **Свят. Іоны, еп. Ханькоускаго (1925).** Свят. Евменія, еп. Александрійскаго (143). Мучч. Іуліана пресвитера и Кесарія діакона, Евсенія пресвитера и Филика (268). Мучц. Пелагіи Тарсійскія (287). Свят. Марка,

Октябрь

папы Римскаго (336). Муч. Полихронія пресвитера (IV). Преп. Марка Египетскаго (IV). Свят. Дубтаха, еп. Армахскаго (513). Мучц. Осиѳы Чичскія (ок. 700). Преп. Сергія Послушливаго, Печерскаго (XIII). Преп. Сергія Нуромскаго (1421). Обрѣт. мощей преп. Мартиніана Бѣлозерскаго (1514). Преп. Іосифа Мохеве чуд. (1763). Священномуч. Николая (Казанскаго) пресв. (1942).
Утр.: Матѳ. (зач. 11) **5**, 14-19.
Свят.: Евр. (зач. 335) **13**, 17-21: Лук. (зач. 24) **6**, 17-23.

Среда
8/21 Преп. Пелагіи Елеонскія (457). Мучц. Реператы дѣвы (ок. 250). Мучц. Пелагіи Антіохійскія (303). Преп. Таисіи Ѳиваидскія (IV). Свят. Іакова, патр. Антіохійскаго (IV). Преп. Досиѳея Верхнеостровскаго (1482). Преп. Трифона Вятскаго (1612). Препмуч. Игнатія Болгарскаго (1814). Священномуч. Димитрія, архіеп. Можайскаго, и иже съ нимъ священномуч. Іоанна (Хренова) діакона, преподобномучч. Амвросія (Астахова), Пахомія (Туркевича), преподобномуч. Татіаны (Безфамильной), муч. Николая (Рейна), мучцц. Маріи (Волнухиной) и Надѣжды (Аргиревичъ) (1937). Священномучч. Іоны, еп. Велижскаго, Василія (Озерецковскаго), Владиміра (Сперанскаго), Павла (Преображенскаго), Петра (Никотина), Петра (Озерецковскаго) пресвв., преподобномуч. Серафима (Щелокова), мучч. Виктора (Фролова), Іоанна (Рыбина), Николая (Кузьмина) и мучц. Елисаветы (Курановой) (1937). Преподобномуч. Варлаама (Еѳимова) (1930-хъ). Соборъ Вятскихъ святыхъ. Иконы Божіей Матери «Избавительница отъ бѣдъ» (Ташлинскія).
ряд.: Кол. (зач. 251) **1**, 18-23: Лук. (зач. 28) **6**, 46 — **7**, 1.

Четвергъ
9/22 **Апостола Іакова Алфеева (I).** Препп. Андроника и жены его Аѳанасіи (V). Прав. Авраама праотца и племянника его Лота (XX в. до Р.Х.). Свят. Димитрія, патр. Александрійскаго (231). Мучч. Еввентія и Максима воиновъ (ок. 361). Прав. Попліи испц. діакониссы Антіохійскія (361). Преп. Петра Галатійскаго (IX). Благ. Стефана Слѣпаго, деспота Сербскаго (1476). Священномучч. Константина (Сухова) и Петра (Вяткина) пресвв. (1918). Священномуч. Константина (Аксенова) пресв. (1937). Обрѣт. мощей преп. Іова Угольскаго (1985). Обрѣт. мощей преп. Севастіана Карагандскаго исп.

Октябрь

(1997). Иконы Божіей Матери «Корсунскія».
Утр.: Іоан. (зач. 67) **21,** 15-25.
ряд.: Кол. (зач. 252) **1,** 24-29: Лук. (зач. 31) **7,** 17-30.
подъ зач.: Кол. (зач. 253) **2,** 1-7: Лук. (зач. 32) **7,** 31-35.
Ап.: 1 Кор. (зач. 131) **4,** 9-16: Лук. (зач. 51) **10,** 16-21.

Пятница
10/23 Мучч. Евлампія и Евлампіи (ок. 305). **Соборъ преподобныхъ Оптинскихъ старцевъ:** Льва (1841), Макарія (1860), Моисея (1862), Антонія (1865), Иларіона (1873), Амвросія (1891), Исаакія (перваго) (1894), Анатолія (старшаго) (1894), Іосифа (1911), Варсонофія (1913), Анатолія (младшаго) (1922), Нектарія (1928), Никона (1931), и Исаакія преподобномуч. (1938). Муч. Ѳеотекна воина Антіохійскаго (ок. 305). Преп. Вассіана Константинопольскаго (ок. 458). Свят. Павлина, еп. Іоркскаго (644). Преп. Ѳеофила Тиверіопольскаго исп. (716). Свят. Амфилохія, еп. Владиміро-Волынскаго (1122). 26 преподобномучч. Зографскихъ: игум. Ѳомы, иноковъ: Варсонуфія, Кирилла, Михея, Симона, Иларіона, Іакова, Іова, Кипріана, Саввы, другого Іакова, Мартиніана, Космы, Сергія, Мины, Іоасафа, Іоанникія, Павла, Антонія, Евѳимія, Дометіана, Парѳенія и 4-хъ мірянъ (1274). Блаж. Андрея Тотемскаго, Христа ради юродиваго (1693). Свят. Иннокентія, еп. Пензенскаго (1819). Священномуч. Ѳеодора, архіеп. Волоколамскаго (1937). Обрѣт. мощей свят. Филарета, митр. Кіевскаго (1994). Память возвращенія Почаевской Лавры Православной Церкви (1831). Соборъ Волынскихъ святыхъ.
На веч.: Препп.: 1) Быт. **14,** 14-20. 2) Втор. **1,** 8-11, 15-17. 3) Втор. **10,** 14-21.
Утр.: Матѳ. (зач. 43) **11,** 27-30.
Препп.: Гал. (зач. 213) **5,** 22 — **6,** 2: Лук. (зач. 24) **6,** 17-23.

Суббота
11/24 Апостола Филиппа отъ 70-ти (I). Мучцц. Зинаиды и Филониллы (I). Святт. Нектарія (397), Арсакія (425) и Сисинія (427), патрр. Константинопольскихъ. Преп. Кеннеѳа Агабойскаго (600). Преп. Гоммера Льеррскаго (774). Преп. Ѳеофана Начертаннаго исп., творца каноновъ (847). Преп. Ѳеофана Печерскаго (XII). Свят. Филоѳея Коккина, патр. Константинопольскаго (1379). Преп. Льва Оптинскаго (1841). Священномучч. Филарета (Великанова) и Александра (Гривскаго) пресвв. (1918). Священномуч. Іувеналія, архіеп. Рязанскаго (1937). Иконы Божіей Матери «Вододательница».

Апост.: Дѣян. (зач. 20) **8,** 26-39: Лук. (зач. 50) **10,** 1-15.
ряд.: 2 Кор. (зач. 174) **3,** 12-18: Лук. (зач. 20) **5,** 27-32.

Воскресеніе

12/25 **Недѣля 21-я по Пятидесятницѣ.** *Свв. Отецъ VII-го Вселенскаго собора.* **Гласъ 4-й.**
Мучч. Прова, Тараха и Андроника (304). Преп. Космы, еп. Маіумскаго (787). Священномуч. Максиміліана, еп. Норичскаго (284). Мучц. Домники Киликійскія (286). Свят. Мартина Милостиваго, еп. Турскаго (397). Преп. Моби Гласневинскаго (545). Муч. Эдмунда, короля Норѳумбрійскаго (633). Свят. Вильфреда, архіеп. Іоркскаго (709). Свв. отцевъ VII-го Вселенскаго собора (787). Препп. Амфилохія (1452), Макарія (1480), Тарасія (1440) и Ѳеодосія (XV) Глушицкихъ. Перенесеніе съ Мальты въ Гатчину части древа Креста Господня, десной руки Іоанна Крестителя и иконы Божіей Матери «Филермскія» (1799). Свят. Филарета, архіеп. Черниговскаго (1866). Прав. Іоанна (Лѣтникова) исп. (1930). Преподобномуч. Лаврентія (Лѣвченко) (1937). Священномуч. Александра (Поздѣевскаго) пресв. (1940). Свят. Николая исп., митр. Алма-Атинскаго. Иконъ Божіей Матери «Іерусалимскія», «Ярославскія-Смоленскія», «Рудненскія» и «Калужскія».

На веч.: Отцевъ: 1) Быт. **14,** 14-20. 2) Втор. **1,** 8-11, 15-17. 3) Втор. **10,** 14-21.

Утр.: Еван. 10-е: Іоан. (зач. 66) 21, 1-14.

ряд.: Гал. (зач. 203) **2,** 16-20: Лук. (зач. 30) **7,** 11-16 (нед. 20-я).
Отцевъ: Евр. (зач. 334) **13,** 7-16: Іоан. (зач. 56) **17,** 1-13.

Понедѣльникъ

13/26 **Седмица 22-я по Пятидесятницѣ.** Мучч. Карпа, Папилы и съ ними Агаѳодора и Агаѳоники Пергамскихъ (251). **Иконы Божіей Матери «Иверскія» (1648).** Муч. Флорентія Солунскаго (II). Муч. Веніамина діакона, Персидскаго (421). Преп. Ванантія Турскаго (V). Свят. Агаѳона, патр. Александрійскаго (685). Преп. Никиты исповѣдника (ок. 838). Преп. Луки Деменскаго (984). Священномуч. Іакова Хаматурскаго (XIII). Преп. Веніамина Печерскаго (XIV). Свят. Мелетія, патр. Александрійскаго (1601). Мучц. Хрисы (Златы) Болгарскія (1795). Свят. Антонія, Чкондидскаго (1815). Священномучч. Иннокентія (Кикина) и Николая (Ермолова) пресвв. (1937). Возвращеніе мощей преп. Саввы Освященнаго изъ Италіи во Св. Градъ (1965). Обрѣт. мощей священномуч. Ѳаддея, архіеп. Тверскаго (1993). Иконы Божіей Матери

Октябрь

«Седміезерныя».
Евангельскія чтенія 21-й седмицы.
Утр.: Лук. (зач. 4) **1**, 39-49, 56.
ряд.: Кол. (зач. 255) **2**, 13-20: Лук. (зач. 33) **7**, 36-50.
Богородицы: Филип. (зач. 240) **2**, 5-11: Лук. (зач. 54) **10**, 38-42: **11**, 27-28.

Вторникъ
14/27 Муч. Назарія, Гервасія, Протасія и Кельсія (ок. 68). Преп. Параскевы Сербскія (XI). Муч. Силвана, пресв. Газскаго (311). Свят. Бурхарда, еп. Вюртсбуркскаго (754). Преп. Николы Святоши, князя Черниговскаго (1143). Свят. Игнатія, архіеп. Меѳимскаго (1566). Священномуч. Михаила (Лекторскаго) пресв. (1921). Свят. Амвросія исп., еп. Каменецъ-Подольскаго (1932). Священномуч. Петра (Лебедева) пресв. (1937). Преподобномуч. Максиміліана (Марченко) (1938). Иконы Божіей Матери «Яхромскія».
ряд.: Кол. (зач. 256) **2**, 20 — **3**, 3: Лук. (зач. 34) **8**, 1-3.

Среда
15/28 Преп. Евѳимія Новаго, Солунскаго (889). Препмуч. Лукіана, пресв. Антіохійскаго (312). Мучч. Сарвила и Вивеи (II). Мучц. Авреліи Страсбургскія (IV). Свят. Антіоха, еп. Ліонскаго (410). Преп. Савина, епископа Катанскаго (760). Преп. Ѳеклы Охсенфуртскія (ок. 790). Преподобномуч. Лукіана Печерскаго (1240). Преп. Іоанна, еп. Суздальскаго (1373). Свят. Діонисія, архіеп. Суздальскаго (1385). Священномуч. Симеона (Конюхова) пресв. (1918). Священномуч. Димитрія (Касаткина) пресв. (1942). Свят. Аѳанасія исп., еп. Ковровскаго (1962). Священномучч. Бѣлорусскихъ: Серафима архим., Владиміра, Василія, Сергія, Михаила, Порфирія, Михаила, Димитрія, Іоанна, Леонида, Александра, Владиміра, Владиміра, Матѳея, Петра, Валеріана, Владиміра, Іоанна, Владиміра, Николая, Іоанна, Димитрія пресвв., и Николая діакона (1930-1950). Иконы Божіей Матери «Спорительница хлѣбовъ».
ряд.: Кол. (зач. 259) **3**, 17 — **4**, 1: Лук. (зач. 37) **8**, 22-25.

Четвергъ
16/29 Муч. Лонгина, сотника при Крестѣ (I). Преп. Галла отш., просвѣтителя Швейцаріи (630). Преп. Евпраксіи игуменіи, въ мiру кн. Евфросиніи Псковскія (1243). Преп. Лонгина, вратаря Печерскаго (XIV). Преп. Лонгина Яренгскаго (1544). Блаж. Домны Томскія, Христа ради юрод. (1872). Обрѣт. мощей свят.

Октябрь

Іоанна, митр. Тобольскаго (1914). Прав. Георгія (Троицкаго) исп. пресв. (1931). Священномуч. Евгенія (Елховскаго) пресв. (1937). Священномуч. Алексія (Никонова) пресв. (1938). Священномуч. Іоанна Засѣдателева) пресв. (1942). Преп. Мала отшельника.

ряд.: Кол. (зач. 260) **4**, 2-9: Лук. (зач. 41) **9**, 7-11.

Муч.: 2 Тим. (зач. 292) **2**, 1-10; Матѳ. (зач. 113) **27**, 33-54.

Пятница
17/30 Пророка Осіи (829 г. до Р.Х.). Препмуч. Андрея Критскаго (767). Мучч. безсребренниковъ Космы и Даміана Аравійскихъ, и братій ихъ: Леонтія, Анѳима и Евтропія (III). Священномуч. Герона, еп. Антіохійск. Мучц. Шушаники, царицы Ранскія (475). Мучч. Эѳельреда и Эѳельберта Истрійскихъ (ок. 640). Перенесеніе мощей Лазаря четверодневнаго въ Царьградъ (898). Преп. Антонія Леохновскаго (1611). Свят. Іосифа чуд., католикоса-патр. Грузинскаго (1770). Священномучч. Неофита (Любимова), Анатолія (Ивановскаго) пресвв., преподобномучч. Іакинѳа (Питателева) и Каллиста (Опарина) (1918). Священномуч. Александра, архіеп. Семипалатинскаго (1937). Блаж. Параскевы, Христа ради юрод. Старобѣльскія (1943). Иконъ Божіей Матери «Прежде рождества и по рождествѣ Дѣва» и «Избавительница».

ряд.: Кол. (зач. 261) **4**, 10-18: Лук. (зач. 42) **9**, 12-18.

Суббота
18/31 **Апостола и Евангелиста Луки (I).** Свят. Мнасона, еп. Кипрскаго (I). Священномуч. Асклипіада, архіеп. Антіохійскаго (220). Преп. Іуліана, пустынника Месопотамскаго (367). Муч. Марина (IV). Обрѣт. мощей преп. Іосифа Волоцкаго (1515). Преп. Давида Серпуховскаго (1520). Мучч. Гавріила и Кормидола Египетскихъ (1522). Мучц. Златы (Хрисы) Могленскія (1795). Свят. Петра, митр. Черногорскаго (1830). Священномуч. Димитрія (Вознесенскаго) пресв. (1918). Священномучч. Андрея (Воскресенскаго), Николая (Соколова), Сергія (Бажанова), Сергія (Гусева) пресвв., и мучц. Елисаветы (Крымцовой) (1937).

Утр.: Іоан. (зач. 67) **21**, 15-25.

Ап.: Колос. (зач. 260 отъ полу) **4**, 5-9, 14, 18: Лук. (зач. 51) **10**, 16-21.

ряд.: Кор. (зач. 178) **5**, 1-10: Лук. (зач. 22) **6**, 1-10.

Октябрь

Воскресеніе
19/1 н. Недѣля 22-я по Пятидесятницѣ. Гласъ 5-й.

Пророка Іоиля (VIII в. до Р.Х.). Муч. Уара воина (ок. 307). **Прав. Іоанна Кронштадтскаго чуд. (1908).** Блаж. Клеопатры (327) и сына ея Іоанна (320). Священномуч. Садока, еп. Персидскаго и съ нимъ 128-ми мучч. (342). Преп. Леонтія философа (624). Преп. Фридесвиды Оксфордскія (735). Преп. Прохора мироточ. Пчиньскаго (X). Перенесеніе мощей преп. Іоанна Рыльскаго (1187). Преподобномуч. Николая Двали Іерусалимскаго (1314). Преп. Гавріила Аѳонскаго (1901). Священномучч. Александра (Никольскаго) и Сергія (Покровскаго) пресвв. (1937). Преп. Антонія (Абашидзе) схи-архіеп. (1942). Прославленіе свв. Новомучениковъ и Исповѣдниковъ Россійскихъ (1981). Соборъ святыхъ Архангельской митрополіи.

Утр.: Еван. 11-е: Іоан. (зач. 67) **21,** 15-25.

ряд.: Гал. (зач. 215) **6,** 11-18: Лук. (зач. 35) **8,** 5-15 (нед. 21-я).

Святому: 1 Іоан. (зач. 73 отъ полу) **4,** 7-11: Лук. (зач. 26) **6,** 31-36.

Понедѣльникъ
20/2 Седмица 23-я по Пятидесятницѣ. Великомуч. Артемія (362). Муч. Зевина Палестинскаго (308). Мучч. Евора и Евноя (IV). Свят. Акки, еп. Хексгэмскаго (740). Преп. Матроны Хіосскія (1462). Прав. Артемія Веркольскаго (1545). Преп. Герасима Новаго (1579). Священномуч. Николая (Любомудрова) (1918). Священномуч. Германа, еп. Алатырскаго, Зосимы (Пепѣнина), Іоанна (Ганчева), Іоанна (Рѣчкина), Іоанна (Родіонова), Николая (Фигурова), Леонида (Никольскаго), Іоанна (Талызина), Александра (Орлова) пресвв., Михаила (Исаева), Петра (Кравца) діаконовъ и муч. Павла (Бочарова) (1937). Преп. Гавріила Самтаврійскаго (1995). Обрѣт. мощей преп. Анастасіи кн. Кіевскія (2009). Обрѣт. мощей святителя Никодима, еп. Бѣлгородскаго (2012).

Евангельскія чтенія 22-й седмицы.

ряд.: 1 Сол. (зач. 262) **1,** 1-5: Лук. (зач. 43) **9,** 18-22.

Муч.: 2 Тим. (зач. 292) **2,** 1-10: Іоан. (зач. 52) **15,** 17 — **16,** 2.

Вторникъ
21/3 Преп. Иларіона Великаго (371). Мучч. Дасія, Гаія и Зотика (303). Мучц. Урсулы Кеньскія и иже съ ней (IV). Преп. Финтана Тахмонскаго (635). Преп. Малаѳгенія Клони-

нахскаго (767). Преп. Іакова Каппадокійскаго (X). Преп. Филоѳея Аѳонскаго (XI). Преп. Иларіона схимника, митр. Кіевскаго (XI). Перенесеніе мощей преп. Иларіона, еп. Меглинскаго (1206). Препп. Ѳеофила и Іакова Омучскихъ (ок. 1412). Преп. Иларіона Псковоезерскаго (1476). Муч. Іоанна Пелопонезскаго (1773). Правв. Іоанна и Моисея испп. Сибіельскихъ (XVIII). Преподобномучч. Виссаріона, Софронія и муч. Опрія Трансильванскихъ (XVIII). Священномучч. Павлина, архіеп. Могилевскаго, Аркадія, еп. Екатеринбургскаго, и иже съ ними Анатолія (Левицкаго), Никандра (Чернелевскаго) пресвв., и муч. Кипріана (Анникова) (1937). Священномучч. Даміана, архіеп. Курскаго, Алексія, еп. Уразовскаго, Константина (Чикалова), Сергія (Смирнова), Василія (Никольскаго), Ѳеодора (Бѣляева), Владиміра (Введенскаго), Николая (Раевскаго), Іоанна (Козырева), Василія (Никольскаго), Александра (Богоявленскаго), Димитрія (Троицкаго), Алексія (Москвина) пресвв., Сергія (Казанскаго) и Іоанна (Мельницкаго) діаконовъ, преподобномуч. Софронія (Несмѣянова) и Неофита (Осипова) (1937). Преподобномучц. Пелагіи (Тѣстовой) (1944).

ряд.: 1 Сол. (зач. 263) **1,** 6-10: Лук. (зач. 44) **9,** 23-27.

подъ зач.: 1 Сол. (зач. 264) **2,** 1-8: Лук. (зач. 47) **9,** 44-50.

Преп.: 2 Кор. (зач. 188) **9,** 6-11: Лук. (зач. 24) **6,** 17-23.

Среда
22/4 Св. равноап. Аверкія, еп. Іерапольскаго чуд. (167). Седми отроковъ въ Ефесѣ: Максиміліана, Іамвлиха, Мартиніана, Діонисія, Антонина, Константина (Ексакустодіана) и Іоанна (V). **Празднованіе «Казанскія» иконы Пресвятыя Богородицы, ради избавленія отъ ляховъ (1612).** Священномуч. Марка, еп. Іерусалимскаго (156). Священномуч. Александра, еп., мучч. Ираклія воина, Анны, Елисаветы, Ѳеодотіи и Гликеріи (III). Преп. Лота Египетскаго (V). Преп. Руфа Египетскаго (V). Препп. Ѳеодора и Павла Ростовскихъ (1409). Священномучч. Серафима, архіеп. Угличскаго, и иже съ нимъ Владиміра (Соболева), Александра (Андреева), Василія (Богоявленскаго), Александра (Лебедева) пресвв., преподобномучч. Германа (Полянскаго) и Мины (Шелаева) (1937). Священномучч. Николая (Богословскаго), Николая (Ушакова) пресвв., и преподобномуч. Григорія (Воробьева) (1937). Иконъ Божіей Матери «Андрониковскія»

Октябрь

и «Якобштадтскія».
Утр.: Лук. (зач. 4) **1**, 39-49, 56.
Богородицы: Филип. (зач. 240) **2**, 5-11: Лук. (зач. 54) **10**, 38-42: **11**, 27-28.

Четвергъ
23/5 *Апостола Іакова, брата Господня (ок. 63).* Свят. Северина, еп. Кельнскаго (ок. 397). Прав. Оды Амейскія (ок. 723). Свят. Игнатія, патріарха Царьградскаго (877). Преп. Елиссея Лавришевскаго (ок. 1250). Перенесеніе мощей блаж. Іакова Боровичскаго (1544). Священномучч. Евсевія, архіеп. Шадринскаго, Александра (Соловьева), Владиміра (Амбарцумова), Еміліана (Гончарова), Николая (Агаѳонникова), Николая (Архангельскаго) и Созонта (Решетилова) пресвв. (1937). Преподобномучц. Антоніи (Тимоѳеевой) (1942). Преп. Никифора Каппадокійскаго. Преп. Петронія.
ряд.: 1 Сол. (зач. 265) **2**, 9-14: Лук. (зач. 48) **9**, 49-56.
Ап.: Гал. (зач. 200) **1**, 11-19: Матѳ. (зач. 56) **13**, 54-58.

Пятница
24/6 Муч.Ареѳы и иже съ нимъ (523). **Иконы Божіей Матери «Всѣхъ скорбящихъ Радость» (1688).** Священномуч. Акакія пресвитера (303). Мучч. Севера, Виталія, Феликса, Рогата, Папира, Викторіи, Флавія и Виктора Никомидійскихъ (IV). Мучц. Синклитикіи и двухъ дщерей ея (523). Блаж. Елезвоя, царя Еѳіопскаго (553). Преп. Сеноха Турскаго (576). Препп.Ареѳы, Ѳеофила и Сисоя Печерскихъ (XII-XIII). Свят. Аѳанасія, патр. Константинопольскаго (ок. 1315). Преп. Іоанна, затворника Псково-Печерскаго (1616). Преп. Зосимы Верховскаго (1833). Священномучч. Лаврентія, еп. Балахнинскаго, Алексія (Порфирьева) пресв. и муч. Алексія (Нейдгардта) (1918). Преп. Ареѳы (Митренина) Валаамскаго исп. (1932). Священномучч. Іоанна (Смирнова) и Николая (Никольскаго) пресвв. (1937). Священномуч. Петра (Богородскаго) пресв. (1938). Преп. Георгія (Карслидиса), новаго исп. (1959).
ряд.: 1 Сол. (зач. 266) **2**, 14-19: Лук. (зач. 50) **10**, 1-15.
Муч.: Евр. (зач. 330) **11**, 33 — **12**, 2: Матѳ. (зач. 38) **10**, 32-33, 37-38; **19**, 27-30.

Суббота
25/7 *Димитріевская суббота (родительская).*
Мучч. Маркіана и Мартирія, нотаріевъ Константинопольскихъ (ок. 355). Прав. Тавиѳы, воскрешенной ап. Петромъ

(I). Свят. Фронта, еп. Перегойскаго (II). Муч. Мины Флорентійскаго (251). Мучч. Криспина и Криспиніана Суассонскихъ (285). Муч. Анастасія Солонскаго (III). Свят. Гауденція, еп. Бриксійскаго (410). Препп. Мартирія діакона и Мартирія затворника Печерскихъ (XIV). Преп. Матроны (Власовой) исп. (1963). Мучч. Валерія и Хрисафія. Прав. Калліи Константинопольскія. *Поминовеніе всѣхъ усопшихъ въ годину гоненій за вѣру Христову.*

Мучч.: Ефес. (зач. 224 отъ полу) **4**, 7-13: Матѳ. (зач. 34 отъ полу) **10**, 1, 5-8.

ряд.: 2 Кор. (зач. 185) **8**, 1-5: Лук. (зач. 29) **7**, 1-10.

За упокой: 1 Сол. (зач. 270) **4**, 13-17: Іоан. (зач. 16) **5**, 24-30.

Воскресеніе

26/8 **Недѣля 23-я по Пятидесятницѣ. Гласъ 6-й. Великомученика Димитрія Солунскаго (306).** Память землетрясенія въ Царьградѣ (740). Муч. Луппа Солунскаго (306). Свят. Кедда, еп. Ластингемскаго (664). Свят. Эты, еп. Хексгемскаго (686). Преп. Аѳанасія Мидикійскаго (814). Преп. Димитрія Басарбовскаго (XIII). Преп. Димитрія Цилибинскаго (XIV). Преп. Ѳеофила Печерскаго, еп. Новгородскаго (ок. 1482). Преподобномуч. Іоасафа Царьградскаго (1536). Свят. Антонія, еп. Вологодскаго (1588). Свят. Александра, еп. Гурійско-Мингрельскаго (1907).

Утр. Еван. 1-е: Матѳ. (зач. 116) **28**, 16-20.

Трясенія: Евр. (зач. 331 отъ полу) **12**, 6-13; 25-27: Матѳ. (зач. 27) **8**, 23-27.

подъ зач.: Ефес. (зач. 220) **2**, 4-10: Лук. (зач. 83) **16**, 19-31 (нед. 22-я).

Св. Димитрія: 2 Тим. (зач. 292) **2**, 1-10: Іоан. (зач. 52) **15**, 17 — **16**, 2.

Понедѣльникъ

27/9 **Седмица 24-я по Пятидесятницѣ.** Муч. Нестора Солунскаго (306). Прав. Проклы, жены Пилата (I). Мучцц. Капитолины и Еротіиды (304). Муч. Марка и иже съ нимъ (304). Свят. Киріака, патр. Царьградскаго (606). Преп. Нестора некнижнаго, чуд. Печерскаго (XIV). Обрѣт. мощей благов. князя Андрея Смоленскаго (1539). Преподобномуч. Сергія (Чернухина) (1942).

Евангельскія чтенія 23-й седмицы.

ряд.: 1 Сол. (зач. 267) **2**, 20 — **3**, 8: Лук. (зач. 52) **10**, 22-24.

Муч.: Ефес. (зач. 233) **6**, 10-17: Лук. (зач. 106) **21**, 12-19.

Октябрь

Вторникъ
28/10 Мучч. Терентія и Неонилы и чадъ ихъ: Сарвила, Фота, Өеодула, Іеракса, Нита, Вила и Евникіи (249-250). **Преп. Іова, игумена и чудотворца Почаевскаго (1651).** Мучч. Африкана, Терентія, Максима, Помпія и иныхъ 36-ти (249-251). Преп. Фирмиліана, архіеп. Кесаріи Каппадокійскія (269). Священномуч. Киріака, патр. Іерусалимскаго и матери его, мучц. Анны (263). Великомучц. Параскевы (Пятницы) Иконійскія (III). Преп. Мелхіона пресв. Антіохійскаго (III). Священномуч. Неофита, еп. Урбнійскаго (587). Преп. Іоанна Хозевита, еп. Кесарійскаго (VI). Прав. царевны Февроніи (632). Преп. Стефана Савваита, творца каноновъ (807). Свят. Арсенія, архіеп. Сербскаго (1266). Свят. Димитрія, митр. Ростовскаго (1709). Мучч. Ангелія, Мануила, Георгія и Николая Критскихъ (1824). Блаж. Өеофила Кіевскаго, Христа ради юрод. (1853). Священномуч. Іоанна (Виленскаго) пресв. (1918). Преподобномуч. Геннадія (Парфентьева) (1919). Преп. Арсенія Каппадокійскаго (1924). Священномуч. Константина, митр. Кіевскаго (1937).
На веч.: 1) Прем. Сол. **3,** 1-9. 2) Прем. Сол. **5,** 15 — **6,** 3. 3) Прем. Сол. **4,** 7-15.
Утр.: Матө. (зач. 43) **11,** 27-30.
ряд.: 1 Сол. (зач. 268) **3,** 9-13: Лук. (зач. 55) **11,** 1-10.
Преп.: Гал. (зач. 213) **5,** 22 — **6,** 2: Лук. (зач. 24) **6,** 17-23.

Среда
29/11 Препмучц. Анастасіи Римляныни (250). Мучч. Клавдія, Астерія, Неона и Өеониллы (285). Преп. Аврамія затворника (360) и блаж. Маріи, племянницы его (397). Преп. Ермилиндисы Брабантскія (592). Преп. Колмана Килмакдуахскаго (632). Преп. Анны Константинопольскія (826). Преп. Серапіона Зарземскаго (900). Преп. Аврамія, Ростовскаго чуд. (1073). Преп. Авраамія, затворника Печерскаго (XIII). Препмуч. Аөанасія (1653). Преподобномуч. Тимоөея Есфигменскаго (1820). Священномуч. Николая (Пробатова) пресв. и иже съ нимъ мучч. Космы, Виктора, Наума, Филиппа, Іоанна, Павла, Андрея, Павла, Василія, Алексія, Іоанна и мучц. Агаөіи (1918). Священномуч. Іоанна (Рудинскаго) пресв., (1930). Священномуч. Евгенія (Ивашко) пресв., мучц. Анастасіи (Лебедевой) (по 1937). Священномуч. Леонида (Муравьева) пресв. (1941).

Октябрь

ряд.: 1 Сол. (зач. 269) **4,** 1-12: Лук. (зач. 56) **11,** 9-13.
Преп.: Гал. (зач. 213) **5,** 22 — **6,** 2: Матѳ. (зач. 43) **11,** 27-30.

Четвергъ
30/12 Священномуч. Зиновія, еп. Егейскаго и мучц. Зиновіи, сестры его (285). Апостолъ отъ 70-ти: Тертія, Марка, Іуста и Артемы (I). Священномуч. Маркіана, еп. Сиракузскаго (II). Мучц. Анастасіи Солунскія (ок. 250). Мучц. Евтропіи Александрійскія (ок. 250). Мучч. Александра, Кроніона, Іуліана, Макарія и иныхъ 13-ти (249-251). Муч. Маркелла Танжерскаго (298). Свят. Серапіона, архіеп. Антіохійскаго (311). Свят. Киріака, еп. Коринѳскаго (IV). Свят. Астерія, митр. Амасійскаго (ок. 430). Свят. Германа, еп. Капуанскаго (540). Свят. Іосифа, патр. Константинопольскаго (1283). Свв. Стефана Милютина (1320), короля Сербскаго, брата его Драгутина (1316) и матери ихъ Елены (1314). Священномуч. Леонида (Виноградова) пресв. (1941). Священномуч. Матѳея (Казарина) діакона (1942). Свят. Варнавы, еп. Хвостанскаго исп. (1964). Перенесеніе мощей священномуч. Александра, архіеп. Харьковскаго (1992). Обрѣт. мощей свят. Агаѳангела исп., митр. Ярославскаго (1998). Обрѣт. мощей преп. Евтропіи Херсонскія (2009). Иконъ Божіей Матери «Озерянскія» и «Численскія».

ряд.: 1 Сол. (зач. 271) **5,** 1-8: Лук. (зач. 57) **11,** 14-23.

Пятница
31/13 Апостолъ отъ 70-ти: Стахія, Амплія, Урвана, Наркисса, Апеллія и Аристовула (I). Муч. Епимаха Александрійскаго (ок. 250). Мучч. Селевка и Стратоника (309). Муч. Квентина Римскаго (IV). Преп. Мавры Константинопольскія (436). Преп. Бегу Хогнесскія (VII). Препп. Спиридона (1148) и Никодима (XII), просфорниковъ Печерскихъ. Преп. Анатолія, затворника Печерскаго (XII). Муч. Николая Хіосскаго (1754). Священномуч. Іоанна Кочурова пресв. (1917). Преподобномуч. Леонида (Молчанова) (1918). Священномучч. Александра (Воздвиженскаго), Алексія (Сибирскаго), Василія (Архангельскаго), Василія (Колоколова), Всеволода (Смирнова), Петра (Воскобойникова), Сергія (Розанова) пресвв., преподобномучч. Анатолія (Ботвинникова), Евфросина (Антонова) и муч. Іакова Блатова (1937). Преподобномуч. Иннокентія (Мазурина) (1938).

ряд.: Сол. (зач. 272) **5,** 9-13, 24-28: Лук. (зач. 58) **11,** 23-26.

| Дни недѣли | Ноябрь | День имѣетъ 10 ч. а ночь 14 ч. |

Суббота

1/14 Свв. безсребренниковъ и чудотворцевъ Космы и Даміана, иже отъ Асіи и матери ихъ Ѳеодотіи (III). Свят. Прима (Ефрема), еп. Александрійскаго (119). Священномуч. Венигна Дижонскаго (ок. 200). Мучцц. Киріены и Іуліаніи (ок. 305). Священномучч. Іоанна епископа и Іакова пресвитера, въ Персіи пострадавшихъ (345). Священномуч. Стремонія, еп. Клермонскаго (IV). Свят. Маркелла, еп. Парижскаго (430). Муч. Ермининтельда, кн. Готѳскаго (586). Мучч. Кесарія, Дасія, Саввы, Савиніана, Агриппы, Адріана и Ѳомы (VII). Преподобномучч. Іакова и учениковъ его Іакова діакона и Діонисія (1520). Преп. Давида Езбейскаго (1589). Блаж. Космы Верхотурскаго, Христа ради юрод. (1706). Преподобномучц. Елены Синопскія (XVIII). Священномучч. Александра (Смирнова) и Ѳеодора (Лебедева) пресвв. (1918). Священномучч. Александра (Шалая), Димитрія (Овѣчкина) пресвв., и мучц. Елисаветы (Самовскія) (1937). Муч. Петра (Игнатова) (1941).

Безср.: 1 Кор. (зач. 153) **12,** 27 — **13,** 8: Матѳ. (зач. 34 отъ полу) **10,** 1, 5-8.

ряд.: 2 Кор. (зач. 191) **11,** 1-6: Лук. (зач. 36) **8,** 16-21.

Воскресеніе

2/15 **Недѣля 24-я по Пятидесятницѣ. Гласъ 7-й.**
Мучч. Акиндина, Пигасія, Афѳонія, Елпидифора и Анемпо-

диста (ок. 341). Свят. Феликса, папы Римскаго (III). Священномуч. Викторина, еп. Патавскаго (303). Свят. Ѳеодота, еп. Лаодикійскаго (334). Преп. Маркіана Кирскаго (388). Мучц. Евстохіумы дѣвы (IV). Свят. Антонія, архіеп. Солунскаго исп. (843). Блаж. Кипріана Сторожевскаго (ок. 1598). Священномучч. Василія (Лузгина), Константина (Юрганова) и Ананіи (Аристова) пресвв. (1918). Иконы Божіей Матери «Шуйскія-Смоленскія».

Утр.: Еван. 2-е: Марк. (зач. 70) **16**, 1-8.

ряд.: Ефес. (зач. 221) **2**, 14-22: Лук. (зач. 38) **8**, 26-39 (нед. 23-я).

Мучч.: Ефес. (зач. 233) **6**, 10-17: Матѳ. (зач. 36) **10**, 16-22.

Понедѣльникъ

3/16 **Седмица 25-я по Пятидесятницѣ.** Мучч. Акепсимы епископа, Іосифа пресвитера и Аиѳала діакона (376-380). Обновленіе храма велмуч. Георгія въ Лиддѣ (IV). Мучч. Аттика, Агапія, Евдоксія, Катерія, Истукарія, Пактовія и Никтополіона (ок. 320). Прав. Ахеманида исп. (IV). Преп. Снандуліи (Яздундокты) Персидскія (IV). Преп. Акепсимы, пустынника Сирійскаго (IV). Преп. Иліи Египетскаго (V). Мучц. Винифреды Трефинонскія (630). Свят. Губерта, еп. Льежскаго (727). Преп. княжны Анны Всеволодовны (1112). Преп. Николая Иверскаго (1308). Преп. Пимена Зографскаго (1610). Священномуч. Георгія Неаполита пресв. (1797). Священномуч. Николая (Динаріева) пресв. и муч. Павла (Парѳенова) (1918). Священномучч. Александра (Звѣрева), Александра (Парусникова), Василія (Архангельскаго), Василія (Покровскаго), Викентія (Смирнова), Владиміра (Писарева) Іоанна (Кесарійскаго), Космы (Петриченко), Николая (Пятницкаго), Павла (Андреева), Петра (Косминкова), Петра (Орленкова), Сергія (Кедрова) пресвв., и Симеона (Кречкова) діакона (1937). Мучц. Евдокіи (Сафроновой) (1938). Священномуч. Сергія (Станиславлева) діакона (1942). Иконы Божіей Матери «Знаменія» Царскосельскія.

Евангельскія чтенія 24-й седмицы.

ряд.: 2 Сол. (зач. 274) **1**, 1-10: Лук. (зач. 59) **11**, 29-33.

Мучч.: Ефес. (зач. 233) **6**, 10-17: Лук. (зач. 106) **21**, 12-19.

Вторникъ

4/17 Преп. Іоанникія Великаго (846). Священномучч. Никандра, еп. Мѵрскаго и Ермія пресвитера (I). Муч. Порфирія лицедѣя (361). Блаж. Сильвіи, матери свят. Григорія Двоеслова

Ноябрь

(VI). Свят. Луки Жидяты, еп. Новгородскаго (1059). Прав. Іоанна Ватаца Милостиваго, царя Никейскаго (1254). Преп. Меркурія, постника Печерскаго (XIV). Блаж. Симона Юрьевецкаго, Христа ради юрод. (1584). Преп. Никандра Городноезерскаго (1603). Свят. Павла, митр. Тобольскаго (1770). Прав. Николая (Виноградова) исп. пресв. (1931). Преподобномучц. Евгеніи (Лысовой) (1935). Священномучч. Александра (Петропавловскаго) и Михаила (Едлинскаго) пресвв. (1937). Священномуч. Исмаила (Базилевскаго) пресв. (1941).

ряд.: 2 Сол. (зач. 274 отъ полу) **1,** 10 — **2,** 2: Лук. (зач. 60) **11,** 34-41.

Преп.: Гал. (зач. 213) **5,** 22 — **6,** 2: Матѳ. (зач. 10) **4,** 25 — **5,** 12.

Среда
5/18 Мучч. Галактіона и Епистими (253). Апостолъ отъ 70-ти: Патрова, Ерма, Лина, Гаія и Филолога (I). Мучч. Домнина Палестинскаго и иже съ нимъ: Тимоѳея, Ѳеофила, Ѳеотима, Дороѳея пресв., Евпсихія, Картерія, Силвана еп., и Памфила (307). Преп. Киби Корнуэльскаго (550). Преп. Одрады Баеленскія (VIII). Свят. Григорія, архіеп. Александрійскаго (IX). Свят. Іоны, архіеп. Новгородскаго (1470). Свят. Тихона исп., патр. Московскаго и всея Россіи (избраніе на патріаршій престолъ) (1917). Священномуч. Гавріила (Масленникова) пресв. (1937). Отцевъ помѣстнаго собора Церкви Русской (1917-1918).

ряд.: 2 Сол. (зач. 275) **2,** 1-12: Лук. (зач. 61) **11,** 42-46.

Четвергъ
6/19 Свят. Павла, архіеп. Константинопольскаго, исп. (350). Мучцц. Текусы, Александры, Полактіи, Клавдіи, Евфросиніи, Аѳанасіи и Матроны (303). Преп. Леонарда Ноблакскаго (559). Преп. Виннока Вормхультскаго (717). Преп. Луки Тавроменійскаго (ок. 800). Свят. Димитріана, еп. Хитрскаго (915). Преп. Варлаама Хутынскаго (1192). Преп. Луки Печерскаго (XIII). Свят. Германа, архіеп. Казанскаго (1567). Преп. Варлаама Керетскаго (XVI). Священномучч. Никиты, еп. Нижне-Тагильскаго, Анатолія (Бержицкаго), Николая (Дворицкаго), Николая (Протасова), Арсенія (Троицкаго), Константина (Любомудрова) пресвв., преподобномучч. Варлаама (Никольскаго), Гавріила (Владимірова), Гавріила (Гуръ), преподобномучцц. Серафимы (Горшковой) и Нины (Шуваловой) (1937). Священномуч. Василія (Крылова)

пресв. (1938).

ряд.: 2 Сол. (зач. 276) **2,** 13 — **3,** 5: Лук. (зач. 62) **11,** 47 — **12,** 1.
Свят.: Евр. (318 отъ полу) **8,** 3-6: Лук. (зач. 64) **12,** 8-12.

Пятница

7/20 33 мучч иже въ Мелитинѣ: Іерона, Исихія, Никандра, Аѳанасія, Маманта, Варахія, Каллиника, Ѳеогена, Никона, Лонгина, Ѳеодора, Валерія, Ксанѳія, Ѳеодула, Каллимаха, Евгенія, Ѳеодоха, Острихія, Епифанія, Максиміана, Дукитія, Клавдіана, Ѳеофила, Гигантія, Дороѳея, Ѳеодота, Кастрихія, Аникиты, Ѳемелія, Евтихія, Иларіона, Діодота и Амонита (290). Муч. Ѳеодота Анкирскаго (303). Мучч. Меласиппа, Касиніи и Антонина (363). Свят. Вилиброрда, еп. Утрехтскаго (738). Преп. Лазаря Галасійскаго (1053). Преп. Зосимы Ворбозомскаго (1550). Обрѣт. мощей преп. Кирилла Новоезерскаго (1649). Прав. Петра (Фаворитова) діакона исп. (1039). Священномучч. Кирилла, митр. Казанскаго и Іосифа, митр. Петроградскаго (1937). Священномучч. Евгенія, еп. Ростовскаго, Сергія, еп. Елецкаго, Михаила (Адамантова), Александра (Ильинскаго), Александра (Курмышскаго), Михаила (Гусева), Александра (Крылова), Николая (Романовскаго), Алексія (Молчанова), Павла (Борисоглѣбскаго), Василія (Краснова), Павлина (Старополева), Николая (Троицкаго) пресвв., Іоанна (Мошкова), Веніамина (Владимірскаго) діаконовъ, мучч. Георгія (Юренева), Николая (Филиппова) и мучц. Елисаветы (Сидоровой) (1937). Обрѣт. мощей священномуч. Константина (Голубева) пресв. (1995). Мучч. Авкта, Тавріона и Ѳессалоникіи. Иконы Божіей Матери «Взыграніе».

ряд.: 2 Сол. (зач. 277) **3,** 6-18: Лук. (зач. 63) **12,** 2-12.
подъ зач.: ряд.: Гал. (зач. 199) **1,** 3-10: Лук. (зач. 40) **9,** 1-6.
Преп.: Гал. (зач. 213) **5,** 22 — **6,** 2: Матѳ. (зач. 10) **4,** 25 — **5,** 12.

Суббота

8/21 **Соборъ Архистратига Михаила и прочихъ безплотныхъ силъ:** Гавріила, Рафаила, Уріила, Салафіила, Іегудіила, Варахіила и Іереміила. Преп. Тисиліо Мейфодскаго (640). Преп. Марѳы, княгини Псковскія (1300).

Веч.: 1) Іис. Нав. **5,** 13-15. 2) Суд. **6,** 2, 7, 11-24. 3) Исаіи **14,** 7-20.
Утр. Матѳ. (зач. 52) **13,** 24-30, 36-43.
Архангеловъ: Евр. (зач. 305) **2,** 2-10: Лук. (зач. 51) **10,** 16-21.

Ноябрь

Воскресеніе
9/22 Недѣля 25-я по Пятидесятницѣ. Гласъ 8-й.
Мучч. Онисифора и Порфирія (ок. 300). Преп. Матроны Царьградскія (492). Преп. Ѳеоктисты Лессбоскія (881). Свят. Агриппина, еп. Неапольскаго (III). Муч. Александра Солунскаго (ок. 305). Свят. Венигна, еп. Армахскаго (466). Муч. Антонія Сиріанина (V). Преп. Іоанна Колова (V). Препп. Евстоліи (610) и Сосипатры (625) царевны. Преп. Симеона Метафраста (ок. 940). Препп. Евѳимія (990) и Неофита (1118) Дохіарскихъ. Преп. Онисифора, исповѣдника Печерскаго (1148). Свят. Нектарія, митр. Пентапольскаго (1920). Священномучч. Парѳенія, еп. Ананьевскаго, Константина (Черепанова), Нестора (Панина), Ѳеодора (Чичканова), Виктора (Климова), Димитрія (Русинова), Иліи (Рылько), Константина (Немешаева), Павла (Анисимова) пресвв., Іосифа (Сченсновича) діакона, и преподобномуч. Алексія (Задворнова) (1937). Преп. Елладія. Соборъ Аланскихъ святыхъ. Иконы Божіей Матери «Скоропослушница».
Утр. Еван. 3-е: Марк. (зач. 71) **16**, 9-20.
ряд.: Ефес. (зач. 224) **4**, 1-6: Лук. (зач. 39) **8**, 41-56 (нед. 24-я).

Понедѣльникъ
10/23 Седмица 26-я по Пятидесятницѣ. Апостолъ отъ 70-ти: Ераста, Олимпа, Родіона, Сосипатра, Кварта (Куарта) и Тертія (I). Свят. Димитрія, патр. Антіохійскаго (260). Колесованіе великомуч. Георгія Побѣдоносца (303). Муч. Ореста врача (304). Священномучч. Милія, еп. Персидскаго, Абросима пресвитера и Сины діакона, учениковъ его (341). Свят. Мартіана исп., еп. Ѳракійскаго (IV). Священномуч. Геннадія епископа (IV). Свят. Нонна, еп. Иліопольскаго (471). Муч. Константина, князя Грузинскаго (852). Преподобномуч. Нифонта (Выблова) и муч. Александра (Медема) (1931). Священномучч. Прокопія, архіеп. Херсонскаго, Іоанна (Скадовскаго), Діонисія (Щеголева) и Петра (Павлушкова) пресвв. (1937). Священномучч. Августина, архіеп. Калужскаго и иже съ нимъ Іоанна (Сперанскаго) пресв., преподобномучч. Іоанникія (Дмитріева), Серафима (Гущина), мучч. Алексія (Горбачева), Аполлона (Бабичева) и Михаила (Арефьева) (1937). Священномуч. Бориса (Семенова) діакона, муч. Николая (Смирнова) и мучч. Анны (Остроглазовой) (1930-е). Мучч. Ольги (Масленниковой) (1941). Мучч. Ѳеоктисты (Ченцовой) (1942). Преп. Ѳеости-

Ноябрь

рикта иже въ Символѣхъ.
Евангельскія чтенія 25-й седмицы.
ряд.: 1 Тим. (зач. 278) **1**, 1-7: Лук. (зач. 65) **12**, 13-15, 22-31.

Вторникъ
11/24 Мучч. Виктора и Стефаниды (II). Мучч. Мины (304). Муч. Викентія (304). Преп. Ѳеодора Студита исп. (826). Свят. Мартина Милостиваго, еп. Турскаго (397). Муч. Драконы Авракскаго (IV). Преп. Антонія новаго, Кіосскаго (864). Муч. Стефана Уроша Дечанскаго (1331). Блаж. Максима, Христа ради юрод., Московскаго чуд. (1434). Препп. Евѳимія и Нестора Дечанскихъ (XVI). Преп. Мартирія Зеленецкаго (1603). Священномуч. Евгенія (Васильева) пресв. (1937). Иконы Божіей Матери «Иверскія-Мѵроточивыя».
рядъ: 1 Тим. (зач. 279) **1**, 8-14: Лук. (зач. 68) **12**, 42-48.
Мучч. Ефес. (зач. 233) **6**, 10-17: Матѳ. (зач. 38) **10**, 32-33, 37-38; **19**, 27-30.
Преп.: Евр. (зач. 335) **13**, 17-21: Матѳ. (зач. 10) **4**, 25 — **5**, 12.

Среда
12/25 Свят. Іоанна Милостиваго, патр. Александрійскаго (619). Преп. Нила, постника Синайскаго (V). Прор. Ахіи (960 г. до Р.Х.). Свят. Мартина, еп. Франгійскаго (I). Преп. Еміліана Кукуллата (574). Свят. Махара, еп. Абердинскаго (VI). Свят. Льва Стипіота, патр. Константинопольскаго (1143). Блаж. Іоанна Власатаго, Ростовскаго (1580). Преп. Нила мѵроточиваго, Аѳонскаго (1651). Мучч. Саввы (1726) и Николая (1732) Константинопольскихъ. Священномуч. Александра (Адріанова) пресв. (1918). Священномучч. Александра (Архангельскаго), Владиміра (Красновскаго), Димитрія (Розанова), Константина (Успенскаго), Матѳея (Алоина) и Петра (Косминкова) пресвв., и Симеона (Кречкова) діакона (1937). Иконы Божіей Матери «Милостивая».
ряд.: 1 Тим. (зач. 281) **1**, 18-20: **2**, 8-15: Лук. (зач. 69) **12**, 48-59.
подъ зач.: 1 Тим. (зач. 283) **3**, 1-13: Лук. (зач. 70) **13**, 1-9.
Свят.: Евр. (зач. 311) **4**, 14 — **5**, 6: Лук. (зач. 24) **6**, 17-23.

Четвергъ
13/26 Свят. Іоанна Златоуста, архіеп. Константинопольскаго (407). Мучч. Антонина, Никифора и Германа (308). Мучц. Манеѳы (307). Свят. Врисія, еп. Турскаго (444). Преп. Леоніана Вьеннскаго (ок. 510). Святт. Евфрасія (515) и Квинтіана, епп. Клермонскихъ (527). Преподобномуч.

Ноябрь

Дамаскина Аѳонскаго (1681).
Утр.: Іоан. (зач. 35 отъ полу) **10**, 1-9.
Свят.: Евр. (зач. 318) **7**, 26 — **8**, 2: Іоан. (зач. 36) **10**, 9-16.

Пятница
14/27 Апостола Филиппа (87). Свят. Дифрига, еп. Ергинскаго (ок. 550). Св. царя Іустиніана (565) и царицы Ѳеодоры (548). Преп. Мала Британскаго (VII). Свят. Григорія Паламы, архіеп. Ѳессалоникійскаго (1359). Преп. Филиппа Ирапскаго (1527). Муч. Константина Аѳонскаго (1800). Муч. Серапіона старца. Муч. Пантелеимона отрока, въ Малой Азіи (XIX). Священномучч. Аверкія, архіеп. Волынскаго, Александра (Быкова), Александра (Покровскаго), Александра (Чекалова), Алексія (Нечаева), Алексія (Никологорскаго), Василія (Лихарева), Василія (Никольскаго), Василія (Розанова), Виктора (Ильинскаго), Георгія (Извѣкова), Димитрія (Беневоленскаго), Димитрія (Лебедева), Михаила (Бѣлюстина), Михаила (Некрасова), Николая (Виноградова), Николая (Дунаева), Петра (Титова), Порфирія (Колосовскаго), Сергія (Знаменскаго), Сергія (Руфицкаго), Сергія (Спасскаго), Ѳеодора (Баккалинскаго) пресвв., Николая (Богородскаго) діакона, преподобномуч. Аристарха (Заглодина-Кокорева), мучч. Гавріила (Безфамильнаго), Димитрія (Рудакова) и мучц. Анны (Зерцаловой) (1937). Священномуч. Ѳеодора (Грудакова) пресв. (1940). Священномуч. Сергія (Константинова) пресв. (1941).
Заговѣніе на Рождественскій постъ.
Утр.: Іоан. (зач. 67) **21**, 15-25
ряд.: 1 Тим. (зач. 285) **4**, 4-8, 16: Лук. (зач. 73) **13**, 31-35.
Ап.: 1 Кор. (зач. 131) **4**, 9-16: Іоан. (зач. 5) **1**, 43-51.

Суббота
15/28 Начало Рождественскаго поста.
Мучч. и исповѣдниковъ Гурія, Самона (ок. 306) и Авива (322). Муч. Димитрія Дабудскаго (307). Мучч. Елпидія, Маркелла и Евстохія (ок. 361). Преп. Кинтіона, еп. Селевкійскаго (IV). Свят. Мала, еп. Алетскаго (640). Свят. Ѳомы, патр. Константинопольскаго (668). Преп. Филиппа, игум. Рабангскаго (1457). Преп. Гурія Шалочскаго (1603). Священномучч. Николая (Щербакова), Петра (Конардова) пресвв., Никиты (Алмазова) діакона и муч. Григорія (Долинина) (1937). Иконъ Божіей Матери «Купятицкія», «Ипатменскія» и «Благоуханный цвѣтъ».

Ноябрь

Мучч.: Ефес. (зач. 233) **6**, 10-17: Лук. (зач. 64) **12**, 8-12.
ряд.: Гал. (зач. 205) **3**, 8-12: Лук. (зач. 46) **9**, 37-43.

Воскресеніе
16/29 **Недѣля 26-я по Пятидесятницѣ. Гласъ 1-й.**

Апостола и Евангелиста Матѳея (60). Свят. Аніана, патр. Александрійскаго (84). Свят. Фульвіана, князя Еѳіопскаго, въ крещеніи Матѳея (I). Свят. Евхарія, еп. Ліонскаго (449). Преп. Сергія Малопинежскаго (1585). Священномуч. Ѳеодора (Колерова) пресв., мучч. Ананіи (Бойкова) и Михаила (Болдакова) (1929). Священномучч. Иннокентія, архіеп. Винницкаго, Іоанна (Цвѣткова), Николая (Троицкаго), Виктора (Воронова), Василія (Соколова), Макарія (Соловьева), Михаила (Абрамова) пресвв. и преподобномуч. Пантелеимона (Аржаныхъ) (1937). Муч. Димитрія Спиридонова (1938). Священномуч. Филумена Святогробца, Самарійскаго (1979).

Утр.: Еван. 4-е: Лук. (зач. 112) **24**, 1-12.
ряд.: Ефес. (зач. 229) **5**, 8-19: Лук. (зач. 53) **10**, 25-37 (нед. 25-я).
Ап.: 1 Кор. (зач. 131) **4**, 9-16: Матѳ. (зач. 30) **9**, 9-13.

Понедѣльникъ
17/30 **Седмица 27-я по Пятидесятницѣ.**

Свят. Григорія, еп. Неокесарійскаго (266). Священномуч. Василія, еп. Хамаскаго (282). Мучч. Григорія, Виктора и Гемина (304). Мучч. Ацискла и Викторіи Кордувійскихъ (IV). Преп. Лонгина Египетскаго (IV). Свят. Григорія, еп. Турскаго (594). Преп. Вульфилаиха столпника, Тріерскаго (594). Преп. Хильды Уитбійскія (680). Правв. Іоанна и Захаріи сапожника (VII). Преп. Лазаря иконописца (857). Муч. Гоброна (Михаила) и съ нимъ 133 воина (914). Преп. Геннадія Ватопедскаго (XV). Преп. Никона, игум. Радонежскаго (1426). Свят. Максима, патр. Константинопольскаго (1482). **Преп. Паисія Величковскаго (1794).** Преп. Севастіана Джексонскаго (1940).

Евангельскія чтенія 26-й седмицы.
ряд.: 1 Тим. (зач. 285 отъ полу) **5**, 1-10: Лук. (зач. 75) **14**, 12-15.
Свят.: 1 Кор. (зач. 151) **12**, 7-11: Матѳ. (зач. 34 отъ полу) **10**, 1, 5-8.

Вторникъ
18/1 д. Муч. Платона Анкирскаго (ок. 302). Священномуч. Романа, діакона Кесарійскаго и отрока Варула (303). Мучч. Закхея, діакона Гадаринскаго и Алфея чтеца (303). Муч. Романа

Ноябрь

Антіохійскаго (305). Блаж. Магны Анкирскія (ок. 425). Муч. Анастасія Епирскаго (1750). Преп. Даніила Корфійскаго (1764). Преп. Елены, игум. Новодѣвичьяго мон. (1547). Прав. Николая (Виноградова) исп. пресв. (1948). Соборъ святыхъ Эстонскія земли.

ряд.: 1 Тим. (зач. 286) **5,** 11-21: Лук. (зач. 77) **14,** 25-35.

подъ зач.: 1 Тим. (зач. 287) **5,** 22 — **6,** 11: Лук. (зач. 78) **15,** 1-10.

Среда
19/2 Пророка Авдія (IX в. до Р.Х.). Муч. Варлаама Антіохійскаго (304). **Свят. Филарета, митр. Московскаго и Коломенскаго (1867).** Муч. Иліодора Памфилійскаго (ок. 273). Муч. Азы и съ нимъ 150 воиновъ (284-305). Препп. Варлаама и Іоасафа, царевича Индійскаго и отца его царя Авенира (IV). Преп. Патрокла Буржскаго (576). Свят. Эгберта, еп. Іоркскаго (766). Преп. Иларіона Солунскаго чуд. (875). Преп. Симона Калабрійскаго (X). Преп. Варлаама, 1-го игумена Печерскаго (1065). Обрѣт. мощей преподобномуч. Адріана Пошехонскаго (1625). Священномуч. Іоанна (Вишневскаго) пресв. (1920). Священномучч. Порфирія, еп. Симферопольскаго, Іоасафа, еп. Чистопольскаго, Александра (Мишутина), Александра (Сереброва), Димитрія (Куклина), Игнатія (Теслина), Іакова (Брилліантова), Іакова (Передерія), Іоанна (Малиновскаго), Іоанна (Пирамидова), Іоанна (Флоровскаго), Константина (Михайловскаго), Михаила (Дмитрева), Сергія (Махаева), Симеона (Кривошеева) пресвв., преподобномучч. Веніамина (Зыкова), Геннадія (Ребезы), Герасима (Сухова), Іоасафа (Крымзина), Митрофана (Кванина), Петра (Мамантова), мучч. Валентина (Корніенко), Петра (Антонина), Леонида (Салькова) и Тимоѳея (Кучерова), (1937). Преп. Алексія Карпаторусскаго (1947). Преп. Порфирія Кавсокаливит (1991).

На веч.: 1) 2 Тим. (зач. 297) **3,** 16 — **4,** 8. 2) Ефес. (зач. 233) **6,** 10-17. 3) Ефес. (зач. 232 отъ полу) **6,** 1-9.

Утр.: Іоан. (зач. 35 отъ полу) **10,** 1-9.

Свят.: Ефес. (зач. 233) **6,** 10-17: Матѳ. (зач. 11) **5,** 14-19.

Четвергъ
20/3 *Предпразднство Введенія во храмъ Пресвятыя Богородицы.* Преп. Григорія Декаполита (816). Свят. Прокла, архіеп. Константинопольскаго (446). Муч. Дасія въ Доростолѣ (303). Мучч. Евстаѳія, Ѳеспесія и Анатолія (312). Священномуч. Нирсы епископа и учениковъ его: Іосифа, Іоанна, Саверія, Исаакія и Ипатія, епископовъ Персидскихъ (343). Мучч.

Азата скопца, Сасонія, Ѳеклы и Анны (343). Преп. Исидора Александрійскаго (IV). Свят. Исаака, еп. Армянскаго (440). Бл. Ѳеоктиста исп. (855). Муч. Эдмунда, короля Восточно-Англійскаго (869). Преп. Діодора Юрьегорскаго (1633). Священномучч. Макарія, еп. Днепропетровскаго, Александра (Сахарова), Алексія (Аманова), Алексія (Никатова), Анатолія (Жураковскаго), Василія (Канделяброва), Владиміра (Медвѣдюка), Еміліана (Панасевича), Іоанна (Сарва), Николая (Зеленова), Николая (Покровскаго) пресвв., преподобномучч. Арсенія (Димитріева), Евтихія (Качуръ), Иларіона (Писарецъ), Іоанна (Заболотнаго), и преподобномучц. Іоанникіи (Кожевниковой) (1937). Преподобномучц. Татіаны (Ѳомичевой) (по 1937). Иконы Божіей Матери «Олонецкія».

ряд.: 1 Тим. (зач. 289) **6,** 17-21: Лук. (зач. 80) **16,** 1-9.

подъ зач.: 2 Тим. (зач. 290) **1,** 1-2, 8-18: Лук. (зач. 82) **16,** 15-18; **17,** 1-4.

Свят.: Гал. (зач. 318) **7,** 26— **8,** 2: Іоан. (зач. 36) **10,** 9-16.

Пятница

21/4 **Введеніе во храмъ Пресвятыя Богородицы.**
Веч.: 1) Исх. **40,** 1-5, 9-10, 16, 34-35. 2) 3 Цар. **7,** 51; **8,** 1, 3-7, 9-11. 3) Іезек. **43,** 27 — **44,** 4.
Утр.: Богородицы: Лук. (зач. 4) **1,** 39-49, 56.
Богородицы: Евр. (зач. 320) **9,** 1-7: Лук. (зач. 54) **10,** 38-42; **11,** 27-28.

Суббота

22/5 Апп. Филимона, Архиппа и мучц. равноап. Апфіи (I). Мучц. Кикиліи (Цициліи) и съ нею: Валеріана, Тивуртія и Максима (ок. 230). Муч. Мененга (250). Мучч. Прокопія чтеца (303). Мучч. Агапія и Агапіона (304). Мучч. Стефана, Марка и инаго Марка (IV). Преп. Агавы (Авваса) Сирійскаго (V). Прав. воина Михаила Болгарскаго (866). Преп. Германа Икофинисскаго (IX). Свят. Климента, еп. Охридскаго (916). Благов. кн. Ярополка (Петра) Владиміро-Волынскаго (1086). Благов. князя Михаила Тверскаго (1318). Преп. Каллиста, патр. Константинопольскаго (XV). Священномуч. Владиміра (Рясенскаго) пресв. (1932). Священномучч. Іоасафа, еп. Могилевскаго, Иліи (Громогласова), Іакова (Соколова), Ѳеодора (Гусева), Іоанна (Баранова), Василія (Бобы), Аѳанасія (Милова), Алексія (Бенеманскаго) пресвв., Іоанна (Смирнова) діакона, преподобномучч. Герасима (Мочалова), Павла

Ноябрь

(Евдокимова), Евтихія (Диденко), Авенира (Синицына), Саввы (Суслова), Марка (Махрова) и муч. Бориса (Козлова) (1937). Преп. Параскевы (Матіешивой) исп. (1953).

Ап.: Филим. (зач. 302 послѣди) **1**, 1-25: Лук. (зач. 50) **10**, 1-15.

ряд.: Гал. (зач. 213) **5**, 22 — **6**, 2: Лук. (зач. 49) **9**, 57-62.

Воскресеніе

23/6 **Недѣля 27-я по Пятидесятницѣ. Гласъ 2-й.**

Свят. Амфилохія, еп. Иконійскаго (по 394). Свят. Григорія, еп. Акрагантійскаго (680). **Св. благов. вел. князя Александра Невскаго, въ схимѣ Алексія (1263).** Свят. Елена, еп. Тарсійскаго (269). Муч. Сисинія, еп. Кизическаго (ок. 305). Муч. Ѳеодора Антіохійскаго (по 363). Преп. Исхиріона, еп. Египетскаго (V). Преп. Коломбана, игум. Лаксевильскаго (615). Преп. Трудо Зиркингенскаго (695). Свят. Діонисія мудраго, патр. Константинопольскаго (1492). Свят. Митрофана, въ схимѣ Макарія, еп. Воронежскаго (1703). Преп. Антонія Вылчезерскаго (1714). Священномуч. Филиппа (Распопова) пресв. (1919). Преподобномуч. Серафима (Тьевара) (1931). Прав. Іоанна (Васильева) исп. (1932). Священномучч. Бориса, еп. Ивановскаго, Елеазара (Спиридонова) пресв. и муч. Александра (Уксусова) (1937). Преподобномуч. Григорія (Перадзе) (1942).

Утр. Еван. 5-е: Лук. (зач. 113) **24**, 12-35.

ряд.: Ефес. (зач. 233) **6**, 10-17: Лук. (зач. 66) **12**, 16-21 (нед. 26-я).

Святаго: Гал. (зач. 213) **5**, 22 — **6**, 2: Матѳ. (зач. 43) **11**, 27-30.

Понедѣльникъ

24/7 **Седмица 28-я по Пятидесятницѣ.** Великомучц. Екатерины (ок. 305). Великомуч. Меркурія Кесарійскаго (III). Свят. Ермогена, еп. Акрагантійскаго (ок. 260). Мучц. Августы, муч. Порфирія и 200 воиновъ (ок. 305). Муч. Александра Коринѳскаго (361). Преп. Романа Бордосскаго (385). Преп. Малха Халкинскаго (V). Преп. Портіана Артонскаго (533). Преп. Протасія Овернскаго (VI). Муч. Меркурія Смоленскаго (1239). Преп. Луки, эконома Печерскаго (XIII). Преп. Меркурія Печерскаго, еп. Смоленскаго (XIV). Преп. Симона Сольвычегодскаго (1562). Священномуч. Евграфа (Еварестова) пресв. (1919). Священномучч. Евгенія (Яковлева), Михаила (Богородицкаго), Александра (Левицкаго), Алексія (Тютюнова), Іоанна (Никольскаго), Корнилія (Удиловича) и Митрофана (Корницкаго) пресвв. (1937).

Преп. Мастридіи дѣвы. Преп. Григорія иже въ Хрисипетрѣ.
Евангельскія чтенія 27-й седмицы.
ряд.: 2 Тим. (зач. 294) **2**, 20-26: Лук. (зач. 86) **17**, 20-25.
Мучч.: Ефес. (зач. 233) **6**, 10-17: Лук. (зач. 106) **21**, 12-19.

Вторникъ
25/8 Отданіе Введенія во храмъ Пресвятыя Богородицы. Священномуч. Климента, еп. Римскаго (101). Свят. Петра, архіеп. Александрійскаго (311). Преп. Петра молчальника (ок. 303). Свят. Климента Охридскаго (916). Преподобномуч. Магдалины Забѣлиной (1931). Священномучч. Серафима, архіеп. Смоленскаго, Александра (Вершинскаго), Андрея (Шершнева), Василія (Парійскаго), Виктора (Смирнова), Григорія (Воинова), Іоанна (Тарасова), Іоанна (Янушева), Космы (Короткихъ), Ярослава (Савицкаго), Іоанна (Владимірскаго), Симеона (Аѳонькина), Иларіона (Соловьева), Варлаама (Попова) пресвв. и муч. Павла (Кузовкова) (1937). Муч. Николая (Копнинскаго) (1938). Преп. Пафнутія.
ряд.: 2 Тим. (зач. 297) **3**, 16 — **4**, 4: Лук. (зач. 87) **17**, 26-37.
Богородицѣ: Евр. (зач. 320) **9**, 1-7: Лук. (зач. 54) **10**, 38-42; **11**, 27-28.
Свят.: Филип. (зач. 246) **3**, 20 — **4**, 3: Матѳ. (зач. 11) **5**, 14-19.

Среда
26/9 Преп. Алипія столпника (640). **Свят. Иннокентія, 1-го еп. Иркутскаго (1731).** Преп. Іакова, отшельника Сирійскаго (457). Свят. Акакія, патр. Константинопольскаго (471). Преп. Стиліана Пафлагонскаго (V). Свят. Петра, патр. Іерусалимскаго (552). Преп. Никона Метаноита (998). Освященіе храма великомуч. Георгія въ Кіевѣ (1037). Муч. Георгія Хіосскаго (1807). Священномучч. Василія (Агаѳонникова), Василія (Колосова), Василія (Студницина), Георгія (Колоколова), Даніила (Мещанинова), Иліи (Зачатѣйскаго), Іоанна (Виноградова), Михаила (Зеленцовскаго), Назарія (Грибкова), Николая (Замараева), Николая (Постникова) пресвв. и преподобномуч. Тихона (Бузова) (1937). Муч. Петра (Царапкина) (по 1937).
Утр.: Іоан. (зач. 35 отъ полу) **10**, 1-9.
ряд.: 2 Тим. (зач. 299) **4**, 9-22: Лук. (зач. 90) **18**, 15-17, 26-30.
подъ зач.: Тит. (зач. 300 отъ полу) **1**, 5 — **2**, 1: Лук. (зач. 92) **18**, 31-34.
Свят.: Евр. (зач. 318) **7**, 26 — **8**, 2: Іоан. (зач. 36) **10**, 9-16.

Ноябрь

Четвергъ
27/10 Великомуч. Іакова Персскаго (421). **Иконъ Божіей Матери «Знаменіе» Курскія-Коренныя (1295) и «Знаменіе» Новгородскія (1170).** Преп. Наѳанаила Нитрійскаго (ок. 375). Преп. Пинуфрія Египетскаго (IV). Преподобномучч. 17-ти монаховъ въ Индіи (IV). Преп. Романа, Киликійскаго чуд. (ок. 400). Преп. Палладія, еп. Еленопольскаго (ок. 430). Свят. Максима, еп. Регійскаго (460). Преп. Палладія Солунскаго (VII). Прав. Оды Брабантскія (726). Обрѣт. мощей благов. кн. Псковскаго Всеволода, въ крещеніи Гавріила (1192). Преп. Ѳеодосія Терновскаго (1363). Свят. Іакова, еп. Ростовскаго (1392). Преп. Діодора Юрьегородскаго (1633). Блаж. Андрея Симбирскаго, Христа ради юрод. (1841). Священномучч. Николая, архіеп. Владимірскаго, Алексія (Сперанскаго), Бориса (Ивановскаго), Василія (Соколова), Владиміра (Смирнова), Димитрія (Бѣляева), Іоанна (Глазкова), Іоанна (Смирнова), Іоанна (Хрусталева), Николая (Андреева), Николая (Покровскаго), Сергія (Аманова), Сергія (Бредникова), Ѳеодора (Дороѳеева) пресвв., преподобномучч. Алексія (Гаврина), Аполлоса (Ѳедосеева), Іоасафа (Боева), Іоасафа (Крымзина), Кронида (Любимова) намѣстника Троице-Сергіевой Лавры, Ксенофонта (Бондаренко), Николая (Салтыкова), Никона (Бѣляева), Серафима (Крестьянинова) и муч. Іоанна Емельянова (1937). Обрѣт. мощей блаж. Домники Алешковскія (2008). Соборъ новомучениковъ и исповѣдниковъ Радонежскихъ.
Утр.: Лук. (зач. 4) **1,** 39-49, 56.
Богородицы: Евр. (зач. 316) **9,** 1-7: Лук. (зач. 54) **10,** 38-42: **11,** 27-28.

Пятница
28/11 Преподобномуч. Стефана Новаго (767). Муч. Иринарха и съ нимъ 7-ми женъ (303). Мучч. Тимоѳея и Ѳеодора епп., Петра, Іоанна, Сергія, Ѳеодора и Никифора пресвв., Василія и Ѳомы діаконовъ, Іероѳея, Даніила, Харитона, Сократа, Комасія и Евсевія монаховъ и Етимасія мірянина (361). Свят. Ѳеодора, еп. Ѳеодосіопольскаго (IV). Мучч. Василія, Стефана, двухъ Григоріевъ, Іоанна и проч. (IV). Мучч. Андрея и Петра (VIII). Мучц. Анны (VIII). Блаж. Ѳеодора, архіеп. Ростовскаго (1394). Свят. Михаила, еп. Смоленскаго (1402). Муч. Христоса Константинопольскаго (1748). Священномучч. Сера-

фима, митр. Петроградскаго, Алексія (Веселевскаго), Алексія (Смирнова), Василія (Завгородняго), Викентія (Никольскаго), Петра (Ворона) пресвв., преподобномучч. Алексія (Сенкевича), Рафаила (Тюпина) и мучц. Анисіи (Маслановой) (1937). Мучц. Параскевы (Ѳедоровой) (1938). Священномуч. Николая (Крылова) пресв. (1941). Обрѣт. мощей преп. Сергія (Сребрянскаго) исп. (2000).

ряд.: 1 Тит. (зач. 301) **1**, 15 — **2**, 10: Лук. (зач. 95) **19**, 12-28.
Препмуч.: 2 Тим. (зач. 291) **1**, 8-18: Матѳ. (зач. 37) **10**, 23-31.

Суббота
29/12 Муч. Парамона и съ нимъ 370-ти мучч. (250). Священномуч. Діонисія, еп. Коринѳскаго (ок. 182). Священномуч. Сатурнина, еп. Тулузскаго (257). Муч. Филумена Анкирскаго (274). Преп. Питируна Египетскаго (IV). Прав. Тиридата царя (IV). Священномуч. Авива, еп. Некрессаго (552). Преп. Брендона Биррскаго (571). Преп. Акакія Синайскаго (VI). Преп. Нектарія послушливаго, Печерскаго (XII). Свят. Мардарія, еп. Американскаго и Канадскаго (1935) (серб.). Священномуч. Сергія (Кочурова) пресв. (1941).

ряд.: Ефес. (зач. 218) **1**, 16-23: Лук. (зач. 51 отъ полу) **10**, 19-21.

Воскресеніе
30/13 **Недѣля 28-я по Пятидесятницѣ. Гласъ 3-й.**
Апостола Андрея Первозваннаго (82). Свят. Фрументія, архіеп. Абиссинскаго (380). Свят. Александра, еп. Миѳимскаго (IV). Святт. Петра и Самуила католикосовъ Мцхетскихъ (V). Благов. царя Вахтанга Горгосали (502). Свят. Тудвала, еп. Трекорскаго (564). Свят. Андрея, еп. Трансильванскаго (1873). Блаж. Сергія Молченскаго, Христа ради юрод. (1879). Священномуч. Іоанна (Честнова) пресв. (1937).

Утр.: Еван. 6-е: Лук. (зач. 114) **24**, 36-53.
ряд.: Кол. (зач. 250) **1**, 12-18: Лук. (зач. 71) **13**, 10-17 (нед. 27-я).
Апостола: 1 Кор. (зач. 131) **4**, 9-16: Іоан. (зач. 4) **1**, 35-51.

| Дни недѣли | **Декабрь** | День имѣетъ 9 ч. а ночь 15 ч. |

Понедѣльникъ

1/14 **Седмица 29-я по Пятидесятницѣ.** Пророка Наума (VII в. до Р.Х.). Свят. Элигія, еп. Нуайонскаго (660). Прав. Филарета Милостиваго (792). Преп. Антонія Кіосскаго (864). Свят. Ѳеолита, еп. Спартанскаго (870). Преп. Іоанникія Дѣвиченскаго (XV). Муч. Ананіи Персскаго.
Евангельскія чтенія 28-й седмицы.
ряд.: Евр. (зач. 308) **3,** 5-11, 17-19: Лук. (зач. 97) **19,** 37-44.

Вторникъ

2/15 Пророка Аввакума (VII в. до Р.Х.). Мучц. Миропіи ок. (251). Препп. Іоанна, Ираклемона, Андрея и Ѳеофила Египетскихъ (IV). Преп. Исе (Іессея), еп. Цилканскаго (VI). Преп. Соломона, архіеп. Ефесскаго (1060). Преп. Кирилла Филеота (1110). Преп. Аѳанасія, затворника Печерскаго (1116). Преп. Аѳанасія другаго, затворника Печерскаго (1264). Св. Стефана-Уроша, царя Сербскаго (1371). Священномуч. Матѳея (Александрова) пресв. (1921). Священномуч. Димитрія (Благовѣщенскаго) пресв. и преп. Вѣры (Графовой) испц. (1932). Священномучч. Алексія, архіеп. Великоустюжскаго, Владиміра (Проферансова), Іоанна (Державина), Іоанна (Днепровскаго), Константина (Некрасова), Николая (Виноградскаго), Николая (Заболотскаго), Николая (Сафонова), Павла (Понятскаго), Сергія (Кудрявцева), Сергія (Филицына), Ѳеодора (Алексинскаго) пресвв., преподобномучч. Данакта (Калашникова), Космы (Магды), преподобномучцц. Антонины (Степановой), Маргариты (Закачуриной), Нимфодоры (Марiи Журавлевой), Тамары (Проворкиной), Февронiи (Ишиной), мучцц. Марiи (Дмитрiевскiя) и Матроны (Конюховой) (1937). Преподобномучц. Марiониллы (Цейтлинъ) (1938). Муч. Бориса (Успенскаго) (1942).

ряд.: Евр. (зач. 310) **4**, 1-13: Лук. (зач. 98) **19**, 45-48.

Среда
3/16 Пророка Софонiи (605 г. до Р.Х.). Муч. Кассiана Танжерскаго (298). Преп. Ѳеодула Царьградскаго (440). Преп. Іоанна молчальника, еп. Колонiйскаго (558). Священномуч. Ѳеодора, архiеп. Александрiйскаго (609). Свят. Вирина, еп. Дорчестерскаго (650). Преп. Ѳеодула Кипрскаго (755). Преп. Золы Фульдскаго (790). Преп. Саввы Сторожевскаго, Звенигородскаго (1406). Священномуч. Гаврiила, еп. Ганскаго (1659). Преподобномуч. Космы Аѳонскаго (1760). Преп. Георгiя Черникскаго (1806). Муч. Ангели Хiосскаго (1813). Священномуч. Андрея (Косовскаго) пресв. (1920). Преп. Параскевы Топловскiя (1928). Священномуч. Николая (Ершова) пресв. (1937). Прав. Георгiя (Сѣдова) исп. (1960). Иконы Божiей Матери «Пахромскiя».

ряд.: Евр. (зач. 312) **5**, 11 — **6**, 8: Лук. (зач. 99) **20**, 1-8.

Четвергъ
4/17 Великомучц. Варвары (ок. 306). Преп. Іоанна Дамаскина (ок. 777). Свят. Иракла, патр. Александрiйскаго (246). Мучц. Іулiанiи (ок. 306). Преп. Іоанна, еп. Поливотскаго (716). Свят. Геннадiя, архiеп. Новгородскаго (1504). Священномуч. Серафима, еп. Фанарскаго (1601). Священномучч. Александра (Посохина), Алексiя (Сабурова), Іоанна (Пьянкова), Николая (Яхонтова) пресвв., Василiя (Кашина) дiакона и съ ними 10-ти мучч. (1918). Священномуч. Димитрiя (Невѣдомскаго) пресв., преподобномучц. Анастасiи (Титовой), мучцц. кн. Киры (Оболенской) и Екатерины (Арской) (1937).

ряд.: Евр. (зач. 315) **7**, 1-6: Лук. (зач. 100) **20**, 9-18.

Мучц.: Гал. (зач. 208) **3**, 23-29: Марк. (зач. 21) **5**, 24-34.

Пятница
5/18 **Преп. Саввы Освященнаго (532).** Муч. Анастасiя Аквилѣйскаго (III). Великомучц. Криспины Тагорскiя (304). Препп. Карiона и Захарiи Египетскихъ (IV). Преп. Іустинiана Уэльсскаго (560). Свят. Никиты, еп. Трирскаго (ок. 566). Преп. Космы Ватопедскаго (1276). Преподобномучч. Карейскихъ Аѳонскихъ, пострадавшихъ отъ латиномудрствовавшихъ

Декабрь

(1283). Препп. Нектарія Болгарскаго (1500) и его учителя Филоѳея Аѳонскаго (XV). Свят. Гурія, архіеп. Казанскаго (1563). Священномуч. Иліи (Четверухина) пресв. (1932). Преподобномуч. Геннадія (Лѣтюка) (1941). Прав. Сергія (Правдолюбова) исп. пресв. (1950).

Утр.: Лук. (зач. 24) **6**, 17-23.

рядъ.: Евр. (зач. 317) **7**, 18-25: Лук. (зач. 101) **20**, 19-26.

подъ зач.: Ефес. (зач. 220 отъ полу) **2**, 11-13: Лук. (зач. 67) **12**, 32-40.

Преп.: Гал. (зач. 213) **5**, 22 — **6**, 2: Матѳ. (зач. 43) **11**, 27-30.

Суббота

6/19 Святителя Николая, архіепископа Мѵръ Ликійскихъ, Чудотворца (342).

Свят. Ѳеофила исп., еп. Антіохійскаго (ок. 181). Свят. Николая, еп. Патарскаго (IV). Свят. Авраама, еп. Кратѣйскаго (557). Блаж. Максима, митр. Кіевскаго (1305). Муч. Николая Карамана (1657).

Веч.: 1) Притч. **10**, 7, 6; 3, 13-16; **8**, 6, 34-35, 4, 12, 14, 17, 5-9; **1**, 23; **15**, 4. 2) Притч. **10**, 31-32; **11**, 1-2, 4, 3, 5-12. 3) Прем. Сол. **4**, 7-15.

Утр.: Іоан. (зач. 36) **10**, 9-16.

Свят.: Евр. (зач. 335) **13**, 17-21: Лук. (зач. 24) **6**, 17-23.

Воскресеніе

7/20 Недѣля 29-я по Пятидесятницѣ. Гласъ 4-й.

Свят. Амвросія, еп. Медіоланскаго (397). Муч. Аѳинодора Сиріанина (304). Преп. Вассы Іерусалимскія (V). Преп. Іоанна, постника Палестинскаго (VI). Преп. Іоанна, постника Печерскаго (XII). Мучц. Филоѳеи Румынскія (1218). Преп. Григорія молчальника, Аѳонскаго (1405). Преп. Нила Столбенскаго (1554). Преп. Антонія Сійскаго (1556). Преподобномучч. Сергія (Гальковскаго) и Андроника (Барсукова) (1917). Священномуч. Антонія (Попова) пресв. (1918). Священномучч. Михаила (Успенскаго), Сергія (Голощанова), Сергія (Успенскаго) пресвв., Никифора (Литвинова) діакона, преподобномучч. Галактіона (Урбановича-Новикова) и Гурія (Самойлова) и муч. Іоанна Демидова) (1937). Священномучч. Петра (Крестова) и Василія (Мирожина) пресвв. (1941). Преп. Павла повинника. Иконы Божіей Матери «Селигерскія-Владимірскія».

Утр.: Еван. 7-е: Іоан. (зач. 63) **20**, 1-10.

рядъ.: Кол. (зач. 258) **3**, 12-16 (нед. 30-я): Лук. (зач. 85) **17**, 12-19 (нед. 29-я).

Декабрь

Понедѣльникъ
8/21 **Седмица 30-я по Пятидесятницѣ.** Преп. Патапія Ѳивейскаго (VII). Апостоловъ отъ 70-ти: Сосѳена, Аполлоса, Кифы, Тихика, Епафродита, Кесаря и Онисифора (I). Священномуч. Валеріана, еп. Аббензійскаго (457). Мучц. Викторіи Кулузскія (ок. 477). 362 мучч. въ Африкѣ отъ Аріанъ пострадавшихъ (V). Мучц. Анѳисы Римскія (V). Преп. Кирилла Челмогорскаго (1368). Священномуч. Сергія (Орлова) пресв. (1937).
Евангельскія чтенія 29-й седмицы.
ряд.: Евр. (зач. 319) **8,** 17-13: Лук. (зач. 102) **20,** 27-44.

Вторникъ
9/22 *Зачатіе св. Анною Пресвятыя Богородицы.* Пророчицы Анны, матери пророка Самуила (XI в. до Р.Х.). Священномуч. Реститута, еп. Карѳагенскаго (373). Муч. Валерія Аквитанскаго (IV). Муч. Сосиѳея Персидскаго (553). Свят. Софронія, архіеп. Кипрскаго (VI). Преп. Стефана Новосіятеля (912). Преп. Ѳеодосія Молченскаго (1802). Священномуч. Владиміра (Виноградова) пресв. (1919). Священномуч. Владиміра (Джуринскаго) пресв. съ женою его мучц. Евфросиніей (1920). Священномучч. Александра (Буравцева) и Василія (Ягодина) пресвв. (1937). Иконы Божіей Матери «Нечаянная Радость».
ряд.: Евр. (зач. 321) **9,** 8-10, 15-23: Лук. (зач. 106) **21,** 12-19.
Св. Анны: Гал. (зач. 210 отъ полу) **4,** 22-31: Лук. (зач. 36) **8,** 16-21.

Среда
10/23 Мучч. Мины, Ермогена и Евграфа (ок. 313). **Свят. Іоасафа, еп. Бѣлгородскаго (1754).** Мучц. Евлаліи Меридскія (304). Муч. Гемелла Пафлогонянина (361). Преп. Ѳомы Виѳинскаго (X). Блаж. Іоанна (1503), царя Сербскаго и родителей его: Стефана (1476) и Ангелины (1520) Бранковичей. Священномучч. Іакова (Шестакова) и Александра (Шкляева) пресвв. (1918). Священномуч. Евграфа (Плетнева) пресв. и сына его муч. Михаила (1918). Священномучч. Александра (Туберовскаго), Анатолія (Правдолюбова), Евгенія (Харькова), Константина (Бажанова), Михаила (Кобазева), Николая (Карасева) пресвв., преподобномуч. Сергія (Сорокина), мучч. Григорія (Бердѣнева), Дороѳея (Климашева), Евсевія (Тряхова), Лаврентія (Когтева), Михаила (Якунькина), Петра (Гришина), мучц. Александры (Устюхиной) и Татіаны (Егоревой) (1937). Священномучч. Николая (Розова) и Алексія (Введенскаго) пресвв. (1938). Правв. Анны (Ивашкиной) и Татіаны

Декабрь

(Бякиревой) испп. (1948). Прав. Өеклы (Макушевой) исп. (1954). Прав. Анны (Столяровой) исп. (1958).

Утр.: Іоан. (зач. 35 отъ полу) **10,** 1-9.

ряд.: Евр. (зач. 323) **10,** 1-18: Лук. (зач. 104) **21,** 5-7, 10-11, 20-24.

Свят.: Евр. (зач. 318) **7,** 26 — **8,** 2: Іоан. (зач. 36) **10,** 9-16.

Четвергъ

11/24 Преп. Даніила Столпника (489). Муч. Варсавы Персидскаго (342). Мучч. Акепсія и Аифала (354). Муч. Миракса (по 639). Благ. императора Никифора Өоки (969). Преп. Луки, новаго Столпника (ок. 970). Преп. Никона Сухого, Печерскаго (XII). Преп. Леонтія Монемвасійскаго (1450). Священномуч. Өеофана, еп. Соликамскаго и иже съ нимъ два пресвитера и пять мірянъ (1918). Священномуч. Николая (Виноградова) пресв. (1937). Священномуч. Іоанна (Богоявленскаго) пресв. (1941). Преп. Кукшы Одесскаго (1964). Соборъ Грузинскихъ святыхъ. Иконы Божіей Матери «Портъ-Артурскія».

ряд.: Евр. (зач. 326) **10,** 35 — **11,** 7: Лук. (зач. 107) **21,** 28-33.

подъ зач.: ряд.: Евр. (зач. 327) **11,** 8, 11-16: Лук. (зач. 108) **21,** 37 — **22,** 8.

Пятница

12/25 Свят. Спиридона, еп. Тримифунтскаго, чуд. (ок. 348). **Преп. Германа Аляскинскаго (1836).** Священномуч. Александра, еп. Іерусалимскаго (251). Муч. Разумника (Синетоса) Римскаго (ок. 275). Преп. Финіана Клонардскаго (549). Преп. Колмана Глендалохскаго (659). Священномуч. Іоанна Задазенскаго (IX). Преп. Өерапонта Монзенскаго (1597). Священномуч. Іувеналія Аляскинскаго (1796). Муч. Петра Алеута (1815).

Утр.: Матө. (зач. 43) **11,** 27-30.

Преп.: Гал. (зач. 213) **5,** 22 — **6,** 2: Лук. (зач. 24) **6,** 17-23.

Суббота

13/26 Мучч. Евстратія, Авксентія, Евгенія, Мардарія и Ореста (284-305). Муч. Антіоха Солційскаго (ок. 125). Мучц. Лукіи дѣвы Сиракузскія (ок. 304). Преп. Колумбы Тирдагласскаго (ок. 548). Преп. Одиліи Эльзасскія (723). Преп. Арсенія иже въ Латрѣ (VIII). Преп. Аркадія Новоторжскаго (XI). Преп. Мардарія, затворника Печерскаго (XIII). Священномуч. Гавриила, патр. Сербскаго (1659). Свят. Досиѳея Молдавскаго, митр. Азовскаго (1701). Свят. Гавріила (Кикодзе), еп. Иметеретенскаго (1896). Священномуч. Александра (Юзефовича) пресв. и муч. Іоанна (Менькова) (1920). Священномучч.

Декабрь

Александра (Поспѣлова), Алексія (Рождественскаго), Владиміра (Лозина-Лозинскаго), Григорія (Ѳаддеева) и Іакова (Гусева) пресвв. (1937). Священномуч. Николая (Амассійскаго) пресв. (1938). Священномучч. Еміліана (Кирѣева) и Василія (Покровскаго) пресвв. (1941). Преп. Ариса Египетскаго.

Утр.: Матѳ. (зач. 36) **10,** 16-22.
Мучч.: Ефес. (зач. 233) **6,** 10-17: Лук. (зач. 106) **21,** 12-19.
ряд.: Ефес. (зач. 228) **5,** 1-8: Лук. (зач. 72) **13,** 18-29.

Воскресеніе

14/27 Недѣля 30-я по Пятидесятницѣ, *она же свв. Праотецъ.* **Гласъ 5-й.**

Мучч. Ѳирса, Левкія и Каллиника (249-251). Мучч. Филимона, Аполлонія, Аріана и Ѳеотиха Александрійскихъ и 4-хъ стражей, обращенныхъ муч. Аріаномъ (286-287). Свят. Венація Фортуната, еп. Пиктавійскаго (600). Преп. Хибальда Линкольнширскаго (VII). Преп. Фольквина Теруаннскаго (855). Свят. Иларіона, еп. Суздальскаго (1707). Священномуч. Николая (Ковалева) пресв. (1937). Священномуч. Вассіана, архіеп. Тамбовскаго (1940).

Утр.: Еван. 8-е: Іоан. (зач. 64) **20,** 11-18.
ряд.: Кол. (зач. 257) **3,** 4-11 (нед. 29-я): Лук. (зач. 76) **14,** 16-24 (нед. 28-я)

Понедѣльникъ

15/28 Седмица 31-я по Пятидесятницѣ. Священномуч. Елевѳерія, еп. Илирійскаго, матери его мучц. Анѳіи и муч. Корива епарха (126). Муч. Елевѳерія Константинопольскаго (ок. 305). Преподобномучц. діакониссы Сосанны, въ иночествѣ Іоанны Палестинскія (IV). Преп. Парда, отшельника Палестинскаго (VI). Свят. Авберта, еп. Кавбрайскаго (668). Преп. Оффы, короля Эссекскаго (709). Свят. Стефана исп., архіеп. Сурожскаго (ок. 750). Муч. Вакха новаго (800). Преп. Павла иже въ Латрѣ (955). Преп. Нектарія Битольскаго (1500). Преп. Трифона Печенгскаго, Кольскаго (1583). Преп. Іоны Печенгскаго (1590). Праведнаго Димитрія Горскаго (1828). Священномуч. Иларіона, архіеп. Верейскаго (1929). Священномучч. Александра (Рождественскаго), Василія (Виноградова), Викторина (Добронравова) пресвв. (1937). Соборъ Крымскихъ святыхъ.

Евангельскія чтенія 30-й седмицы.
ряд.: Евр. (зач. 329) **11,** 17-23, 27-31: Марк. (зач. 33) **8,** 11-21.

Декабрь

Вторникъ
16/29 Пророка Аггея (V в. до Р.Х.) Муч. Марина Римскаго (283). Свят. Иреніона, еп. Газскаго (IV). Свят. Мемнона, архіеп. Ефесскаго (440). Свят. Симеона, архіеп. Антіохійскаго (892). Блаж. царицы Ѳеофаніи (893). Свят. Николая Хрисоверга, патр. Константинопольскаго (995). Преп. Софіи, въ мірѣ княгини Соломоніи (1542). Преп. Даніила Ачинскаго (1843). Священномуч. Владиміра (Алексѣева) пресв. (1918). Священномучч. Аркадія, еп. Бежецкаго, Александра (Колоколова), Владиміра (Дамаскина), Иліи (Чередеева), Павла (Фаворитова), Петра (Зиновьева) пресвв., и преподобномучч. Ѳеодосія (Болдырева) и Макарія (Смирнова) (1937). Соборъ Кольскихъ святыхъ.
ряд.: Евр. (зач. 333) **12**, 25-26, **13**, 22-25: Маркъ. (зач. 34) **8**, 22-26.

Среда
17/30 Пророка Даніила и трехъ отроковъ: Ананіи, Азаріи и Мисаила (VI в. до Р.Х.). Свят. Товіи, еп. Іерусалимскаго (II). Преп. Даніила исп., въ схимѣ Стефана (X). Препп. Аѳанасія, Николая и Антонія Ватопедскихъ (X). Муч. Никиты Нисскаго (ок. 1300). Свят. Діонисія Закинѳскаго, архіеп. Эгинскаго (1622). Священномуч. Паисія Трнавскаго и Аввакума діакона Бѣлградскихъ (1814). Преп. Мисаила Абалацкаго (1852). Священномучч. Александра (Савелова), Николая (Бѣльтюкова) и Сергія (Флоринскаго) пресвв. (1918). Священномучч. Петра (Покровскаго) и Іоанна (Землянаго) пресвв. (1937).
ряд.: Іак. (зач. 50) **1**, 1-18: Маркъ. (зач. 36) **8**, 30-34.
Прор.: Евр. (зач. 330) **11**, 33 — **12**, 2: Лук. (зач. 62) **11**, 47—**12**, 1.

Четвергъ
18/31 Муч. Севастіана и дружины его: Никострата (казнохранителя), жены его Зои, Касторія, Транквиллина пресвитера и сыновъ его Маркеллина и Марка діаконовъ, Клавдія, начальника надъ тюрьмами, сына его Симфоріана, брата Викторина, Тивуртія и Кастула (287). Свят. Гатіана, еп. Турскаго (III). Муч. Еввіота Кизическаго (318). Свят. Модеста, архіеп. Іерусалимскаго (634). Преп. Флора, еп. Амійскаго (VII). Преп. Виннибальда Хайденхаймскаго (761). Преп. Михаила Синкелла, исп. (ок. 845). Преп. Даніила пустынника (XV). Преп. Севастіана Пошехонскаго (ок. 1500). Преп. Даніила Воронецкаго (1504). Прославленіе преп. Симеона Верхотурскаго (1694). Муч. Виктора (Матѳеева) (1936). Свя-

щенномучч. Ѳаддея, аріхеп. Тверскаго, Николая, архіеп. Великоустюжскаго, Владиміра (Преображенскаго), Иліи (Бенеманскаго), Іоанна (Миронскаго) и Николая (Кобранова) пресвв. (1937). Священномуч. Сергія (Астахова) діакона и мучц. Вѣры (Труксъ) (1942).

ряд.: Іак. (зач. 51) **1**, 19-27: Марк. (зач. 39) **9**, 10-16.

Пятница
19/1 я. Муч. Вонифатія Тарсійскаго (290). Прав. Аглаиды Римскія (ок. 308). Прав. Сусанны цѣломудренныя (VI в. до Р.Х.). Муч. Немезія Александрійскаго (250). Мучцц. Меурисы и Ѳеи (III). Мучч. Иліи, Прова и Ариса (308). Мучч. Поліевкта Кесаріи Кападокійскія, и Тимоѳея (309). Свят. Григорія, еп. Омиритскаго (ок. 552). Преп. Вонифатія милостиваго, еп. Ферентійскаго (VI). Препп. Георгія и Саввы Хахульскихъ (XI). Преп. Иліи Муромца, Печерскаго чуд. (1188). Преп. Амфилохія Почаевскаго (1971). Муч. Трифона пресв.

Начало года по новому стилю.

ряд.: Іак. (зач. 52) **2**, 1-13: Марк. (зач. 41) **9**, 33-41.

подъ зач.: Кол. (зач. 249 отъ полу) **1**, 3-6: Лук. (зач. 74) **14**, 1-11.

Суббота
20/2 *Суббота предъ Рождествомъ Христовымъ.*
Предпразднство Рождества Христова. Священномуч. Игнатія Богоносца (107). **Прав. Іоанна Кронштадтскаго (1908).** Прав. Есѳири (V в. до Р.Х.). Свят. Филогонія, еп. Антіохійскаго (323). Свят. Даніила, архіеп. Сербскаго (1338). Преп. Игнатія, архим. Печерскаго (1435). Муч. Іоанна отрока Ѳасосскаго (1652). Свят. Антонія, архіеп. Воронежскаго и Задонскаго (1846). Священномуч. Николая (Чернышева) присв. и дочери его, мучц. Варвары (Чернышевой) (1918). Иконъ Божіей Матери «Новодворскія» и «Лѣньковскія» именуемой «Спасительница утопающихъ».

Утр.: Лук. (зач. 24) **6**, 17-23.

Суббота предъ Рождествомъ: Гал. (зач. 205) **3**, 8-12: Лук. (зач. 72) **13**, 18-29.

Священномуч.: Евр. (зач. 311) **4**, 14 — **5**, 6: Марк. (зач. 41) **9**, 32-41

Святаго: 1 Іоан. (зач. 73 отъ полу) **4**, 7-11: Лук. (зач. 26) **6**, 31-36.

Декабрь

Воскресеніе
21/3 **Недѣля 31-я по Пятидесятницѣ,** *она же предъ Рождествомъ Христовымъ. Свв. Отецъ.* **Гласъ 6-й.**
Предпразднство Рождества Христова. Мучц. Іуліаніи дѣвы и съ нею 630 мучч. Никодимійскихъ (304). **Свят. Петра Московскаго, митр. Кіевскаго (1326).** Муч. Ѳемистоклія Мѵръ Ликійскаго (251). Преп. Макарія Хахульскаго (1034). Прав. Іуліаніи Вяземскія (1406). Блаж. Прокопія Вятскаго, Христа ради юрод. (1627). Свят. Антонія II, католикоса Грузинскаго (1827). Свят. Филарета, въ схимѣ Ѳеодосія, митр. Кіевскаго (1857). Священномуч. Михаила (Кисилева) пресв. (1918). Священномуч. Сергія (Цвѣткова) діакона (1937). Священномуч. Никиты, еп. Бѣлевскаго (1938). Священномуч. Леонтія (Строцюка) діакона (1940).

На веч.: 1) Быт. **14,** 14-20. 2) Втор. **1,** 8-11, 15-17. 3) Втор. **10,** 14-21.

Утр.: Еван. 9-е: Іоан. (зач. 65) **20,** 19-31.

Нед. свв. Отецъ: Евр. (зач. 328) **11,** 9-10,17-23, 32-40: Матѳ. (зач. 1) **1,** 1-25.

Свят.: Евр. (зач. 318) **7,** 26 — **8,** 2: Лук. (зач. 24) **6,** 17-23.

Понедѣльникъ
22/4 **Седмица 32-я по Пятидесятницѣ.** *Предпразднство Рождества Христова.* Великомучц. Анастасіи Узорѣшительницы и Хрисогона, учителя ея, Ѳеодотіи, Евода, Евтихіана и прочихъ, съ нею пострадавшихъ (ок. 304). Прав. Александра, пресв. Чагринскаго (1900). Священномучч. Димитрія (Киранова) и Ѳеодора (Поройкова) пресв. (1938). Прав. Бориса (Талантова) исп. (1971).

Евангельскія чтенія 31-й седмицы.
ряд.: Іак. (зач. 53) **2,** 14-26: Марк. (зач. 42) **9,** 42 — **10,** 1.
Мучц.: Гал. (зач. 208) **3,** 23-29: Лук. (зач. 33) **7,** 36-50.

Вторникъ
23/5 *Предпразднство Рождества Христова.* 10-ти мучч. Критскихъ: Ѳеодула, Саторнина, Евпора, Геласія, Евникіана, Зотика, Помпія, Агаѳопуса, Василида и Евареста (ок. 250). Преп. Нифонта, еп. Кипрскаго (IV). Преп. Павла, еп. Неокесарійскаго (IV). Св. Давида Эчміадзинскаго (703). Св. Наума, просвѣтителя болгаръ (910). Свят. Ѳеоктиста, архіеп. Новгородскаго (1310). Священномуч. Павла, еп. Старобѣльскаго (1931). Священномуч. Василія (Спасскаго) пресв., пре-

подобномучч. Макарія (Миронова) и Іоны (Смирнова) (1938).
ряд.: Іак. (зач. 54) **3**, 1-10: Марк. (зач. 43) **10**, 2-12.
Мучч.: Ефес. (зач. 233) **6**, 10-17: Лук. (зач. 106) **21**, 12-19.

Среда
24/6 *Навечеріе Рождества Христова (Сочельникъ).*
Преподобномуч. Евгеніи Римскія и съ нею: мучч. Филиппа, Клавдіи, Прота, Іакинѳа и Василлы (ок. 262). Преп. Витимія Скитскаго (IV). Преп. Афродисія Палестинскаго (VI). Преп. Антіоха, Палестинскаго (ок. 635). Преп. Николая монаха, Болгарскаго (IX). Муч. Ахмеда краснописца Константинопольскаго (1682). Преподобномуч. Иннокентія (Беды) (1928). Священномуч. Сергія (Мечева) пресв. (1942).
Царскіе часы: на 1-мъ часѣ: Мих. **5**, 2-4. Евр. (зач. 303) **1**, 1-12. Матѳ. (зач. 2) **1**, 18-25. На 3-мъ часѣ: Іерем. (Варух.) **3**, 36 — **4**, 4. Галат. (зач. 208) **3**, 23-29. Лук. (зач. 5) **2**, 1-20. На 6-мъ часѣ: Исаіи **7**, 10-16: **8**, 1-4, 8-10. Евр. (зач. 304) **1**, 10 — **2**, 3. Матѳ. (зач. 3) **2**, 1-12. На 9-мъ часѣ: Исаіи **9**, 6-7. Евр. (зач. 306) **2**, 11-18: Матѳ. (зач. 4) **2**, 13-23.
Вечерня съ Литургіей свят. Василія Великаго.
На веч.: 1) Быт. **1**, 1-13. 2) Числ. **24**, 2-9; 17-18. 3) Мих. **4**, 6-7: **5**, 2-4. 4) Исаіи **11**, 1-10. 5) Іерем. (Варух.) **3**, 36 — **4**, 4. 6) Дан. **2**, 31-36, 44-45. 7) Исаіи **9**, 6-7. 8) Исаіи **7**, 10-16: **8**, 1-4, 8-10. На Лит.: Евр. (зач. 303) **1**, 1-12: Лук. (зач. 5) **2**, 1-20.

Четвергъ
25/7 **Рождество Господна нашего Іисуса Христа.**
Поклоненіе свв. волхвовъ: Мелхіора, Гаспара и Валтасара. Воспоминаніе избавленія Церкви и Державы Россійскія отъ нашествія Галловъ и съ ними дванадесяти языкъ (1812).
Утр.: Матѳ. (зач. 2) **1**, 18-25.
Литургія свят. Іоанна Златоуста.
На лит.: Гал. (зач. 209) **4**, 4-7: Матѳ. (зач. 3) **2**, 1-12.

Пятница
26/8 **Второй день праздника Рождества Христова.** *Соборъ Пресвятыя Богородицы.* Священномуч. Евѳимія, еп. Сардійскаго (ок. 840). Свят. Архелая, еп. Касхарскаго (ок. 280). Свят. Зинона, еп. Маіумскаго (IV). Преп. Евареста Студійскаго (825). Преп. Константина Синадскаго (IX). Преп. Никодима Тисманскаго (1406). Священномуч. Констанція Русскаго (1743). Священномучч. Александра (Волкова) и Димитрія (Чистосердова) пресвв. (1918). Священномучч.

Декабрь

Михаила (Чельцова), Николая (Залесскаго), Николая (Тарбѣева) пресвв. и Михаила (Смирнова) діакона (1930). Священномуч. Леонида, еп. Марійскаго, Александра (Крылова) пресв., преподобномуч. Василія (Мазуренко), преподобномучц. Анѳисы (Сысоевой) и Макаріи (Сапрыкиной) (1937). Священномуч. Григорія (Сербаринова) пресв., преподобномуч. Исаакія II-го (Бобрикова) Оптинскаго, преподобномучц. Августы (Защукъ), Маріи (Лактіоновой) и мучц. Агриппины (Лѣсиной) (1938). Иконъ Божіей Матери «Киккскія» и «Помощь въ родахъ».

Богородицы: Евр. (зач. 306) **2**, 11-18: Матѳ. (зач. 4) **2**, 13-23.

Суббота
27/9 *Суббота по Рождествѣ Христовомъ*
Третій день праздника Рождества Христова.

Св. первомуч. и архидіакона Стефана (ок. 34). Свят. Максима, еп. Александрійскаго (282). Свят. Ѳеодора, архіеп. Константинопольскаго (686). Преп. Ѳеодора начертаннаго, брата Ѳеофана, творца канововъ (ок. 840). Преп. Луки Триглійскаго (X). Обрѣт. мощей преп. Ѳерапонта Бѣлозерскаго (1514). Свят. Варлаама, архіеп. Тобольскаго (1802). Преп. Вонифатія Кіевскаго (1871). Священномуч. Тихона, архіеп. Воронежскаго и 160 іереевъ съ нимъ убіенныхъ (1919). Мучц. Антонины (Брянскихъ) (1937).

Суббота по Рождествѣ: 1 Тим. (зач. 288) **6**, 11-16: Матѳ. (зач. 46 отъ полу) **12**, 15-21.

подъ зач.: 1 Сол. (зач. 273) **5**, 14-23: Лук. (зач. 81) **16**, 10-15.

Муч.: Дѣян. (зач. 17) **6**, 8 — **7**, 5, 47-60: Матѳ. (зач. 87) **21**, 33-42.

Воскресеніе
28/10 Недѣля 32-я по Пятидесятницѣ, *она же по Рождествѣ Христовомъ. Свв. Богоотецъ — прав. Іосифа Обручника (I), Давида царя (X в. до Р.Х.) и Іакова, брата Господня (I).*
Гласъ 7-й.

Мучч. дву тму, (20,000) въ Никомидіи сожженныхъ: Гликерія пресвитера, Зинона, Ѳеофила діакона, Дороѳея, Мардонія, Мигдонія діакона, Индиса, Горгонія, Петра, Евѳимія, Агаѳіи, Домны, Ѳеофилы и проч. (302). Ап. отъ 70-ти Никанора діакона (34). Преп. Вавилы скомороха Тарсійскаго (VII). Преп. Симона мѵроточиваго, Болгарскаго (1287). Преп. Игнатія Ломскаго (1591). Преп. Корнилія Крыпецкаго (1903). Священномучч. Никодима, еп. Бѣлгородскаго и Аркадія

(Решетникова) діакона (1918). Священномуч. Александра (Дагаева) пресв. (1920). Священномучч. Леонида (Викторова), Николая (Родіонова) и Өеоктиста (Хоперскова) пресвв. (1937). Священномучч. Ареөы (Насонова) и Александра (Цицеронова) пресвв. (1938).

Утр.: Еван. 10-е: Іоан. (зач. 66) **21,** 1-14.

Нед. по Рождествѣ: Гал. (зач. 200) **1,** 11-19: Матө. (зач. 4) **2,** 13-23.

Понедѣльникъ

29/11 Седмица 33-я по Пятидесятницѣ. 14,000 младенцевъ-мучениковъ, за Христа отъ Ирода въ Виөлеемѣ избіенныхъ (I). Прор. Наөана (X в. до Р.Х.). Свят. Трофима, еп. Арльскаго (III). Преп. Веніамина Нитрійскаго (392). Преп. Аөинодора, ученика Пахомія Великаго (IV). Преп. Маркелла, игумена обители неусыпающихъ (485). Преп. Эбрульфа Ушскаго (596). Преп. Өаддея Студійскаго исп. (818). Свят. Георгія, еп. Никомидійскаго (IX). Препп. Марка гробокопателя, Өеофила и Іоанна Печерскихъ (XI-XII). Преп. Өеофила Омучскаго (ок. 1412). Преп. Іова Тисмянскаго (1621). Преп. Василиска Сибрискаго (1824). Священномвчч. Павла (Аношкина) пресв. и Григорія (Смирнова) діакона (1918). Священномуч. Өеодосія (Бѣленькаго) пресв. (1938). Мучцц. Агриппины (Киселевой), Анны (Боровской), Анны (Поповой), Варвары (Деревягиной), Евдокіи (Гусевой), Евдокіи (Назиной), Евфросиніи (Денисовой), Матроны (Наволокиной), Наталіи (Васильевой), Наталіи (Силуяновой) и Наталіи (Сундуковой) (1942). Преп. Лаврентія Черниговскаго (1950). Преп. Ливанія Египетскаго.

Евангельскія чтенія 32-й седмицы.

рядъ: 1 Пет. (зач. 59) **2,** 21— **3,** 9: Марк. (зач. 48) **10,** 46-52.

Мучч.: 2 Кор. (зач. 180) **5,** 15-21: Матө. (зач. 4) **2,** 13-23.

Вторникъ

30/12 Мучц. Анисіи Солунскія (298). Муч. Зотика пресвитера, сиропитателя (ок. 340). Ап. отъ 70-ти Тимона діакона (I). Муч. Филетера Никомидійскаго и иже съ нимъ (311). Мучч. Павлина, Вира, Омврія (Умврія), Севира, Каллистрата, Флорентія, Аріана, Анөимія, Уврикія, Исидора, Евкула, Сампсона, Студія и Өеспесія (ок. 362). Свят. Эгвина, еп. Вустерскаго (717). Преп. Өеодоры Кесарійскія (755). Преп.

Декабрь

Ѳеодоры Царьградскія (940). Обрѣт. мощей преп. Даніила Переяславскаго (1652). Свят. Макарія, митр. Московскаго (1563). Преподобномуч. Гедеона Аѳонскаго (1818). Мучч. Маріи Даниловой (1946).

рядъ: 1 Пет. (зач. 60) **3,** 10-22: Марк. (зач. 50) **11,** 11-23.

Среда 31/13 *Отданіе Рождества Христова.* Преп. Меланіи Римляныни (439). Прав. Авгаря, царя Едесскаго (I). Свят. Анисія, еп. Солунскаго (ок. 406). Преп. Геласія Палестинскаго (V). Преп. Сабіаны игум. Самцхетскія (XI). Блаж. Ѳеофилакта Болгарскаго, архіеп. Охридскаго (ок. 1126). Свят. Петра (Могилы), митр. Кіевскаго (1646). Священномуч. Михаила (Берзина) пресв. и муч. Петра (Троицкаго), псаломщика (1938). Свят. Досиѳея исп., митр. Загребскаго (1945). Прославленіе преп. Паисія Святогорца (2015). Преп. Гаія монаха. Мучч. 10-ти дѣвъ Никомидійскихъ.

рядъ: 1 Пет. (зач. 61) **4,** 1-11: Марк. (зач. 51) **11,** 23-26.

подъ зач.: 1 Пет. (зач. 62) **4,** 12 — **5,** 5: Марк. (зач. 52) **11,** 27-33.

Конецъ Мѣсяцеслова на 2026 годъ и Богу нашему слава.

Исполняется 150 лѣтъ со дня рожденія архіепископа Симона (Виноградова) (1876 г.)

16 февраля/1 марта исполняется 100 лѣтъ со дня кончины святителя Макарія (Невскаго), митрополита Московскаго (1926 г.)

ТVПИКОНЪ
СІЕСТЬ
ЦЕРКОВНЫЙ УСТАВЪ
на 2026-й годъ

I. ЯНВАРЬ

1-го ЯНВАРЯ. Среда. **Обрѣзаніе Господне. Память святителя Василія Великаго.** Новый Русскій годъ. *Творимъ бдѣніе.*

На великой вечерни Іерей облачившись въ епитрахиль, поручи и фелонь, открываетъ царскія врата, кадитъ (съ діакономъ) святый престолъ и алтарь. Діаконъ, ставъ предъ царскими вратами, возглашаетъ — Возстаните, Господи благослови. Іерей, творя кадиломъ знаменіе креста, возглашаетъ — Слава Святѣй: и поетъ — Пріидите, поклонимся: и совершаетъ кажденіе всего храма, при пѣніи на клиросѣ 103-го псалма — Благослови, душе моя, Господа: Послѣ кажденія царскія врата закрываются и іерей снимаетъ фелонь. Вышедши, іерей читаетъ предъ ними свѣтильничныя молитвы. Ектенія мирная. — Блаженъ мужъ: 1-й антифонъ. Ектенія малая. На — Господи воззвахъ: во гласъ 8-й, стихиры на 8: праздника Обрѣзанія — Сходяй Спасъ: 4 и свят. Василія Великаго — Иже тезоименитнѣ: 4; Слава: свят. Василія — Премудрости рачитель: И нынѣ: праздника — Сходяй Спасъ: Входъ. — Свѣте Тихій: Прокименъ — Милость Твоя, Господи: Пареміи 3[1]). — Рцемъ вси: — Сподоби, Господи: — Исполнимъ вечернюю: На литіи 1-я стихира храма (на литіи), также стихиры свят. Василія — Христа вселивъ: Слава: святителя — Изліяся благодать: И нынѣ: праздника — Сходяй Спасъ: (писана на — Господи воззвахъ). Служащіе исходятъ въ притворъ. Кажденіе иконъ и молящихся. Литійная ектенія — Спаси, Боже: молитва — Владыко многомилостиве: На стиховнѣ стихиры святителя — О божественная: Слава: святителя — Благодать чудесъ: И нынѣ: праздника — Не устыдѣся всеблагій Богъ: — Нынѣ отпущаеши: Трисвятое: По — Отче нашъ: Тропарь святителя — Во всю землю: 2-жды, и праздника — На престолѣ: 1-жды. Въ сіе время діаконъ или іерей кадитъ 3-жды вокругъ стола, на немже 5 хлѣбовъ, пшеница, вино и елей. Молитва на благословеніе хлѣбовъ — Господи Іисусе Христе, Боже нашъ: Поемъ — Буди имя Господне: 3-жды. Псаломъ 33-й — Благословлю Господа: до

---

1) Указаніе главъ и стиховъ чтеній на вечернѣ (пареміи) смотри въ Мѣсяцесловѣ.

— не лишатся всякаго блага. Іерей — Благословеніе Господне: Ликъ — Аминь. И чтецъ начинаетъ шестопсалміе.

На утрени великая ектенія. На — Богъ Господь: тропарь праздника — На престолѣ 2-жды; Слава: святителя Василія; И нынѣ: праздника. По каѳизмахъ 10-ой и 11-ой малая ектенія. По каѳизмахъ сѣдальны святителя и праздника. Поліелей: псаломъ 134-й — Хвалите имя Господне: и псаломъ 135-й — Исповѣдайтеся Господеви: Величаніе святителя — **Величаемъ тя, святителю отче Василіе, и чтемъ святую память твою, ты бо молиши за насъ Христа Бога нашего.** Псаломъ избранный — Услышите сія вси языцы, внушите вси живущіи по вселеннѣй: Кажденіе храма. Малая ектенія. Сѣдальны святителя — Силою словесъ: Слава: святителя — Благодать словесъ: И нынѣ: праздника — Всяческихъ Владыка: Степенна, первый антифонъ 4-го гласа — Отъ юности моея: Прокименъ святителя — Уста моя возглаголютъ премудрость, и поученіе сердца моего разумъ. — Всякое дыханіе: Евангеліе отъ Іоанна зач. 36-е. Псаломъ 50-й; Слава: — Молитвами святителя Василія: И нынѣ: — Молитвами Богородицы: — Помилуй мя Боже: святителя — Изліяся благодать: Діаконъ или іерей — Спаси Боже: — Господи помилуй 12 разъ; по возгласѣ — Аминь. Каноны: праздника на 6 (припѣвъ — Слава Тебѣ, Боже нашъ, слава Тебѣ) и святителя на 8 (припѣвъ — Святителю отче Василіе, моли Бога о насъ). Ирмосы — Грядите людіе: Катавасія Богоявленія — Глубины открылъ есть дно:[2] и — Шествуетъ морскую: По 3-й пѣсни малая ектенія. Кондакъ праздника — Всѣхъ Господь: сѣдаленъ святителя — Премудрости слова: Слава, и нынѣ: праздника — Яко сый: по 6-й малая ектенія. Кондакъ святителя — Явился еси: и икосъ. На 9-й пѣсни *не поемъ* — Честнѣйшую: (— Величитъ душа моя Господа:) но припѣвы — **Величай душе моя, по закону плотію обрѣзавшагося Господа;** и прочія. По 9-й пѣсни малая ектенія. Свѣтиленъ святителя — Любомудрія желаніемъ: 2-жды; Слава, и нынѣ: праздника — Плотію обрѣзуется: Поемъ — Всякое дыханіе: во гл. 5-й. Читаемъ хвалитные псалмы — Хвалите Его, солнце и луна: до *на 6* — Сотворити въ нихъ судъ написанъ: На хвалитехъ стихиры на 6: праздника — Терпитъ обрѣзаніе: 2 и святителя — По благодати: 4; Слава: святителя — Изліяся благодать: И нынѣ: праздника — Сходяй Спасъ: Славословіе великое. Тропарь святителя; Слава, и нынѣ: праздника. Ектеніи и отпустъ праздника — **Иже во осмый день плотію обрѣзатися изволивый нашего ради спасенія, Христосъ истинный Богъ нашъ:** Часъ 1-й.

На часахъ тропарь праздника; Слава: святителя. Кондаки праздника и святителя поперемѣнно[3]).

На литургіи св. Василія Великаго блаженна на 8; отъ канона

---

2) Поется до отданія Богоявленія 14 января.
3) Если указаны на часахъ 2 кондака поперемѣнно, то слѣдуетъ кондакъ, положенный послѣ 3-й пѣсни канона читать на 1-мъ часѣ (въ концѣ бдѣнія) и на 6-мъ, а кондакъ пятый послѣ 6-й пѣсни канона, читать на часахъ 3-мъ и 9-мъ (предъ вечерней слѣдующаго дня).

Январь

праздника, пѣснь 3-я на 4 и отъ канона святителя, пѣснь 6-я на 4. По входѣ тропари праздника и святителя; Слава: кондакъ святителя; И нынѣ: праздника. Прокименъ праздника — Спаси, Господи, люди Твоя: и святителя — Уста моя возглаголютъ премудрость: Апостолъ къ Кол. зач. 254-е и ко Евр. зач. 318-е. Аллилуія во гл. 8-й[4], стихъ праздника — Пасый Израиля: и святителя стихъ — Уста праведнаго поучатся. Евангеліе праздника отъ Луки зач. 6-е и святителя отъ Луки зач. 24-е. Вмѣсто — Достойно есть: — О Тебѣ радуется, Благодатная: Причастенъ — Хвалите Господа: и — Въ память вѣчную: Отпустъ праздника — **Иже во осмый день плотію обрѣзатися изволивый нашего ради спасенія, Христосъ истинный Богъ нашъ:**

По литургіи — новогодній молебенъ. Нѣкоторые же совершаютъ его наканунѣ, послѣ бдѣнія въ полночь.

2-го ЯНВАРЯ. Четвергъ. *Предпразднство Богоявленія.* **Преподобнаго Серафима Саровскаго.**

Съ сего дня начинаются дни предпразднства Просвѣщенія. Вся служба по Минеи. На повечеріяхъ трипѣсньцы и каноны предпразднства.

На великой вечерни. Мирная ектенія — Блаженъ мужъ: На — Господи воззвахъ: во гласъ 4-й, стихиры на 8; предпразднства Просвѣщенія — Предпраздственныя пѣсни: 3 и преподобнаго — О преславное чудо: 5; Слава: преподобнаго — Пріидите, вѣрныхъ собори: И нынѣ: предпразднства — Грядетъ ко Іордану: Входъ. — Свѣте тихій: Прокименъ — Боже, во имя Твое: Чтенія преподобнаго 3. Рцѣмъ вси: — Сподоби, Господи: — Исполнимъ вечернюю: На литіи 1-я стихира храма (литійная), таже стихиры преп. Серафима — Кіими похвальными вѣнцы: Слава: преподобнаго — Радуйся днесь: И нынѣ: предпразднства — Іоаннѣ Крестителю: (стиховны утрени). На стиховнѣ стихиры предпразднства — Свѣтелъ убо мимошедшій: (Аще храмъ преп. Серафима, всѣ стихиры преподобнаго, только на — И нынѣ: предпразднства). Слава: преподобнаго — Преподобне отче Серафиме: И нынѣ: предпразднства — Пріидите вси вѣрніи, іудейскую страну оставивше: — Нынѣ отпущаеши: Трисвятое по Отче нашъ: тропарь на благословеніе хлѣбовъ преподобнаго — Отъ юности Христа возлюбилъ еси, блаженне: 2-жды и тропарь предпразднства — Готовися Завулоне: 1-жды. Молитва на благословеніе хлѣбовъ. — Буди имя Господне: Псаломъ 33-й — Благословлю Господа: до — не лишатся всякаго блага. Іерей: — Благословеніе Господне: Ликъ: — Аминь. И чтецъ начинаетъ шестопсалміе.

На утрени на — Богъ Господь: во гласъ 4-й, тропарь предпразднства 2-жды; Слава: преподобнаго; И нынѣ: предпразднства. Каѳизмы 13-я и 14-я. По каѳизмахъ сѣдальны преподобнаго; Слава, и нынѣ: предпразднства. Поліелей и величаніе — **Ублажаемъ тя, преподобне**

---
4) Гласъ Аллилуіа приводится по Апостолу.

отче Серафиме, и чтемъ святую память твою, наставниче монаховъ и собесѣдниче ангеловъ.** Псаломъ избранный — Терпя потерпѣхъ Господа, и внятъ ми, и услыша молитву мою. По поліелей сѣдаленъ преподобнаго — Просія добродѣтельное: Слава, и нынѣ: предпразднства — Одѣявся въ мою: таже степенна, первый антифонъ 4-го гласа — Отъ юности моея: Прокименъ гласъ 4-й — Честна предъ Господемъ смерть преподобныхъ Его. Евангеліе отъ Матѳея зач. 43-е. Псаломъ 50-й; Слава: — Молитвами преподобнаго Серафима: И нынѣ: — Молитвами Богородицы: — Помилуй мя Боже: и стихира преподобнаго — Днесь, вѣрніи, духовно торжествующе: — Спаси Боже, люди Твоя: и возгласъ — Милостію и щедротами: Каноны: предпразднства на 6 (припѣвъ — Слава Тебѣ, Боже нашъ, слава Тебѣ) и два канона преподобнаго на 8 (припѣвъ — Преподобне отче Серафиме, моли Бога о насъ). Ирмосы — Непроходимое волнящееся море: Катавасія — Глубины открылъ есть дно: По 3-й пѣсни кондакъ предпразднства — Во струяхъ: и икосъ его; сѣдаленъ преподобнаго — Житейское море: Слава и нынѣ: предпразднства — Невидимый Боже: по 6-й кондакъ преподобнаго — Міра красоту: и икосъ; На 9-й пѣсни поемъ — Честнѣйшую: (— Величитъ душа моя Господа:). Свѣтиленъ предпразднства — Гласъ вопіющаго: Слава: преподобнаго — Пріидите, вси вѣрніи: И нынѣ: предпразднства — Како струи: На хвалитехъ, во гласъ 6-й, стихиры на 8; предпразднства — Ангельскія предъидите: 4 и преподобнаго — Приспѣ всечестный: 4, съ припѣвами ихъ — Честна предъ Господемъ: и — Блаженъ мужъ бояйся Господа: (писаны на стиховны вечерни); Слава: — Пріидите иноковъ собори: И нынѣ: предпразднства — Вся земля тайно да радуется: Славословіе великое. Тропарь преподобнаго; Слава, и нынѣ: предпразднства. Ектеніи и отпустъ обычный. Часъ 1-й.

На часахъ тропарь предпразднства, Слава: преподобнаго. Кондаки предпразднства и преподобнаго поперемѣнно.

На литургіи блаженна на 8; отъ канона предпразднства, пѣснь 3-я на 4 и преподобнаго, пѣснь 6-я на 4. По входѣ тропари предпразднства, храма Богородицы (аще есть) и преподобнаго. Кондаки предпразднства; Слава: преподобнаго; И нынѣ: храма Богородицы. Если же храмъ Господскій или святаго, то на — И нынѣ: кондакъ предпразднства. Прокименъ — Честна предъ Господемъ смерть преподобныхъ Его. Апостолъ къ Гал. зач. 213-е. Аллилуіа во гл. 6-й. Евангеліе отъ Луки зач. 24-е. Причастенъ — Въ память вѣчную: Отпустъ обычный.

УСТАВЪ О ТРОПАРЯХЪ И КОНДАКАХЪ НА ЛИТУРГІИ ПО ВХОДѢ
(Кромѣ предпразднства или попразднства.)

№ 1) Аще случится въ недѣлю святый, имущій бдѣніе:
По входѣ тропарь воскресенъ и храма Богородицы, идѣже храмъ

Январь

Ея; и святаго. Кондакъ воскресенъ; Слава: святаго; И нынѣ: храма Богородицы. А идѣже нѣсть храма Богородицы, а храмъ Христовъ; И нынѣ: кондакъ воскресенъ; тропарь же и кондакъ храма Христова въ сія дни не глаголются. А идѣже нѣсть храма Христова и Богородицы; И нынѣ: кондакъ — Предстательство христіанъ: Тропари же и кондаки храмомъ святыхъ въ сія дни не глаголются.

№ 2) Аще случится въ недѣлю служба святому простая, шестеричная, славословная или поліелейная:

По входѣ глаголемъ тропарь воскресенъ, и храма Богородицы, или храма святаго, и святаго рядоваго, глаголемъ же и другій тропарь, аще есть. Таже кондакъ воскресенъ и храма святаго; Слава: святаго радоваго; И нынѣ: храма Богородицы. Аще ли другій святый, имѣяй кондакъ, Слава: кондакъ другаго святаго; И нынѣ: храма Богородицы. А идѣже нѣсть храма Богородицы, а храмъ Христовъ; И нынѣ: кондакъ воскресенъ. А идѣже нѣсть храма Христова и Богородицы — И нынѣ: кондакъ — Предстательство христіанъ:

№ 3) Аще случится бдѣніе святому въ седмичный день, кромѣ недѣли.

По входѣ тропарь храма Христова, или Богородицы, и святаго бдѣннаго. Посемъ, Слава: кондакъ святаго бдѣннаго; И нынѣ: кондакъ храма Христова или храма Богородицы. Аще же храма Христова и Богородицы нѣсть, глаголемъ прежде тропарь бдѣннаго святаго; Слава: кондакъ его; И нынѣ: — Предстательство христіанъ: Храма же святаго на литургіи по входѣ, егда бдѣніе святаго бываетъ, тропаря и кондака не глаголемъ никогда.

3-го ЯНВАРЯ. Пятница. Пророка Малахіи. Св. мученикъ Гордія. Ввиду того, что навечеріе Богоявленія приходится въ воскресеіе, раннѣе, въ эту пятницу, совершаются Царскіе часы, *а литургія вовсе не совершается.*

Послѣдованіе часовъ, пѣваемыхъ въ навечеріи Просвѣщенія (Царскіе часы).

Около 8 ч. утра (по церковному счету въ 2 часа) іерей въ фелони царскими вратами износитъ святое Евангеліе, полагаетъ его на аналогіи посреди церкви и начинаетъ — Благословенъ Богъ нашъ: Чтецъ — Аминь. Слава Тебѣ, Боже нашъ, слава Тебѣ. — Царю Небесный: Трисвятое, по — Отче нашъ: — Господи, помилуй (12), Слава, и нынѣ: — Пріидите, поклонимся: и псалмы. На каждомъ часѣ два особыхъ псалма и одинъ изъ читаемыхъ обычно. На псалмахъ кажденіе, начинаемое отъ аналоя съ Евангеліемъ (на 1-мъ часѣ священникъ творитъ полное кажденіе, т. е. алтаря и всего храма; на 3-мъ и 6-мъ діаконъ творитъ малое, на 9-мъ священникъ творитъ полное). На часахъ тропарь предпразднства — Возвращашеся иногда: Затѣмъ на каждомъ часѣ, послѣ его богородична, поются особыя стихиры (тропари со стихами);

— Вонмемъ. Прокименъ и паремія. Апостолъ. По чтеніи апостола, іерей — Миръ ти; чтецъ — И духови твоему; діаконъ — Премудрость, прости услышимъ святаго Евангелія; іерей — Миръ всѣмъ; поемъ — И духови твоему; іерей — Отъ Матѳея святаго Евангелія чтеніе; поемъ — Слава Тебѣ, Господи, слава Тебѣ; діаконъ — Вонмемъ. Евангеліе. И продолжается чтеніе часа, т. е. на 1-мъ — Стопы моя направи: на 3-мъ — Господь Богъ благословенъ: и т.д. На 9-мъ часѣ послѣдняя стихира — Руку твою, прикоснувшуюся пречистому верху Владычню: сперва торжественно прочитывается, и при послѣднихъ ея словахъ іерей, чтецъ и молящіеся полагаютъ три поясныхъ поклона. Затѣмъ послѣ многолѣтствованій (гдѣ они возглашаются), или сразу по трехъ поклонахъ — Слава, и нынѣ: и поется та же стихира, гласъ 5-й — Руку твою: Святое Евангеліе, по прочтеніи его на 9-мъ часѣ, относится въ алтарь. Тогда царскія врата закрываются, іерей снимаетъ фелонь. По молитвѣ 9-го часа псалмы — Благослови, душе моя, Господа: и — Хвали, душе моя: и прочее изобразительныхъ. По — Ликъ святыхъ ангелъ: На — И нынѣ: читается — Вѣрую: — Ослаби, остави: — Отче нашъ: кондакъ — Во струяхъ днесь: — Господи, помилуй (40 разъ). — Всесвятая Троице: — Буди имя Господня: 3-жды; Слава, и нынѣ: Псаломъ 33 й Благославлю Господа на всякое время: (до конца). Іерей — Премудрость: и поемъ — Достойно есть, яко воистину, блажити Тя Богородицу, присноблаженную и пренепорочную и Матерь Бога нашего. (И творимъ поясной поклонъ.) Іерей — Пресвятая Богородице, спаси насъ; и поемъ — Честнѣйшую херувимъ: іерей — Слава Тебѣ, Христе Боже: и поемъ — Слава, и нынѣ: Господи помилуй (трижды) — Благослови. Іерей малый отпустъ.

Божественной литургіи нѣтъ.

4-го ЯНВАРЯ. *Суббота предъ Просвѣщеніемъ. Предпразднство Богоявленія. Соборъ 70-ти апостоловъ.*

На литургіи блаженна отъ канона предпразднства пѣснь 3-я на 4 и апостоловъ, пѣснь 6-я на 4. По входѣ тропарь предпразднства, святаго храма, апостоловъ; кондаки храма святаго; Слава: апостоловъ; И нынѣ: предпразнства. Прокименъ дня — Веселитеся о Господѣ: и апостоловъ — Во всю землю: Апостолъ къ Тим. зач. 284-е и къ Рим. зач. 96-е отъ полу. Аллилуіа во гл. 4-й и 1-й. Евангеліе отъ отъ Матѳ. зач. 5-е, отъ Лук. зач. 88-е и отъ Лук. зач. 50-е. Причастенъ — Радуйтеся праведніи: и — Во всю землю: Отпустъ праздника.

5-го ЯНВАРЯ. **Недѣля 32-я по Пятидесятницѣ,** *она же предъ Просвѣщеніемъ. Гласъ. 7-й. Навечеріе Просвѣщенія. Свв. мучч. Ѳеопемпта и Ѳеоны. Преп. Синклитикіи.*

(Службу преп. Синклитикіи поемъ на повечеріи.)

На великой вечерни — Блаженъ мужъ: На — Господи воззвахъ: стихиры на 10; Октоиха 4, предпразднства — Земля и наземная: 3

(писаны на стиховнѣ) и мучениковъ — Ѳеону и Ѳеопемпта мудрыя: 3; Слава: предпразднства — Готовися, Іордане: И нынѣ: догматикъ — Мати убо позналася еси: Входъ. — Свѣте тихій: Прокименъ — Господь воцарися: На стиховнѣ стихиры Октоиха; Слава, и нынѣ: праздника — Да возрадуется пустыня: По — Нынѣ отпущаеши: — Богородице Дѣво: 2-жды и тропарь предпразднства — Возвращашеся иногда: 1-жды.

На утрени на — Богъ Господь: тропарь воскресенъ 2-жды; Слава, и нынѣ; предпразднства — Возвращашеся иногда Іорданъ: По каѳизмахъ сѣдальны Октоиха. — Ангельскій соборъ: Vпакои, степенна и прокименъ гласа. Евангеліе воскресное 10-е, отъ Іоанна зач. 66-е. — Воскресеніе Христово: Псаломъ 50-й; Слава: — Молитвами апостоловъ: И нынѣ: — Молитвами Богородицы: — Помилуй мя Боже: — Воскресъ Іисусъ отъ гроба: — Спаси, Боже люди Твоя: Каноны: воскресенъ на 4 (припѣвъ — Слава, Господи, святому Воскресенію Твоему), Богородицы на 2 (припѣвъ — Пресвятая Богородице, спаси насъ), предпразднства на 4 (припѣвъ — Слава Тебѣ, Боже нашъ, слава Тебѣ) и мучениковъ на 4 (припѣвъ — Святіи мученицы Ѳеопемпте и Ѳеоно, молите Бога о насъ), Ирмосы — Маніемъ Твоимъ: Катавасія — Глубины открылъ есть дно: По 3-й пѣсни кондакъ предпразднства — Во струяхъ днесь: и икосъ; сѣдаленъ мучениковъ — Ѳеопемптъ явися: Слава, и нынѣ: предпразднства — Великій дождь: по 6-й кондакъ воскресный и икосъ. На 9-й пѣсни — Честнѣйшую: — Святъ Господь Богъ нашъ. Свѣтиленъ воскресенъ 10-й — Тиверіадское море: Слава: предпразднства — Яко видѣ: И нынѣ: предпразднства — Изъ Дѣвы возсіявый: На хвалитехъ стихиры на 8; Октоиха 4 и предпразднства — Се Царь: со славнымъ — Іоанне Крестителю, во утробѣ: (стиховны утрени) 4; съ припѣвами ихъ — Сего ради помянухъ Тя: и — Видѣша Тя воды, Боже: Слава: стихира евангельская 10-я — По еже во адъ сошествіи: И нынѣ: — Преблагословенна еси: Славословіе великое. Тропарь — Днесь спасеніе: Ектеніи и отпустъ воскресенъ. Часъ 1-й.

На часахъ тропарь воскресный; Слава: предпразднства. Кондаки предпразднства и воскресный поперемѣнно.

На литургіи св. Іоанна Златоуста блаженна на 10, гласа на 6 и отъ канона предпразднства пѣснь 3-я на 4. По входѣ тропари воскресенъ, предпразднства, храма Богородицы или храма святаго; *въ храмъ Христовомъ;* кондакъ воскресенъ; Слава, и нынѣ: предпразднства; *въ храмъ Богородицы:* кондаки воскресенъ; Слава: предпразднства; И нынѣ: храма; *въ храмъ святаго:* кондаки воскресенъ; Слава: храма; И нынѣ: предпразднства. Прокименъ (нед. предъ Просвѣщеніемъ) — Спаси, Господи, люди Твоя: Апостолъ къ Тим. зач. 298-е отъ полу. Аллилуіа во гл. 6-й. Евангеліе отъ Марка зач. 1-е. Причастенъ — Хвалите Господа: Отпустъ воскресный.

ЗРИ: Въ навечеріе Богоявленія всегда бываетъ строгій постъ; пища съ постнымъ масломъ, но безъ рыбы, вкушается уже послѣ

совершенной днемъ вечерни. **Но если сочельникъ приходится въ субботу или въ воскресеніе, какъ въ настоящемъ году, то послѣ литургіи, совершаемой въ такомъ случаѣ не съ вечерней, а утромъ въ обычное время, — разрѣшается вкушать до вечерни хлѣбъ и немного вина, "точію да не наречется постъ", то-есть только для того, чтобы отмѣтить, что это суббота или воскресеніе — дни, въ которые постъ по уставу всегда облегчается.**

Часъ 9-й.

Великая вечерня въ 11-й (по-церковному въ 5-й) часъ дня. — Благословенъ Богъ нашъ: Ликъ — Аминь. Чтецъ — Слава Тебѣ, Боже нашъ, слава Тебѣ. — Царю небесный: Трисвятое, по Отче нашъ: По возгласѣ — Пріидите поклонимся: и псаломъ предначинательный 103-й. Ектенія великая. — Блаженъ мужъ: 1 антифонъ. На — Господи воззвахъ: во гласъ 2-й, стихиры праздника на 8 — Просвѣтителя нашего: Слава, и нынѣ: — Приклонилъ еси главу: Входъ съ Евангеліемъ. — Свѣте тихій: Прокименъ — Се нынѣ благословите: Чтеніе 13-ти паремій. Послѣ 3-й пареміи царскія врата отверзаются и возглашаетъ чтецъ тропарь — Явился еси: со стихами, а пѣвчіе поютъ припѣвъ къ каждому стиху. Въ концѣ чтецъ поетъ той же припѣвъ, и затворяются царскія врата. Чтется паремія 4-я и прочее. Во всемъ подобно бываетъ и по 6-й пареміи, когда возглашается тропарь — Грѣшникомъ и мытаремъ: По 13-мъ чтеніи царскія врата отверзаются. Ектенія малая и возгласъ — Яко святъ еси: Діаконъ — Вонмемъ; іерей — Миръ всѣмъ: Чтецъ — И духови твоему; Прокименъ гласъ 3-й — Господь просвѣщеніе мое: Апостолъ къ Кор. зач. 143-е (— Братіе, свободенъ сый: конецъ — ... камень же бѣ Христосъ.). Аллилуіа во гл. 6-й. Евангеліе отъ Луки зач. 9-е. Ектенія — Рцемъ вси: — Сподоби Господи: Исполнимъ вечернюю: по возгласѣ — Буди держава: поемъ стихиры, гл. 8-й — Гласъ Господень на водахъ: и исходимъ съ зажженными свѣчами въ притворъ, или гдѣ бываетъ *великое освященіе воды*, какъ положено на ряду въ Минеи или въ Требникѣ. По возвращеніи поемъ — Слава, и нынѣ: и стихира, гласъ 6-й — Воспоимъ вѣрніи: Діаконъ — Премудрость. Ликъ — Благослови. Іерей — Сый благословенъ: и прочее обычно и отпустъ праздника — **Иже во Іорданѣ креститися изволивый отъ Іоанна нашего ради спасенія, Христосъ истинный Богъ нашъ:**

По отпустѣ же зажигается свѣча на подсвѣчникѣ и поставляется посреди церкви, и пѣвчіе, сойдя на средину, поютъ велегласно тропарь праздника — Во Іорданѣ: Слава, и нынѣ: кондакъ — Явился еси: и многолѣтствіе.

И причащаемся святой богоявленской воды. Іерей же обходитъ со святой водой и освящаетъ дома вѣрныхъ.

6-го ЯНВАРЯ. Понедѣльникъ. СВЯТОЕ БОГОЯВЛЕНІЕ ГОСПОДА И СПАСА НАШЕГО ІИСУСА ХРИСТА.

Бдѣніе начинается *повечеріемъ великимъ* съ литіей. Іерей въ

Январь

фелони возглашаетъ — Благословенъ Богъ нашъ: и кадитъ всю церковь. Поемъ — Аминь. И повечеріе великое по ряду съ пѣніемъ — Съ нами Богъ: (Царскія врата открываются на пѣніе — Съ нами Богъ: и на пѣніе тропаря и кондака). По первомъ трисвятомъ (вмѣсто — Просвѣти очи:), тропарь — Во Іорданѣ: а по второмъ (вмѣсто — Помилуй насъ:), кондакъ — Явился еси: По — Слава въ вышнихъ Богу: исходимъ на литію. Стихиры праздника — Одѣваяйся свѣтомъ: Слава: праздника — Господи, исполнити хотя: И нынѣ: праздника — Днесь тварь просвѣщается: Ектенія — Спаси, Боже, люди Твоя: На стиховнѣ стихиры — На Іорданстѣй рѣцѣ: Слава, и нынѣ: — Еже отъ Дѣвы: По — Нынѣ отпущаеши: на благословеніи хлѣбовъ тропарь праздника — Во Іорданѣ: 3-жды. — Буди имя Господне: 3-жды. Псаломъ 33-й до — не лишатся всякаго блага. Іерей — Благословеніе Господне на васъ: и чтется шестопсалміе.

На утрени на — Богъ Господь: во гл. 1-й, тропарь — Во Іорданѣ: 2-жды; Слава, и нынѣ: тойже. По каѳизмахъ сѣдальны праздника. Полієлей и величаніе праздника — **Величаемъ Тя, Живодавче Христе, насъ ради нынѣ плотію крестившагося отъ Іоанна въ водахъ Іорданскихъ.** Псаломъ избранный — Боже, ущедри ны и благослови ны, просвѣти лице Твое на ны, и помилуй ны. Ектенія малая; сѣдаленъ по поліелеи — Пріидите увидимъ: Таже — Отъ юности моея: Прокименъ праздника — Море видѣ и побѣже, Іорданъ возвратися вспять. Евангеліе отъ Марка зач. 2-е. Псаломъ 50-й. Слава: гл. 2-й — Всяческая днесь: И нынѣ: тойже; — Помилуй мя, Боже: и стихира, гласъ 6-й — Богъ Слово явися: — Спаси, Боже, люди Твоя: Каноны два праздника, ирмосы по 2-жды, тропари на 12 (припѣвъ — Слава Тебѣ, Боже нашъ, слава Тебѣ). Ирмосы — Глубины открылъ есть дно: и — Шествуетъ морскую: Катавасія — тѣ же ирмосы. По 3-й пѣсни ѵпакои — Егда явленіемъ: по 6-й кондакъ праздника — Явился еси: и икосъ. На 9-й пѣсни *не поемъ* — Честнѣйшую: но припѣвы праздника — **Величай, душе моя, честнѣйшую горнихъ воинствъ, Дѣву Пречистую Богородицу;** и прочіе. Свѣтиленъ — Явися Спасъ: 3-жды. На хвалитехъ, во гласъ 1-й, стихиры праздника — Свѣтъ отъ Свѣта: на 4; Слава: — Водами Іорданскими: И нынѣ: — Днесь Христосъ: Славословіе великое. Тропарь праздника. Ектеніи и отпустъ праздника — **Иже во Іорданѣ крестится изволивый отъ Іоанна нашего ради спасенія, Христосъ истинный Богъ нашъ:** Часъ 1-й.

На часахъ тропарь и кондакъ праздника.

Литургія свят. Василія Великаго бываетъ по рану, труда ради бдѣннаго. На ней антифоны праздника. Входное — **Благословенъ грядый во имя Господне, благословихомъ вы изъ дому Господня, Богъ Господь и явися намъ.** И абіе тропарь — Во Іорданѣ: Слава, и нынѣ: кондакъ — Явился еси днесь: Вмѣсто трисвятаго — Елицы во Христа: Прокименъ — Благословенъ грядый во имя Господне, Богъ Господь и явися намъ. Апостолъ къ Титу зач. 302-е. Аллилуіа во гл.

4-й. Евангеліе отъ Матѳ. зач. 6-е. Задостойникъ — Величай, душе моя: и ирмосъ — Недоумѣетъ всякъ языкъ: Причастенъ — Явися благодать Божія спасительная всѣмъ человѣкомъ. По заамвонной молитвѣ поемъ стихиры, гл. 8-й — Гласъ Господень на водахъ: и исходимъ на рѣку или въ притворѣ и совершаемъ *великое водоосвященіе (уставъ см. въ предыдущій день).* По возвращеніи въ храмъ — Буди имя Господне: 3-жды и прочее обычно и отпустъ праздника — **Иже во Іорданѣ креститися изволивый отъ Іоанна нашего ради спасенія, Христосъ истинный Богъ нашъ:**

7-го ЯНВАРЯ. Вторникъ. *Попразднство Богоявленія. Соборъ Св. Іоанна Предтечи.*

На великой вечерни по возгласѣ — Благословенъ Богъ нашъ: чтецъ[5] — Пріидите, поклонимся: и псаломъ 103-й — Благослови, душе моя, Господа: Ектенія великая. Каѳизмы нѣтъ: На — Господи воззвахъ: во гл. 2-й, стихиры на 6: праздника — Просвѣтителя нашего: 3 и Предтечи — Видѣвъ Тя: 3; Слава: Предтечи — Во плоти: И нынѣ: праздника — Богъ Слово: Входъ съ кадиломъ. Прокименъ великій, гл. 7-й — Богъ нашъ на небеси и на земли, вся елика восхотѣ, сотвори. На стиховнѣ стихиры праздника — Яко видѣ Тя: Слава: Предтечи — Яко духа рачитель: И нынѣ: праздника — Пріидите, подражаимъ: По — Нынѣ отпущаеши: тропарь Предтечи — Память праведнаго: Слава, и нынѣ: праздника — Во Іорданѣ: Отпустъ праздника — **Иже во Іорданѣ креститися:**

На утрени на — Богъ Господь: во гл. 1-й, тропарь праздника 2-жды; Слава: Предтечи; И нынѣ: праздника. По каѳизмахъ сѣдальны праздника Псаломъ 50-й. Оба канона праздника, 1-ый на 6, 2-й на 4, ирмосы каждаго по дважды (припѣвъ — Слава Тебѣ, Боже нашъ, слава Тебѣ) и Предтечи на 4 (припѣвъ — Святый великій Іоанне, Предтече Господень, моли Бога о насъ). Ирмосы — Глубины открылъ есть дно: и — Шествуетъ морскую: Катавасія — тѣ же ирмосы. По 3-й пѣсни кондакъ праздника — Явился еси: и икосъ; сѣдаленъ праздника — Іорданъ струями: по 6-й кондакъ Предтечи — Плотскаго Твоего: и икосъ. На 9-й пѣсни *не поемъ* — Честнѣйшую: но припѣвы праздника — **Величай, душе моя, честнѣйшую горнихъ воинствъ, Дѣву Пречистую Богородицу;** и Предтечи. Свѣтиленъ Предтечи — Стези предъуготовалъ: Слава, и нынѣ: праздника — Явися Спасъ: На хвалитехъ, во гласъ 1-й, стихиры праздника — Свѣтъ отъ Свѣта: на 4; Слава: Предтечи — Ангелъ изъ неплодныхъ: И нынѣ: праздника — Днесь Христосъ: Славословіе великое. Тропарь Предтечи — Память праведнаго: Слава, и нынѣ: праздника — Во Іорданѣ: Ектеніи и отпустъ праздника — **Иже во Іорданѣ креститися:** Часъ 1-й.

На часахъ тропарь праздника; Слава: Предтечи. Кондаки праздника и Предтечи поперемѣнно.

На литургіи блаженна на 8; отъ перваго канона праздника, пѣснь 3-я

---

[5] Аще 9-й часъ не читается, то вечерня начинается полнымъ началомъ

Январь

на 4 и Предтечи, пѣснь 6-я на 4. На входѣ — Спаси ны, Сыне Божій, во Іорданѣ крестивыйся:⁶) Тропари праздника и Предтечи; Слава: кондакъ Предтечи; И нынѣ: праздника. Трисвятое. Прокименъ Предтечи — Возвеселится праведникъ: Апостолъ соб. посл. Іаковля зач. 54-е и Дѣяній зач. 42-е. Аллилуіа во 5-й. Евангеліе отъ Марка зач. 50-е и Іоан. зач. 3-е. Задостойникъ — Величай, душе моя: и ирмосъ — Недоумѣетъ всякъ языкъ: Причастенъ праздника — Явися благодать Божія: и Предтечи — Въ память вѣчную: Отпустъ праздника — **Иже во Іорданѣ креститися:**

10-го ЯНВАРЯ. Пятница. *Попразднство Богоявленія*. **Святителя Ѳеофана, Вышинскаго затворника.** Святителя Григорія Нисскаго. *Творимъ бдѣніе*.

Служба святителя Ѳеофана напечатана отдѣльной брошюрой или на интернетѣ.

Зри: http://www.sbkrpc.ru/bogosluzhebnye-teksty/sluzhby-svyatitelyam/106-sluzhba-svt-feofanu-zatvorniku.html

На великой вечерни — Блаженъ мужъ: На — Господи воззвахъ: стихиры на 10, во гл. 2-й; стихиры праздника — Пѣніе новолѣпное: (10 января — стиховны вечерни) 3, св. Ѳеофана — Пріидите, вѣрніи: 4 и св. Григорія — Преподобне отче: 3; Слава: св. Ѳеофана — Отче Ѳеофане: И нынѣ: праздника — Трепеташе рука: Входъ. — Свѣте тихій: Прокименъ — Помощь моя отъ Господа: Чтенія св. Ѳеофана 3, (см. 25-го января). На литіи стихира храма и стихиры св. Ѳеофана — Ѳеофане преблаженне: Слава: св. Григорія — Житіе божественно исправивъ: (на стиховнѣ). И нынѣ: праздника — Господи, исполнити хотя: (стиховны утрени). На стиховнѣ стихиры св. Ѳеофана — Радуйся, отче нашъ: Слава: св. Ѳеофана — Преблаженне отче: И нынѣ: праздника — Тебе въ Дусѣ (стиховны вечерни): По — Нынѣ отпущаеши: на благословеніи хлѣбовъ тропарь св. Ѳеофана — Православія наставниче: 2-жды и праздника — Во Іорданѣ: 1-жды.

На утрени на — Богъ Господь: во гл. 1-й, тропарь праздника 1-жды; св. Ѳеофана 1-жды; Слава: св. Григорія — Боже отецъ нашихъ: И нынѣ: праздника. По каѳизмахъ сѣдальны св. Ѳеофана; Слава, и нынѣ: праздника. Поліелей и величаніе св. Ѳеофана — **Величаемъ тя, святителю отче Ѳеофане, и чтемъ святую память твою, ты бо молиши за насъ Христа Бога нашего.** Псаломъ избранный — Услышите сія вси языцы, внушите вси живущіи по вселеннѣй. Сѣдаленъ св. Ѳеофана — Премудрый учителю: Слава, и нынѣ: праздника — Пріидите, увидимъ, вѣрніи: (смотрите въ самый праздникъ). Степенна — Отъ юности моея: Прокименъ — Честна предъ Господемъ: Евангеліе отъ Іоанна зач. 35-е отъ полу. Псаломъ 50-й. Слава: — Молитвами святителя Ѳеофана: И нынѣ: — Молитвами Богородицы: Помилуй мя, Боже: стихира св. Ѳеофана — Изліяся благодать: Каноны: праздника (первый) со ирмосомъ на 4 (припѣвъ — Слава Тебѣ, Боже нашъ, слава Тебѣ), св.

---

6) Такъ поется до отданія праздника (14-го января включительно).

Өеофана на 6 (припѣвъ — Святителю отче Өеофане, моли Бога о насъ) и св. Григорія на 4 (припѣвъ — Святителю отче Григоріе, моли Бога о насъ). Ирмосы и катавасія — Глубины открылъ есть дно: По 3-й пѣсни кондакъ праздника — Явился еси: и икосъ; кондакъ св. Григорія — Окомъ душевнымъ: и икосъ; сѣдаленъ св. Өеофана — Житіе твое: Слава: св. Григорія — Церкве божественный: И нынѣ: праздника — Іисусу рождшуся: по 6-й кондакъ св. Өеофана — Богоявленію тезоименитый: и икосъ. На 9-й пѣсни поемъ — Честнѣйшую: Свѣтиленъ св. Өеофана — Свѣтильника, свыше: Слава: св. Григорія — Пастыря добраго: И нынѣ: праздника — Явися Спасъ: На хвалитехъ стихиры на 8, во гл. 2-й; праздника — Нынѣ странно Спасъ: (стиховны утрени) 4 и св. Өеофана — Возсія намъ: 4; съ припѣвами ихъ — Честна предъ Господемъ: и — Священницы Твои: Слава: св. Өеофана — Благочестія мудрый: И нынѣ: праздника — Господи, исполнити хотя: Славословіе великое. Тропарь св. Өеофана; Слава: св. Григорія; И нынѣ: праздника. Ектеніи и отпустъ праздника — **Иже во Іорданѣ крестится:** Часъ 1-й.

На часахъ тропарь праздника; Слава: св. Өеофана и Григорія поперемѣнно. Кондаки праздника и св. Өеофана поперемѣнно.

На литургіи блаженна на 12; отъ перваго канона праздника, пѣснь 5-я на 4, отъ канона св. Өеофана, пѣснь 3-я на 4 и отъ канона св. Григорія, пѣснь 6-я на 4. По входѣ тропари праздника, св. Өеофана и св. Григорія; Кондаки св. Өеофана; Слава: св. Григорія; И нынѣ: праздника; *въ храмѣ Богородицы:* тропари праздника, храма, св. Өеофана и св. Григорія; кондаки праздника, св. Өеофана Слава: св. Григорія; И нынѣ: храма. Прокименъ — Благословенъ грядый во имя Господне: и — Уста моя возглаголютъ: Апостолъ ко Евр. зач. 318-е и къ Кор. зач. 151-е. Аллилуіа во гл. 4-й и 2-й. Евангеліе отъ Іоан. зач. 36-е и отъ Матѳ. зач. 34-е отъ полу. Задостойникъ — Величай, душе моя: и ирмосъ — Неудоумѣетъ всякъ языкъ: Причастенъ — Явися благодать Божія: и — Въ память вѣчную: Отпустъ праздника — **Иже во Іорданѣ крестится:**

11-го ЯНВАРЯ. *Суббота по Просвѣщеніи. Попразднство Богоявленія.* **Преподобнаго Өеодосія Великаго.**

На литургіи блаженна на 8, отъ канона праздника, пѣснь 6-я на 4 и преподобнаго, пѣснь 3-я на 4. По входѣ тропари праздника, храма Богородицы или святаго, преподобнаго; кондаки праздника, храма святаго; Слава: преподобнаго; И нынѣ: праздника или храма Богородицы. Прокименъ — Благословенъ грядый во имя Господне: и — Честна предъ Господемъ: Апостолъ ко Ефес. зач. 233-е, къ Сол. зач. 273-е и къ Кор. зач. 176-е. Аллилуіа во гл. 4-й и 6-й. Евангеліе отъ Матѳ. зач. 7-е, Лук. 84-е и отъ Матѳ. зач. 43-е. Задостойникъ — Величай, душе моя: и ирмосъ — Неудоумѣетъ всякъ языкъ: Причастенъ — Явися благодать Божія: и — Въ память вѣчную: Отпустъ праздника — **Иже во Іорданѣ крестится:**

Январь

12-го ЯНВАРЯ. **Недѣля 33-я по Пятидесятницѣ,** *она же по Просвѣщеніи.* Гласъ 8-й. Св. мученицы Татіаны.

На великой вечерни — Блаженъ мужъ: На — Господи воззвахъ: стихиры на 10; Октоиха 4, праздника — Господи, аще и креститися: 3 и мученицы — Егда Духа свѣтомъ: 3; Слава: праздника — Зрящи Тя естество: И нынѣ: догматикъ — Царь небесный: Входъ. — Свѣте тихій: Прокименъ — Господь воцарися: На стиховнѣ стихиры Октоиха; Слава, и нынѣ: праздника — Воспоимъ, вѣрніи: По — Нынѣ отпущаеши: — Богородице Дѣво: 2-жды и тропарь праздника — Во Іорданѣ: 1-жды.

На утрени на — Богъ Господь: тропарь воскресенъ 2-жды; Слава, и нынѣ: праздника. По каѳизмахъ сѣдальны Октоиха. — Ангельскій соборъ: Vпакои, степенна и прокименъ гласа. Евангеліе воскресное 11-е, отъ Іоанна зач. 67-е. — Воскресеніе Христово: Псаломъ 50-й и прочее обычно. Каноны: воскресенъ на 4, Богородицы на 2, праздника (первый) на 4 (припѣвъ — Слава Тебѣ, Боже нашъ, слава Тебѣ) и мученицы на 4 (припѣвъ — Святая мученице Татіано, моли Бога о насъ). Ирмосы — Колесницегонителя фараоня: Катавасія — Глубины открылъ: По 3-й пѣсни кондакъ праздника — Явился еси днесь: и икосъ; кондакъ мученицы — Свѣтло во страданій: сѣдаленъ мученицы — Сугубъ совершивши: Слава, и нынѣ: праздника — Свѣтомъ яко ризою: по 6-й кондакъ воскресенъ и икосъ. На 9-й пѣсни — Честнѣйшую: — Святъ Господь Богъ нашъ. Свѣтиленъ воскресенъ 11-й — По божественнѣмъ востаніи: Слава, и нынѣ: праздника — Явися Спасъ: На хвалитехъ стихиры на 8; Октоиха 4 и праздника — Сіяніе отъ свѣта: со Славнымъ — О паче ума: 4, съ припѣвами ихъ — Море видѣ и побѣже: и — Что ти есть: Слава: стихира евангельская 11-я — Являя себе: И нынѣ: — Преблагословенна еси: Славословіе великое. Тропарь — Воскресъ изъ гроба: Ектеніи и отпустъ воскресный. Часъ 1-й.

На часахъ тропарь воскресный; Слава: праздника. Кондакъ праздника и воскресный поперемѣнно.

На литургіи блаженна на 10; гласа на 6 и изъ канона праздника, пѣснь 7-я на 4. По входѣ тропари воскресенъ, праздника, храма Богородицы или храма святаго; *въ храмѣ Христовомъ*; кондакъ воскресенъ; Слава: мученицы: И нынѣ: праздника; *въ храмѣ Богородицы*: кондаки воскресенъ; праздника; Слава: мученицы; И нынѣ: храма; *въ храмѣ святаго*: кондаки воскресенъ, храма; Слава: мученицы; И нынѣ: праздника. Прокименъ (нед. по Просвѣщеніи) — Буди Господи, милость Твоя на насъ: и праздника — Благословенъ грядый во имя Господне: Апостолъ (нед. по Просвѣщеніи) ко Ефес. зач. 224-е отъ полу и къ Тим. зач. 285-е отъ полу. Аллилуіа во гл. 5-й 4-й. Евангеліе отъ Матѳ. зач. 8-е и отъ Луки зач. 94-е. Причастенъ — Явися благодать Божія: и — Хвалите Господа: Отпустъ воскресный.

14-го ЯНВАРЯ. Вторникъ. *Отданіе Богоявленія.*

На вечерни и утрени вся служба праздника, кромѣ входа, паремій и литіи на вечерни и поліелея на утрени.

На литургіи по входѣ тропарь праздника; Слава, и нынѣ: кондакъ. Прокименъ, аллилуіа и причастенъ праздника. Апостолъ и евангеліе дне.

НАЧАЛО ТРІОДИ ПОСТНОЙ.

19-го ЯНВАРЯ. **Недѣля о мытарѣ и фарисеѣ.** Гласъ 1-й.
Службу преп. Макарію поемъ на повечеріи.

На великой вечерни — Блаженъ мужъ: На — Господи воззвахъ: стихиры на 10; Октоиха 7 и Тріоди — Не помолимся фарисейски: 3; Слава: Тріоди — Вседержителю Господи: И нынѣ: догматикъ — Всемірную славу: Входъ. — Свѣте тихій: Прокименъ — Господь воцарися: На стиховнѣ стихиры Октоиха; Слава: Тріоди — Отягченныма очима: И нынѣ: богородиченъ — Храмъ и дверь еси: По — Нынѣ отпущаеши: — Богородице Дѣво: 3-жды.

На утрени на — Богъ Господь: тропарь воскресенъ 2-жды; Слава, и нынѣ: богородиченъ — Гавріилу вѣщавшу: По каѳизмахъ сѣдальны Октоиха. — Ангельскій соборъ: Ѵпакои, степенна и прокименъ гласа. Евангеліе воскресное 1-е, отъ Матѳ. 116-е зач. — Воскресеніе Христово: Псаломъ 50-й; Слава: Тріоди — Покаянія отверзи ми двери: И нынѣ: — На спасенія стези: — Помилуй мя, Боже: — Множества содѣянныхъ: — Спаси, Боже люди Твоя: Каноны: воскресенъ на 4, крестовоскресенъ на 2 (припѣвъ — Слава, Господи, Кресту Твоему честному и воскресенію), Богородицы на 2 и Тріоди на 6 (припѣвъ — Помилуй мя, Боже, помилуй мя). Ирмосы — Твоя побѣдительная десница: Катавасія — Сушу глубородительную землю: По 3-й пѣсни сѣдальны Тріоди — Смиреніе вознесе: Слава: — Смиреніе древле: И нынѣ: богородиченъ — Скоро пріими: по 6-й кондаки Тріоди — Фарисеева убѣжимъ: и — Воздыханія принесемъ: и икосъ. На 9-й пѣсни — Честнѣйшую: Святъ Господь Богъ нашъ. Свѣтиленъ воскресенъ 1-й — Со ученики взыдемъ: Слава: Тріоди — Высокорѣчія убѣжимъ: И нынѣ: праздника — Творецъ созданія: На хвалитехъ стихиры на 8; Октоиха 4 и Тріоди — Не помолимся фарисейски: 4; съ припѣвами ихъ — Воскресни Господи: и — Исповѣмся Тебѣ Господи: Слава: Тріоди — Отъ дѣлъ похваленьми: И нынѣ: — Преблагословенна еси: Славословіе великое. Тропарь — Днесь спасеніе: Ектеніи и отпустъ воскресный. Часъ 1-й. Слава, и нынѣ: стихира евангельская 1-я — На гору ученикомъ:

На часахъ тропарь воскресный; кондакъ Тріоди — Фарисеева убѣжимъ:

На литургіи блаженна на 10; гласа на 6 и отъ канона Тріоди, пѣснь 6-я на 4. По входѣ тропари воскресенъ, храма Богородицы или храма

Январь

святаго; *въ храмѣ Христовомъ:* Слава, и нынѣ: кондакъ Тріоди — Фарисеева убѣжимъ: *въ храмѣ Богородицы:* Слава: кондакъ Тріоди; И нынѣ: храма; *въ храмѣ святаго:* Слава: храма; И нынѣ: Тріоди. Прокименъ — Буди Господи, милость Твоя на насъ: Апостолъ къ Тим. зач. 296-е. Аллилуіа во гл. 1-й. Евангеліе отъ Луки зач. 89-е. Причастенъ — Хвалите Господа: Отпустъ воскресный.

24-го ЯНВАРЯ. Пятница. **Святыя блаженныя Ксеніи, Христа ради юродивыя Петербургскія.** *Служба бдѣнная.*
Служба св. Блаженной Ксеніи напечатана отдѣльной брошюрой или на интернетѣ. Зри:
http://www.synod.com/synod/pdf/services/service_stxenia.pdf

На великой вечерни — Блаженъ мужъ: На — Господи воззвахъ: во гл. 8-й, стихиры святыя — О Ксеніе блаженная: на 8; Слава: святыя — Се нынѣ Ксенія: И нынѣ: догматикъ — Како не дивимся: Входъ. — Свѣте тихій: Прокименъ — Помощь моя отъ Господа: Чтенія святыя 3. На литіи стихира храма и стихиры святыя — Странниче блаженная: Слава: святыя — По имени твоему: И нынѣ: богородиченъ — Богородице, грѣшныхъ споручнице: На стиховнѣ стихиры святыя — Поспѣшай на помощь: Слава: святыя — Новый Андрей: И нынѣ: богородиченъ — Подъ кровъ Твой: По — Нынѣ отпущаеши: на благословеніи хлѣбовъ тропарь святыя — Тебе, о страннице: 2-жды и — Богородице Дѣво: 1-жды.

На утрени на — Богъ Господь: во гл. 8-й, тропарь святыя 2-жды; Слава, и нынѣ: богородиченъ — Иже насъ ради: По каѳизмахъ сѣдальны святыя. Полієлей и величаніе святыя — **Ублажаемъ тя, святая блаженная Ксеніе, и чтемъ святую память твою ты бо молиши за насъ Христа Бога нашего.** Псаломъ избранный — Терпя потерпѣхъ Господа, и внятъ ми, и услыша молитву мою. Сѣдаленъ святыя — Отверзи уста наша: Слава, и нынѣ: богородиченъ — Не мудростію и силою: Степенна — Отъ юности моея: Прокименъ — Возвеселится праведникъ о Господѣ: Евангеліе отъ Луки зач. 78-е. Псаломъ 50-й. Слава: — Молитваими святыя блаженныя Ксеніи: И нынѣ: — Молитвами Богородицы: — Помилуй мя, Боже: Стихира святыя — Жестокое житіе: Каноны: молебный Богородицы на 6 (припѣвъ — Пресвятая Богородице, спаси насъ) и святыя на 8 (припѣвъ — Святая блаженная Ксеніе, моли Бога о насъ). Ирмосы — Воду прошедъ: Катавасія — Сушу глубородительную землю: По 3-й пѣсни сѣдаленъ святыя — Егда нощію: Слава, и нынѣ: богородиченъ — Предстательнице и скорая Заступнице: по 6-й кондакъ святыя — На земли яко странна: и икосъ. На 9-й пѣсни поемъ — Честнѣйшую: Свѣтиленъ святыя — Доме отчій: Слава, и нынѣ: богородиченъ — Двере небесная: На хвалитехъ, во гл. 8-й, стихиры святыя — Солнца правды: на 4; Слава: святыя — Все отложивши: И нынѣ: богородиченъ — Вся превозшедши: Славословіе великое. Инъ тропарь святыя — Суеты земнаго міра: Слава, и нынѣ: богородиченъ —

Иже насъ ради: Ектеніи и отпустъ. Часъ 1-й.

На часахъ тропарь и кондакъ святыя.

На литургіи блаженна на 8; отъ канона святыя, пѣснь 3-я на 4 и пѣснь 6-я на 4. По входѣ тропари см. 2-го января — № 3. Прокименъ — Дивенъ Богъ: Апостолъ къ Гал. зач. 208-е. Аллилуіа во гл. 1-й. Евангеліе отъ Матѳ. зач. 104-е. Причастенъ — Въ память вѣчную:

25-го ЯНВАРЯ. Суббота. **Святителя Григорія Богослова, архіеп. Константинопольскаго.** *Творимъ бдѣніе.*

На великой вечерни — Блаженъ мужъ: На — Господи воззвахъ: во гл. 1-й, стихиры святителя — Отче Григоріе: на 8; Слава: святителя — Бодрый языкъ: И нынѣ: догматикъ отдающагося гласа — Всемірную славу: Входъ. — Свѣте тихій: Прокименъ — Боже, заступникъ мой: Чтенія святителя 3. На литіи стихира храма и стихиры святителя — Словомъ Божіимъ: Слава: святителя — Божественными дѣяньми: И нынѣ: богородиченъ — Призри на моленія: На стиховнѣ стихиры святителя — Радуйся, богословія: Слава: святителя — Сердца вѣрныхъ: И нынѣ: богородиченъ — Безневѣстная Дѣво: По — Нынѣ отпущаеши: на благословеніи хлѣбовъ тропарь святителя — Пастырская свирѣль: 2-жды и — Богородице Дѣво: 1-жды.

На утрени на — Богъ Господь: во гл. 1-й, тропарь святителя 2-жды; Слава, и нынѣ: богородиченъ отдающагося гласа — Гавріилу вѣщавшу: По каѳизмахъ сѣдальны святителя. Поліелей и величаніе святителя — **Величаемъ тя, святителю отче Григоріе Богослове, и чтемъ святую память твою, ты бо молиши за насъ Христа Бога нашего.** Псаломъ избранный —Услышите сія вси языцы, внушите вси живущіи по вселеннѣй. Сѣдаленъ святителя — Обличая лесть: Слава, и нынѣ: богородиченъ — Егда пріидетъ: Степенна — Отъ юности моея: Прокименъ — Уста моя возглаголютъ: Евангеліе отъ Іоанна зач. 35-е отъ полу. Псаломъ 50-й. Слава: — Молитвами святителя Григорія, милостиве: И нынѣ: — Молитвами Богородицы: — Помилуй мя, Боже: стихира святителя — Преподобне треблаженне: Каноны: Богородицы со ирмосомъ на 6 (припѣвъ — Пресвятая Богородице, спаси насъ) (писано въ службѣ). и святителя 2 канона на 8 (припѣвъ — Святителю отче Григоріе Богослове, моли Бога о насъ). Ирмосы — Поимъ Господеви: Катавасія — Сушу глубородительную землю: По 3-й пѣсни сѣдаленъ святителя — Отверзъ уста словомъ: Слава, и нынѣ: богородиченъ — Помышленьми поползся: по 6-й кондакъ святителя — Богословнымъ языкомъ твоимъ: и икосъ. На 9-й пѣсни поемъ — Честнѣйшую: Свѣтиленъ святителя — Мечь словесъ твоихъ: Слава: — Единицѣ тріипостаснѣй: И нынѣ: богородиченъ — Съ Богоматерію: На хвалитехъ, во гл. 4-й, стихиры святителя — Прѣсѣкъ писмене: на 4; Слава: святителя — Цѣвницу духа: И нынѣ: богородиченъ — Радуйся отъ насъ: (богородиченъ отъ меньшихъ, гласъ 1-й въ субботу на утрени). Славословіе великое. Тропарь святителя; Слава, и нынѣ: богородиченъ

Январь

отдающагося гласа — Гавріилу вѣщавшу: Ектеніи и отпустъ. Часъ 1-й.

На часахъ тропарь и кондакъ святителя.

На литургіи блаженна на 8; отъ перваго канона святителя, пѣснь 3-я на 4 и отъ втораго канона пѣснь 6-я на 4. По входѣ тропари см. 2-го января — № 3. Прокименъ — Уста моя возглаголютъ: Апостолъ къ Тим. зач. 295-е и къ Кор. зач. 151-е. Аллилуіа во гл. 2-й. Евангеліе отъ Луки зач. 103-е и отъ Іоан. зач. 36-е. Причастенъ — Въ память вѣчную:

26-го ЯНВАРЯ. **Недѣля о блудномъ сынѣ.** Гласъ 2-й. **Соборъ новомучениковъ и исповѣдниковъ Церкви Россійскихъ.**

Служба святымъ Новомученикамъ и Исповѣдникамъ Россійскимъ напечатана отдѣльной брошюрой или на интернетѣ:

Зри: http://www.synod.com/synod/pdf/services/service_newmartyrs.pdf

На великой вечерни — Блаженъ мужъ: На — Господи воззвахъ: стихиры на 10; Октоиха на 3, Тріоди — Въ безгрѣшную страну: 3; и святыхъ — Начало нынѣ положимъ: 4; Слава: Тріоди — О коликихъ благъ: И нынѣ: догматикъ — Прейде сѣнь законная: Входъ. — Свѣте тихій: Прокименъ — Господь воцарися: Чтенія святыхъ 3. На литіи стихира храма, Тріоди хвалитныя — Блуднаго гласъ: — Иждихъ блудно: и святыхъ — Ангели Божіи радостніи: Слава, и нынѣ: Тріоди — Яко блудный сынъ пріидохъ: На стиховнѣ стихиры Октоиха; Слава: святыхъ — О святіи смиреннѣйшіи: И нынѣ: Тріоди — Отеческаго дара расточивъ: По — Нынѣ отпущаеши: на благословеніе хлѣбовъ — Богородице Дѣво: 2-жды и тропарь святыхъ — Цвѣти Россійскаго луга: 1-жды.

На утрени на—Богъ Господь: тропарь воскресенъ 2-жды; Слава: святыхъ; И нынѣ: богородиченъ — Еже отъ вѣка: По каѳизмахъ сѣдальны Октоиха. Полиелей и — На рѣкахъ Вавилонскихъ: Величаніе святыхъ — **Величаемъ васъ, святіи новомученицы и исповѣдницы Россійстіи, и чтемъ честная страданія ваша, яже за Христа претерпѣли есте.** 1-жды. (Въ воскресные дни избранные псалмы не поются.) — Ангельскій соборъ: Vпакои гласа. Сѣдальны святыхъ — Проидосте сквозѣ: — Яко любящимъ Бога: Слава: Возсіяли есте: И нынѣ: богородиченъ — Красотѣ дѣвства: Степенна и прокименъ гласа. Евангеліе воскресное 2-е, отъ Марка зач. 70-е. — Воскресеніе Христово: Псаломъ 50-й. Слава: Тріоди — Покаянія отверзи ми: и прочая обычно. Каноны: воскресенъ на 4, Богородицы на 2, Тріоди на 4 (припѣвъ — Помилуй мя, Боже, помилуй мя) и святыхъ на 4 (припѣвъ — Святіи новомученицы и исповѣдницы Россійстіи, молите Бога о насъ). Ирмосы — Во глубинѣ постла: Катавасія — Сушу глуборをдительную землю: По 3-й пѣсни кондакъ святыхъ — Новіи страстотерпцы: и икосъ; сѣдаленъ святыхъ — Немощію плоти намъ: Слава: святыхъ — Пресвитеръ Алексій: И нынѣ: Тріоди — Объятія Отча: по 6-й кондаки Тріоди — Отеческія славы: и икосъ. На 9-й пѣсни — Честнѣйшую: — Святъ Господь Богъ нашъ: Свѣтиленъ воскресенъ 2-й — Камень узрѣвши отваленъ: Тріоди

— Богатство, еже ми далъ: Слава: святыхъ — Вельми свѣтелъ: И нынѣ: Тріоди — Расточихъ богатство: На хвалитехъ стихиры на 8; Октоиха 4 и святыхъ — Слыша страшну вѣсть: 4, съ припѣвами ихъ — Блаженъ мужъ: и — Священницы Твои облекутся: Слава: Тріоди — Отче благій, удалихся: И нынѣ: — Преблагословенна еси: Славословіе великое. Тропарь — Воскресъ изъ гроба: Ектеніи и отпустъ воскресенъ. Слава, и нынѣ: стихира евангельская 2-я—Съ мѵры пришедшымъ: Часъ 1-й.

На часахъ тропарь воскресный; Слава святыхъ; Кондаки святыхъ и Тріоди поперемѣнно.

На литургіи блаженна на 12; гласа на 4, изъ канона Тріоди, пѣснь 3-я на 4 и святыхъ на 4. По входѣ тропари воскресенъ, храма Богородицы и святыхъ; кондакъ воскресный; Слава: святыхъ; И нынѣ: Тріоди или храма Богородицы (тогда Тріоди поемъ по воскреснаго кондака). Прокименъ — Крѣпость моя и пѣніе: и святыхъ, во гл 7-й — Тебе ради, Господи, умерщвляеми есмы весь день. Апостолъ къ Кор. зач. 135-е и къ Рим. зач. 99-е. Аллилуіа во гл. 2-й и 4-й. Евангеліе отъ Луки зач. 79-е и отъ Луки зач. 106-е. Причастенъ — Хвалите Господа: и — Радуйтеся: Отпустъ воскресный.

27-го ЯНВАРЯ. Понедѣльникъ. **Перенесеніе мощей святителя Іоанна Златоуста.** *Служба поліелейная.*

На великой вечерни по возгласѣ — Благословенъ Богъ нашъ: чтецъ — Пріидите, поклонимся:[7] и псаломъ 103-й — Благослови, душе моя, Господа: Ектенія великая. — Блаженъ мужъ: На — Господи воззвахъ: во гл. 1-й, стихиры святителя — Златокованную трубу: на 8; Слава: святителя — Не подобаше тебѣ: И нынѣ: догматикъ — Иже Тебе ради: Входъ. — Свѣте тихій: Прокименъ — Се нынѣ благословите: Чтенія святителя 3. Сугубая ектенія. — Сподоби Господи: Ектенія — Исполнимъ вечернюю молитву: На стиховнѣ стихиры святителя — Радуется Церковь: Слава: святителя — Преподобне треблаженне: И нынѣ: богородиченъ — Богородице, ты еси лоза: По — Нынѣ отпущаеши: Трисвятое по — Отче нашъ: тропарь святителя — Устъ твоихъ: Слава, и нынѣ: богородиченъ — Иже насъ ради: Таже отпустъ.

На утрени іерей съ кадиломъ предъ престоломъ — Благословенъ Богъ нашъ: чтецъ — Аминь. (Аще нѣсть полунощницы, то по возгласѣ — Царю Небесный:) Трисвятое: по — Отче нашъ: іерей — Яко Твое есть Царство: и кадитъ церковь. Чтецъ — Аминь; и чтетъ псалмы 19-й и 20-й. Ектенія по обычаю и возгласъ: — Слава Святѣй: шестопсалміе. Ектенія великая. На — Богъ Господь: во гл. 8-й, тропарь святителя 2-жды; Слава, и нынѣ: богородиченъ — Иже насъ ради: По каѳизмахъ сѣдальны святителя. Полѵелей и величаніе святителя — **Величаемъ тя, святителю отче Іоанне Златоусте, и чтемъ святую память твою, ты бо молиши за насъ Христа Бога нашего.** Псаломъ избранный — Услышите сія вси языцы, внушите вси живущіи по вселеннѣй.

---

7) Аще 9-й часъ не читается, то вечерня начинается полнымъ началомъ

Январь

Сѣдаленъ святителя — Священноначальствомъ истиннымъ: Слава, и нынѣ: богородиченъ — Благодаримъ тя: Степенна — Отъ юности моея: Прокименъ — Уста моя возглаголютъ: Евангеліе отъ Іоанна зач. 35-е отъ полу. Псаломъ 50-й. Слава: — Молитвами святителя Іоанна Златоуста: И нынѣ: — Молитвами Богородицы: — Помилуй мя, Боже: стихира святителя — Труба златогласная: Каноны: Богородицы со ирмосомъ на 6 (припѣвъ — Пресвятая Богородице, спаси насъ) (писано въ службѣ) и святителя 2 канона на 8 (припѣвъ — Святителю отче Іоанне Златоусте, моли Бога о насъ). Ирмосы — Колесницегонителя фараоня: Катавасія — Сушу глубородительную землю: По 3-й пѣсни сѣдаленъ святителя — Юже съ высоты: Слава, и нынѣ: богородиченъ — Отъ Троицы единаго: по 6-й кондакъ святителя — Возвеселися таинственно: и икосъ. На 9-й пѣсни поемъ — Честнѣйшую: Свѣтиленъ святителя — Радуйся, граде градовъ: Слава, и нынѣ: богородиченъ — Радуйся, Божія палато: На хвалитехъ, во гл. 4-й; стихиры святителя — Злата свѣтлѣе: на 4; Слава: святителя — Отче Златоусте: И нынѣ: богородиченъ — Отъ всѣхъ бѣдъ: (богородиченъ отъ меньшихъ, гласъ 4-й во вторникъ на утрени). Славословіе великое. Тропарь святителя; Слава, и нынѣ: богородиченъ — Иже насъ ради: Ектеніи и отпустъ. Часъ 1-й.

На часахъ тропарь и кондакъ святителя.

На литургіи блаженна на 8; отъ перваго канона святителя, пѣснь 3-я на 4 и отъ втораго канона святителя, пѣснь 6-я на 4. По входѣ тропари см. 2-го января — № 3. Прокименъ — Творяй ангели Своя: и — Уста моя возглаголютъ: Апостолъ соб. посл. Іоанново зач. 71-е и ко Евр. зач. 318-е. Аллилуіа во гл. 5-й и 2-й. Евангеліе отъ Марка зач. 49-е и отъ Іоан. зач. 36-е. Причастенъ — Творяй ангели Своя: и — Въ память вѣчную:

30-го ЯНВАРЯ. Четвергъ. **Соборъ Трехъ Святителей.** *Творимъ бдѣніе.*

На великой вечерни — Блаженъ мужъ: На — Господи воззвахъ: во гласъ 4-й; стихиры святыхъ — Благодати органы: на 8; Слава: святыхъ — Тайныя днесь духа трубы: И нынѣ: И нынѣ: догматикъ — Кто Тебе не ублажитъ: Входъ. Прокименъ — Боже, во имя Твое: Чтенія святыхъ 3. Ектеніи. На литіи стихира храма, и стихиры святыхъ — Пріидите, небесныя Троицы: Слава: святыхъ — Святители Христовы: И нынѣ: богородиченъ — Дѣвственную доброту: На стиховнѣ святыхъ — Таинники духовныя вкупѣ: Слава: святыхъ — Днесь души: И нынѣ: праздника — Днесь Христосъ: По — Нынѣ отпущаеши: на благословеніи хлѣбовъ тропарь святыхъ — Яко апостоловъ: 2-жды и — Богородице Дѣво: 1-жды.

На утрени на — Богъ Господь: во гласъ 4-й; тропарь святыхъ 2-жды; Слава, и нынѣ: богородиченъ — Еже отъ вѣка: По каѳизмахъ сѣдальны святыхъ. Полиелей и величаніе святыхъ — **Величаемъ васъ, святителіе Василіе Великій, Григоріе Богослове и Іоанне Златоусте, и чтемъ святую память вашу, вы бо молите за насъ Христа Бога**

нашего. Псаломъ избранный — Услышите сія вси языцы, внушите вси живущіи по вселеннѣй. По поліелей сѣдаленъ святыхъ — Премудріи учителіе: Слава: святыхъ — Празднуетъ днесь: И нынѣ: богородиченъ — Предстательнице необоримая: Степенна 4-го гласа — Отъ юности моея: Прокименъ — Священницы твои облекутся въ правду, и преподобніи Твои возрадуются. Евангеліе Іоанна зач. 36-е. Псаломъ 50-й. Слава: — Молитвами святителей Василія Великаго, Григорія Богослова и Іоанна Златоуста: И нынѣ: — Молитвами Богородицы: — Помилуй мя, Боже: и стихира святыхъ — Изліяся благодать: — Спаси, Боже люди Твоя: Каноны: Богородицы — Благочестно тя: со ирмосомъ на 6 (ирмосы по дважды; припѣвъ — Пресвятая Богородице, спаси насъ) и оба канона святыхъ на 8 (припѣвъ — Тріе святителіе Христовы, молите Бога о насъ). Ирмосы — Грядите людіе: Катавасія — Сушу глубородительную землю: По 3-й пѣсни сѣдальны святыхъ — Великія свѣтильники: Слава: — Премудрость пріемше: И нынѣ: богородиченъ — Душу мою, Дѣво: по 6-й кондакъ святыхъ — Священныя и боговѣщанныя: и икосъ. На 9-й пѣсни *не поемъ* — Честнѣйшую: но поемъ припѣвъ — **Величай душе моя, честнѣйшую небесныхъ воинствъ, Дѣву пречистую Богородицу**; таже ирмосъ. По семъ тойже припѣвъ и къ прочимъ богородичнымъ тропарямъ. Къ канонамъ же святыхъ припѣвы — Величай, душе моя, во іерарсѣхъ свѣтила три великая; и проч. Свѣтиленъ святыхъ — Три свѣтозарныя: Слава: — Свѣта пріятелища: И нынѣ: богородиченъ — Единственное Божество. На хвалитехъ, во гласъ 5-й, стихиры святыхъ на 4 — Радуйся святителей: Слава: — Вострубимъ трубою пѣсней, да ликовствуимъ: И нынѣ: — богородиченъ — Вострубимъ трубою пѣсней, преклоншися: Славословіе великое. Тропарь святыхъ; Слава, и нынѣ: богородиченъ — Еже отъ вѣка: Ектеніи и отпустъ. Часъ 1-й.

На часахъ тропарь и кондакъ святыхъ.

На литургіи блаженна на 8; отъ перваго канона святыхъ, пѣснь 3-я на 4 и отъ втораго канона святыхъ, пѣснь 6-я на 4. По входѣ тропари см. 2-го янв. № 3. Прокименъ — Во всю землю: Апостолъ ко Евр. зач. 334-е. Аллилуіа во гл. 4-й. Евангеліе отъ Матѳ. зач. 11-е. Причастенъ — Радуйтеся праведніи: Отпустъ обычный.

31-го ЯНВАРЯ. Пятница. *Предпразднства Срѣтеніи и св. мученика Трифона.*

Ради заупокойной службы 1-го февраля, на сей день переносятся службы предпразднства Срѣтеніи и св. мученика Трифона.

II. ФЕВРАЛЬ.

1-го ФЕВРАЛЯ. *Суббота родительская — мясопустная, поминовеніе усопшихъ.*

Службы предпразнства Срѣтенія и св. мученика Трифона поемъ въ пятницу напреди.

Февраль

На вечерни на — Господи воззвахъ: во гласѣ 1-й; стихиры на 6; Октоиха мученичны 3, 2-го гласа, — Плотъ предающе: — Иже земныя сласти: — Святымъ мученикомъ: и Тріоди — Отъ вѣка мертвыхъ: 3; Слава: Тріоди — Плачу и рыдаю: И нынѣ: догматикъ настоящаго гласа — Прейде сѣнь законная: Входа нѣтъ. Чтецъ — Свѣте тихій: Вмѣсто прокимна поемъ — Аллилуіа во гласъ 8-й съ заупокойными стихами — Блажени яже избралъ и пріялъ еси, Господи, и память ихъ въ родъ и родъ; и — Души ихъ во благихъ водворятся; посемъ — Сподоби, Господи: Ектенія — Исполнимъ вечернюю: На стиховнѣ мученичемъ Октоиха въ пятокъ вечера 2-го гласа — Велія слава: мертвенъ — Яко цвѣтъ увядаетъ: и — Увы мнѣ, коликъ: съ заупокойными припѣвы — Блажени, яже избралъ: и — Души ихъ: Слава: Тріоди — Начатокъ ми: И нынѣ: богородиченъ — Молитвами Рождшія Тя, Христе: Посемъ — Нынѣ отпущаеши: Трисвятое: по — Отче нашъ: тропарь — Глубиною мудрости: Слава, и нынѣ: — Тебе и стѣну: Ектенія — Помилуй насъ, Боже: и отпустъ.

На маломъ повечеріи канонъ мертвенъ 2-го гласа изъ Октоиха, ирмосы — Непроходимое волнящееся: (писанъ на утрени). По — Достойно есть: кондакъ — Со святыми:

На утрени начало обычное. Вмѣсто — Богъ Господь: — Аллилуіа, гласъ 8-й, со стихи заупокойными: — Блажени, яже избралъ: — И память ихъ: — Души ихъ во благихъ: Тропарь — Глубиною мудрости: 2-жды; Слава, и нынѣ: — Тебе и стѣну: По 16-й каѳизмѣ малая ектенія. Сѣдальны Октоиха 2-го гл. — Апостоли, мученицы и пророцы: — Иже просвѣтивый святыя: стихъ — Дивенъ Богъ во святыхъ: — Страстотерпцы Господни: стихъ — Блажени, яже избралъ: — Помяни Господи: Слава, и нынѣ: богородиченъ — Вся паче смысла: Посемъ 1-я статія 17-й каѳизмы — Блажени непорочніи: съ припѣвомъ — Благословенъ еси, Господи: На концѣ же два стиха отъ — Яко аще бы не законъ Твой: 3-жды. Ектенія малая о усопшихъ — Паки и паки: — Еще молимся о упокоеніи душъ усопшихъ рабовъ Божіихъ праотецъ, отецъ и братій нашихъ, здѣ лежащихъ, и повсюду православныхъ христіанъ, и о еже простися: Послѣ прошенія — Милости Божія, Царства небеснаго: ликъ поетъ — Подай Господи; іерей — Господу помолимся; и ликъ — Господи помилуй (40 разъ). Возгласъ. — Аминь. Посемъ 2-я статія съ припѣвомъ — Спасе, спаси мя. На концѣ два стиха отъ — Жива будетъ душа моя: 3-жды. Таже тропари по непорочныхъ — Благословенъ еси, Господи: — Святыхъ ликъ: и прочее. Полное кажденіе храма. Ектенія малая о усопшихъ, порядокъ вышеизложенный. Сѣдаленъ Тріоди — Покой, Спасе нашъ: Слава, и нынѣ: богородиченъ — Отъ Дѣвы возсіявый міру: Псаломъ 50-й. Каноны: храма съ ирмосомъ на 6 и Тріоди на 8 (припѣвъ — Упокой, Господи, души усопшихъ рабъ Твоихъ). Ирмосы канона храма. Катавасія Тріоди — Пѣснь возслемъ: На 2-й пѣсни канонъ только Тріоди со ирмосомъ на 8 (ирмосъ и катавасія Тріоди). По 3-й пѣсни ектенія обычная и сѣдаленъ Тріоди — Насъ ради:

Слава, и нынѣ: богородиченъ — Скорый Твой покровъ: По 6-й пѣсни ектенія заупокойная, порядокъ прежній. Кондакъ заупокойный — Со святыми упокой: и икосъ; малое кажденіе. На 9-й — Честнѣйшую: По 9-й пѣсни — Достойно есть: Свѣтиленъ — Живыми и мертвыми: Слава: — Упокой рабы: И нынѣ: богородиченъ — Маріе Богоневѣсто: Чтемъ хвалительные псалмы до — Хвалите его на силахъ Его: поемъ стихиры на хвалитехъ Тріоди — Пріидите прежде: 4; Слава: — Яко цвѣтъ увядаетъ: И нынѣ: — Радуйся, Маріе Богородице: Славословіе чтемъ. Ектенія — Исполнимъ утреннюю: На стиховнѣ стихиры покойны Октоиха 2-го гласа — Стремленіе смертное: съ заупокойными припѣвы — Блажени, яже избралъ: и — Души ихъ: и — И память ихъ; Слава: Тріоди — Болѣзнь Адаму бысть: И нынѣ: богородиченъ — Ты еси Богъ нашъ: — Благо есть: Трисвятое: по — Отче нашъ: тропарь — Глубиною мудрости: Слава, и нынѣ: — Тебѣ и стѣну: Ектенія сугубая, часъ 1-й и отпустъ.

На часахъ тропарь и кондакъ Тріоди.

На литургіи изобразительныя. Блаженна на 8; отъ канона Тріоди, пѣснь 3-я на 4 и пѣснь 6-я на 4. По входѣ тропарь — Глубиною мудрости: Слава: кондакъ — Со святыми упокой: И нынѣ: — Тебѣ и стѣну: Прокименъ — Души ихъ во благихъ: Апостолъ къ Кор. зач. 146-е и къ Сол. зач. 270-е. Аллилуіа во гл. 6-й. Евангеліе отъ Луки зач. 105-е и отъ Іоанна зач. 16-е. — Достойно есть: Причастенъ — Блажени, яже избралъ: Отпустъ обычный.

По литургіи совершается вселенская панихида по всѣмъ православнымъ христіанамъ.

2-го ФЕВРАЛЯ. **Недѣля мясопустная, о страшномъ судѣ.** Гласъ 3-й. **СРѢТЕНІЕ ГОСПОДА БОГА И СПАСА НАШЕГО ІИСУСА ХРИСТА.**

На великой вечерни — Блаженъ мужъ: На — Господи воззвахъ: стихиры на 10; Октоиха 3, Тріоди — Егда хощеши пріити: 4 и праздника — Глаголи Симеоне: 3: Слава: Тріоди — Егда поставятся: И нынѣ: праздника — Да отверзется дверь: Входъ. — Свѣте тихій: Прокименъ — Господь воцарися: Чтенія праздника 3. На литіи стихиры праздника — Ветхій деньми: — Днесь древле Моѵсею: — Емуже вышніи служителіе: стихиры Тріоди хвалитныя — Помышляю день оный: — О каковый часъ: Слава: Тріоди — Господни разумѣвше: И нынѣ: праздника — Ветхій деньми младенствовавъ: На стиховнѣ стихиры Октоиха; Слава: Тріоди — Увы мнѣ мрачная душе: И нынѣ: праздника — Иже на херувимѣхъ носимый: По — Нынѣ отпущаеши: на благословеніи хлѣбовъ, тропарь праздника — Радуйся Благодатная: 3-жды.

На утрени на — Богъ Господь: тропарь воскресенъ 2-жды; Слава, и нынѣ: праздника. По каѳизмахъ сѣдальны Октоиха. Полѵелей и — На рѣкахъ Вавилонскихъ: и величаніе праздника — **Величаемъ**

Февраль

Тя, Живодавче Христе, и чтемъ Пречистую Матерь Твою, Еюже по закону нынѣ принеслся еси въ храмъ Господень. 1-жды. (Въ воскресные дни избранные псалмы не поются.) — Ангельскій соборъ: Vпакои гласа. Сѣдальны праздника — Ликъ ангельскій: — Сый со Отцемъ: Слава, и нынѣ: — Младенствуеши мене ради: Степенна гласа. Прокименъ праздника — Помяну имя Твое во всякомъ родѣ и родѣ. Евангеліе отъ Луки зач. 8-е. — Воскресеніе Христово: Псаломъ 50-й. Слава: — Молитвами Богородицы: И нынѣ: тойже. — Помилуй мя, Боже: и стихира праздника, гласъ 6-й — Да отверзется дверь небесная: — Спаси, Боже: Каноны: воскресенъ на 4, Тріоди на 6 (припѣвъ — Помилуй мя, Боже, помилуй мя) и праздника на 4 (припѣвъ — Слава Тебѣ, Боже нашъ, слава Тебѣ). Ирмосы — Воды древле: Катавасія — Сушу глубородительную землю: По 3-й пѣсни кондакъ Тріоди — Егда пріидеши: и икосъ; сѣдаленъ Тріоди — Помышляю день страшный: Слава, и нынѣ: праздника — На горѣ Синайстѣй: по 6-й кондакъ праздника — Утробу дѣвичу: и икосъ. На 9-й пѣсни — Честнѣйшую: (*припѣвы праздника не поемъ*). — Святъ Господь Богъ нашъ: Свѣтиленъ воскресенъ 3-й — Яко Христосъ воскресе: Слава: Тріоди — Страшный день: И нынѣ: праздника — Духомъ во святилищи: На хвалитехъ стихиры на 9; Октоиха 4 и праздника — Законъ иже: со Славнымъ — На рукахъ старческихъ: на 4; съ припѣвами ихъ — Нынѣ отпущаеши: и — Свѣтъ во откровеніе: (писаны на вечерни); затѣмъ припѣвъ — Воскресни Господи Боже мой: и самогласенъ Тріоди — Даніилъ пророкъ: Слава: Тріоди — Предочистимъ себе: И нынѣ: — Преблагословенна еси: Славословіе великое. Тропарь — Днесь спасеніе: Ектеніи и отпустъ воскресный. Слава, и нынѣ: стихира евангельская 3-я — Магдалинѣ Маріи: Часъ 1-й.

На часахъ тропарь воскресный; Слава: праздника. Кондаки праздника и Тріоди поперемѣнно.

На литургіи блаженна на 12; гласа на 4, отъ канона Тріоди, пѣснь 3-я на 4 и отъ канона праздника, пѣснь 6-я на 4. Входное — **Сказа Господь спасеніе Свое, предъ языки откры правду Свою.** И поемъ тропарь воскресенъ и праздника; Слава: кондакъ Тріоди; И нынѣ: праздника. Прокименъ Тріоди — Велій Господь нашъ: и пѣснь Богородицы — Величитъ душа моя: Апостолъ къ Кор. зач. 140-е и ко Евр. зач. 316-е. Аллилуіа, гл. 8-й. Евангеліе отъ Матѳ. зач. 106-е и отъ Луки зач. 7-е. Задостойникъ — Богородице Дѣво, упованіе христіаномъ: и 9-й ирмосъ — Въ законѣ сѣни и писаній: Причастенъ — Хвалите Господа: и — Чашу спасенія: Отпустъ воскресный.

Въ сію седмицу отмѣняется постъ въ среду и пятокъ.

ВѢСТНО БУДИ: Яко отъ днесь Октоиха стиховна вечерняя и утренняя во дни седмичные оставляется, и вмѣсто ея поются стихиры самогласны дне Тріоди, до субботы 6-я недѣли.

6-го ФЕВРАЛЯ. Четвергъ. *Отданіе Срѣтенія.*
Служба праздника славословная съ соединеніи Тріоди (но славословіе не поется).

На вечерни прокименъ, чтеніе и стихиры на стиховнѣ изъ Тріоди; Слава и нынѣ: праздника. Въ концѣ молитва преп. Ефрема съ тремя поклонами. На утрени трипѣснецъ, сѣдаленъ по 3-й пѣсни и стихиры на стиховнѣ изъ Тріоди. (Службу преподобнаго Вуколы поется на повечеріи.)

На литургіи Блаженна на 6: отъ канона праздника пѣснь 9-я. По входѣ тропарь праздника; Слава, и нынѣ: кондакъ. Прокименъ, аллилуія и причастенъ праздника. Апостолъ и евангеліе дне.

8-го ФЕВРАЛЯ. Суббота. *Память всѣхъ святыхъ, въ постничествѣ просіявшихъ.*

На вечерни по возгласѣ — Благословенъ Богъ нашъ: чтецъ — Пріидите, поклонимся:[8] и псаломъ 103-й — Благослови, душе моя, Господа: Ектенія великая. Каѳизма 18-я. На — Господи воззвахъ: во гл. 8-й, стихиры отцевъ — Пріидите вси вѣрніи: 6; Слава: отцевъ — Еже по образу: И нынѣ: догматикъ настоящаго гласа — Како не дивимся: Входа нѣтъ. — Свѣте тихій: Чтецъ; прокименъ Тріоди — Боже, заступникъ мой: Чтенія Тріоди — Пророчества Захаріина чтеніе. Прокименъ — Да уповаетъ Израиль: — Сподоби Господи: — Исполнимъ вечернюю: На стиховнѣ стихиры Тріоди — Очистимъ себе братіе: съ обычными припѣвами: Слава: отцевъ — Монаховъ множества: И нынѣ: богородиченъ — Радуйся, чистоты сокровище: По — Нынѣ отпущаеши: тропарь отцевъ — Боже отецъ нашихъ: Слава, нынѣ: богородиченъ — Еже отъ вѣка: Ектенія — Помилуй насъ Боже: Молитва преп. Ефрема и три поклоны великія. Чтецъ — Всесвятая Троице: — Буди имя Господне: 3-жды. Слава, и нынѣ: Псаломъ 33-й. Іерей — Премудрость. Ликъ — Достойно есть: Іерей — Пресвятая Богородице: Ликъ — Честнѣйшую: Іерей — Слава Тебѣ, Христе Боже: Ликъ — Слава, и нынѣ: — Господи, помилуй (3-жды), — Благослови. И конечный отпустъ отъ іерея.

На маломъ повечеріи канонъ мертвенъ 3-го гласа изъ Октоиха, ирмосы — Присѣкаемое море: (писанъ на утрени). По — Достойно есть: кондакъ отцевъ — Яко благочестія:

На утрени іерей съ кадиломъ предъ престоломъ — Благословенъ Богъ нашъ: чтецъ — Аминь. (Аще нѣсть полунощницы, то по возгласѣ — Царю Небесный: Трисвятое: по — Отче нашъ: — Яко Твое есть Царство): іерей кадитъ церковь. Чтецъ — Аминь; Пріидите поклонимся, и чтетъ псалмы 19-й и 20-й. Ектенія по обычаю и возгласъ: — Слава Святѣй: шестопсалміе. Ектенія великая. На — Богъ Господь: во гласъ 4-й, тропарь отцевъ 2-жды; Слава, и нынѣ: богородиченъ — Еже отъ вѣка: По каѳизмахъ сѣдальны отцевъ; Слава, и нынѣ: богородиченъ. Псаломъ 50-й. Каноны храма съ ирмосомъ на 6 и отцевъ на 8 (припѣвъ

---

8) Аще 9-й часъ не читается, то вечерня начинается полнымъ началомъ

Февраль

— Преподобніи отцы, молите Бога о насъ). Ирмосы канона храма. Катавасія — Пѣснь возслемъ людіе: 2-я пѣснь Тріоди. По 3-й пѣсни сѣдаленъ отцевъ — Лучи якоже солнце: — Антонія кроткое: Слава: отцевъ — Узы разрѣшше: И нынѣ: богородиченъ — Въ тимѣніи: по 6-й пѣсни кондакъ отцевъ — Яко благочестія: и икосъ. На 9-й — Честнѣйшую: Свѣтиленъ отцевъ — Міра отвергшіися: Слава, и нынѣ: богородиченъ — Въ постничествѣ: На хвалитехъ во гласъ 8-й; стихиры отцевъ — Отцевъ вси множество: на 4; Слава: отцевъ — Преподобніи отцы: И нынѣ: богородиченъ — Богородице, Ты еси лоза: Славословіе великое. Тропарь отцевъ; Слава, и нынѣ: богородиченъ отдающагося гласа — Тя ходатайствовавшую: Ектеніи. Отпустъ обычный.

На часахъ тропарь и кондакъ отцевъ.

На литургіи блаженна на 8; отъ канона отцевъ, пѣснь 3-я на 4 и пѣснь 6-я на 4. По входѣ тропари храма, и отцевъ; кондакъ храма; Слава: отцевъ; И нынѣ: храма Богородицы или — Предстательство христіанъ. Прокименъ — Восхвалятся преподобніи во славѣ: Апостолъ къ Рим. зач. 115-е и къ Гал. зач. 213-е. Аллилуіа во гл. 2-й. Евангеліе отъ Матѳ. зач. 16-е и отъ Матѳ. зач. 43-е. Причастенъ и — Радуйтеся: Отпустъ обычный.

9-го ФЕВРАЛЯ. **Недѣля сыропустная — Изгнаніе Адамово.** Гласъ 4-й. *Прощеное воскресеніе.*

На великой вечерни — Блаженъ мужъ: На — Господи воззвахъ: стихиры на 10; Октоиха 6 и Тріоди — Создатель мой Господь: 4; Слава: Тріоди — Сѣде Адамъ: И нынѣ: догматикъ — Иже Тебе ради: Входъ. — Свѣте тихій: Прокименъ — Господь воцарися: На стиховнѣ стихиры Октоиха; Слава: Тріоди — Изгнанъ бысть Адамъ: И нынѣ: богородиченъ — Творецъ и Избавитель: По — Нынѣ отпущаеши: Богородице Дѣво: 3-жды.

На утрени на — Богъ Господь: тропарь воскресенъ 2-жды; Слава, и нынѣ: богородиченъ — Еже отъ вѣка: По каѳизмахъ сѣдальны Октоиха. Полiелей и — На рѣкахъ Вавилонскихъ: — Ангельскій соборъ: Vпакои, степенна и прокименъ гласа. Евангеліе воскресное 4-е, отъ Луки зач. 112-е. — Воскресеніе Христово: Псаломъ 50-й; Слава: Тріоди — Покаянія отверзи ми: и прочая обычно. Каноны: воскресенъ на 4, крестовоскресенъ на 2, Богородицы на 2 и Тріоди на 6 (припѣвъ — Помилуй мя, Боже, помилуй мя). Ирмосы — Моря чермную пучину: Катавасія — Яко по суху: По 3-й пѣсни сѣдальны Тріоди — Изгнанъ бысть Адамъ: Слава: — Нынѣ время добродѣтелей: И нынѣ: богородиченъ — Не умолчимъ никогда: по 6-й кондакъ — Премудрости наставниче: и икосы. На 9-й пѣсни — Честнѣйшую: — Святъ Господь Богъ нашъ. Свѣтиленъ воскресенъ 4-й — Добродѣтельми блиставшеся: Слава: Тріоди — Заповѣдь Твою, Господи: И нынѣ: Тріоди — Изгнана бывша: На хвалитехъ стихиры на 9; Октоиха 5 и Тріоди — Увы мнѣ, Адамъ: 4 съ припѣвами ихъ — Исповѣмся Тебѣ, Господи: — Возвеселюся и возрадуюся: и — Воскресни Господи: Слава: Тріоди — Приспѣ время: И нынѣ: — Преблагословенна еси: Славословіе великое. Тропарь — Воскресъ изъ гроба: Ектеніи и отпустъ воскресный. Слава, и нынѣ: стихира евангельская 4-я — Утро бѣ глубоко: Часъ 1-й.

На часахъ тропарь воскресный; кондакъ Тріоди.

На литургіи блаженна на 10; гласа на 6 и отъ канона Тріоди, пѣснь 6-я на 4. По входѣ тропари воскресенъ, храма Богородицы или храма святаго; *въ храмъ Христовомъ:* Слава, и нынѣ: кондакъ Тріоди; *въ храмъ Богородицы:* Слава: кондакъ Тріоди; И нынѣ: храма; *въ храмъ святаго:* Слава: храма; И нынѣ: Тріоди. Прокименъ — Помолитеся, и воздадите: Апостолъ къ Рим. зач. 112-е. Аллилуіа, гл. 6-й. Евангеліе отъ Матѳ. зач. 17-е. Причастенъ — Хвалите Господа: Отпустъ воскресный.

Предъ вечерней **9-й часъ**.

На вечерни по возгласѣ — Благословенъ Богъ нашъ: чтецъ — Пріидите, поклонимся:[9] и псаломъ 103-й — Благослови, душе моя, Господа: Ектенія великая. Каѳизмы нѣтъ. На — Господи воззвахъ: во гл. 4-й; стихиры на 10: покаянны Октоиха 4, гласъ 4-й, изъ вечернихъ стиховныхъ — Хотѣхъ слезами: — Кто обуреваемъ: и изъ утреннихъ стиховныхъ понедѣльника — Омый мя слезами: — Овча есмь словеснаго: (подобно берется и въ послѣдующія недѣли до 5-й включительно). Тріоди — Воздержаніемъ тѣло: 3 и мученика Харалампія изъ Минеи — Весь отъ юности: 3; Слава, и нынѣ: богородиченъ, гл. 6-й — Уязвленнаго мя: Входъ съ кадиломъ. По — Свѣте тихій: прокименъ великій, гл. 8-й — Не отврати лица Твоего: 4 1/2 раза. Когда поютъ въ послѣдній разъ, іерей затворяетъ Царскія врата, снимаетъ фелонь, надѣваетъ черную епитрахиль и выходитъ на амвонъ, по — Сподоби, Господи: глаголетъ ектенію — Исполнимъ вечернюю: Хоръ поетъ — Господи помилуй, особымъ постнымъ напѣвомъ. Посемъ стихиры на стиховнѣ изъ Тріоди, гласъ 4-й — Возсія благодать: Слава, и нынѣ: богородиченъ — Ангельстіи чини: По — Нынѣ отпущаеши: тропарь Богородице Дѣво: и поклонъ великій; Слава — Крестителю Христовъ: и поклонъ единъ; И нынѣ: — Молите за ны: и поклонъ единъ. Таже — Подъ Твое благоутробіе: безъ поклона. Чтецъ — Господи, помилуй (40 разъ); Слава, и нынѣ: — Честнѣйшую: — Именемъ Господнимъ: іерей — Сый благословенъ: чтецъ — Небесный Царю: іерей — Господи и Владыко живота моего: и творимъ 3 поклоны великіе. Таже отпустъ[10]). И цѣлуемъ иконы и крестъ у іерея, и испрашиваемъ вѣрніи прощеніе другъ у друга, вступая во святую Четыредесятницу.

Повечеріе малое безъ канона.

---

9) Аще 9-й часъ не читается, то вечерня начинается полнымъ началомъ
10) Въ приходскихъ храмахъ, вмѣсто отпуста, іерей чтетъ молитву: — Владыко Многомилостиве: (та, что въ концѣ Великаго повечерія), намъ въ землю преклонившимся, и испрашиваетъ прощенія у вѣрныхъ, предваряя сіе обычно приличнымъ случаю назидательнымъ словомъ.

Февраль

НАЧАЛО СВЯТАГО И ВЕЛИКАГО ПОСТА.

10-го ФЕВРАЛЯ. Чистый понедѣльникъ. Св. мученика Харалампія, еп. Магнисійскаго.

Полунощница по часослову съ 17-й каѳизмой. Послѣ — Иже на всякое время: возгласъ — Боже, ущедри ны: и 3 великихъ поклона съ молитвой — Господи и Владыко живота моего: (Въ прочіе же дни: еще 12 малыхъ поясныхъ поклоновъ и вновь всю молитву и поклонъ 1 великій).

Утреня. Іерей съ кадиломъ предъ престоломъ — Благословенъ Богъ нашъ: чтецъ — Аминь. (Аще нѣсть полунощницы, то по возгласѣ — Царю Небесный:) Трисвятое: по — Отче нашъ: іерей — Яко Твое есть Царство: и кадитъ церковь. Чтецъ — Аминь; и чтетъ псалмы 19-й и 20-й и прочее до шестопсалмія. Ектенія великая, и поемъ — Аллилуіа, въ рядовый 4-й гласъ и троичны повторяются ежедневно до пятка включительно, только конецъ къ 1-му измѣняется по дню. Въ понедѣльникъ первое окончаніе — **Предстательствы безплотныхъ Твоихъ помилуй насъ.** Начало читаетъ священникъ или чтецъ, а концы припѣваются. Посемъ каѳизмы 4-я, 5-я и 6-я. По 4-й каѳизмѣ, безъ ектеніи, сѣдальны умилительны Октоиха 4-го гласа (съ мученичнымъ) — Смиренную мою душу: стихъ — Господи, да не яростію: — Приплавая пучину: стихъ — Дивенъ Богъ во святыхъ Своихъ, Богъ Израилевъ; мученичнъ — Днесь ангельская: Слава, и нынѣ: богородиченъ — Воспитавшейся во храмѣ: (см. въ концѣ «Постной Тріоди» или въ концѣ Великаго сборника, 3-я часть: «Тріодь постная»). На 5-й и 6-й каѳизмахъ сѣдальны Тріоди на ряду. Псаломъ 50-й. Молитва — Спаси, Боже, люди Твоя: Возгласъ — Милостію и щедротами: И начинаемъ канонъ. Пѣснь 1-я: поется сначала гимнъ пророка Моисея — Господеви поемъ: по стихамъ до — Огустѣша: Отсюда начинаемъ къ стихамъ гимна прибавлять изъ канона мученика Харалампія на 6: — Огустѣша: и ирмосъ — Яко по суху: Стихъ — Рече врагъ: и тропарь канона и далѣе (тропари на 5). Отъ стиха — Тогда потщашася: поется на 4 первый трипѣснецъ Тріоди; (тропари — Грѣховъ треволненіе: и — Единъ азъ: читаются какъ единъ); отъ — Господь царствуяй: второй трипѣснецъ Тріоди. Въ концѣ еще два тропаря Тріоди — Колесница огненная: — Брашно Адамъ: При каждомъ изъ нихъ припѣвъ — Слава Тебѣ, Боже нашъ, слава Тебѣ; Катавасія Тріоди — Грядите, людіе: Пѣснь 3-я изъ Минеи на 4 съ двумя послѣдними стихами гимна пророчицы Анны. Ирмосъ — Небеснаго круга: не поется вначалѣ, но въ концѣ пѣсни, какъ катавасія. Ектенія малая. Сѣдаленъ мученика — Столпъ незыблемъ: Слава, и нынѣ: богородиченъ — Божественная была еси: 4-я и 5-я пѣсни изъ Минеи. Сначала ирмосъ, потомъ тропари Минеи на 4 съ двумя послѣдними стихами гимна. 6-я пѣснь поется изъ Минеи, какъ 3-я, и кончается ирмосомъ. Малая ектенія. Кондакъ мученика — Подобствовавъ благодати: и икосъ. 7-я пѣснь поется изъ Минеи, какъ 4-я, 8-я какъ 1-я: сначала выпѣваются стихи гимна до —

Благословите огнь и варъ: и ирмосъ Минеи. Также 5 тропарей Минеи. Два трипѣснца Тріоди на 8 со стихами. Въ концѣ — Слава Тебѣ, Боже: тропарь — Постився Господь: — Хвалимъ, благословимъ: и катавасія Тріоди — Древле оросившаго: Поемъ — Честнѣйшую: кажденіе храма. На 9-й пѣсни поемъ ирмосъ Минеи и тропари на 5, Тріоди два трипѣснца на 8 со стихами. Въ концѣ — Слава Тебѣ, Боже: тропарь — День единъ: и катавасія Тріоди — Преестественно плотію: — Достойно есть: и поклонъ. Ектенія малая. По возгласѣ свѣтиленъ троиченъ, гласъ 4-й — Свѣтъ возсіяй міру Твоему: Свѣтиленъ повторяется ежедневно до пятка включительно. Начало читаетъ чтецъ, а концы припѣваются. Конецъ къ 1-му измѣняется по дню; въ понедѣльникъ первое окончаніе — **Предстательствы безплотныхъ Твоихъ, и спаси мя;** во второе на — Слава: конецъ — Молитвами, Господи, святыхъ Твоихъ, и спаси мя; на — И нынѣ: въ концѣ — Молитвами, Господи, Богородицы, и спаси мя. Чтемъ хвалительные псалмы. Іерей — Тебѣ слава подобаетъ: Чтецъ — Аминь. Іерей — Слава Тебѣ, показавшему намъ свѣтъ. Чтецъ — Слава въ вышнихъ Богу: Ектенія — Исполнимъ утреннюю: Стиховны Тріоди, гласъ 5-й — Пріиде постъ: Слава, и нынѣ: богородиченъ — Тя Божію Матерь: Чтецъ — Благо есть исповѣдатися: 2-жды. Трисвятое: по — Отче нашъ: тропарь — Въ храмѣ стояще: — Господи, помилуй (40 разъ) — Честнѣйшую: іерей — Сый благословенъ: чтецъ — Небесный Царю: Іерей — Господи и Владыко: и поклона 3; таже — Боже, очисти мя, грѣшнаго; и 12 поясныхъ поклоновъ; посемъ всю молитву и поклонъ земный. Чтецъ — Аминь; и часъ 1-й. По понедѣльникамъ на 1-мъ часѣ каѳизмы нѣтъ. По трехъ псалмѣхъ, іерей — Заутра услыши: ликъ поетъ тойже стихъ, іерей — Глаголы моя: ликъ: Заутра услыши: и т. д. и творимъ поклоны. Іерей — Слава: чтецъ — И нынѣ: и — Что тя наречемъ: Таже ликъ поетъ повторно — Стопы моя: и — Да исполнятся: Вмѣсто кондака — Преславную Божію Матерь: — Господи, помилуй (40 разъ). — Иже на всякое время: Іерей — Боже, ущедри ны: и 16 поклоновъ съ молитвой — Господи и Владыко: конечное Трисвятое: по — Отче нашъ: — Господи, помилуй (12 разъ); іерей — Христе, Свѣте истинный: и отпустъ.

Часы 3-й, 6-й и 9-й отправляются съ каѳизмами (7-я, 8-я и 9-я) и великопостными тропарями (на 3-мъ часѣ — Господи, Иже Пресвятаго Твоего Духа: на 6-мъ — Иже въ шестый день: на 9-мъ — Иже въ девятый часъ:). На 6-мъ часѣ послѣ — Яко не имамы: чтецъ — Тропарь пророчества, гласъ 5-й — Господи, Господи, Егоже вся ужасаются: поемъ — Слава, и нынѣ: тойже. Іерей — Вонмемъ. Чтецъ слово *прокименъ* не глаголетъ, точію скажетъ — Гласъ 4-й — Вѣсть Господь путь: стихъ — Блаженъ мужъ: таже іерей — Премудрость; чтецъ — Пророчества Исаіина чтеніе; іерей — Вонмемъ. И чтецъ чтетъ паремію. По чтеніи, іерей — Вонмемъ. Чтецъ — Гласъ 7-й — Работайте Господеви: стихъ — Вскую шаташася: Сице глаголати іерею и чтецу во всю святую четыредесятницу прокименъ, предъ пареміями на 6-мъ часѣ и на вечерни (когда нѣтъ Литургіи Преждеосвящ. Даровъ). Въ концѣ каждаго

Февраль

часа — Господи и Владыко: на 3-мъ и 6-мъ часѣ съ 16-ю поклонами, а на 9-мъ съ тремя поклонами великими.

Изобразительныя отправляются вмѣстѣ съ часами. Послѣ молитвы 9-го часа — Владыко Господи Іисусе Христе: отверзается завѣса и поемъ — Во Царствіи Твоемъ: Въ концѣ — Помяни насъ, Господи: — Помяни насъ, Владыко: — Помяни насъ, Святый: на каждый стихъ поклонъ земный. Чтецъ — Ликъ небесный: и прочее; по — Отче нашъ: кондакъ храма Христова. Аще храмъ Богородицы или святаго: кондакъ Преображенія — На горѣ Преобразился еси: посемъ кондакъ безплотныхъ (только въ понедѣльникъ) — Архистратизи Божіи: храма святаго (аще храмъ его), рядового святаго изъ Минеи (аще есть); Слава: — Со святыми упокой: И нынѣ: — Предстательство христіанъ: аще храмъ Богородицы: И нынѣ: кондакъ храма. — Господи, помилуй (40 разъ). — Честнѣйшую: Іерей — Боже, ущедри: и 16 поклоновъ съ молитвой — Господи и Владыко: и начинаемъ вечерню — Пріидите поклонимся:

Вечерня. — Пріидите, поклонимся: и псаломъ 103-й — Благослови, душе моя, Господа: Ектенія великая. Каѳизма 18-я. Малая ектенія. — Господи воззвахъ: гласъ 8-й; стихиры на 6; Тріоди — Всякій грѣхъ: 3 и изъ Минеи священномученика Власія — Добродѣтелей верхъ: 3; (славникъ не поемъ). Слава, и нынѣ: богородиченъ — Прегрѣшеній пучиною: (см. 23-го фев. на вечерни). Чтецъ — Свѣте тихій: Чтецъ — гласъ 6-й — Господне есть спасеніе: Бытія чтеніе. Гласъ 5-й — Господь услышитъ мя: Притчей чтеніе. Сподоби, Господи: Ектенія — Исполнимъ вечернюю: Стихиры стиховныя Тріоди, гласъ 3-й — Постимся постомъ: Слава, и нынѣ: богородиченъ, — Богородице, предстательство всѣхъ: — Нынѣ отпущаеши: Трисвятое: по — Отче нашъ: поемъ тропари съ земными поклонами — Богородице Дѣво: Слава: — Крестителю Христовъ: И нынѣ: — Молите за ны: Таже безъ поклона — Подъ Твое благоутробіе: Чтецъ — Господи, помилуй (40 разъ). — Честнѣйшую: Іерей — Сый благословенъ: Чтецъ — Небесный Царю: и 16 поклоновъ съ молитвою — Господи и Владыко: Трисвятое: по — Отче нашъ: — Господи, помилуй (12 разъ). — Всесвятая Троице: — Буди имя Господне: 3-жды; Слава, и нынѣ: Псаломъ 33-й — Благословлю Господа: Іерей — Премудрость. Ликъ — Достойно есть: поклонъ земной. Іерей — Пресвятая Богородице: Ликъ — Честнѣйшую: Іерей — Слава Тебѣ, Христе Боже: Ликъ — Слава, и нынѣ: — Господи, помилуй (3-жды), — Благослови. И конечный отпустъ отъ іерея. Таже заупокойная литія въ притворѣ.

Великое повечеріе бываетъ около 3-4 час. вечера (по церковному счету, о часѣ 9-мъ). Іерей въ епитрахили — Благословенъ Богъ: Чтецъ — Аминь. Слава Тебѣ, Боже нашъ, слава Тебѣ; — Царю Небесный: Трисвятое: по — Отче нашъ: и прочее начало. По — Пріидите поклонимся: псаломъ 69-й — Боже, въ помощь мою: И чтемъ Великій канонъ (твореніе преп. Андрея Критскаго), творяще его на 4 части, яко исполнитися ему въ четвертокъ вечера. На кійждо тропарь 3 поясныхъ поклона съ припѣвомъ — Помилуй мя, Боже, помилуй мя. По 6-й пѣсни кондакъ (твореніе преп. Романа Сладкопѣвца) — Душе моя, душе моя: по 9-й пѣсни ирмосъ — Безсѣменнаго зачатія: И чтемъ въ Часословѣ — Внегда призвати: поряду до — Живый въ помощи: поемъ — Съ нами Богъ: — День прешедъ: — Безплотное естество: — Пресвятая Дѣво: чтемъ — Вѣрую: Таже іерей — Пресвятая Владычице: и ликъ тоже дважды и два поклона. Прочіе же стихи іерей единожды и ликъ единожды и поклонъ. Трисвятое: по — Отче нашъ: — Просвѣти очи: Слава: — Заступникъ души моея: И нынѣ: — Яко не имамы: — Господи, помилуй (40 разъ). И прочее поряду. Послѣ — Слава въ вышнихъ Богу: Трисвятое: по — Отче нашъ: поемъ — Господи силъ: Таже — Иже на всякое время: и молитва св. Ефрема съ 16-ю поклонами. Конечное Трисвятое: по — Отче нашъ: — Господи, помилуй (12 разъ). Молитвы — Нескверная, неблазная: — И даждь намъ, Владыко: — Преславная, Приснодѣво: и — Упованіе мое: Іерей — Слава Тебѣ: Ликъ — Слава, и нынѣ: — Господи, помилуй (3-жды): — Благослови. Вмѣсто отпуста, намъ на землю приклоншимся, іерей чтетъ — Владыко многомилостиве: Прощеніе и ектенія — Помолимся: Прикладываемся къ образамъ, получаемъ благословеніе и расходимся.

11-го ФЕВРАЛЯ. Чистый вторникъ. Св. священномученика Власія, еп. Севастійскаго.

На полунощницѣ все послѣдованіе, какъ въ понедѣльникъ, только молитва — Господи и Владыко: съ 16-ю поклонами.

На утрени къ троичному 4-го гласа, первое окончаніе измѣняется — **Молитвами Предтечи Твоего помилуй насъ.** А на — Слава: и на — И нынѣ: концы неизмѣнны. Каѳизмы 10-я, 11-я и 12-я. По 10-й каѳизмѣ сѣдальны Октоиха 4-го гласа (съ мученичнымъ) — Скоро совнидемъ: стихъ — Господи, да не яростію: — Помяни душе: стихъ — Дивенъ Богъ во святыхъ Своихъ, Богъ Израилевъ; мученичнъ — Иже во всему мірѣ: — Слава, и нынѣ: богородиченъ — Господственно и истинно: По 11-й и 12-й каѳизмѣ сѣдальны Тріоди. На канонѣ 1-я пѣснь поется на 4 такъ какъ въ понедѣльникъ 4-я пѣснь. Канонъ священномученика Власія изъ Минеи. Ирмосы — Моря чермную: На трипѣснцахъ положены пѣсни 2-я, 8-я и 9-я. На 2-й пѣсни вычитывается сначала весь гимнъ — Вонми небо: а потомъ только изъ Тріоди ирмосъ и трипѣснцы съ припѣвомъ — Слава Тебѣ, Боже нашъ, слава Тебѣ. 3-ю пѣснь поемъ какъ 1-ю, только ирмосъ изъ минеи — Веселится о Тебѣ: поется въ концѣ какъ катавасія. По 3-й пѣсни кондакъ священномученика — Божественное прозябеніе: сѣдаленъ — Благочестія сый: Слава, и нынѣ: богородиченъ — Солнца облаче: по 6-й пѣсни кондакъ священномученика — Священія помазаніемъ: и икосъ. 7-я, 8-я и 9-я пѣсни поются, какъ и въ понедѣльникъ. Малая ектенія. По возгласѣ свѣтиленъ троиченъ, гласъ 4-й. Въ свѣтильнѣ измѣняется за первымъ разомъ конецъ — **Молитвами, Господи, Предтечи Твоего, и спаси мя.** Чтемъ хвалительные псалмы. Іерей — Тебѣ слава подобаетъ: Чтецъ — Аминь. Іерей — Слава Тебѣ, показавшему намъ свѣтъ. Чтецъ — Слава въ вышнихъ Богу: Ектенія — Исполнимъ утреннюю: Стиховны Тріоди, гласъ 3-й — Начнемъ людіе: Слава, и нынѣ: богородиченъ — Богородице, предстательство: — Благо есть исповѣдатися: 2-жды. И прочее послѣдованіе великопостной утрени, какъ въ понедѣльникъ. Прилагаемъ же и 1-й часъ съ 13-й каѳизмой.

На часахъ каѳизмы 14-я, 15-я и 16-я. На 6-мъ часѣ тропарь пророчества — Яко пришельцы есмы: Чтецъ — Гласъ 4-й — Вонми гласу моленія: Пророчества Исаіина чтеніе. — Гласъ 4-й — Господи, да не яростію:

На изобразительныхъ, по — Отче нашъ: порядокъ кондаковъ какъ въ понедѣльникъ. Только вмѣсто кондака безплотныхъ читается кондакъ Предтечи — Пророче Божій: По молитвѣ — Господи и Владыко: съ 16 поклонами, начинаемъ вечерню — Пріидите, поклонимся:

На вечерни на — Господи воззвахъ: гласъ 2-й, стихиры на 6; Тріоди — Снѣдію древле: 3 и святителя Мелетія Антіохійскаго — Плоти по ѵпостаси: 3 (службу свят. Алексію Московскому поемъ въ субботу); Слава, и нынѣ: крестобогородиченъ, гл. 8-й — Агнца и пастыря тя: Чтецъ — Свѣте тихій: Чтецъ — гласъ 6-й — Господи, Боже мой: Бытія чтеніе. — Гласъ 5-й — Господи Господь нашъ: Притчей чтеніе: На стиховнѣ стихиры Тріоди гласъ 8-й — Постъ не ошаяніе: Слава, и нынѣ: крестобогородиченъ — О преславнаго чудесе: и прочее, якоже въ понедѣльникъ.

Повечеріе великое съ канономъ св. Андрея Критскаго.

12-го ФЕВРАЛЯ. **Чистая среда.** Святителя Мелетія, арх. Антіохійскаго. **Святителя Алексія, патріарха Московскаго и всея Россіи чудотворца.**
(*Службу святителя Алексія поемъ на Ѳеодоровскую субботу — 15 февраля. Въ сей день поемъ службу изъ Минеи свят. Мелетію.*)

Полунощница, какъ и въ предыдущій день.

На утрени послѣдованіе, якоже въ понедѣльникъ. Къ троичному 4-го гласа, первый припѣвъ — **Силою Креста Твоего сохрани насъ, Господи.** Каѳизмы 19-я, 20-я и 1-я. По 19-й каѳизмѣ сѣдальны Октоиха 4-го гласа (съ мученичнымъ) — Искупилъ ны еси: стихъ — Возносите Господа: — Скоро предвари: стихъ — Дивенъ Богъ: мученченъ — Мученицы Твои Господи: Слава, и нынѣ: крестобогородиченъ — Дѣво пренепорочная: По 20-й и 1-й каѳизмѣ сѣдальны Тріоди. Канонъ святителя Мелетія на 4. Ирмосы — Колесницегонителя фараоня: Трипѣснецъ положенъ на 3-й, 8-й и 9-й пѣсняхъ. По 3-й пѣсни сѣдаленъ святителя — Поучився день же: Слава, и нынѣ: крестобогородиченъ — Агнца и пастыря: По 6-й пѣсни кондакъ святителя — Духовнаго твоего: Свѣтиленъ троиченъ, гласъ 4-й. Въ свѣтильнѣ измѣняется за первымъ разомъ конецъ — **Силою, Господи, Креста Твоего, и спаси мя.** Чтемъ хвалительные псалмы. Іерей — Слава Тебѣ, показавшему намъ свѣтъ. Чтецъ — Слава въ вышнихъ Богу: Ектенія — Исполнимъ утреннюю: Стиховны Тріоди, гласъ 8-й — Постомъ, помышлѳній страсти: Слава, и нынѣ: крестобогородиченъ — Что зримое видѣніе: — Благо есть исповѣдатися: 2-жды. И прочее послѣдованіе великопостной утрени, какъ въ понедѣльникъ. Прилагаемъ же и 1-й часъ съ 2-й каѳизмой.

На часахъ каѳизмы 3-я, 4-я и 5-я. На 6-мъ часѣ тропарь пророчества, гласъ 4-й — Вѣси созданіе наше: Чтецъ — гласъ 4-й — Исповѣмся Тебѣ: Пророчества Исаіина чтеніе. — Гласъ 6-й — Праведенъ Господь: На 9-мъ часѣ по 3-хъ поклонахъ іерей совершаетъ входное и облачается во всѣ священническія одежды.

На изобразительныхъ, по — Отче нашъ: во всѣхъ храмахъ, вмѣсто кондака храма Христова или кондака Преображенія чтется кондакъ Креста — Вознесыйся на Крестъ волею: также и остальные кондаки по прежнему указанію. Изобразительныя оканчиваются такъ: по 16-ти поклонахъ съ молитвою Ефрема Сирина — Трисвятое: по — Отче нашъ: — Господи, помилуй (12 разъ), — Всесвятая Троице: Іерей — Премудрость. Ликъ — Достойно есть: поклонъ земной. Іерей — Пресвятая Богородице: Ликъ — Честнѣйшую: и опустъ по обычаю. Затѣмъ служимъ вечерню съ литургіей Преждеосвященныхъ Даровъ.

Вечерня съ литургіей Преждеосвященныхъ Даровъ. Діаконъ по отпустѣ изобразительныхъ возглашаетъ — Благослови, владыко. Іерей, помолившись предъ престоломъ, возглашаетъ — Благословено Царство: творя на антиминсѣ Евангеліемъ знаменіе креста. Ликъ — Аминь. Чтецъ — Пріидите, поклонимся: и псаломъ 103-й. Іерей чтетъ предъ Царскими вратами свѣтильничныя молитвы, начиная съ 4-й. По псалмѣ великая ектенія и каѳизма 18-я, на нейже переноситъ іерей Святый Агнецъ съ престола на жертвенникъ и покрываетъ его. На 1-й Славѣ: іерей поставляетъ дискосъ на раскрытый антиминсъ и благоговѣйно полагаетъ изъ дарохранительницы на дискосъ преждеосвященный Агнецъ, поклоняясь ему до земли. На 2-й Славѣ: троекратное кажденіе вокругъ престола. На 3-й Славѣ: іерей переноситъ Агнецъ мимо горняго мѣста на жертвенникъ, вливаетъ вино съ водою въ чашу и покрываетъ. По каждой Славѣ: каѳизмы, малая ектенія. — Господи воззвахъ: во гласъ 8-й. Стихиры на 10; самогласенъ Тріоди — Постящеся братіе: 2-жды, и мученичѳнъ, подобны — Свѣтолучныя васъ: 3 и Минеи преподобнаго Мартиніана — Пріидите, якоже: 4; Слава, и нынѣ: богородиченъ, гл. 2-й — Едина невмѣстимаго Бога: (см. 25-го фев. на вечерни). Входъ съ кадиломъ. — Свѣте тихій: Діаконъ — Вонмемъ. Іерей — Миръ всѣмъ. Чтецъ — И духови твоему. Діаконъ — Премудрость. Чтецъ прокименъ **не** глаголетъ, точію скажетъ — гласъ 5-й — Ты, Господи: стихъ — Спаси мя, Господи: таже діаконъ — Вонмемъ. Чтецъ — Бытія чтеніе. По чтеніи, діаконъ — Вонмемъ. Чтецъ также **не** глаголетъ слово прокименъ но точію — гласъ 6-й — Призри и услыши мя: Послѣ втораго прокимна, діаконъ

Февраль

— Повели́те. Іере́й, осѣня́я свѣще́ю и кади́ломъ моля́щихся возглаша́етъ — Прему́дрость, прости́, Свѣ́тъ Христо́въ просвѣща́етъ всѣ́хъ. Чтецъ — При́тчей чте́ніе. Діа́конъ — Во́нмемъ. Чтецъ чтетъ 2-ю паре́мію. Іере́й — Ми́ръ ти. Чтецъ — И ду́хови твоему́. Діа́конъ — Прему́дрость. Та́же пое́тъ учине́нный пѣве́цъ посредѣ́ це́ркви — Да испра́вится моли́тва моя́: По оконча́ніи — Да испра́вится: а также по перенесе́ніи святы́хъ Даро́въ, іере́й провозглаша́етъ предъ престо́ломъ — Го́споди и Влады́ко: съ тремя́ вели́кими покло́нами. И про́чее послѣ́дованіе литургі́и Преждеосвяще́нныхъ Даро́въ по ря́ду. По — Бу́ди и́мя Госпо́дне: при пѣ́ніи 33-го псалма́ іере́й раздае́тъ моля́щимся антидо́ръ. Соверше́нный о́тпустъ.

Повече́ріе вели́кое съ кано́номъ Андре́я Кри́тскаго, какъ и въ предыду́щіе дни.

13-го ФЕВРАЛЯ. **Чи́стый четверто́къ.** Преподо́бнаго Мартиніа́на.

На полуно́щницѣ все неизмѣ́нно.

На у́трени къ тро́ичному 4-го гла́са, пе́рвый припѣ́въ — **Моли́твами святы́хъ Апо́столъ Твои́хъ, и святи́теля Никола́я, поми́луй насъ.** Каѳи́змы 6-я, 7-я и 8-я. По 6-й каѳи́змѣ сѣда́льны Окто́иха 4-го гла́са (съ му́ченичнымъ) — Свѣ́тила въ концѣ́хъ: стихъ — Во всю́ зе́млю: — Я́ко Мѡѷсе́й: стихъ — Ди́венъ Богъ: му́ченичeнъ — Кресто́мъ вооружи́вшеся: Сла́ва, и ны́нѣ: богоро́диченъ — Сло́во Отче́е: По 7-й и 8-й каѳи́змахъ сѣда́льны Трі́оди. Кано́нъ преподо́бнаго Мартиніа́на изъ Мине́и на 4. Ирмосы́ — Во глубинѣ́ пости́ла иногда́: Трипѣ́снецъ положе́нъ на 4-й, 8-й и 9-й пѣ́снехъ, на ни́хъ же кано́нъ преподо́бнаго со ирмосо́мъ на 6 и Трі́оди на 8. По 3-й пѣ́сни сѣда́ленъ преподо́бнаго — Преподо́бный Твой: Сла́ва, и ны́нѣ: богоро́диченъ — Дѣ́во всенепоро́чная: По 6-й пѣ́сни конда́къ преподо́бнаго — Я́ко подви́жника: и и́косъ. Свѣти́ленъ тро́иченъ, гла́съ 4-й. Въ свѣти́льнѣ измѣня́ется за пе́рвымъ ра́зомъ коне́цъ — **Моли́твами Го́споди, Апо́столъ Твои́хъ, и святи́теля Никола́я, и спаси́ мя.** Чтемъ хвали́тельные псалмы́. Іере́й — Тебѣ́ сла́ва подоба́етъ: Чтецъ — Ами́нь. Іере́й — Сла́ва Тебѣ́, показа́вшему намъ свѣтъ. Чтецъ — Сла́ва въ вы́шнихъ Бо́гу: Ектенія́ — Испо́лнимъ у́треннюю: Стихо́вны Трі́оди, гла́съ 3-й — Го́споди, мнѣ грѣ́шному: Сла́ва, и ны́нѣ: богоро́диченъ — Богоро́дице, предста́тельнице: — Бла́го е́сть исповѣ́датися: 2-жды. И про́чее послѣ́дованіе великопостно́й у́трени, какъ въ понедѣ́льникъ. Прилага́емъ же и 1-й часъ съ 9-й каѳи́змой.

На часа́хъ каѳи́змы 10-я, 11-я и 12-я. На 6-мъ часѣ́ тропа́рь проро́чества, гла́съ 1-й — Ви́димыхъ и неви́димыхъ вра́гъ: Чтецъ — гла́съ 1-й — Внегда́ возврати́тъ Госпо́дь: Проро́чества Иса́ина чте́ніе. — Гла́съ 4-й — Го́споди, кто обита́етъ:

На изобрази́тельныхъ, по — Отче нашъ: поря́докъ конда́ковъ тотъ же, какъ въ понедѣ́льникъ. То́лько вмѣ́сто конда́ка безпло́тныхъ чита́ются конда́къ апо́столовъ — Тве́рдыя и богове́щанныя: и конда́къ свят. Никола́я — Въ Мѵ́рѣхъ, свя́те: По моли́твѣ — Го́споди и Влады́ко:

съ 16 поклонами начинаемъ вечерню — Пріидите, поклонимся:

На вечерни на — Господи воззвахъ: гласъ 2-й, стихиры на 6; Тріоди 3 — Омрачена мя: и въ Минеи преподобнаго Авксентія — Возращеніе пощенія: 3; Слава, и нынѣ: крестобогородиченъ, гл. 4-й — Распинаема Христа: (см. 28-го фев. на вечерни). Чтецъ — Свѣте тихій: Чтецъ — гласъ 4-й — Благословлю Господа, вразумившаго мя. Бытія чтеніе. — Гласъ 4-й — Сохрани мя, Господи: Притчей чтеніе. На стиховнѣ стихиры Тріоди, гласъ 4-й — Желающе божественныя Пасхи: Слава, и нынѣ: крестобогородиченъ — На Крестѣ: и прочее послѣдованіе великопостной вечерни по обычаю (см. въ понедѣльникъ вечера).

На великомъ повечеріи завершается чтеніе великаго канона Андрея Критскаго.

14-го ФЕВРАЛЯ. **Чистый пятокъ.** Преподобнаго Авксентія Виѳинскаго.

Полунощница, какъ и въ предыдущіе дни.

На утрени къ троичному 4-го гласа, первый припѣвъ — **Силою Креста Твоего сохрани насъ, Господи.** Каѳизмы 13-я, 14-я и 15-я. По 13-й каѳизмѣ сѣдальны Октоиха 4-го гласа (съ мученичнымъ) — На крестѣ Тя пригвоздиша: стихъ — Возносите Господа: — Свѣтъ душъ нашихъ: стихъ — Дивенъ Бог: мученченъ — Честное страстотерпцевъ; Слава, и нынѣ: крестобогородиченъ — На крестѣ Тя вознесена: По 14-й и 15-й каѳизмахъ сѣдальны Тріоди. Канонъ преподобнаго изъ Минеи на 4. Ирмосы — Моря чермную: Трипѣснецъ положенъ на 5-й, 8-й и 9-й пѣсняхъ, на нихъ же канонъ преподобнаго со ирмосомъ на 6 и Тріоди на 8. По 3-й пѣсни сѣдаленъ преподобнаго — Земная вся оставивъ: Слава, и нынѣ: крестобогородиченъ — Солнца облаче: 6-я пѣснь стихословится сначала и до — И да пріидетъ къ Тебѣ: включительно. Отъ — Хранящіи суетная и ложная: читаемъ канонъ мучениковъ и за катавасію ирмосъ канона. По 6-й пѣсни кондакъ преподобнаго — Насладився, богомудре: и икосъ. 7-я пѣснь стихословится сначала и до — Благословенъ еси видяй бездны: Стихъ — Благословенъ еси видяй бездны: ирмосъ 7-й пѣсни канона мучениковъ и прочіе тропари. 7-я пѣснь не покрывается, но сразу стихословится 8-я пѣснь. Свѣтиленъ троиченъ, гласъ 4-й. Въ свѣтильнѣ измѣняется за первымъ разомъ конецъ — **Силою, Господи, Креста Твоего, и спаси мя.** Чтемъ хвалитѣльные псалмы. Іерей — Тебѣ слава подобаетъ: Чтецъ — Аминь. Іерей — Слава Тебѣ, показавшему намъ свѣтъ. Чтецъ — Слава въ вышнихъ Богу: Ектенія — Исполнимъ утреннюю: Стиховны Тріоди, гласъ 8-й — Постное завѣщаніе: Слава, и нынѣ: крестобогородиченъ — Яко видѣ: — Благо есть исповѣдатися: 2-жды. И прочее послѣдованіе великопостной утрени, какъ въ понедѣльникъ. На 1-мъ часѣ каѳизмы нѣтъ.

На часахъ 3-мъ и 6-мъ каѳизмы 19-я и 20-я. На 9-мъ часѣ каѳизмы нѣтъ. На 6-мъ часѣ тропарь пророчества, гласъ 5-й — Многогрѣховное наше житіе: Чтецъ — гласъ 7-й — Возлюблю Тя, Господи: Пророчества

Февраль

Исаіина чтеніе. — Гласъ 6-й — Господи, Помощниче мой:

На изобразительныхъ, по — Отче нашъ: порядокъ кондаковъ тотъ же, какъ въ среду. Окончаніе изобразительныхъ, какъ и въ среду предъ преждеосвященной. Затѣмъ служимъ вечерню съ литургіей Преждеосвященныхъ Даровъ.

(Служба святителя Алексія переносится съ среды 12 февраля на сей день.)

Вечерня съ литургіей Преждеосвященныхъ Даровъ. На вечерни ектенія великая и каѳизма 18-я. На — Господи воззвахъ: во гл. 5-й; стихиры на 10; Тріоди самогласенъ — Пріидите вѣрніи: 2-жды; стихиры святителя изъ Минеѣ — Радуйся, пречестный архіерею: со Славнымъ: — Святетелей удобреніе: 4 и великомученика Ѳеодора изъ Тріоди — Пріидите мученикольбцы: 4; Слава: великомуч. Ѳеодора — Сосуда употребивъ: И нынѣ: догматикъ настоящаго гласа — Иже Тебе ради: Входъ съ кадиломъ. — Свѣте тихій: Чтецъ — гласъ 5-й — Услышитъ ты Господь: Бытія чтеніе. — Гласъ 6-й — Вознесися, Господи: Послѣ втораго прокимна, діаконъ — Повелите. Іерей, осѣняя свѣщею и кадиломъ молящихся возглашаетъ — Премудрость, прости, Свѣтъ Христовъ просвѣщаетъ всѣхъ. Чтецъ — Притчей чтеніе. Діаконъ — Вонмемъ. Чтецъ чтетъ 2-ю паремію. Чтенія святителя 3. Іерей — Миръ ти. Чтецъ — И духови твоему. Діаконъ — Премудрость. — Да исправится молитва моя: 3 поклона и прочее послѣдованіе Преждеосвященныхъ.

По заамвонной молитвѣ псаломъ 142-й. — Богъ Господь: во гласъ 2-й. Тропарь — Велія вѣры: Слава: тойже; И нынѣ: — Вся паче смысла: Псаломъ 50-й и кажденіе. Канонъ великомуч. Ѳеодора безъ ирмосовъ (по установившейся практикѣ канонъ читаетъ настоятель, а ликъ поетъ припѣвы — Святый великомучениче Ѳеодоре, моли Бога о насъ; Слава: и И нынѣ). По 6-й пѣсни кондакъ великомуч. По 9-й пѣсни ирмосъ — Тя неискусобрачную: Трисвятое: по — Отче нашъ: Тропарь великомуч. Ѳеодора; Слава: кондакъ его; И нынѣ: богородиченъ — Якоже предстательство: — Господу помолимся. И чтется молитва на благословеніе колива изъ Служебника или Требника. — Буди имя Господне: 3-жды; — Благословлю Господа: Отпустъ Литургіи преждеосвященныхъ Даровъ.

Аще ли не будетъ Преждеосвященныя — по каѳизмѣ малая ектенія; на — Господи воззвахъ: во гласъ 5-й; стихиры на 6; святителя — Радуйся, пречестный архіерею: 3 и великомуч. Ѳеодора изъ Тріоди 3 — Пріидите мученикольбцы: Слава: великомуч. Ѳеодора — Сосуда употребивъ: И нынѣ: догматикъ настоящаго гласа — Иже Тебе ради: (безъ входа). Чтецъ — Свѣте тихій: Чтецъ — гласъ 5-й — Услышитъ тя Господь: Бытія чтеніе. — Гласъ 6-й — Вознесися, Господи: Притчей чтеніе. Чтенія святителя 3. — Сподоби Господи: Ектенія — Исполнимъ: На стиховнѣ Тріоди самогласенъ дне, гл. 5-й — Пріидите вѣрніи, дѣлаимъ во свѣтѣ: 2-жды; и мученичен — Благословено воинство: (изъ Октоиха въ субботу на утрени, гл. 5-й, на хвалитехъ); таже припѣвъ — Возвеселится праведникъ: стихира великомуч. Ѳеодора — Божественыхъ даровъ: (писано на — Господи воззвахъ:) Слава: святителя — Благій рабе: И нынѣ: богородиченъ — Творецъ и Избавитель: — Нынѣ отпущаеши: Трисвятое: по — Отче нашъ: тропарь — Яко апостоломъ сопрестольна: Слава: великомуч. Ѳеодора — Велія вѣры: И нынѣ: — Вся паче смысла: Ектенія — Помилуй насъ Боже: Молитва преп. Ефрема и три поклоны великія. По молитвѣ псаломъ 142-й. — Богъ Господь: Тропарь — Велія вѣры: Слава: тойже; И нынѣ: — Вся паче смысла: Псаломъ 50-й и кажденіе. Канонъ великомуч. Ѳеодора безъ ирмосовъ (по установившейся практикѣ, канонъ читается настоятелемъ, а ликъ поетъ припѣвы — Святый великомучениче Ѳеодоре, моли Бога о насъ: Слава: и И нынѣ). По 6-й пѣсни кондакъ великомуч. По 9-й пѣсни ирмосъ — Тя неискусобрачную: Трисвятое: по — Отче нашъ: Тропарь великомуч. Ѳеодора; Слава: кондакъ его; И нынѣ: богородиченъ — Якоже предстательство: — Господу помолимся. И чтется молитва на благословеніе колива изъ Служебника или Требника. Чтецъ — Всесвятая Троице: — Буди имя Господне: 3-жды. Слава, и нынѣ: Псаломъ 33-й. Іерей — Премудрость. Ликъ — Достойно есть: Іерей — Пресвятая Богородице: Ликъ — Честнѣйшую: Іерей — Слава Тебѣ, Христе Боже: Ликъ — Слава, и нынѣ: — Господи, помилуй (3-жды), — Благослови. И конечный отпустъ отъ іерея.

Великое повечеріе безъ поклоновъ. По 1-мъ Трисвятомъ тропарь святителя — Яко апостоломъ сопрестольна: Слава: великомуч. Ѳеодора — Велія вѣры: И нынѣ: богородиченъ — Вся паче смысла: По 2-мъ Трисвятомъ — Помилуй насъ, Господи: Канонъ изъ Октоиха о усопшихъ 4-го гласа, ирмосы — Моря чермную: По — Достойно есть: и по Трисвятомъ: кондакъ святителя — Божественнаго и пречестнаго: Отпустъ малый. Правило ко святому причащенію для говѣющихъ.

15-го ФЕВРАЛЯ. **Суббота 1-я Великаго поста.** Воспоминаніе чуда св. великомученика Ѳеодора Тирона. **Святителя Алексія, митрополита Московскаго и всея Россіи чудотворца.** *Служба поліелейная, въ соединеніи съ Тріодью.*

(*Служба святителя переносится съ среды 12 февраля на сей день.*)
Полунощница субботняя, каѳизма 9-я.

На утрени на — Богъ Господь: во гл. 5-й; тропарь святителя — Яко апостоломъ сопрестольна: 2-жды; Слава: великомуч. Ѳеодора — Велія вѣры: И нынѣ: богородиченъ — Вся паче смысла: По 16-й каѳизмѣ малая ектенія и сѣдальны святителя — Наста свѣтоносный день: Слава: — Пріидите, торжествуемъ: И нынѣ: богородиченъ — Стѣна необоримая: по 17-й каѳизмѣ малая ектенія и сѣдальны великомуч. Ѳеодора — Кипя вѣры: съ богородичнымъ. Поліелей и величаніе святителя — **Величаемъ тя, святителю отче Алексіе, и чтемъ святую память твою, ты бо молиши за насъ Христа Бога нашего.** Псаломъ избранный — Услышите сія вси языцы, внушите вси живущіи по

Февраль

вселеннѣй. Малая ектенія. Сѣдаленъ святителя — Проповѣдуетъ, отче: Слава, и нынѣ: богородиченъ — Радуйся, ангеломъ: Степенна — Отъ юности моея: Прокименъ — Честна предъ Господемъ: Евангеліе отъ Іоанна зач. 36-е. Псаломъ 50-й. Слава: — Молитвами святителя Алексія: И нынѣ: — Молитвами Богородицы: Помилуй мя, Боже: стихира святителя — Неиздаема есть благодать: — Спаси Боже: Каноны: святителя со ирмосомъ на 6 (припѣвъ — Святителю отче Алексіе, моли Бога о насъ) и великомуч. Ѳеодора два канона на 8 (припѣвъ — Святый великомучениче Ѳеодоре, моли Бога о насъ). Ирмосы — Колесницегонителя фараоня: Катавасія — Отверзу уста моя: По 3-й пѣсни кондакъ святителя — Божественнаго и пречестнаго: и икосъ; сѣдальны святителя — Благовонною слова: Духомъ божественнымъ: Слава: великомуч. Ѳеодора — Максиміановыми ласканьми: И нынѣ: богородиченъ — Яко всенепорочная: По 6-й пѣсни кондакъ великомуч. Ѳеодора — Вѣру Христову: и икосъ. На 9-й — Честнѣйшую: По 9-й пѣсни *не поется* — Достойно есть: Малая ектенія. Свѣтиленъ святителя — Благодать святаго: Слава: ексапостиларій великомуч. Ѳеодора — Вѣнченосче святе: И нынѣ: богородиченъ — Во чревѣ твоемъ: На хвалитехъ стихиры во гл. 8-й на 6; стихиры святителя — Что тя наречемъ: 3 и великомуч. Ѳеодора — Мужа изрядна: 3; таже стихъ святителя — Восхвалятся преподобніи: Славникъ святителя — Человѣче Божій: Слава: великомуч. Ѳеодора — Священія даръ: И нынѣ: богородиченъ — Богородице, Ты еси лоза: Іерей — Слава Тебѣ, показавшему намъ свѣтъ. Поемъ — Слава въ вышнихъ Богу: Тропарь святителя; Слава: великомуч. Ѳеодора; И нынѣ: богородиченъ — Вся паче смысла: Ектеніи и отпустъ. Часъ 1-й.

На часахъ тропарь святителя; Слава: великомуч. Ѳеодора. Кондаки святителя и великомуч. Ѳеодора поперемѣнно.

На литургіи свят. Іоанна Златоуста, блаженна на 8; отъ канона святителя, пѣснь 3-я на 4 и отъ перваго канона великомуч. Ѳеодора, пѣснь 6-я на 4. По входѣ тропари святителя и великомуч. Ѳеодора; Кондакъ святителя; Слава: великомуч. Ѳеодора; И нынѣ: храма Богородицы; или — Предстательство христіанъ: Прокименъ — Честна предъ Господемъ: и — Возвеселится праведникъ: Апостолъ ко Евр. зач. 303-е, подъ зач. къ Тим. зач. 292-е и ко Евр. зач. 335-е. Аллилуіа во гл 6-й и 4-й. Евангеліе отъ Марка зач. 10-е, подъ зач. отъ Іоан. зач. 52-е и отъ Луки зач. 24-е. Причастенъ — Въ память вѣчную: И причащаются Св. Христовыхъ Таинъ говѣвшіе въ теченіе 1-й седмицы Св. Поста. Отпустъ обычный.

16-го ФЕВРАЛЯ. **Недѣля 1-я Великаго поста.** Гласъ 5-й. **Торжество Православія.**

На великой вечерни — Блаженъ мужъ: На — Господи воззвахъ: стихиры на 10; Октоиха 6 и Тріоди — Тя непостижимаго: 4; Слава: Тріоди — Благодать возсія: И нынѣ: догматикъ — Въ Чермнѣмъ мори: Входъ.

— Свѣте тихій: Прокименъ — Господь воцарися: Ектеніи. На стиховнѣ стихиры Октоиха; Слава: Тріоди — Изъ нечестія: И нынѣ: богородиченъ — О чудесе новаго: По — Нынѣ отпущаеши: — Богородице Дѣво: 2-жды и тропарь Тріоди — Пречистому образу Твоему: 1-жды.

На утрени на — Богъ Господь: тропарь воскресенъ 2-жды; Слава: Тріоди; И нынѣ; богородиченъ — Вся паче смысла: По каѳизмахъ сѣдальны Октоиха. — Ангельскій соборъ: Ѵпакои, степенна и прокименъ гласа. Евангеліе воскресное 5-е, отъ Лук. (зач. 113). — Воскресеніе Христово: Псаломъ 50-й. Слава: Тріоди — Покаянія отверзи ми: и прочая Тріоди. Каноны: воскресенъ на 4, крестовоскресенъ на 2, Богородицы на 2 и Тріоди на 6 (припѣвъ — Слава Тебѣ, Боже нашъ, слава Тебѣ). Ирмосы — Коня и всадника: Катавасія — Моря чермную: По 3-й пѣсни сѣдаленъ Тріоди — Божественный Твой зракъ: Слава: Тріоди — Зраками пророковъ: И нынѣ: богородиченъ — Любовію чистая: по 6-й кондакъ Тріоди — Неописанное Слово: и икосъ. На 9-й пѣсни — Честнѣйшую: — Святъ Господь Богъ нашъ. Свѣтиленъ воскресный 5-й — Животъ и путь: Слава: Слава: Тріоди — Взыграйте, восплещите: И нынѣ: богородиченъ — Оружія нынѣ: На хвалитехъ стихиры на 9; Октоиха 5 и Тріоди — Въ Тебѣ нынѣ радуется: 4 съ припѣвами ихъ — Исповѣмся Тебѣ, Господи: и — Возвеселюся и возрадуюся: и — Воскресни Господи: Слава: Тріоди — Моисей во время воздержанія: И нынѣ: — Преблагословенна еси: Славословіе великое. Тропарь — Днесь спасеніе: Ектеніи и отпустъ воскресный. Слава, и нынѣ: стихира евангельская 5-я — О премудрыхъ судебъ: Часъ 1-й.

На часахъ тропарь воскресный; Слава: Тріоди. Кондакъ Тріоди.

ЗРИ: На проскомидіи пріуготовляются 4 Агнца: единъ для сей литургіи и для Преждеосвященныхъ литургій въ понедѣльникъ, въ среду и въ пятницу.

На литургіи свят. Василія Великаго, блаженна на 10; гласа на 6 и отъ канона Тріоди, пѣснь 6-я на 4. По входѣ тропари воскресенъ и Тріоди; Слава, и нынѣ: Тріоди. Прокименъ, пѣснь отцевъ — Благословенъ еси, Господи: Апостолъ ко Евр. зач. 329-е отъ полу. Аллилуіа во гл. 4-й. Евангеліе отъ Іоанна зач. 5-е. Вмѣсто — Достойно есть: поемъ — О Тебѣ радуется: Причастенъ — Хвалите Господа: и — Радуйтеся праведніи: Отпустъ воскресный.

По заамвонной молитвѣ совершается послѣдованіе молебнаго пѣнія — **О обращеніи заблудшихъ,** а въ каѳедральныхъ соборахъ совершается чинъ Православія.

На вечерни на — Господи воззвахъ: во гл. 5-й; стихиры на 10: изъ Октоиха стихиры покаянны 5-го гласа — Господи, согрѣшая не престаю: 4; Тріоди — Даждь ми умиленіе: 3 и изъ Минеи великомученика Ѳеодора — Даръ Христосъ богатотворенъ: 3; Слава: великомученика — Священія даръ: И нынѣ: богородиченъ гл. 6 — Архангельски воспоимъ: Входъ съ кадиломъ. — Свѣте тихій: Прокименъ великій — Далъ еси достояніе: — Сподоби Господи: ектенія — Исполнимъ вечернюю: Стиховны Тріоди —

Февраль

Пріидите очистимъ себѣ: Слава: великомученика — Страдальческимъ мужествомъ: и нынѣ: богородиченъ гл. 8— Архангела Гавріила гласъ: и прочее послѣдованіе якоже указася въ недѣлю сыропустную вечера (до отпуста).

На маломъ повечеріи поемъ канонъ Тріоди святымъ пророкомъ.

22-го ФЕВРАЛЯ. **Суббота 2-я Великаго поста.** *Родительская. Поминовеніе усопшихъ.* Обрѣтеніе мощей свв. мучениковъ, иже во Евгеніи.

Вечерня съ литургіей Преждеосвященныхъ Даровъ. На вечерни каѳизма 18-я и по каждой Славѣ: ектенія малая. На — Господи воззвахъ: во гл. 4-й, стихиры на 10; самогласенъ Тріоди — Нынѣ время: 2-жды, 4 мученичны изъ Октоиха, гласъ 5-й — Пламень нечестія: — Щитомъ вѣры: 2-жды — О земныхъ всѣхъ: и изъ Минеи мучениковъ — Многообразными виды: 4; Слава: покоинъ со стиховенъ Октоиха 5-го гласа — Помянухъ пророка: И нынѣ: догматикъ настоящаго гласа — Въ Чернѣмъ мори: Входъ съ кадиломъ. — Свѣте тихій: Чтецъ — гласъ 4-й — Милость Твоя: Бытія чтеніе. — Гласъ 6-й — Азъ рѣхъ, Господи: Притчей чтеніе. — Да исправится молитва: и прочее литургіи Преждеосвященныхъ Даровъ.

Аще ли не будетъ Преждеосвященныя — по 18-й каѳизмѣ, малая ектенія; на — Господи воззвахъ: во гл. 5-й, стихиры на 6; 3 мученичны изъ Октоиха, гласъ 5-й — Пламень нечестія: — Щитомъ вѣры: — О земныхъ всѣхъ: и изъ Минеи мученика — Многообразными виды: 3; Слава: покоинъ со стиховенъ Октоиха 5-го гласа — Помянухъ пророка: И нынѣ: догматикъ настоящаго гласа — Въ Чернѣмъ мори: Входа нѣтъ: Чтецъ — Свѣте тихій: Чтецъ — гласъ 4-й — Милость Твоя: Бытія чтеніе. — Гласъ 6-й — Азъ рѣхъ, Господи: Притчей чтеніе. — Сподоби Господи: Ектенія — Исполнимъ: На стиховнѣ Тріоди самогласенъ, Тріоди, гласъ 4-й — Нынѣ время: 2-жды; и мученичнъ изъ Октоиха, гласъ 4-й — Имуще дерзновеніе: (изъ вечерни пятка, на — Господи воззвахъ:) съ припѣвами — Къ Тебѣ возведохъ: и — Помилуй насъ Господи: Слава, и нынѣ: богородиченъ 4-го гласа — Свѣще неугасимая: (тамъ-же на стиховны). По — Нынѣ отпущаеши: тропарь — Апостоли, мученицы: Слава: — Помяни, Господи: И нынѣ: — Мати святая: Ектенія — Помилуй насъ, Боже: Молитва преп. Ефрема и три поклоны великія. — Всесвятая Троице: — Буди имя Господне: 3-жды. Слава, и нынѣ: Псаломъ 33-й. Іерей — Премудрость. Ликъ — Достойно есть: Іерей — Пресвятая Богородице: Ликъ — Честнѣйшую: Іерей — Слава Тебѣ, Христе Боже: Ликъ — Слава, и нынѣ: — Господи, помилуй (3-жды), — Благослови. И конечный отпустъ отъ іерея.

На великомъ повечеріи по 1-мъ Трисвятомъ тропарь — Апостоли, мученицы: Слава: — Помяни, Господи: И нынѣ: — Мати святая: По 2-мъ Трисвятомъ — Помилуй насъ, Господи: Канонъ о усопшихъ изъ Октоиха 5-го гласа, ирмосы — Спасителю Богу: (писано на утрени). По — Достойно есть: и по Трисвятомъ: кондакъ — Со святыми упокой: Отпустъ малый.

На утрени вмѣсто — Богъ Господь: поемъ — Аллилуіа, во гласъ 2-й, со стихами — Блажени, яже избралъ: и тропарь Тріоди — Апостоли, мученицы: 2-жды; Слава: — Помяни, Господи: И нынѣ: богородиченъ — Мати святая: По 16-й каѳизмѣ малая ектенія. Сѣдальны Октоиха 5-го гласа — Чудеса святыхъ: — Господи, чашѣ страстей: стихъ — Дивенъ Богъ: — Святыхъ мученикъ: стихъ — Блажени, яже избралъ: — Покой Спасе нашъ: Слава, и нынѣ: богородиченъ по первой каѳизмѣ — Радуйся двере Господня: Также каѳизма 17-я (и прочая до канона, якоже указася въ субботу мясопустную — 1-го февраля). Каноны: мучениковъ изъ Минеи со ирмосомъ на 6 (припѣвъ — Святіи мученицы, молите Бога о насъ) и святаго храма на 4. (Аще же храмъ Христовъ, или Богородицы, поемъ канона храма со ирмосомъ на 6 и мучениковъ на 4). Ирмосы — Колесницегонителя фараоня: или храма. Катавасія по 3-й пѣсни ирмосъ послѣдняго канона. По 3-й пѣсни ектенія малая (не заупокойная), кондакъ мучениковъ — Крѣпцыи вѣры: сѣдаленъ мучениковъ — Лесть вражію: Слава, и нынѣ: богородиценъ — Управи, чистая: Отъ 6-й пѣсни прилагаемъ четверопѣснецъ Тріоди вмѣсто канона храма (припѣвъ — Святіи мученицы, молите Бога о насъ) Катавасія тріоди. По 6-й пѣсни ектенія заупокойная, порядокъ прежній. Кондакъ — Со святыми упокой: съ икосомъ; малое кажденіе. На 9-й пѣсни — Честнѣйшую: По катаваси 9-й пѣсни — Достойно есть: Свѣтиленъ Тріоди — Небо звѣздами: Слава: — Живыми и мертвыми: И нынѣ: богородиченъ — Сладость ангеловъ: Чтемъ хвалительные псалмы до — Хвалите его на силахъ Его: На хвалитехъ стихиры на 4, мученичны Октоиха 5-го гласа — Благословено воинство: Слава: мертвенъ Октоиха — Ты создавый мя: И нынѣ: богородиченъ — Оле окаянная душе: Славословіе чтемъ. На стиховнѣ мертвены стихиры Октоиха 5-го гласа — Свѣтомъ лица: Слава, и нынѣ: богородиченъ — Закономъ грѣховнымъ По — Благо есть: и по Трисвятомъ, тропарь — Апостоли, мученицы: Слава: — Помяни, Господи: И нынѣ: — Мати святая: Ектенія, и часъ 1-й и отпустъ.

На часахъ тропарь Тріоди — Апостоли, мученицы: Слава: — Помяни, Господи: Кондакъ — Со святыми упокой:

На литургіи свят. Іоанна Златоуста блаженны гласа на 6. По входѣ тропарь — Апостоли, мученицы: и — Помяни, Господи: Слава: кондакъ — Со святыми упокой: И нынѣ: — Тебе и стѣну: Прокименъ — Веселитеся о Господѣ: и — Души ихъ во благихъ: Апостолъ ко Евр. зач. 309-е и за упокой къ Сол. зач. 270-е. Аллилуіа во гл. 4 и 8-й. Евангеліе отъ Марка зач. 6-е и отъ Іоанна зач. 16-е. Причастенъ — Радуйтеся: и — Блажени, яже избралъ:

По литургіи совершается вселенская панихида по всѣмъ православнымъ христіанамъ.

23-го ФЕВРАЛЯ. **Недѣля 2-я Великаго поста.** Гласъ. 6-й. Святителя Григорія Паламы, архіепископа Ѳессалоникійскаго.

На великой вечерни — Блаженъ мужъ: На — Господи воззвахъ: стихиры на 10; Октоиха 6 и святителя изъ Тріоди — Кіими благопох-

Февраль

валеній: 4; Слава: святителя — Преподобне, треблаженне: И нынѣ: догматикъ — Кто Тебе не ублажитъ: Входъ. — Свѣте тихій: Прокименъ — Господь воцарися: Ектеніи. На стиховнѣ стихиры Октоиха; Слава: святителя — Бодрый языкъ: И нынѣ: богородиченъ — Безневѣстная Дѣво: По — Нынѣ отпущаеши: — Богородице Дѣво: 3-жды.

На утрени на — Богъ Господь: тропарь воскресенъ 2-жды; Слава: святителя — Православія свѣтильниче: И нынѣ: богородиченъ — Иже насъ ради: По каѳизмахъ сѣдальны Октоиха. — Ангельскій соборъ: Vпакои, степенна и прокименъ гласа. Евангеліе воскресное 6-е, отъ Луки зач. 114-е. — Воскресеніе Христово: Псаломъ 50-й. Слава: Тріоди — Покаянія отверзи ми: и прочая обычно. Каноны: воскресенъ на 4, Тріоди на 4 (припѣвъ — Помилуй мя, Боже, помилуй мя) и святителя на 6 (припѣвъ — Святителю отче Григоріе, моли Бога о насъ). Ирмосы — Яко по суху: Катавасія — Отверзу уста моя: По 3-й пѣсни кондакъ Тріоди — Нынѣ время: сѣдаленъ святителя — Прелесть попалилъ: Слава тойже, и нынѣ: богородиченъ — Скоро пріими: по 6-й кондакъ святителя — Премудрости священный: и икосъ. На 9-й пѣсни — Честнѣйшую: — Святъ Господь Богъ нашъ. Свѣтиленъ воскресенъ 6-й — Показуя, яко человѣкъ: Слава: святителя — Радуйся отцевъ похвало: И нынѣ: богородиченъ — Владычице, всѣхъ: На хвалитехъ стихиры на 9; Октоиха 5, святителя — Блаженную въ мірѣ: 3 съ припѣвами ихъ — Уста праведнаго поучатся премудрости, и языкъ его возглаголетъ судъ; и — Услышите сія вси языцы, внушите вси живущіи по вселеннѣй; и Тріоди — Во тмѣ согрѣшеній: 1; съ припѣвомъ — Воскресни Господи: Слава: тойже. И нынѣ: — Преблагословенна еси: Славословіе великое. Тропарь — Воскресъ изъ гроба: Ектеніи и отпустъ воскресный. Слава, и нынѣ: стихира евангельская 6-я — Истинный миръ Ты: Часъ 1-й.

На часахъ тропарь воскресный; Слава: святителя. Кондаки Тріоди и святителя поперемѣнно.

ЗРИ: На проскомидіи пріуготовляются 4 Агнца: единъ для сей литургіи и для Преждеосвященныхъ литургій въ понедѣльникъ, въ среду и въ пятницу.

На литургіи свят. Василія Великаго блаженна на 10; гласа на 6 и отъ канона святителя, пѣснь 3-я на 4. По входѣ тропари воскресенъ, храма Богородицы или храма святаго, и святителя; Кондаки Тріоди, храма святаго; Слава: святителя; И нынѣ: храма Богородицы; *аще нѣсть храма Богородицы* — И нынѣ: Тріоди. Прокименъ — Ты, Господи, сохраниши ны: и — Уста моя возглаголютъ премудрость: Апостолъ ко Евр. зач. 304-е и ко Евр. зач. 318-е. Аллилуіа во гл. 6-й. Евангеліе отъ Марка зач. 7-е и отъ Іоан. зач. 36-е. Вмѣсто — Достойно есть: поемъ — О Тебѣ радуется: Причастенъ — Хвалите Господа: и — Въ память вѣчную: Отпустъ воскресный.

На вечерни — Блаженъ мужъ: на — Господи воззвахъ: во гл. 8-й; стихиры на 10: Тріоди — Безчисленна ти прегрѣшивъ: 4 (повторяюще 1-ю) и изъ Минеи Предтечи — Радуйся, священная главо: 6; Слава:

Предтечи — Сокровище божественныхъ: И нынѣ: догматикъ — Кто Тебе не ублажитъ: Входъ съ кадиломъ. — Свѣте тихій: Прокименъ великій — Не отврати лица Твоего: Чтенія Предтечи 3. — Сподоби Господи: ектенія — Исполнимъ вечернюю: Стиховны Тріоди — Брозды исплювахъ: Слава: Предтечи — Якоже божественныхъ: И нынѣ: богородиченъ — О чудесе новаго: Нынѣ отпущаеши: Трисвятое по, Отче нашъ: тропарь Предтечи — Отъ земли возсіявши: Слава, и нынѣ: богородиченъ — Еже отъ вѣка: Ектенія — Помилуй насъ Боже: по возгласа іерей — Господи и Владыко живота моего: и творимъ 3 поклоны великіе. Премудрость: и отпустъ.

Малое повечеріе по — Отче нашъ: кондакъ Предтечи. По — Честнѣйшую: молитва преп. Ефрема съ тремя поклонами.

24-го ФЕВРАЛЯ. Понедѣльникъ. **Первое и второе обрѣтеніе честныя главы Іоанна Предтечи.** *Служба поліелейная.*

Полунощница по часослову съ 17-й каѳизмой. Послѣ — Иже на всякое время: возгласъ — Боже, ущедри ны: и 3 великихъ поклона съ молитвой — Господи и Владыко живота моего:

На утрени на — Богъ Господь: во гл. 4-й; тропарь Предтечи 2-жды; Слава, и нынѣ: богородиченъ — Еже отъ вѣка: Каѳизмы 4-я, 5-я и 6-я. По 4-й и 5-й каѳизмѣхъ ектеніи *не глаголются*. По 4-й каѳизмѣ сѣдаленъ Тріоди — Воздержанія огнемъ; Слава, и нынѣ: богородиченъ — Богоблагодатная чистая: по 5-й — Троице святая: Слава, и нынѣ: — Предстательство вѣрныхъ: по 6-й каѳизмѣ малая ектенія и сѣдальны Предтечи — Яко божественное сокровище: — Издавшися яко злато: Слава, и нынѣ: богородиченъ — Никогдаже премолчимъ: Поліелей и величаніе Предтечи — **Величаемъ тя, Крестителю Спасовъ Іоанне, и почитаемъ вси честныя твоея главы обрѣтеніе.** Псаломъ избранный — Блаженъ мужъ бояйся Господа, въ заповѣдехъ Его восхощетъ зѣло. Сѣдаленъ Предтечи — Крестителева глава: Слава, и нынѣ: богородиченъ — Благодаримъ тя: Степенна — Отъ юности моея: Прокименъ — Тамо возращу рогъ Давиду, уготовахъ свѣтильникъ помазанному моему. Евангеліе отъ Луки зач. 31-е. 50-й псаломъ. Слава: — Молитвами Предтечи и Крестителя Іоанна: И нынѣ: — Молитвами Богородицы: — Помилуй мя; Боже: и стихира — Яже первѣе на блюдѣ: — Спаси Боже: Канонъ Предтечи на 8 (припѣвъ — Святый великій Іоанне, Предтече Господень, моли Бога о насъ). Ирмосы — Яко по суху: Катавасія — Отверзу уста моя: На 1-й, 8-й и 9-й пѣсняхъ канонъ Предтечи со ирмосомъ на 6 и трипѣсныцы Тріоди на 8 (припѣвъ Тріоди — Слава, Тебе Боже нашъ, слава Тебѣ), катавасія Тріоди. По 3-й пѣсни сѣдаленъ Предтечи — Яко въ хранилищи: Слава, и нынѣ: богородиченъ — Повелѣнное тайно: по 6-й кондакъ Предтечи — Пророче Божій: и икосъ; На 9-й пѣсни поемъ — Честнѣйшую: По 9-й пѣсни катавасія Тріоди, *не поемъ* — Достойно есть: Свѣтиленъ Предтечи — Свѣтовленная возсія: Слава, и нынѣ: богородиченъ — Утѣшается, всечистая: Чтемъ хвалительные псалмы до — Хвалите

Февраль

его на силахъ Его: поемъ стихиры Предтечи — Отверзе преддверія: на 4; Слава: Предтечи — Всечестную главу: И нынѣ: богородиченъ — Благолюбивый Боже: Іерей — Слава Тебѣ, показавшему намъ свѣтъ. Чтецъ: — Слава въ вышнихъ Богу: Ектенія — Исполнимъ утреннюю: Стиховны Тріоди гласъ 4-й — Въ лютую: (2-жды) и мученичевъ — Кто не дивится: съ обычными стихами — Исполнихомся заутра: и — И буди свѣтлость: Слава: Предтечи — Якоже божественныхъ: (писано на стиховны вечерни); И нынѣ: богородиченъ — О чудесе новаго: — Благо есть исповѣдатися: 1-жды. Трисвятое: по — Отче нашъ: тропарь Предтечи; Слава, и нынѣ: богородиченъ — Еже отъ вѣка: Ектенія сугубая. По ектеніи; Діаконъ — Премудрость. Хоръ — Благослови. Іерей — Сый благословенъ: — Утверди Боже: и молитва — Господи и Владыко: съ 3-мя поклонами и безъ отпуста часъ 1-й. На 1-мъ часѣ нѣтъ каѳизмы; — Стопы моя: *безъ пѣнія*. Тропарь и кондакъ Предтечи и три поклона съ молитвою преп. Ефрема. По поклонѣхъ трисвятаго не глаголемъ, но абіе — Христе свѣте: Отпустъ обычный.

Часы 3-й, 6-й и 9-й съ каѳизмами (7-я, 8-я и 9-я). Тропарь и кондакъ святителя. Въ концѣ каждаго часа три поклона великіе. На 6-мъ часѣ тропарь пророчества — Яко немощни есмы: Чтецъ — гласъ 4-й — Молитва Богу живота: и чтеніе Тріоди; — гласъ 6-й — Спасеніе лица:

На изобразительныхъ, блаженна скоро безъ пѣнія и безъ поклоновъ по — Отче нашъ: кондакъ храма; Слава: Предтечи; И нынѣ: храма Богородицы или — Предстательство христіанъ: — Господи помилуй: 40 разъ; Слава, и нынѣ: — Честнѣйшую херувимъ: и 3 поклоны великія съ молитвою Ефрема Сирина. — Всесвятая Троице: Іерей — Премудрость. Ликъ — Достойно есть: поклонъ земной. Іерей — Пресвятая Богородице: Ликъ — Честнѣйшую: и опустъ по обычаю. Затѣмъ служимъ вечерню съ литургіей Преждеосвященныхъ Даровъ.

Вечерня съ литургіей Преждеосвященныхъ Даровъ. На вечерни ектенія великая и каѳизма 18-я. На — Господи воззвахъ: во гл. 2-й; стихиры на 10; Тріоди самогласенъ — Отче благій: 2-жды и мученичевъ — Святымъ мученикомъ: (писаны на стиховнѣ); подобны Тріоди — Постъ возлюбимъ: 3 и Предтечи — Радуйся, священная главо: 6; Слава: Предтечи — Сокровище божественныхъ: И нынѣ: богородиченъ — Никтоже притекаяй: (отъ меньшихъ, гласъ 6-й въ понедѣльникъ). Входъ съ Евангеліемъ. — Свѣте тихій: Чтецъ — гласъ 4-й — О Бозѣ похвалимся: и чтеніе 1-е Тріоди; — Гласъ 6-й — Помяну имя Твое: Чтецъ — Притчей чтеніе. Діаконъ — Вонмемъ. Чтецъ чтетъ 2-ю паремію. Іерей — Миръ ти. Чтецъ — И духови твоему. Діаконъ — Премудрость. — Да исправится молитва моя: 3 поклона. Ектеніи малой *не глаголемъ*. Глаголемъ — прокименъ гласъ 7-й — Возвеселится праведникъ: Апостолъ къ Кор. зач. 176-е. Аллилуіа, гл. 4-й. Евангеліе отъ Матѳ. зач. 40-е и прочее послѣдованіе Преждеосвященныхъ. Причастенъ — Вкусите и видите: и — Въ память вѣчную:

III. МАРТЪ

1-го МАРТА. Суббота 3-я Великаго поста. *Родительская. Поминовеніе усопшихъ.* Св. преподобномученицы Евдокіи Иліопольскія.

Поется все, якоже въ 2-ю субботу (22-го февраля), но гласъ 6-й, а изъ Минеи стихиры и канонъ преподобномученицы Евдокіи.

На литургіи свят. Іоанна Златоуста блаженна гласа на 6. По входѣ тропарь — Апостоли, мученицы: — Помяни, Господи: Слава: — Со святыми: И нынѣ: — Тебе и стѣну: Прокименъ — Веселитеся о Господѣ: и — Души ихъ во благихъ: Апостолъ ко Евр. зач. 325-е и къ Сол. зач. 270-е. Аллилуіа во гл. 4-й и 8-й. Евангеліе отъ Марка зач. 8-е и отъ Іоанна зач. 16-е. Причастенъ — Радуйтеся: и — Блажени, яже избралъ:

По литургіи совершается вселенская панихида по всѣмъ православнымъ христіанамъ.

2-го МАРТА. Недѣля 3-я Великаго поста. Гласъ 7-й. **Крестопоклонная.**

Передъ вечерней іерей въ фелони идетъ къ жертвеннику, гдѣ уже приготовленъ честный Крестъ, васильками благовонными украшенный, или иными цвѣтами, лежащій на блюдѣ, покрытымъ воздухомъ. Царскія врата и завѣса закрыты. Іерей — Благословенъ Богъ: Діаконъ или чтецъ въ алтарѣ — Аминь. Трисвятое: по — Отче нашъ: — Спаси, Господи, люди: Слава, и нынѣ: — Вознесыйся: Во время пѣнія іерей кадитъ Крестъ и отдаетъ кадило. По возгласѣ же поклонившись, подъемлетъ его съ воздухомъ подъ нимъ на главу и переноситъ на престолъ, предшествуемый свѣщеносцами, и полагаетъ его на мѣстѣ Евангелія, послѣ чего снова кадитъ 3-жды вокругъ престола. Евангеліе же заранѣе поставляется на горнее мѣсто престола. Потомъ отверзаются завѣса и царскія врата и начинаемъ бдѣніе.

На великой вечерни — Блаженъ мужъ: На — Господи воззвахъ: стихиры на 10; Октоиха 6 и изъ Тріоди Креста — Возсіяй Господень Кресте: 4; Слава: Креста — Христе Боже нашъ: И нынѣ: догматикъ — Мати убо позналася еси: Входъ. — Свѣте тихій: Прокименъ — Господь воцарися: Ектеніи. На стиховнѣ стихиры Октоиха; Слава, и нынѣ: Креста — Пособивый Господи: По — Нынѣ отпущаеши: — Богородице Дѣво: 2-жды и тропарь Креста — Спаси, Господи: 1-жды.

На утрени на — Богъ Господь: тропарь воскресенъ 2-жды; Слава: Креста; И нынѣ: богородиченъ — Гавриилу вѣщавшу: По каѳизмахъ сѣдальны Октоиха. — Ангельскій соборъ: Ѵпакои, степенна и прокименъ гласа. Евангеліе воскресное 7-е, отъ Іоанна зач. 63-е. — Воскресеніе Христово: Псаломъ 50-й. Слава: Тріоди — Покаянія отверзи ми: и прочая Тріоди. (По возгласѣ не бываетъ цѣлованія евангеліе). Каноны: воскресенъ на 4, Богородицы на 2 и Креста изъ Тріоди на 8

Мартъ

(припѣвъ — Слава, Господи, Кресту Твоему честному). Ирмосы — Маніемъ Твоимъ: Катавасія — Божественнѣйшій прообрази: По 3-й пѣсни сѣдальны Креста — Крестъ Твой, Господи: стихъ — Возносите Господа: — Днесь пророческое: Слава: — Токмо водрузися: И нынѣ: богородиченъ — Богородице Дѣво: по 6-й кондакъ Креста — Не ктому пламенное: и икосъ. На 9-й пѣсни — Честнѣйшую: — Святъ Господь Богъ нашъ. Свѣтиленъ воскресенъ 7-й — Яко взяша Господа: Слава: Креста — Крестъ Христовъ: И нынѣ: богородиченъ — Древу, на немже: Іерей же облачается во всѣ священныя одежды. На хвалитехъ стихиры на 9; Октоиха 4 и Тріоди: — Во гласѣхъ воскликнемъ: 5 съ припѣвами ихъ — Возносите Господа: — Богъ же Царь: и — Воскресни Господи Боже мой: Слава: Тріоди — Высокомудраго разума: И нынѣ: — Преблагословенна еси: Славословіе великое. Іерей кадитъ вокругъ престола 3-жды; при пѣніи Трисвятаго покланяется и принимаетъ Крестъ съ воздухомъ на главу. При протяжномъ пѣніи послѣдняго — Святый Боже: (распѣвомъ погребенія, въ это время и перезвонъ какъ на погребеніе), износитъ святый Крестъ на головѣ сѣверными дверьми предъ святыя врата, предъидущимъ двумъ свѣтильникамъ. По скончаніи Трисвятаго іерей возглашаетъ предъ царскими вратами — Премудрость прости. Ликъ — Спаси, Господи: 3-жды. Іерей полагаетъ Крестъ, васильками украшенный, на аналоѣ посреди церкви и творитъ кажденіе его. Таже поетъ 3-жды — Кресту Твоему покланяемся: Поетъ 3-жды и ликъ. Посемъ стихиры — Пріидите вѣрніи: — Днесь Владыка твари: Слава: — Днесь неприкосновенный: И нынѣ: — Днесь пророческое: И покланяются іерей и людіе единъ по единому честному Кресту. По скончаніи стихиръ, ектеніи и отпустъ воскресный. Слава, и нынѣ: стихира евангельская 7-я — Се тьма, и рано: Часъ 1-й.

На часахъ тропарь воскресный; Слава: Креста. Кондакъ Креста — Не ктому пламенное:

На литургіи свят. Василія Великаго, блаженна на 10; гласа на 6 и отъ канона Креста, пѣснь 3-я на 4. По входѣ тропари воскресенъ и Креста; Слава, и нынѣ: Креста. Вмѣсто Трисвятаго поемъ — Кресту Твоему: Прокименъ — Спаси Господи люди Твоя: Апостолъ ко Евр. зач. 311-е. Аллилуіа во гл. 8-й. Евангеліе отъ Марка зач. 37-е. Вмѣсто — Достойно есть: поемъ — О Тебѣ радуется: Причастенъ — Знаменася на насъ свѣтъ лица Твоего, Господи. Отпустъ воскресный.

На вечерни послѣдованіе, якоже въ недѣлю сыропустную вечера. На — Господи воззвахъ: во гл. 7-й, стихиры на 10; покаянны Октоиха 4, гласъ 7-й, изъ вечернихъ стиховныхъ — Яко блудный сынъ: 2 и изъ утреннихъ стиховныхъ понедѣльника — Яко неполдную: 2; изъ Тріоди стихиры (въ недѣлю вечера) — Господи, на крестѣ волею: 3; и Минеи мучениковъ Евтропія, Клеоника и Василиска 3; Слава, и нынѣ: богородиченъ гл. 1-й — Радуйся, странное: Входъ. — Свѣте тихій: Прокименъ великій — Далъ еси достояніе: Таже — Сподоби, Господи: ектенія — Исполнимъ вечернюю: Стиховны стихиры Тріоди — Воззрѣти очима на небо: Слава, и нынѣ: богородиченъ — Небесная поютъ: и прочая вечерни, якоже въ вечеръ недѣли сыропустныя изъявися (до отпуста).

ПОДОБАЕТЪ ВѢДАТИ — яко поклоненіе честнаго Креста творимъ въ понедѣльникъ и среду на 1-мъ часѣ. Отверстымъ царскимъ вратамъ, бываетъ каждeніе Креста; вмѣсто же — Стопы моя: поемъ — Кресту Твоему: и — Пріидите, вѣрніи: и прочая. Въ пятокъ же бываетъ сіе поклоненіе не на 1-мъ часѣ, но по отпустѣ часовъ, послѣ чего Крестъ относится въ алтарь.

Въ сіи 3 дня поклоненія Кресту: въ понедѣльникъ, въ среду и въ пятокъ на всѣхъ часахъ и на изобразительныхъ кондакъ Креста — Не ктому пламенное оружіе: Также и на повечеріи (въ недѣлю на маломъ, а во вторникъ и въ четвертокъ на великомъ предъ — Господи силъ:).

ЗРИ: Отъ среды средопостной на литургіяхъ Преждеосвященныхъ Даровъ прилагается ектенія: — О иже ко святому просвѣщенію готовящихся:

8-го МАРТА. **Суббота 4-я Великаго поста.** *Родительская. Поминовеніе усопшихъ.* Преподобнаго Ѳеофилакта Никомидійскаго.

Поется все, якоже въ 2-ю субботу (22-го февраля), но гласъ 7-й, а изъ Минеи стихиры и каноны преподобнаго Ѳеофилакта.

На литургіи свят. Іоанна Златоуста блаженна гласа на 6. По входѣ тропарь — Апостоли, мученицы: — Помяни, Господи: Слава: — Со святыми: И нынѣ: — Тебе и стѣну: Прокименъ — Веселитеся о Господѣ: и — Души ихъ во благихъ: Апостолъ ко Евр. зач. 313-е и къ Кор. зач. 163-е. Аллилуіа во гл. 4-й и 8-й. Евангеліе отъ Марка зач. 31-е и отъ Іоанна зач. 16-е. Причастенъ — Радуйтеся: и — Блажени, яже избралъ:

По литургіи совершается вселенская панихида по всѣмъ православнымъ христіанамъ.

9-го МАРТА. **Недѣля 4-я Великаго поста.** Гласъ 8-й. Преподобнаго Іоанна Лѣствичника. **Сорока мучениковъ Севастійскихъ.**

(Служба преподобнаго Іоанна Лѣствичника поется на повечеріи.)

На великой вечерни — Блаженъ мужъ: На — Господи воззвахъ: стихиры на 10; Октоиха 6 и мучениковъ — Терпяще настоящая: 4; Слава: мучениковъ — Терпяще настоящая: И нынѣ: догматикъ — Царь небесный: Входъ. — Свѣте тихій: Прокименъ — Господь воцарися: Чтенія мучениковъ 3. На стиховнѣ стихиры Октоиха; Слава: мучениковъ — Въ пѣснопѣніихъ восхвалимъ: И нынѣ: богородиченъ — Творецъ и Избавитель: По — Нынѣ отпущаеши: — Богородице Дѣво: 3-жды.

На утрени на — Богъ Господь: тропарь воскресенъ 2-жды; Слава: мучениковъ — Болѣзньми святыхъ: И нынѣ: богородиченъ — Гавріилу вѣщавшу: По каѳизмахъ сѣдальны Октоиха. Поліелей и величаніе — **Величаемъ васъ, страстотерпцы святіи мученицы Севастійстіи,**

и чтемъ честная страданія ваша, яже за Христа претерпѣли есте. 1-жды. (Въ воскресные дни избранные псалмы не поются.) — Ангельскій соборъ: Ѵпакои. Сѣдальны мучениковъ вси — Честную твердь: — Мужественнѣйшимъ помысломъ: Слава: — Святыхъ мученикъ: И нынѣ: богородиченъ — Себе прежде суда: Степенна и прокименъ гласа. Евангеліе воскресное 8-е, отъ Іоанна зач. 64-е. — Воскресеніе Христово: Псаломъ 50-й. Слава: Тріоди — Покаянія отверзи ми: и прочая Тріоди. Каноны: воскресенъ на 4, Тріоди — Уподобихся Христе: на 4 (припѣвъ — Помилуй мя, Боже, помилуй мя) и 2 канона мучениковъ на 6 (припѣвъ — Святіи мученицы Севастійстіи, молите Бога о насъ). Ирмосы — Колесницегонителя фараоня погрузи: Катавасія — Отверзу уста моя: По 3-й пѣсни кондакъ мучениковъ — Все воинство міра: и икосъ; сѣдаленъ мучениковъ — Христу ввоинившеся: Слава, и нынѣ: богородиченъ — Въ напасти: по 6-й кондакъ воскресный и икосъ. На 9-й пѣсни — Честнѣйшую: — Святъ Господь Богъ нашъ. Свѣтиленъ воскресенъ 8-й — Два ангела: мучениковъ — Десятицу четверочисленную: Слава: мучениковъ — Ликъ четверодесяточисленный: И нынѣ: богородиченъ воскресенъ — Отъ Троицы родила: На хвалитехъ стихиры на 9; Октоиха 4 и мучениковъ — Пріидите, мученическій: со Славнымъ — Страстотерпцы Христовы: 4; съ припѣвами ихъ — Ты, Господи, сохраниши ны: и — Спаси мя, Господи: (прокименъ на литургіи) таже стихъ — Воскресни Господи: и стихира Тріоди — Пріидите дѣлаимъ: Слава: тойже; И нынѣ: — Преблагословенна еси: Славословіе великое. Тропарь — Воскресъ изъ гроба: Ектеніи и отпустъ воскресный. Слава, и нынѣ: стихира евангельская 8-я — Маріины слезы: Часъ 1-й.

На часахъ тропарь воскресный; Слава: мучениковъ. Кондаки мучениковъ и воскресный поперемѣнно.

ЗРИ: На проскомидіи пріуготовляются 4 Агнца: единъ для сей литургіи и для Преждеосвященныхъ литургій въ среду, въ четвергъ и въ пятницу.

На литургіи свят. Василія Великаго блаженна гласа на 10; гласа на 6 и отъ канона мучениковъ, пѣснь 3-я на 4. По входѣ тропари см. 2-го января — № 2. Прокименъ — Помолитеся, и воздадите: и — Ты, Господи сохраниши и соблюдеши: Апостолъ ко Евр. зач. 314-е и ко Евр. 331-е. Аллилуіа во гл. 8-й и 4-й. Евангеліе отъ Марка зач. 40-е и отъ Матѳ. зач. 80-е. Вмѣсто — Достойно есть: поемъ — О Тебѣ радуется: Причастенъ — Хвалите Господа: и — Радуйтеся: Отпустъ воскресный.

На вечерни послѣдованіе, якоже въ недѣлю сыропустную вечера. На — Господи воззвахъ: во гл. 8-й, стихиры на 10; покаянны Октоиха 4, гласъ 8-й, изъ вечернихъ стиховныхъ — Тебе Царя и Владыку: 2 и изъ утреннихъ стиховныхъ понедѣльника — Егда пріиму: 2; изъ Тріоди стихиры — Великія вѣрніи: 3; и Минеи мученика Кодрата — Съ прехвальными Кодратомъ: 3; Слава, и нынѣ: богородиченъ гл. 1-й — Одержимы прегрѣшеніи: Входъ. — Свѣте тихій: Прокименъ великій — Не отврати лица Твоего: Таже — Сподоби, Господи: ектенія

— Исполнимъ вечернюю: Стиховны стихиры Тріоди — Виноградъ насадивый: Слава, и нынѣ: богородиченъ — Архангельски воспоимъ: — Нынѣ отпущаеши: и прочая вечерни, якоже въ вечеръ недѣли сыропустныя изъявися (до отпуста).

13-го МАРТА. Четвертокъ 5-й седмицы Великаго поста. *Андреево стояніе.*

Въ среду на вечерни каѳизма 7-я. На — Господи воззвахъ: во гласъ 8-й, стихиры на 30. Начинаемъ стихи отъ — Падутъ во мрежу свою: Самогласенъ — Моими помышленіи: 2-жды и мученичнъ, таже 3 стихиры подобны Тріоди, и 24 стихиры Великаго канона съ поклонами (три поясныхъ на каждую стихиру); Слава: Тріоди — О неизреченнаго Твоего. И нынѣ: богородиченъ — О неизреченнаго снисхожденія: Входъ. — Свѣте тихій: Чтецъ — гласъ 4-й — Богъ отмщеній: Бытія чтеніе. — Гласъ 4-й — Воспойте Господеви: Притчей чтеніе.—Да исправится молитва моя: И прочее послѣдованіе Преждеосвященныхъ.

Утреня[11]) Великаго канона совершается съ вечера. По — Благословенъ Богъ: — Слава Тебѣ, Боже нашъ, слава Тебѣ. — Царю Небесный: Трисвятое: по — Отче нашъ: и прочее начало утрени по обычаю. По шестопсалміи и ектеніи — Аллилуіа, и троичны 7-го гласа; первое окончаніе — **Молитвами святыхъ Апостолъ Твоихъ, и святителя Николая, помилуй насъ.** (См. Вел. сб. часть 3-я «Тріодь постная»). Каѳизма 8-я[12]. Сѣдальны Октоиха съ мученичнымъ (см. въ концѣ Тріоди, гл. 8-й, въ четвертокъ на утрени). И чтемъ житіе преп. Маріи Египетскія (первую половину). Псаломъ 50-й. И канонъ Великій св. Андрея Критскаго. Ликъ поетъ ирмосъ — Помощникъ и Покровитель: іерей посреди церкви чтетъ тропари канона. Предъ каждымъ тропаремъ поемъ — Помилуй мя, Боже, помилуй мя; съ тремя поясными поклонами (метанія). На тропари преп. Маріи поемъ — Преподобная мати Маріе, моли Бога о насъ. Таже и Андрееву тропарю его припѣвъ — Преподобне отче Андрее, моли Бога о насъ. По 3-й пѣсни сѣдальны Тріоди — Свѣтила богозрачная: и чтемъ вторую половину житія преп. Маріи. На 4-й, 8-й и 9-й пѣснѣхъ трипѣснецъ безъ ирмосовъ и поклоновъ, съ припѣвомъ — Святіи Апостоли, молите Бога о насъ. По 6-й пѣсни кондакъ Тріоди — Душе моя, душе моя: и икосъ. Блаженны съ тропарями — Разбойника Христе рая: На 9-й пѣсни — Честнѣйшую: По канонѣ свѣтиленъ троиченъ 8-го гласа, въ немже за первымъ разомъ конецъ — **Молитвами, Господи, Апостолъ Твоихъ, и святителя Николая, и спаси мя.** Хвалительны псалмы и славословіе чтемъ. Ектенія просительная. На стиховнѣ самогласенъ, мученичнъ и богородиченъ Тріоди. — Благо есть: 1-жды. Трисвятое: по — Отче нашъ: — Въ храмѣ стояще: Господи, помилуй (40 разъ). Слава, и нынѣ: — Честнѣйшую: — Именемъ Господнимъ: Іерей — Сый благословенъ: Чтецъ — Аминь.

---

11) Совершается съ вечера въ среду.
12) Въ Типиконѣ указывается особый уставъ распредѣленія каѳизмъ на 5-й седмицѣ поста.

Мартъ

Небесный Царю: Іерей молитву Ефрема Сирина съ 3-мя поклонами. Таже 1-й часъ безъ каѳизмы. Тропарь — Заутра услыши: безъ пѣнія, съ малыми поклонами. По — Отче нашъ: Кондакъ — Душе моя: По — Иже на всякое время: молитва св. Ефрема съ 3-мя поклонами. Не читается конечное Трисвятое; но абіе — Христе, свѣте истинный: — Взбранной Воеводѣ: и отпустъ.

На часахъ каѳизмы 9-я, 10-я и 11-я; тропари великопостные безъ пѣнія, съ малыми поклонами. Кондакъ Тріоди — Душе моя: Въ концѣ каждаго часа 3 поклона съ молитвой св. Ефрема Сирина. На 6-мъ часѣ чтецъ — гл. 6-й — Господь воцарися: Пророчества Исаіина чтеніе; — Гласъ 6-й — Воспойте Господеви: Прилагаемъ изобразительныя (— Во Царствіи: и — Помяни насъ, Господи: читаются). Изобразительныя оканчиваются такъ: по 3-хъ поклонахъ съ молитвою Ефрема Сирина, абіе — Всесвятая Троице: Іерей — Премудрость. Ликъ — Достойно есть: поклонъ земной. Іерей — Пресвятая Богородице: Ликъ — Честнѣйшую: Іерей — Слава Тебѣ, Христе Боже: и отпустъ по обычаю.

На вечерни съ литургіей Преждеосвященныхъ Даровъ стихословимъ каѳизму 12-ю. На — Господи воззвахъ: во гласъ 8-й, стихиры на 10; изъ Тріоди, самогласенъ — Самовластно совлекохся: 2-жды, и мученичемъ, таже подобны — Пригвожденъ Господи: 3 и Минеи преподобнаго Венедикта Нурсійскаго — Вѣрою и любовью: 4; Слава, и нынѣ: крестобогородиченъ — Досады претерпѣвшаго: Входъ съ кадиломъ. — Свѣте тихій: Чтецъ — гласъ 7-й — Возносите Господа: Бытія чтеніе. — Гласъ 6-й — Воскликните Господеви: Притчей чтеніе. — Да исправится молитва: и прочее литургіи Преждеосвященныхъ Даровъ.

15-го МАРТА. **Суббота 5-я Великаго поста (Акаѳиста).** *Похвала Пресвятыя Богородицы.*

Въ пятокъ на вечерни съ литургіей Преждеосвященныхъ Даровъ каѳизма 18-я. На — Господи воззвахъ: во гл. 6-й, стихиры на 10; Тріоди самогласенъ — Яко отъ Іерусалима: 2-жды, мученичемъ — Мученицы Твои: и Богородицы — Совѣтъ превѣчный: 7 (повторяюще); Слава, и нынѣ: Богородицы, гласъ 2-й — Еже отъ вѣка: Входъ. — Свѣте тихій: Чтецъ — гласъ 4-й — Щедръ и милостивъ: Бытія чтеніе; — Гласъ 4-й — Яко возвеличишася: Притчей чтеніе. — Да исправится: и прочее послѣдованіе литургіи Преждеосвященныхъ Даровъ.

Аще ли не будетъ Преждеосвященныя — по каѳизмѣ, на — Господи воззвахъ: стихиры Богородицы на 8, гл. 6-й — Совѣтъ превѣчный: Слава, и нынѣ: — Еже отъ вѣка: Входа нѣтъ. Чтецъ — Свѣте тихій: Чтецъ — гласъ 4-й — Щедръ и милостивъ: Бытія чтеніе; — Гласъ 4-й. — Яко возвеличишася: Притчей чтеніе. — Сподоби Господи: Ектенія — Исполнимъ: На стиховнѣ самогласенъ Тріоди, гл. 6-й — Яко отъ Іерусалима: 2-жды; и мученичемъ; со обычными припѣвы вечерними; Слава, и нынѣ: Богородицы — Языка, егоже не вѣдяше: (писано на хвалитехъ). По — Нынѣ отпущаеши: тропарь Богородицы — Повелѣнное тайно: Таже ектенія — Помилуй насъ Боже: Молитва преп. Ефрема и три поклона великія. — Всесвятая Троице: — Буди имя Господне: Слава, и нынѣ: Псаломъ 33-й. Іерей — Премудрость. Ликъ — Достойно есть: Іерей — Пресвятая Богородице: Ликъ — Честнѣйшую: Іерей — Слава Тебѣ, Христе Боже: Ликъ — Слава, и нынѣ: — Господи, помилуй (3-жды), — Благослови. Отпустъ праздника — **Христосъ истинный Богъ нашъ, молитвами Пречистыя Своея Матере и всѣхъ святыхъ, помилуетъ:**

На утрени[13]) по — Благословенъ Богъ нашъ: чтецъ начинаетъ: — Слава Тебѣ, Боже нашъ, слава Тебѣ. — Царю Небесный: По шестопсалміи и ектеніи, на — Богъ Господь: во гл. 8-й, тропарь — Повелѣнное тайно: 3-жды. Каѳизма 16-я и малая ектенія. И начинаемъ пѣніе акаѳиста передъ образомъ Пресвятыя Богородицы, украшеннымъ и положеннымъ на аналоѣ посреди храма. Ликъ — Взбранной Воеводѣ: И бываетъ отъ предстоятеля полное кажденіе всего храма; на прочихъ же частяхъ (при пѣніи — Взбранной Воеводѣ:) малое кажденіе совершаетъ діаконъ. И чтетъ іерей три икоса и три кондака (кончая — Бурю внутрь:). Таже — Взбранной Воеводѣ: и чтемъ каѳизму 17-ю. Ектенія малая. — Взбранной Воеводѣ: и второе чтеніе акаѳиста — Слышаша пастыріе: и оканчивая 7-мъ кондакомъ (— Хотящу Симеону:) и — Взбранной Воеводѣ: Псаломъ 50-й. Каноны (отъ 1-й до 5-й пѣсни): Въ храмѣ Господскомъ канонъ храма со ирмосомъ на 6 (ирмосы по 2-жды) и Богородицы на 6; Въ храмѣ Богородицы, поемъ канонъ праздника — акаѳиста Богородицы со ирмосомъ на 12 (ирмосы по дважды). Въ храмѣ святаго канонъ Богородицы со ирмосомъ на 6 (ирмосы по дважды) и храма на 6. Ирмосы канона храма; катавасія — Отверзу уста моя: По 3-й пѣсни малая ектенія. Кажденіе. — Взбранной Воеводѣ: и чтеніе акаѳиста отъ 7-го икоса — Новую показа: оканчивая 10-мъ кондакомъ — Спасти хотя: и паки — Взбранной Воеводѣ: Сѣдаленъ — Великій воинъ: Отъ 6-й пѣсни, канонъ храма оставляется, чтемъ канонъ Богородицы и четверопѣснецъ Тріоди. Катавасія — Отъ кита пророка: По 6-й пѣсни малая ектенія. Кажденіе. — Взбранной Воеводѣ: и чтеніе остальныхъ икосовъ и кондаковъ акаѳиста — Стѣна еси дѣвамъ: по — О, всепѣтая Мати: (сей трижды), потомъ 1-й икосъ — Ангелъ предстатель: и — Взбранной Воеводѣ: На 9-й пѣсни — Честнѣйшую: Свѣтиленъ Богородицы — Еже отъ вѣка: На хвалитехъ во гл. 4-й, стихиры Богородицы — Сокровенное таинство: на 4; Слава, и нынѣ: — Языка, егоже не вѣдяше: Славословіе великое. Тропарь — Повелѣнное тайно: Ектеніи. Отпустъ праздника — **Христосъ истинный Богъ нашъ, молитвами Пречистыя Своея Матере и всѣхъ святыхъ, помилуетъ:** и часъ 1-й.

На часахъ тропарь — Повелѣнное тайно: Кондакъ — Взбранной Воеводѣ:

Литургія свят. Іоанна Златоуста, блаженна отъ канона акаѳиста,

---

13) Совершается съ вечера въ пятницу.

Мартъ

пѣснь 3-я и 6-я на 8. По входѣ тропарь и кондакъ Богородицы. Прокименъ, пѣснь Богородицы — Величитъ душа моя: Апостолъ ко Евр. зач. 322-е и ко Евр. зач. 320-е. Аллилуіа во гл. 8-й. Евангеліе отъ Марка зач. 35-е и отъ Луки зач. 54-е. Причастенъ — Чашу спасенія: Отпустъ праздника.

16-го МАРТА. **Недѣля 5-я Великаго поста.** Гласъ 1-й. Преподобныя Маріи Египетскія.

На великой вечерни — Блаженъ мужъ: На — Господи воззвахъ: стихиры на 10; Октоиха 6 и Тріоди преподобныя — Тебѣ убо возбраняше: 4; Слава: преподобныя — Очудотвори Христе: И нынѣ: догматикъ — Всемірную славу: Входъ. — Свѣте тихій: Прокименъ — Господь воцарися: На стиховнѣ стихиры Октоиха; Слава: преподобныя — Душевная ловленія: И нынѣ: богородиченъ — О, чудесе новаго: По — Нынѣ отпущаеши: — Богородице Дѣво: 3-жды.

На утрени на — Богъ Господь: тропарь воскресенъ 2-жды; Слава: преподобныя — Въ тебѣ мати: И нынѣ: богородиченъ — Иже насъ ради: По каѳизмахъ сѣдальны Октоиха. — Ангельскій соборъ: Ѵпакои, степенна и прокименъ гласа. Евангеліе воскресное 9-е, отъ Іоанна зач. 65-е. — Воскресеніе Христово: Псаломъ 50-й. Слава: Тріоди — Покаянія отверзи ми: и прочая Тріоди. Каноны: воскресенъ на 4, Богородицы на 2, Тріоди на 4 (припѣвъ — Помилуй мя, Боже, помилуй мя) и преподобныя на 4 (припѣвъ — Преподобная мати Маріе, моли Бога о насъ). Ирмосы — Твоя побѣдительная: Катавасія — Отверзу уста моя: По 3-й пѣсни кондакъ преподобныя — Блудами первѣе: и икосъ; сѣдаленъ преподобныя — Взыгранія вся: Слава, и нынѣ: богородиченъ — Небесная врата: по 6-й кондакъ воскресный и икосъ. На 9-й пѣсни — Честнѣйшую: — Святъ Господь Богъ нашъ. Свѣтиленъ воскресенъ 9-й — Заключеннымъ, Владыко: Слава: преподобныя — Образъ покаянія: И нынѣ: богородиченъ Тріоди — Сладосте ангеловъ: На хвалитехъ стихиры на 9; Октоиха 8 съ припѣвами ихъ — Исповѣмся Тебѣ, Господи: и — Возвеселюся и возрадуюся: таже стихъ — Воскресни Господи: и стихира Тріоди — Нѣсть Царство Божіе: Слава: тойже; И нынѣ: — Преблагословенна еси: Славословіе великое. Тропарь — Днесь спасеніе: Ектеніи и отпустъ воскресный. Слава, и нынѣ: стихира евангельская 9-я — Яко въ послѣдняя: Часъ 1-й.

На часахъ тропарь воскресный; Слава: преподобныя. Кондакъ воскресный.

На литургіи свят. Василія Великаго блаженна гласа на 8. По входѣ тропари см. 2-го января — № 2. Прокименъ — Буди Господи милость: и — Дивенъ Богъ во святыхъ Своихъ: Апостолъ ко Евр. зач. 321-е отъ полу и къ Гал. зач. 208-е. Аллилуіа во гл. 1-й. Евангеліе отъ Марка зач. 47-е и отъ Луки зач. 33-е. Вмѣсто — Достойно есть: поемъ — О Тебѣ радуется: Причастенъ — Хвалите Господа: и — Въ память вѣчную: Отпустъ воскресный.

На вечерни на — Господи воззвахъ: во гл. 1-й; стихиры на 10: покаянны Октоиха 4, гласъ 1-й, изъ вечернихъ стиховныхъ — Яко пучина многа: 2 и изъ утреннихъ стиховныхъ понедѣльника — Инъ тя міръ душе: 2; Тріоди — Обнищавъ богатый: 3 и изъ Минеи преподобнаго Алексія, человѣка Божія — Человѣка тя познахомъ: 3; Слава: преподобнаго — Тихое твое, отче: И нынѣ: богородиченъ гл. 2-й — Недуговавшую, пресвятая: Входъ съ кадиломъ. Прокименъ великій — Далъ еси достояніе: — Сподоби Господи: ектенія — Исполнимъ вечернюю: Стиховны Тріоди — Чуденъ Спасовъ: Слава, и нынѣ: богородиченъ — Небесныхъ чиновъ: — Нынѣ отпущаеши: и прочее послѣдованіе якоже указася въ недѣлю Сыропустную вечера (до отпуста).

22-го МАРТА. **Суббота Лазарева. Воскрешеніе праведнаго Лазаря.**
Вечерня въ пятокъ съ литургіей Преждеосвященныхъ Даровъ. На — Господи воззвахъ: во гл. 8-й; стихиры на 10; самогласенъ Тріоди 2-жды — Душеполезную совершивше: и мучениченъ, и праведнаго Лазаря — Господи, Лазаревъ хотя: 7; Слава: — Представъ гробу Лазареву: И нынѣ: — Душеполезную совершивше: Входъ. Свѣте тихій: Чтецъ — гласъ 6-й — Помощь наша: Бытія чтеніе. — Гласъ 4-й — Надѣющійся на Господа: Притчей чтеніе. — Да исправится: и прочее послѣдованіе литургіи Преждеосвященныхъ Даровъ.
Аще ли ни будетъ Преждеосвященныя — по каѳизмѣ на — Господи воззвахъ: во гл. 6-й, стихиры праведнаго Лазаря на 6; — Господи, Лазаревъ хотя гробъ: Слава, и нынѣ: — Душеполезную совершивше: Входа нѣтъ. — Свѣте тихій: Чтецъ — гласъ 6-й — Помощь наша: Бытія чтеніе. — Гласъ 4-й — Надѣющійся на Господа: Притчей чтеніе. — Сподоби Господи: Ектенія — Исполнимъ: На стиховнѣ самогласенъ Тріоди, во гл. 8-й — Душеполезную совершивше четыредесятницу, и святую: 2-жды; и мучениченъ — Мученицы Господни: со обычными припѣвы вечерними; Слава, и нынѣ: Тріоди — Представъ гробу Лазареву (Слава: на — Господи воззвахъ): По — Нынѣ отпущаеши: тропарь праздника — Общее воскресеніе: Таже ектенія — Помилуй насъ Боже: Молитва преп. Ефрема и три поклоны великія. — Всесвятая Троице: Буди имя Господне: Слава, и нынѣ: Псаломъ 33-й. Іерей — Премудрость. Ликъ — Достойно есть: Іерей — Пресвятая Богородице: Ликъ — Честнѣйшую: Іерей — Слава Тебѣ, Христе Боже: Ликъ — Слава, и нынѣ: Господи, помилуй (3-жды), — Благослови. Отпустъ.
На великомъ повечеріи по 1-мъ Трисвятомъ тропарь праздника — Общее воскресеніе: По 2-мъ Трисвятомъ — Помилуй насъ, Господи: Канонъ Тріоди, ирмосы — Пѣснь побѣдную: (припѣвъ — Слава Тебѣ, Боже нашъ, слава Тебѣ). Вмѣсто — Достойно есть: ирмосъ 9-й пѣсни — Сотвори державу: По Трисвятомъ: кондакъ праздника — Всѣхъ радость Христосъ: Отпустъ малый.
На утрени на — Богъ Господь: во гл. 1-й, тропарь Тріоди — Общее

воскресеніе: 2-жды; Слава, и нынѣ: тойже. По 16-й каѳизмѣ ектенія малая и сѣдаленъ Тріоди — Ущедривъ Маѳины: По 17-й каѳизмѣ — Ангельскій соборъ: съ припѣвами — Благословенъ еси, Господи: кажденіе всего храма. Ектенія малая и сѣдаленъ Тріоди — Источникъ премудрости: посемъ — Воскресеніе Христово: Псаломъ 50-й. Канона два Тріоди на 14 (припѣвъ — Слава Тебѣ, Боже нашъ, слава Тебѣ). Ирмосы — Поимъ Господеви: Катавасія — Воду прошедъ: По 3-й пѣсни сѣдаленъ Тріоди — Вкупѣ предстастѣ: Слава, и нынѣ: — Провѣдый всяческая: по 6-й кондакъ Тріоди — Всѣхъ радость: и икосъ. По 8-й пѣсни *не поемъ* — Честнѣйшую: но ирмосъ 9-й пѣсни — Чистую славно почтимъ:[14] Ектенія малая. Таже во гл. 1-й — Святъ Господь Богъ нашъ; Свѣтиленъ — Словомъ Твоимъ; Слава, и нынѣ: — Лаземъ тя Христосъ: На хвалитехъ, во гл. 1-й, стихиры на 8; — Воскресеніе и жизнь: Слава: — Веліе и преславное чудо: И нынѣ: — Преблагословенна еси: Славословіе великое. По Трисвятомъ тропарь праздника. Ектеніи и отпустъ воскресный. Часъ 1-й.

На часахъ тропарь и кондакъ Тріоди.

На литургіи свят. Іоанна Златоуста блаженна на 8; отъ 1-го канона праздника, пѣснь 3-я на 4 и отъ 2-го канона пѣснь 6-я на 4. По входѣ — Спаси ны, Сыне Божій, воскресый изъ мертвыхъ: Тропарь праздника; Слава, и нынѣ: кондакъ его. Вмѣсто Трисвятаго поемъ — Елицы во Христа: Прокименъ — Господь просвѣщеніе мое: Апостолъ ко Евр. зач. 333-е отъ полу. Аллилуіа во гл. 5-й. Евангеліе отъ Іоанна зач. 39-е. Вмѣсто — Достойно есть: поемъ ирмосъ — Чистую славно почтимъ: Причастенъ — Изъ устъ младенецъ и ссущихъ совершилъ еси хвалу. Отпустъ воскресный.

На трапезѣ разрѣшается вкушеніе рыбныя икры.

23-го МАРТА. Недѣля Ваій (Цвѣтная). ВХОДЪ ГОСПОДЕНЬ ВО ІЕРУСАЛИМЪ.

На великой вечерни — Блаженъ мужъ: каѳизма 1-я вся. На — Господи воззвахъ: во гл. 6-й, стихиры праздника на 10; — Днесь благодать: Слава: праздника — Днесь благодать: И нынѣ: паки — Днесь благодать: Входъ. — Свѣте тихій: Прокименъ — Господь воцарися: Чтенія праздника 3. На литіи стихиры праздника — Всесвятый Духъ: Слава, и нынѣ праздника — Прежде шести дней: На стиховнѣ стихиры праздника — Радуйся и веселися: Слава: праздника — Днесь благодать: И нынѣ: паки — Днесь благодать: По — Нынѣ отпущаеши: на благословеніи хлѣбовъ тропарь — Общее воскресеніе: 2-жды и инъ тропарь — Спогребшеся Тебѣ: 1-жды.

На утрени на — Богъ Господь: во гл. 1-й, тропарь праздника — Общее воскресеніе: 2-жды; Слава, и нынѣ: — Спогребшеся Тебѣ: По каѳизмахъ (2-й и 3-й) сѣдальны праздника. Полiелей и величаніе празд-

---

14) Отъ сего дня не поемъ — Честнѣйшую: во всѣ дни до понедѣльника по недѣлѣ Ѳоминой, а по воскресеніямъ и далѣе до недѣли 7-й по Пасхѣ.

ника — **Величаемъ Тя, Живодавче Христе, осанна въ вышнихъ, и мы Тебѣ вопіемъ: благословенъ грядый во имя Господне.** Псаломъ избранный — Господи, Господь нашъ, яко чудно имя Твое по всей земли. Сѣдаленъ праздника — На престолѣ херувимстѣ: Степенна — Отъ юности моея: Прокименъ — Изъ устъ младенецъ и ссущихъ совершилъ еси хвалу. Евангеліе отъ Матѳ. зач. 83-е. *Не поемъ* — Воскресеніе Христово: но точію псаломъ 50-й, во время чтенія котораго іерей кадитъ ваіа (вербы) крестообразно 3-жды. Діаконъ — Господу помолимся. Ликъ — Господи помилуй: Іерей велегласно глаголетъ молитву сію: — Господи Боже нашъ, сѣдяй на херувимѣхъ: и по скончаніи кропитъ ваіа святою водою, глаголя: — **Благословляются и освящаются ваіа сія благодатію Пресвятаго Духа, окропленіемъ воды сея священныя, во имя Отца и Сына, и Святаго Духа. Аминь.** 3-жды. Ликъ: Слава: — Днесь Христосъ: И нынѣ: тойже. — Помилуй мя, Боже: и стихиру — Днесь благодать: Молитва — Спаси, Боже: Іерей, помазуя елеемъ приходящимъ прикладываться, раздаетъ ваіа, а по уставу и свѣчи горящія. Всю дальнѣйшую часть утрени принято стоять съ ваіями и горящими свѣчами въ рукахъ. Канонъ праздника, ирмосы по 2-жды, тропари на 12 (припѣвъ — Слава Тебѣ, Боже нашъ, слава Тебѣ). Ирмосы и катавасія — Явившася источницы бездны: По 3-й пѣсни ѵпакои — Съ вѣтвьми воспѣвше: по 6-й кондакъ праздника — На престолѣ: и икосъ. На 9-й пѣсни *не поемъ* — Честнѣйшую: но поемъ ирмосъ 9-й пѣсни — Богъ Господь: По канонѣ, вмѣсто свѣтильна, поемъ во гл. 4-й: — Святъ Господь Богъ нашъ. На хвалитехъ, во гл. 4-й, стихиры праздника — Множество народа: на 6; Слава, и нынѣ: — Прежде шести дней Пасхи: Славословіе великое. Тропарь — Общее воскресеніе: Ектеніи, и отпустъ праздника — **Иже на жребяти осли сѣсти изволивый, нашего ради спасенія, Христосъ истинный Богъ нашъ:** Часъ 1-й.

На часахъ тропарь — Общее воскресеніе: Слава: инъ — Спогребшеся: Кондакъ праздника.

ЗРИ: На проскомидіи пріуготовляются 2 Агнца: единъ для сей литургіи и для Преждеосвященной литургіи въ понедѣльникъ.

На литургіи свят. Іоанна Златоуста антифоны праздника и входное праздника — **Благословенъ грядый во имя Господне, благословихомъ вы изъ дому Господня, Богъ Господь и явися намъ.** По входѣ тропарь — Общее воскресеніе: Слава: — Спогребшеся: И нынѣ: кондакъ — На престолѣ на небеси: Трисвятое. Прокименъ — Благословенъ грядый: Апостолъ къ Филиппісіемъ зач. 247-е. Аллилуіа во гл. 1-й. Евангеліе отъ Іоанна зач. 41-е. Вмѣсто — Достойно: ирмосъ 9-й пѣсни — Богъ Господь: Причастенъ — Благословенъ грядый во имя Господне, Богъ Господь, и явися намъ. Отпустъ праздника — **Иже на жребяти осли сѣсти изволивый, нашего ради спасенія, Христосъ истинный Богъ нашъ:**

На трапезѣ разрѣшаемъ на рыбу, елей и вино.

На вечерни на — Господи воззвахъ: во гл. 8-й, стихиры праздника

Мартъ

— Радуйся и веселися: на 6; Слава: праздника — Радуйся и веселися: И нынѣ: праздника — На херувимѣхъ носимый: Входъ. — Свѣте тихій: Прокименъ дне — Се нынѣ благословите: — Сподоби, Господи: Ектенія — Исполнимъ вечернюю: На стиховнѣ самогласны Тріоди — Отъ вѣтвіи и ваій: съ припѣвами ихъ; Слава: Тріоди — Отъ вѣтвій и ваій: И нынѣ: Тріоди — Страшно еже впасти: — Нынѣ отпущаеши: и прочее якоже указася о семъ въ вечеръ нед. Сыропустныя. Отпустъ — **Грядый Господь на вольную страсть нашего ради спасенія, Христосъ истинный Богъ нашъ:**

Повечеріе малое съ трипѣснцемъ (припѣвъ — Слава Тебѣ, Боже нашъ, слава Тебѣ). Кондакъ Тріоди — Іаковъ рыдаше:

24-го МАРТА. **Великій понедѣльникъ.** Св. праведнаго Іосифа прекраснаго.

На утрени вмѣсто — Богъ Господь: поемъ — Аллилуіа, во гласъ 8-й и тропарь — Се, женихъ грядетъ: 2-жды; Слава, и нынѣ: тойже. Каѳизмы[15] 4-я, 5-я и 6-я. По каждой каѳизмѣ сѣдаленъ Тріоди безъ ектеніи. По 3-мъ сѣдальнѣ — И о сподобитися намъ: и чтеніе Евангелія отъ Матѳея съ 84-го зач. по 88-е (безъ преступки). Псаломъ 50-й. Таже — Спаси, Боже: Трипѣснецъ Тріоди (припѣвъ — Слава Тебѣ, Боже нашъ, слава Тебѣ). Ирмосы и катавасія — Непроходимое волнящееся: По 1-й пѣсни малая ектенія. Возгласъ — Ты бо еси Царь мира: Кондакъ — Іаковъ рыдаше: и икосъ. На 9-й пѣсни *не поемъ* — Честнѣйшую: но сразу ирмосъ — Возвеличилъ еси, Христе: Ектенія малая. Свѣтиленъ — Чертогъ Твой: 3-жды[16]. Чтемъ хвалительные псалмы до — Хвалите его на силахъ Его: стихиры Тріоди — Грядый Господь: на 4; Слава, и нынѣ: — Господи, грядый: Славословіе чтемъ. Ектенія — Исполнимъ утреннюю: На стиховнѣ стихиры Тріоди — Господи, къ таинству неизглаголанному: съ обычными припѣвами утрени; Слава, и нынѣ: — Вторую Еву: — Благо есть: 2-жды. Трисвятое: по Отче нашъ: тропарь — Въ храмѣ стояще: — Господи, помилуй (40 разъ). — Честнѣйшую: — Именемъ Господнимъ: Іерей молитву св. Ефрема съ 16-ю поклонами. Часъ 1-й безъ каѳизмы, на немже тропарь — Заутра услыши: съ поклоны. По — Отче нашъ: кондакъ — Іаковъ рыдаше: По — Иже на всякое время: молитва святаго Ефрема съ 16-ю поклонами. Отпустъ — **Грядый Господь на вольную страсть нашего ради спасенія, Христосъ истинный Богъ нашъ:**

Часы 3-й, 6-й и 9-й. На 3-мъ и на 6-мъ часахъ каѳизмы 7-я и 8-я, а 9-й часъ безъ каѳизмы. Тропари великопостные обычные съ поклоны.

---

[15] Распредѣленіе Псалтири на Страстной седмицѣ: Въ Великій понедѣльникъ на утрени каѳизмы 4-я, 5-я и 6-я; на часахъ 7-я и 8-я. Въ Великій вторникъ на утрени 9-я, 10-я и 11-я; на часахъ 12-я и 13-я. Въ Великую среду на утрени 14-я, 15-я и 16-я; на часахъ 19-я и 20-я. Всѣ три дня на 1-мъ и на 9-мъ часѣ каѳизмы нѣтъ, на вечерни 18-я каѳизма. Въ Великую субботу на утрени 17-я, раздѣленная на три статьи.

[16] По уставу въ первый разъ поетъ посреди церкви одинъ пѣвчій, а потомъ 2-жды повторяется на клиросахъ.

Мартъ

Послѣ богородична на каждомъ часѣ читается Евангеліе[17]). По — Отче нашъ: кондакъ — Іаковъ рыдаше: На концѣ каждаго часа молитва св. Ефрема съ поклоны. На 6-мъ часѣ тропарь пророчества — Душею сокрушенною: Чтецъ — гласъ 4-й — Внегда возвратити: Пророчества Іезекіилева чтеніе: — Гласъ 4-й — Аще не Господь: Прилагаемъ же и изобразительныя, на нихъ чтемъ тойже кондакъ — Іаковъ рыдаше:

Вечерня съ литургіей Преждеосвященныхъ Даровъ. Каѳизмы нѣтъ. (Іерей переноситъ Святыя Дары съ престола на жертвенникъ при пѣніи стихиръ) На — Господи воззвахъ: во гл. 1-й, стихиры на 10; Тріоди — Грядый Господь къ вольной страсти: 5; и праздника — Совѣтъ превѣчный: 5; Слава: Тріоди — Вторую Еву: И нынѣ: праздника — Посланъ бысть: Входъ съ Евангеліемъ. — Свѣте тихій: Чтецъ — гласъ 6-й — Благословитъ тя Господь: Исхода чтеніе. — Гласъ 6-й — Благословихомъ вы: Послѣ втораго прокимна, діаконъ — Повелите. Іерей, осѣняя свѣщею и кадиломъ молящихся возглашаетъ — Премудрость, прости, Свѣтъ Христовъ просвѣщаетъ всѣхъ. Іова чтеніе. Чтенія праздника 3 (1-е Бытія; 2-е Прор. Іезекіилева; 3-е Притчей гл. 9-я). — Да исправится: Молитва св. Ефрема Сирина и 3 поклона. Ектеніи малой не глаголемъ. Евангеліе отъ Матѳ. зач. 98-е и прочее литургіи Преждеосвященныхъ Даровъ. Отпустъ — **Грядый Господь на вольную страсть нашего ради спасенія, Христосъ истинный Богъ нашъ:**

Аще ли не будетъ Преждеосвященныя — каѳизмы нѣтъ. На — Господи воззвахъ: во гл. 1-й на 10; стихиры Тріоди — Грядый Господь: 2-жды; — Достигше вѣрніи: — Господи къ таинству: — Господи, въ таинству: и праздника — Совѣтъ превѣчный: 5; Слава: Тріоди — Вторую Еву: И нынѣ: праздника — Посланъ бысть: Входъ съ Евангеліемъ. — Свѣте тихій: Чтецъ — гласъ 6-й — Благословитъ тя Господь: Исхода чтеніе. — Гласъ 6-й — Благословихомъ вы: Іова чтеніе; чтенія праздника 3 (1-е Бытія; 2-е Прор. Іезекіилева; 3-е Притчей гл. 9-я). Евангеліе отъ Матѳ. зач. 98-е. — Сподоби Господи: Ектенія — Исполнимъ: На стиховнѣ отъ тѣхже стихиръ половину — Господи совершеннѣйшая: 2-жды; и — Изсохшія: со обычными припѣвы вечерними; Слава: Тріоди — Господи, грядый ко страданію: И нынѣ: праздника — Днесь радость: По — Нынѣ отпущаеши: тропарь праздника — Днесь спасенія нашего: Таже ектенія — Помилуй насъ Боже: Молитва преп. Ефрема и три поклона великія. — Всесвятая Троице: — Буди имя Господне: Слава, и нынѣ: Псаломъ 33-й. Іерей — Премудрость. Ликъ — Достойно есть: Іерей — Пресвятая Богородице: Ликъ — Честнѣйшую: Іерей — Слава Тебѣ, Христе Боже: Ликъ — Слава, и нынѣ: — Господи, помилуй (3-жды), — Благослови.

---

17) По уставу Евангеліе отъ Матѳея дѣлится на 2 части, отъ Марка на 2, отъ Луки на 3 (всѣ эти Евангелія полностью), а отъ Іоанна, кончая 32-мъ стихомъ 13-й главы — на 2 части. Эти 9 отдѣловъ полагается прочесть въ теченіе Великихъ понедѣльника, вторника и среды — на 3-мъ, 6-мъ и 9-мъ часахъ. На практикѣ двухъ или трехъ евангелистовъ прочитываютъ заранѣе на 6-й седмицѣ Великаго поста, а оставшееся распредѣляется въ указанные дни Страстной седмицы.

Мартъ

Отпустъ — **Грядый Господь на вольную страсть нашего ради спасенія, Христосъ истинный Богъ нашъ:**

25-го МАРТА. **Великій вторникъ. БЛАГОВѢЩЕНІЕ ПРЕСВЯТЫЯ БОГОРОДИЦЫ.** *Творимъ бдѣніе. Служба соединяется съ Тріодью.*

    Бдѣніе начинается **повечеріемъ великимъ** съ литіей. Іерей въ фелони возглашаетъ — Благословенъ Богъ нашъ: и кадитъ всю церковь. Поемъ — Аминь. И повечеріе великое по ряду съ пѣніемъ — Съ нами Богъ: (Царскія врата открываются на пѣніе — Съ нами Богъ: и на пѣніе тропаря и кондака). По первомъ трисвятомъ (вмѣсто — Просвѣти очи:), тропарь праздника — Днесь спасенія нашего: а по второмъ (вмѣсто — Помилуй насъ:), кондакъ — Взбранной воеводѣ: По — Слава въ вышнихъ Богу: исходимъ на литію. Стихиры на литіи праздника — Въ шестый мѣсяцъ архистратигъ: Слава; и нынѣ: праздника — Благовѣствуетъ Гавріилъ: Ектенія — Спаси, Боже, люди Твоя: На стиховнѣ стихиры праздника — Въ шестый мѣсяцъ посланъ: Слава, и нынѣ: — Днесь радость благовѣщенія: По — Нынѣ отпущаеши: на благословеніи хлѣбовъ тропарь — Днесь спасенія нашего: 3-жды. — Буди имя Господне: 3-жды. Псаломъ 33-й до — не лишатся всякаго блага. Іерей — Благословеніе Господне на васъ: и чтется шестопсалміе.

    На утрени на — Богъ Господь: во гл. 4-й, тропарь праздника — Днесь спасенія нашего: 2-жды; Слава, и нынѣ: тойже. Каѳизмы 9-я, 10-я и 11-я. По 9-й и 10-й каѳизмѣхъ сѣдальны Тріоди безъ ектеніи. По 11-й каѳизмѣ ектенія малая, и сѣдальны праздника — Великій воевода: Слава, и нынѣ: — Днесь вся тварь: Полiелей и величаніе праздника **Архангельскій гласъ вопіемъ Ти, чистая: радуйся, Благодатная, Господь съ Тобою.** Псаломъ избранный — Боже, судъ Твой цареви даждь: Малая ектенія. Сѣдаленъ праздника — Гавріилъ съ небесе: Слава, и нынѣ: — Посланъ бысть: Степенна — Отъ юности моея: Прокименъ праздника — Благовѣстите день отъ дне спасеніе Бога нашего. Евангеліе отъ Луки зач. 4-е. Псаломъ 50-й. Слава: — Молитвами Богородицы: И нынѣ: тойже. — Помилуй мя, Боже: и стихира праздника — Благовѣствуетъ Гавріилъ: — Спаси Боже: Канонъ праздника, ирмосы по 2-жды, тропари на 12 (припѣвъ — Пресвятая Богородице спаси насъ). Ирмосы и катавасія — Отверзу уста моя: На 8-й и 9-й пѣсняхъ канонъ праздника со ирмосомъ на 6 и двоепѣсницы Тріоди на 8 (припѣвъ — Слава, Тебе Боже нашъ, слава Тебѣ), катавасія Тріоди. По 3-й пѣсни кондакъ Тріоди — Часъ душе: и икосъ; Слава, и нынѣ: сѣдаленъ праздника — Посланъ бысть: По 6-й пѣсни кондакъ праздника — Взбранной воеводѣ: и икосъ. На 9-й пѣсни *не поемъ* — Честнѣйшую: но припѣвы праздника **Благовѣствуй, земле, радость велію, хвалите, небеса, Божію славу.** По 9-й пѣсни катавасія Тріоди гл. 2-й — Невмѣстимаго Бога: и праздника съ припѣвомъ. *Не поемъ* — Достойно есть: Свѣтиленъ праздника — Ангельскихъ силъ: Слава: Тріоди — Чертогъ Твой: И нынѣ: праздника — Еже отъ вѣка: Поемъ — Всякое дыханіе: во гл. 1-й. Чтемъ хвалитные псалмы — Хвалите Его, солнце и луна: до *на 4* — Хвалите Его на силахъ Его: поемъ стихиры на хвалитехъ праздника — Съ небесныхъ круговъ: на 4; Слава: Тріоди — Душевною лѣностію: И нынѣ: праздника — Еже отъ вѣка таинство: Іерей: — Слава Тебѣ, показавшему намъ свѣтъ. Славословіе чтемъ. Ектенія — Исполнимъ утреннюю: На стиховнѣ стихиры Тріоди гл. 1-й — Въ свѣтлостехъ святыхъ: стихъ — Исполнихомся заутра милости Твоея Господи,/ и возрадовахомся и возвеселихомся; — Скрывшаго талантъ: стихъ — Во вся дни наша возвеселихомся, за дни въ няже смирилъ ны еси, лѣта въ няже возвеселихомся, за дни въ няже смирилъ ны еси,/ лѣта въ няже видѣхомъ злая; — Пріидите вѣрніи: стихъ — И призри на рабы Твоя, и на дѣла твоя,/ и настави сыны ихъ; — Жениш́е, добротою: стихъ — И буди свѣтлость Господа Бога: — Се Тебѣ талантъ: Слава: праздника — Да веселятся небеса: И нынѣ: Тріоди — Егда пріидеши во славѣ: Благо есть: 1-жды. Трисвятое по — Отче нашъ: тропарь праздника. Сугубая ектенія; Іерей молитву св. Ефрема съ 3-мя поклонами и часъ 1-й безъ каѳизмы, на немже тропарь и кондакъ праздника; По — Иже на всякое время: молитва святаго Ефрема съ 3-мя поклонами. Безъ Трисвятаго іерей — Христе свѣте истинный: Отпустъ — **Грядый Господь на вольную страсть нашего ради спасенія, Христосъ истинный Богъ нашъ:**

Часы 3-й, 6-й и 9-й. На 3-мъ и на 6-мъ часахъ каѳизмы 12-я и 13-я, а 9-й часъ безъ каѳизмы. Тропарь праздника. Кондаки Тріоди — Часъ душе: и праздника поперемѣнно. Въ концѣ каждаго часа молитва св. Ефрема съ 3-мя поклонами. На 6-мъ часѣ тропарь пророчества — Безмѣрно согрѣшающимъ: Чтецъ — гласъ 6-й — Яко у Господа милость: Пророчества Іезекіилева чтеніе — Гласъ 4-й — Да уповаетъ Израиль:

На изобразительныхъ, блаженна скоро безъ пѣнія и безъ поклоновъ — Вѣрую *не читается*. По — Ослаби, остави: и — Отче нашъ: кондакъ праздника. Изобразительныя оканчиваются такъ: по 3-хъ поклонахъ съ молитвою Ефрема Сирина — Всесвятая Троице: Іерей — Премудрость. Ликъ — Достойно есть: поклонъ. Іерей — Пресвятая Богородице: Ликъ — Честнѣйшую: и опустъ по обычаю. Затѣмъ служимъ вечерню съ литургіей свят. Іоанна Златоуста.

ЗРИ: На проскомидіи пріуготовляются 2 Агнца: единъ для сей литургіи и для Преждеосвященной литургіи въ среду.

Вечерня съ литургіей свят. Іоанна Златоуста. По — Благословено Царство: — Слава Тебѣ, Боже нашъ, слава Тебѣ. — Царю Небесный: Трисвятое: и прочее полнаго начала. По — Пріидите поклонимся: псаломъ 103-й, по обычаю. Великая ектенія. Каѳизмы нѣтъ. На — Господи воззвахъ: во гл. 1-й; стихиры на 10; Тріоди самогласны — Во свѣтлость святыхъ: 5 и праздника — Въ шестый мѣсяцъ: 5 (повторяюще первыя двѣ — стихиры архангела не поемъ); Слава: Тріоди — Се Тебѣ талантъ: И нынѣ: праздника — Посланъ бысть съ небесе: Входъ съ Евангеліемъ. — Свѣте тихій: Чтецъ — гласъ 6-й — Воскресни Господи:

Исхода чтеніе. — Гласъ 4-й — Се что добро: Іова чтеніе. Таже чтенія праздника 2 (1-е Исхода и 2-е Притчей гл. 8-я). Ектенія малая и возгласъ — Яко святъ еси: и Трисвятое. Прокименъ праздника — Благовѣстите день отъ дне спасеніе Бога нашего. Апостолъ ко Евр. зач. 306-е. Аллилуіа во гл. 6-й. Евангеліе отъ Луки зач. 3-е и отъ Матѳ. зач. 102-е. И по ряду литургія свят. Іоанна Златоуста. На просительной ектеніи — Исполнимъ вечернюю молитву: и на — Прости пріимше: вмѣсто — Дне всего: говорится — Вечера всего: Задостойникъ — Благовѣствуй, земле: и ирмосъ — Яко одушевленному: Причастенъ — Избра Господь Сіона, и изволи его въ жилище Себѣ. Отпустъ — **Грядый Господь на вольную страсть нашего ради спасенія, Христосъ истинный Богъ нашъ:**

На трапезѣ разрѣшаемъ на елей и вино.

Малое повечеріе съ трипѣснцемъ Тріоди. Кондакъ Тріоди — Паче блудницы блаже:

26-го МАРТА. **Великая среда.**

На утрени вмѣсто — Богъ Господь: поемъ — Аллилуіа, во гласъ 8-й и тропарь — Се, женихъ грядетъ: 2-жды; Слава, и нынѣ: тойже. Каѳизмы 14-я, 15-я и 16-я. По каждой каѳизмѣ сѣдаленъ Тріоди безъ ектеніи. По 3-мъ сѣдальнѣ — И о сподобитися намъ: и чтеніе Евангелія отъ Іоанна съ зач. 41-го отъ полу по 43-е (безъ преступки). Псаломъ 50-й. Таже — Спаси, Боже: Трипѣснецъ Тріоди (припѣвъ — Слава Тебѣ, Боже нашъ, слава Тебѣ). Ирмосы и катавасія — На камени: По 3-й пѣсни малая ектенія. Возгласъ — Ты бо еси Царь мира: Кондакъ — Паче блудницы: и икосъ. На 9-й пѣсни *не поемъ* — Честнѣйшую: но ирмосъ — Душами чистыми: Свѣтиленъ — Чертогъ твой: 3-жды. Чтемъ хвалительные псалмы до — Хвалите его на силахъ Его: и стихиры Тріоди — Тебе Дѣвыя Сына: на 4; Слава: — Грѣшная тече: И нынѣ: — Погруженная грѣхомъ: Славословіе чтемъ. Ектенія — Исполнимъ утреннюю: На стиховнѣ стихиры — Днесь Христосъ: съ обычными припѣвами утрени; Слава, и нынѣ: — Господи, яже во многія грѣхи: — Благо есть: 2-жды. Трисвятое: по — Отче нашъ: тропарь — Въ храмѣ стояще: — Господи, помилуй (40 разъ). — Честнѣйшую: — Именемъ Господнимъ: Іерей молитву св. Ефрема съ 16-ю поклонами. Часъ 1-й безъ каѳизмы; на немже тропарь — Заутра услыши: съ поклоны. По — Отче нашъ: кондакъ — Паче блудницы: По — Иже на всякое время: молитва святаго Ефрема съ 16-ю поклонами. Отпустъ — **Грядый Господь на вольную страсть нашего ради спасенія, Христосъ истинный Богъ нашъ:**

Часы 3-й, 6-й и 9-й. На 3-мъ и на 6-мъ часахъ каѳизмы 19-я и 20-я, а 9-й часъ безъ каѳизмы. Тропари великопостные обычные съ поклоны. Послѣ богородична на каждомъ часѣ читается Евангеліе. По — Отче нашъ: кондакъ — Паче блудницы: На концѣ каждаго часа молитва св. Ефрема съ поклоны. На 6-мъ часѣ тропарь пророчества — Днесь лукавое: Чтецъ — гласъ 4-й — Благословитъ тя: Пророчества Іезекіилева чтеніе: — Гласъ 6-й — Боящійся Господа:

На изобразительныхъ чтемъ кондакъ — Паче блудницы: Вмѣсто отпуста іерей чтетъ — Владыко Многомилостиве: (какъ въ концѣ Великаго повечерія), мы же ницъ падше молимся. По молитвѣ іерей и прихожане испрашиваютъ другъ у друга прощенія, какъ прежде въ Прощеное воскресеніе, за все въ чемъ согрѣшили «*во всей жизни и во всей святѣй Четыредесятницѣ*».

Вечерня съ литургіей Преждеосвященныхъ Даровъ. На — Господи воззвахъ: во гласъ 1-й, стихиры на 10; — Тебе Дѣвыя Сына: Слава, и нынѣ: гласъ 8-й — Господи, яже во многія грѣхи: Входъ съ Евангеліемъ. — Свѣте тихій: Чтецъ — гл. 4-й — Исповѣдайтеся Богу: Исхода чтеніе. Гл. 4-й — Господи, милость Твоя: Іова чтеніе. — Да исправится молитва моя: Молитва св. Ефрема Сирина и 3 поклона. Ектеніи малой не глаголемъ. Евангеліе отъ Матѳ. зач. 108-е и прочее послѣдованіе литургіи Преждеосвященныхъ Даровъ. По заамвонной молитвѣ, молитва св. Ефрема — Господи и Владыко живота: съ тремя поклонами; и упраздняются совершенно бываемые въ церкви поклоны, кромѣ передъ Св. Плащаницею. Отпустъ — **Грядый Господь на вольную страсть:**

Повечеріе малое съ трипѣснцемъ (припѣвъ — Слава Тебѣ, Боже нашъ, слава Тебѣ). Кондакъ Тріоди — Хлѣбъ пріемъ:

27-го МАРТА. **Великій четвертокъ. Воспоминаніе Тайной Вечери.**

На утрени, по — Благословенъ Богъ нашъ: — Слава Тебѣ, Боже нашъ, слава Тебѣ. — Царю Небесный: Трисвятое: по — Отче нашъ: — Господи помилуй (12 разъ); Слава, и нынѣ: — Пріидите, поклонимся: 3-жды и обычныя два псалма и тропари. Ектенія. Возгласъ — Слава Святѣй: и шестопсалміе. Вмѣсто — Богъ Господь: поемъ — Аллилуіа во гласъ 8-й, и тропарь — Егда славніи: 2-жды; Слава, и нынѣ: тойже. Іерей, облаченъ въ фелонь, отверзаетъ царскія врата, возглашая — И о сподобитися намъ: и прочее. Евангеліе отъ Луки зач. 108-е отъ полу, конецъ въ зачалѣ 109-мъ. Псаломъ 50-й. (Молитвы — Спаси, Боже: *не глаголемъ*). Канонъ изъ Тріоди на 8, ирмосы по 2-жды, тропари на 6, (припѣвъ — Слава Тебѣ, Боже нашъ, слава Тебѣ). Ирмосы и катавасія — Сѣченое сѣчется: По 3-й пѣсни сѣдаленъ — Езера и источники: Слава: — Смиряяся за благоутробіе: И нынѣ: — Ядый Владыко: по 6-й кондакъ — Хлѣбъ пріемъ: и икосъ. На 9-й пѣсни *не поемъ* — Честнѣйшую, но ирмосъ 9-й пѣсни — Странствія Владычня: Свѣтиленъ — Чертогъ Твой: 3-жды. Чтемъ хвалитные псалмы до — Хвалите его на силахъ Его: и стихиры Тріоди во гл. 2-й — Стекается прочее: 4; Слава, и нынѣ: Тріоди — Егоже проповѣда: Славословіе чтемъ. Ектенія — Исполнимъ утреннюю: На стиховнѣ стихиры Тріоди — Днесь еже на Христа: съ припѣвами ихъ; Слава: — Нравъ твой: И нынѣ: — Тайноводствуя Твоя, Господи, ученики: — Благо есть: 1-жды. Трисвятое: по — Отче нашъ: поемъ тропарь — Егда славніи ученицы: и ектенія сугубая. На 1-мъ часѣ

Мартъ

тропарь — Егда славніи: по — Что Тя наречемъ: тропарь пророчества — Заушенный за родъ человѣческій: Посемъ чтецъ — прокименъ гласъ 1-й — Да разумѣютъ языцы: Пророчества Іереміина чтеніе. — Прокименъ гласъ 8-й — Помолитеся и воздадите: — Стопы моя: (безъ пѣнія) и прочее. По Трисвятомъ кондакъ Тріоди — Хлѣбъ пріемъ: и прочая, и совершенный отпустъ — **Иже за превосходящую благость путь добрѣйшій смиренія показавый, внегда умыти ноги учениковъ, даже до Креста и погребенія снизшедый намъ, Христосъ истинный Богъ нашъ:**

Часы 3-й, 6-й и 9-й безъ каѳизмъ. Тропарь и кондакъ Тріоди. По 9-мъ часѣ чтемъ блаженна и прочее изобразительныхъ. Кондакъ тріоди: Хлѣбъ пріемъ (— Вѣрую: — Буди имя Господне: и — Благославлю Господа: *не читаются*). По кондаку, Господи помилуй 40 разъ — Всесвятая Троице: Іерей — Премудрость. Ликъ — Достойно есть: поклонъ. Іерей — Пресвятая Богородице: Ликъ — Честнѣйшую: и опустъ по обычаю.

Вечерня съ литургіей свят. Василія Великаго. По — Благословено Царство: — Слава Тебѣ, Боже нашъ, слава Тебѣ. — Царю Небесный: Трисвятое: и прочее полнаго начала. По — Пріидите поклонимся: псаломъ 103-й, по обычаю. На — Господи воззвахъ: во гл. 2-й, стихиры — Стекается прочее: на 10; Слава, и нынѣ: — Рожденіе ехидновъ: Входъ съ Евангеліемъ. — Свѣте тихій: Чтецъ — Прокименъ гласъ 1-й — Изми мя, Господи, отъ человѣка лукава: Исхода чтеніе. — Вонмемъ. (Царскія врата отверзаются.) — Прокименъ гласъ 7-й — Изми мя отъ врагъ моихъ, Боже: (по прокимнѣ царскія врата закрываются). Чтенія Іова и пророчества Исаіина. Снова открываются царскія врата. Ектенія малая. Возгласъ — Яко святъ еси: Трисвятое. Прокименъ гласъ 7-й — Князи людстіи собрашася вкупѣ на Господа и на Христа Его. Апостолъ къ Кор. зач. 149-е. Аллилуіа во гл. 6-й, Евангеліе отъ Матѳ. зач. 107-е. Вмѣсто Херувимской пѣсни, причастна и — Да исполнятся уста: а также во время причащенія мірянъ поется — Вечери Твоея тайныя: На просительныхъ ектеніяхъ и на — Прости пріимше: вмѣсто — Дне всего: говорится — Вечера всего: Вмѣсто — Достойно есть: ирмосъ — Странствія Владычня: Отпустъ — **Иже за превосходящую благость путь добрѣйшій смиренія показавый:** (см. на утрени).

Въ каѳедральныхъ соборахъ по литургіи бываетъ чинъ священнаго умовенія ногъ.

Повечеріе малое съ трипѣснцемъ (припѣвъ — Слава Тебѣ, Боже нашъ, слава Тебѣ). Кондакъ Тріоди — Насъ ради Распятаго:

28-го МАРТА. Великій пятокъ. Послѣдованіе Святыхъ и Спасительныхъ Страстей Господа нашего Іисуса Христа.

Совершаемая въ Великій четвергъ съ вечера *утреня Великаго пятка.* Начало утрени обычное — Благословенъ Богъ: — Слава Тебѣ, Боже нашъ, слава Тебѣ. — Царю Небесный: Трисвятое: по — Отче нашъ: — Господи помилуй (12 разъ); Слава, и нынѣ: — Пріидите, поклонимся:

3-жды и обычныя два псалма и тропари. Ектенія. Возгласъ — Слава Святѣй: и шестопсалміе. Вмѣсто — Богъ Господь: поемъ — Аллилуіа во гласъ 8-й, и тропарь — Егда славніи: 2-жды; Слава, и нынѣ: тойже. Іерей, облаченъ въ фелонь, износитъ Евангеліе на середину церкви, кадитъ алтарь и всю церковь (полное кажденіе). Молящіеся зажигаютъ свѣчи: По тропарѣ малая ектенія: Возгласъ — Яко Твоя держава: И о сподобитися намъ: — Премудрость прости: — Миръ всѣмъ: — Отъ Іоанна святаго Евангелія чтеніе. Ликъ — Слава страстемъ Твоимъ, Господи; (и такъ предъ каждымъ Евангеліемъ). **Евангеліе 1-е отъ Іоанна зач. 46-е.** Послѣ каждаго Евангелія поется — Слава долготерпѣнію Твоему, Господи; И ударяютъ въ колоколъ (единожды послѣ 1-го Евангелія).

Антифоны — Князи людстіи и прочее.

Ектенія малая. Возгласъ — **Яко благъ:** Сѣдаленъ — На вечери: во время пѣнія котораго совершается малое кажденіе (кадится Евангеліе съ четырехъ сторонъ, а съ солеи иконостасъ, пѣвчіе и народъ — безъ обхожденія храма). **Евангеліе 2-е отъ Іоанна зач. 58-е.** И ударяютъ въ колоколъ 2-жды.

Антифоны — Днесь Іуда оставляетъ Учителя: и прочее. Ектенія малая. Возгласъ — **Яко Ты еси Богъ нашъ:** Сѣдаленъ — Кій тя образъ: и малое кажденіе. **Евангеліе 3-е отъ Матѳея зач. 109-е.** И ударяютъ въ колоколъ 3 раза.

Антифоны — Емшимъ Тя беззаконнымъ, претерпѣвая: и прочее. Ектенія малая. Возгласъ — **Яко милостивъ:** Сѣдаленъ — О, како Іуда: и малое кажденіе. **Евангеліе 4-е отъ Іоанна зач. 59-е.** И ударяютъ въ колоколъ 4 раза.

Антифоны — Одѣяйся свѣтомъ яко ризою: и прочее. Ектенія малая. Возгласъ — **Буди держава:** Сѣдаленъ — Егда предсталъ: и малое кажденіе. **Евангеліе 5-е отъ Матѳея зач. 111-е.** И ударяютъ въ колоколъ 5 разъ.

Антифоны — Собраніе іудейское: и прочее:

Во время пѣнія 15-го антифона — Днесь виситъ: по обычаю выносится изъ алтаря большое Распятіе и поставляется за аналоемъ съ Евангеліемъ. Въ иныхъ же мѣстахъ поставляется Распятіе къ началу богослуженія.

Ектенія малая. Возгласъ — **Яко благословися имя Твое:** Сѣдаленъ — Искупилъ ны еси: и малое кажденіе. **Евангеліе 6-е отъ Марка зач. 67-е.** И ударяютъ въ колоколъ 6 разъ.

Блаженны — Во царствіи Твоемъ: съ тропарями — Древомъ Адамъ: Малое кажденіе. Ектенія малая. Возгласъ — **Яко Богъ милости и щедротъ:** Прокименъ — Раздѣлиша ризы Моя себѣ, и о одежди Моей меташа жребій.

Далѣе не бываетъ ектеніи и кажденія передъ каждымъ Евангеліемъ, но только на трипѣснцѣ и кажденіе предъ 12-мъ Евангеліемъ.

Евангеліе 7-е отъ Матѳея зач. 113-е. И ударяютъ въ колоколъ 7 разъ. Псаломъ 50-й.

Евангеліе 8-е отъ Луки зач. 111-е. И ударяютъ въ колоколъ 8 разъ.

Трипѣснецъ Тріоди, пѣсни 5-я, 8-я и 9-я. (Припѣвъ — Слава Тебѣ, Боже нашъ, слава Тебѣ). Ирмосы и катавасія — Къ Тебѣ утренюю: Послѣ 5-й пѣсни ектенія малая съ возгласомъ обычнымъ — ***Ты бо еси:*** Кондакъ — Насъ ради Распятаго: съ икосомъ. На 9-й пѣсни поемъ ирмосъ — Честнѣйшую: (пѣснь же Богородицы — Величитъ душа Моя: *не поемъ*). По 9-й пѣсни ектенія малая съ возгласомъ обычнымъ — ***Яко Тя хвалятъ:*** и свѣтиленъ — Разбойника благоразумнаго: 3-жды.

Евангеліе 9-е отъ Іоанна зач. 61-е. И ударяютъ въ колоколъ 9 разъ.

Поемъ — Всякое дыханіе: во гл. 3-й. Читаемъ хвалитные псалмы — Хвалите Его, солнце и луна: до *на 4* — Хвалите Его на силахъ Его: поемъ стихиры на хвалитехъ Тріоди на 4 — Два и лукавная сотвори: Слава: — Совлекоша съ Мене ризы: И нынѣ: — Плещи Моя дахъ: **Евангеліе 10-е отъ Марка зач. 69-е.** И ударяютъ въ колоколъ 10 разъ.

Возгласъ — Слава Тебѣ, показавшему намъ свѣтъ. И читается славословіе. Ектенія — Исполнимъ утреннюю: возгласъ — ***Яко Богъ милости:*** — Миръ всѣмъ. — Главы наша: Возгласъ — ***Твое бо есть еже миловати:*** Евангеліе 11-е отъ Іоанна зач. 62-е. И ударяютъ въ колоколъ 11 разъ.

Стихиры на стиховнѣ — Вся тварь измѣняшеся страхомъ: съ припѣвами ихъ; Слава: — Господи, восходящу Ти: И нынѣ: — Уже омакается: Во время пѣнія этихъ стихиръ полное кажденіе всего храма, начинаемое отъ аналоя съ Евангеліемъ.

Евангеліе 12-е отъ Матѳея зач. 114-е. И ударяютъ въ колоколъ 12 разъ.

Вносится Евангеліе и полагается на престолъ. И закрываются царскія врата. Іерей совлачается фелони. Чтецъ — Благо есть: 1-жды, Трисвятое: по — Отче нашъ: возгласъ и поется тропарь — Искупилъ ны еси: Ектенія — Помилуй насъ, Боже: и по возгласѣ отпустъ — **Иже оплеванія, и біенія, и заушенія, и крестъ, и смерть претерпѣвый за спасеніе міра, Христосъ истинный Богъ нашъ:** Священнослужители и всѣ молящіеся творятъ поясные поклоны и лобызаютъ св. Крестъ.

ЗРИ: Не присоединяемъ здѣсь 1-й часъ, но поемъ его съ прочими часами заутра въ Великій пятокъ.

Послѣдованіе Царскихъ часовъ святаго и Великаго пятка. Совершаемъ утромъ (по уставу въ 8 часовъ утра). Царскія врата отверзаются; іерей, облаченный въ фелонь, выноситъ Евангеліе и полагаетъ его передъ стоящимъ на срединѣ храма Распятіемъ на аналоѣ. Все по Тріоди. Іерей — Благословенъ Богъ нашъ: Начало обычное.

На псалмахъ 1-го часа іерей съ діакономъ творятъ полное кажденіе храма, начинаемое отъ аналоя съ Евангеліемъ. На 3-мъ и 6-мъ часахъ діаконъ творитъ кажденіе малое, на 9-мъ іерей съ діакономъ опять творятъ полное кажденіе. На каждомъ часѣ два псалма особыхъ и одинъ обычный; Тропарь, стихиры, прокименъ, паремія и апостолъ. По чтеніи апостола, іерей — Миръ ти; чтецъ — И духови твоему; діаконъ — Премудрость, прости услышимъ святаго Евангелія; іерей — Миръ всѣмъ; поемъ — И духови твоему; іерей — Отъ Матѳея святаго Евангелія чтеніе; поемъ — Слава страстемъ Твоимъ, Господи; діаконъ — Вонмемъ; и Евангеліе. На 1-мъ часѣ Евангеліе читается отъ Матѳея зач. 110-е по 113-е. На 3-мъ отъ Марка зач. 67-е по 68-е. На 6-мъ часѣ отъ Луки зач. 111-е. На 9-мъ отъ Іоанна зач. 59-е по 61-е. По Евангеліи — Слава долготерпѣнію Твоему, Господи: и продолжается чтеніе часа. Кондакъ — Насъ ради Распятаго: На 9-мъ часѣ послѣдняя стихира — Днесь виситъ на древѣ: сперва прочитывается чтецомъ. При словахъ — Покланяемся страстемъ Твоимъ Христе... іерей, чтецъ и молящіеся полагаютъ три поясныхъ поклона. Сразу по трехъ поклонахъ — Слава, и нынѣ: и поется та же стихира, гласъ 6-й — Днесь виситъ на древѣ: На 9-мъ часѣ іерей, прочтя Евангеліе, вноситъ его въ алтарь, закрываетъ царскія врата и снимаетъ фелонь. По молитвѣ 9-го часа присовокупляются Изобразительныя — Во царствіи Твоемъ: — Помяни насъ, Господи: и прочее. Читается и — Вѣрую: По — Отче нашъ: кондакъ — Насъ ради Распятаго: По молитвѣ — Всесвятая Троице: — Буди имя Господне: (3-жды), Слава, и нынѣ: — Благословлю Господа: — Достойно есть: и отпустъ **Иже оплеванія, и біенія, и заушенія, и крестъ, и смерть претерпѣвый за спасеніе міра, Христосъ истинный Богъ нашъ:**

О постѣ:

Великій Пятокъ въ отношеніи поста изъ всѣхъ дней въ году самый строгій день. «Ниже ядимъ въ сей день распятія»... По уставу лишь многонемощные и престарѣлые по захожденіи солнца принимаютъ хлѣбъ и воду. Даже наши современники стараются въ этотъ день не вкушать пищи хотя бы до выноса Плащаницы.

Послѣдованіе вечерни святаго и Великаго пятка (около 3 час. по полудни). Прежде начала уносится съ середины храма стоявшее тамъ Распятіе, поставляется же на его мѣсто гробъ (столъ для Плащаницы). Плащаница же полагается на престолѣ, а сверхъ ея Евангеліе. Служба по Тріоди. Начало вечерни обычное — Благословенъ Богъ нашъ: — Царю небесный: и проч. По предначинательномъ псалмѣ ектенія великая. Каѳизмы нѣтъ. — Господи воззвахъ: во гл. 1-й; стихиры самогласны Тріоди на 6; — Вся тварь измѣняшеся: Слава: Тріоди — О, како беззаконное сонмище: И нынѣ: Тріоди — Страшное и преславное: Входъ съ Евангеліемъ. — Свѣте тихій: Чтецъ — Прокименъ гласъ 4-й — Раздѣлиша ризы моя: Чтеніе Тріоди 1-е. По чтеніи царскія врата открываются. — Прокименъ гласъ 4-й — Суди Господи обидящія мя: По прокимнѣ царскія врата снова закрываются. Чтенія Іова и пророчества Исаіина. Снова открываются царскія врата. — Вонмемъ. — Миръ всѣмъ.

Мартъ

Прокименъ Тріоди, гласъ 6-й — Положиша мя въ ровѣ преисподнѣмъ, въ темныхъ и сѣни смертнѣй. Апостолъ къ Кор. зач. 125-е. Евангеліе отъ Матѳея зач. 110-е по 113-е со вставками изъ Евангелій отъ Луки и Іоанна. Предъ чтеніемъ Евангелія — Слава страстемъ: По прочтеніи — Слава долготерпѣнію: Ектенія — Рцемъ вси: — Сподоби, Господи: Ектенія — Исполнимъ вечернюю: Іерей же облачается во всѣ священныя одежды. На стиховнѣ стихиры Тріоди — Егда отъ древа: На — Слава, и нынѣ: царскія врата отверзаются, молящіеся зажигаютъ свѣчи, поется стихира Тріоди — Тебе одѣющагося: Предстоятель кадитъ съ діакономъ 3-жды съ четырехъ сторонъ Плащаницу, лежащую на престолѣ (сослужащіе въ епитрахиляхъ и фелоняхъ). Чтется — Нынѣ отпущаеши: Трисвятое: по — Отче нашъ: возгласъ. Пѣвчіе — Аминь; и тропарь Тріоди во гл. 2-й — Благообразный Іосифъ: (медленно) Слава, и нынѣ: — Мѷроносицамъ женамъ: и бываетъ выносъ Плащаницы изъ алтаря сѣверными вратами на средину храма. Предстоятель съ Евангеліемъ идетъ подъ Плащаницею. И полагается на гробѣ Плащаница, а сверхъ ея Евангеліе. При семъ пѣніи вновь кадится лежащая на гробѣ Плащаница 3-жды съ четырехъ сторонъ. Проповѣдь. Діаконъ — Премудрость: Ликъ — Благослови: — Сый благословенъ: и прочее. Отпустъ — **Иже насъ ради человѣкъ и нашего ради спасенія страшныя страсти и животворящій Крестъ и вольное погребеніе плотію изволивый, Христосъ истинный Богъ нашъ, молитвами Пречистыя Своея Матере и всѣхъ святыхъ, помилуетъ:** Священнослужители и всѣ молящіеся творятъ земные поклоны и лобызаютъ Плащаницу (язвы на ногахъ и на рукахъ Спасителя). И поется стихира — Пріидите ублажимъ: Царскія врата и завѣса закрываются.

Іерей благословляетъ **малое повечеріе** и, разоблачившись, въ епитрахили по обычаю самъ читаетъ положенный на повечеріи канонъ о распятіи Господни и на плачъ Пресвятыя Богородицы. Ирмосы и катавасія — Яко по суху: (припѣвъ — Слава Тебѣ, Боже нашъ, слава Тебѣ). Канонъ читается, если позволяетъ мѣсто, передъ Плащаницею, нѣсколько со стороны, т. к. молящіеся въ это время поклоняются и прикладываются. Кондакъ Тріоди — Насъ ради Распятаго: Обычное прощеніе и отпустъ малый.

29-го МАРТА. **Великая суббота.**

Утреня по уставу служится въ 1-мъ часу по полуночи, или нѣсколько позже въ часы предразсвѣтные, какъ это бывало въ Русской Церкви въ приходскихъ храмахъ. Гдѣ же это окажется невозможнымъ, служатъ утреню въ пятницу съ вечера.

На утрени іерей въ черной епитрахили творитъ начало передъ престоломъ — Благословенъ Богъ нашъ: — Царю Небесный: Трисвятое: по — Отче нашъ: — Господи помилуй (12 разъ); Слава, и нынѣ: — Пріидите, поклонимся: 3-жды и обычныя два псалма и тропари. Іерей творитъ кажденіе храма. Возгласъ — Слава Святѣй: и шестопсалміе, читаемое предъ Плащаницей. Тамъ же (впереди чтеца) читаетъ іерей, выйдя изъ алтаря, свѣтильничныя молитвы; тамъ же діаконъ или іерей глаголетъ ектенію великую и прочія. — Богъ Господь: во гл. 2-й, особаго распѣва (подобно — Благообразный Іосифъ:). Молящіеся зажигаютъ свѣчи. При пѣніи тропаря — Благообразный Іосифъ: 2-жды, царскія врата отверзаются, священники въ черныхъ фелоняхъ исходятъ къ Плащаницѣ и начинаютъ предстоятель съ діакономъ кажденіе Плащаницы съ четырехъ сторонъ, и алтаря, и всего храма. Слава: — Егда снизшелъ: И нынѣ: — Мѵроносицамъ женамъ: Таже — Непорочны — т. е. 17-ю каѳизму (— Блажени непорочніи:) съ похвалами поемъ во гл. 5-й (тропарями или припѣвами).

Есть обычай, пропѣвъ начало каѳизмы съ похвалами, далѣе читать (одинъ іерей — похвалу, другой, или псаломщикъ — стихъ псалма…), но благолѣпнѣе и болѣе способствуетъ внимательной молитвѣ другой обычай: послѣ пѣнія начала, пѣть речитативомъ и остальные стихи каѳизмы, іерей же между стихами читаетъ похвалы.

Непорочны (поемые во гл. 5-й) съ похвалами раздѣляются на 3 статіи (славы). Въ концѣ каждой — Слава: и похвала — И нынѣ: и похвала. И повторяется 1-я похвала статіи (не повторяется лишь послѣ 3-й статіи).

Послѣ 1-й статіи малая ектенія и возгласъ — **Яко благословися Твое имя, и прославися Твое царство, Отца, и Сына, и Святаго Духа:**

Въ началѣ 2-й статіи малое кажденіе, начинаемое отъ Плащаницы (кадитъ діаконъ, а гдѣ нѣтъ діакона — іерей). Послѣ 2-й статіи малая ектенія и возгласъ: — **Яко свѧтъ еси, Боже нашъ, Иже на престолѣ славы херувимстѣмъ почиваяй, и Тебѣ славу возсылаемъ, со Безначальнымъ Твоимъ Отцемъ, и съ Пресвятымъ, и Благимъ, и Животворящимъ Твоимъ Духомъ, нынѣ и присно:**

На 3-й статіи похвалы поются уже на 3-й гласъ (1-я и 2-я были 5-го гласа). Въ концѣ — Слава: и похвала — И нынѣ: и похвала, и тотчасъ же съ припѣвомъ — Благословенъ еси, Господи: Тропари — Ангельскій соборъ: во время пѣнія которыхъ предстоятель съ діакономъ вновь совершаютъ полное кажденіе алтаря и храма, начавъ отъ Плащаницы. Ектенія малая. Возгласъ — **Ты бо еси Царь мира, Христе Боже нашъ, и Тебѣ славу возсылаемъ со Безначальнымъ Твоимъ Отцемъ:**

Сѣдаленъ Тріоди — Плащаницею чистою: Слава: конецъ перваго сѣдальна — Покажи намъ, якоже предреклъ еси: И нынѣ: — Ужасошася лицы: (*не глаголемъ* — Воскресеніе Христово: и — Спаси Боже:). Псаломъ 50-й. Канонъ Тріоди со ирмосомъ на 14, ирмосы по 2-жды (припѣвъ — Слава Тебѣ, Боже нашъ, слава Тебѣ). Ирмосы и катавасія — Волною морскою: (Есть обычай читать тропари этихъ каноновъ іерею предъ Плащаницей). По 3-й пѣсни сѣдаленъ Тріоди — Гробъ Твой, Спасе: Слава, и нынѣ: тойже. По 6-й кондакъ Тріоди — Бездну заключивый: и икосъ. На 9-й пѣсни *не поемъ* — Честнѣйшую: но ирмосъ — Не рыдай Мене, Мати: По 9-й пѣсни, во гл. 2-й — Свѧтъ Господь Богъ нашъ. Поемъ — Всякое дыханіе: во гл. 2-й. На хвалитехъ стихиры Тріоди — Днесь содержитъ гробъ: на 4; во время пѣнія стихиръ предстоятель облачается въ полное священническое облаченіе, а сослужащіе іереи въ фелони. Слава: Тріоди — Днешній день: На — И нынѣ: отверзаются царскія врата и при пѣніи — Преблагословенна еси: исходятъ священнослужащіи къ Плащаницѣ. Предстоятель — Слава Тебѣ, показавшему намъ свѣтъ. И поютъ Славословіе великое. Предстоятель 3-жды кадитъ вокругъ Плащаницы. Трисвятое обычно, послѣднее же поется распѣвомъ погребальнымъ. И поднимаютъ св. Плащаницу и обносятъ креcтнымъ ходомъ вокругъ храма. Впереди фонарь, Крестъ, хоругви и пѣвчіе, повторяюще — Святый Боже: (погребальное). Священники несутъ св. Плащаницу. Предстоятель подъ нею съ Евангеліемъ. За Плащаницею всѣ молящіеся съ горящими свѣчами. Входятъ въ храмъ. Плащаницу доносятъ до царскихъ вратъ. Предстоятель по скончаніи пѣнія Трисвятаго, возглашаетъ — Премудрость, прости. Пѣвчіе — Благообразный Іосифъ: (медленно) 1-жды. И возвращаются на середину, и полагаютъ Плащаницу на гробъ, а сверхъ нея Евангеліе, и совершается троекратное кажденіе вокругъ Плащаницы.

По скончаніи пѣнія — Благообразный Іосифъ: чтемъ тропарь пророчества — Содержай концы: поемъ — Слава, и нынѣ: тойже. Вонмемъ. Прокименъ во гл. 4-й — Воскресни, Господи, помози намъ: Чтеніе изъ пророчества Іезекіилева (читается предъ Плащаницею со стороны, также и Апостолъ). — Вонмемъ. Прокименъ во гл. 7-й — Воскресни, Господи Боже мой: Апостолъ къ Кор. зач. 133-е. Аллилуіа во гл. 5-й со стихами — Да воскреснетъ Богъ: и прочими. Евангеліе отъ Матѳея зач. 114-е (чтется предъ Плащаницей). До и послѣ Евангельскаго чтенія поемъ — Слава Тебѣ, Господи, слава Тебѣ. Ектеніи — Рцѣмъ вси: и — Исполнимъ утреннюю: и прочее до отпуста. Отпустъ **Иже насъ ради человѣкъ и нашего ради спасенія страшныя страсти и животворящій Крестъ и вольное погребеніе плотію изволивый, Христосъ истинный Богъ нашъ:** По отпустѣ же поемъ стихиру — Пріидите ублажимъ: И бываетъ поклоненіе и цѣлованіе Плащаницы. Послѣ стихиры 1-й часъ.

Часы 3-й, 6-й и 9-й. Тропарь — Благообразный Іосифъ: Слава: Егда снизшелъ еси: и — Мѵроносицамъ: поперемѣнно. Кондакъ Тріоди — Бездну заключивый: Блаженна скоро, безъ пѣнія. По — Отче нашъ: кондакъ Тріоди — Бездну заключивый: (— Вѣрую: — Буди имя Господне: и — Благославлю Господа: *не читаются*). По кондаку, Господи помилуй 40 разъ — Всесвятая Троице: Іерей — Премудрость. Ликъ — Достойно есть: поклонъ. Іерей — Пресвятая Богородице: Ликъ — Честнѣйшую: Отпустъ малый.

Вечерня съ литургіей свят. Василія Великаго. Время ея совершенія опредѣляетъ настоятель. (По уставу эта литургія позднѣйшая въ году).

Прежде начала облачаютъ престолъ, жертвенникъ, аналои и прочее въ свѣтлыя одежды, а сверхъ свѣтлыхъ покрываютъ чернымъ,

или иначе приготовляютъ, чтобы удобно было къ переоблаченію. Подобно можетъ іерей облачиться частью (напримѣръ, подризникъ и поручи) въ свѣтлое, но прочее черное. Входное совершается передъ Плащаницей.

Іерей — Благословено царство: Поемъ — Аминь. Чтецъ — Слава Тебѣ, Боже нашъ: — Царю небесный: и прочее: — Пріидите, поклонимся: — Благослови, душе моя: Іерей свѣтильничныя молитвы и діаконъ ектенію великую читаютъ предъ Плащаницею.

По ектеніи великой — Господи воззвахъ: во гласъ 1-й; стихиры на 8; воскресны — Вечернія наша молитвы: 4 и великой субботы — Днесь адъ стеня вопіетъ: 4; (Во время стихиръ и затѣмъ во время паремій совершается проскомидія.) Слава: Тріоди — Днешній день: И нынѣ: догматикъ — Всемірную славу: Входъ съ Евангеліемъ вокругъ Плащаницы. — Свѣте тихій: Прокимна нѣтъ, но тотчасъ же — Премудрость. Закрываются царскія врата.

Чтутся 15 паремій. Въ концѣ 6-й пареміи отверзаются царскія врата и глаголетъ чтецъ велегласно стихи пѣсни Маріами — Поимъ Господеви: и прочее. И припѣваютъ пѣвчіе — Славно бо прославися. Въ концѣ чтецъ поетъ тойже припѣвъ. Закрываются царскія врата. Читается 7-я паремія и дальше. Въ концѣ 15-й пареміи открываются царскія врата, читаются стихи пѣсни тріехъ отроковъ въ пещи огненнѣй, припѣвается же — Господа пойте и превозносите Его во вѣки. (Припѣвы съ варіаціами. О точномъ порядкѣ припѣвовъ смотрите въ Тріоди постной.)

По окончаніи паремій ектенія малая и возгласъ — Яко святъ еси, Боже нашъ: Вмѣсто Трисвятаго — Елицы во Христа: Прокименъ Тріоди, гласъ 5-й — Вся земля да поклонится Тебѣ и поетъ Тебѣ, да поетъ же имени Твоему, Вышній: Апостолъ къ Рим. зач. 91-е. Въ началѣ апостола кажденіе. По кажденіи закрываются царскія врата и завѣса къ переоблаченію. По апостолѣ іерей — Миръ ти. Чтецъ — И духови твоему. Вмѣсто же — Аллилуіа, чтецъ глаголетъ во гл. 7-й — Воскресни, Боже, суди земли, яко Ты наслѣдиши во всѣхъ языцѣхъ. Пѣвчіе поютъ — Воскресни, Боже: Въ то же время оканчиваютъ въ алтарѣ переоблаченіе въ свѣтлыя одежды престола и жертвенника, и священнослужители и всѣ прислужники переоблачаются. Въ храмѣ съ аналоевъ снимается все черное и замѣняется свѣтлымъ. Отверзаются царскія врата при пѣніи конечнаго — Воскресни, Боже: и исходитъ діаконъ или іерей и чтетъ Евангеліе предъ Плащаницею. Евангеліе отъ Матѳ. зач. 115-е. Предъ Евангеліемъ и послѣ — Слава Тебѣ, Господи, слава Тебѣ. Прочія ектеніи провозглашаются діакономъ на амвонѣ.

Вмѣсто Херувимской пѣсни — Да молчитъ всякая плоть: до — Предходятъ: Входъ вокругъ Плащаницы. По входѣ — Аминь. — Предходятъ: и прочее. На просительныхъ ектеніяхъ и на — Прости пріимше: вмѣсто — Дне всего: говорится — Вечера всего: Вмѣсто — Достойно есть: ирмосъ Тріоди — Не рыдай Мене, Мати: Причастенъ — Воста яко спя Господь, и воскресе спасаяй насъ.

Мартъ

По заамвонной молитвѣ кадится столикъ передъ Плащаницей на которомъ приготовлены 5 хлѣбовъ и вино. — Господу помолимся. Молитва обычная изъ служебника — Господи Іисусе Христе, Боже нашъ… Самъ благослови хлѣбы сія и вино: (прочее не именуется). И по благословеніи хлѣбовъ — Буди имя: — Благословлю Господа: и отпустъ воскресный.

Раздается антидоръ и благословенные хлѣбы и вино.

Чтеніе книги Дѣяній апостольскихъ (начинаемъ около 8-ми час. вечера). Чтецъ — Отъ Дѣяній святыхъ апостолъ, благослови честный отче, прочести. Іерей — Молитвами святыхъ апостолъ, Господи Іисусе Христе, Боже нашъ, помилуй насъ. Чтецъ — Аминь. И начинаетъ читать. Согласно уставу, слѣдуетъ прочесть всю книгу. Читаютъ всѣ желающіе.

Полунощница (въ Тріоди эта служба названія не имѣетъ). Начало по окончаніи чтенія Дѣяній, по современному обыкновенію ее начинаютъ въ 11:30 часовъ ночи, чтобы непосредственно за нею начать пасхальную утреню. Поэтому до полунощницы служащіе совершаютъ входное предъ Плащаницею.

Іерей — Благословенъ Богъ нашъ: Чтецъ — Аминь. Слава Тебѣ, Боже нашъ: — Царю небесный; Трисвятое: по — Отче нашъ: — Господи помилуй (12 разъ), Слава, и нынѣ: — Пріидите, поклонимся: Псаломъ 50-й. Канонъ Великой субботы. Ирмосы и катавасія — Волною морскою: (припѣвъ — Слава Тебѣ, Боже нашъ, слава Тебѣ). По 3-й пѣсни сѣдаленъ — Гробъ Твой, Спасе: по 6-й кондакъ — Бездну заключивый: и икосъ. На 9-й пѣсни іерей уже въ полномъ свѣтлѣйшемъ облаченіи, открывъ царскія врата, выходитъ къ Плащаницѣ и, окадивъ 3-жды вокругъ, поднимаетъ ее съ сослужащими или съ прихожанами и, самъ идя подъ нею съ Св. Евангеліемъ, вноситъ черезъ царскія врата въ алтарь и полагаетъ на престолѣ и снова кадитъ 3-жды. Въ это время поется катавасія 9-й пѣсни — Не рыдай Мене, Мати: Царскія врата и завѣса закрываются. Трисвятое: по — Отче нашъ: тропарь — Егда снизшелъ еси: Краткая ектенія — Помилуй насъ, Боже: (писана на малой вечерни въ служебникѣ). Отпустъ малый. Благовѣстъ…

НАЧАЛО ТРІОДИ ЦВѢТНОЙ

30-го МАРТА. СВѢТЛОЕ ВОСКРЕСЕНІЕ ХРИСТОВО. ПАСХА ГОСПОДНЯ.

Пасхальная утреня. Въ 12:00 ночи, когда прекратится благовѣстъ, отнесутъ на мѣсто гробъ, бывшій подъ Плащаницею, и хоругвеносцы и пѣвчіе приготовятся, іерей въ полномъ свѣтлѣйшемъ облаченіи, принявъ въ лѣвую руку честный Крестъ и трехсвѣчникъ, а въ правую кадило, начинаетъ съ алтарными пѣть 1-й разъ совсѣмъ тихо — Воскресеніе Твое, Христе Спасе: совершая кажденіе вокругъ престола.

Открывается алтарная завѣса и вторично поютъ въ алтарѣ нѣсколько громче — Воскресеніе Твое, Христе Спасе: снова кадится престолъ. Отверзаются царскія врата, и торжественно, полногласно, поется въ алтарѣ 3-й разъ — Воскресеніе Твое, Христе Спасе: іерей кадитъ престолъ и отдаетъ кадило.

Тотчасъ начинаютъ пѣвчіе — Воскресеніе Твое, Христе Спасе: Трезвонъ во всѣ колокола и исходятъ молящіеся крестнымъ ходомъ. Впереди несутъ фонарь, Крестъ, затѣмъ идутъ двумя рядами, попарно: хоругви, иконы; слѣдуютъ пѣвчіе, прислужники со свѣчами, староста или кому укажетъ іерей съ Евангеліемъ и иконою Воскресенія (при соборномъ служеніи ихъ несутъ священники), діаконъ съ кадиломъ (гдѣ нѣтъ діакона, кадило несетъ одинъ изъ свѣщеносцевъ), за ними іерей съ Крестомъ и трехсвѣчникомъ. За іереемъ остальныя молящіеся. У всѣхъ шествующихъ въ рукахъ зажженныя свѣчи. (Артосъ на этомъ крестномъ ходѣ не носятъ, посколько онъ еще не освященъ.)

По выходѣ крестнаго хода двери храма тотчасъ затворяются. Оставшіеся прислужники зажигаютъ всѣ лампады, паникадила и прочее.

Крестный ходъ, съ пѣніемъ стихиры — Воскресеніе Твое: многократно повторяемой, обойдя храмъ единожды или трижды (по мѣстному обычаю), останавливается предъ входными дверями. Держащіе Крестъ, хоругви, иконы и Евангеліе обращаются лицемъ къ молящимся, молящіеся же къ нимъ и къ храму. Тогда стихаетъ пѣніе и трезвонъ прекращается.

Принявъ кадило, іерей, при полной тишинѣ, кадитъ иконы, пѣвчихъ и прочихъ. *Всѣ же стоятъ держа свѣчи, внимательно молясь въ себѣ и благодаря насъ ради пострадавшаго и воскресшаго Христа Бога нашего.*

По совершеніи кажденія, іерей, знаменуя крестообразно входныя церковныя двери, возглашаетъ — **Слава Святѣй, и Единосущнѣй, и Животворящей, и Нераздѣльнѣй Троицѣ, всегда, нынѣ и присно, и во вѣки вѣковъ.** Пѣвчіе — Аминь. Священнослужители поютъ — Христосъ воскресе: 3-жды. Пѣвчіе съ народомъ повторяютъ то же 3-жды. Іерей стихи — Да воскреснетъ Богъ: и прочіе, пѣвчіе — Христосъ воскресе: 1-жды послѣ каждаго стиха. Іерей — Христосъ воскресе изъ мертвыхъ, смертію смерть поправъ: Пѣвчіе — И сущимъ во гробѣхъ животъ даровавъ. Іерей знаменуетъ двери крестомъ. Отверзаются входныя двери и всѣ входятъ въ храмъ, при повторномъ пѣніи — Христосъ воскресе: и колокольномъ трезвонѣ. Діаконъ же глаголетъ ектенію мирную (если богослуженіе совершаетъ одинъ священникъ, то онъ всѣ ектеніи произноситъ въ алтарѣ). По возгласѣ канонъ Пасхи, ирмосы на 4, тропари на 12 (припѣвъ — Христосъ воскресе изъ мертвыхъ). Ирмосы и катавасія — Воскресенія день: По уставу на каждой пѣсни начинаетъ ирмосъ настоятель. На каждой пѣсни іерей (при соборномъ служеніи іереи поочередно) кадитъ всю церковь, привѣтствуя всѣхъ вѣрныхъ словами — Христосъ воскресе! Людемъ отвѣщающимъ — Воистину воскресе! По каждой катавасіи поется тропарь — Христосъ воскресе: 3-жды; діаконъ же глаголетъ ектенію малую. **Возгласы на малыхъ ектеніяхъ на пасхальномъ канонѣ: по 1-й пѣсни —** *Яко Твоя держава:* **по 3-й —** *Яко Ты еси Богъ нашъ:* **по 4-й —** *Яко благъ:* **по 5-й —** *Яко святися и прославися:* **по 6-й —** *Ты бо еси Царь мира:* **по 7-й —** *Буди держава:* **по 8-й —** *Яко благословися имя Твое:* **по 9-й —** *Яко Тя хвалятъ:* По 3-й пѣсни ѵпакои — Предварившія утро: По 6-й пѣсни кондакъ — Аще и во гробъ: и икосъ — Еже прежде солнца: — Воскресеніе Христово: 3-жды и — Воскресъ Іисусъ отъ гроба: 3-жды. На 9-й пѣсни *не поемъ* — Честнѣйшую: но припѣвъ Пасхи **Величитъ душа моя Воскресшаго триднѣвно отъ гроба Христа Жизнодавца;** и прочіе. По канонѣ ексапостиларій — Плотію уснувъ: 3-жды. — Всякое дыханіе: во гл. 1-й; стихиры воскресны — Поемъ Твою Христе: 4, таже — Да воскреснетъ Богъ: и стихиры Пасхи — Пасха священная: Слава, и нынѣ — Воскресенія день: таже — Христосъ воскресе: 3-жды. Въ концѣ послѣдней стихиры, похристосовавшись въ алтарѣ, настоятель съ крестомъ и прочее духовенство съ Евангеліемъ, образомъ Воскресенія и другими иконами выходятъ черезъ царскія врата. Тогда всѣ молящіеся, цѣлуя Крестъ и иконы, христосуются съ настоятелемъ, духовенствомъ и другъ съ другомъ — Христосъ воскресе! — Воистину воскресе! И другъ друга трижды цѣлуютъ. (Христосованіе съ каждымъ въ отдѣльности можетъ быть послѣ отпуста утрени, если за ней будетъ расходъ, или же послѣ отпуста литургіи, если она слѣдуетъ непосредственно за утреней.) Посемъ слово огласительное свят. Іоанна Златоустаго, начиная съ заглавія его — Иже во святыхъ отца нашего Іоанна: — Аще кто благочестивъ: По окончаніи поемъ тропарь святителя — Устъ твоихъ: Двѣ ектеніи. Діаконъ — Премудрость. Ликъ — Благослови. Іерей — Сый благословенъ: Ликъ — Аминь. — Утверди, Боже: Іерей, *вмѣсто* — Слава Тебѣ, Христе: поетъ — Христосъ воскресе: до половины. Ликъ — И сущимъ во гробѣхъ: И бываетъ отпустъ съ Крестомъ — **Христосъ, воскресый изъ мертвыхъ, смертію смерть поправый и сущимъ во гробѣхъ животъ даровавый, истинный Богъ нашъ:** Таже іерей, возвышая Крестъ на три страны, провозглашаетъ: — Христосъ воскресе! людіе отвѣщаютъ: — Воистину воскресе! Конечное — Христосъ воскресе: 3-жды. Таже — И намъ дарова животъ вѣчный, покланяемся Его тридневному воскресенію.

ЗРИ: Такой конецъ утрени, вечерни и литургіи бываетъ только на Свѣтлой седмицѣ и на литургіи отданія Пасхи.

Пасхальные часы. По утрени безъ возгласа поемъ часъ 1-й — Христосъ воскресе: 3-жды. — Воскресеніе Христово: 3-жды; таже ѵпакои — Предварившія утро: кондакъ — Аще и во гробъ: тропарь — Во гробѣ плотски: Слава: — Яко живоносецъ: И нынѣ: — Вышняго освященное: — Господи, помилуй (40 разъ); Слава, и нынѣ: — Честнѣйшую: — Именемъ Господнимъ: Іерей — Молитвами святыхъ отецъ нашихъ: Ликъ — Аминь; и — Христосъ воскресе: 3-жды; Слава, и нынѣ: — Господи, помилуй (3-жды), благослови; и отпустъ 1-го часа. Подобнѣ поется за 3-й (съ возгласомъ — Благословенъ Богъ нашъ:) и 6-й часъ предъ литургіей, за 9-й предъ вечерней, за повечеріе и за полунощницу во всю Свѣтлую седмицу.

Передъ началомъ литургіи во дни Свѣтлой седмицы и до отданія Пасхи іерей вмѣсто — Царю небесный: читаетъ — Христосъ воскресе: 3-жды; и обычные стихи — Слава въ вышнихъ Богу: 2-жды и — Господи, устнѣ мои:

На литургіи свят. Іоанна Златоуста, по — Благословенно Царство: іерей, принявъ въ лѣвую руку честный Крестъ и трехсвѣчникъ, а въ правую кадило, поетъ — Христосъ воскресе: 3-жды; и ликъ 3-жды. Таже іерей стихи — Да воскреснетъ Богъ: пѣвчіе — Христосъ воскресе: 1-жды послѣ каждаго стиха. Напослѣдокъ іерей — Христосъ воскресе: до половины. Ликъ — И сущимъ во гробѣхъ: Во время пѣнія стиховъ съ тропаремъ Пасхи совершается кажденіе алтаря, иконостаса и молящихся. Во время кажденія священникъ привѣтствуетъ ихъ словами — Христосъ воскресе! Ектенія мирная. Антифоны Пасхи. Входное — **Въ церквахъ благословите Бога, Господа отъ источникъ Израилевыхъ.** И поемъ тропарь — Христосъ воскресе: 1-жды, vпакои — Предварившія утро: Слава, и нынѣ: кондакъ — Аще и во гробъ: Вмѣсто Трисвятаго — Елицы во Христа: Прокименъ — Сей день, егоже сотвори Господь, возрадуемся и возвеселимся въ онь. Апостолъ Дѣяній зач. 1-е. Аллилуіа во гл. 4-й. Евангеліе отъ Іоанна зач. 1-е. (Евангеліе читается на разныхъ языкахъ и обычно раздѣляется на три статіи: 1) 1-5 стихи, 2) 6-13 стихи, 3) 14-17 стихи. Иные же дѣлятъ Евангеліе на большее число статій.) На Евангеліи по каждой статіи ударяютъ во вся звоны. Вмѣсто — Достойно есть: поется — Ангелъ вопіяше: и — Свѣтися, свѣтися: Причастенъ — Тѣло Христово: Во время причащенія мірянъ поемъ — Тѣло Христово: (а не — Христосъ воскресе: *которое многіе ошибочно поютъ*). На — Со страхомъ Божіимъ: и на — Спаси, Боже: а также вмѣсто — Да исполнятся: поемъ — Христосъ воскресе: 1-жды во всю седмицу Пасхи. По заамвонной молитвѣ бываетъ **освященіе Артоса;** іерей кадитъ Артосъ, затѣмъ читаетъ молитву — Боже всесильный и Господи вседержителю: и окропляетъ святой водой говоря — Благословляется и освящается артосъ сей, окропленіемъ воды сея священныя: 3-жды. Вмѣсто — Буди имя Господне: поется — Христосъ воскресе: 3-жды. Іерей — Благословеніе Господне: Ликъ — Аминь. Іерей — Христосъ воскресе: до половины. Ликъ — И сущимъ во гробѣхъ: И бываетъ отпустъ отъ іерея съ Крестомъ якоже указася въ концѣ утрени. Отпустъ Пасхи — **Христосъ, воскресый изъ мертвыхъ, смертію смерть поправый и сущимъ во гробѣхъ животъ даровавый, истинный Богъ нашъ, молитвами Пречистыя Своея Матере, иже во святыхъ отца нашего Іоанна, архіепископа Константина града Златоустаго и всѣхъ святыхъ, помилуетъ:** На отпустѣ не поминаются ни святой храма, ни дневные святые, поминается только свят. Іоаннъ Златоустъ, какъ составитель литургіи. Такъ и во всю Свѣтлую седмицу.

Мартъ

Царскія и діаконскіе врата остаются отверстыми до субботы.

Послѣ литургіи бываетъ **освященіе брашенъ.** Чинъ его, также и **Освященіе Артоса** и **Раздробленіе Артоса** во Свѣтлую субботу зри въ Требникѣ (часть II-я) или въ сборникѣ «Благопотребныя моленія».

Въ сію седмицу отмѣняется постъ въ среду и пятокъ.

31-го МАРТА. **Свѣтлый понедѣльникъ.**

Въ недѣлю вечера 9-й часъ поется по-пасхальному. По 9-мъ часѣ іерей облачается во всѣ священническія одежды, и ставъ предъ престоломъ, принявъ въ лѣвую руку честный Крестъ и трехсвѣчникъ, а въ правую кадило, возглашаетъ — Благословенъ Богъ: и поетъ — Христосъ воскресе: 3-жды и ликъ тоже 3-жды. И абіе начинаетъ іерей стихи — Да воскреснетъ Богъ: И прочія; ликъ же на каждомъ стихѣ поетъ — Христосъ воскресе: 1-жды. Въ концѣ же іерей поетъ — Христосъ воскресе: до половины, а ликъ — И сущимъ: Далѣе діаконъ или іерей глаголетъ ектенію мирную. На — Господи воззвахъ: во гл. 2-й; стихиры воскресны — Прежде вѣкъ: на 6; Слава: — Спасительную пѣснь: И нынѣ: догматикъ — Прейде сѣнь: Входъ съ Евангеліемъ. — Свѣте тихій: Прокименъ великій, гл. 7-й — Кто богъ велій, яко Богъ нашъ: — И о сподобитися намъ: Евангеліе отъ Іоанна зач. 65-е (чтется самимъ настоятелемъ въ царскихъ вратахъ); конецъ — Не иму вѣры. Ектенія — Рцѣмъ вси: поемъ — Сподоби, Господи: Ектенія — Исполнимъ вечернюю: На стиховнѣ стихира воскресна 2-го гласа — Воскресеніе Твое: таже — Да воскреснетъ Богъ: и стихиры Пасхи — Пасха священная: Слава, и нынѣ: — Воскресенія день: таже — Христосъ воскресе: 3-жды; Премудрость. Отпустъ Пасхи съ Крестомъ, якоже выше на утрени указася.

На утрени іерей, облаченный въ епитрахиль и фелонь, передъ святымъ престоломъ возглашаетъ — Слава Святѣй: Посемъ — Христосъ воскресе: іерей 3-жды и пѣвчіе 3-жды, далѣе стихи — Да воскреснетъ Богъ: какъ на первый день. Ектенія мирная. И поется канонъ Пасхи (припѣвъ — Христосъ воскресе изъ мертвыхъ) съ богородичными тропарями на — Слава: и на — И нынѣ: Ирмосы и катавасія — Воскресенія день: По концѣ каждой пѣсни — Христосъ воскресе: 3-жды. Ектеніи малыя только по 3-й, 6-й и 9-й пѣсняхъ, передъ которыми положено и кажденіе всего храма съ привѣтствіемъ — Христосъ воскресе. По 3-й пѣсни vпакои — Предваршія утро: По 6-й пѣсни кондакъ Пасхи — Аще и во гробъ: и икосъ — Еже прежде солнца: — Воскресеніе Христово: 3-жды; — Воскресъ Іисусъ отъ гроба: 3-жды. На 9-й пѣсни *не поемъ* — Честнѣйшую: но припѣвъ Пасхи **Величитъ душа моя Воскресшаго тридневно отъ гроба Христа Жизнодавца;** и прочіе. По канонѣ ексапостиларій Пасхи — Плотію уснувъ: 3-жды. — Всякое дыханіе: во гл. 2-й, стихиры воскресны — Всякое дыханіе и вся тварь: на 4; таже — Да воскреснетъ Богъ: и стихиры Пасхи — Пасха священная: Слава, и нынѣ: — Воскресенія день: По троекратномъ

— Христосъ воскресе: двѣ ектеніи. Отпустъ Пасхи съ крестомъ — **Христосъ, воскресый изъ мертвыхъ, смертію смерть поправый и сущимъ во гробѣхъ животъ даровавый, истинный Богъ нашъ:** Таже іерей, возвышая крестъ на три страны, провозглашаетъ: — Христосъ воскресе! Людіе отвѣщаютъ: — Воистину воскресе! Конечное — Христосъ воскресе: 3-жды. Таже — И намъ дарова животъ вѣчный, покланяемся Его тридневному воскресенію (такъ всю седмицу на вечерни, утрени и литургіи). 1-й часъ.

Часы пасхальные (такъ всю седмицу).

Входные молитвы для служащихъ предъ литургіей въ Свѣтлую седмицу: — Благословенъ Богъ нашъ: — Аминь; — Христосъ воскресе: 3-жды; — Предваршія утро: — Аще и во гробѣ: — Во гробѣ плотски: Слава: — Яко живоносецъ: И нынѣ: — Вышняго освященное: — Пречистому Твоему образу: — Милосердія сущи: и молитву — Господи, ниспосли руку:

На литургіи начало и антифоны Пасхи. Входное Пасхи — **Въ церквахъ благословите Бога, Господа отъ источникъ Израилевыхъ.** И поемъ тропарь — Христосъ воскресе: 1-жды; ѵпакои — Предваршія утро: Слава, и нынѣ: кондакъ — Аще и во гробѣ: Вмѣсто Трисвятаго — Елицы: (такъ всю седмицу). Прокименъ — Во всю землю: Апостолъ Дѣяній зач. 2-е. Аллилуіа во гл. 1-й. Евангеліе отъ Іоанна зач. 2-е. Вмѣсто — Достойно есть: поется — Ангелъ вопіяше: и — Свѣтися, свѣтися: Причастенъ — Тѣло Христово: И прочее послѣдованіе до отпуста всю седмицу, якоже въ первый день Пасхи.

По заамвонной молитвѣ бываетъ крестный ходъ вокругъ церкви 3-жды съ пѣніемъ канона Пасхи. Несутъ фонарь, Крестъ, хоругви, иконы, артосъ, икону Воскресенія, Евангеліе (по Типикону крестный ходъ положенъ и въ другіе дни Свѣтлой седмицы). При третьемъ обходѣ читаются слѣдующія Евангелія: 1) отъ Матѳ. зач. 115-е, 2) отъ Марка зач. 70-е, 3) отъ Луки зач. 112-е и 4) отъ Іоанна зач. 63-е (или по Типикону одно Евангеліе, Луки зач. 114-е). По входѣ въ храмъ, ектенія — Помилуй насъ, Боже: — Еще молимся, о еже сохранитися: Возгласъ — Услыши ны, Боже: вмѣсто — Буди имя Господня: — Христосъ воскресе: 3-жды. Отпустъ Пасхи съ крестомъ.

IV. АПРѢЛЬ

1-го АПРѢЛЯ. **Свѣтлый вторникъ.**

Въ понедѣльникъ на вечерни іерей въ фелони предъ святой трапезой возглашаетъ — Благословенъ Богъ: Христосъ воскресе: іерей и пѣвчіе по 3-жды, и стихи. По мирной ектеніи на — Господи воззвахъ: стихиры воскресны 3-го гласа — Твоимъ Крестомъ: на 6; Слава: — Недостойно стояще: И нынѣ: догматикъ — Како не дивимся: Входъ съ кадиломъ. — Свѣте тихій: Прокименъ великій, гл. 7-й — Богъ нашъ на небеси и на земли: — Рцемъ вси: — Сподоби, Господи: — Исполнимъ вечернюю: На стиховнѣ 1-я стихира воскресна, 3-го гласа — Страстію Твоею, Христе: Таже стихиры Пасхи со стихи ихъ. Отпустъ Пасхи съ Крестомъ.

На утрени іерей предъ святымъ престоломъ возглашаетъ — Слава Святѣй: — Христосъ воскресе: 3-жды со стихи. Ектенія мирная. И поется канонъ Пасхи (припѣвъ — Христосъ воскресе изъ мертвыхъ) съ богородичными на — Слава: и на — И нынѣ: Ирмосы и катавасія — Воскресенія день: По концѣ каждой пѣсни — Христосъ воскресе: 3-жды. Ектеніи малыя только по 3-й, 6-й и 9-й пѣсняхъ, передъ которыми положено и кажденіе всего храма съ привѣтствіемъ — Христосъ воскресе. По 3-й пѣсни vпакои — Предварившія утро: По 6-й пѣсни кондакъ — Аще и во гробъ: и икосъ — Еже прежде солнца: — Воскресеніе Христово: 3-жды и — Воскресъ Іисусъ отъ гроба: 3-жды. На 9-й пѣсни *не поемъ* — Честнѣйшую: но припѣвъ Пасхи — **Величитъ душа моя Воскресшаго тридневно отъ гроба, Христа Жизнодавца;** и прочіе. По канонѣ ексапостиларій — Плотію уснувъ: 3-жды. На хвалитехъ стихиры воскресны 4, 3-го гласа — Пріидите вси языци: таже — Да воскреснетъ Богъ: и стихиры Пасхи — Пасха священная: — Христосъ воскресе: 3-жды. Ектеніи и отпустъ Пасхи съ Крестомъ, какъ на первый день.

Часы пасхальные.

На литургіи начало какъ на первый день. Входное Пасхи — **Въ церквахъ благословите Бога, Господа отъ источникъ Израилевыхъ.** Прокименъ, пѣснь Богородицы — Величитъ душа моя: Апостолъ Дѣяній зач. 4-е. Аллилуіа во гл. 8-й. Евангеліе отъ Луки зач. 113-е. Вмѣсто — Достойно есть: поется — Ангелъ вопіяше: и — Свѣтися, свѣтися: Причастенъ — Тѣло Христово: Прочее все, якоже въ первый день Пасхи.

На вечерни въ тойже день іерей — Благословенъ Богъ нашъ: — Христосъ воскресе: по 3-жды со стихи. Ектенія мирная. На — Господи воззвахъ: стихиры воскресны на 6, 4-го гласа — Животворящему Твоему Кресту: Слава: — Господи, еже отъ Отца: И нынѣ: догматикъ — Иже Тебе ради: Входъ. — Свѣте тихій: Прокименъ великій, гл. 8-й — Гласомъ моимъ ко Господу: Двѣ ектеніи. На стиховнѣ стихира воскресна 4-го гласа — Господи возшедъ на крестъ: и стихиры Пасхи со стихи ихъ. Пасхальный отпустъ съ крестомъ.

5-го АПРѢЛЯ. **Свѣтлая суббота.**

По заамвонной молитвѣ, молитва на раздробленіе артоса (см. Требникъ). И раздается артосъ по отпустѣ. А гдѣ изволитъ настоятель, ради большаго числа молящихся, совершается сіе въ недѣлю Антипасхи.

6-го АПРѢЛЯ. **Недѣля 2-я по Пасхѣ: Антипасхи или Ѳомина.**

Предъ 9-мъ часомъ закрываются царскія врата.

9-й часъ — Благословенъ Богъ: — Христосъ воскресе: 3-жды[18]).

---

18) Отъ сего дня до отданія Пасхи послѣдованія, имѣющія полное начало (отъ — Слава Тебѣ, Боже нашъ: — Царю небесный), напр., 3-й или 9-й часы, начинаются слѣдующимъ

Трисвятое по Отче нашъ: — Пріидите, поклонимся: и три обычныхъ псалма. Тропарь воскресенъ — Съ высоты снизшелъ еси: Кондакъ Пасхи — Аще и во гробъ:

На великой вечерни іерей — Слава Святѣй: Ликъ — Аминь. Іерей — Христосъ воскресе: 2 1/2 раза. Ликъ — И сущимъ: и — Благослови, душе моя: Ектенія мирная. — Блаженъ мужъ: На — Господи воззвахъ: во гл. 1-й, стихиры праздника изъ Тріоди — Дверемъ заключеннымъ, ученикомъ: на 10; Слава, и нынѣ: праздника — Дверемъ заключеннымъ, пришелъ: Входъ. — Свѣте тихій: Прокименъ — Господь воцарися: Ектеніи. На литіи стихиры праздника — Господи, нестерпимымъ: Слава, и нынѣ: праздника — Дверемъ заключеннымъ: На стиховнѣ стихиры праздника — О преславнаго чудесе: Слава, и нынѣ: праздника — Человѣколюбче, веліе: По — Нынѣ отпущаеши: на благословеніи хлѣбовъ тропарь — Запечатану гробу: 3-жды. — Буди имя Господне: — Благословлю Господа: Іерей — Благословеніе Господне на васъ:

На утрени ликъ — Христосъ воскресе: 3-жды и чтецъ — Слава въ вышнихъ: и прочее шестопсалмія. По мирной ектеніи на — Богъ Господь: во гласъ 7-й, тропарь — Запечатану гробу: 2-жды; Слава, и нынѣ: тойже. Каѳизмы 2-я и 3-я; по нихъ сѣдальны праздника. Полиелей и величаніе праздника (предъ иконой Воскресенія Христова) — **Величаемъ Тя, Живодавче Христе, насъ ради во адъ сшедшаго, и съ Собою вся воскресившаго.** Псаломъ избранный — Господь воцарися, въ лѣпоту облечеся, облечеся Господь въ силу, и препоясася. Ектенія малая. Сѣдаленъ — Видя моя ребра: Степенна — Отъ юности моея: Прокименъ, гласъ 4-й — Похвали, Іерусалиме, Господа, хвали Бога твоего, Сіоне. Евангеліе воскресное 1-е, отъ Матѳея зач. 116-е. — Воскресеніе Христово: 3-жды. Псаломъ 50-й. Слава: — Молитвами апостоловъ: И нынѣ: — Молитвами Богородицы: — Помилуй мя, Боже: и стихира — Воскресъ Іисусъ отъ гроба: 1-жды; — Спаси, Боже: Канонъ Тріоди, ирмосы по 2-жды, тропари на 12 (припѣвъ — Слава Тебѣ, Боже нашъ, слава Тебѣ). Ирмосы — Поимъ вси людіе: Катавасія — Воскресенія день: По 3-й пѣсни упакои праздника — Яко посредѣ: по 6-й кондакъ праздника — Любопытною десницею: и икосъ. *Не поемъ* — Честнѣйшую: но ирмосъ 9-й пѣсни[19]). — Святъ Господь Богъ нашъ. Ексапостиларій праздника — Моихъ удовъ: Слава, и нынѣ: — Днесь весна благоухаетъ: На хвалитехъ, во гл. 1-й, стихиры праздника — По еже изъ гроба: на 4; Слава: праздника — По днехъ осмихъ: И нынѣ: — Преблагословенна еси: Славословіе великое. Тропарь праздника, ектеніи и отпустъ воскресный. Слава, и нынѣ: стихира евангельская 1-я — На гору ученикомъ: Часъ 1-й.

образомъ: По — Аминь: — Христосъ воскресе: 3-жды; далѣе — Трисвятое, по Отче нашъ: и проч. обычно а на своемъ мѣстѣ — Пріидите, поклонимся: Въ послѣдованіяхъ же, обычно начинающихся съ — Пріидите, поклонимся: напримѣръ, вечерня послѣ 9-го часа, бдѣніе, 1-й часъ послѣ утрени — не бываетъ — Пріидите, поклонимся: но — Христосъ воскресе: 3-жды.

19) А въ седмичные дни до Пятидесятницы, кромѣ Преполовенія и Вознесенія, поемъ — Честнѣйшую.

Апрѣль

На часахъ тропарь и кондакъ праздника.

Входныя молитвы для служащихъ предъ литургіей: вмѣсто — Царю небесный: читается тропарь — Христосъ воскресе: 3-жды; и прочее обычно.

На литургіи — Благословенно Царство: Іерей: — Христосъ воскресе: 2 1/2 раза; ликъ — И сущимъ во гробѣхъ:[20]). Таже мирная ектенія. Изобразительныя. Блаженна на 8; отъ канона праздника, пѣснь 3-я на 4 и пѣснь 6-я на 4. По входѣ тропарь — Запечатану гробу: Слава, и нынѣ: кондакъ — Любопытною десницею: Трисвятое. Прокименъ, гласъ 3-й — Велій Господь нашъ: Апостолъ Дѣяній зач. 14-е. Аллилуіа во гл. 8-й. Евангеліе отъ Іоанна зач. 65-е. Вмѣсто — Достойно есть: поется — Ангелъ вопіяше: и — Свѣтися, свѣтися: Причастенъ — Похвали, Іерусалиме, Господа, хвали Бога твоего Сіоне. Егда іерей речетъ — Со страхомъ Божіимъ: ликъ — Благословенъ грядый: Іерей — Спаси, Боже: ликъ вмѣсто — Видѣхомъ свѣтъ истинный: поетъ — Христосъ воскресе: 1-жды (протяжно), и такъ до отданія Пасхи. На возгласъ іерея — Всегда, нынѣ, и присно: ликъ поетъ — Аминь. — Да исполнятся уста: Во отпустѣ, егда іерей речетъ — Слава Тебѣ, Христе Боже, упованіе: ликъ поетъ — Христосъ воскресе: 3-жды. Отпустъ воскресный[21]).

На вечерни по возгласѣ; чтецъ — Христосъ воскресе; 3-жды Трисвятое, и прочее обычное начало и предначинательный псаломъ. По великой ектеніи на — Господи воззвахъ: во гласъ 1-й; стихиры на 6; праздника Тріоди — По еже изъ гроба: на 3 и изъ Минеи преподобнаго Георгія, еп. Мелитинскаго — Отче Георгіе: на 3; Слава, и нынѣ: праздника — Дверемъ заключеннымъ: Входъ. — Свѣте тихій: Прокименъ великій, гл. 7-й — Кто богъ велій, яко Богъ нашъ: Ектеніи. На стиховнѣ стихиры Тріоди — Вечернія наша молитвы: съ обычными стихами; Слава, и нынѣ: праздника — По днехъ осмихъ: По — Нынѣ отпущаеши: тропарь праздника — Запечатану гробу: Отпустъ воскресный.

8-го АПРѢЛЯ. Вторникъ. Свв. апостолъ Иродіона, Агава, Асингкрита, Руфа, Флегонта и Ерма и иже съ ними. *Радоница — поминовеніе усопшихъ.*

На вечерни, утрени и литургіи бываетъ все послѣдованіе по Тріоди и Минеи.

На вечерни по возгласѣ, чтецъ — Христосъ воскресе: 3-жды и предначинательный псаломъ[22]. Мирная ектенія и каѳизма рядовая. На — Господи воззвахъ: во гл. 4-й, стихиры на 6; праздника Тріоди — Воскресъ

---

20) Такъ начинается литургія ежедневно до отданія Пасхи.

21) Нѣкоторые ошибочно поютъ — Христосъ воскресе: передъ отпустомъ всенощной. Но тамъ, какъ и обычно, слѣдуетъ — Слава, и нынѣ: и т. д. Тройное же — Христосъ воскресе: поется только передъ отпустомъ литургіи ежедневно до отданія Пасхи. Отпустъ же воскресный (— Воскресый изъ мертвыхъ:) бываетъ на всѣхъ богослуженіяхъ до отданія Пасхи ежедневно.

22) Аще 9-й часъ не читается, то вечерня начинается полнымъ Пасхальнымъ началомъ (см. Недѣлю Ѳомину).

изъ гроба: 3 и апостоловъ — Орли яко крилати: 3; Слава, и нынѣ: праздника — Ученикомъ сомнящимся: Входа нѣтъ. Чтецъ — Свѣте тихій: Прокименъ — Господь услышитъ мя: На стиховнѣ стихиры Тріоди — Обыдите людіе Сіонъ: съ стихами — Къ Тебѣ воздвигохъ: и — Помилуй насъ Господи: Слава, и нынѣ: праздника — По востаніи Твоемъ: По — Нынѣ отпущаеши: тропарь праздника — Запечатану гробу: 1-жды; Таже ектенія — Помилуй насъ Боже: Отпустъ воскресный.

На утрени — іерей — Слава Святѣй: Поемъ — Аминь; — Христосъ воскресе: 3-жды протяжно; іерей кадитъ алтарь и всю церковь. Чтецъ — Слава въ вышнихъ: и прочая шестопсалмія. На — Богъ Господь: во гласъ 7-й, тропарь праздника Тріоди — Запечатану гробу: 2-жды; Слава, и нынѣ: тойже. По каѳизмахъ малая ектенія и сѣдальны Тріоди. Послѣ 2-го сѣдальна поемъ — Воскресеніе Христово видѣвше: 1-жды. Псаломъ 50-й. Каноны праздника Тріоди съ ирмосомъ на 8 (припѣвъ — Слава Тебѣ, Боже нашъ, слава Тебѣ) и апостоловъ на 4 (припѣвъ — Святіи апостоли, молите Бога о насъ). Ирмосы — Поимъ вси людіе: По 3-й, 6-й, 8-й и 9-й пѣсняхъ катавасія — ирмосы послѣдняго канона изъ Минеи. По 3-й пѣсни кондакъ апостоловъ — Явистеся Христовы: сѣдаленъ апостоловъ — Научившеся отъ Источника: Слава, и нынѣ: ѵпакои Тріоди — Яко посредѣ: По 6-й пѣсни кондакъ Тріоди — Любопытною десницею: и икосъ; На 9-й — Честнѣйшую: Свѣтиленъ праздника — Моихъ удовъ: Слава, и нынѣ: — Днесь весна благоухаетъ: Чтемъ хвалитные псалмы до — Хвалите Его на силахъ Его: поемъ стихиры на хвалитехъ Тріоди — Крестъ претерпѣвый: на 4; Слава, и нынѣ: — Дверемъ заключеннымъ: Славословіе чтемъ. Ектенія просительная. Стиховныя стихиры Тріоди — Воспоимъ вѣрніи: Слава, и нынѣ: — Дверемъ заключеннымъ: По Благо есть: тропарь праздника; Таже ектенія — Помилуй насъ Боже: и 1-й часъ.

На часахъ тропарь и кондакъ праздника.

На литургіи начало см. въ недѣлю Ѳомину. Блаженна праздника, пѣснь 4-я на 6. По входѣ тропари праздника — Запечатану гробу: храма Богородицы или святаго; Кондаки храма святаго; Слава: апостоловъ; И нынѣ: Тріоди — Любопытною десницею: Трисвятое. Прокименъ — Велій Господь нашъ: Апостолъ Дѣяній зач. 10-е. Аллилуіа во гл. 8-й. Евангеліе отъ Іоанна зач. 10-е. Вмѣсто — Достойно есть: поется — Ангелъ вопіяше: и — Свѣтися, свѣтися: Причастенъ — Похвали, Іерусалиме: Все прочее, якоже въ Ѳомину недѣлю.

По литургіи идемъ на кладбище и совершаемъ панихиды по сродникамъ, подавая милостыни убогимъ[23]).

13-го АПРѢЛЯ. Недѣля 3-я по Пасхѣ. Гласъ 2-й. **Свв. женъ мѵроносицъ, Іосифа праведнаго и Никодима.**

---

23) По уставу на Радоницу не положено особыхъ молитвословій за умершихъ, и поминовеніе въ этотъ день совершается по благочестивому обычаю.

Апрѣль

На великой вечерни, начало якоже въ недѣлю Ѳомину. — Блаженъ мужъ: На — Господи воззвахъ: стихиры на 10; воскресны 7 и праздника (мѵроносицъ) — Мѵроносицы жены, утру: 3; Слава: Тріоди — Мѵроносицы жены гроба: И нынѣ: догматикъ — Прейде сѣнь законная: Входъ. — Свѣте тихій: Прокименъ — Господь воцарися: На стиховнѣ стихира воскресна — Воскресеніе Твое: Таже стихиры Пасхи со стихи ихъ; Слава: Тріоди — Тебе одѣющагося: И нынѣ: Пасхи — Воскресенія день: съ конечнымъ — Христосъ воскресе: 1-жды. По — Нынѣ отпущаеши: — Богородице Дѣво: 3-жды.

На утрени поемъ — Христосъ воскресе: 3-жды и чтецъ — Слава въ вышнихъ: и прочая шестопсалмія. На — Богъ Господь: тропарь — Егда снизшелъ еси: 2-жды; Слава: — Благообразный Іосифъ: И нынѣ: — Мѵроносицамъ женамъ: По каѳизмахъ сѣдальны воскресны изъ Тріоди. — Ангельскій соборъ: Ѵпакои, степенна и прокименъ гласа. Евангеліе воскресное 3-е, отъ Марка зач. 71-е. — Воскресеніе Христово: 3-жды. Псаломъ 50-й. Слава: — Молитвами апостоловъ: и прочее обычно. — Спаси, Боже: Канонъ Пасхи съ богородичными — Умерщвленія предѣлъ: съ ирмосомъ на 6 (припѣвы — Христосъ воскресе изъ мертвыхъ; и — Пресвятая Богородице, спаси насъ) и Тріоди праздника на 8 (припѣвъ — Слава Тебѣ, Боже нашъ, слава Тебѣ). Ирмосы и катавасія — Воскресенія день: По 3-й пѣсни кондакъ Пасхи — Аще и во гробъ: и икосъ; сѣдаленъ мѵроносицамъ — Мѵра теплѣ: Слава, и нынѣ: — Учениковъ Твоихъ: по 6-й кондакъ праздника — Радоватися мѵроносицамъ: и икосъ. На 9-й пѣсни *не поемъ* — Честнѣйшую: но ирмосъ — Свѣтися, свѣтися: и прочая. — Святъ Господь Богъ нашъ. Свѣтиленъ Пасхи — Плотію уснувъ: Слава: Тріоди — Жены услышите: И нынѣ: тойже. На хвалитехъ стихиры воскресны на 8; Слава: стихира евангельская 2-я — Съ мѵры пришедшимъ: И нынѣ: — Преблагословенна еси: Славословіе великое и тропарь — Воскресъ изъ гроба: Ектеніи и отпустъ воскресный. Часъ 1-й.

На часахъ тропарь — Егда снизшелъ еси: Слава: — Благообразный Іосифъ: Кондакъ Тріоди — Радоватися мѵроносицамъ:

На литургіи начало какъ въ недѣлю Ѳомину. Блаженна на 8; гласа изъ Тріоди на 4 и отъ канона праздника, пѣснь 6-я на 4. По входѣ тропари — Егда снизшелъ еси: — Благообразный Іосифъ: Слава: кондакъ праздника — Радоватися мѵроносицамъ: И нынѣ: Пасхи — Аще и во гробъ: Прокименъ — Спаси, Господи, люди Твоя: Апостолъ Дѣяній зач. 16-е. Аллилуіа во гл. 8-й. Евангеліе отъ Марка зач. 69-е. Вмѣсто — Достойно есть: поется — Ангелъ вопіяше: и — Свѣтися, свѣтися: Причастенъ — Тѣло Христово: и — Хвалите Господа: Все прочее, якоже въ Ѳомину недѣлю.

20-го АПРѢЛЯ. **Недѣля 4-я по Пасхѣ: о разслабленномъ.** Гласъ 3-й.

На великой вечерни начало якоже въ недѣлю Ѳомину. — Блаженъ мужъ: На — Господи воззвахъ: стихиры на 10; воскресны 7 и праздника (о разслабленномъ) — Дланію пречистою: 3; Слава: праздника — Взыде Іисусъ: И нынѣ: догматикъ — Како не дивимся: Входъ. — Свѣте тихій: Прокименъ — Господь воцарися: На стиховнѣ стихира воскресна — Страстію Твоею: таже стихиры Пасхи съ припѣвы ихъ; Слава: праздника, гл. 8-й, — Въ притворѣ Соломоновѣ: И нынѣ: Пасхи — Воскресенія день: съ конечнымъ — Христосъ воскресе: 1-жды. По — Нынѣ отпущаеши: — Богородице Дѣво: 3-жды.

На утрени поемъ — Христосъ воскресе: 3-жды и чтецъ — Слава въ вышнихъ: и прочая шестопсалмія. На — Богъ Господь: тропарь воскресенъ 2-жды; Слава, и нынѣ: богородиченъ — Тя ходатайствовавшую: По каѳизмахъ сѣдальны изъ Тріоди. — Ангельскій соборъ: Ѵпакои, степенна и прокименъ гласа. Евангеліе воскресное 4-е, отъ Луки зач. 112-е. — Воскресеніе Христово: 3-жды и прочее обычно. Канонъ Пасхи со ирмосомъ и съ богородичными на 8 (припѣвы — Христосъ воскресе изъ мертвыхъ; и — Пресвятая Богородице, спаси насъ) и Тріоди праздника на 6 (припѣвъ — Слава Тебѣ, Боже нашъ, слава Тебѣ; къ тропарю арх. Михаилу припѣвъ — Святый архистратиже Божій Михаиле, моли Бога о насъ). Ирмосы и катавасія — Воскресенія день: По 3-й пѣсни кондакъ Пасхи — Аще и во гробѣ: и икосъ; сѣдаленъ праздника — Глаголъ разслабленнаго: Слава, и нынѣ: богородиченъ — Красотѣ дѣвства: по 6-й кондакъ праздника — Душу мою, Господи: и икосъ. На 9-й пѣсни *не поемъ* — Честнѣйшую: но ирмосъ — Свѣтися, свѣтися: и прочая. — Святъ Господь Богъ нашъ. Свѣтиленъ Пасхи — Плотію уснувъ: Слава: праздника — Предста Человѣколюбецъ: И нынѣ: тойже. На хвалитехъ стихиры воскресны на 8; Слава: праздника — Господи, разслабленнаго: И нынѣ: — Преблагословенна еси: Славословіе великое и тропарь — Днесь спасеніе: Ектеніи и отпустъ воскресный. Слава, и нынѣ: стихира евангельская 3-я — Магдалинѣ Маріи: Часъ 1-й.

На часахъ тропарь воскресенъ; Кондакъ праздника — Душу мою:.

На литургіи начало, какъ въ недѣлю Ѳомину. Блаженна на 8; гласа на 4 и отъ канона праздника, пѣснь 6-я на 4. По входѣ тропарь воскресенъ — Да веселятся: Слава: кондакъ праздника — Душу мою: И нынѣ: Пасхи — Аще и во гробѣ: Прокименъ — Буди, Господи, милость Твоя: Апостолъ Дѣяній зач. 23-е. Аллилуіа во гл. 5-й. Евангеліе отъ Іоанна зач. 14-е. Задостойникъ — Ангелъ вопіяше: и — Свѣтися, свѣтися: Причастенъ — Тѣло Христово — Хвалите Господа: Конецъ литургіи, какъ и въ недѣлю Ѳомину.

23-го АПРѢЛЯ. Среда. *Преполовеніе Пятидесятницы.* **Св. великомученика Георгія Побѣдоносца.** *Полиелейная служба соединяется съ Цвѣтной Тріодью.*

На вечерни — іерей — Благословенъ Богъ нашъ: Чтецъ — Аминь: Христосъ воскресе: 3-жды и 103-й псаломъ.[24] — Блаженъ мужъ: На —

---

[24] Аще 9-й часъ не читается, то вечерня начинается полнымъ Пасхальнымъ началомъ (см. Недѣлю Ѳомину).

Апрѣль

Господи воззвахъ: во гл. 4-й, стихиры праздника — Наста Преполовеніе: 3 и мученика — Яко добля: 3; Слава: мученика — Достойно имени: И нынѣ: праздника — Празднику преполовляющуся: Входъ. — Свѣте тихій: Прокименъ — Милость Твоя, Господи: Чтенія праздника 3 и мученика 3. Ектеніи. На стиховнѣ стихиры праздника — Пятдесятницы наста: съ припѣвоми ихъ; Слава: мученика — Разумнаго адаманта: И нынѣ: праздника — Преполовившуся празднику, учащу: По — Нынѣ отпущаеши: тропарь мученика — Яко плѣнныхъ свободитель: Слава, и нынѣ: праздника — Преполовившуся празднику: — Премудрость; и отпустъ воскресный.

На утрени — іерей — Слава Святѣй: Поемъ — Христосъ воскресе: 3-жды медленно; іерей кадитъ алтарь и всю церковь. Чтецъ — Слава въ вышнихъ: и прочая шестопсалмія. На — Богъ Господь: во гл. 8-й, тропарь праздника 2-жды; Слава: мученика; И нынѣ: тойже. По каѳизмахъ сѣдальны праздника. Полiелей и величаніе мученика — **Величаемъ тя, страстотерпче святый великомучениче и побѣдоносче Георгіе, и чтемъ честная страданія твоя, яже за Христа претерпѣлъ еси.** Псаломъ избранный — Богъ намъ прибѣжище и сила, помощникъ въ скорбехъ обрѣтшихъ ны зѣло. Сѣдальны мученика вси — Се возсія благодати: — Воинство еже: — Любовію горящею: Слава: — Возделавъ прилѣжно: И нынѣ: праздника — Всѣхъ сердецъ: Степенна — Отъ юности: Прокименъ — Праведникъ яко фениксъ процвѣтетъ: Евангеліе воскресное отъ Луки зач. 63-е. — Воскресеніе Христово: 1-жды; Псаломъ 50-й; Слава: — Молитвами страстотерпца Георгія: И нынѣ: — Молитвами Богородицы: — Помилуй мя Боже: стихира мученика — Днесь вселенная: — Спаси Боже люди: и прочее обычно, Каноны праздника 1-й со ирмосомъ на 6, мученика 1-й канонъ на 4 (припѣвъ — Святый великомучениче и побѣдоносче Георгіе, моли Бога о насъ) и другій канонъ праздника на 4 (припѣвъ — Слава Тебѣ, Боже нашъ, слава Тебѣ). Ирмосы — Моря чермную: Катавасія — Море огустилъ еси: По 3-й пѣсни кондакъ мученика — Возделанъ отъ Бога: и икосъ; сѣдаленъ мученика — Благочестія образы: Слава: мученика — Земное богатство: И нынѣ: праздника — Премудрости воду: по 6-й кондакъ праздника — Празднику законному: и икосъ. На 9-й пѣсни *не поемъ* — Честнѣйшую: но ирмосъ праздника — Камень нерукосѣчный: Свѣтиленъ праздника — Чашу имѣяй: Слава: мученика — Яко солнце: И нынѣ праздника— Чашу имѣяй: На хвалитехъ во гл. 4-й, на 6; стихиры праздника — Премудрость и сила: 3 и мученика — Пріидите всепразднственное: 3; Слава: мученика — Да помаваютъ: И нынѣ: праздника — Просвѣтившеся, братіе: Славословіе великое. Тропарь мученика — Яко плѣнныхъ свободитель: Слава, и нынѣ: праздника. Ектеніи и отпустъ воскресный. Часъ 1-й.

На часахъ тропарь праздника; Слава: мученика; Кондаки мученика и праздника поперемѣнно.

На литургіи начало см. въ недѣлю Ѳомину. Блаженна на 8; праздника отъ перваго канона, пѣснь 3-я на 4 и отъ канона мученика, пѣснь 6-я на

4. По входѣ тропари праздника и мученика; Слава: кондакъ мученика; И нынѣ: праздника. Прокименъ — Велій Господь: и — Возвеселится праведникъ: Апостолъ Дѣяній зач. 34-е и Дѣяній зач. 29-е. Аллилуіа во гл. 1-й 4-й. Евангеліе отъ Іоанна зач. 26-е и отъ Іоанна зач. 52-е. Задостойникъ — Чужде матеремъ дѣвство: (также и на отданіе, въ слѣдующую среду, но въ прочіе дни — Ангелъ вопіяше:). Причастенъ — Ядый Мою Плоть, и піяй Мою Кровь, во Мнѣ пребываетъ, и Азъ въ немъ, рече Господь; и — Въ память вѣчную: Конецъ литургіи, какъ и въ недѣлю Ѳомину.

Послѣ литургіи *малое освященіе воды* по требнику, гдѣ возможно, съ крестнымъ ходомъ къ колодцу или источнику.

27-го АПРѢЛЯ. **Недѣля 5-я по Пасхѣ: о самарянынѣ.** Гласъ 4-й. *Попразднство Преполовенія.*

На великой вечерни начало якоже въ недѣлю Ѳомину. — Блаженъ мужъ: На — Господи воззвахъ: стихиры на 10; воскресны 4, Преполовенія — Наста преполовеніе дней: 3 и самаряныни — На источникъ пришелъ: 3; Слава: самаряныни — При студенцѣ Іаковли: И нынѣ: догматикъ — Иже Тебе ради: Входъ. — Свѣте тихій: Прокименъ — Господь воцарися: На стиховнѣ стихира воскресна — Господи возшедъ: и стихиры Пасхи съ припѣвы ихъ; Слава: самаряныни — Егда явился еси: И нынѣ: — Воскресенія день: По — Нынѣ отпущаеши: — Богородице Дѣво: 2-жды и Преполовенія — Преполовившуся праздника: 1-жды.

На утрени поемъ — Христосъ воскресе: 3-жды и чтецъ — Слава въ вышнихъ: и прочая шестопсалмія. На — Богъ Господь: тропарь воскресенъ 2-жды; Слава, и нынѣ: Преполовенія. Сѣдальны воскресны. — Ангельскій соборъ: Ѵпакои, степенна и прокименъ гласа. Евангеліе воскресное 7-е, отъ Іоанна зач. 63-е. — Воскресеніе Христово: 3-жды и прочее обычно. Каноны: Пасхи со ирмосомъ и богородичными на 6 (припѣвы — Христосъ воскресе изъ мертвыхъ; и — Пресвятая Богородице, спаси насъ), Преполовенія (второй канонъ) на 4 (припѣвъ — Слава Тебѣ, Боже нашъ, слава Тебѣ) и самяраныни на 4 (припѣвъ — Слава Тебѣ, Боже нашъ, слава Тебѣ). Ирмосы и катавасія — Воскресенія день: По 3-й пѣсни кондакъ Преполовенія — Празднику законному: и икосъ; сѣдаленъ праздника — Да радуется небо: Слава, и нынѣ: Преполовенія — Премудрости подателю: по 6-й кондакъ самаряныни — Вѣрою пришедшая: и икосъ. На 9-й пѣсни *не поемъ* — Честнѣйшую: но ирмосъ — Свѣтися, свѣтися: и прочая. — Святъ Господь Богъ нашъ. Свѣтиленъ Пасхи — Плотію уснувъ: Слава: самаряныни — Въ Самарію пришелъ: И нынѣ: Преполовенія — Преполовившуся пришелъ: На хвалитехъ стихиры на 8; воскресны 6 и самаряныни — Да радуется днесь: 2 съ припѣвы его — Наляцы и успѣвай: и — Возлюбилъ еси правду: Слава: самаряныни — Источникъ живоначалія: И нынѣ: — Преблагословенна еси: Славословіе великое. Тропарь — Воскресъ изъ гроба: Ектеніи и отпустъ воскресный. Слава, и нынѣ: стихира евангельская 7-я — Се тьма и рано: Часъ 1-й.

На часахъ тропарь воскресенъ; Слава: Преполовенія; Кондаки Преполовенія и самаряныни — Вѣрою пришедшая: поперемѣнно.

На литургіи начало, какъ въ недѣлю Ѳомину. Блаженна на 12; гласа на 4, отъ канона самаряныни, пѣснь 3-я на 4; и отъ втораго канона Преполовенія, пѣснь 6-я на 4. По входѣ тропари воскресенъ — Свѣтлую Воскресенія: и Преполовенія; Слава: кондакъ самаряныни; И нынѣ: Преполовенія. Прокименъ — Пойте Богу нашему: Апостолъ Дѣяній зач. 28-е. Аллилуіа во гл. 4-й. Евангеліе отъ Іоанна зач. 12-е. Задостойникъ — Ангелъ вопіяше: и — Свѣтися, свѣтися: Причастенъ — Тѣло Христово: и — Хвалите Господа: Конецъ литургіи, какъ и въ недѣлю Ѳомину.

30-го АПРѢЛЯ. Среда. *Отданіе Преполовенія.* **Святителя Игнатія, еп. Кавказскаго и Черноморскаго.** *Творимъ бдѣніе.*

Службу св. Игнатія, зри: http://www.sbkrpc.ru/bogosluzhebnye-teksty/ sluzhby-svyatitelyam/107-sluzhba-svt-ignatiyu.html

(Служба апостола Іакова Зеведеева, поется егда настоятель разсудитъ.)

На великой вечерни начало якоже въ недѣлю Ѳомину. — Блаженъ мужъ: на — Господи воззвахъ: во гл. 4-й; стихиры на 8; праздника — Наста Преполовеніе: 4 и святителя — Радуйся и веселися свѣтло: 4; Слава: святителя — Къ правдѣ вѣчней: И нынѣ: праздника — Празднику преполовляющуся: Входъ. Прокименъ — Милость Твоя, Господи: Чтенія святителя 3. На литіи стихира храма и стихиры святителя — Мысль спасительную: Слава: святителя — Страну истины: И нынѣ: праздника — Просвѣтившеся, братіе: (писана на хвалитныхъ). На стиховнѣ стихиры святителя — Пѣснь священную: Слава: святителя — Пѣснь священную: И нынѣ: праздника — Преполовившуся празднику, учащу: По — Нынѣ отпущаеши: на благословеніи хлѣбовъ тропарь праздника — Преполовившуся празднику: 2-жды и святителя — Православія поборниче: 1-жды.

На утрени поемъ — Христосъ воскресе: 3-жды и чтецъ — Слава въ вышнихъ: и прочая шестопсалмія. На — Богъ Господь: во гл. 8-й, тропарь праздника 2-жды; Слава: святителя; И нынѣ: праздника. По 1-й каѳизмѣ сѣдаленъ праздника — Всѣхъ сердецъ: По 2-й каѳизмы сѣдальны святителя — Молитвами и скорбьми: Слава: — Реклъ еси отче: И нынѣ: праздника — Владыка всѣхъ во храмѣ: Полiелей и величаніе святителя — **Величаемъ тя, святителю отче Игнатіе, и чтемъ святую память твою, ты бо молиши за насъ Христа Бога нашего.** Псаломъ избранный — Услышите сія вси языцы, внушите вси живущіи по вселеннѣй. По поліелеи сѣдаленъ святителя — Преподобне отче: Слава, и нынѣ: праздника — Всѣхъ сердецъ: Степенна — Отъ юности: Прокименъ — Уста моя возглаголютъ: Евангеліе отъ Іоанна зач. 35-е отъ полу. — Воскресеніе Христово: 1-жды. Псаломъ 50-й. Слава: — Молитвами святителя Игнатія: И нынѣ: — Молитвами Богородицы: — Помилуй мя, Боже: стихира святителя — Позналъ еси тайну: — Спаси Боже люди: Каноны праздника 1-й со ирмосомъ на 4 (припѣвъ — Слава Тебѣ, Боже нашъ, слава Тебѣ), святителя на 6 (припѣвъ — Святителю отче Игнатіе, моли Бога о насъ) и другій канонъ праздника на 4 (припѣвъ — Слава Тебѣ, Боже нашъ, слава Тебѣ). Ирмосы — Моря чермную: Катавасія — Море огустилъ еси: По 3-й пѣсни кондакъ праздника — Празднику законному: и икосъ; сѣдаленъ праздника — Стоя посредѣ: Слава: святителя — Поучалъ еси: И нынѣ: праздника — Премудрости воду: по 6-й кондакъ святителя — Аще и совершалъ еси: и икосъ. На 9-й пѣсни — Честнѣйшую: Свѣтиленъ святителя — Имя богоносца преславнаго: Слава, и нынѣ: праздника — Чашу имѣяй: На хвалитехъ, во гл. 4-й, стихиры на 6; стихиры праздника — Премудрость и сила: 3 и и святителя — Въ житіи твоемъ: 3; съ припѣвами — Честна предъ Господемъ: и — Священницы Твои облекутся: Слава, и нынѣ: праздника — Просвѣтившеся, братіе: Славословіе великое. Тропарь святителя; Слава, и нынѣ: праздника. Ектеніи и отпустъ воскресный. Часъ 1-й.

На часахъ тропари праздника; Слава: святителя; кондаки праздника и святителя поперемѣнно.

На литургіи блаженна на 8; отъ перваго канона праздника, пѣснь 9-я на 4 и отъ канона святителя, пѣснь 6-я на 4. По входѣ тропари праздника и святителя; Слава: кондакъ святителя; И нынѣ: праздника. Прокименъ — Велій Господь: и — Уста моя возглаголютъ: Апостолъ Дѣяній зач. 32-е и ко Евр. зач. 318-е. Аллилуіа во гл. 1-й и 2-й. Евангеліе отъ Іоанна зач. 18-е и отъ Іоанна зач. 36-е. Задостойникъ — Чужде матеремъ дѣвство: Причастенъ — Ядый Мою Плоть, и піяй Мою Кровь, во Мнѣ пребываетъ, и Азъ въ немъ, рече Господь; и — Въ память вѣчную: Отпустъ воскресенъ.

V. МАЙ.

4-го МАЯ. **Недѣля 6-я по Пасхѣ: о слѣпомъ.** Гласъ 5-й.

На великой вечерни начало якоже въ недѣлю Ѳомину. — Блаженъ мужъ: На — Господи воззвахъ: стихиры на 10; воскресны 7 и праздника (о слѣпомъ) — Слѣпый родивыйся: 3; Слава: праздника — Господи, мимоходя путемъ: И нынѣ: догматикъ — Въ Чермнѣмъ мори: Входъ. Прокименъ — Господь воцарися: На стиховнѣ стихира воскресна — Тебе воплощеннаго: и стихиры Пасхи съ припѣвы ихъ; Слава: праздника — Правды солнце: И нынѣ: — Воскресенія день: По — Нынѣ отпущаеши: — Богородице Дѣво: 3-жды.

На утрени поемъ — Христосъ воскресе: 3-жды и чтецъ — Слава въ вышнихъ: и прочая шестопсалмія. На — Богъ Господь: тропарь воскресенъ 2-жды; Слава, и нынѣ: богородиченъ — Радуйся двере Господня: По каѳизмахъ сѣдальны воскресны. — Ангельскій соборъ: Ѵпакои, степенна и прокименъ гласа. Евангеліе воскресное 8-е, отъ Іоанна зач. 64-е. — Воскресеніе Христово: 3-жды и прочее обычно. Канонъ Пасхи съ ирмосомъ и богородичными на 8 (припѣвы — Христосъ воскресе изъ мертвыхъ; и — Пресвятая Богородице, спаси насъ) и праздника на 6 (припѣвъ — Слава Тебѣ, Боже нашъ, слава Тебѣ). Ирмосы — Воскресенія день: Катавасія Вознесенія — Спасителю Богу: По 3-й пѣсни кондакъ Пасхи — Аще и во гробѣ: и икосъ; сѣдаленъ праздника — Всѣхъ Владыка: Слава, и нынѣ: тойже. По 6-й кондакъ праздника — Душевныма очима: и икосъ. На 9-й пѣсни *не поемъ* — Честнѣйшую: но ирмосъ — Свѣтися, свѣтися: и прочая. — Святъ Господь Богъ нашъ. Свѣтиленъ — Плотію уснувъ: Слава: праздника — Умныя мои очи: И нынѣ: другій — Мимоидый Спасъ: На хвалитехъ стихиры на 8; воскресны 7 и праздника — За милосердіе милости: на 1 съ припѣвомъ — Призри на мя, и помилуй мя; Слава: праздника — Кто возглаголетъ: И нынѣ: — Преблагословенна еси: Славословіе великое и тропарь — Днесь спасеніе: Ектеніи и отпустъ воскресный. Слава, и нынѣ: стихира евангельская 8-я — Маріины слезы: Часъ 1-й.

На часахъ тропарь воскресный. Кондакъ праздника.

На литургіи начало какъ въ недѣлю Ѳомину. Блаженна на 8; гласа на 4 и отъ канона праздника, пѣснь 6-я на 4 (— Распныйся съ разбойники: — Бреніе сотворь: — Трiѵпостасная единице: — Величія твоя:) По входѣ тропарь воскресный; Слава: кондакъ праздника — Душевныма очима: И нынѣ: Пасхи — Аще и во гробъ. Прокименъ — Помолитеся и воздадите: Апостолъ Дѣяній зач. 38-е. Аллилуіа во гл. 8-й. Евангеліе отъ Іоанна зач. 34-е. Задостойникъ — Ангелъ вопіяше: и — Свѣтися, свѣтися: Причастенъ — Тѣло Христово: и — Хвалите Господа: Прочее послѣдованіе, какъ и въ нед. Ѳомину.

7-го МАЯ. Среда. *Отданіе Пасхи. Предпразднство Вознесенія. Служба славословная.*

На вечерни по — Благословенъ Богъ нашъ: іерей съ крестомъ, трехсвѣчникомъ и кадиломъ поетъ — Христосъ воскресе: 3-жды (и ликъ тоже 3-жды) и возглашаетъ стихи — Да воскреснетъ Богъ: все, какъ на Свѣтлой седмицѣ. Затѣмъ чтецъ псаломъ 103-й — Благослови, душе моя, Господа: Ектенія мирная. Каѳизма рядовая. На — Господи воззвахъ: во гл. 2-й, стихиры праздника слѣпаго — Слѣпый родивыйся: 6; Слава, и нынѣ: — Кто возглаголетъ: Входа нѣтъ. Чтецъ — Свѣте тихій: Прокименъ — Милость Твоя, Господи: Чтецъ — Сподоби Господи: Ектенія — Исполнимъ вечернюю: На стиховнѣ стихира воскресна — Тебе воплощеннаго: и стихиры Пасхи; Слава, и нынѣ: — Воскресенія день: съ конечнымъ — Христосъ воскресе: 1-жды. По — Нынѣ отпущаеши: тропарь воскресенъ — Собезначальное Слово: Слава, и нынѣ: — Радуйся, Двере Господня: Ектенія — Помилуй насъ, Боже: И обычный отпустъ глаголетъ іерей безъ Креста — Воскресый изъ мертвыхъ: и святаго дне поминаетъ.

На утрени по начальномъ возгласѣ — Слава Святѣй: творимъ полное начало, какъ на Свѣтлой седмицѣ. Посемъ чтецъ — Слава въ вышнихъ: и прочая шестопсалмія. Великая ектенія. На — Богъ Господь: во гл. 5-й, тропарь — Собезначальное Слово: 2-жды; Слава, и нынѣ: богородиченъ — Радуйся, Двере Господня: По 1-й каѳизмѣ сѣдальны воскресны писаны въ службѣ Недѣли о слѣпомъ; по 2-й сѣдаленъ слѣпаго. — Воскресеніе Христово: 1-жды. Псаломъ 50-й. Канонъ Пасхи безъ богородичныхъ со ирмосомъ на 6 (припѣвъ — Христосъ воскресе изъ мертвыхъ). праздника на 4 (припѣвъ — Слава Тебѣ, Боже нашъ, слава Тебѣ) и предпразднства Вознесенія на 4 (припѣвъ — Слава Тебѣ, Боже нашъ, слава Тебѣ). Ирмосы — Воскресенія день: Катавасія — Спасителю Богу: По 3-й пѣсни кондакъ слѣпаго — Душевныма очима: и икосъ; сѣдаленъ слѣпаго — Воочилъ еси: Слава, и нынѣ: предпразднства — Родился еси: по 6-й кондакъ Пасхи — Аще и во гробъ: и икосъ. На 9-й пѣсни *не поемъ* — Честнѣйшую: но припѣвъ Пасхи — **Величитъ душа моя Воскресшаго тридневно отъ гроба Христа Жизнодавца**; и прочіе на 6. Свѣтиленъ Пасхи — Плотію уснувъ: 2-жды; Слава, и нынѣ: праздника — Умныя мои очи: На хвалитехъ стихиры праздника — Слѣпый родивыйся: на 4; таже стихиры Пасхи — Да воскреснетъ Богъ: Слава, и нынѣ: — Воскресенія день: съ конечнымъ — Христосъ воскресе: 1-жды. Славословіе великое. Тропарь — Собезначальное Слово: Слава, и нынѣ: богородиченъ — Радуйся, Двере Господня: Ектеніи, и отпустъ воскресенъ безъ Креста, и святаго на отпустѣ поминаетъ, егоже будетъ день. Часъ 1-й.

На часахъ тропарь воскресный — Собезначальное слово: Кондакъ праздника — Душевныма очима:

На литургіи по — Благословено Царство: іерей съ крестомъ, трехсвѣчникомъ и кадиломъ поетъ — Христосъ воскресе: 3-жды (и ликъ тоже 3-жды) и возглашаетъ стихи — Да воскреснетъ Богъ: все, какъ на Свѣтлой седмицѣ. Великая ектенія. Изобразительныя. Блаженна отъ канона праздника 8, пѣснь 3-я и 6-я. По входѣ тропарь — Собезначальное слово: Слава: кондакъ слѣпаго — Душевныма очима: И нынѣ: Пасхи — Аще и во гробъ: Прокименъ Пасхи — Сей день, егоже сотвори Господь, возрадуемся и возвеселимся въ онь. Апостолъ Дѣяній зач. 41-е. Аллилуіа во гл. 4-й. Евангеліе отъ Іоанна зач. 43-е. Задостойникъ — Ангелъ вопіяше: и — Свѣтися, свѣтися: Причастенъ — Тѣло Христово: Конецъ литургіи поемъ, якоже на самую Пасху. Вмѣсто — Слава Тебѣ, Христѣ Боже: Іерей — Христосъ воскресе: до половины. Ликъ — И сущимъ во гробѣхъ: Отпустъ Пасхи съ Крестомъ — **Христосъ, воскресый изъ мертвыхъ, смертію смерть поправый и сущимъ во гробѣхъ животъ даровавый, истинный Богъ нашъ:** Таже іерей, возвышая Крестъ на три страны: — Христосъ воскресе! Людіе отвѣщаютъ: — Воистину воскресе! Конечное — Христосъ воскресе: 3-жды. Таже — И намъ дарова животъ вѣчный, покланяемся Его тридневному воскресенію.

И взимается Плащаница съ престола, и полагается на свое мѣсто.

9-й часъ начинается съ чтенія Трисвятаго (такъ бываетъ до самой

Май

Пятидесятницы, когда впервые читается въ началѣ службы — Царю Небесный:).

8-го МАЯ. Четвергъ. ВОЗНЕСЕНІЕ ГОСПОДА БОГА И СПАСА НАШЕГО ІИСУСА ХРИСТА. Св. Апостола и Евангелиста Іоанна Богослова. Преподобнаго Арсенія Великаго. *Творимъ бдѣніе. Служба апостола Іоанна Богослова соединяется съ бдѣнной службы праздника Вознесенія.*
(Служба преподобнаго Арсенія Великаго оставляется.)

На великой вечерни іерей — Слава Святѣй: Ликъ — Аминь. Іерей — Пріидите, поклонимся: Ликъ поетъ предначинательный псаломъ. Ектенія мирная. — Блаженъ мужъ: На — Господи воззвахъ: во гл. 6-й на 10; стихиры праздника — Господь вознесеся: 6 и апостола — Зритель неизреченныхъ: 4; Слава: апостола — Сына громова: И нынѣ: праздника — Нѣдръ отеческихъ: Входъ. — Свѣте тихій: Прокименъ — Боже, во имя Твое: Чтенія праздника 3 и апостола 3. На литіи стихиры праздника — Возшедъ на небеса: 3 и апостола — Рѣки богословія: 3; Слава: апостола — Возлегъ на перси: И нынѣ: праздника — Господи, таинство: На стиховнѣ стихиры праздника — Родился еси: Слава: апостола — Апостоле Христовъ: И нынѣ: праздника — Взыде Богъ: По — Нынѣ отпущаеши: на благословеніи хлѣбовъ тропарь праздника — Вознеслся еси во славѣ: 2-жды и апостола — Апостоле Христу Богу: 1-жды.

На утрени на — Богъ Господь: во гл. 4-й, тропарь праздника 2-жды; Слава: апостола; И нынѣ: праздника. По каѳизмахъ сѣдальны праздника. Полiелей и величаніе праздника — **Величаемъ Тя, Живодавче Христе, и почитаемъ еже на небеса съ пречистою Твоею плотію Божественное вознесеніе.** Псаломъ избранный — Вси языцы восплещите руками, воскликните Богу гласомъ радованія. По полiелеи сѣдаленъ праздника — Сошедый съ небесе: Степенна — Отъ юности моея: Прокименъ — Взыде Богъ въ воскликновеніи, Господь во гласѣ трубнѣ. Евангеліе отъ Марка зач. 71-е. — Воскресеніе Христово: 1-жды. Псаломъ 50-й. Слава: — Молитвами апостоловъ: И нынѣ: — Молитвами Богородицы: — Помилуй мя, Боже: и стихира праздника — Днесь на небесѣхъ: Каноны праздника первый съ ирмосомъ на 6 (припѣвъ — Слава Тебѣ, Боже нашъ, слава Тебѣ), апостола на 4 (припѣвъ — Святый апостоле и евангелисте Іоанне Богослове, моли Бога о насъ) и второй канонъ праздника съ ирмосомъ на 4 (припѣвъ — Слава Тебѣ, Боже нашъ, слава Тебѣ). Ирмосы — Спасителю Богу: Катавасія — Божественнымъ покровенъ: По 3-й пѣсни кондакъ апостола — Величія твоя: и икосъ; сѣдаленъ апостола — Премудрости на перси: Слава, и нынѣ: праздника — Всѣдъ на облаки: по 6-й кондакъ праздника — Еже о насъ: и икосъ. На 9-й пѣсни *не поемъ* — Честнѣйшую: по припѣвъ праздника — **Величай душе моя, вознесшагося отъ земли на небо, Христа Жизнодавца.** Припѣваемъ его къ ирмосу и тропарямъ 1-го канона; къ тропарямъ апостола — Святый апостоле и евангелисте

Іоаннѣ Богословѣ, моли Бога о насъ; къ ирмосу же и тропарямъ втораго канона — Ангели восхожденіе: Свѣтиленъ праздника — Ученикомъ зрящимъ Тя: Слава: апостола — Громовъ сынъ: И нынѣ: праздника — Ученикомъ зрящимъ Тя: На хвалитехъ, стихиры на 6 во гл. 1-й; праздника — Ангельски иже въ мірѣ: 3 и апостола — Блаженне Іоанне: 3; Слава: апостола — Благовѣстниче Іоанне: И нынѣ: праздника — Родился еси: Славословіе великое. Тропари апостола; Слава, и нынѣ: праздника. Ектеніи и отпустъ праздника — **Иже во славѣ вознесыйся отъ насъ на небо и одесную сѣдый Бога и Отца, Христосъ истинный Богъ нашъ:** Часъ 1-й.

На часахъ тропарь праздника; Слава: апостола; кондаки апостола и праздника поперемѣнно.

На литургіи изобразительныя. Блаженна на 8; отъ перваго канона праздника, пѣснь 3-я на 4 и отъ канона апостола, пѣснь 6-я на 4. Входное — **Взыде Богъ въ воскликновеніи, Господь во гласѣ трубнѣ.** По входѣ тропари праздника и апостола; Слава: кондакъ апостола; и нынѣ: праздника. Прокименъ — Вознесися на небеса: и — Во всю землю: Апостолъ Дѣяній зач. 1-е и Соборнаго посл. Іоаннова зач. 68-е. Аллилуіа во гл. 2-й и 1-й. Евангеліе отъ Луки зач. 114-е и отъ Іоанна зач. 61-е. Задостойникъ — Величай, душе моя, вознесшагося: и — Тя паче ума: Причастенъ — Взыде Богъ: и — Во всю землю: Вмѣсто — Видѣхомъ свѣтъ истинный: поемъ тропарь — Вознеслся еси: до отданія. Отпустъ праздника — **Иже во славѣ вознесыйся отъ насъ:**

9-го МАЯ. Пятница. *Попразднство Вознесенія.* **Перенесеніе мощей святителя Николая, архіепископа Мѵръ Ликійскихъ, чудотворца.** *Творимъ бдѣніе.*

На великой вечерни — Блаженъ мужъ: На — Господи воззвахъ: во гл. 1-й, стихиры на 8; праздника — Возшедъ на небеса: 3 и святителя — На небо добродѣтелей: 5; Слава: святителя — Святителей удобреніе: И нынѣ: праздника — Родился еси: Входъ. — Свѣте тихій: Прокименъ великій, гл. 7-й — Богъ нашъ на небеси и на земли, вся, елика восхотѣ, сотвори. Чтенія святителя 3. На литіи стихира храма, таже стихиры святителя — Отче Николае: Слава: святителя — Благій рабе: И нынѣ: праздника — Господи, вземлющу: (писано на стиховнѣ утрени). На стиховнѣ стихиры святителя — Звѣзду незаходимую: Слава: святителя — Человѣче Божій: И нынѣ: праздника — На горахъ святыхъ: По — Нынѣ отпущаеши: на благословеніе хлѣбовъ тропарь святителя — Приспѣ день свѣтлаго торжества: 2-жды и праздника — Вознеслся еси во славѣ: 1-жды.

На утрени на — Богъ Господь: во гл. 4-й, тропарь праздника 2-жды; Слава: святителя; И нынѣ: праздника. По 1-й каѳизмѣ сѣдаленъ праздника — На гору возшедъ: по 2-й святителя — Удивилъ еси: Слава, и нынѣ: праздника — Всѣдъ на облаки: Полiелей и величаніе — **Величаемъ тя, святителю отче Николае, и чтемъ святую**

Май

память твою, ты бо молиши за насъ Христа Бога нашего. Псаломъ избранный — Услышите сія вси языцы, внушите вси живущіи по вселеннѣй. По поліелеи сѣдаленъ святителя — Освящъ себе житіемъ: Слава, и нынѣ: праздника — На гору возшедъ: Степенна — Отъ юности моея: Прокименъ — Честна предъ Господемъ: Евангеліе отъ Іоанна зач. 35-е отъ полу. Псаломъ 50-й. Слава: — Молитвами святителя Николая: И нынѣ: — Молитвами Богородицы: Помилуй мя, Боже: и стихира святителя — Наслѣдниче Божій: — Спаси Боже люди: Каноны праздника первый на 6 (припѣвъ — Слава Тебѣ, Боже нашъ, слава Тебѣ) и святителя 2 на 8 (припѣвъ — Святителю отче Николае, моли Бога о насъ). Ирмосы и катавасія — Спасителю Богу: По 3-й пѣсни кондакъ праздника — Еже о насъ: и икосъ; сѣдаленъ святителя — Пренесеніе твоихъ честныхъ: Слава, и нынѣ: праздника — Всѣдъ на облаки: по 6-й кондакъ святителя — Взыде яко звѣзда: и икосъ. На 9-й пѣсни — Честнѣйшую: Свѣтиленъ праздника — Ученикомъ зрящимъ Тя: Слава: святителя — Велика чудеса твоя: И нынѣ: праздника праздника — Ученикомъ зрящимъ Тя: На хвалитехъ стихиры во гл. 2-й, на 6; праздника — Чудо новолѣпное: (стиховны утрени) 3 и святителя — Воззрѣвъ неуклонно: 3; Слава: святителя — Вострубимъ трубою: И нынѣ: праздника — Господи, вземлющу: По славословіи тропарь святителя; Слава, и нынѣ: праздника. Ектеніи и отпустъ праздника — **Иже во славѣ вознесыйся отъ насъ на небо и одесную сѣдый Бога и Отца, Христосъ истинный Богъ нашъ:** Часъ 1-й.

На часахъ тропарь праздника; Слава: святителя. Кондаки праздника и святителя поперемѣнно.

На литургіи блаженна на 8; отъ канона праздника, пѣснь 1-я на 4 и отъ перваго канона святителя, пѣснь 6-я на 4. По входѣ тропари праздника, храма Богородицы и святителя; Слава: кондакъ святителя; И нынѣ: праздника. Прокименъ — Вознесися на небеса: и — Восхвалятся преподобніи во славѣ: Апостолъ Дѣяній зач. 42-е и ко Евр. зач. 335-е. Аллилуіа во гл. 2-й. Евангеліе отъ Іоанна зач. 47-е и отъ Луки зач. 24-е. Задостойникъ Задостойникъ — Величай, душе моя, вознесшагося: и — Тя паче ума: Причастенъ — Взыде Богъ: и — Въ память вѣчную: Вмѣсто — Видѣхомъ свѣтъ истинный: поемъ тропарь — Вознеслся еси: до отданія. Отпустъ праздника — **Иже во славѣ вознесыйся отъ насъ:**

11-го МАЯ. **Недѣля 7-я по Пасхѣ. Гласъ 6-й.** *Попразднство Вознесенія. Свв. Отецъ 1-го Вселенскаго собора.* **Святыхъ равноапостольныхъ Меѳодія и Кирилла, первоучителей Словенскихъ.**

Оставляется служба Вознесенія.

На великой вечерни — Блаженъ мужъ. На — Господи воззвахъ: стихиры на 10; воскресны 3, отцевъ — Изъ чрева родился: 4 и святыхъ — Кіими похвальными: 3; Слава: отцевъ — Тайная днесь: И нынѣ: догматикъ — Кто Тебе не ублажитъ: Входъ. — Свѣте тихій: Прокименъ — Господь воцарися: Чтенія отцевъ 3 и святыхъ 3. На литіи стихира отцевъ

— Апостольскихъ преданій: Слава: стихира святыхъ — Свѣтлостію житія: (стиховны вечерни); И нынѣ: праздника — Господи, смотренія: На стиховнѣ стихиры воскресны; Слава: отцевъ — Молебную память: И нынѣ: праздника — Господи, таинство еже: По — Нынѣ отпущаеши: на благословеніе хлѣбовъ — Богородице дѣво: 2-жды и тропарь святыхъ — Яко апостоломъ: 1-жды.

На утрени на — Богъ Господь: тропарь воскресенъ 1-жды; отцевъ — Препрославленъ еси: 1-жды; Слава: святыхъ; И нынѣ: богородиченъ — Еже отъ вѣка: По каѳизмахъ сѣдальны воскресны съ богородичны ихъ. Полiелей и величаніе святыхъ — **Величаемъ васъ, святіи равноапостольніи Меѳодіе и Кирилле, вся словенскія страны ученьми своими просвѣтившія и ко Христу приведшія**. 1-жды. (Въ воскресные дни избранные псалмы не поются.) — Ангельскій соборъ: Ѵпакои гласа. Сѣдальны святыхъ вси — Троицѣ Живоначальнѣй: — Да радуются днесь: Слава: — Пріидите, просвѣтители: И нынѣ: праздника — Возшедъ на небеси: (писано по 3-й пѣсни канона). Степенна и прокименъ гласа, Евангеліе воскресное 10-е, отъ Іоанна зач. 66-е. — Воскресеніе Христово: 1-жды и прочее до канона обычно. Каноны: воскресенъ на 4, святыхъ на 4 (припѣвъ — Святіи равноапостольніи Меѳодіе и Кирилле, молите Бога о насъ) и отцевъ на 6 (припѣвъ — Святіи богоносніи отцы, молите Бога о насъ). Ирмосы — Яко по суху: Катавасія — Божественнымъ покровенъ: По 3-й пѣсни кондакъ святыхъ — Священную двоицу: и икосъ; сѣдаленъ отцевъ — Свѣтильницы пресвѣтліи: Слава: сѣдаленъ святыхъ — Уподобилъ еси: И нынѣ: богородиченъ — Обновила еси, чистая: (см. службу ап. Андроника 17-го мая); по 6-й кондакъ отцевъ — Апостолъ проповѣданіе: и икосъ. На 9-й пѣсни поемъ — Честнѣйшую: — Святъ Господь Богъ нашъ. Свѣтиленъ воскресенъ 10-й — Тиверіадское море: отцевъ — Отецъ божественныхъ: Слава: святыхъ — Учители святіи: И нынѣ: богородиченъ воскресенъ — Воскресшаго Господа тридневна: На хвалитехъ стихиры на 8; воскресны 3, отцевъ — Все собравше: 2 и святыхъ — Кирилле и Меѳодіе богомудрій: со Славнымъ — Просвѣтителей нашихъ: 3; съ припѣвами — Священницы Твои: и — Уста праведнаго: Слава: отцевъ — Святыхъ отцевъ ликъ: И нынѣ: — Преблагословенна еси: Славословіе великое и тропарь — Воскресъ изъ гроба: Ектеніи и отпустъ воскресный. Слава, и нынѣ: стихира евангельская 10-я — По еже во адъ: Часъ 1-й.

На часахъ тропарь воскресный; Слава: отцевъ и святыхъ поперемѣнно. Кондаки воскресный, праздника и отцевъ поперемѣнно.

На литургіи блаженна на 12; гласа на 4, отъ канона отцевъ, пѣснь 3-я на 4 и отъ канона святыхъ, пѣснь 6-я на 4. По входѣ тропари воскресный, отцевъ и святыхъ; кондакъ отцевъ; Слава: святыхъ; И нынѣ: праздника. Прокименъ, пѣснь отцевъ — Благословенъ еси, Господи Боже: и — Честна предъ Господемъ: Апостолъ Дѣяній зач. 44-е и ко Евр. зач. 318-е. Аллилуіа во гл. 1-й и 2-й. Евангеліе отъ Іоанна зач. 56-е и отъ Матѳ. зач. 11-е. Задостойникъ — Величай, душе моя: и — Тя паче ума: Причастенъ:

Май

— Хвалите Господа: и — Въ память вѣчную: Вмѣсто — Видѣхомъ свѣтъ истинный: поется тропарь — Вознеслся еси: Отпустъ воскресный.

16-го МАЯ. Пятница. *Отданіе Вознесенія.*

На вечерни и утрени вся служба праздника, кромѣ входа, паремій, литіи на вечерни и поліелея на утрени. (*Службу преподобному Ѳеодору поется на повечеріи.*)

На литургіи по входѣ тропарь праздника; Слава, и нынѣ: кондакъ. Прокименъ, аллилуіа и причастенъ праздника. Апостолъ и евангеліе дне.

17-го МАЯ. **Родительская суббота** — *Троичная, поминовеніе усопшихъ.*

На вечерни на — Господи воззвахъ: во гласъ 6-й, стихиры на 6; Октоиха мученичны 3, 6-го гласа, — Мученицы Твои Господи: — Мучившіися Тебе ради: — Страстотерпцы мученицы: и Тріоди — Отъ вѣка мертвыхъ: 3; Слава: гласъ 8-й — Плачу и рыдаю: И нынѣ: догматикъ настоящаго гласа — Кто Тебе не ублажитъ: Входа нѣтъ. Чтецъ — Свѣте тихій: Вмѣсто прокимна поемъ — Аллилуіа во гласъ 8-й съ заупокойными стихами — Блажени яже избралъ и пріялъ еси, Господи, и память ихъ въ родъ и родъ; и — Души ихъ во благихъ водворятся; посемъ — Сподоби, Господи: Ектенія — Исполнимъ вечернюю: На стиховнѣ мученичнъ Октоиха въ пятокъ вечера 6-го гласа — Крестъ Твой Господи: и мертвены — Ты мя почтилъ: и — Да мнѣ достояніе: съ заупокойными припѣвы — Души ихъ: и — Блажени, яже избралъ: Слава: Тріоди — Начатокъ ми: И нынѣ: богородиченъ — Молитвами Рождшія Тя, Христе: Посемъ — Нынѣ отпущаеши: Трисвятое, по — Отче нашъ: тропарь — Глубиною мудрости: Слава, и нынѣ: — Тебе и стѣну: Ектенія — Помилуй насъ, Боже: и отпустъ.

На маломъ повечеріи канонъ мертвенъ 6-го гласа. По — Достойно есть: кондакъ — Со святыми:

На утрени начало обычное. Вмѣсто — Богъ Господь: — Аллилуіа, гласъ 8-й, со стихи заупокойными: — Блажени, яже избралъ: И память ихъ: — Души ихъ во благихъ: Тропарь — Глубиною мудрости: 2-жды; Слава, и нынѣ: — Тебе и стѣну: По 16-й каѳизмѣ малая ектенія. Сѣдальны гл. 6-й — Страдальческая противленія: Каѳизма 17-я (и прочая до канона, якоже указася въ субботу мясопустную — 25-го февраля). Каноны: храма съ ирмосомъ на 6 и Тріоди на 8 (припѣвъ — Упокой, Господи, души усопшихъ рабъ Твоихъ). Ирмосы канона храма; Катавасія Тріоди — Пѣснь возслемъ: На 2-й пѣсни канонъ только Тріоди со ирмосомъ на 8 (ирмосъ и катавасія Тріоди). По 3-й пѣсни ектенія обычная и сѣдаленъ Тріоди — Насъ ради: Слава, и нынѣ: богородиченъ — Скорый твой покровъ: По 6-й пѣсни ектенія заупокойная, порядокъ прежній. Кондакъ заупокойный — Со святыми упокой: и икосъ. На 9-й — Честнѣйшую: По 9-й пѣсни — Достойно есть:

Свѣтиленъ — Память совершающе: Слава, и нынѣ: богородиченъ — Сладосте ангеловъ: Поется — Всякое дыханіе: На хвалитехъ стихиры Тріоди — Страшный конецъ смерти: 4; Слава: — Яко цвѣтъ увядаетъ: И нынѣ: богородиченъ — Ты еси Богъ нашъ: Славословіе чтемъ. Ектенія — Исполнимъ утреннюю: На стиховнѣ стихиры 3 покойны 6-го гласа — Имѣяй непостижное: Слава: Тріоди — Болѣзнь Адаму бысть: И нынѣ: богородиченъ — Явилася еси: — Благо есть: Трисвятое: по — Отче нашъ: тропарь — Глубиною мудрости: Слава, и нынѣ: — Тебе и стѣну: Ектенія сугубая, часъ 1-й и отпустъ.

На часахъ тропарь и кондакъ Тріоди.

На литургіи изобразительныя. Блаженна на 8; отъ канона Тріоди, пѣснь 3-я на 4 и пѣснь 6-я на 4. По входѣ тропарь — Глубиною мудрости: Слава: кондакъ — Со святыми упокой: И нынѣ: — Тебе и стѣну: Прокименъ — Души ихъ во благихъ: Апостолъ Дѣяній зач. 51-е и къ Сол. зач. 270-е. Аллилуіа во гл. 4-й. Евангеліе отъ Іоанна зач. 67-е и отъ Іоанна зач. 16-е. Причастенъ — Блажени, яже избралъ: Вмѣсто — Видѣхомъ Свѣтъ истинный: (не пѣтаго отъ св. Пасхи) есть обычай пѣть въ сей день — Глубиною мудрости: Отпустъ обычный.

По литургіи совершается вселенская панихида по всѣмъ православнымъ христіанамъ.

18-го МАЯ. **Недѣля Святой Пятидесятницы. СВЯТАЯ ТРОИЦА. СОШЕСТВІЕ СВЯТАГО ДУХА НА АПОСТОЛОВЪ.**

На великой вечерни — Блаженъ мужъ: На — Господи воззвахъ: во гл. 1-й, стихиры праздника — Пятдесятницу праздуимъ: на 10; Слава, и нынѣ: праздника — Пріидите, людіе: Входъ. — Свѣте тихій: Прокименъ — Господь воцарися: Чтенія праздника 3. На литіи стихиры праздника — Во пророцѣхъ: Слава, и нынѣ: праздника — Егда Духа Твоего: На стиховнѣ стихиры праздника — Не разумѣюще: Слава, и нынѣ: праздника — Языцы иногда размѣсишася: По — Нынѣ отпущаеши: на благословеніи хлѣбовъ тропарь праздника — Благословенъ еси: 3-жды.

На утрени на — Богъ Господь: во гл. 8-й, тропарь праздника 2-жды; Слава, и нынѣ: тойже. По каѳизмахъ сѣдальны праздника. Полiелей и величаніе праздника **— Величаемъ Тя, Живодавче Христе, и чтемъ Всесвятаго Духа Твоего, Егоже отъ Отца послалъ еси божественнымъ ученикомъ Твоимъ.** Псаломъ избранный — Небеса повѣдаютъ славу Божію, твореніе же руку Его возвѣщаетъ твердь. Сѣдаленъ праздника — По востаніи Христе: Степенна — Отъ юности моея: Прокименъ — Духъ Твой благій наставитъ мя на землю праву. Евангеліе отъ Іоанна зач. 65-е. *Не поемъ* — Воскресеніе Христово: но абіе псаломъ 50-й. Слава: — Молитвами апостоловъ: И нынѣ: — Молитвами Богородицы: — Помилуй мя, Боже: и — Царю Небесный: Таже — Спаси, Боже: Каноны два праздника, ирмосы по 2-жды, тропари на 12 (припѣвъ — Пресвятая Троице, Боже нашъ, слава Тебѣ). Ирмосы — Понтомъ покры: и — Божественнымъ покровенъ: Катавасія — тѣ же ирмосы. По 3-й пѣсни сѣдаленъ праздника — Спасовы рачителіе: По 6-й пѣсни кондакъ праздника — Егда снизшелъ языки слія: и икосъ. На 9-й пѣсни *не поемъ* — Честнѣйшую, но ирмосъ — Нетлѣнія: Ексапостиларій праздника — Всесвятый Душе: 2-жды; Слава, и нынѣ: праздника — Свѣтъ Отецъ: На хвалитехъ во гл. 4-й, стихиры праздника — Преславная днесь: на 6; Слава, и нынѣ: праздника — Царю Небесный: Славословіе великое. Тропарь праздника. Ектеніи и отпустъ праздника — **Иже въ видѣніи огненныхъ языкъ съ небесе низпославый Пресвятаго Духа на святыя Своя ученики и апостолы, Христосъ истинный Богъ нашъ:** Часъ 1-й.

На часахъ тропарь и кондакъ праздника.

На литургіи антифоны праздника. Входное — **Вознесися, Господи, силою Твоею, воспоемъ и поемъ силы Твоя.** По входѣ тропарь праздника; Слава, и нынѣ: кондакъ. Вмѣсто Трисвятаго — Елицы во Христа: Прокименъ — Во всю землю: Апостолъ Дѣяній зач. 3-е. Аллилуіа во гл. 1-й. Евангеліе отъ Іоанна зач. 27-е. Задостойникъ — Радуйся, Царице: Причастенъ — Духъ Твой благій наставитъ мя на землю праву. Отпустъ праздника — **Иже въ видѣніи огненныхъ языкъ:**

Предъ вечерни **9-й часъ.**

Вечерня съ колѣнопреклонными молитвами. — Благословенъ Богъ: поемъ — Царю Небесный: чтется — Трисвятое: по — Отче нашъ: Псаломъ 103-й. — Благослови, душе моя: Ектенія мирная, на нейже прилагаются и особыя прошенія изъ Тріоди о ниспосланіи Духа Святаго на молящихся. На — Господи воззвахъ: во гл. 4-й, стихиры праздника — Преславная днесь: на 6; Слава, и нынѣ: — Царю Небесный: Входъ. — Свѣте тихій: Прокименъ великій, гл. 7-й — Кто богъ велій, яко Богъ нашъ: Діаконъ или іерей — Паки и паки, преклонше колѣна, Господу помолимся. Ликъ — Господи, помилуй (3-жды). (Такъ бываетъ предъ каждой молитвой.) И преклоняютъ колѣна всѣ, іерей и люди, и чтетъ іерей въ царскихъ вратахъ обратяся къ людямъ 1-ю колѣнопреклонную молитву — Пречисте, нескверне: по прочтеніи ея — Заступи, спаси, помилуй, возстави: Возгласъ — **Твое бо есть, еже миловати и спасати насъ, Господи Боже нашъ, и Тебѣ славу возсылаемъ:** Посемъ — Рцемъ вси: и по возгласѣ — Паки и паки преклонше колѣна: 2-я молитва — Господи Іисусе Христе: по прочтеніи ея — Заступи, спаси, помилуй, возстави: Возгласъ — **Благоволеніемъ и благостію Единороднаго Сына Твоего, съ Нимъ же благословенъ еси, съ Пресвятымъ, и благимъ, и животворящимъ Твоимъ Духомъ:** — Сподоби, Господи: Таже: — Паки и паки преклонше колѣна: и 3-я молитва — Приснотекущій, животный: по прочтеніи ея — Заступи, спаси, помилуй, возстави: Возгласъ — **Ты бо еси упокоеніе душъ и тѣлесъ нашихъ, и Тебѣ славу возсылаемъ:** Ектенія — Исполнимъ вечернюю: Таже на стиховнѣ стихиры праздника — Нынѣ въ знаменіе: Слава, и нынѣ: — Пріидите, людіе: По — Нынѣ отпущаеши: тропарь — Благословенъ еси, Христе Боже нашъ: и отпустъ — **Иже отъ Отчихъ** и Божественныхъ нѣдръ истощивый Себе, и съ небесе на землю сошедый, и наше все воспріемый естество, и обоживый е, по сихъ же на небеса паки возшедый и одесную сѣдый Бога и Отца, Божественнаго же и Святаго, и Единосущнаго, и Единосильнаго, и Единославнаго, и Соприсносущнаго Духа низпославый на святыя Своя ученики и апостолы, и симъ просвѣтивый убо ихъ, тѣми же всю вселенную, Христосъ истинный Богъ нашъ, молитвами Пречистыя и Пренепорочныя Святыя Своея Матере, святыхъ славныхъ, прехвальныхъ, богопроповѣдниковъ и духоносныхъ апостоловъ и всѣхъ святыхъ, помилуетъ и спасетъ насъ, яко Благъ и Человѣколюбецъ.

Въ сію седмицу отмѣняется постъ въ среду и пятокъ.

19-го МАЯ. Понедѣльникъ. **Духовъ день.**

Наканунѣ *повечеріе малое* съ канономъ Святому Духу.

На утрени на — Богъ Господь: во гл. 8-й, тропарь праздника — Благословенъ еси: 2-жды; Слава, и нынѣ: тойже. По каѳизмахъ малая ектенія и сѣдальны праздника. Псаломъ 50-й. Оба канона праздника, 1-й со ирмосомъ на 8, 2-й со ирмосомъ на 6, ирмосы по 2-жды (припѣвъ — Пресвятая Троице, Боже нашъ, слава Тебѣ). Ирмосы — Понтомъ покры: и — Божественнымъ покровенъ: Катавасія — Божественнымъ покровенъ: По 3-й пѣсни сѣдаленъ праздника — Всесвятый Духъ: по 6-й кондакъ праздника — Егда снизшедъ языки сліа: и икосъ. *Не поемъ* — Честнѣйшую: но ирмосъ 9-й пѣсни канона. Ексапостиларій праздника — Всесвятый Душе: 2-жды; Слава, и нынѣ: — Свѣтъ Отецъ: На хвалитехъ во гл. 2-й, стихиры праздника — Во пророцѣхъ: на 4; Слава, и нынѣ: — Языцы иногда: Славословіе великое. Тропарь праздника. Ектеніи. Отпустъ — **Иже въ видѣніи огненныхъ языкъ съ небесе низпославый Пресвятаго Духа на святыя Своя ученики и апостолы, Христосъ истинный Богъ нашъ:** Часъ 1-й.

На часахъ тропарь и кондакъ праздника.

На литургіи изобразительныя. Блаженна на 8; обоихъ каноновъ праздника пѣснь 3-я на 4 и пѣснь 6-я на 4. Входное — **Вознесися, Господи, силою Твоею, воспоемъ и поемъ силы Твоя.** По входѣ тропарь и кондакъ праздника. Трисвятое. Прокименъ — Спаси, Господи: Апостолъ ко Ефес. зач. 229-е. Аллилуіа во гл. 2-й. Евангеліе отъ Матѳ. зач. 75-е. Задостойникъ — Радуйся, Царице: Причастенъ — Духъ Твой благій: Отпустъ праздника — **Иже въ видѣніи огненныхъ языкъ:**

20-го МАЯ. Вторникъ. **Третій день Святой Троицы.** Мученика Ѳалалея врача.

На вечерни по возгласѣ — Благословенъ Богъ нашъ: чтецъ [25] — Пріидите, поклонимся: и псаломъ 103-й — Благослови, душе моя, Господа: Ектенія великая. На — Господи воззвахъ, стихиры на 6; праздника,

---

25) Аще 9-й часъ не читается, то вечерня начинается полнымъ началомъ

гласъ 1-й — Нынѣ обновляется: 3 и мученика — Великому обдержащу: 3; Слава, и нынѣ: праздника — Пятдеснутицу празднуимъ: Входа нѣтъ. Чтецъ — Свѣте тихій: Прокименъ — Господь услышитъ мя: На стиховнѣ стихиры праздника — Дѣломъ ученикомъ: Слава, и нынѣ: праздника — Языками инородныхъ: По — Нынѣ отпущаеши: тропарь праздника — Благословенъ еси: сугубая ектенія. Отпустъ праздника — **Иже въ видѣніи огненныхъ языкъ:**

На утрени на — Богъ Господь: во гл. 8-й, тропарь праздника 2-жды; Слава, и нынѣ: праздника. По каѳизмахъ сѣдальны праздника. Псаломъ 50-й. Каноны: праздника (первый) со ирмосомъ на 8 (припѣвъ — Пресвятая Троице, Боже нашъ, слава Тебѣ) и мученика на 4 (припѣвъ — Святый мучениче Ѳалалее, моли Бога о насъ). Ирмосы — Понтомъ покры: По 3-й, 6-й, 8-й и 9-й пѣсняхъ катавасія — ирмосы послѣдняго канона изъ Минеи. По 3-й пѣсни кондакъ мученика — Мученикомъ сострадалецъ: и икосъ; сѣдаленъ мученика — Свѣтовидѣнъ показася: Слава, и нынѣ: праздника — Спасовы рачителіе: по 6-й кондакъ праздника — Егда снизшедъ языки слія: и икосъ.На 9-й пѣсни — Честнѣйшую: Свѣтиленъ праздника — Всесвятый Душе: Слава, и нынѣ: праздника — Свѣтъ Отецъ: На стиховнѣ стихиры праздника — Зарею богоначальною: Слава, и нынѣ: праздника — Вся подаетъ Духъ Святый: Славословіе чтемъ. Ектенія просительная. По — Благо есть: тропарь праздника; Таже ектенія — Помилуй насъ Боже: и 1-й часъ.

На часахъ тропарь праздника и кондакъ праздника.

На литургіи блаженна оба канона праздника, пѣснь 1-я на 6. На входѣ — Спаси ны, Утѣшителю благій: По входѣ тропари праздника, и храма Богородицы или святаго; кондакъ храма святаго, Слава: мученика; И нынѣ: праздника. Прокименъ — Во всю землю изыде вѣщаніе ихъ: Апостолъ къ Рим. зач. 79-е. Аллилуіа во гл. 1-й. Евангеліе отъ Матѳ. зач. 10-е. Задостойникъ — Радуйся, Царице: Причастенъ — Духъ Твой благій: Отпустъ праздника — **Иже въ видѣніи огненныхъ языкъ:**

23-го МАЯ. **Третіе обрѣтеніе честныя главы Іоанна Предтечи.** *На сей день переносится службу праздника Третіе обрѣтеніе главы св. Іоанна Предтечи и соединяется со службою праздника Пятидесятницы изъ Тріоди..*

24-го МАЯ. Суббота. *Отданіе праздника Пятидесятницы.*

На вечерни и утрени вся служба праздника, кромѣ входа, паремій, литіи на вечерни и поліелея на утрени. (*Службу Симеона столпника поется на повечеріи.*)

На литургіи по входѣ тропарь праздника; Слава, и нынѣ: кондакъ. Прокименъ, аллилуіа и причастенъ праздника. Апостолъ и евангеліе дне.

25-го МАЯ. **Недѣля 1-я по Пятидесятницѣ.** Гласъ 8-й. *Всѣхъ святыхъ.* **Третіе обрѣтеніе честныя главы Іоанна Предтечи.** *Службу Обрѣтеніи главы Предтечи переносится напреди въ пятницу 23 мая.*

На великой вечерни — Блаженъ мужъ: На — Господи воззвахъ: стихиры на 10; Октоиха 6 и святыхъ — Духовніи вѣтіи: 4; Слава: святыхъ — Мучениковъ божественный ликъ: И нынѣ: догматикъ — Царь небесный: Входъ. — Свѣте тихій: Прокименъ — Господь воцарися: Чтенія святыхъ 3. На стиховнѣ стихиры Октоиха; Слава: святыхъ — Пріидите вѣрніи: И нынѣ: богородиченъ — Творецъ и Избавитель: По — Нынѣ отпущаеши: — Богородице Дѣво: 2-жды и тропарь святыхъ — Иже во всемъ мірѣ: 1-жды.

На утрени на — Богъ Господь: тропарь воскресенъ 2-жды; Слава: святыхъ; И нынѣ: богородиченъ — Еже отъ вѣка: По каѳизмахъ сѣдальны воскресны. — Ангельскій соборъ: Упакои, степенна и прокименъ гласа. Евангеліе воскресное 1-е, отъ Матѳея зач. 116-е. — Воскресеніе Христово: и прочее обычно. Каноны: воскресенъ на 4, крестовоскресенъ на 2, Богородицы на 2 и святыхъ на 6 (припѣвъ — Вси святіи, молите Бога о насъ). Ирмосы — Колесницегонителя фараоня: Катавасія — Отверзу уста моя: По 3-й пѣсни сѣдаленъ святыхъ — Праотецъ, отецъ: Слава, и нынѣ: богородиченъ — Небесную дверь: по 6-й кондакъ святыхъ — Яко начатки: и икосъ. На 9-й пѣсни поемъ — Честнѣйшую: — Святъ Господь Богъ нашъ. Свѣтиленъ воскресенъ 1-й — Со ученики: Слава: святыхъ — Крестителя и Предтечу: И нынѣ: богородиченъ — Иже горѣ: На хвалитехъ стихиры на 8; Октоиха 5 и святыхъ — Святыя Господь: 3 съ припѣвами ихъ — Воззваша праведніи: и — Дивенъ Богъ: Слава: стихира евангельская 1-я — На гору ученикомъ: И нынѣ: — Преблагословенна еси: Славословіе великое. Тропарь — Воскресъ изъ гроба: Ектеніи. Отпустъ воскресный. Часъ 1-й.

На часахъ тропарь воскресный; Слава: святыхъ. Кондакъ святыхъ.

На литургіи блаженна на 8; гласа на 4 и отъ канона святыхъ, пѣснь 6-я на 4. По входѣ тропарь воскресенъ и святыхъ; Слава, и нынѣ: кондакъ святыхъ. Прокименъ — Помолитеся и воздадите: и — Дивенъ Богъ: Апостолъ ко Евр. зач. 330-е. Аллилуіа во гл. 4-й. Евангеліе отъ Матѳ. зач. 38-е. Причастенъ — Хвалите Господа: и — Радуйтеся праведніи: Отпустъ воскресный.

26-го МАЯ. Понедѣльникъ. **Начало Петрова поста.** Апостолъ отъ 70-ти Карпа.

На вечерни каѳизмы нѣтъ: На — Господи воззвахъ: во гл. 1-й; стихиры на 6; стихиры Богородицы изъ Минеи — Господоубійственныхъ тя лютіи: 3 (писано въ Минеи 3-го іюня) и апостола — Пріятными сіяніи умъ: 3; Слава, и нынѣ: богородиченъ, гл. 1-й — Всепѣтая владычице: Входа нѣтъ. Чтецъ — Свѣте тихій: Прокименъ — Се нынѣ благословите: — Сподоби Господи: — Исполнимъ вечернюю молитву: На стиховнѣ

Май

стихиры Октоиха 8-го гласа — Тебе Царя и Владыку: со обычными стихами; Слава, и нынѣ: богородиченъ — Архангела Гавріила гласъ: По — Нынѣ отпущаеши: тропарь — Богородице Дѣво: и поклонъ великій; Слава — Крестителю Христовъ: и поклонъ единъ; И нынѣ: — Молите за ны: и поклонъ единъ. Таже — Подъ Твое благоутробіе: безъ поклона. Чтецъ — Господи, помилуй (40 разъ); Слава, и нынѣ: — Честнѣйшую: — Именемъ Господнимъ: іерей — Сый благословенъ: чтецъ — Небесный Царю: іерей — Господи и Владыко живота моего: и творимъ 3 поклоны великіе. Таже отпустъ.

Повечеріе малое и полунощница съ 16-ю поклонами.

На утрени іерей съ кадиломъ предъ престоломъ — Благословенъ Богъ нашъ: чтецъ — Аминь. (Аще нѣсть полунощницы, то по возгласѣ — Царю Небесный:) Трисвятое: по — Отче нашъ: іерей — Яко Твое есть Царство: и кадитъ церковь. Чтецъ — Аминь; и чтетъ псалмы 19-й и 20-й. Ектенія по обычаю и возгласъ: — Слава Святѣй: шестопсалміе. Ектенія великая, и поемъ — Аллилуіа, въ рядовый 8-й гласъ и троичны (см. въ концѣ Октоиха или Постной Тріоди). Въ понедѣльникъ первое окончаніе — Предстательствы безплотныхъ Твоихъ помилуй насъ. Каѳизмы 4-я и 5-я. Ектеніи нѣтъ. Сѣдальны Октоиха. 50-й псаломъ: Каноны: Покаяненъ Октоиха со ирмосомъ на 6 (припѣвъ — Помилуй мя, Боже, помилуй мя), безплотнымъ на 4 (припѣвъ — Святіи ангели и архангели, молите Бога о насъ) и апостола на 4 (припѣвъ — Святый апостоле Карпе, моли Бога о насъ). Ирмосы — Воду прошедъ: По 3-й, 6-й, 8-й и 9-й пѣсняхъ катавасія, ирмосы отъ канона Минеи. По 3-й пѣсни сѣдаленъ апостола изъ Минеи — Божественное сіяніе: Слава, и нынѣ: богородиченъ — Божественнаго естества: по 6-й пѣсни кондакъ апостола — Яко звѣзду: На 9-й пѣсни поемъ — Честнѣйшую: По 9-й пѣсни — Достойно есть: и поклонъ. Ектенія малая. По возгласѣ свѣтиленъ троиченъ, гласъ 8-й — Свѣтъ сый Христе: Начало читаетъ чтецъ, а концы припѣваются. Конецъ къ 1-му — Предстательствы безплотныхъ Твоихъ, и спаси мя; во второе на Слава: конецъ — Молитвами, Господи, святыхъ Твоихъ, и спаси мя; на И нынѣ: въ концѣ — Молитвами, Господи, Богородицы, и спаси мя. Чтемъ хвалительны псалмы. Іерей — Тебѣ слава подобаетъ: Чтецъ — Аминь. Іерей — Слава Тебѣ, Показавшему намъ свѣтъ. Чтецъ — Слава въ вышнихъ Богу: Ектенія — Исполнимъ утреннюю: Стиховны Октоиха, гласъ 8-й — Егда пріиму во умѣ: Слава, и нынѣ: богородиченъ — Небесная поютъ Тя: — Благо есть исповѣдатися: 1-жды. Трисвятое: по — Отче нашъ: тропарь — Въ храмѣ стояще: — Господи, помилуй (40 разъ) — Честнѣйшую: іерей — Сый благословенъ: чтецъ — Небесный Царю: Іерей — Господи и Владыко: и поклона 3; таже — Боже, очисти мя, грѣшнаго; и 12 поясныхъ поклоновъ; посемъ всю молитву и поклонъ земный. Чтецъ — Аминь; и часъ первый съ поклонами и междочасіемъ.

Часы безъ каѳизмъ, но съ междочасіями. На часахъ тропари постные читаются, по — Отче нашъ: тропари, писанные въ Часословѣ. Въ концѣ каждаго часа 16 поклоновъ (такъ и на 9-мъ).

Междочасія 1-го, 3-го, 6-го и 9-го часовъ писаны въ Псалтири слѣдованной, въ Великомъ часословѣ и въ Іерейскомъ молитвословѣ. Въ концѣ каждаго междочасія только три поклона великихъ.

Изобразительныя читаются. Начинаются отъ псалма — Благослови, душе моя, Господа: блаженны Октоиха читаются. Прокименъ — Творяй ангелы: и — Возвеселится праведникъ: Апостолъ къ Рим. зач. 83-е Аллилуіа во гл. 5-й и 4-й. Евангеліе отъ Матѳ. зач. 19-е. — Помяни насъ, Господи: просто, безъ пѣнія. По — Боже, ущедри ны: 16 поклоновъ съ молитвой преп. Ефрема, какъ и на всѣхъ службахъ. По — Всесвятая Троице: — Буди имя Господне: 3-жды. Слава, и нынѣ: Псаломъ 33-й — Благословлю Господа на всякое время: и отпустъ.

Если на утрени было пѣто — аллилуіа: литургіи *не бываетъ*.

VI. ІЮНЬ

1-го ІЮНЯ. **Недѣля 2-я по Пятидесятницѣ.** Гласъ 1-й. **Всѣхъ святыхъ въ землѣ Русской просіявшихъ.**

На великой вечерни — Блаженъ мужъ: На — Господи воззвахъ: стихиры на 10; Октоиха 4 и святыхъ — Пріидите собори: 6; Слава: святыхъ — Радуйся державо: И нынѣ: догматикъ — Всемірную славу: Входъ. — Свѣте тихій: Чтенія святыхъ 3. На литіи стихира храма и стихира святыхъ — Срадуйтеся съ нами, вси: Слава, и нынѣ: — Срадуются съ нами умная: На стиховнѣ стихиры Октоиха; Слава: святыхъ — Лѣтнюю память: И нынѣ: богородиченъ тамъ же — Вострубимъ трубою: По — Нынѣ отпущаеши: на благословеніи хлѣбовъ — Богородице Дѣво: 2-жды и тропарь святыхъ — Якоже плодъ красный: 1-жды.

На утрени на — Богъ Господь: тропарь воскресенъ 2-жды; Слава: святыхъ; И нынѣ: богородиченъ — Иже насъ ради: По каѳизмахъ сѣдальны Октоиха. Поліелей и величаніе — **Величаемъ васъ, святіи вси, въ земли Россійстѣй просіявши, и чтемъ святую память вашу, вы бо молите за насъ Христа Бога нашего;** 1-жды. (Въ воскресные дни избранные псалмы не поются.) — Ангельскій соборъ: Ѵпакои гласа. Сѣдальны святыхъ. Степенна и прокименъ гласа. Евангеліе воскресное 2-е, отъ Марка зач. 70-е. — Воскресеніе Христово: и прочее обычно. Каноны: воскресенъ на 4, Богородицы на 2 и святымъ на 8 (припѣвъ — Вси святіи въ земли Русской просіявши, молите Бога о насъ). Ирмосы — Твоя побѣдительная: Катавасія — Отверзу уста моя: По 3-й пѣсни кондакъ святыхъ — Днесь ликъ святыхъ: и икосъ; сѣдаленъ святыхъ — Солнце правды: Слава, и нынѣ: — Притецемъ вѣрніи: по 6-й кондакъ воскресенъ и икосъ. На 9-й пѣсни поемъ — Честнѣйшую: — Святъ Господь Богъ нашъ. Свѣтиленъ воскресенъ 2-й — Камень узрѣвша: Слава: святыхъ — Въ пѣснехъ восхвалимъ: И нынѣ: богородиченъ воскресенъ — Ангелъ убо принесе: На хвалитехъ стихиры на 8; Октоиха 4 и святыхъ — Духа Твоего: 4 съ припѣвами ихъ — Воззваша праведніи: и — Блажени вси: Слава: стихира евангельская 2-я — Съ мѵры пришедшимъ: И нынѣ: — Преблагословенна еси: Славословіе великое. Тропарь — Днесь спасеніе: Ектеніи и отпустъ воскресный. Часъ 1-й.

На часахъ тропарь воскресенъ; Слава: святыхъ. Кондаки святыхъ и воскресенъ поперемѣнно.

На литургіи блаженна на 10; гласа на 6 и святыхъ на 4. По входѣ тропари см. 2-го января — № 1. Прокименъ — Буди, Господи, милость Твоя: и — Честна предъ Господемъ: Апостолъ къ Рим. зач. 81-е отъ полу и ко Евр. зач. 330-е. Аллилуіа во гл. 1-й. Евангеліе отъ Матѳ. зач. 9-е и Матѳ. зач. 10-е. Причастенъ — Хвалите Господа: и — Радуйтеся: Отпустъ воскресный.

8-го ІЮНЯ. **Недѣля 3-я по Пятидесятницѣ.** Гласъ 2-й. Святаго великомученика Ѳеодора Стратилата.

На великой вечерни — Блаженъ мужъ: На — Господи воззвахъ: стихиры на 10; Октоиха 6 и мученика — Весь привелъ еси: 4; Слава: мученика — Днесь возсія паче. И нынѣ: догматикъ — Прейде сѣнь законная: Входъ. — Свѣте тихій: Прокименъ — Господь воцарися: На стиховнѣ стихиры Октоиха; Слава: мученика — Божіихъ даровъ яко: И нынѣ: богородиченъ — Безнѣвѣстная Дѣво: По — Нынѣ отпущаеши: — Богородице Дѣво: 3-жды.

На утрени на — Богъ Господь: тропарь воскресенъ 2-жды; Слава: мученика — Воинствословіемъ истиннымъ: И нынѣ: богородиченъ — Еже отъ вѣка: По каѳизмахъ сѣдальны Октоиха. — Ангельскій соборъ: Ѵпакои, степенна и прокименъ гласа. Евангеліе воскресное 3-е, отъ Марка зач. 71-е. — Воскресеніе Христово: и прочее обычно. Каноны: воскресенъ на 4, крестовоскресенъ на 2, Богородицы на 2 и мученика на 6 (припѣвъ — Святый великомучениче Ѳеодоре, моли Бога о насъ). Ирмосы — Во глубинѣ: Катавасія — Отверзу уста моя: По 3-й пѣсни кондакъ мученика — Мужествомъ души: и икосъ; сѣдаленъ мученика — Божественное всеоружіе: Слава, и нынѣ: богородиченъ — Въ напасти: по 6-й кондакъ воскресенъ и икосъ. На 9-й пѣсни поемъ — Честнѣйшую: Святъ Господь Богъ нашъ. Свѣтиленъ воскресенъ 3-й — Яко Христосъ воскресе: Слава: мученика — Ты красенъ добротою: И нынѣ: богородиченъ воскресенъ 3-й — Возсіявшее солнце: На хвалитехъ стихиры Октоиха на 8; Слава: стихира евангельская 3-я — Магдалинѣ Маріи: И нынѣ: — Преблагословенна еси: Славословіе великое и тропарь — Воскресъ изъ гроба: Ектеніи и отпустъ воскресный. Часъ 1-й.

На часахъ тропарь воскресенъ; Слава: мученика. Кондакъ воскресенъ.

На литургіи блаженна на 10; гласа на 6 и изъ канона мученика, пѣснь 3-я на 4. По входѣ тропари см. 2-го января — № 2. Прокименъ — Крѣпость моя и пѣніе: и — Возвеселится праведникъ о Господѣ: Апостолъ къ Рим. зач. 88-е и къ Тим. зач. 292-е.. Аллилуіа во гл. 2-й и 4-й. Евангеліе отъ Матѳ. зач. 18-е и отъ Матѳ. зач. 36-е. Причастенъ

— Хвалите Господа съ небесъ: и — Въ память вѣчную: Отпустъ воскресный.

15-го ІЮНЯ. **Недѣля 4-я по Пятидесятницѣ.** Гласъ 3-й. **Святителя Іоны, митрополита Московскаго.**

На великой вечерни — Блаженъ мужъ: На — Господи воззвахъ: стихиры на 10; Октоиха 4 и святителя — Егда божественное: 6; Слава: святителя — Благоухаетъ божественная рака: И нынѣ: догматикъ — Како не дивимся: Входъ. — Свѣте тихій: Прокименъ — Господь воцарися: Чтенія святителя 3. На стиховнѣ стихиры Октоиха; Слава: святителя — Егда убо, Богу: И нынѣ: богородиченъ — Призри на моленія: По — Нынѣ отпущаеши: — Богородице Дѣво: 3-жды.

На утрени на — Богъ Господь: тропарь воскресенъ 2-жды; Слава: святителя — Отъ юности твоея весь: И нынѣ: богородиченъ — Еже отъ вѣка: По каѳизмахъ сѣдальны воскресны. Полiелей и величаніе святителя — **Величаемъ тя, святителю отче Іоно, и чтемъ святую память твою, ты бо молиши за насъ Христа Бога нашего.** 1-жды. (Въ воскресные дни избранные псалмы не поются.) — Ангельскій соборъ: Vпакои гласа. Сѣдальны святителя вси — Ученьми твоими: — Смиреномудріе предпочитая: Слава: святителя — Яко добродѣтеленъ: И нынѣ: богородиченъ — Яко дѣву и едину: Степенна и прокименъ гласа. Евангеліе воскресное 4-е, отъ Луки зач. 112-е. — Воскресеніе Христово: и прочее до канона обычно. Каноны: воскресенъ на 4, крестовоскресенъ на 2, Богородицы на 2 и святителя — Иже отъ Бога: на 6 (припѣвъ — Святителю отче Іоно, моли Бога о насъ). Ирмосы — Воды древле: Катавасія — Отверзу уста моя: По 3-й пѣсни кондакъ святителя — Яко отъ младенства: и икосъ; сѣдаленъ святителя — Свѣтло житіе твое: Слава, и нынѣ: богородиченъ — Поемъ тя: по 6-й кондакъ воскресный и икосъ. На 9-й пѣсни поемъ — Честнѣйшую: — Святъ Господь Богъ нашъ. Свѣтиленъ воскресенъ 4-й — Добродѣтельми блиставшеся: Слава: святителя — Тезоимените цѣломудрія: И нынѣ: богородиченъ воскресенъ 4-й — Радоватися вѣщавый: На хвалитехъ стихиры на 8; Октоиха 4 и святителя — Отче богомудре Іоно: со Славнымъ — Небеснаго Царя: 4; съ припѣвами ихъ — Уста моя возглаголютъ: и — Услышите сія: Слава: стихира евангельская 4-я — Утро бѣ глубоко: И нынѣ: — Преблагословенна еси: Славословіе великое и тропарь — Днесь спасеніе: Ектеніи и отпустъ воскресный. Часъ 1-й.

На часахъ тропарь воскресенъ; Слава: святителя; Кондакъ святителя и воскресенъ поперемѣнно.

На литургіи блаженна на 10; гласа на 6 и отъ канона святителя, пѣснь 3-я на 4; По входѣ тропари см. 2-го января — № 2. Прокименъ — Пойте Богу нашему: и — Уста моя возглаголютъ премудрость: Апостолъ къ Рим. зач. 93-е и ко Евр. 318-е. Аллилуіа во гл. 3-й и 2-й. Евангеліе отъ Матѳ. зач. 25-е и отъ Іоан. зач. 36-е. Причастенъ — Хвалите Господа съ небесъ: и — Въ память вѣчную: Отпустъ воскресный.

21-го ІЮНЯ. Суббота. Святителя Іоанна, архіеп. Шанхайскаго и Санъ-Францисскаго чудотворца. *По уставу, службу св. Іоанна совершаемъ въ ближайшую субботу ко дню памяти.* Творимъ бдѣніе.

Служба свят. Іоанна напечатана отдѣльной брошюрой или на интернетѣ. Зри: http://osanna.russportal.ru/index.php?id=liturg_book. menaion_sept_aug.june_m1906.

На великой вечерни — Блаженъ мужъ: На — Господи воззвахъ: во гл. 6-й, стихиры святителя — Воспоимъ святителя: на 8; Слава: святителя — Днесь собравшеся: И нынѣ: догматикъ настоящаго гласа — Како не дивимся: Входъ. — Свѣте тихій: Прокименъ — Боже, Заступникъ мой: Чтенія святителя 3. На литіи стихира храма и стихиры святителя — Отрокъ сый: Слава: святителя — Дивному во святыхъ: И нынѣ: богородиченъ — Радуйся Пречистая Дѣво: На стиховнѣ стихиры святителя — Бодрствуя и моляся: Слава: святителя — Образъ воистинну: И нынѣ: богородиченъ — Творецъ и Избавитель: По — Нынѣ отпущаеши: на благословеніи хлѣбовъ тропарь святителя — Попеченіе твое о паствѣ: 2-жды и — Богородице Дѣво: 1-жды.

На утрени на — Богъ Господь: во гл. 5-й, тропарь святителя 2-жды; Слава, и нынѣ: богородиченъ настоящаго гласа — Тя ходатайствовавшую: По каѳизмахъ сѣдальны святителя; Слава, и нынѣ: богородиченъ. Полiелей и величаніе святителя — **Величаемъ тя, святителю отче Іоанне, и чтемъ святую память твою, ты бо молиши за насъ Христа Бога нашего.** Псаломъ избранный — Услышите сія вси языцы, внушите вси живущіи по вселеннѣй. Сѣдаленъ святителя — Славы древнихъ: Слава, и нынѣ: богородиченъ — Сошедшеся днесь: Степенна — Отъ юности моея: Прокименъ святителя — Честна предъ Господемъ: Евангеліе отъ Іоанна зач. 35-е отъ полу. Псаломъ 50-й. Слава: — Молитвами святителя Іоанна: И нынѣ: — Молитвами Богородицы: Помилуй мя, Боже: стихира святителя — Радуются днесь: Каноны: Богородицы прешедшія недѣли утренній (воскресный), гл. 3-й, со ирмосомъ на 6 (припѣвъ — Пресвятая Богородице, спаси насъ), (аще ли храмъ Христовъ или Богородицы, поемъ канонъ храма со ирмосомъ на 6) и святителя на 8 (припѣвъ — Святителю отче Іоанне, моли Бога о насъ). Ирмосы — Пѣснь новую поимъ: или храма; Катавасія — Отверзу уста моя: По 3-й пѣсни сѣдаленъ святителя — Молитва твоя: Слава, и нынѣ: богородиченъ — Утвержденіе намъ еси: по 6-й кондакъ святителя — Христу Пастыреначальнику: и икосъ. На 9-й пѣсни поемъ — Честнѣйшую: Свѣтиленъ святителя — Аще и умрохъ: Слава, и нынѣ: богородиченъ — О Тебѣ, Богородице: На хвалитехъ во гл. 4-й, стихиры святителя — Благодарно воспоимъ: на 4; Слава: святителя — Исповѣдуемъ дивное: И нынѣ: богородиченъ — Богородице, всѣхъ Царице: Славословіе великое. Инъ тропарь святителя во гл. 1-й — Святительства даръ: И нынѣ: богородиченъ настоящаго гласа — Тя ходатайствовавшую: Ектеніи и отпустъ. Часъ 1-й.

На часахъ тропарь и кондакъ святителя.

На литургіи блаженна на 8; отъ канона святителя, пѣснь 3-я на 4 и пѣснь 6-я на 4. По входѣ тропари см. 2-го января — № 3. Прокименъ — Уста моя возглаголютъ: Апостолъ ко Евр. зач. 318. Аллилуіа во гл. 2-й. Евангеліе отъ Іоан. зач. 36-е. Причастенъ — Въ память вѣчную:

22-го ІЮНЯ. **Недѣля 5-я по Пятидесятницѣ.** Гласъ 4-й. Священномученика Евсевія, еп. Самосатскаго.

На великой вечерни — Блаженъ мужъ: На — Господи воззвахъ: стихиры на 10; Октоиха 7 и мученика — Что тя именуемъ, славне: 3; Слава, и нынѣ: догматикъ — Иже Тебе ради: Входъ. — Свѣте тихій: Прокименъ — Господь воцарися: На стиховнѣ стихиры Октоиха; Слава, и нынѣ: богородиченъ — Призри на моленія: По — Нынѣ отпущаеши: — Богородице Дѣво: 3-жды.

На утрени на — Богъ Господь: тропарь воскресенъ 2-жды; Слава, и нынѣ: богородиченъ — Еже отъ вѣка: По каѳизмахъ сѣдальны воскресны. — Ангельскій соборъ: Ѵпакои, степенна и прокименъ гласа. Евангеліе воскресное 5-е, отъ Луки зач. 113-е. — Воскресеніе Христово: и прочее до канона обычно. Каноны: воскресенъ на 4, крестовоскресенъ на 3, Богородицы на 3 и мученика на 4 (припѣвъ — Священномучениче Евсевіе, молите Бога о насъ). Ирмосы — Моря чермную пучину: Катавасія — Отверзу уста моя: По 3-й пѣсни кондакъ мученика — Благочестно во святительствѣ: и сѣдаленъ мученика — Уяснивъ житіе твое: Слава, и нынѣ: богородиченъ — Чистая, всенепорочная: по 6-й пѣсни кондакъ воскресенъ и икосъ. На 9-й пѣсни поемъ — Честнѣйшую: — Свят Господь Богъ нашъ. Свѣтиленъ воскресенъ 5-й — Животъ и путь: Слава, и нынѣ: богородиченъ воскресенъ 5-й — Пою безчисленную: На хвалитехъ стихиры Октоиха на 8; Слава: стихира евангельская 5-я — О премудрыхъ судебъ: И нынѣ: Преблагословенна еси: Славословіе великое и тропарь — Воскресъ изъ гроба: Ектеніи и отпустъ воскресенъ. Часъ 1-й.

На часахъ тропарь и кондакъ воскресенъ.

На литургіи блаженна гласа на 8; По входѣ тропари см. 2-го января — № 2. Прокименъ — Яко возвеличишася: Апостолъ къ Рим. зач. 103-е. Аллилуіа во гл. 4-й. Евангеліе отъ Матѳ. зач. 28-е. Причастенъ — Хвалите Господа: Отпустъ воскресенъ.

24-го ІЮНЯ. Вторникъ. **РОЖДЕСТВО ПРЕДТЕЧИ И КРЕСТИТЕЛЯ ГОСПОДНЯ ІОАННА.**

На великой вечерни — Блаженъ мужъ: На — Господи воззвахъ: во гл. 4-й, стихиры Предтечи — Разрѣшаетъ Захаріино: на 8; Слава: Предтечи — Днесь свѣта свѣтильникъ: И нынѣ — Елисаветь зачатъ: Входъ. — Свѣте тихій: Прокименъ — Господь услышитъ мя: Чтенія Предтечи 3. На литіи стихиры Предтечи — Искапайте горы: Слава: Предтечи — Пророковъ предѣлъ: И нынѣ: богородиченъ — Храмъ и дверь: На стиховнѣ стихиры Предтечи — Иже отъ пророка: Слава: Предтечи — Исаіи нынѣ: И нынѣ: — Виждь Елисаветь: По — Нынѣ отпущаеши: на благословеніи хлѣбовъ тропарь Предтечи — Пророче и Предтече: 2-жды и — Богородице Дѣво: 1-жды.

На утрени на — Богъ Господь: тропарь Предтечи 2-жды; Слава, и нынѣ: богородиченъ — Еже отъ вѣка: По каѳизмахъ сѣдальны Предтечи. Поліелей и величаніе — **Величаемъ тя, Предтече Спасовъ Іоанне, и чтемъ еже отъ неплодове преславное рождество твое.** Псаломъ избранный — Благословенъ Господь Богъ Израилевъ, яко посѣти и сотвори избавленіе людемъ Своимъ; Ектенія малая. Сѣдаленъ Предтечи — Да радуется отецъ: Слава, и нынѣ: богородиченъ — Благодаримъ Тя: — Отъ юности моея: Прокименъ — И ты, отроча, пророкъ Вышняго наречешися. Евангеліе отъ Луки зач. 3-е. Псаломъ 50-й. Слава: Молитвами Предтечи и Крестителя Іоанна: И нынѣ: Молитвами Богородицы: — Помилуй мя, Боже: — Изъ чрева матерня: (писана на стиховнѣ). — Спаси Боже: Каноны: Первый канонъ Предтечи со ирмосомъ (ирмосы по 2-жды) на 8 (припѣвъ — Святый великій Іоанне, Предтече Господень, моли Бога о насъ) и второй на 6. Ирмосы — Тристаты крѣпкія: Катавасія — Отверзу уста моя: По 3-й пѣсни сѣдальны Предтечи — Захаріинъ гласъ: Слава: — Якоже солнце: И нынѣ: богородиченъ — Обновила еси: по 6-й кондакъ Предтечи — Прежде неплоды: и икосъ. На 9-й пѣсни поемъ — Честнѣйшую: Свѣтиленъ Предтечи — Предтечево днесь: Слава, и нынѣ: богородиченъ — Пророцы проповѣдаша: На хвалитехъ, во гл. 8-й, стихиры Предтечи — О преславнаго чудесе: на 4; Слава: Предтечи — Звѣзда звѣздъ: И нынѣ: богородиченъ — Богородице, ты еси: Славословіе великое. Тропарь Предтечи; Слава, и нынѣ: богородиченъ — Еже отъ вѣка: Ектеніи и отпустъ обычный. Часъ 1-й.

На часахъ тропарь и кондакъ Предтечи.

На литургіи блаженна на 8; отъ перваго канона Предтечи, пѣснь 3-я на 4 и отъ втораго, пѣснь 6-я на 4. По входѣ тропари см. 2-го января — № 3. Прокименъ — Возвеселится праведникъ: Апостолъ къ Рим. зач. 112-е. Аллилуіа во гл. 3-й. Евангеліе отъ Луки зач. 1-е. Причастенъ — Въ память вѣчную:

29-го ІЮНЯ. **Недѣля 6-я по Пятидесятницѣ.** Гласъ 5-й. СВЯТЫХЪ ПЕРВОВЕРХОВНЫХЪ АПОСТОЛОВЪ ПЕТРА И ПАВЛА.

На вечерни — Блаженъ мужъ: На — Господи воззвахъ: стихиры на 10; Октоиха 4 и апостоловъ — Кіими похвальными вѣнцы: 6; Слава: апостола Петра — Трикратнымъ вопрошеніемъ: И нынѣ: догматикъ — Въ Чермнѣмъ мори: Входъ. — Свѣте тихій: Прокименъ — Господь воцарися: Чтенія апостоловъ 3. На литіи стихиры апостоловъ — Грядите собори: Слава: — Премудрость Божія: И нынѣ: богородиченъ — Блажимъ тя, Богородице Дѣво: (см. богородиченъ отъ меньшихъ, гласъ 5-й, въ среду вечера). На стиховнѣ стихиры Октоиха; Слава: апостоловъ — Праздникъ радостенъ: И нынѣ: богородиченъ — Творецъ и Избавитель мой: По — Нынѣ отпущаеши: на благословеніи хлѣбовъ — Богородице Дѣво: 2-жды и тропарь апостоловъ — Апостоловъ первопрестольницы: 1-жды.

На утрени на — Богъ Господь: тропарь воскресенъ 2-жды; Слава: апостоловъ; И нынѣ: богородиченъ — Еже отъ вѣка: По каѳизмахъ сѣдальны воскресны. Полiелей и величанiе — **Величаемъ васъ, апостоли Христовы Петре и Павле, весь мiръ ученьми своими просвѣтившыя, и вся концы ко Христу приведшыя.** (Въ воскресные дни избранные псалмы не поются.) 1-жды; Ангельскiй соборъ: Vпакои гласа. Сѣдальны апостоловъ вси — Глубину ловленiя: — Церковнаго каменя: — Съ небесе званiе: — Свѣтолучными сiянiи: Слава: — Верховныя явльшыяся: И нынѣ: богородиченъ — Яко всенепорочная: Степенна и прокименъ гласа. Евангелiе воскресное 6-е, отъ Луки зач. 114-е. — Воскресенiе Христово: Псаломъ 50-й и прочее обычно. Каноны: воскресенъ на 4, Богородицы на 2, апостола Петра на 4 (припѣвъ — Святый апостоле Петре, моли Бога о насъ) и апостола Павла на 4 (припѣвъ — Святый апостоле Павле, моли Бога о насъ). Ирмосы — Коня и всадника: Катавасiя — Отверзу уста моя: По 3-й пѣсни кондакъ апостоловъ — Твердыя и боговѣщанныя: и икосъ; Слава, и нынѣ: vпакои апостоловъ — Кая темница: по 6-й кондакъ воскресенъ и икосъ. На 9-й пѣсни поемъ — Честнѣйшую: Свѣтиленъ воскресенъ 6-й — Показуя, яко человѣкъ еси: Слава: апостоловъ — Апостоловъ вси верхъ: И нынѣ: богородиченъ воскресенъ 6-й — Творецъ созданiя: На хвалитехъ стихиры на 8; Октоиха 4 и апостоловъ — Съ небесе благодать: со Славнымъ — Всечестный апостоловъ: 4, съ припѣвами ихъ — Во всю землю: и — Небеса повѣдаютъ; Слава: стихира евангельская 6-я — Истинный миръ: И нынѣ: — Преблагословенна еси: Славословiе великое и тропарь — Днесь спасенiе: Ектенiи и отпустъ воскресный.Часъ 1-й.

На часахъ тропарь воскресенъ; Слава: апостоловъ. Кондакъ апостоловъ и воскресенъ поперемѣнно.

На литургiи блаженна на 12; гласа 4, отъ канона ап. Петра, пѣснь 3-я на 4 и отъ канона ап. Павла, пѣснь 6-я на 4. По входѣ тропари см. 2-го января — № 1. Прокименъ — Ты Господи, сохраниши ны: и — Во всю землю: Апостолъ къ Рим. зач. 110-е и къ Кор. зач. 193-е. Аллилуiа во гл. 5-й и 1-й. Евангелiе отъ Матѳ. зач. 29-е и отъ Матѳ. зач. 67-е. Причастенъ — Хвалите Господа: и — Во всю землю: Отпустъ воскресный.

VII. ІЮЛЬ.

4-го ІЮЛЯ. Пятница. **Память свв. Царственныхъ мучениковъ — Царя-мученика Николая II-го и иже съ нимъ убiенныхъ.** *Творимъ бдѣнiе.*

Служба Царственныхъ мучениковъ напечатана отдѣльной брошюрой или смотри на интернетѣ.

Зри: http://osanna.russportal.ru/index.php?id=liturg_book.menaion_sept_aug.july_m0402

На великой вечерни — Блаженъ мужъ: На — Господи воззвахъ: во гл. 6-й, стихиры мучениковъ — Яже издревле: на 8; Слава: — Богоизбранная преподобномученице: И нынѣ: догматикъ — Царь небесный: Входъ. — Свѣте тихій: Прокименъ — Помощь моя отъ Господа: Чтенія мучениковъ 3. На литіи стихира храма и стихира мучениковъ — Слава истинная: Слава: мучениковъ — Не суть совѣти: И нынѣ: богородиченъ — Безневѣстная Дѣво: На стиховнѣ стихиры мучениковъ — Не о славѣ: Слава: мучениковъ — Кто изречетъ: И нынѣ: богородиченъ — Творецъ и Избавитель: По — Нынѣ отпущаеши: на благословеніи хлѣбовъ тропарь мучениковъ — Царства земнаго лишеніе: 2-жды и — Богородице Дѣво: 1-жды.

На утрени на — Богъ Господь, во гл. 5-й, тропарь мучениковъ 2-жды; Слава: преподобномученицы Елисаветы — Кротость и смиреніе и любовь: И нынѣ: богородиченъ — Еже отъ вѣка: По каѳизмахъ сѣдальны мучениковъ. Поліелей и величаніе мучениковъ — **Величаемъ васъ, страстотерпцы святіи царственніи мученицы, и чтемъ честная страданія ваша, яже за Христа претерпѣли есте.** Псаломъ избранный — Богъ намъ прибѣжище и сила, помощникъ въ скорбехъ обрѣтшихъ ны зѣло. Ектенія малая. Сѣдаленъ мучениковъ — Егда ты, царю мучениче: Слава, и нынѣ: богородиченъ — Пречистая Дѣво: Степенна — Отъ юности моея: Прокименъ во гл. 4-й — Тебе ради, Господи, умерщвляеми есмы весь день. Евангеліе отъ Матѳея зач. 36-е. Псаломъ 50-й. Слава: — Молитвами царственныхъ мучениковъ: и прочее. Стихира — Велію вѣру: Каноны: Богородицы молебный со ирмосомъ на 6 (припѣвъ — Пресвятая Богородице, спаси насъ) и мучениковъ на 8 (припѣвъ — Святіи Царственніи мученицы, молите Бога о насъ). Ирмосы — Воду прошедъ: Катавасія — Отверзу уста моя: По 3-й пѣсни кондакъ преподобномуч. Елисаветы — Отъ славы царственныя: и сѣдаленъ мучениковъ — Страстотерпице святая: Слава, и нынѣ: — Егда предстану: по 6-й кондакъ мучениковъ — Надежда царя: и икосъ. На 9-й пѣсни поемъ — Честнѣйшую: Свѣтиленъ мучениковъ — Страдавшіи Тебе ради: Слава, и нынѣ: богородиченъ — По Бозѣ: На хвалитехъ, во гл. 3-й, стихиры мучениковъ — Агнцы чистыя: на 4; Слава: мучениковъ — Молитвами, Христе: И нынѣ: богородиченъ — Богородице, Ты еси лоза: Славословіе великое. Тропарь мучениковъ; Слава: преподобномученицы Елисаветы; И нынѣ: богородиченъ — Еже отъ вѣка: Ектеніи и отпустъ. Часъ 1-й.

На часахъ тропарь мучениковъ; Слава: преподобномученицы; кондакъ мучениковъ и преподобномученицы поперемѣнно.

На литургіи блаженна на 8; отъ канона мучениковъ, пѣснь 3-я на 4 и 6-я на 4. По входѣ тропари см. 2-го января — № 3. Прокименъ во гл. 7-й — Тебе ради, Господи, умерщвляеми есмы весь день. Апостолъ къ Рим. зач. 99-е. Аллилуіа во гл. 1-й. Евангеліе отъ Іоан. зач. 52-е. По сугубой ектеніи читаемъ покаянную молитву — Благословенъ еси Господи Боже: Причастенъ — Радуйтеся:

5-го ІЮЛЯ. Суббота. **Обрѣтеніе честныхъ мощей преп. Сергія, игумена Радонежскаго чудотворца.** *Творимъ бдѣніе.*

На великой вечерни — Блаженъ мужъ: На — Господи воззвахъ: во гл. 4-й, стихиры преподобнаго — Егда прежде рождества: на 8; Слава: — Пріидите, вси вѣрніи: И нынѣ: догматикъ отдающагося гласа — Въ Чернѣмъ мори: Входъ. — Свѣте тихій: Прокименъ — Помощь моя отъ Господа: Чтенія преподобнаго 3. На литіи стихира храма и стихиры преподобнаго — Пріидите празднолюбцы: Слава: — Пріидите монашествующихъ: И нынѣ: богородиченъ — Творецъ и Избавитель мой: На стиховнѣ стихиры преподобнаго — Далъ еси украшеніе: Слава: — Монаховъ множества: И нынѣ: богородиченъ — Безневѣстная Дѣво: По — Нынѣ отпущаеши: на благословеніи хлѣбовъ тропарь преподобнаго — Отъ юности воспріялъ еси: 2-жды и — Богородице Дѣво: 1-жды.

На утрени на — Богъ Господь, во гл. 8-й, тропарь преподобнаго 2-жды, Слава, и нынѣ: богородиченъ отдающагося гласа — Радуйся двере Господня: По каѳизмахъ сѣдальны преподобнаго. Поліелей и величаніе преподобнаго — **Ублажаемъ тя, преподобне отче Сергіе, и чтемъ святую память твою, наставниче монаховъ и собесѣдниче ангеловъ.** Псаломъ избранный — Терпя потерпѣхъ Господа, и внятъ ми, и услыша молитву мою. Ектенія малая. Сѣдаленъ преподобнаго — Милостивому Христову: Слава, и нынѣ: богородиченъ — Недомысленно и непостижимо: Степенна — Отъ юности моея: Прокименъ — Честна предъ Господемъ смерть преподобныхъ Его. Евангеліе отъ Матѳея зач. 43-е. Псаломъ 50-й. Слава: — Молитвами преподобнаго Сергія: и прочее. Стихира — Преподобне отче: Каноны: молебный Богородицы прешедшія недѣли утренній (воскресный), гл. 5-й, со ирмосомъ на 6 (припѣвъ — Пресвятая Богородице, спаси насъ), (аще ли храмъ Христовъ или Богородицы, поемъ канонъ храма со ирмосомъ на 6) и преподобнаго на 8 (припѣвъ — Преподобне отче Сергіе, моли Бога о насъ). Ирмосы — Коня и всадника: или храма. Катавасія — Отверзу уста моя: По 3-й пѣсни сѣдаленъ преподобнаго — Житейское море: Слава, и нынѣ: богородиченъ — Яко Дѣву: по 6-й кондакъ преподобнаго — Днесь яко солнце: и икосъ. На 9-й пѣсни поемъ — Честнѣйшую: Свѣтиленъ преподобнаго — Днесь сошедшеся: Слава, и нынѣ: богородиченъ — Премудрость ѵпостасную: На хвалитехъ, во гл. 4-й, стихиры преподобнаго — Яко звѣзда: на 4; Слава: — Днесь вѣрніи: И нынѣ: богородиченъ — Богородице, Ты еси лоза: Славословіе великое. Тропарь преподобнаго; Слава, и нынѣ: отдающагося гласа — Радуйся двере Господня: Ектеніи и отпустъ. Часъ 1-й.

На часахъ тропарь и кондакъ преподобнаго.

На литургіи блаженна на 8; отъ канона преподобнаго, пѣснь 3-я на

Іюль

4 и 6-я на 4. По входѣ тропари см. 2-го января — № 3. Прокименъ — Честна предъ Господемъ: Апостолъ къ Гал. зач. 213-е. Аллилуіа во гл. 6-й. Евангеліе отъ Луки зач. 24-е. Причастенъ — Въ память вѣчную:

6-го ІЮЛЯ. **Недѣля 7-я по Пятидесятницѣ.** Гласъ 6-й. Преподобнаго Сисоя Великаго.

На великой вечерни — Блаженъ мужъ: На — Господи воззвахъ: стихиры на 10; Октоиха 7 и преподобнаго — Свѣтло возсія: 3; Слава, и нынѣ: догматикъ — Кто Тебе не ублажитъ: Входъ. Свѣте тихій. Прокименъ — Господь воцарися: На стиховнѣ стихиры Октоиха; Слава, и нынѣ: богородиченъ — Творецъ и Избавитель: По — Нынѣ отпущаеши: — Богородице Дѣво: 3-жды.

На утрени на — Богъ Господь: тропарь воскресенъ 2-жды; Слава: преподобнаго — Пустынный житель: И нынѣ: богородиченъ — Гавріилу вѣщавшу: По каѳизмахъ сѣдальны воскресны. — Ангельскій соборъ: ѵпакои, степенна и прокименъ гласа. Евангеліе воскресное 7-е, отъ Іоанна зач. 63-е. — Воскресеніе Христово: Псаломъ 50-й и прочее обычно. Каноны: воскресенъ на 4, крестовоскресенъ на 3, Богородицы на 3 и преподобнаго 4 (припѣвъ — Преподобне отче Сисое, моли Бога о насъ). Ирмосы — Яко по суху: Катавасія — Отверзу уста моя: По 3-й пѣсни кондакъ преподобнаго — Подвизався, ангелъ: и сѣдаленъ преподобнаго — Воздержаніемъ житіе: Слава, и нынѣ: богородиченъ — Теплая предстательнице: по 6-й кондакъ воскресенъ и икосъ. На 9-й пѣсни поемъ — Честнѣйшую: — Святъ Господь Богъ нашъ. Свѣтиленъ воскресенъ 7-й — Яко взяша Господа: Слава, и нынѣ: богородиченъ воскресенъ 7-й — Велія и преславная: На хвалитехъ стихиры Октоиха на 8; Слава: стихира евангельская 7-я — Се тьма, и рано: И нынѣ: — Преблагословенна еси: Славословіе великое. Тропарь — Воскресъ изъ гроба: Ектеніи и отпустъ воскресный.

На часахъ тропарь воскресенъ; Слава: преподобнаго. Кондакъ воскресенъ.

На литургіи блаженна гласа на 8; По входѣ тропари см. 2-го января — № 2. Прокименъ — Спаси, Господи, люди Твоя: Апостолъ къ Рим. зач. 116-е. Аллилуіа во гл. 6-й. Евангеліе отъ Матѳ. зач. 33-е. Причастенъ — Хвалите Господа: Отпустъ воскресный.

8-го ІЮЛЯ. Вторникъ. **Явленіе «Казанскія» иконы Божіей Матери.** *Служба бдѣнная, вся по Минеѣ.*

На великой вечерни — Блаженъ мужъ: На — Господи воззвахъ: во гл. 4-й, стихиры Богородицы — Яко прекрасная: 8; Слава, и нынѣ: Богородицы — Пріидите, возрадуемся: Входъ. — Свѣте тихій: Прокименъ — Господь услышитъ мя: Чтенія Богородицы 3. На литіи стихиры Богородицы — Яко воистинну: Слава, и нынѣ: Богородицы — Тебѣ вси роди: На стиховнѣ стихиры Богородицы — Вмѣстилище чистое: Слава, и нынѣ: Богородицы — Воспоемъ людіе: По — Нынѣ отпущаеши: на благословеніи хлѣбовъ тропарь Богородицы — Заступнице усердная: 2-жды и — Богородице Дѣво: 1-жды.

На утрени на — Богъ Господь, во гл. 4-й, тропарь Богородицы 2-жды; Слава, и нынѣ: тойже. По каѳизмахъ сѣдальны Богородицы. Полiелей и величаніе Богородицы — **Достойно есть величати Тя, Богородице, честнѣйшую херувимъ, и славнѣйшую безъ сравненія серафимъ.** Псаломъ избранный — Помяни, Господи, Давида и всю кротость его. Ектенія малая. Сѣдаленъ Богородицы — Правовѣрно чтущія: Слава, и нынѣ: Богородицы — Пречистая Твоя икона: Степенна — Отъ юности моея: Прокименъ — Помяну имя Твое: Евангеліе отъ Луки зач. 4-е. Псаломъ 50-й. Слава: — Молитвами Богородицы: И нынѣ: тойже; — Помилуй мя Боже: Стихира Богородицы — Пріидите возрадуемся (см. на Господи воззвахъ:): Канонъ Богородицы первый со ирмосомъ на 8 и второй канонъ на 6 (припѣвъ — Пресвятая Богородице, спаси насъ). Ирмосы и катавасія — Отверзу уста моя: По 3-й пѣсни сѣдаленъ Богородицы — Божественніи слова: Слава, и нынѣ: тойже; по 6-й кондакъ Богородицы — Притецемъ, людіе: и икосъ. На 9-й пѣсни поемъ — Честнѣйшую: Свѣтиленъ Богородицы — Да почтится: Слава, и нынѣ: Богородицы — Пріидите, вѣрніи: На хвалитехъ во гл. 4-й, стихиры Богородицы — Прославимъ, вѣрніи: на 4; Слава, и нынѣ: Богородицы — Святая Твоя: Славословіе великое. Тропарь Богородицы. Ектеніи и отпустъ. Часъ 1-й.

На часахъ тропарь и кондакъ Богородицы.

На литургіи блаженна на 8; отъ перваго канона Богородицы, пѣснь 3-я на 4 и отъ втораго канона, пѣснь 6-я на 4. По входѣ тропарь Богородицы; Слава, и нынѣ: кондакъ Богородицы; *въ храмѣ Христовомъ:* Тропарь храма и Богородицы; Слава: кондакъ храма; И нынѣ: Богородицы. Прокименъ, пѣснь Богородицы — Величитъ душа моя Господа: Апостолъ къ Фил. зач. 240-е. Аллилуіа во гл. 8-й. Евангеліе отъ Луки зач. 54-е. Причастенъ — Чашу спасенія:

11-го ІЮЛЯ. Пятница. Св. великомученицы Евфиміи прехвальныя. Св. равноапостольная Ольги, кн. Россійскія.

На вечерни по возгласѣ — Благословенъ Богъ нашъ: чтецъ — Пріидите, поклонимся:[26] и псаломъ 103-й — Благослови, душе моя, Господа: Ектенія великая. Каѳизма 15-я. На — Господи воззвахъ: во гл. 8-й; стихиры на 6; мученицы — О преславнаго чудесе: 3 и святыя — Яко солнце возсія: 3; Слава: мученицы — Одесную Спаса предста: И нынѣ: крестобогородиченъ — Оружіе, якоже рече: Входа нѣтъ. Чтецъ — Свѣте тихій: Прокименъ — Помощь моя отъ Господа: — Сподоби Господи: Ектенія — Исполнимъ вечернюю молитву: На стиховнѣ стихиры Октоиха гл. 6-й — Крестъ Твой Господи: съ обычными припѣвами; таже глаголемъ припѣвъ — Дивенъ Богъ: мученицы — Пѣсньми да почтится: Слава: мученицы — Одѣяна добродѣтельми: И нынѣ: крестобогородиченъ — Люди

---

26) Аще 9-й часъ не читается, то вечерня начинается полнымъ началомъ

беззаконнѣйшыя: По — Нынѣ отпущаеши: Трисвятое по — Отче нашъ: тропарь мученицы — Жениха твоего Христа: Слава: святыя — Крилами богоразумія: И нынѣ: крестобогородиченъ — Твое предстательство: (см. богородичны отъ меньшихъ, гласъ 1-й, въ четвертокъ вечера). Сугубая ектенія — Помилуй насъ Боже: Таже отпустъ.

На утрени іерей съ кадиломъ предъ престоломъ — Благословенъ Богъ нашъ: чтецъ — Аминь. Іерей кадитъ церковь. Чтецъ — Пріидите поклонимся; и чтетъ псалмы 19-й и 20-й. Ектенія по обычаю и возгласъ: — Слава Святѣй: шестопсалміе. Ектенія великая. На — Богъ Господь: во гл. 4-й; тропарь мученицы; 2-жды; Слава: святыя; И нынѣ: крестобогородиченъ — Твое предстательство: (см. богородичны отъ меньшихъ, гласъ 1-й, въ пятокъ на — Богъ Господь:). По каѳизмахъ сѣдальны Октоиха безъ ектеніи. 50-й псаломъ. Каноны: Октоиха гл. 6-й на 6 (припѣвъ — Слава, Господи, Кресту Твоему честному), мученицы съ ирмосомъ на 4 (припѣвъ — Святая великомученице Евфиміе, моли Бога о насъ) и святыя на 4 (припѣвъ — Святая равноапостольная Ольго, моли Бога о насъ). Ирмосы — Волною морскою: По 3-й, 6-й, 8-й и 9-й пѣсняхъ катавасія, ирмосы послѣдняго канона изъ Минеи. По 3-й пѣсни кондакъ святыя — Воспоемъ днесь: сѣдаленъ мученицы — Кровей твоихъ: Слава: святыя — Крилами богоразумія: И нынѣ: крестобогородиченъ — Зрящи Тя, Христе: по 6-й кондакъ мученицы — Подвиги во страдальчествѣ: и икосъ; На 9-й пѣсни поемъ — Честнѣйшую: Свѣтиленъ Октоиха — Крестъ хранитель: Слава: мученицы — Странно и преславно: И нынѣ: богородиченъ — Премудрость vпостасную: Читаемъ хвалитные псалмы до — Хвалите его, на силахъ: На хвалитехъ стихиры мученицы — Страстотерпческое торжество: на 4; Слава: мученицы — Всякъ языкъ: И нынѣ: крестобогородиченъ — Тя видящи пригвождаема: Славословіе чтемъ. Ектенія просительная. Стиховные стихиры Октоиха гл. 6-й — О крестѣ упованіе: съ обычными припѣвами; таже глаголемъ припѣвъ — Въ церквахъ благословите Бога: мученицы — Радуйся, предѣле вѣры: Слава: мученицы — Днесь лицы отечестіи: И нынѣ: крестобогородиченъ — Своего Агнца: — Благо есть: Трисвятое по — Отче нашъ: Тропарь мученицы; Слава: святыя; И нынѣ: богородиченъ — Пречистая Богородице: (см. богородичны отъ меньшихъ, гласъ 1-й, въ пятокъ на утрени). Сугубая ектенія и часъ 1-й.

На часахъ тропарь мученицы; Слава: святыя. Кондаки святыя и мученицы поперемѣнно.

На литургіи блаженна на 8; Октоиха на 4 и отъ канона мученицы, пѣснь 3-я на 4. По входѣ тропари кресту, храма Богородицы или святаго, мученицы и святыя; кондаки кресту, храма святаго, мученицы, святыя; Слава: мертвенъ — Со святыми упокой: И нынѣ: храма Богородицы или — Предстательство христіанъ: Прокименъ — Возносите Господа Бога нашего: и — Дивенъ Богъ во святыхъ Своихъ: Апостолъ къ Кор. зач. 148-е и къ Кор. зач. 181-е. Аллилуіа во гл. 1-й и 6-й. Евангеліе отъ Матѳ.

зач. 71-е и отъ Луки зач. 33-е. Причастенъ — Спасеніе содѣлалъ еси: и — Въ память вѣчную: Отпустъ обычный.

13-го ЮЛЯ. **Недѣля 8-я по Пятидесятницѣ.** Гласъ 7-й. *Свв. Отецъ 6-ти Вселенскихъ соборовъ.*
(Служба отцевъ напечатана въ Минеи подъ 16-мъ іюля или см. въ Великомъ сборникѣ.)

На великой вечерни — Блаженъ мужъ: На — Господи воззвахъ: стихиры на 10; Октоиха 4 и отцевъ — Изъ чрева родился: 6; Слава: отцевъ — Тайныя днесь: И нынѣ: догматикъ — Мати убо позналася еси: Входъ. — Свѣте тихій: Прокименъ — Господь воцарися: Чтенія отцевъ 3. На стиховнѣ стихиры Октоиха; Слава: отцевъ — Молебную память: И нынѣ: богородиченъ — Призри на моленія: По — Нынѣ отпущаеши: — Богородице Дѣво: 2-жды и тропарь отцевъ — Препрославленъ еси: 1-жды.

На утрени на — Богъ Господь: тропарь воскресенъ 2-жды; Слава: отцевъ; И нынѣ: богородиченъ — Иже насъ ради: По каѳизмахъ сѣдальны воскресны. — Ангельскій соборъ: Ѵпакои, степенна и прокименъ гласа. Евангеліе воскресное 8-е, отъ Іоанна зач. 64-е. — Воскресеніе Христово: Псаломъ 50-й и прочее обычно воскресно. Каноны: воскресенъ на 4, Богородицы на 2 и два канона отцевъ на 8 (припѣвъ — Святіи богоносніи отцы, молите Бога о насъ). Ирмосы — Маніемъ Твоимъ: Катавасія — Отверзу уста моя: По 3-й пѣсни кондакъ воскресенъ и икосъ; сѣдаленъ отцевъ — Свѣтильницы пресвѣтліи: Слава, и нынѣ: богородиченъ — Обновила еси: по 6-й кондакъ отцевъ — Апостолъ проповѣданіе: и икосъ. На 9-й пѣсни поемъ — Честнѣйшую: — Святъ Господь Богъ нашъ. Свѣтиленъ воскресенъ 8-й — Два ангела: Слава: отцевъ — Отецъ божественныхъ: И нынѣ: богородиченъ — Радуйся, Божія палато: На хвалитехъ стихиры на 8; Октоиха 4 и отцевъ — Все собравше: 4; съ припѣвами ихъ — Благословенъ еси: и — Соберите Ему: Слава: отцевъ — Святыхъ отцевъ ликъ: И нынѣ: — Преблагословенна еси: Славословіе великое и тропарь — Днесь спасеніе: Ектеніи и отпустъ воскресный. Слава, и нынѣ: стихира евангельская 8-я — Маріины слезы: Часъ 1-й.

На часахъ тропарь воскресенъ; Слава: отцевъ. Кондакъ воскресенъ и отцевъ поперемѣнно.

На литургіи блаженна на 10; гласа на 6 и отъ канона отцевъ, пѣснь 3-я на 4. По входѣ тропари воскресенъ и отцевъ; кондаки воскресенъ; Слава: отцевъ; И нынѣ: храма Богородицы или — Предстательства христіанъ: Прокименъ — Господь крѣпость людемъ своимъ: и пѣснь отцевъ — Благословенъ еси, Господи: Апостолъ къ Кор. зач. 124-е и ко Евр. зач. 334-е. Аллилуіа во гл. 7-й и 1-й. Евангеліе отъ Матѳ. зач. 58-е и отъ Іоан. зач. 56-е. Причастенъ — Хвалите Господа: — Радуйтеся: Отпустъ воскресный.

15-го ІЮЛЯ. Вторникъ. **Св. равноапостольнаго великаго князя Владиміра (Василія), просвѣтителя Руси.**

На великой вечерни — Блаженъ мужъ: На — Господи воззвахъ: во гл. 4-й, стихиры святаго — Вторый ты былъ: на 8; Слава: святаго — Пріидите, стецемся: И нынѣ: догматикъ — Царь небесный: Входъ. — Свѣте тихій: Прокименъ — Господь услышитъ мя: Чтенія святаго 3. На литіи стихира храма и стихира святаго — Днесь возсія: Слава: святаго — Пріидите, стецемся вси вѣрно: И нынѣ: богородиченъ — Творецъ и Избавитель: На стиховнѣ стихиры святаго — О преславнаго чудесе: Слава: — Начальника благочестія: И нынѣ: богородиченъ — Владычице, пріими молитвы (см. богородиченъ отъ меньшихъ, гласъ 8-й, въ субботу утра): По — Нынѣ отпущаеши: на благословеніи хлѣбовъ тропарь святаго — Уподобился еси: 2-жды и — Богородице Дѣво: 1-жды.

ТРОПАРЬ, ГЛ. 4-Й.

Уподобился еси купцу ищущему добраго бисера, славнодержавный Владиміре, на высотѣ стола сѣдя матере градовъ, богоспасаемаго Кіева: испытуя же и посылая къ царскому граду увѣдѣти православную вѣру, обрѣлъ еси безцѣнный бисеръ Христа, избравшаго тя яко втораго Павла, и оттрясшаго слѣпоту во святѣй купѣли душевную вкупѣ и тѣлесную: тѣмже празднуемъ твое успеніе людіе твои суще: моли спастися странѣ твоей Россійстѣй и подати православнымъ людемъ миръ и велію милость[27]).

На утрени на — Богъ Господь: во гл. 4-й; тропарь святаго 2-жды; Слава, и нынѣ: богородиченъ — Еже отъ вѣка: По каѳизмахъ сѣдальны святаго. Полiелей и величаніе — **Величаемъ тя, святый равноапостольный великій княже Владиміре, и чтемъ святую память твою, идолы поправшаго и всю Русскую землю святымъ крещеніемъ просвѣтившаго.** Псаломъ избранный — Небеса повѣдаютъ славу Божію, твореніе же руку Его возвѣщаетъ твердь. Сѣдаленъ святаго — Скорое и твердое: Слава: — Скоро предвари: И нынѣ: богородиченъ — Слово Отчее: Степенна — Отъ юности моея: Прокименъ — Вознесохъ избраннаго отъ людей моихъ; Евангеліе отъ Іоанна зач. 36-е. Псаломъ 50-й. Слава: — Молитвами равноапостольнаго великаго князя Владиміра: И нынѣ: — Молитвами Богородицы: — Помилуй мя, Боже: стихира — Апостоломъ ревнителя: Каноны: Богородицы молебный со ирмосомъ на 6 (припѣвъ — Пресвятая Богородице, спаси насъ), и святаго два канона на 8 (припѣвъ — Святый равноапостольный великій княже Владиміре, моли Бога о насъ). Ирмосы — Воду прошедъ: Катавасія — Отверзу уста моя: По 3-й пѣсни сѣдаленъ святаго — Въ молитвахъ: Слава, и нынѣ: богородиченъ — Богородице безневѣстная: по 6-й пѣсни кондакъ

---

[27]) Ради установленія единообразія, Архіерейскій Синодъ Русской Православной Церкви Заграницей своимъ особымъ опредѣленіемъ постановилъ, чтобы во всѣхъ церквахъ тропарь св. кн. Владиміру заканчивается такими именно словами, а не какъ-либо иначе.

святаго — Подобствовавъ великому апостолу Павлу:[28]) и икосъ. На 9-й пѣсни поемъ — Честнѣйшую: Свѣтиленъ святаго — Свѣтильницы, просвѣтивше: Слава, и нынѣ: богородиченъ — Во двою волю: На хвалитехъ, во гл. 4-й, стихиры святаго — Оружіе крѣпкое: на 4; Слава: святаго — Не отъ человѣкъ: И нынѣ: богородиченъ — Все упованіе мое (см. богородиченъ отъ меньшихъ, гласъ 2-й въ четвертокъ утра): Славословіе великое. Тропарь святаго; Слава, и нынѣ: богородиченъ — Еже отъ вѣка: Ектеніи и отпустъ. Часъ 1-й.

На часахъ тропарь и кондакъ святаго.

На литургіи блаженна святаго на 8; отъ перваго канона, пѣснь 3-я на 4 и отъ втораго канона, пѣснь 6-я на 4. По входѣ тропари см. 2-го января — № 3. Прокименъ — Пойте Богу нашему, пойте: Апостолъ къ Гал. зач. 200-е. Аллилуіа во гл. 6-й. Евангеліе отъ Іоанна зач. 35-е отъ полу. Причастенъ — Въ память вѣчную:

19-го ІЮЛЯ. Суббота. **Первое обрѣтеніе мощей преп. Серафима Саровскаго.** *Творимъ бдѣніе.*

На великой вечерни — Блаженъ мужъ: На — Господи воззвахъ: во гласъ 1-й, стихиры преподобнаго — О преславное чудо: на 8; Слава: преподобнаго — Пріидите, вѣрныхъ собори: И нынѣ: догматикъ отдающагося гласа — Мати убо позналася еси: Входъ. — Свѣте тихій: Прокименъ — Боже, заступникъ мой: Чтенія преподобнаго 3. На литіи 1-я стихира храма, таже стихиры преп. Серафима — Кіими похвальными вѣнцы: Слава: преподобнаго — Радуйся днесь: И нынѣ: богородиченъ — Храмъ и дверь еси: На стиховнѣ стихиры преподобнаго — Радуйся, ангеловъ собесѣдниче: Слава: преподобнаго — Преподобне отче Серафиме: И нынѣ: богородиченъ — Творецъ и Избавитель: По — Нынѣ отпущаеши: на благословеніи хлѣбовъ тропарь преподобнаго — Отъ юности Христа возлюбилъ еси, блаженне: 2-жды и Богородице Дѣво: 1-жды.

На утрени на — Богъ Господь: во гласъ 4-й, тропарь преподобнаго 2-жды; Слава, и нынѣ: богородиченъ отдающагося гласа — Яко нашего воскресенія: По каѳизмахъ сѣдальны преподобнаго. Полѵелей и величаніе — **Ублажаемъ тя, преподобне отче Серафиме, и чтемъ святую память твою, наставниче монаховъ и собесѣдниче ангеловъ.** Псаломъ избранный — Терпя потерпѣхъ Господа, и внятъ ми, и услыша молитву мою. По полѵелеи сѣдаленъ преподобнаго — Просія добродѣтельное: Слава, и нынѣ: богородиченъ — Пречистая Дѣво: — Степенна: — Отъ юности моея: Прокименъ — Честна предъ Господемъ смерть преподобныхъ Его. Евангеліе отъ Матѳея зач. 43-е. По 50-мъ псалмѣ, Слава: — Молитвами преподобнаго Серафима: И нынѣ: — Молитвами Богородицы: — Помилуй мя Боже: и стихира преподобнаго

---

28) Конецъ кондака — моли спастися странѣ твоей Россійстѣй и подати православнымъ людямъ миръ и велію милость. Яко и тропарь, согласно постановленію Архіерейскаго Синода.

— Днесь, вѣрніи, духовно торжествующе: — Спаси Боже, люди Твоя: Каноны: Богородицы прешедшія недѣли утренній (воскресный), гл. 7-й, со ирмосомъ на 6 (припѣвъ — Пресвятая Богородице, спаси насъ), (аще ли храмъ Христовъ или Богородицы, поемъ канонъ храма со ирмосомъ на 6) и два канона преподобнаго на 8 (припѣвъ — Преподобне отче Серафиме, моли Бога о насъ). Ирмосы — Маніемъ Твоимъ: или храма. Катавасія — Отверзу уста моя: По 3-й пѣсни сѣдаленъ преподобнаго — Житейское море: Слава и нынѣ: богородиченъ — Егда предстану: по 6-й кондакъ преподобнаго — Міра красоту: и икосъ; На 9-й пѣсни поемъ — Честнѣйшую: Свѣтиленъ преподобнаго — Пріидите, вси вѣрніи: Слава, и нынѣ: богородиченъ — По Бозѣ упованіе: На хвалитехъ, во гласъ 8-й; стихиры преподобнаго — Приспѣ всечестный: на 4; Слава: преподобнаго — Пріидите иноковъ: И нынѣ: Богородице ты еси лоза истинная: Славословіе великое. Тропарь преподобнаго; Слава, и нынѣ: отдающагося гласа — Яко нашего воскресенія: Ектеніи и отпустъ. Часъ 1-й.

На часахъ тропарь и кондакъ преподобнаго.

На литургіи блаженна на 8; отъ каноны преподобнаго, первый, пѣснь 3-я на 4 и второй, пѣснь 6-я на 4. По входѣ тропари см. 2-го января — № 3. Прокименъ — Честна предъ Господемъ смерть преподобныхъ Его. Апостолъ къ Гал. зач. 213-е. Аллилуіа во гл. 6-й. Евангеліе отъ Луки зач 24-е. Причастенъ — Въ память вѣчную:

20-го ІЮЛЯ. **Недѣля 9-я по Пятидесятницѣ.** Гласъ 8-й. **Св. славнаго пророка Божія Иліи.**

На великой вечерни — Блаженъ мужъ: На — Господи воззвахъ: стихиры на 10; Октоиха 4 и пророка — Иже Ѳесвитянина Илію: на 6; Слава: — Пріидите, православныхъ совокупленіе: И нынѣ: догматикъ — Царь небесный: Входъ. — Свѣте тихій: Прокименъ — Господь воцарися: Чтенія пророка 3. Ектеніи. На литіи стихира храма и стихиры пророка — Нетлѣннаго соединенія: Слава: — О нечестива царя: И нынѣ: богородиченъ — Богородице ты еси лоза: На стиховнѣ стихиры Октоиха; Слава: пророка — Пророче, проповѣдниче: И нынѣ: богородиченъ — Творецъ и Избавитель: По — Нынѣ отпущаеши: на благословеніе хлѣбовъ — Богородице Дѣво: 2-жды и тропарь пророка — Во плоти ангелъ: 1-жды.

На утрени на — Богъ Господь тропарь воскресенъ 2-жды; Слава: пророка; И нынѣ: богородиченъ — Еже отъ вѣка: По каѳизмахъ сѣдальны воскресны. Поліелей и величаніе пророка — **Величаемъ тя, пророче Божій Иліе славне, и почитаемъ еже на небеса съ плотію огненное восхожденіе твое.** 1-жды. (Въ воскресные дни избранные псалмы не поются.) — Ангельскій соборъ: Ѵпакои гласа. Сѣдальны пророка вси — На огненную колесницу: — Храмъ твой божественный: Слава: — Премудрости яко рачитель: И нынѣ: богородиченъ — Яко дѣву и едину: Степенна и прокименъ гласа. Евангеліе воскресное 9-е, отъ Іоанна зач. 65-е. — Воскресеніе Христово: Псаломъ 50-й, и прочая обычно. Каноны: воскресенъ на 4, Богородицы на 2 и пророка 2 на 8 (припѣвъ — Святый пророче Божій Иліе славне, моли Бога о насъ). Ирмосы — Колесницегонителя фараоня: Катавасія — Отверзу уста моя: По 3-й пѣсни кондакъ пророка — Пророче и провидче: и икосъ; сѣдаленъ пророка — Источника чудесъ: Слава, и нынѣ: богородиченъ — Въ напасти многоплетенныя: по 6-й пѣсни кондакъ воскресный и икосъ. На 9-й пѣсни — Честнѣйшую: — Святъ Господь Богъ нашъ. Свѣтиленъ воскресенъ 9-й — Заключеннымъ, Владыко, дверемъ: пророка — Свѣтъ на огненнѣй: Слава: пророка — На небесныя круги: И нынѣ: богородиченъ воскресенъ 9-й — Твоего сына яко видѣла еси: На хвалитехъ стихиры на 8; Октоиха 4 и пророка — Егда ты, пророче: со Славнымъ — Пророковъ верховники: 4; съ припѣвами ихъ — Моисей и Ааронъ во іереехъ: и — Ты еси іерей во вѣки: Слава: стихира евангельская 9-я — Яко въ послѣдняя лѣта: И нынѣ: — Преблагословенна еси: Славословіе великое. Тропарь — Воскресъ изъ гроба: Ектеніи и отпустъ воскресный. Часъ 1-й.

На часахъ тропарь воскресный; Слава: пророка; Кондаки пророка и воскресенъ поперемѣнно.

На литургіи блаженна на 10; гласа на 6 и отъ канона пророка, пѣснь 3-я на 4. По входѣ тропари см. 2-го января — № 1. Прокименъ — Помолитеся, и воздадите: и — Ты іерей во вѣкъ: Апостолъ къ Кор. зач. 128-е и Соб. посл. Іакова зач. 57-е. Аллилуіа во гл. 8-й. Евангеліе отъ Матѳ. зач. 59-е и отъ Луки зач. 14-е. Причастенъ — Хвалите Господа съ небесъ: и — Въ память вѣчную: Отпустъ воскресный.

22-го ІЮЛЯ. Вторникъ. Св. мѵроносицы и равноапостольныя Маріи Магдалины. Священномученика Фоки, еп. Синопійскаго.

На вечерни по возгласѣ — Благословенъ Богъ нашъ: чтецъ — Пріидите, поклонимся:[29] и псаломъ 103-й — Благослови, душе моя, Господа: Ектенія великая. Каѳизма 6-я. На — Господи воззвахъ: во гл. 8-й; стихиры на 6; святыя — Мѵро со слезами: 3 и мученика — Весь возложился еси: 3; Слава: святыя — Первѣе видѣвши: И нынѣ: богородиченъ — Никтоже притекаяй: (см. богородичны отъ меньшихъ, гласъ 6-й, въ понедѣльникъ вечера). Входа нѣтъ. Чтецъ — Свѣте тихій: Прокименъ — Господь услышитъ мя: — Сподоби Господи: Ектенія — Исполнимъ вечернюю молитву: На стиховнѣ стихиры Октоиха гл. 8-й — Тебе Царя и Владыку: съ обычными припѣвами; Слава: святыя — Волею обнищавшему: И нынѣ: богородиченъ — Радуйся, вселенныя: (см. богородичны отъ меньшихъ, гласъ 8-й, въ понедѣльникъ вечера). По — Нынѣ отпущаеши: Трисвятое по — Отче нашъ: тропарь святыя — Христу, насъ ради: Слава: мученика — И нравомъ причастникъ: И нынѣ: богородиченъ — Къ Богородицѣ прилежно: (см. богородичны отъ меньшихъ, гл. 4-й, въ понедѣльникъ вечера). Сугубая ектенія — Помилуй насъ Боже: Таже отпустъ.

---

28) Аще 9-й часъ не читается, то вечерня начинается полнымъ началомъ

Іюль

На утрени іерей съ кадиломъ предъ престоломъ — Благословенъ Богъ нашъ: чтецъ — Аминь. Іерей кадитъ церковь. Чтецъ — Пріидите поклонимся; и чтетъ псалмы 19-й и 20-й. Ектенія по обычаю и возгласъ: — Слава Святѣй: шестопсалміе. Ектенія великая. На — Богъ Господь: во гл. 1-й; тропарь святыя; 2-жды; Слава: мученика; И нынѣ: богородиченъ — Къ Богородицѣ прилежно: (см. богородичны отъ меньшихъ, гл. 4-й, во вторникъ на — Богъ Господь:) По каѳизмахъ безъ ектеніи, сѣдальны Октоиха. 50-й псаломъ. Каноны: Октоиха гл. 8-й съ ирмосомъ на 6 (припѣвъ — Помилуй мя Боже, помилуй мя; и — Святіи мученицы, молите Бога о насъ), святыя на 4 (припѣвъ — Святая равноапостольная Маріе, моли Бога о насъ) и мученика на 4 (припѣвъ — Священномучениче Фоко, моли Бога о насъ). Ирмосы — Сокрушившему брани: По 3-й, 6-й, 8-й и 9-й пѣсняхъ катавасія, ирмосы послѣдняго канона изъ Минеи. По 3-й пѣсни кондакъ мученика — Яко святитель принося: и икосъ; сѣдаленъ святыя — Обнищавшему Слову: Слава: мученика — Наста празднолюбцы: И нынѣ: богородиченъ — Обновила еси: по 6-й кондакъ святыя — Предстоящи преславная: и икосъ; На 9-й пѣсни поемъ — Честнѣйшую: Свѣтиленъ Октоиха — Предтечу Іоанну: святыя — Солнце незаходимое: Слава: мученика — Святителей украшеніе: И нынѣ: богородиченъ — Даніилъ преднаписуетъ: Читаемъ хвалитные псалмы. Славословіе чтемъ. Ектенія просительная. Стиховные стихиры Октоиха во гл. 8-й — Егда пріиму во умѣ: съ обычными припѣвами; Слава: мученика — Отъ младенства былъ: И нынѣ: святыя — Волею обнищавшему: — Благо есть: Трисвятое по — Отче нашъ: Тропарь святыя; Слава: мученика; И нынѣ: богородиченъ — Тя величаемъ, Богородице: (см. богородичны отъ меньшихъ, гл. 4-й, въ вторникъ въ конецъ утрени). Сугубая ектенія и часъ 1-й.

На часахъ тропарь святыя; Слава: мученика. Кондаки мученика и святыя поперемѣнно.

На литургіи блаженна на 8; Октоиха на 4 и отъ канона святыя, пѣснь 3-я на 4. По входѣ тропари храма Христова или Богородицы, дне — Память праведнаго съ похвалами: храма святаго, святыя и мученика; кондакъ дне — Пророче Божій: храма святаго, святыя, мученика; Слава: мертвенъ — Со святыми упокой: И нынѣ: храма Христова или Богородицы или — Предстательство христіанъ: Прокименъ — Возвеселится праведникъ: и — Дивенъ Богъ: Апостолъ къ Кор. зач. 161-е и къ Кор. зач. 141-е. Аллилуіа во гл. 4-й и 6-й. Евангеліе отъ Матѳ. зач. 85-е и отъ Іоанна зач. 64-е или отъ Луки зач. 34-е. Причастенъ — Въ память вѣчную: и — Радуйтеся праведніи:

24-го ІЮЛЯ. Четвергъ. **Свв. Благовѣрныхъ князей-страстотерпцевъ Бориса, въ крещеніи Романа, и Глѣба, въ крещеніи Давида.** *Творимъ бдѣніе.*

На великой вечерни — Блаженъ мужъ: На — Господи воззвахъ: во гл. 8-й, стихиры святыхъ — О преславнаго чудесе: на 8; Слава: святыхъ — Пріидите, восхвалимъ: И нынѣ: догматикъ — Кто Тебе не ублажитъ:

Входъ. Прокименъ — Боже, во имя Твое: Чтенія святыхъ 3. На литіи стихира храма и стихиры святыхъ — Аще и земнаго: Слава: святыхъ — Радостію вси празднуемъ: И нынѣ: богородиченъ — Храмъ и дверь еси: На стиховнѣ стихиры святыхъ — Пріидите, цѣломудрія: Слава: святыхъ — Пріидите, новокрещенніи: И нынѣ: богородиченъ — Безневѣстная Дѣво: По — Нынѣ отпущаеши: на благословеніи хлѣбовъ тропарь святыхъ — Правдивая страстотерпца: 2-жды и — Богородице Дѣво: 1-жды.

На утрени на — Богъ Господь: во гл. 2-й; тропарь святыхъ 2-жды; Слава, и нынѣ: богородиченъ — Вся паче смысла: По каѳизмахъ сѣдальны святыхъ. Полiелей и величаніе святыхъ — **Величаемъ васъ, страстотерпцы святіи мученицы князіе Борисе и Глѣбе, и чтемъ честная страданія ваша, яже за Христа претерпѣли есте.** Псаломъ избранный — Богъ намъ прибѣжище и сила, помощникъ въ скорбехъ обрѣтшихъ ны зѣло. Сѣдаленъ святыхъ — Христовы увѣдѣвше: Слава, и нынѣ: богородиченъ — Солнца, облаче: Степенна — Отъ юности моея: Прокименъ — Воззваша праведніи, и Господь услыша ихъ; Евангеліе отъ Луки зач. 106-е. Псаломъ 50-й. Слава: — Молитвами страстотерпцевъ князей Бориса и Глѣба: И нынѣ: — Молитвами Богородицы: Помилуй мя Боже: стихира — Братія прекрасная: Каноны: Богородицы на 6 и святыхъ 2 канона на 8 (припѣвъ — Святіи страстотерпцы князіе Борисе и Глѣбе, молите Бога о насъ). Ирмосы — Нетрену, необычну: Катавасія — Отверзу уста моя: По 3-й пѣсни сѣдаленъ святыхъ — Измлада Христа: Слава и нынѣ: богородиченъ — Безневѣстная чистая: по 6-й пѣсни кондакъ святыхъ — Возсія днесь преславная: и икосъ. На 9-й пѣсни поемъ — Честнѣйшую: Свѣтиленъ святыхъ — Яко воистинну: Слава, и нынѣ: богородиченъ — Богородицу пѣсньми: На хвалитехъ, во гл. 1-й; стихиры святыхъ — Свѣтозарная и святая: на 4; Слава: святыхъ — Днесь празднолюбныхъ: И нынѣ: богородиченъ — Отъ всѣхъ бѣдъ: (см. богородиченъ отъ меньшихъ, гласъ 4-й во вторникъ утра). Славословіе великое. Тропарь святыхъ; Слава, и нынѣ: богородиченъ — Вся паче смысла: Ектеніи и отпустъ. Часъ 1-й.

На часахъ тропарь и кондакъ святыхъ.

На литургіи блаженна святыхъ на 8; отъ перваго канона, пѣснь 3-я на 4 и отъ втораго канона, пѣснь 6-я на 4. По входѣ тропари см. 2-го января — № 3. Прокименъ — Святымъ иже суть: Апостолъ къ Рим. зач. 99-е. Аллилуіа во гл. 4-й. Евангеліе отъ Іоанна зач. 52-е. Причастенъ — Радуйтеся праведніи:

27-го ІЮЛЯ. **Недѣля 10-я по Пятидесятницѣ.** Гласъ 1-й. **Святый великомученикъ Пантелеимонъ.** (*Служба напечатана въ Минеи шестеричная, въ Великомъ сборникъ служба поліелейная.*)

На великой вечерни — Блаженъ мужъ: На — Господи воззвахъ: стихиры на 10; Октоиха 4 и мученика — Иже по достоянію: 6; Слава: мученика — Возсія днесь: И нынѣ: догматикъ — Всемірную славу: Входъ. — Свѣте

Іюль

тихій: Прокименъ — Господь воцарися: Чтеніе мученика 3. На литіи стихира храма, и мученика — Подвигомъ добрымъ: Слава: мученика — Пріидите, мучениколюбцы: И нынѣ: богородиченъ — Блажимъ тя: На стиховнѣ стихиры Октоиха; Слава: мученика — Матернее возлюбивъ: И нынѣ: богородиченъ — Безнѣвестная Дѣво: По — Нынѣ отпущаеши: на благословеніи хлѣбовъ — Богородице Дѣво: 2-жды и тропарь мученика — Страстотерпче святый: 1-жды.

На утрени на — Богъ Господь: тропарь воскресенъ 2-жды; Слава: мученика; И нынѣ: богородиченъ — Тя ходатайствовавшую: По каѳизмахъ сѣдальны воскресны. Полiелей и величаніе мученика — **Величаемъ тя, страстотерпче святый великомучениче и цѣлѣбниче Пантелеимоне, и чтемъ честная страданія твоя, яже за Христа претерпѣлъ еси.** 1-жды. (Въ воскресные дни избранные псалмы не поются.) — Ангельскій соборъ: Ѵпакои гласа. Сѣдальны мученика вси — Матернее благочестiе: — Яко воина Христова: Слава: мученика — Торжествуютъ днесь: И нынѣ: богородиченъ — Матерь Божiю: Степенна и прокименъ гласа. Евангеліе воскресное 10-е отъ Іоанна зач. 66-е. — Воскресеніе Христово: Псаломъ 50-й, и прочая обычно. Каноны: воскресенъ на 4, крестовоскресенъ на 2, Богородицы на 2 и мученика на 6 (припѣвъ — Святый великомучениче и цѣлѣбниче Пантелеимоне, моли Бога о насъ). Ирмосы — Твоя побѣдительная: Катавасія — Отверзу уста моя: По 3-й пѣсни кондакъ мученика — Подражатель сый: и икосъ; сѣдаленъ мученика — Добляго страдальца: Слава: мученика — Ермолая мудраго: И нынѣ: богородиченъ — Треволненіи страстными: по 6-й кондакъ воскресенъ и икосъ. На 9-й пѣсни — Честнѣйшую: — Святъ Господь Богъ нашъ. Свѣтиленъ воскресенъ 10-й — Тиверіадское море: Слава: мученика — Милостивную твою душу: И нынѣ: борогодиченъ воскресенъ 10-й — Воскресшаго Господа: На хвалитехъ стихиры на 8; Октоиха 4 и мученика — Дѣло помышленіе: со Славнымъ — Днесь просія: 4; съ припѣвами ихъ — Праведникъ, яко фениксъ: и — Насаждени въ дому: Слава: стихира евангельская 10-я — По еже во адъ: И нынѣ: — Преблагословенна еси: Славословіе великое и тропарь — Днесь спасеніе: Ектеніи и отпустъ воскресный. Часъ 1-й.

На часахъ тропарь воскресенъ; Слава: мученика. Кондаки мученика и воскресенъ поперемѣнно.

На литургіи блаженна на 10; гласа на 6 и отъ канона мученика, пѣснь 3-я на 4. По входѣ тропари см. 2-го января — № 2. Прокименъ — Буди Господи милость: и — Дивенъ Богъ во святыхъ Своихъ: Апостолъ къ Кор. зач. 131-е и къ Тим. зач. 292-е. Аллилуіа во гл. 1-й и 4-й. Евангеліе отъ Матѳ. зач. 72-е и отъ Іоан. зач. 52-е. Причастенъ — Хвалите Господа съ небесъ: и — Въ память вѣчную: Отпустъ воскресный.

VIII. АВГУСТЪ

1-го АВГУСТА. Пятница. *Происхожденіе[30]) честныхъ древъ Честнаго и Животворящаго Креста (1-й Спасъ).* Святыхъ мучениковъ Маккавеевъ. **Начало Успенскаго поста.**

Передъ вечерней іерей въ фелони идетъ къ жертвеннику, гдѣ уже приготовленъ честный Крестъ, васильками благовонными украшенный, или иными цвѣтами, лежащій на блюдѣ, покрытымъ воздухомъ. Царскія врата и завѣса закрыты. Іерей — Благословенъ Богъ: Діаконъ или чтецъ въ алтарѣ — Аминь. Трисвятое: по — Отче нашъ: — Спаси, Господи, люди: Слава, и нынѣ: — Вознесыйся: Во время пѣнія іерей кадитъ Крестъ и отдаетъ кадило. По возгласѣ же поклонившись, подъемлетъ его съ воздухомъ подъ нимъ на главу и переноситъ на престолъ, предшествуемый свѣщеносцами, и полагаетъ его на мѣстѣ Евангелія, послѣ чего снова кадитъ 3-жды вокругъ престола. Евангеліе же заранѣе поставляется на горнее мѣсто престола. Потомъ отверзается завѣса и начинаемъ вечерню.

На вечерни по возгласѣ Благословенъ Богъ нашъ: чтецъ — Пріидите, поклонимся:[31] и псаломъ 103-й — Благослови, душе моя, Господа: Ектенія великая. Каѳизма 15-я. На — Господи воззвахъ: во гл. 4-й, стихиры на 6; Креста — Днесь радуется: 3 и мучениковъ Маккавеевъ — Закона верхъ: 3; Слава: мучениковъ — Святіи Маккавеи: И нынѣ: Креста — Егоже древле Моисей: Входа нѣтъ. Чтецъ — Свѣте тихій: Прокименъ — Помощь моя отъ Господа: — Сподоби Господи: Ектенія — Исполнимъ: На стиховнѣ стихиры Октоиха 1-го гласа — Крестъ воздрузися: съ обычными стихами; Слава: мучениковъ — Души праведныхъ: И нынѣ: Креста — Гласъ пророка Твоего: По — Нынѣ отпущаеши: тропарь мучениковъ — Болѣзньми святыхъ: Слава; и нынѣ: Креста — Спаси, Господи: Ектенія — Помилуй насъ Боже: и отпустъ.

На утрени на — Богъ Господь: во гл. 1-й; тропарь Креста 2-жды; Слава: мучениковъ — Болѣзньми святыхъ: И нынѣ: Креста. По каѳизмахъ сѣдальны Октоиха. Псаломъ 50-й. Каноны: Октоиха на 4 (припѣвъ — Слава, Господи, Кресту Твоему честному), Креста на 6 (припѣвъ — Слава, Господи, Кресту Твоему честному) и мучениковъ на 4 (припѣвъ — Святіи мученицы Маккавеи, молите Бога о насъ). Ирмосы — Помогшему Богу: Катавасія — Крестъ начертавъ Моисей: По 3-й пѣсни кондакъ мучениковъ — Премудрости Божія: и икосъ; сѣдаленъ мучениковъ — Благочестно наказавшеся: Слава, и нынѣ: Креста — Крестъ Твой Господи: по 6-й пѣсни кондакъ Креста — Вознесыйся на Крестъ: и икосъ. На 9-й пѣсни поемъ — Честнѣйшую: Свѣтиленъ Октоиха — Крестъ хранитель: Слава: мучениковъ — Чудныя воспоемъ: И нынѣ: Креста — Крестъ хранитель: Іерей же облачается во все священныя

---

30) Слово «Происхожденіе» означаетъ крестный ходъ, съ которымъ износился въ этотъ день Честный Крестъ въ Константинополѣ.

31) Аще 9-й часъ не читается, то вечерня начинается полнымъ началомъ

одежды. На хвалитехъ, во гл. 1-й; стихиры на 6; Креста — Небесная шествія: на 3 и мучениковъ — Многострадальная мати: на 3; Слава: мучениковъ — На Маккавеи собравшуюся рать: И нынѣ: Креста — Пособивый, Господи: Славословіе великое. Іерей кадитъ вокругъ престола 3-жды; при пѣніи Трисвятаго покланяется и принимаетъ Крестъ съ воздухомъ на главу. При протяжномъ пѣніи послѣдняго — Святый Боже: (распѣвомъ погребенія, въ это время и перезвонъ какъ на погребеніе), износитъ святый Крестъ на головѣ сѣверными дверьми предъ святыя врата, предъидущимъ двумъ свѣтильникамъ. По скончаніи Трисвятаго іерей возглашаетъ предъ царскими вратами — Премудрость, прости. Ликъ — Спаси, Господи: 3-жды. Іерей полагаетъ Крестъ, васильками украшенный, на аналоѣ посреди церкви и творитъ кажденіе его. Таже поетъ 3-жды — Кресту Твоему покланяемся: Поетъ 3-жды и ликъ. Посемъ стихиры — Пріидите вѣрніи: — Зрящи Тя тварь: — Днесь Владыка твари: Слава, и нынѣ: — Днесь неприкосновенный: И покланяются іерей и людіе единъ по единому честному Кресту. Ектеніи. Отпустъ. Часъ 1-й.

На часахъ тропарь Креста; Слава: мучениковъ. Кондаки мучениковъ и Креста поперемѣнно.

На литургіи блаженна на 8; отъ канона Креста, пѣснь 3-я на 4 и отъ канона мучениковъ, пѣснь 6-я на 4. По входѣ тропари Креста и мучениковъ; Слава: кондакъ мучениковъ; И нынѣ — Креста. Трисвятое. Прокименъ — Спаси, Господи: и — Святымъ иже суть на земли Его: Апостолъ къ Кор. зач. 125-е, и ко Евр. зач. 330-е. Аллилуіа во гл. 4-й. Евангеліе отъ Іоан. зач. 60-е и отъ Матѳ. зач. 38-е. Причастенъ — Знаменася на насъ свѣтъ лица Твоего, Господи; и — Радуйтеся праведніи:

Послѣ литургіи *малое освященіе воды* по требнику, гдѣ возможно, съ крестнымъ ходомъ къ колодцу или источнику.

По вечерни, съ пѣніемъ тропаря и кондака, Честный Крестъ вносится во св. алтарь и полагается на престолъ.

3-го АВГУСТА. **Недѣля 11-я по Пятидесятницѣ.** Гласъ 2-й. Преподобныхъ Исаакій, Далмата и Фавста.

На великой вечерни — Блаженъ мужъ: На — Господи воззвахъ: стихиры на 10; Октоиха 7 и преподобныхъ — Преподобніи Твои, Господи: 3; Слава, и нынѣ: догматикъ — Прейде сѣнь законная: Входъ. — Свѣте тихій: Прокименъ — Господь воцарися: На стиховнѣ стихиры Октоиха; Слава, и нынѣ: богородиченъ — О чудесе новаго: По — Нынѣ отпущаеши: — Богородице Дѣво: 3-жды.

На утрени на — Богъ Господь: тропарь воскресенъ 2-жды; Слава: преподобныхъ — Боже отецъ нашихъ: И нынѣ: богородиценъ — Еже отъ вѣка: По каѳизмахъ сѣдальны воскресны. — Ангельскій соборъ: Vпакои, степенна и прокименъ гласа. Евангеліе воскресное 11-е, отъ Іоанна зач. 67-е. — Воскресеніе Христово: и прочее до канона обычно. Каноны: воскресенъ на 4, крестовоскресенъ на 3, Богородицы на 3 и преподобныхъ на 4 (припѣвъ — Преподобніи отцы, молите Бога о насъ). Ирмосы — Во глубинѣ: Катавасія — Крестъ начертавъ: По 3-й пѣсни кондакъ преподобныхъ — Пощеніемъ возсіявшыя: и икосъ; сѣдаленъ преподобныхъ — Свѣтомъ троическимъ: Слава, и нынѣ: богородиченъ — Яко дѣву, и едину: по 6-й кондакъ воскресный и икосъ. На 9-й пѣсни — Честнѣйшую: — Святъ Господь Богъ нашъ. Свѣтиленъ воскресенъ 11-й — По божественнѣмъ востаніи: Слава, и нынѣ: богородиченъ воскресенъ 11-й — О страшное таинство: На хвалитехъ стихиры Октоиха на 8; Слава: стихира евангельская 11-я — Являя себе ученикомъ: И нынѣ: — Преблагословенна еси: Славословіе великое и тропарь — Воскресъ изъ гроба: Ектеніи и отпустъ воскресный. Часъ 1-й.

На часахъ тропарь воскресенъ; Слава: преподобныхъ. Кондакъ воскресенъ.

На литургіи блаженна гласа на 8. По входѣ тропари см. 2-го января — № 2. Прокименъ — Крѣпость моя и пѣніе: Апостолъ къ Кор. зач. 141-е. Аллилуіа во гл. 2-й. Евангеліе отъ Матѳ. зач. 77-е. Причастенъ — Хвалите Господа: Отпустъ воскресный.

6-го АВГУСТА. Среда. **СВЯТОЕ ПРЕОБРАЖЕНІЕ ГОСПОДА БОГА И СПАСА НАШЕГО ІИСУСА ХРИСТА (2-й Спасъ).**

На великой вечерни не поемъ — Блаженъ мужъ: На — Господи воззвахъ: во гл. 4-й, стихиры праздника — Прежде Креста: на 8; Слава, и нынѣ: праздника — Прообразуя воскресеніе: Входъ. — Свѣте тихій: Прокименъ — Милость Твоя, Господи: Чтенія праздника 3. На литіи стихиры праздника — Иже свѣтомъ: Слава: — Пріидите взыдемъ: И нынѣ: — Закона и пророковъ: На стиховнѣ праздника — Иже древле: Слава, и нынѣ: праздника — Петру и Іакову: По — Нынѣ отпущаеши: на благословеніи хлѣбовъ тропарь праздника — Преобразился еси: 3-жды.

На утрени на — Богъ Господь: во гл. 7-й, тропарь праздника 2-жды; Слава, и нынѣ: тойже. По каѳизмахъ сѣдальны праздника. Поліелей и величаніе праздника — **Величаемъ Тя, Живодавче Христе, и почитаемъ пречистыя плоти Твоея преславное преображеніе.** Псаломъ избранный — Велій Господь и хваленъ зѣло, во градѣ Бога нашего, въ горѣ святѣй Его. Сѣдаленъ — Возшедъ со ученики: Слава, и нынѣ: — Сокровенную молнію: Степенна — Отъ юности моея: Прокименъ — Ѳаворъ и Ермонъ о имени Твоемъ возрадуется. Евангеліе отъ Луки зач. 45-е. Псаломъ 50-й. Слава: — Всяческая днесь радости: И нынѣ: тойже. — Помилуй мя, Боже: и стихира — Божества Твоего, Спасе: — Спаси, Боже: Каноны 2 праздника, ирмосы по 2-жды, тропари на 12 (припѣвъ — Слава Тебѣ, Боже нашъ, слава Тебѣ). Ирмосы — Лицы израильтестіи: и — Воду прошедъ: Катавасія — Крестъ начертавъ: По 3-й пѣсни сѣдаленъ праздника — На горѣ Ѳаворстѣй: по 6-й кондакъ праздника — На горѣ преобразился еси: и икосъ. На 9-й пѣсни *не поемъ* — Честнѣйшую: но припѣвъ праздника — **Величай, душе моя, на**

Августъ

Ѳаворѣ преобразившагося Господа. Припѣваемъ его къ ирмосамъ и тропарямъ. Свѣтиленъ праздника — **Свѣте неизмѣнный:** На хвалитехъ во гласъ 4-й, стихиры праздника — **Прежде честнаго Креста:** на 4; Слава, и нынѣ: — **Поятъ Христосъ:** Славословіе великое. Тропарь праздника. Ектеніи и отпустъ праздника — **Иже на горѣ Ѳаворстѣй преобразивыйся во славѣ предъ святыми Своими ученики и апостолы, Христосъ истинный Богъ нашъ:** Часъ 1-й.

На часахъ тропарь и кондакъ праздника.

На литургіи антифоны праздника. Входное — **Господи, посли свѣтъ Твой и истину твою, та мя настависта и введоста мя въ гору святую Твою.** Тропарь праздника; Слава, и нынѣ: кондакъ. Прокименъ — Яко возвеличишася: Апостолъ соборнаго посл. Петрова зач. 65-е. Аллилуіа во гл. 8-й. Евангеліе Матѳ. зач. 70-е. Задостойникъ — Величай, душе моя: и — Рождество Твое нетлѣнно: и такъ до отданія. Причастенъ — Господи, во свѣтѣ лица Твоего пойдемъ, и о имени Твоемъ возрадуемся во вѣки. По заамвонной молитвѣ кажденіе винограда, и съ нимъ яблокъ и др. плодовъ. — Господу помолимся; и молитва благословенія винограда; таже — Господу помолимся; и молитва "О приносящихъ начатки овощей" (яблокъ и др. плодовъ). И окропляются св. водою. (Молитвы см. въ Требникѣ.) Поемъ тропарь и кондакъ; — Буди имя: и прочее. Отпустъ праздника — **Иже на горѣ Ѳаворстѣй:** За антидоромъ раздается благословенный виноградъ.

На вечерни на — Господи воззвахъ: стихиры на 6; праздника — Прежде честнаго: 3 и преподобномученика Дометія — Все отложивъ: 3; Слава, и нынѣ: праздника — Прообразуя Воскресеніе: Входъ. — Свѣте тихій: Прокименъ великій, гласъ 7-й — Богъ нашъ на небеси и на земли, вся елика восхотѣ, сотвори. На стиховнѣ стихиры всѣ праздника. По — Нынѣ отпущаеши: тропарь преподобномученика — Постнически предподвизався: Слава, и нынѣ: — Преобразился еси: Отпустъ праздничный — **Иже на горѣ Ѳаворстѣй:**

10-го АВГУСТА. **Недѣля 12-я по Пятидесятницѣ.** Гласъ 3-й. *Попразднства Преображенія.* Святаго мученика и архидіакона Лаврентія.

На великой вечерни — Блаженъ мужъ: На — Господи воззвахъ: стихиры на 10; Октоиха 4, праздника — Днесь просіялъ еси: 3 и мученика — Послуживъ Слову: 3; Слава: праздника — Прежде креста Твоего: И нынѣ: догматикъ — Како не дивимся: Входъ. — Свѣте тихій: Прокименъ — Господь воцарися: На стиховнѣ стихиры Октоиха; Слава, и нынѣ: праздника — Прежде Креста Твоего: По — Нынѣ отпущаеши: — Богородице Дѣво: 2-жды и тропарь праздника — Преобразился еси на горѣ: 1-жды.

На утрени на — Богъ Господь: тропарь воскресенъ 2-жды; Слава: мученика — Мученикъ Твой, Господи: И нынѣ: праздника. По каѳизмахъ сѣдальны воскресны. — Ангельскій соборъ: Ѵпакои, степенна и прокименъ гласа. Евангеліе воскресное 1-е, отъ Матѳ. зач. 116-е. —

Воскресеніе Христово: и прочее до канона обычно. Каноны: воскресенъ на 4, Богородицы на 2, праздника (второй) на 4 (припѣвъ — Слава Тебѣ, Боже нашъ, слава Тебѣ) и мученика на 4 (припѣвъ — Святый мучениче Лаврентіе, моли Бога о насъ). Ирмосы — Воды древле: Катавасія — Лицы израильтестіи: По 3-й пѣсни кондакъ праздника — На горѣ преобразился еси: и икосъ; кондакъ мученика — Огнемъ божественнымъ: и икосъ; сѣдаленъ мученика — Небесное богатство: Слава, и нынѣ: праздника — Сокровенную молнію: по 6-й кондакъ воскресный и икосъ. На 9-й пѣсни поемъ — Честнѣйшую: — Святъ Господь Богъ нашъ. Свѣтиленъ воскресенъ 1-й — Со ученики взыдемъ: Слава, и нынѣ: праздника — Свѣте неизмѣнный: На хвалитехъ стихиры на 8; Октоиха 4 и праздника — Возсіявъ паче: (стиховны утрени) со Славнымъ — Владычице чистая: на 4; съ припѣвами ихъ — Твоя суть небеса: и — Ѳаворъ и Ермонъ о имени: Слава: стихира евангельская 1-я — На гору ученикомъ: И нынѣ: — Преблагословенна еси: Славословіе великое. Тропарь — Днесь спасеніе: Ектеніи и отпустъ воскресный. Часъ 1-й.

На часахъ тропарь воскресенъ; Слава: мученика и праздника поперемѣнно. Кондакъ праздника и воскресенъ поперемѣнно.

На литургіи блаженна на 10; гласа на 6 и отъ канона праздника, пѣснь 5-я на 4. По входѣ тропари воскресенъ, праздника, храма Богородицы или святаго, мученика; кондакъ воскресенъ, храма святаго; Слава: мученика; И нынѣ: праздника или храма Богородицы. Прокименъ — Пойте Богу нашему: и — Яко возвеличишася: Апостолъ къ Кор. зач. 158-е. Аллилуіа во гл. 3-й и 8-й. Евангеліе отъ Матѳ. зач. 79-е. Задостойникъ — Величай, душе моя: и — Рождество Твое нетлѣнно: Причастенъ — Хвалите Господа: и — Господи, во свѣтѣ лица Твоего пойдемъ, и о имени Твоемъ возрадуемся во вѣки. Отпустъ воскресный.

13-го АВГУСТА. Среда. *Отданіе Преображенія.*
Служба славословная, все праздника, кромѣ входа, паремій и литіи на вечерни, поліелея на утрени и антифоновъ на литургіи.
Гдѣ изволитъ настоятель, соединяемъ съ отданіемъ службу св. Тихона Задонскаго.

15-го АВГУСТА. Пятница. **УСПЕНІЕ ПРЕСВЯТЫЯ ВЛАДЫЧИЦЫ НАШЕЯ БОГОРОДИЦЫ И ПРИСНОДѢВЫ МАРІИ.**
На великой вечерни — Блаженъ мужъ: На — Господи воззвахъ: стихиры праздника — О дивное чудо: на 8; Слава, и нынѣ: праздника — Богоначальнымъ мановеніемъ: Входъ. — Свѣте тихій: Прокименъ — Помощь моя отъ Господа: Чтенія праздника 3. На литіи стихиры праздника — Подобаше самовидцемъ: Слава: праздника — Пріидите празднолюбныхъ: И нынѣ: праздника — Воспойте людіе: На стиховнѣ стихиры праздника — Пріидите, воспоемъ: Слава, и нынѣ: праздника — Егда изшла: По — Нынѣ отпущаеши: на благословеніи хлѣбовъ тропарь праздника — Въ рождествѣ: 3-жды.

Августъ

На утрени на — Богъ Господь во гласъ 1-й: тропарь праздника 2-жды; Слава, и нынѣ: праздника. По каѳизмахъ сѣдальны праздника. Полїелеи и величанїе праздника — **Величаемъ Тя, Пренепорочная Мати Христа Бога нашего, и всеславное славимъ успенїе Твое.** Псаломъ избранный — Воскликните Господеви вся земля, пойте же имени Его. По полїелеи сѣдаленъ праздника — Возопїй, Давиде: Степенна — Отъ юности моея: Прокименъ праздника — Помяну имя Твое во всякомъ родѣ и родѣ. Евангелїе отъ Луки зач. 4-е. Псаломъ 50-й. Слава: — Молитвами Богородицы: И нынѣ: тойже; — Помилуй мя, Боже: и стихира праздника — Егда преставленїе: — Спаси, Боже: Каноны: два праздника, ирмосы по 2-жды, тропари на 12 (припѣвъ — Пресвятая Богородице, спаси насъ). Ирмосы — Преукрашенная: и — Отверзу уста моя: Катавасїя тѣ же ирмосы. По 3-й пѣсни ѵпакои — Блажимъ Тя: по 6-й кондакъ праздника — Въ молитвахъ неусыпающую: и икосъ. На 9-й пѣсни *не поемъ* — Честнѣйшую: но припѣвъ — **Ангели успенїе Пречистыя видѣвше, удивишася, како Дѣвая восходитъ отъ земли на небо;** припѣваемъ его къ ирмосу и тропарямъ. И другой припѣвъ припѣваемъ ко второму канону. Свѣтиленъ праздника — Апостоли отъ конецъ: 3-жды. На хвалитехъ во гл. 4-й, стихиры праздника — Въ славномъ успенїи: на 4; Слава, и нынѣ: праздника — На безсмертное: Славословїе великое. Тропарь праздника. Ектенїи и отпустъ праздника — **Христосъ истинный Богъ нашъ, молитвами Пречистыя Своея Матере и всѣхъ святыхъ, помилуетъ:** Часъ 1-й.

На часахъ тропарь и кондакъ праздника.

На литургїи блаженна на 8; отъ 1-го канона праздника, пѣснь 3-я на 4 и отъ 2-го канона, пѣснь 6-я на 4. По входѣ тропарь праздника; Слава, и нынѣ: кондакъ праздника. Прокименъ пѣснь Богородицы — Величитъ душе моя Господа: Апостолъ къ Филип. зач. 240-е. Аллилуїа во гл. 2-й. Евангелїе отъ Луки зач. 54-е. Задостойникъ — Ангели успенїе: и — Побѣждаются естества уставы: (такъ и до отданїя). Причастенъ — Чашу спасенїя: Отпустъ праздника — **Христосъ истинный Богъ нашъ, молитвами Пречистыя Своея Матере, иже во святыхъ отца нашего Іоанна, архїепископа Константина града Златоустаго и всѣхъ святыхъ, помилуетъ:**

16-го АВГУСТА. Суббота. *Попразднство Успенїя Пресвятыя Богородицы. Перенесенїе Нерукотвореннаго Образа Господня изъ Едессы въ Константинополь (3-й Спасъ).*

На вечерни по возгласѣ — Благословенъ Богъ нашъ: чтецъ — Прїидите, поклонимся:[32] и псаломъ 103-й — Благослови, душе моя, Господа: Ектенїя великая. Каѳизмы нѣтъ. На — Господь воззвахъ: во гл. 2-й, стихиры на 6; праздника — Кїими недостойными: 3 и Образа — Кїима земнороднїи: 3; Слава: Образа — Человѣколюбче Владыко: И нынѣ: догматикъ настоящаго гласа — Како не дивимся: Входа нѣтъ. Чтецъ

---

32) Аще 9-й часъ не читается, то вечерня начинается полнымъ началомъ

— Свѣте тихій: Прокименъ — Боже, заступникъ мой: — Сподоби Господи. Ектенія просительная. На стиховнѣ стихиры праздника — Не колесница огнезрачная; Слава: Образа — Господи, воплотился еси: И нынѣ: праздника — Увѣряя Іисусъ: По — Нынѣ отпущаеши: Тропарь Образа — Пречистому Твоему Образу: Слава, и нынѣ: праздника — Въ рождествѣ: ектенія сугубая и отпустъ.

На утрени іерей съ кадиломъ предъ престоломъ — Благословенъ Богъ нашъ: чтецъ — Аминь. Іерей кадитъ церковь. Чтецъ — Пріидите поклонимся; и чтетъ псалмы 19-й и 20-й. Ектенія по обычаю и возгласъ: — Слава Святѣй: шестопсалміе. Ектенія великая. На — Богъ Господь: во гл. 2-й, тропарь Образа 2-жды; Слава, и нынѣ: праздника. По каѳизмахъ сѣдальны Образа; Слава, и нынѣ: праздника. Псаломъ 50-й. Каноны: праздника (первый) со ирмосомъ на 6 (припѣвъ — Пресвятая Богородице, спаси насъ) и Образа на 6 (припѣвъ — Слава Тебѣ, Боже нашъ, слава Тебѣ). Ирмосы и катавасія — Преукрашенная: По 3-й пѣсни кондакъ праздника — Въ молитвахъ: и икосъ; сѣдаленъ Образа — Едесскій царь: Слава, и нынѣ: праздника — Ликъ божественныхъ: по 6-й кондакъ Образа — Неизреченнаго и божественнаго: и икосъ. На 9-й пѣсни — Честнѣйшую: Свѣтиленъ Образа — Свѣтъ невечерній: Слава, и нынѣ: праздника — О колика величія: На хвалитехъ, во гл. 4-й, стихиры Образа — Иже во зрацѣ: на 4; Слава: Образа — Да каплютъ облацы: И нынѣ: праздника — Подобаше самовидцемъ: Славословіе великое. Тропарь Образа — Пречистому Твоему Образу: Слава, и нынѣ: праздника — Въ рождествѣ: Ектеніи и отпустъ. Часъ 1-й.

На часахъ тропарь Образа; Слава: праздника. Кондаки праздника и Образа поперемѣнно.

На литургіи блаженна на 8; отъ канона праздника, пѣснь 1-я на 4 и отъ канона Образа, пѣснь 6-я на 4. По входѣ тропари Образа, праздника, и храма святаго; Слава: кондакъ Образа; И нынѣ: праздника. *Аще храмъ святаго:* Кондакъ Образа; Слава: храма святаго; И нынѣ: праздника. Прокименъ — Воспойте Господеви пѣснь нову, яко дивна сотвори Господь; и пѣснь Богородицы — Величитъ душа моя Господа: Апостолъ Образу къ Кол. зач. 250-е или къ Кор. зач. 173-е, и дня къ Кор. зач. 126-е. Аллилуіа во гл. 4-й и 2-й. Евангеліе отъ Лук. зач. 48-е отъ полу и отъ Матѳ. зач. 90-е. Задостойникъ — Ангели успеніе: и — Побѣждаются естества уставы: Причастенъ — Господи, во свѣтѣ лица Твоего пойдемъ, и о имени Твоемъ возрадуемся во вѣки; и — Чашу спасенія:

17-го АВГУСТА. **Недѣля 13-я по Пятидесятницѣ.** Гласъ 4-й. *Попразднство Успенія Пресвятыя Богородицы. Святаго мученика Мирона.*

На великой вечерни — Блаженъ мужъ: На — Господи воззвахъ: стихиры на 10; Октоиха 4, праздника — Иже жизнь, Богородице: 3 и мученика — Егда безбожное разжженіе: 3; Слава: праздника — Яже

Августъ

небесъ: И нынѣ: догматикъ — Иже Тебе ради: Входъ. — Свѣте тихій: Прокименъ — Господь воцарися: На стиховнѣ стихиры Октоиха: Слава, и нынѣ: праздника — Всенепорочная невѣста: По — Нынѣ отпущаеши: — Богородице Дѣво: 2-жды и тропарь праздника — Въ рождествѣ дѣвство: 1-жды.

На утрени на — Богъ Господь: тропарь воскресенъ 2-жды; Слава, и нынѣ: праздника. По каѳизмахъ сѣдальны воскресны. — Ангельскій соборъ: Ѵпакои, степенна и прокименъ гласа. Евангеліе воскресное 2-е, отъ Марка зач. 70-е. — Воскресеніе Христово: Псаломъ 50-й и прочее воскресно. Каноны: воскресенъ на 4, Богородицы на 2, праздника (второе) на 4 (припѣвъ — Пресвятая Богородице, спаси насъ) и мученика на 4 (припѣвъ — Святый мучениче Мироне, моли Бога о насъ). Ирмосы — Моря чермную пучину: Катавасія — Преукрашенная: По 3-й пѣсни кондакъ праздника — Въ молитвахъ: и икосъ; кондакъ мученика — Измлада Христа: сѣдаленъ мученика — Огнедохновенно показался еси: Слава, и нынѣ: праздника — Всечестный ликъ: по 6-й кондакъ воскресный и икосъ. На 9-й пѣсни — Честнѣйшую: — Святъ Господь Богъ нашъ. Свѣтиленъ воскресенъ 2-й — Камень узрѣвша: Слава, и нынѣ: праздника — Отъ земли на небеса: На хвалитехъ стихиры на 8; Октоиха 4 и праздника (стиховны утрени) — Глаголомъ божественнаго Гавріила: со Славнымъ — Пріидите, вси концы земніи: 4; съ припѣвами ихъ — Воскресни Господи: и — Клятся Господь Давиду: Слава: стихира евангельская 2-я — Съ мѵры пришедшимъ: И нынѣ: — Преблагословенна еси: Славословіе великое. Тропарь — Воскресъ изъ гроба: Ектеніи и отпустъ воскресный. Часъ 1-й.

На часахъ тропарь воскресенъ; Слава: праздника. Кондакъ праздника и воскресенъ поперемѣнно.

На литургіи блаженна на 10; Октоиха на 6 и отъ канона праздника, пѣснь 3-я на 4. По входѣ тропари воскресенъ, праздника, храма святаго, мученика; кондакъ воскресенъ, храма святаго; Слава: мученика; И нынѣ: праздника. Прокименъ — Яко возвеличишася дѣла: и пѣснь Богородицы — Величитъ душа моя Господа: Апостолъ къ Кор. зач. 166-е. Аллилуіа во гл. 4-й и 2-й. Евангеліе отъ Матѳ. зач. 87-е Задостойникъ — Ангели успеніе: и — Побѣждаются естества уставы: Причастенъ — Хвалите Господа: и — Чашу спасенія: Отпустъ воскресный.

23-го АВГУСТА. Суббота. *Отданіе праздника Успенія Пресвятыя Богородицы.*

На вечерни и утрени. Вся служба праздника, кромѣ входа, паремій, литіи и поліелея, но съ припѣвами праздника на 9-ой пѣсни и съ великимъ славословіемъ.

На литургіи по входѣ тропарь праздника; Слава, и нынѣ: кондакъ. Прокименъ, аллилуіа и причастенъ праздника. Апостолъ и евангеліе сначала дне, затѣмъ праздника.

Августъ

24-го АВГУСТА. Недѣля 14-я по Пятидесятницѣ. Гласъ 5-й. Священномученика Евтиха, ученика св. ап. Іоанна Богослова.

На великой вечерни — Блаженъ мужъ: На — Господи воззвахъ: стихиры на 10; Октоиха на 7 и мученика — Мучениче Евтихе: 3; Слава, и нынѣ: догматикъ — Въ Чермнѣмъ мори: Входъ. — Свѣте тихій: Прокименъ — Господь воцарися: На стиховнѣ стихиры Октоиха; Слава, и нынѣ: богородиченъ — Храмъ и дверь еси: По — Нынѣ отпущаеши: — Богородице Дѣво: 3-жды.

На утрени на — Богъ Господь: тропарь воскресенъ 2-жды; Слава: мученика — И нравомъ причастникъ: И нынѣ: богородиченъ — Еже отъ вѣка: По каѳизмахъ сѣдальны воскресны. — Ангельскій соборъ: Ѵпакои, степенна и прокименъ гласа. Евангеліе воскресное 3-е, отъ Марка зач. 71-е. — Воскресеніе Христово: Псаломъ 50-й и прочее воскресно. Каноны: воскресенъ на 4, крестовоскресенъ на 3, Богородицы на 3 и мученика на 4 (припѣвъ — Священномучениче Евтихіе, моли Бога о насъ). Ирмосы — Коня и всадника: Катавасія — Крестъ начертавъ: По 3-й пѣсни кондакъ мученика — Апостоловъ сопрестольникъ: и икосъ; сѣдаленъ мученика — Сіяніе облиставъ: Слава, и нынѣ: богородиченъ — Божественная скинія: по 6-й кондакъ воскресный и икосъ. На 9-й пѣсни — Честнѣйшую: — Святъ Господь Богъ нашъ. Свѣтиленъ воскресенъ 3-й — Яко Христосъ воскресе: Слава: мученика — И престоловъ: И нынѣ: богородиченъ воскресенъ 3-й — Возсіявшее Солнце: На хвалитехъ стихиры Октоиха на 8; Слава: стихира евангельская 3-я — Магдалинѣ Маріи: И нынѣ: — Преблагословенна еси: Славословіе великое. Тропарь — Днесь спасеніе: Ектеніи и отпустъ воскресный. Часъ 1-й.

На часахъ тропарь воскресенъ; Слава: мученика. Кондакъ воскресенъ.

На литургіи блаженна гласа на 8. По входѣ тропари см. 2-го января — № 2. Прокименъ — Ты, Господи, сохраниши ны: Апостолъ къ Кор. зач. 170-е. Аллилуіа во гл. 5-й. Евангеліе отъ Матѳ. зач. 89-е. Причастенъ — Хвалите Господа: Отпустъ воскресный.

26-го АВГУСТА. Вторникъ. Срѣтеніе «Владимірскія» иконы Божіей Матери. Свв. мученикъ Адріана и Наталіи. *Служба бдѣнная, вся по Минеѣ.*

На великой вечерни — Блаженъ мужъ: На — Господи воззвахъ: во гл. 4-й, стихиры на 8; Богородицы — Яко свѣтоносная палата: 5 и мучениковъ — Пречестное страданіе: 3; Слава: мучениковъ — О супруже святый: И нынѣ: Богородицы — Пріидите, россійстіи собори: Входъ. — Свѣте тихій: Прокименъ — Господь услышитъ мя: Чтенія Богородицы 3. На литіи стихиры Богородицы — Яко воистинну: Слава, и нынѣ: Богородицы — Тебѣ вси роди: На стиховнѣ стихиры Богородицы — Что тя наречемъ: Слава: мучениковъ — Ревность мужа благочестива: И нынѣ: Богородицы — Да радуются: По — Нынѣ отпущаеши: на благословеніи хлѣбовъ тропарь Богородицы — Днесь свѣтло красуется: 2-жды и — Богородице Дѣво: 1-жды.

Августъ

На утрени на — Богъ Господь, во гл. 4-й, тропарь Богородицы 2-жды; Слава: мучениковъ — Мученицы Твои, Господи: И нынѣ: богородиченъ — Еже отъ вѣка: По каѳизмахъ сѣдальны Богородицы. Полiелей и величанiе Богородицы — **Достойно есть величати Тя, Богородице, честнѣйшую Херувимъ, и славнѣйшую безъ сравненiя Серафимъ.** Псаломъ избранный — Боже, судъ Твой Цареви даждь, и правду Твою Сыну Цареву. Ектенiя малая. Сѣдаленъ Богородицы — Блаженна еси Ты: Степенна — Отъ юности моея: Прокименъ — Помяну имя Твое: Евангелiе отъ Луки зач. 4-е. Псаломъ 50-й. Слава: — Молитвами Богородицы: И нынѣ: тойже; — Помилуй мя Боже: Стихира Богородицы — Готовися всечестный граде: Каноны: Богородицы молебный со ирмосомъ на 4 (припѣвъ — Пресвятая Богородице, спаси насъ), Богородицы на 6 (припѣвъ тойже) и мучениковъ на 4 (припѣвъ — Святiи мученицы Адрiане и Наталiе, молите Бога о насъ). Ирмосы — Воду прошедъ: катавасiя — Крестъ начертавъ: По 3-й пѣсни кондакъ мучениковъ — Мученикъ возсiя: и икосъ; сѣдаленъ мучениковъ — Нечестiя запаленiе: Слава, и нынѣ: Богородицы — Народи Боголюбивiи; по 6-й кондакъ Богородицы — Взбранной воеводѣ: и икосъ. На 9-й пѣсни поемъ — Честнѣйшую: Свѣтиленъ Богородицы — Да почтится днесь: Слава: мучениковъ — Адрiанъ всемудрый: И нынѣ: Богородицы — Пресвѣтлая днесь: На хвалитехъ во гл. 4-й, стихиры Богородицы — Наставницу тя заблуждшимъ: на 4; Слава, и нынѣ: Богородицы — Иже на херувимѣхъ: Славословiе великое. Тропарь мучениковъ; Слава, и нынѣ: Богородицы. Ектенiи и отпустъ. Часъ 1-й.

На часахъ тропарь Богородицы; Слава: мучениковъ; Кондакъ Богородицы.

На литургiи блаженна на 8; отъ канона Богородицы, пѣснь 3-я на 4 и пѣснь 6-я на 4. По входѣ тропарь Богородицы и мучениковъ; Слава: кондакъ мучениковъ; И нынѣ: Богородицы; *въ храмѣ Христовомъ:* Тропарь храма, Богородицы и мучениковъ; кондакъ храма; Слава: мучениковъ; И нынѣ: Богородицы. Прокименъ, пѣснь Богородицы — Величитъ душа моя Господа: Апостолъ къ Фил. зач. 240-е. Аллилуiа во гл. 8-й. Евангелiе отъ Луки зач. 54-е. Причастенъ — Чашу спасенiя:

28-го АВГУСТА. Четвергъ. **Обрѣтенiе мощей преподобнаго Iова Почаевскаго.** *Творимъ бдѣнiе.*

Служба преп. Iова напечатана отдѣльной брошюрой или смотри на интернетѣ.

Зри: http://osanna.russportal.ru/index.php?id=liturg_book.menaion_sept_aug.august_m2802

На великой вечерни — Блаженъ мужъ: На — Господи воззвахъ: во гл. 1-й, стихиры преподобнаго — Прiиде день памяти: 8; Слава: преподобнаго — Твоимъ словесемъ, Господи: И нынѣ: — Како не дивимся: Входъ. Прокименъ — Боже, во имя Твое: Чтенiя преподобнаго 3. На литiи стихира храма и стихира преподобнаго — Прiидите вси словенстіи: Слава: преподобнаго — Днесь ликуетъ: И нынѣ: богородиченъ — Все упованіе мое: (см. богородиченъ отъ меньшихъ, гласъ 2-й въ четвертокъ утра). На стиховнѣ стихиры преподобнаго — Радуйся, священная главо: Слава: преподобнаго — Монаховъ множества: И нынѣ: богородиченъ — Безневѣстная Дѣво: По — Нынѣ отпущаеши: на благословеніи хлѣбовъ тропарь преподобнаго — Многострадальнаго праотца: 2-жды и — Богородице Дѣво: 1-жды.

На утрени на — Богъ Господь, во гл. 4-й, тропарь преподобнаго 2-жды; Слава, и нынѣ: богородиченъ — Еже отъ вѣка: По каѳизмахъ сѣдальны преподобнаго. Полiелей и величаніе преподобнаго — **Ублажаемъ тя, преподобне отче Іове, и чтемъ святую память твою, наставниче монаховъ и собесѣдниче ангеловъ.** Псаломъ избранный — Терпя потерпѣхъ Господа, и внятъ ми, и услыша молитву мою. Ектенія малая. Сѣдаленъ преподобнаго — Пастырскую мудрость: Слава, и нынѣ: богородиченъ — Небесную дверь: Степенна — Отъ юности моея: Прокименъ — Честна предъ Господемъ смерть преподобныхъ Его. Евангеліе отъ Матѳея зач. 43-е. Псаломъ 50-й. Слава: — Молитвами преподобнаго Іова: и прочее. Стихира преподобнаго — Преподобне отче: Каноны: Богородицы молебный со ирмосомъ на 6 (припѣвъ — Пресвятая Богородице, спаси насъ) и преподобнаго на 8 (припѣвъ — Преподобне отче Іове, моли Бога о насъ). Ирмосы — Воду прошедъ: Катавасія — Крестъ начертавъ: По 3-й пѣсни сѣдаленъ преподобнаго — Днесь исполняется: Слава, и нынѣ: богородиченъ — Яко всенепорочная: по 6-й кондакъ преподобнаго — Явился еси: и икосъ. На 9-й пѣсни — Честнѣйшую: Свѣтиленъ преподобнаго — Іовъ преподобный: Слава, и нынѣ: богородиченъ — Тя пѣсньми: На хвалитехъ во гл. 4-й, стихиры преподобнаго — Просіяша подвизи: 4; Слава: преподобнаго — Не довлѣютъ словеса: И нынѣ: богородиченъ — Владычице, пріими молитвы (см. богородиченъ отъ меньшихъ, гласъ 8-й въ субботу утра): Славословіе великое. Тропарь преподобнаго; Слава, и нынѣ: богородиченъ — Еже отъ вѣка: Ектеніи и отпустъ. Часъ 1-й.

На часахъ тропарь и кондакъ преподобнаго.

На литургіи блаженна на 8; отъ канона преподобнаго, пѣснь 3-я на 4 и пѣснь 6-я на 4. По входѣ тропари см. 2-го января — № 3. Прокименъ — Честна предъ Господемъ: Апостолъ къ Гал. зач. 213-е. Аллилуіа во гл. 6-й. Евангеліе отъ Луки зач. 24-е. Причастенъ — Въ память вѣчную:

29-го АВГУСТА. Пятница. **УСѢКНОВЕНІЕ ЧЕСТНЫЯ ГЛАВЫ ЧЕСТНАГО ІОАННА КРЕСТИТЕЛЯ.**

На великой вечерни — Блаженъ мужъ: На — Господи воззвахъ: во гл. 6-й; стихира Предтечи — Рождеству сотворяему: на 8; Слава: Предтечи — Рождеству сотворяему: И нынѣ — догматикъ — Кто Тебе не ублажитъ: Входъ. — Свѣте тихій: Прокименъ — Помощь моя отъ Господа: Чтенія Предтечи 3. На литіи стихиры Предтечи — Что тя наречемъ: Слава: — Беззаконнаго дѣянія: И нынѣ: богородиченъ — Воспойте людіе:

На стиховнѣ стихиры Предтечи — Покаянія проповѣдниче: Слава: Предтечи — Предтече Спасовъ: И нынѣ: богородиченъ — Безневѣстная Дѣво: По — Нынѣ отпущаеши: на благословеніи хлѣбовъ тропарь Предтечи — Память праведнаго: 2-жды и — Богородице Дѣво: 1-жды.

На утрени на — Богъ Господь: во гл. 2-й; тропарь Предтечи 2-жды; Слава, и нынѣ: богородиченъ — Вся паче смысла: По каѳизмахъ сѣдальны Предтечи. Поліелей и величаніе Предтечи — **Величаемъ тя, Крестителю Спасовъ Іоанне, и почитаемъ вси честныя твоея главы усѣкновеніе.** Псаломъ избранный — Блаженъ мужъ бояйся Господа, въ заповѣдехъ Его восхощетъ зѣло. Сѣдаленъ Предтечи — Предтеча, вѣрніи, креститель: Слава, и нынѣ: богородиченъ — Слово Отчее на землю: Степенна — Отъ юности моея: Прокименъ — Честна предъ Господемъ смерть преподобныхъ Его. Евангеліе отъ Матѳея зач. 57-е. Псаломъ 50-й. Слава: — Молитвами Предтечи и Крестителя Іоанна: И нынѣ: — Молитвами Богородицы: — Помилуй мя, Боже: и стихира — Пляса ученица: Каноны Предтечи два, первый со ирмосомъ на 8 (ирмосы по 2-жды) и второй безъ ирмоса на 6 (припѣвъ — Святый великій Іоанне, Предтече Господень, моли Бога о насъ). Ирмосы — Воду прошедъ: Катавасія — Крестъ начертавъ: По 3-й пѣсни сѣдаленъ — Отъ неплодове: Слава, и нынѣ: богородиченъ — Яко Дѣву: по 6-й кондакъ Предтечи — Предтечево славное усѣкновеніе: и икосъ. На 9-й пѣсни — Честнѣйшую: Свѣтиленъ Предтечи — Во пророцѣхъ: Слава: — Скверный Иродъ: И нынѣ: богородиченъ — Яже клятву: На хвалитехъ во гл. 8-й; стихиры Предтечи — О преславнаго чудесе: на 4; Слава: — Паки Иродія бѣсится: И нынѣ: богородиченъ — Богородице, ты еси лоза истинная: Славословіе великое. Тропарь Предтечи; Слава, и нынѣ: богородиченъ — Вся паче смысла: Ектеніи и отпустъ. Часъ 1-й.

На часахъ тропарь и кондакъ Предтечи.

На литургіи блаженна на 8; отъ перваго канона Предтечи, пѣснь 3-я на 4 и отъ втораго, пѣснь 6-я на 4. По входѣ тропари см. 2-го января — № 3. Прокименъ — Возвеселится праведникъ: Апостолъ Дѣяній зач. 33-е. Аллилуіа во 4-й. Евангеліе отъ Марка зач. 24-е. Причастенъ — Въ память вѣчную:

Зри: Въ сей день бываетъ постъ, разрѣшеніе на елей и вино, но безъ рыбы.

31-го АВГУСТА. **Недѣля 15-я по Пятидесятницѣ.** Гласъ 6-й. *Положеніе честнаго пояса Пресвятыя Богородицы.*

На великой вечерни — Блаженъ мужъ: На — Господи воззвахъ: стихиры на 10; Октоиха 4 и праздника — Рака, содержащая, Богородице: 6; Слава: праздника — Яко вѣнцемъ: И нынѣ: догматикъ — Кто Тебе не ублажитъ: Входъ. — Свѣте тихій: Прокименъ — Господь воцарися: На стиховнѣ стихиры Октоиха; Слава, и нынѣ: праздника — Смыслъ очистивше: По — Нынѣ отпущаеши: — Богородице Дѣво: 3-жды.

На утрени на — Богъ Господь: тропарь воскресенъ 2-жды; Слава, и нынѣ: праздника — Богородице приснодѣво: По каѳизмахъ сѣдальны воскресны. — Ангельскій соборъ: Ѵпакои, степенна и прокименъ гласа. Евангеліе воскресное 4-е, отъ Луки зач. 112-е. — Воскресеніе Христово: и прочее до канона обычно. Каноны: воскресенъ на 4, Богородицы на 2 и два праздника на 8 (припѣвъ — Пресвятая Богородице, спаси насъ). Ирмосы — Яко по суху: Катавасія — Крестъ начертавъ: По 3-й пѣсни кондакъ праздника — Честнаго пояса твоего: и икосъ; сѣдаленъ праздника — Яко божественное: Слава, и нынѣ: праздника — Положеніе твоего честнаго пояса: по 6-й кондакъ воскресный и икосъ. На 9-й пѣсни — Честнѣйшую: — Святъ Господь Богъ нашъ. Свѣтиленъ воскресенъ 4-й — Добродѣтельми блиставшеся: Слава, и нынѣ: праздника — Поясъ честный твой: На хвалитехъ стихиры на 8; Октоиха 4 и праздника — Яко пресвѣтлымъ вѣнецъ: со Славнымъ — Смыслъ очистивше: 4; съ припѣвами — Воскресни Господи: и — Лицу твоему помолятся: Слава: стихира евангельская 4-я — Утро бѣ глубоко: И нынѣ: — Преблагословенна еси: Славословіе великое и тропарь — Воскресъ изъ гроба: Ектеніи и отпустъ воскресный. Часъ 1-й.

На часахъ тропарь воскресенъ; Слава: праздника. Кондакъ праздника и воскресенъ поперемѣнно.

На литургіи блаженна на 10; гласа на 6 и отъ канона праздника, пѣснь 3-я на 4. По входѣ тропари воскресенъ и праздника; Слава: кондакъ воскресенъ; И нынѣ: праздника. Прокименъ — Спаси Господи люди Твоя: и пѣснь Богородицы — Величитъ душа моя: Апостолъ къ Кор. зач. 176-е и ко Евр. зач. 320-е. Аллилуіа во гл. 6-й и 8-й. Евангеліе отъ Матѳ зач. 92-е и отъ Луки зач. 54-е. Причастенъ — Хвалите Господа: и — Чашу спасенія пріиму: Отпустъ воскресный.

IX. СЕНТЯБРЬ

1-го СЕНТЯБРЯ. Понедѣльникъ. *Начало церковнаго года (начало индикта).* Преп. Симеона Столпника. Свв. мученицъ 40 женъ и св. Аммуна діакона и учителя ихъ.

Вся служба по Минеѣ. — Блаженъ мужъ: Входъ. Чтенія 3. Поліелея нѣтъ. Славословіе великое.

По литургіи — новогодній молебенъ. Нѣкоторые же совершаютъ его наканунѣ, послѣ бдѣнія въ полночь.

7-го СЕНТЯБРЯ. **Недѣля 16-я по Пятидесятницѣ,** *она же предъ Воздвиженіемъ.* Гласъ 7-й. *Предпразднство Рождество Богородицы.* Св. мученика Созонта.

На великой вечерни — Блаженъ мужъ: На — Господи воззвахъ: стихиры на 10; Октоиха 4, предпразднства — Всемірныя міру радости: 3 и мученика — Силою укрѣпляя: 3; Слава: предпразднитва — Всечестное твое рождество: И нынѣ: догматикъ — Мати убо позналася еси: Входъ. — Свѣте тихій: Прокименъ — Господь воцарися: На стиховнѣ стихиры Октоиха; Слава, и нынѣ: предпразднства — Всемірная радость: По — Нынѣ отпущаеши: — Богородице Дѣво: 2-жды и тропарь предпразднства — Отъ корене Іессеева: 1-жды.

На утрени на — Богъ Господь: тропарь воскресенъ 2-жды; Слава: мученика — Мученикъ Твой Господи, Созонтъ: И нынѣ: предпразднства. По каѳизмахъ сѣдальны воскресны. — Ангельскій соборъ: Vпакои, степенна и прокименъ гласа. Евангеліе воскресное 5-е, отъ Луки зач. 113-е. — Воскресеніе Христово: Псаломъ 50-й и прочее воскресно. Каноны: воскресенъ на 4, Богородицы на 2, предпразднства 4 (припѣвъ — Пресвятая Богородице, спаси насъ) и мученика на 4 (припѣвъ — Святый мучениче Созонте, моли Бога о насъ). Ирмосы — Маніемъ Твоимъ: Катавасія — Крестъ начертавъ Моисей: По 3-й пѣсни кондакъ предпразднства — Дѣва днесь, и Богородица: и икосъ; кондакъ мученика — Истиннаго и богомудраго: и икосъ; сѣдаленъ мученика — Спасса вѣрою: Слава, и нынѣ: предпразднства — Да радуется небо: по 6-й кондакъ воскресный и икосъ. На 9-й пѣсни поемъ — Честнѣйшую: — Святъ Господь Богъ нашъ. Свѣтиленъ воскресенъ 5-й — Животъ и путь: Слава: мученика — Оружіемъ честнаго: И нынѣ: предпразднства — Адаме обновися: На хвалитехъ стихиры на 8; Октоиха 5 и предпразднства — Пріидите иже отъ Адама: 3 съ припѣвами — Слыши дщи: и — Лицу твоему: Слава: стихира евангельская 5-я — О премудрыхъ: И нынѣ: — Преблагословенна еси: Славословіе великое и тропарь — Днесь спасеніе: Ектеніи и отпустъ воскресный. Часъ 1-й.

На часахъ тропарь воскресенъ; Слава: предпразднства и мученика попеременно. Кондакъ предпразднства и воскресенъ попеременно.

На литургіи блаженна на 10; гласа на 6, отъ канона предпразднства, пѣснь 3-я на 4. По входѣ тропари воскресенъ, предпразднства, храма святаго, мученика; кондаки воскресенъ, храма святаго; Слава: мученика; И нынѣ: предпразднства. Прокименъ (нед. предъ Воздвиженіемъ) — Спаси Господи люди Твоя: и — Возвеселится праведникъ о Господѣ: Апостолъ къ Гал. зач. 215-е, къ Кор. зач. 181-е и ко Ефес. зач. 233-е. Аллилуіа во гл. 1-й и 4-й. Евангеліе отъ Іоан. зач. 9-е, отъ Матѳ. зач. 105-е и отъ Іоан. зач. 52-е. Причастенъ — Хвалите Господа: и — Въ память вѣчную: Отпустъ воскресный.

8-го СЕНТЯБРЯ. Понедѣльникъ. **РОЖДЕСТВО ПРЕСВЯТЫЯ ВЛАДЫЧИЦЫ НАШЕЯ БОГОРОДИЦЫ И ПРИСНОДѢВЫ МАРІИ.**

На великой вечерни — Блаженъ мужъ: На — Господи воззвахъ: во гл. 6-й, стихиры праздника — Днесь иже на разумныхъ: 8; Слава, и нынѣ: праздника — Днесь иже на разумныхъ: Входъ. — Свѣте тихій: Прокименъ — Се нынѣ благословите: Чтенія праздника 3. На литіи стихиры праздника — Начало нашего спасенія: Слава, и нынѣ: праздника — Въ благознаменитый день: На стиховнѣ стихиры праздника — Всемірная радость: Слава, и нынѣ: праздника — Пріидите вси: По — Нынѣ отпущаеши: на благословеніи хлѣбовъ тропарь праздника — Рождество Твое Богородицѣ Дѣво: 3-жды.

На утрени на — Богъ Господь: во гл. 4-й, тропарь праздника 2-жды; Слава, и нынѣ: тойже. По каѳизмахъ сѣдальны праздника. Полiелей и величаніе праздника — **Величаемъ тя, пресвятая Дѣво, и чтемъ святыхъ Твоихъ родителей, и всеславное славимъ рождество Твое.** Псаломъ избранный — Помяни, Господи, Давида и всю кротость его. Сѣдаленъ праздника — Да радуется небо: Слава, и нынѣ: — Обновися Адаме: Степенна — Отъ юности моея: Прокименъ — Помяну имя Твое во всякомъ родѣ и родѣ. Евангеліе отъ Луки зач. 4-е. Псаломъ 50-й. Слава: — Молитвами Богородицы: И нынѣ: тойже. — Помилуй мя, Боже: стихира — Сей день Господень: Каноны два праздника, ирмосы по 2-жды, тропари на 12 (припѣвъ — Пресвятая Богородице, спаси насъ). Ирмосы — Грядите людіе: и — Сокрушившему брани: Катавасія — Крестъ начертавъ: По 3-й пѣсни сѣдаленъ праздника — Дѣва Марія: по 6-й кондакъ праздника — Іоакимъ и Анна: и икосъ. На 9-й пѣсни *не поемъ* — Честнѣйшую: но припѣвъ праздника — **Величай, душе моя, преславное рождество Божія Матере.** Посемъ ирмосъ и тропари 1-го канона; Иный припѣвъ ко 2-му канону. Свѣтиленъ праздника — Отъ неплодныя: Слава, и нынѣ: — Адаме обновися: На хвалитехъ, во гл. 1-й, стихиры праздника — О дивнаго чудесе: на 4; Слава, и нынѣ: — Сей день Господень: Славословіе великое. Тропарь праздника, ектеніи и отпустъ праздника — **Христосъ истинный Богъ нашъ, молитвами Пречистыя Своея Матере и всѣхъ святыхъ, помилуетъ:** Часъ 1-й.

На часахъ тропарь и кондакъ праздика.

На литургіи блаженна на 8; отъ перваго канона праздника, пѣснь 3-я на 4 и отъ втораго канона, пѣснь 6-я на 4. По входѣ тропарь праздника; Слава, и нынѣ: кондакъ его. Прокименъ пѣснь Богородицы — Величитъ душа моя: Апостолъ къ Филип. зач. 240-е. Аллилуіа во гл. 8-й. Евангеліе отъ Луки зач. 54-е. Задостойникъ — Величай, душе моя: и — Чуже матеремъ: Причастенъ — Чашу спасенія пріиму: Отпустъ праздника — **Христосъ истинный Богъ нашъ, молитвами Пречистыя Своея Матере, иже во святыхъ отца нашего Іоанна, архіепископа Константина града Златоустаго и всѣхъ святыхъ, помилуетъ:**

12-го СЕНТЯБРЯ. Четвергъ. *Отданіе праздника Рождества Пресвятыя Богородицы.*

На вечерни и утрени вся служба праздника, кромѣ входа, паремій, литіи и полiелея, но съ припѣвами праздника на 9-ой пѣсни и съ великимъ славословіемъ.

На литургіи по входѣ тропарь праздника; Слава, и нынѣ: кондакъ. Прокименъ, аллилуіа и причастенъ праздника. Апостолъ и евангеліе сначала дне, затѣмъ праздника.

Сентябрь

13-го СЕНТЯБРЯ. *Суббота предъ Воздвиженіемъ. Предпразднство Воздвиженія. Обновленіе храма во Іерусалимѣ.* Священномученика Корнилія сотника.

На литургіи блаженна на 8; отъ канона обновленіе пѣснь 3-я на 4 и пѣснь 6-я на 4. По входѣ тропарь обновленія, предпразднства, мученика; кондаки обновленія; Слава: мученика; И нынѣ: предпразднства. Прокименъ обновленія — Дому Твоему подобаетъ святыня, Господи, въ долготу дни; Апостолъ ко Евр. зач. 307-е и къ Кор. зач. 126-е. Аллилуіа во гл. 2-й. Евангеліе отъ Матѳ. зач. 67-е и отъ Матѳ. зач. 39-е. Причастенъ — Господи, возлюбихъ благолѣпіе дому Твоего, и мѣсто селенія славы Твоея.

14-го СЕНТЯБРЯ. **Недѣля 17-я по Пятидесятницѣ.** Гласъ 8-й. **ВСЕМІРНОЕ ВОЗДВИЖЕНІЕ ЧЕСТНАГО И ЖИВОТВОРЯЩАГО КРЕСТА.**

Воскреснаго ничего не поемъ.

Предъ началомъ бдѣнія, іерей въ фелони идетъ къ жертвеннику, гдѣ уже приготовленъ честный Крестъ, украшенный благовонными васильками или иными цвѣтами, лежащій на блюдѣ, покрытымъ воздухомъ. Царскія врата и завѣса закрыты. Іерей — Благословенъ Богъ нашъ: діаконъ или чтецъ въ алтарѣ — Аминь. Трисвятое по Отче нашъ: іерей кадитъ Крестъ и отдаетъ кадило. По возгласѣ же, поклонившись, принимаетъ Крестъ съ воздухомъ подъ нимъ на главу. Во святомъ же алтарѣ поется — Аминь и тропарь — Спаси, Господи: Слава, и нынѣ: кондакъ — Вознесыйся: Въ сіе время іерей, предшествуемый двумя свѣтильниками, переноситъ Крестъ, держа его со блюдомъ на главѣ на престолъ и полагаетъ его на мѣстѣ Евангелія, послѣ чего кадитъ 3-жды вокругъ престола. Евангеліе же заранѣе поставляется на горнее мѣсто престола. Потомъ отверзаются завѣса и царскія врата и начинаемъ бдѣніе.

На великой вечерни — Блаженъ мужъ: (каѳизму всю). На — Господи воззвахъ: во гл. 6-й, стихиры праздника — Крестъ воздвизаемь: на 8; Слава, и нынѣ: праздника — Пріидите, вси языцы: Входъ. — Свѣте тихій: Прокименъ — Господь воцарися: Чтенія праздника 3. На литіи стихиры праздника — Днесь яко воистинну: Слава, и нынѣ: праздника — Честнаго Креста: На стиховнѣ стихиры праздника — Радуйся, живоносный Кресте: Слава, и нынѣ: праздника — Егоже древле: По — Нынѣ отпущаеши: на благословеніи хлѣбовъ тропарь праздника — Спаси, Господи: 3-жды.

На утрени на — Богъ Господь: во гл. 1-й, тропарь праздника 2-жды; Слава, и нынѣ: тойже. По каѳизмахъ сѣдальны праздника. Полiелей и величаніе праздника (поется предъ престоломъ, на немъ же Крестъ) — **Величаемъ Тя, Живодавче Христе, и чтемъ Крестъ Твой святый, имже насъ спаслъ еси отъ работы вражія.** Псаломъ избранный — Суди, Господи, обидящія мя, побори борющія мя. Кажденіе. Сѣдаленъ праздника — Въ раи мя прежде: Степенна — Отъ юности моея: Прокименъ — Видѣша вси концы земли спасеніе Бога нашего. Евангеліе отъ Іоанна зач. 42-е отъ полу. — Воскресеніе Христово: Псаломъ 50-й. Слава: — Молитвами апостоловъ: И нынѣ: — Молитвами Богородицы: — Помилуй мя, Боже: Стихира — Кресте Христовъ: — Спаси, Боже: (но по возгласѣ не бываетъ цѣлованія образа, т. к. величаніе пѣто въ алтарѣ). Канонъ праздника, ирмосы по 2-жды, тропари на 12 (припѣвъ — Слава, Господи, Кресту Твоему честному). Ирмосы и катавасія — Крестъ начертавъ: По 3-й пѣсни сѣдаленъ праздника — Въ тебѣ, треблаженне: по 6-й кондакъ праздника — Вознесыйся на Крестъ: и икосъ. На 9-й пѣсни *не поемъ* — Честнѣйшую: но припѣвъ — **Величай, душе моя, пречестный Крестъ Господень;** и ирмосъ — Таинъ еси: припѣвается же сей припѣвъ къ тропарямъ канона; таже 2-й припѣвъ къ второму ирмосу (двоирмосна только 9-я пѣснь) и къ послѣдующимъ тропарямъ. Свѣтильны праздника — Крестъ, хранитель: 2-жды; Слава, и нынѣ: праздника — Крестъ воздвизается: Іерей же облачается во всѣ священныя одежды. На хвалитехъ во гл. 8-й, стихиры Креста — О преславнаго чудесе: на 4; Слава, и нынѣ: — Днесь происходитъ: Славословіе великое. Іерей кадитъ вокругъ престола 3-жды; при пѣніи Трисвятаго покланяется и принимаетъ Крестъ съ воздухомъ на главу. При протяжномъ пѣніи послѣдняго — Святый Боже: (распѣвомъ погребенія, въ это время и перезвонъ какъ на погребеніе), износитъ святый Крестъ на головѣ сѣверными дверьми предъ святыя врата, предъидущимъ двумъ свѣтильникамъ. По скончаніи Трисвятаго іерей возглашаетъ предъ царскими вратами — Премудрость, прости. Ликъ — Спаси, Господи: 3-жды. Іерей полагаетъ Крестъ, васильками украшенный, на аналоѣ посреди церкви и творитъ кажденіе его. (Въ каѳедральныхъ соборахъ совершается чинъ Воздвиженія.) Таже поетъ 3-жды — Кресту Твоему покланяемся: Поетъ 3-жды и ликъ. Посемъ стихиры — Пріидите, вѣрніи: и проч. И покланяются іерей и людіе единъ по единому честному Кресту. Іерей помазываетъ благословеннымъ елеемъ, раздается и благословенный хлѣбъ. Ектеніи. Отпустъ праздника — **Христосъ истинный Богъ нашъ, молитвами Пречистыя Своея Матере, силою Честнаго и Животворящаго Креста и всѣхъ святыхъ:** Часъ 1-й.

На часахъ тропарь и кондакъ праздника.

На литургіи антифоны праздника. Входное — **Возносите Господа Бога нашего и покланяйтеся подножію ногу Его, яко свято есть.** Тропарь праздника; Слава, и нынѣ: кондакъ. Вмѣсто Трисвятаго — Кресту Твоему: Прокименъ — Возносите Господа Бога нашего: Апостолъ къ Кор. зач. 125-е. Аллилуіа во гл. 1-й. Евангеліе отъ Іоан. зач. 60-е. Задостойникъ — Величай, душе моя: и ирмосъ — Таинъ еси: Причастенъ — Знаменася на насъ свѣтъ лица Твоего, Господи. Отпустъ праздника — **Христосъ истинный Богъ нашъ:**

Зри: Постъ, разрѣшеніе на вино и елей, но безъ рыбы.

На великой вечерни на — Господи воззвахъ: во гл. 5-й, стихиры на 6;

Сентябрь

праздника — Радуйся, живоносный Кресте: 3 и великомученика Никиты — Благочестивымъ всеоружіемъ: 3; Слава: мученика — Свѣтильника мучениковъ: И нынѣ: праздника — Пророковъ гласи: Входъ. — Свѣте тихій. Прокименъ великій, гл. 7-й — Богъ нашъ на небеси и на земли, вся елика восхотѣ, сотвори. На стиховнѣ стихиры праздника — Крестъ воздвизаемъ: Слава: мученика — Побѣды тезоименитъ: И нынѣ: праздника — Гласъ пророка: По — Нынѣ отпущаеши: тропарь мученика — Мученикъ Твой, Господи: Слава, и нынѣ: праздника — Спаси, Господи: Отпустъ праздника **— Христосъ истинный Богъ нашъ:**

20-го СЕНТЯБРЯ. *Суббота по Воздвиженіи. Попразднство Воздвиженія.* Св. великомученика Евстафія Плакиды.

На литургіи блаженна на 8; отъ канона праздника, пѣснь 8-я на 4 и отъ канона мученика, пѣснь 3-я на 4. По входѣ — Спаси ны Сыне Божій, плотію распнійся, поющыя ти, аллилуія: Трисвятое. Прокименъ праздника — Возносите Господа Бога нашего: и — Святымъ иже суть на земли: Апостолъ (суббота по Воздвиженіи) къ Кор. зач. 125-е отъ полу, къ Кор. зач. 162-е и ко Ефес. зач. 233-е. Аллилуіа во гл. 1-й и 4-й. Евангеліе отъ Іоан. зач. 30-е, отъ Матѳ. зач. 78-е и отъ Лук. зач. 106-е. Задостойникъ — Величай, душе моя: и ирмосъ — Таинъ еси: Причастенъ — Знаменася на насъ: и — Радуйтеся: Отпустъ праздника.

21-го СЕНТЯБРЯ. **Недѣля 18-я по Пятидесятницѣ,** *она же по Воздвиженіи. Гласъ 1-й. Отданіе Воздвиженіе Креста.*

На великой вечерни — Блаженъ мужъ: На — Господи воззвахъ: стихиры на 10; Октоиха 4 и праздника — Крестъ воздвизаемъ: на 6; Слава: праздника — Пріидите, вси языцы: И нынѣ: догматикъ — Всемірную славу: Входъ. — Свѣте тихій: Прокименъ — Господь воцарися: На стиховнѣ стихиры Октоиха; Слава, и нынѣ: праздника — Егоже древле: По — Нынѣ отпущаеши: — Богородице Дѣво: 2-жды и праздника — Спаси, Господи: 1-жды..

На утрени на — Богъ Господь: тропарь воскресенъ 2-жды; Слава, и нынѣ: праздника. По каѳизмахъ сѣдальны воскресны. — Ангельскій соборъ: Ѵпакои, степенна и прокименъ гласа. Евангеліе воскресное 7-е, отъ Іоанна зач. 63-е. — Воскресеніе Христово: Псаломъ 50-й и прочее обычно. Каноны: воскресенъ на 4, Богородицы на 2 и праздника на 8 (припѣвъ — Слава, Господи, Кресту Твоему честному). Ирмосъ — Твоя побѣдительная: Катавасія — Крестъ начертавъ: По 3-й пѣсни кондакъ праздника — Вознесыйся на Крестъ: и икосъ; Слава, и нынѣ: сѣдаленъ праздника — Въ тебѣ, треблаженне: по 6-й кондакъ воскресный и икосъ. На 9-й пѣсни — Честнѣйшую: припѣвы праздника *не поемъ.* — Святъ Господь Богъ нашъ. Свѣтиленъ воскресенъ 7-й — Яко взяша Господа: Слава, и нынѣ: праздника — Крестъ, хранитель: На хвалитехъ стихиры на 8; Октоиха 4 и праздника — О преславнаго чудесе: со Славнымъ — Днесь происходитъ: 4; съ припѣвами ихъ — Возносите Господа Бога нашего: и — Богъ же Царь нашъ: Слава: стихира евангельская 7-я — Се тьма, и рано: И нынѣ: — Преблагословенна еси: Славословіе великое и тропарь — Днесь спасеніе: Ектеніи и отпустъ воскресный. Часъ 1-й.

На часахъ тропарь воскресенъ; Слава: праздника. Кондаки праздника и воскресенъ поперемѣнно.

На литургіи блаженна на 10; гласа на 6 и отъ канона праздника, пѣснь 9-я на 4. По тропари воскресенъ и праздника; Слава: кондакъ воскресенъ; И нынѣ: праздника. Прокименъ — Буди Господи милость Твоя: и — Возносите Господа Бога нашего: Апостолъ (нед. по Воздв.) къ Гал. зач. 203-е и къ Кор. зач. 188. Аллилуіа (праздника и дне) во гл. 1-й. Евангеліе (нед. по Воздв.) отъ Марка зач. 37-е и отъ Матѳ. зач. 77-е (нед. 11-я). Задостойникъ — Величай, душе моя: и ирмосъ — Таинъ еси: Причастенъ — Знаменася на насъ свѣтъ лица Твоего, Господи; и — Хвалите Господа: Отпустъ воскресный.

По отпустѣ литургіи іерей исходитъ къ аналою, на которомъ лежитъ честный Крестъ, совершаетъ кажденіе Креста, принимаетъ его на главу и вноситъ во святый алтарь царскими вратами при пѣніи тропаря — Спаси, Господи: Слава, и нынѣ: кондака — Вознесыйся: Въ царскихъ вратахъ іерей осѣняетъ Крестомъ молящихся, затѣмъ полагаетъ Крестъ на престолъ и совершаетъ кажденіе его на престолѣ. И тако отдается праздникъ Воздвиженія.

22-го СЕНТЯБРЯ. Понедѣльникъ.

ЗРИ: Съ этого дня, согласно Церковному уставу (Тѵпиконъ, гл. 10-я), начинаются чтенія евангельскихъ зачалъ 18-й (Лукиной) седмицы. Счетъ недѣль остается прежнимъ. Лукиныя отступки относятся только къ Евангельскимъ чтеніямъ. Апостольскія чтенія не мѣняются.

25-го СЕНТЯБРЯ. Четвергъ. **Преподобнаго Сергія Радонежскаго.** *Творимъ бдѣніе.*

На великой вечерни — Блаженъ мужъ: На — Господи воззвахъ: во гл. 6-й, стихиры преподобнаго — Міра мятежъ: 8; Слава: преподобнаго — Еже по образу: И нынѣ: догматикъ — Кто Тебе не ублажитъ: Входъ. Прокименъ — Боже, во имя Твое: Чтенія преподобнаго 3. На литіи стихира храма и стихиры преподобнаго — Пріидите празднолюбцы: Слава: преподобнаго — Пріидите, монашествующихъ: И нынѣ: богородиченъ — Творецъ и Избавитель: На стиховнѣ стихиры преподобнаго — Наста, богоносе: Слава: преподобнаго — Монаховъ множества: И нынѣ: богородиченъ — Безневѣстная Дѣво: По — Нынѣ отпущаеши: на благословеніи хлѣбовъ тропарь преподобнаго — Иже добродѣтелей подвижникъ: 2-жды и — Богородице Дѣво: 1-жды.

На утрени на — Богъ Господь, во гл. 4-й, тропарь преподобнаго 2-жды, Слава, и нынѣ: богородиченъ — Еже отъ вѣка: По каѳизмахъ сѣдальны преподобнаго. Полiелей и величаніе преподобнаго — **Ублажаемъ тя, преподобне отче Сергіе, и чтемъ святую память твою,**

наставниче монаховъ и собесѣдниче ангеловъ. Псаломъ избранный — Терпя потерпѣхъ Господа, и внятъ ми, и услыша молитву мою. Ектенія малая. Сѣдаленъ преподобнаго — Егда, блаженне: Слава, и нынѣ: богородиченъ — О Тебѣ радуется: Степенна — Отъ юности моея: Прокименъ — Честна предъ Господемъ смерть преподобныхъ Его. Евангеліе отъ Матѳея зач. 43-е. Псаломъ 50-й. Слава: — Молитвами преподобнаго Сергія: и прочее. Стихира преподобнаго — Иже на земли: Канонъ Богородицы со ирмосомъ на 6 (припѣвъ — Пресвятая Богородице, спаси насъ) и два канона преподобнаго на 8 (припѣвъ — Преподобне отче Сергіе, моли Бога о насъ). Ирмосы — Яко по суху: Катавасія — Отверзу уста моя: По 3-й пѣсни сѣдаленъ преподобнаго — Яко воистинну: Слава, и нынѣ: богородиченъ — Херувимовъ и серафимовъ: по 6-й кондакъ преподобнаго — Христовою любовію: и икосъ. На 9-й пѣсни поемъ — Честнѣйшую: Свѣтиленъ преподобнаго — Процвѣлъ еси: Слава, и нынѣ: богородиченъ — Тя пѣсньми немолчными: На хвалитехъ во гл. 4-й, стихиры преподобнаго — Егда божественное званіе: 4; Слава: преподобнаго — Преподобне отче: И нынѣ: богородиченъ — Все упованіе мое: Славословіе великое. Тропарь преподобнаго; Слава, и нынѣ: богородиченъ — Еже отъ вѣка: Ектеніи и отпустъ. Часъ 1-й.

На часахъ тропарь и кондакъ преподобнаго.

На литургіи блаженна на 8; отъ перваго канона преподобнаго пѣснь 3-я на 4 и отъ втораго канона, пѣснь 6-я на 4, По входѣ тропари см. 2-го января — № 3. Прокименъ — Честна предъ Господемъ: Апостолъ къ Гал. зач. 213-е. Аллилуіа во гл. 6-й. Евангеліе отъ Луки зач. 24-е. Причастенъ — Въ память вѣчную:

26-го СЕНТЯБРЯ. Пятница. **Святаго Апостола и Евангелиста Іоанна Богослова.** *Творимъ бдѣніе.*

На великой вечерни — Блаженъ мужъ: На — Господи воззвахъ: во гл. 1-й, стихиры апостола — Зритель неизреченныхъ: 8; Слава: апостола — Сына громова: И нынѣ: догматикъ — Прейде сѣнь законная: Входъ. — Свѣте тихій: Прокименъ — Помощь моя отъ Господа: Чтенія апостола 3. На литіи стихира храма и стихиры апостола — Рѣки богословія: Слава: апостола — Возлегъ на перси: И нынѣ: богородиченъ — Со Отцемъ и Духомъ: На стиховнѣ стихиры апостола — Сына вышняго: Слава: апостола — Апостоле Христовъ: И нынѣ: богородиченъ — Творецъ и Избавитель: По — Нынѣ отпущаеши: на благословеніи хлѣбовъ тропарь апостола — Апостоле Христу Богу: 2-жды и — Богородице Дѣво: 1-жды.

На утрени на — Богъ Господь, во гл. 2-й, тропарь апостола 2-жды, Слава, и нынѣ: богородиченъ — Вся паче смысла: По каѳизмахъ сѣдальны апостола. Полieлей и величаніе апостола — **Величаемъ тя, апостоле Христовъ и евангелисте Іоанне Богослове, и чтемъ болѣзни и труды твоя, имиже трудился еси во благовѣстіи Христовѣ.** Псаломъ избранный — Небеса повѣдаютъ славу Божію, твореніе же руку Его возвѣщаетъ твердь. Ектенія малая. Сѣдаленъ апостола — Возлегъ на перси: Слава, и нынѣ: богородиченъ — Небесную дверь: Степенна — Отъ юности моея: Прокименъ — Во всю землю: Евангеліе отъ Іоан. зач. 67-е. Псаломъ 50-й. Слава: — Молитвами апостола и евангелиста Іоанна Богослова: и прочее. Стихира апостола — Богослове дѣвственниче: Канонъ Богородицы со ирмосомъ на 6 (припѣвъ — Пресвятая Богородице, спаси насъ) и два канона апостола на 8 (припѣвъ — Святый апостоле и евангелисте Іоанне Богослове, моли Бога о насъ). Ирмосы — Во глубинѣ: Катавасія — Отверзу уста моя: По 3-й пѣсни сѣдаленъ апостола — Премудрости на перси: Слава, и нынѣ: богородиченъ — Въ напасти: по 6-й кондакъ апостола — Величія твоя: и икосъ. На 9-й пѣсни поемъ — Честнѣйшую: Свѣтиленъ апостола — Яко душею: Слава: апостола — Громовъ сынъ бывъ: И нынѣ: богородиченъ — При Крестѣ: На хвалитехъ во гл. 8-й, стихиры апостола — Блаженне Іоанне: на 4; Слава: Благовѣстниче Іоанне: И нынѣ: богородиченъ — Владычице, пріими (см. богородичны отъ меньшихъ, гласъ 8-й въ субботу утра): Славословіе великое. Тропарь апостола; Слава, и нынѣ: богородиченъ — Вся паче смысла: Ектеніи и отпустъ. Часъ 1-й.

На часахъ тропарь и кондакъ апостола.

На литургіи блаженна на 8; отъ перваго канона апостола пѣснь 3-я на 4 и отъ втораго канона, пѣснь 6-я на 4, По входѣ тропари см. 2-го января — № 3. Прокименъ — Во всю землю: Апостолъ Соборнаго посл. Іоаннова зач. 73-е отъ полу. Аллилуіа во гл. 1-й. Евангеліе отъ Іоан. зач. 61-е. Причастенъ — Во всю землю:

28-го СЕНТЯБРЯ. Недѣля 19-я по Пятидесятницѣ. Гласъ 2-й. Преподобнаго Харитона исповѣдника.

На великой вечерни — Блаженъ мужъ: На — Господи воззвахъ: стихиры на 10; Октоиха 4 и преподобнаго — Страсти тѣлесныя: 6; Слава: преподобнаго — Богоносе Харитоне: И нынѣ: догматикъ — Прейде сѣнь: Входъ. — Свѣте тихій: Прокименъ — Господь воцарися: Чтенія преподобнаго 3. На стиховнѣ стихиры Октоиха; Слава: преподобнаго — Монаховъ множества: И нынѣ: богородиченъ — Безневѣстная Дѣво: По — Нынѣ отпущаеши: — Богородице Дѣво: 3-жды.

На утрени на — Богъ Господь: тропарь воскресенъ 2-жды; Слава: преподобнаго — Слезъ твоихъ теченьми: И нынѣ: богородиченъ — Иже насъ ради: По каѳизмахъ сѣдальны воскресны. Поліелей — **Ублажаемъ тя, преподобне отче Харитоне, и чтемъ святую память твою, наставниче монаховъ и собесѣдниче ангеловъ;** 1-жды. (Въ воскресные дни избранные псалмы не поются.) — Ангельскій соборъ: Ѵпакои гласа. Сѣдальны преподобнаго вси — Земныхъ и тлѣнныхъ: — Іоанна нравомъ Крестителя: Слава: — Земныхъ и тлѣнныхъ: И нынѣ: богородиченъ — По Бозѣ въ твой: Степенна и прокименъ гласа. Евангеліе воскресное 8-е, отъ Іоанна зач. 64-е. — Воскресеніе Христово: Псаломъ 50-й и прочее обычно. Каноны: воскресенъ на 4, крестовоскресенъ на 2,

Богородицы на 2 и преподобнаго — Моря страстнаго: на 6 (припѣвъ — Преподобне отче Харитоне, моли Бога о насъ). Ирмосы — Во глубинѣ: Катавасія — Отверзу уста моя: По 3-й пѣсни кондакъ преподобнаго — Насладився богомудре: и икосъ; сѣдаленъ преподобнаго — Страданія болѣзньми: Слава, и нынѣ: богородиченъ — Въ напасти: по 6-й кондакъ воскресный и икосъ. На 9-й пѣсни — Честнѣйшую: — Святъ Господь Богъ нашъ. Свѣтиленъ воскресенъ 8-й — Два ангела: преподобнаго — Страданіемъ убо: И нынѣ: богородиченъ воскресенъ 8-й — Отъ Троицы родила еси: На хвалитехъ стихиры на 8; Октоиха 4 и преподобнаго — Благодать Духа: со Славнымъ — Преподобне отче, гласъ: 4 съ припѣвами ихъ — Честна предъ Господемъ: и — Блаженъ мужъ: Слава: стихира евангельская 8-я — Мариины слезы: И нынѣ: — Преблагословенна еси: Славословіе великое и тропарь — Воскресъ изъ гроба: Ектеніи и отпустъ воскресный. Часъ 1-й.

На часахъ тропарь воскресенъ; Слава: преподобнаго. Кондакъ преподобнаго и воскресенъ поперемѣнно.

На литургіи блаженна на 10; гласа на 6 и отъ канона преподобнаго, пѣснь 3-я на 4. По входѣ тропари см. 2-го января — № 2. Прокименъ — Крѣпость моя и пѣніе: и — Восхвалятся преподобніи: Апостолъ къ Кор. зач. 194-е, и къ Кор. зач. 176-е. Аллилуіа во гл. 2-й и 6-й. Евангеліе отъ Луки зач. 17-е (нед. 18-я) и отъ Луки зач 24-е. Причастенъ — Хвалите Господа: и —Въ память вѣчную: Отпустъ воскресный.

29-го СЕНТЯБРЯ. Понедѣльникъ. **Обрѣтеніе мощей святителя Іоанна, архіепископа Шанхайскаго и Санъ-Францисскаго чудотворца.** *Служба поліелейная.*

Служба свят. Іоанна напечатана отдѣльной брошюрой или на интернетѣ. Зри: http://osanna.russportal.ru/index.php?id=liturg_book.menaion_sept_aug.june_m1906.

На великой вечерни по возгласѣ — Благословенъ Богъ нашъ: чтецъ — Пріидите, поклонимся:[33] и псаломъ 103-й — Благослови, душе моя, Господа: Ектенія великая. — Блаженъ мужъ: На — Господи воззвахъ: во гл. 6-й; стихиры святителя — Воспоимъ святителя: на 8; Слава: святителя — Днесь собравшеся: И нынѣ: догманикъ — Кто Тебе не ублажитъ: Входъ. — Свѣте тихій: Прокименъ — Се нынѣ благословите: Чтенія святителя 3. Сугубая ектенія. — Сподоби Господи: Ектенія — Исполнимъ вечернюю молитву: На стиховнѣ стихиры святителя — Бодрствуя и моляся: Слава: святителя — Образъ воистинну: И нынѣ: богородиченъ — Творецъ и Избавитель: По — Нынѣ отпущаеши: Трисвятое по — Отче нашъ: тропарь святителя — Попеченіе твое о паствѣ: Слава, и нынѣ: богородиченъ — Радуйся двере Господня: Таже отпустъ.

На утрени іерей съ кадиломъ предъ престоломъ — Благословенъ Богъ нашъ: чтецъ — Аминь. Іерей кадитъ церковь. Чтецъ — Пріидите поклонимся; и чтетъ псалмы 19-й и 20-й. Ектенія по обычаю и возгласъ:

---

[33] Аще 9-й часъ не читается, то вечерня начинается полнымъ началомъ

— Слава Святѣй: шестопсалміе. Ектенія великая. На — Богъ Господь: во гл. 5-й; тропарь святителя 2-жды; Слава, и нынѣ: богородиченъ — Радуйся двере Господня: По каѳизмахъ сѣдальны святителя. Поліелей и величаніе святителя — **Величаемъ тя, святителю отче Іоанне, и чтемъ святую память твою, ты бо молиши за насъ Христа Бога нашего.** Псаломъ избранный — Услышите сія вси языцы, внушите вси живущіи по вселеннѣй. Сѣдаленъ святителя — Славы древнихъ: Слава, и нынѣ: богородиченъ — Сошедшеся днесь: Степенна — Отъ юности моея: Прокименъ святителя — Честна предъ Господемъ: Евангеліе отъ Іоанна зач. 35-е отъ полу. Псаломъ 50-й. Слава: — Молитвами святителя Іоанна: И нынѣ: — Молитвами Богородицы: — Помилуй мя, Боже: стихира святителя — Радуются днесь: — Спаси Боже люди: Каноны: молебный Богородицы со ирмосомъ на 6 (припѣвъ — Пресвятая Богородице, спаси насъ) и святителя на 8 (припѣвъ — Святителю отче Іоанне, моли Бога о насъ). Ирмосы — Воду прошедъ: Катавасія — Отверзу уста моя: По 3-й пѣсни сѣдаленъ святителя — Молитва твоя: Слава, и нынѣ: богородиченъ — Утвержденіе намъ еси: по 6-й кондакъ святителя — Христу Пастыреначальнику: и икосъ. На 9 й пѣсни поемъ — Честнѣйшую: Свѣтиленъ святителя — Аще и умрохъ: Слава, и нынѣ: богородиченъ — О Тебѣ, Богородице: На хвалитехъ во гл. 4-й, стихиры святителя — Благодарно воспоимъ: на 4; Слава: святителя — Исповѣдуемъ дивное: И нынѣ: богородиченъ — Богородице, всѣхъ Царице: Славословіе великое. Инъ тропарь святителя во гл. 1-й — Святительства даръ: Слава, и нынѣ: богородиченъ — Гавріилу вѣщавшу: Ектеніи и отпустъ. Часъ 1-й.

На часахъ тропарь и кондакъ апостола.

На литургіи блаженна на 8; отъ канона святителя, пѣснь 3-я на 4 и пѣснь 6-я на 4. По входѣ тропари см. 2-го января — № 3. Прокименъ — Творяй ангелы Своя духи: и — Уста моя возглаголютъ: Апостолъ къ Филип. зач. 241-е и ко Евр. зач. 318-е. Аллилуіа во гл. 5-й и 2-й. Евангеліе отъ Луки зач. 16-е и отъ Іоан. зач. 36-е. Причастенъ — Творяй ангелы: и — Въ память вѣчную:

X. ОКТЯБРЬ.

1-го ОКТЯБРЯ. Среда. **ПОКРОВЪ ПРЕСВЯТЫЯ ВЛАДЫЧИЦЫ НАШЕЯ БОГОРОДИЦЫ И ПРИСНОДѢВЫ МАРІИ.**

На великой вечерни — Блаженъ мужъ: На — Господи воззвахъ: во гл. 1-й, стихиры праздника на 8 — О великое заступленіе: Слава, и нынѣ: праздника — Срадуются съ нами: Входъ. — Свѣте тихій: Прокименъ — Милость Твоя, Господи: Чтенія праздника 3. На литіи стихиры праздника — Наста днесь: Слава, и нынѣ: Богородицы — Смыслъ очистивше: На стиховнѣ стихиры праздника: — Яко всѣхъ вышши: Слава, и нынѣ: праздника — Яко вѣнцемъ: По — Нынѣ отпущаеши: на благословеніи

Октябрь

хлѣбовъ — тропарь Богородицы — Днесь благовѣрніи людіе: 3-жды.

На утрени на — Богъ Господь: тропарь праздника; 2-жды; Слава, и нынѣ: тойже. По каѳизмахъ сѣдальны праздника. Полiелей и величаніе праздника — **Величаемъ Тя, Пресвятая Дѣво, и чтемъ Покровъ Твой честный, Тя бо святый Андрей видѣ на воздусѣ, за ны Христу молящуюся.** Псаломъ избранный — Помяни, Господи, Давида и всю кротость его. По полiелей сѣдальны праздника — Яко древняго воистинну: Степенна — Отъ юности моея: Прокименъ — Помяну имя Твое во всякомъ родѣ и родѣ. Евангеліе отъ Луки зач. 4-е. Псаломъ 50-й; Слава: — Молитвами Богородицы: И нынѣ: тойже; — Помилуй мя Боже: стихира праздника — Срадуются съ нами: Канонъ праздника, ирмосы по 2-жды, тропари на 12 (припѣвъ — Пресвятая Богородице, спаси насъ). Ирмосы и катавасія — Отверзу уста моя: По 3-й пѣсни сѣдаленъ праздника — Теплая предстательнице: по 6-й кондакъ Богородицы — Дѣва днесь: и икосъ. На 9-й пѣсни — Честнѣйшую: Свѣтиленъ праздника — О пресвятая Госпоже: 3-жды. На хвалитехъ стихиры праздника — Тебѣ припадаемъ: на 4; Слава, и нынѣ: праздника — Яко видѣ Тя: Славословіе великое и тропарь праздника. Ектеніи и отпустъ. Часъ 1-й.

На часахъ тропарь и кондакъ праздника.

На литургіи блаженна на 8; отъ канона праздника, пѣснь 3-я на 4 и пѣснь 6-я на 4. По входѣ тропарь праздника; Слава, и нынѣ: кондакъ праздника. Прокименъ пѣснь Богородицы — Величитъ душа моя: Апостолъ ко Евр. зач. 320-е. Аллилуіа во гл. 8-й. Евангеліе отъ Луки зач. 54-е. Причастенъ — Чашу спасенія:

5-го ОКТЯБРЯ. **Недѣля 20-я по Пятидесятницѣ.** Гласъ 3-й. **Святителей Московскихъ и всея Руси чудотворцевъ.**

На великой вечерни — Блаженъ мужъ: На — Господи воззвахъ: стихиры на 10; Октоиха 4 и святителей — Яко звѣзды многосвѣтлыя: Слава: святителей — Человѣцы Божіи: И нынѣ: догматикъ — Како не дивимся: Входъ. Прокименъ — Господь воцарися: Чтенія святителей 3. На стиховнѣ стихиры Октоиха; Слава: святителей — Святителіе всечестніи: И нынѣ: богородиченъ — Безъ сѣмене: По — Нынѣ отпущаеши: — Богородице Дѣво: 3-жды.

На утрени на — Богъ Господь: тропарь воскресенъ 2-жды; Слава: тропарь святителей — Первопрестольницы Россійсти: И нынѣ: богородиченъ — Еже отъ вѣка: По каѳизмахъ сѣдальны Октоиха. Полiелей и величаніе святителей — **Величаемъ васъ, святителіе Христовы Московстіи, и чтемъ святую память вашу, вы бо молите за насъ Христа Бога нашего;** 1-жды. (Въ воскресные дни избранные псалмы не поются.) — Ангельскій соборъ: Vпакои гласа. Сѣдальны святителей вси — Яко царское: — Столпы бысте: Слава: — Премудріи учителіе: И нынѣ: богородиченъ — Предстательнице: Степенна и прокименъ гласа. Евангеліе воскресное 9-е, отъ Іоанна зач. 65-е. — Воскресеніе

Христово: Псаломъ 50-й и прочее обычно. Каноны: воскресенъ на 4, крестовоскресенъ на 2, Богородицы на 2 и святителей на 6 (припѣвъ — Святеліе Московстіи, молите Бога о насъ). Ирмосы — Воды древле: Катавасія — Отверзу уста моя: По 3-й пѣсни кондакъ святителей — Во святителехъ: и икосъ; сѣдаленъ святителей — Прострите ваши: Слава, и нынѣ: богородиченъ — Дѣво всенепорочная: по 6-й кондакъ воскресный и икосъ. На 9-й пѣсни — Честнѣйшую: — Святъ Господь Богъ нашъ. Свѣтиленъ воскресенъ 9-й — Заключеннымъ, Владыко: Слава: святителей — Свѣтозарныя свѣтильники: И нынѣ: богородиченъ воскресенъ 9-й — Твоего Сына: На хвалитехъ стихиры на 8; Октоиха 4 и святыхъ — Имѣяй душу милостиву: со Славнымъ — Добріи раби: 4, съ припѣвами ихъ — Честна предъ Господемъ: и — Священницы Твои облекутся: Слава: стихира евангельская 9-я — Яко въ послѣдняя лѣта: И нынѣ: — Преблагословенна еси: Славословіе великое и тропарь — Днесь спасеніе: Ектеніи и отпустъ воскресный. Часъ 1-й.

На часахъ тропарь воскресенъ; Слава: святителей. Кондаки святителейй воскресенъ поперемѣнно.

На литургіи блаженна на 10; гласа на 6 и отъ канона святителей, пѣснь 3-я на 4. По входѣ тропари см. 2-го января — № 2. Прокименъ — Пойте, Богу нашему, пойте: и — Честна предъ Господемъ: Апостолъ къ Гал. зач. 200-е и ко Евр. зач. 335-е. Аллилуіа во гл. 3-й и 2-й. Евангеліе отъ Луки зач. 26-е (нед. 19-я), и отъ Матѳ. зач. 11-е. Причастенъ — Хвалите Господа: и — Радуйтеся: Отпустъ воскресный.

7-го ОКТЯБРЯ. Вторникъ. **Святителя Іоны, епископа Ханькоускаго.** *Творимъ бдѣніе.*

Служба святителя изданная отдѣльной брошюрой или смотри на интернетѣ.

Зри: http://www.synod.com/synod/pdf/services/service_stjonah_hankow.pdf

На великой вечерни — Блаженъ мужъ: На — Господи воззвахъ: во гл. 6-й, стихиры святителя — Похвало Козельска и Калуги слава: на 8; Слава: святителя — Отче Іоно, іерарху Новаграда: И нынѣ: догматикъ — Како не дивимся: Входъ. — Свѣте тихій: Прокименъ — Господь услышитъ мя: Чтенія святителя 3. На литіи стихира храма и стихиры святителя — Любовію къ Богу: Слава: святителя — Вѣренъ Богу и Церкви: И нынѣ: богородиченъ — Бысть чрево: На стиховнѣ стихиры святителя — Радуйся отче Іоно: Слава: святителя — Днесь беззаконующіи умолчаша: И нынѣ: богородиченъ — Творецъ и Избавитель: По — Нынѣ отпущаеши: на благословеніе хлѣбовъ; тропарь святителя — Пастырь добрый былъ: 2-жды и — Богородице Дѣво: 1-жды.

На утрени на — Богъ Господь: во гл. 4-й; тропарь святителя 2-жды; Слава, и нынѣ: богородиченъ — Еже отъ вѣка: По каѳизмахъ сѣдальны святителя. Поліелей и величаніе святителя — **Величаемъ тя, святителю отче Іоно, и чтемъ святую память твою, ты бо молиши за насъ Христа Бога нашего.** Псаломъ избранный — Услышите сія вси языцы, внушите вси живущіи по вселеннѣй. Ектенія малая. Сѣдальны святителя — Святитель Христовъ: Слава, и нынѣ: богородиченъ — Радуйся нынѣ Іоаннъ: Степенна — Отъ юности моея: Прокименъ — Честна предъ Господемъ: Евангеліе отъ Матѳ. зач. 11-е. Псаломъ 50-й. Слава: — Молитвами святителя Іоны: и прочее. Стихира святителя — Пѣсньми воспоимъ: Каноны: Богородицы молебный на 6 (припѣвъ — Пресвятая Богородице, спаси насъ) и святителя на 8 (припѣвъ — Святителю отче Іоно, моли Бога о насъ). Ирмосы — Воду прошедъ: Катавасія — Отверзу уста моя: По 3-й пѣсни сѣдаленъ святителя — Вѣры ради ятъ бывъ: Слава, и нынѣ: богородиченъ — Сладосте ангеловъ: по 6-й кондакъ святителя — Дѣтемъ не возбранилъ еси: и икосъ. На 9-й пѣсни поемъ — Честнѣйшую: Свѣтиленъ святителя — Въ пѣснѣхъ достойныхъ: Слава, и нынѣ: богородиченъ — Щедроты Твоя: На хвалитехъ во гл. 1-й, стихиры святителя — Въ годину гоненія: на 4; Слава: святителя — Благій и вѣрный рабе: И нынѣ: богородиченъ — Богородице, Ты еси лоза: Славословіе великое. Тропарь святителя; Слава, и нынѣ: богородиченъ — Еже отъ вѣка: Ектеніи и отпустъ. Часъ 1-й.

На часахъ тропарь и кондакъ святителя.

На литургіи блаженна на 8; отъ канона святителя, пѣснь 3-я на 4 и пѣснь 6-я на 4. По входѣ тропари см. 2-го января — № 3. Прокименъ — Возвеселится праведникъ: Апостолъ ко Евр. зач. 335-е. Аллилуіа во гл. 4-й. Евангеліе отъ Луки зач. 24-е. Причастенъ — Въ память вѣчную:

10-го ОКТЯБРЯ. Пятница. **Соборъ преподобныхъ Оптинскихъ старцевъ.**

(Служба преподобныхъ отецъ изданная отдѣльной брошюрой или смотри на интернетѣ. Зри: http://osanna.russportal.ru/index.php?id=liturg_book.menaion_sept_aug.october_m1002.)

На великой вечерни — Блаженъ мужъ: На — Господи воззвахъ: во гл. 4-й, стихиры преподобныхъ — Преподобніи старцы Оптинстіи: на 8; Слава: преподобныхъ — Узы разрѣшше страстей: И нынѣ: догматикъ — Кто Тебе не ублажитъ: Входъ. — Свѣте тихій: Прокименъ — Помощь моя отъ Господа: Чтенія преподобныхъ 3. На литіи стихира храма и стихиры преподобныхъ — Яви намъ дивный: Слава: преподобныхъ — Пріидите, благочестія ревнители: И нынѣ: богородиченъ — Храмъ и дверь еси: На стиховнѣ стихиры преподобныхъ — Возложился еси: Слава: преподобныхъ — Свѣтомъ Троическимъ: И нынѣ: богородиченъ — Безнѣвѣстная Дѣво: По — Нынѣ отпущаеши: на благословеніе хлѣбовъ; тропарь преподобныхъ — Въ молитвахъ непрестанныхъ: 2-жды и — Богородице Дѣво: 1-жды.

На утрени на — Богъ Господь: во гл. 1-й; тропарь преподобныхъ 2-жды; Слава, и нынѣ: — Гавріилу вѣщавшу: По каѳизмахъ сѣдальны преподобныхъ. Поліелей и величаніе преподобныхъ — **Ублажаемъ васъ, преподобніи отцы Оптинстіи, и чтемъ святую память вашу, наставницы монаховъ и собесѣдницы ангеловъ.** Псаломъ избранный

— Терпя потерпѣхъ Господа, и внятъ ми, и услыша молитву мою. Ектенія малая. Сѣдальны преподобныхъ — Неизреченна святыхъ благодать: Слава, и нынѣ: — Матерь Тя Божію: Степенна — Отъ юности моея: Прокименъ — Честна предъ Господемъ: Евангеліе отъ Матѳ. зач. 43-е. Псаломъ 50-й. Слава: — Молитвами преподобныхъ отцевъ Оптинскихъ: и прочее. Стихира преподобныхъ — Все отринувше: Каноны: Богородицы на 6 (припѣвъ — Пресвятая Богородице, спаси насъ) и преподобныхъ на 8 (припѣвъ — Преподобніи отцы Оптинстіи, молите Бога о насъ). Ирмосы — Воду прошедъ: Катавасія — Отверзу уста моя: По 3-й пѣсни сѣдаленъ преподобныхъ — Явистеся Духа Святаго органи: Слава, и нынѣ: богородиченъ — Еже отъ ангела: по 6-й кондакъ преподобныхъ — Иже отъ міра: и икосъ. На 9-й пѣсни поемъ — Честнѣйшую: Свѣтиленъ преподобныхъ — Старцы почтимъ: Слава, и нынѣ: богородиченъ — Сладость ангеловъ: На хвалитехъ во гл. 6-й, стихиры преподобныхъ — Все отложше: на 4; Слава: — Воздвигше Крестъ: И нынѣ: богородиченъ — Владычице, пріими молитву: Славословіе великое. Тропарь преподобныхъ; Слава, и нынѣ: богородиченъ — Гавріилу вѣщавшу: Ектеніи и отпустъ. Часъ 1-й.

На часахъ тропарь и кондакъ преподобныхъ.

На литургіи блаженна на 8; отъ канона преподобныхъ, пѣснь 3-я на 4 и пѣснь 6-я на 4. По входѣ тропари см. 2-го января — № 3. Прокименъ — Честна предъ Господемъ: Апостолъ къ Гал. 213-е. Аллилуіа во гл. 6-й. Евангеліе отъ Луки зач. 24-е. Причастенъ — Радуйтеся праведніи:

12-го ОКТЯБРЯ. **Недѣля 21-я по Пятидесятницѣ.** Гласъ 4-й. *Память свв. Отцевъ 7-го Вселенскаго собора.*

(Служба свв. отцевъ напечатана въ Минеи подъ 11-мъ октября или смотри въ Великомъ сборникѣ.)

Службу св. мучч. Прова, Тарха и Андроника поемъ на повечеріи.

На великой вечерни — Блаженъ мужъ: На — Господи воззвахъ: стихиры на 10; Октоиха 4 и отцевъ — Честныя соборы: 6; Слава: отцевъ — Таинственныя днесь: И нынѣ: догматикъ — Иже Тебе ради: Входъ. — Свѣте тихій: Прокименъ — Господь воцарися: Чтенія отцевъ 3. На стиховнѣ стихиры Октоиха; Слава: отцевъ — Молебную память: И нынѣ: богородиченъ — Призри на моленія: По — Нынѣ отпущаеши: — Богородице Дѣво: 2-жды и тропарь отцевъ — Препрославленъ еси: 1-жды.

На утрени на — Богъ Господь: тропарь воскресенъ 2-жды; Слава: отцевъ; И нынѣ: богородиченъ — Иже насъ ради: По каѳизмахъ сѣдальны воскресны. Поліелей. — Ангельскій соборъ: Vпакои, степенна и прокименъ гласа. Евангеліе воскресное 10-е, отъ Іоанна зач. 66-е. — Воскресеніе Христово: Псаломъ 50-й и прочее обычно. Каноны: воскресенъ на 4, крестовоскресенъ на 2, Богородицы на 2 и отцевъ на 6 (припѣвъ — Святіи богоносніи отцы, молите Бога о насъ). Ирмосы — Моря чермную: Катавасія — Отверзу уста моя: По 3-й пѣсни кондакъ воскресный и икосъ; сѣдаленъ отцевъ — Свѣтильницы пресвѣтліи:

Октябрь

Слава, и нынѣ: богородиченъ — Скоро насъ предвари: по 6-й кондакъ отцевъ — Иже изъ Отца: и икосъ. На 9-й пѣсни — Честнѣйшую: — Святъ Господь Богъ нашъ. Свѣтиленъ воскресенъ 10-й — Тиверіадское море: отцевъ — Отцы небомудреннiи: И нынѣ: богородиченъ — Мольбами, Преблагiй Господи: На хвалитехъ стихиры на 8; Октоиха 4 и отцевъ — Все собравше: 4; съ припѣвами ихъ — Благословенъ еси: и — Соберите Ему: Слава: отцевъ — Святыхъ отцевъ ликъ: И нынѣ: — Преблагословенна еси: Славословiе великое и тропарь — Воскресъ изъ гроба: Ектенiи и отпустъ воскресный. Слава, и нынѣ: стихира евангельская 10-я — По еже во адъ: Часъ 1-й.

На часахъ тропарь воскресенъ; Слава: отцевъ. Кондаки воскресенъ и отцевъ поперемѣнно.

На литургiи блаженна на 10; гласа на 6 и отъ канона отцевъ, пѣснь 3-я на 4. По входѣ тропари см. 2-го января — № 1. Прокименъ — Яко возвеличишася: и пѣснь отцевъ — Благословенъ еси, Господи Боже: Апостолъ къ Гал. зач. 203-е и ко Евр. зач. 334-е. Аллилуiа во гл. 4-й и 1-й. Евангелiе отъ Луки зач. 30-е (нед. 20-я) и отъ Іоанна зач. 56-е. Причастенъ — Хвалите Господа: и — Радуйтеся: Отпустъ воскресный.

13-го ОКТЯБРЯ. Понедѣльникъ. **Празднованiе явленiя «Иверскiя» иконы Божiей Матери.** *Творимъ бдѣнiе.*

На великой вечерни — Блаженъ мужъ: На — Господи воззвахъ: во гл. 5-й, стихиры Богородицы на 8 — Красуйся Аѳоне: Слава, и нынѣ: Богородицы — О Мати благая: Входъ. — Свѣте тихiй: Прокименъ — Се нынѣ благословите: Чтенiя Богородицы 3. На литiи стихиры Богородицы — Прiидите празднолюбцы: Слава, и нынѣ: Богородицы — Радуется Аѳонъ: На стиховнѣ стихиры Богородицы — Славное иконы: Слава, и нынѣ: Богородицы — Прiидите, вси монаси: По — Нынѣ отпущаеши: на благословенiи хлѣбовъ тропарь Богородицы — Дерзость ненавидящихъ образъ: 2-жды и — Богородице Дѣво: 1-жды.

На утрени на — Богъ Господь, во гл. 1-й, тропарь Богородицы 2-жды, Слава, и нынѣ: инъ тропарь — Отъ святыя иконы: По каѳизмахъ сѣдальны Богородицы. Полiелей и величанiе Богородицы — **Величаемъ тя, Пресвятая Дѣво, богоизбранная отроковице, и чтимъ образъ твой святый, имже точиши исцѣленiя всѣмъ съ вѣрою притекающимъ.** Псаломъ избранный — Помяни, Господи, Давида и всю кростость его. Ектенiя малая. Сѣдаленъ Богородицы — Величiе Твое кто исповѣсть: Степенна — Отъ юности моея: Прокименъ — Помяну имя Твое: Евангелiе отъ Луки зач. 4-е. Псаломъ 50-й. Слава: — Молитвами Богородицы: И нынѣ: тойже; — Помилуй мя Боже: Стихира Богородицы — Егда явленiе: Канонъ Богородицы на 12, ирмосы по дважды (припѣвъ — Пресвятая Богородице, спаси насъ). Ирмосы — Колесницегонителя фараоня: и катавасiя — Отверзу уста моя: По 3-й пѣсни сѣдаленъ Богородицы — Свѣтлое днесь: по 6-й кондакъ Богородицы — Аще и въ море: и икосъ. На 9-й пѣсни поемъ — Честнѣйшую: Свѣтиленъ

Богородицы — Икону Твою: 2-жды; Слава, и нынѣ: тойже. На хвалитехъ во гл. 4-й, стихиры Богородицы — О несказанныя благости: на 4; Слава, и нынѣ: Богородицы — Твой глаголъ исполняя: Славословіе великое. Тропарь Богородицы Слава, и нынѣ: инъ тропарь — Отъ святыя иконы: Ектеніи и отпустъ. Часъ 1-й.

На часахъ тропарь и кондакъ Богородицы.

На литургіи блаженна на 8; отъ канона Богородицы, пѣснь 3-я на 4 и пѣснь 6-я на 4. По входѣ тропарь Богородицы; Слава, и нынѣ: кондакъ Богородицы; *въ храмъ Христовомъ:* Тропари храма и Богородицы; Слава: кондакъ храма; И нынѣ: Богородицы. Прокименъ, пѣснь Богородицы — Величитъ душа моя Господа: Апостолъ къ Фил. зач. 240-е. Аллилуіа во гл. 8-й. Евангеліе отъ Луки зач. 54-е. Причастенъ — Чашу спасенія:

19-го ОКТЯБРЯ. **Недѣля 22-я по Пятидесятницѣ.** Гласъ 5-й. **Прославленіе св. прав. Іоанна Кронштадтскаго, чудотворца.** *Служба св. прав. Іоанна напечатана отдѣльной брошюрой или смотри на интернетѣ. Зри:*

http://osanna.russportal.ru/index.php?id=liturg_book.menaion_sept_aug.october_m1903

На великой вечерни — Блаженъ мужъ: На — Господи воззвахъ: стихиры на 10; Октоиха 4 и святаго — Вся житейская: 6; Слава: святаго Іоанна — Сердцемъ вѣровалъ: И нынѣ: догматикъ — Въ Чермнѣмъ мори: Входъ. — Свѣте тихій: Прокименъ — Господь воцарися: Чтенія святаго 3. На литіи стихира храма и стихиры святаго — О крѣпосте моя: Слава: св. Іоанна — Молящеся, Духомъ: И нынѣ: богородиченъ — Утро свѣтозарное: На стиховнѣ стихиры Октоиха; Слава: святаго — Не отцы наши: И нынѣ: богородиченъ — Безневѣстная Дѣво: По — Нынѣ отпущаеши: на благословеніи хлѣбовъ — Богородице Дѣво: 2-жды и тропарь святаго — Со апостолы изыде: 1-жды.

На утрени на — Богъ Господь: тропарь воскресенъ 2-жды; Слава: святаго; И нынѣ: богородиченъ — Еже отъ вѣка: По каѳизмахъ сѣдальны воскресны. Полielей и величаніе — **Величаемъ тя, святый праведный отче Іоанне, и чтемъ святую память твою, ты бо молиши за насъ Христа Бога нашего.** (Въ воскресные дни избранные псалмы не поются.) — Ангельскій соборъ: Ѵпакои гласа. Сѣдальны святаго вси — Не презрѣлъ еси: — Божественное силою: Слава: — Слово Божія: И нынѣ: богородиченъ — Небесную дверь: Степенна и прокименъ гласа. Евангеліе воскресное 11-е, отъ Іоанна зач. 67-е. — Воскресеніе Христово: и прочее обычно. Каноны: воскресенъ на 4, крестобогородиченъ на 2, Богородицы на 2 святаго на 6 (припѣвъ — Святый праведный отче Іоанне, моли Бога о насъ). Ирмосы — Коня и всадника: Катавасія — Отверзу уста моя: По 3-й пѣсни кондакъ святаго — Отъ младенства: и икосъ; сѣдаленъ святаго — Плачъ мнозѣхъ: Слава, и нынѣ: богородиченъ — Недвижимое утвержденіе: по 6-й кондакъ воскресный и икосъ; На 9-й пѣсни поемъ — Честнѣйшую: — Святъ Господь Богъ нашъ. Свѣтиленъ воскресенъ 11-й — По божественнѣмъ: Слава: святаго — Въ храмѣ первозваннаго: И нынѣ: богородиченъ воскресенъ 11-е — О страшное таинство: На хвалитехъ стихиры на 8; Октоиха на 4 и святаго — О прерадостныя повѣсти: со Славнымъ — Покланяяся святымъ иконамъ: 4; съ припѣвами ихъ — Расточи, даде убогимъ: и — Готово сердце: Слава: стихира евангельская 11-я — Являя Себе: И нынѣ: — Преблагословенна еси: Славословіе великое и тропарь — Днесь спасеніе: Ектеніи и отпустъ воскресный. Часъ 1-й.

На часахъ тропарь воскресенъ: Слава: святаго; Кондакъ святаго и воскресенъ поперемѣнно.

На литургіи блаженна на 10; гласа на 6 и отъ канона святаго, пѣснь 3-й на 4. По входѣ тропари см. 2-го января — № 2. Прокименъ — Ты Господи сохраниши: и — Возвеселится праведникъ о Господѣ: Апостолъ къ Гал. зач. 215-е и Соборнаго посл. Іоаннова зач. 73-е отъ полу (1 Іоанна 4 гл. съ 7-го по 11 ст. включительно). Аллилуіа во гл. 5-й и 4-й. Евангеліе отъ Луки зач. 35-е (нед. 21-я) и отъ Луки зач. 26-е. Причастенъ — Хвалите Господа съ небесъ: и — Въ память вѣчную: Отпустъ воскресенъ.

22-го ОКТЯБРЯ. Среда. **Празднованіе «Казанскія» иконы Божіей Матери ради избавленія отъ Ляховъ.** *Творимъ бдѣніе.*

На великой вечерни — Блаженъ мужъ: На — Господи воззвахъ: во гл. 4-й, стихиры Богородицы — Яко прекрасная: на 8; Слава, и нынѣ: Богородицы — Пріидите, возрадуемся: Входъ. — Свѣте тихій: Прокименъ — Милость Твоя, Господи: Чтенія Богородицы 3. На литіи стихиры Богородицы — Яко воистинну: Слава, и нынѣ: Богородицы — Тебѣ вси роди: На стиховнѣ стихиры — Вмѣстилище чистое: Слава, и нынѣ: Богородицы — Воспоемъ людіе: По — Нынѣ отпущаеши: На благословеніи хлѣбовъ тропарь Богородицы — Заступнице усердная: 2-жды и — Богородице Дѣво: 1-жды.

На утрени на — Богъ Господь: тропарь Богородицы 2-жды; Слава, и нынѣ: тойже. По каѳизмахъ сѣдальны Богородицы. Поліелей и величаніе Богородицы — **Достойно есть величати Тя, Богородице, честнѣйшую херувимъ, и славнѣйшую безъ сравненія серафимъ.** Псаломъ избранный — Помяни, Господи, Давида и всю кростость его. Ектенія малая. Сѣдаленъ Богородицы — Правовѣрно чтущія: Слава, и нынѣ: — Пречистая твоя икона: Степенна — Отъ юности моея: Прокименъ — Помяну имя Твое: Евангеліе отъ Луки зач. 4-е. Псаломъ 50-й. Слава: — Молитвами Богородицы: И нынѣ: тойже; — Помилуй мя Боже: Стихира Богородицы — Пріидите возрадуемся: (писана на — Господи воззвахъ:). — Спаси Боже: и прочее. Каноны на 14; первый канонъ Богородицы со ирмосомъ на 6 (припѣвъ — Пресвятая Богородице, спаси насъ) второй на 8 (припѣвъ тойже). Ирмосы и катавасія — Отверзу уста моя: По 3-й пѣсни сѣдаленъ Богородицы — Божественніи слова: Слава, и нынѣ: тойже; по 6-й кондакъ Богородицы — Притецемъ, людіе: и икосъ. На 9-й пѣсни — Честнѣйшую: Свѣтиленъ Богородицы — Да почтится:

Слава, и нынѣ: Богородицы — Пріидите, вѣрніи: На хвалитехъ во гл. 4-й, стихиры Богородицы — Прославимъ, вѣрніи: на 4; Слава, и нынѣ: — Святая Твоя: Славословіе великое. Тропарь Богородицы; Ектеніи и отпустъ. Часъ 1-й.

На часахъ тропарь и кондакъ Богородицы.

На литургіи блаженна на 8; отъ перваго канона Богородицы, пѣснь 3-я на 4 и отъ втораго, пѣснь 6-я на 4. По входѣ тропарь Богородицы; Слава, и нынѣ: кондакъ Богородицы; *въ храмъ Христовомъ*: Тропари храма и Богородицы; Слава: кондакъ храма; И нынѣ: Богородицы. Прокименъ пѣснь Богородицы — Величитъ душа моя Господа: Апостолъ къ Фил. зач. 240-е. Аллилуіа во гл. 8-й. Евангеліе отъ Луки зач. 54-е. Причастенъ — Чашу спасенія:

25-го ОКТЯБРЯ. Суббота. Свв. мучениковъ Маркіана и Мартиріи.
Въ сей день служимъ панихиду по Всѣмъ усопшимъ, пострадавшихъ въ годину гоненій за вѣру Христову.

25-го ОКТЯБРЯ. *Димитріевская родительская суббота.* Святыхъ мученикъ и нотарій Маркіана и Мартирія.

На вечерни каѳизма 18-я. На — Господи воззвахъ: во гл. 8-й, стихиры на 6; изъ Минеи мучениковъ — Теченіе совершивше: 3 и мученичны 3 изъ Октоиха, гласъ 5-й, — Пламенъ нечестія: — Щитомъ вѣры: и — О земныхъ всѣхъ: (писаны въ пятницу въ Октоихѣ на вечерни); Слава: мучениковъ — Ученицы и послѣдователіе: И нынѣ: догматикъ настоящаго гласа — Въ Чернѣмъ мори: Входа нѣтъ. Чтецъ — Свѣте тихій: Прокименъ — Боже, заступникъ мой: — Сподоби Господи: Ектенія — Исполнимъ: На стиховнѣ стихиры Октоиха, гласъ 5-й — Молите за ны: съ припѣвами — Блажени яже избралъ: и — Души ихъ: Слава: мучениковъ — Разумніи церкве: И нынѣ: богородиченъ — Въ женахъ святая: (см. богородичны отъ меньшихъ, гласъ 3-й, въ пятокъ вечера) По — Нынѣ отпущаеши: тропарь — Апостоли, мученицы: Слава: — Помяни, Господи: И нынѣ: — Мати святая: Ектенія Помилуй насъ Боже: и конечный отпустъ.

На маломъ повечеріи канонъ мертвенъ 5-го гласа изъ Октоиха, ирмосы — Спаситель Богу: (писанъ на утрени). По — Достойно есть: кондакъ — Со святыми:

На утрени вмѣсто — Богъ Господь: поемъ — Аллилуіа, во гласъ 2-й, со стихами — Блаженни яже избралъ: и тропарь — Апостоли, мученицы: 2-жды; Слава: — Помяни, Господи: И нынѣ: — Мати святая: Таже каѳизма 16-я. Малая ектенія. Сѣдальны Октоиха 5-го гласа — Чудеса святыхъ: — Господи, чашѣ: стихъ — Дивенъ Богъ во святыхъ: — Святыхъ мученикъ: стихъ — Блажени, яже избралъ: — Покой Спасе нашъ: Слава, и нынѣ: богородиченъ — Радуйся, двере Господня: Каѳизма 17-я (и прочая до канона, якоже указася въ субботу мясопустную —

Октябрь

1-го февраля). Каноны: мучениковъ на 6 (припѣвъ — Святіи мученицы Маркіане и Мартиріе, молите Бога о насъ), храма святаго на 4 и Октоиха (первый) на 4 (припѣвъ — Вси святіи, молите Бога о насъ). (Аще храмъ Христовъ, или Богородицы, поемъ прежде канонъ храма со ирмосомъ на 6, пророка на 4 и Октоиха на 4.) Ирмосы — Тистаты крѣпкія: или храма. По 3-й, 6-й, 8-й и 9-й пѣсняхъ катавасія — ирмосы канона изъ Октоиха. По 3-й пѣсни ектенія малая (не заупокойная). Кондакъ мучениковъ — Подвигшеся добрѣ: и икосъ; сѣдаленъ мучениковъ — Повелѣніе божественное: Слава, и нынѣ: богородиченъ — Божественнаго естества: По 6-й пѣсни ектенія заупокойная, порядокъ прежній. Кондакъ — Со святыми упокой: и икосъ; малое кажденіе. На 9-й пѣсни — Честнѣйшую: по 9-й пѣсни — Достойно есть: Свѣтиленъ Октоиха — Иже и мертвыми: Слава и нынѣ: богородиченъ — Мы о Тебѣ хвалимся: Чтемъ хвалитные псалмы. На хвалитехъ стихиры мученичны Октоиха 5-го гласа на 4; — Благословено воинство: Слава: самогласенъ мертвенъ — Ты создавый мя Господи: И нынѣ: богородиченъ — Оле окаянная душе: Славословіе читается. На стиховнѣ стихиры мертвенны изъ Октоиха 5-го гласа — Свѣтомъ лица Твоего: Слава, и нынѣ: богородиченъ — Закономъ грѣховнымъ: — Благо есть: и по Трисвятомъ тропарь — Апостоли, мученицы и пророцы: Слава: — Помяни, Господи: И нынѣ: — Мати святая: Ектенія, и часъ 1-й, и отпустъ.

На часахъ тропарь — Апостоли, мученицы: Слава: — Помяни, Господи: Кондакъ — Со святыми упокой.

На литургіи блаженна гласа изъ Октоиха на 6. По входѣ тропарь — Апостоли, мученицы и пророцы: и — Помяни, Господи: Слава: кондакъ — Со святыми упокой: И нынѣ: — Тебе и стѣну: Прокименъ — Веселитеся о Господѣ: и — Души ихъ во благихъ: Апостолъ къ Кор. зач. 185-е, и къ Сол. зач. 270-е. Аллилуіа во гл. 4-й и 8-й. Евангеліе отъ Луки зач. 29-е и отъ Іоан. зач. 16-е. Причастенъ — Радуйтеся: и — Блажени, яже избралъ:

По литургіи совершается вселенская панихида по всѣмъ православнымъ воинамъ и христіанамъ.

26-го ОКТЯБРЯ. **Недѣля 23-я по Пятидесятницѣ.** Гласъ 6-й. **Святаго великомученика Димитрія мѵроточца.** Воспоминаніе великаго и страшнаго трясенія.

На великой вечерни — Блаженъ мужъ: На — Господи воззвахъ: стихиры на 10; Октоиха 3, трясенія — Земли смущаемѣй гнѣва: 3 (писаны на стиховнѣ вечерни) и мученика — Свѣтиши отечеству: 4; Слава: мученика — Днесь созываетъ: 3; И нынѣ: догматикъ — Кто Тебе не ублажитъ: Входъ. — Свѣте тихій: Прокименъ — Господь воцарися: Чтенія 3. На литіи стихира храма и стихиры мученика — Веселися въ Господѣ: Слава: мученика — Стецемся вѣрою: И нынѣ: богородиченъ — Вострубимъ трубою: На стиховнѣ стихиры Октоиха; Слава: мученика —

Имѣетъ убо божественнѣйшая: И нынѣ: богородиченъ — Безневѣстная Дѣво: По — Нынѣ отпущаеши: на благословеніи хлѣбовъ — Богородице Дѣво: 2-жды и тропарь мученика — Велика обрѣте: 1-жды.

На утрени на — Богъ Господь: тропарь воскресенъ 2-жды; Слава: мученика; И нынѣ: трясенія — Призираяй на землю: По каѳизмахъ сѣдальны Октоиха. Полiелей и величанiе мученика — **Величаемъ тя, страстотерпче святый великомучениче Димитріе, и чтемъ честная страданія твоя, яже за Христа претерпѣлъ еси.** 1-жды. (Въ воскресные дни избранные псалмы не поются.) — Ангельскій соборъ: Ѵпакои гласа. Сѣдальны мученика вси — Димитрія днесь: — Память твоя: Слава: — Сіянія чудесъ: И нынѣ: — Яко дѣву и едину: Степенна и прокименъ гласа. Евангеліе воскресное 1-е, отъ Матѳ. зач. 116-е. — Воскресеніе Христово: и прочая обычно. Каноны: воскресенъ на 4, трясенія на 4 (припѣвъ — Слава Тебѣ, Боже нашъ, слава Тебѣ) и мученика 2 на 6 (припѣвъ — Святый великомучениче Димитріе, моли Бога о насъ). Ирмосы — Яко по суху: Катавасія — Отверзу уста моя: По 3-й пѣсни кондакъ мученика — Кровей твоихъ струями: и икосъ; сѣдаленъ мученика — Яко доблему: Слава, и нынѣ: трясенія — Согрѣшившія Тебѣ много: по 6-й кондакъ воскресный и икосъ. На 9-й пѣсни — Честнѣйшую: Святъ Господь Богъ нашъ. Свѣтиленъ воскресенъ 1-й — Со ученики взыдемъ: Слава: мученика — Крестомъ вооружилъ еси Нестора: И нынѣ: трясенія — Господи, призираяй: На хвалитехъ стихиры на 8; Октоиха на 4 и мученика — Прободенъ бывъ: со Славнымъ — Копіями наслѣдовавшаго: на 4; съ припѣвами ихъ — Дивенъ Богъ: и — Святымъ иже суть на земли: (прокименъ утрени); Слава: стихира евангельская 1-я — На гору ученикомъ: И нынѣ: — Преблагословенна еси: Славословіе великое. Тропарь — Воскресъ изъ гроба: Ектеніи и отпустъ воскресный. Часъ 1-й.

На часахъ тропарь воскресенъ; Слава: трясенія и мученика; поперемѣнно; Кондакъ трясенія и мученика поперемѣнно.

На литургіи блаженна на 12; гласа на 4, отъ канона трясенія, пѣснь 3-й на 4 и отъ канона мученика, пѣснь 6-я на 4. По входѣ тропари воскресенъ, трясенія, храма Богородицы, и мученика; кондаки воскресенъ и трясенія; Слава: мученика; И нынѣ: храма Богородицы или трясенія. Прокименъ трясенія — Спаси Господи, люди Твоя: и — Возвеселится праведникъ: Апостолъ ко Евр. зач. 331-е отъ полу, ко Ефес. зач. 220-е и къ Тим. зач. 292-е. Аллилуіа во 4-й. Евангеліе отъ Матѳ. зач. 27-е, отъ Луки зач. 83 (нед. 22-е) и отъ Іоан. зач. 52-е. Причастенъ — Хвалите Господа: и — Въ память вѣчную: Отпустъ воскресный.

28-го ОКТЯБРЯ. Вторникъ. **Преподобнаго Іова Почаевскаго.** *Служба бдѣнная, вся по Минеѣ. (См. 28-го августа.)*

Ноябрь

XI. НОЯБРЬ.

2-го НОЯБРЯ. **Недѣля 24-я по Пятидесятницѣ.** Гласъ 7-й. Свв. мученикъ Акиндина, Пигасія, Афѳонія, Елпидифора и Анемподиста.

На великой вечерни — Блаженъ мужъ: На — Господи воззвахъ: стихиры на 10; Октоиха 7 и мучениковъ — Пяточисленное сочетаніе: 3; Слава: мучениковъ — Днесь пятозарный: и нынѣ: догматикъ — Мати убо позналася еси: Входъ. — Свѣте тихій: Прокименъ — Господь воцарися: На стиховнѣ стихиры Октоиха; Слава: мучениковъ — Пріидите, возрадуемся Господу: И нынѣ: богородиченъ — О чудесе новаго: По — Нынѣ отпущаеши: — Богородице Дѣво: 3-жды.

На утрени на — Богъ Господь: тропарь воскресенъ 2-жды; Слава: мучениковъ — Страстотерпцы Господни: И нынѣ: богородиченъ — Вся паче смысла: По каѳизмахъ сѣдальны воскресны. Поліелей. — Ангельскій соборъ: Vпакои, степенна и прокименъ гласа. Евангеліе воскресное 2-е, отъ Марка зач. 70-е. Воскресеніе Христово: Псаломъ 50-й и прочее обычно. Каноны: воскресенъ на 4, крестовоскресенъ на 3, Богородицы на 3 и мучениковъ на 4 (припѣвъ — Святіи мученицы, молите Бога о насъ). Ирмосы — Маніемъ Твоимъ: Катавасія — Отверзу уста моя: По 3-й пѣсни кондакъ мучениковъ — Благочестивыя и богоносныя: и икосъ; сѣдаленъ мучениковъ — Безбѣдно теченіе: Слава, и нынѣ: богородиченъ — Яко дѣву и едину: по 6-й кондакъ воскресный и икосъ. На 9-й пѣсни — Честнѣйшую: — Святъ Господь Богъ нашъ. Свѣтиленъ воскресенъ 2-й — Камень узрѣвша: Слава: мучениковъ — Акиндина, и Пигасія, и Елпидифора: И нынѣ: богородиченъ воскресенъ 2-й — Ангелъ убо принесе: На хвалитехъ стихиры Октоиха на 8; Слава: стихира евангельская 2-я — Съ мѵры пришедшимъ: И нынѣ: — Преблагословенна еси: Славословіе великое. Тропарь — Днесь спасеніе: Ектеніи и отпустъ воскресный. Часъ 1-й.

На часахъ тропарь воскресенъ; Слава: мучениковъ. Кондакъ воскресенъ.

На литургіи блаженна гласа на 8. По входѣ тропари см. 2-го января — № 2. Прокименъ — Господь крѣпость: и — Святымъ, иже суть на земли: Апостолъ ко Ефес. зач. 221-е и ко Ефес. зач. 233-е. Аллилуіа во гл. 7-й и 4-й. Евангеліе отъ Луки зач. 38-е (нед. 23-я) и отъ Матѳ. зач. 36-е. Причастенъ — Хвалите Господа: и — Радуйтеся праведніи: Отпустъ воскресный.

8-го НОЯБРЯ. Суббота. **Соборъ архистратига Михаила и прочихъ безплотныхъ силъ.** *Творимъ бдѣніе.*

На великой вечерни — Блаженъ мужъ: На — Господи воззвахъ: во гл. 4-й, стихиры безплотныхъ — Трисолнечнаго Божества: на 8; Слава: безплотныхъ — Срадуйтеся намъ вся ангельская: И нынѣ: догматикъ отдающягося гласа — Мати убо позналася еси: Входъ. — Свѣте тихій: Прокименъ — Боже, заступникъ мой: Чтенія безплотныхъ 3. На литіи стихиры безплотныхъ — Умныхъ силъ: Слава: безплотныхъ — Огненными устнами: И нынѣ: богородиченъ — Днесь боговмѣстимый: На стиховнѣ стихиры безплотныхъ — Ангельски въ мірѣ: Слава, и нынѣ: — Яко чиноначальникъ: По — Нынѣ отпущаеши: на благословеніи хлѣбовъ тропарь безплотныхъ — Небесныхъ воинствъ: 2-жды и — Богородице Дѣво: 1-жды.

На утрени на — Богъ Господь: во гл. 4-й, тропарь безплотныхъ 2-жды; Слава, и нынѣ: богородиченъ отдающягося гласа — Яко нашего воскресенія: По каѳизмахъ сѣдальны безплотныхъ. Полiелей и величаніе — **Величаемъ тя, святый архистратиже Божій Михаиле, и васъ святіи архангели, ангели, начала, власти, престоли, господьствія, силы, херувими и страшніи серафими, прославляющыя Господа.** Псаломъ избранный — Исповѣмся Тебѣ, Господи, всѣмъ сердцемъ моимъ, и предъ ангелы воспою Тебѣ. Сѣдаленъ безплотныхъ — Небесныхъ чиновъ: Слава: — Ангельстіи чини: И нынѣ: богородиченъ — Чистая и всенепорочная: Степенна — Отъ юности моея: Прокименъ — Творяй ангелы Своя духи: Евангеліе отъ Матѳ. зач. 52-е. Псаломъ 50-й. Слава: — Молитвами архангеловъ и ангеловъ: И нынѣ: — Молитвами Богородицы: — Помилуй мя, Боже: стихира — Ангели Твои, Христе: — Спаси, Боже: Каноны: Богородицы прешедшія недѣли утренніи (воскресный) со ирмосомъ на 6 (припѣвъ — Пресвятая Богородице, спаси насъ), (аще ли храмъ Христовъ или Богородицы, поемъ канонъ храма со ирмосомъ на 6) и безплотныхъ два канона на 8 (припѣвъ — Вся небесныя силы святыхъ ангелъ и архангелъ, молите Бога о насъ). Ирмосы — Маніемъ Твоимъ: или храма. Катавасія — Отверзу уста моя: По 3-й пѣсни сѣдаленъ безплотныхъ — Небесныхъ начальницы: Слава, и нынѣ: богородиченъ — Богоблагодатная чистая: по 6-й кондакъ безплотныхъ — Архистратизи Божіи: и икосъ. На 9-й пѣсни поемъ — Честнѣйшую: Свѣтиленъ безплотныхъ — Огненныхъ архистратиже: Слава: безплотныхъ — Невещественныхъ силъ: И нынѣ: богородиченъ — Честнѣйшая еси: На хвалитехъ во гл. 1-й, стихиры безплотныхъ — Небесныхъ чиновъ: на 4; Слава: безплотныхъ — Идѣже осѣняетъ благодать: И нынѣ: богородиченъ — Блажимъ Тя: Славословіе великое. Тропарь безплотныхъ; Слава, и нынѣ: богородиченъ отдающагося гласа — Яко нашего воскресенія: Ектеніи и отпустъ. Часъ 1-й.

На часахъ тропарь и кондакъ безплотныхъ.

На литургіи блаженна на 8; отъ перваго канона безплотныхъ, пѣснь 3-я на 4 и отъ втораго канона, пѣснь 6-я на 4. По входѣ тропари см. 2-го января — № 3. Прокименъ — Творяй ангелы: Апостолъ ко Евр. зач. 305-е. Аллилуіа во гл. 5-й. Евангеліе отъ Луки зач. 51-е. Причастенъ — Творяй ангелы:

9-го НОЯБРЯ. **Недѣля 25-я по Пятидесятницѣ.** Гласъ 8-й. Свв. мученикъ Онисифора и Порфирія. Преподобныя Матроны Царьградскія.

На великой вечерни — Блаженъ мужъ: На — Господи воззвахъ: сти-

Ноябрь

хиры на 10; Октоиха 4, мучениковъ — Мучениче страдальче: 3 и преподобныя — Плоти игранія: 3; Слава, и нынѣ: догматикъ — Царь Небесный: Входъ. — Свѣте тихій: Прокименъ — Господь воцарися: На стиховнѣ стихиры Октоиха; Слава, и нынѣ богородиченъ — Творецъ и Избавитель: По — Нынѣ отпущаеши: — Богородице Дѣво: 3-жды.

На утрени на — Богъ Господь: тропари воскресенъ 1-жды; мучениковъ — Мученицы Твои, Господи; Слава: преподобныя — Въ Тебѣ, мати извѣстно: И нынѣ: богородиченъ — Иже насъ ради: По каѳизмахъ сѣдальны воскресны. Полиелей. — Ангельскій соборъ: Ѵпакои, степенна и прокименъ гласа. Евангеліе воскресное 3-е, Марка зач. 71-е. — Воскресеніе Христово: Псаломъ 50-й и прочее воскресно. Каноны: воскресенъ на 4, Богородицы на 2, мучениковъ на 4 (припѣвъ — Святіи мученицы Онисифоре и Порфиріе, молите Бога о насъ) и преподобныя на 4 (припѣвъ — Преподобнаго мати Матроно, моли Бога о насъ). Ирмосы — Колесницегонителя: Катавасія — Отверзу уста моя: По 3-й пѣсни кондакъ мучениковъ — Мученикъ двоица: и икосъ; кондакъ преподобныя — За любовь Господню: и икосъ; сѣдаленъ мучениковъ — Огнемъ божественнаго: Слава: преподобныя — Предизбранная отъ Бога: И нынѣ: богородиченъ — Непремѣннаго Бога: по 6-й кондакъ воскресный и икосъ. На 9-й пѣсни — Честнѣйшую: — Святъ Господь Богъ нашъ. Свѣтиленъ воскресенъ 3-й — Яко Христосъ воскресе: мучениковъ — Мученики почтимъ: Слава: преподобныя — Посредѣ мужей вселилася: И нынѣ: богородиченъ воскресенъ 3-й — Возсіявшее солнце: На хвалитехъ стихиры Октоиха на 8; Слава: стихира евангельская 3-я — Магдалинѣ Маріи: И нынѣ: — Преблагословенна еси: Славословіе великое. Тропарь — Воскресъ изъ гроба: Ектеніи и отпустъ воскресный. Часъ 1-й.

На часахъ тропарь воскресенъ; Слава: мучениковъ и преподобныя поперемѣнно. Кондаки воскресенъ.

На литургіи блаженна гласа на 8. По входѣ тропари см. 2-го января — № 2. Прокименъ — Помолитеся и воздадите: Апостолъ ко Ефес. зач. 224-е. Аллилуіа во гл. 8-й. Евангеліе отъ Луки зач. 39-е (нед. 24-я). Причастенъ — Хвалите Господа: Отпустъ воскресный.

13-го НОЯБРЯ. Четвергъ. **Святителя Іоанна Златоуста, архіеп. Константинопольскаго.** *Творимъ бдѣніе.*

На великой вечерни — Блаженъ мужъ: На — Господи воззвахъ: во гл. 4-й, стихиры святителя — Златокованную трубу: на 8; Слава: святителя — Преподобне треблаженне: И нынѣ: догматикъ — Кто Тебе не ублажитъ: Входъ. Прокименъ — Боже, во имя Твое: Чтенія святителя 3. На литіи стихира храма и стихиры святителя — Свѣтильниче Іоанне: Слава: святителя — Подобаше царствующему градовъ: И нынѣ: богородиченъ — Тя стѣну стяжахомъ: На стиховнѣ стихиры святителя — Радуйся, златозарный: Слава: святителя — Труба златогласная: И нынѣ: богородиченъ — Творецъ и Избавитель: По — Нынѣ отпущаеши: на благословеніи хлѣбовъ тропарь святителя — Устъ твоихъ: 2-жды и — Богородицѣ Дѣво: 1-жды.

На утрени на — Богъ Господь: во гл. 8-й, тропарь святителя 2-жды; Слава, и нынѣ: богородиченъ — Иже насъ ради: По каѳизмахъ сѣдальны святителя. Полiелей и величаніе святителя — **Величаемъ тя, святителю отче Іоанне Златоусте, и чтемъ святую память твою, ты бо молиши за насъ Христа Бога нашего.** Псаломъ избранный — Услышите сія вси языцы, внушите вси живущіи по вселеннѣй. Сѣдаленъ святителя — Сокровище явился еси: Слава, и нынѣ: богородиченъ — Небесную дверь: Степенна — Отъ юности моея: Прокименъ — Уста моя возглаголютъ: Евангеліе отъ Іоанна зач. 35-е отъ полу. Псаломъ 50-й Слава: — Молитвами святителя Іоанна Златоуста: И нынѣ: — Молитвами Богородицы: — Помилуй мя, Боже: Стихира святителя — Изліяся благодать: Каноны: Богородицы молебный со ирмосомъ на 6 (припѣвъ — Пресвятая Богородице, спаси насъ) и святителя на 8 (припѣвъ — Святителю отче Іоанне Златоусте, моли Бога о насъ). Ирмосы — Воду прошедъ: Катавасія — Отверзу уста моя: По 3-й пѣсни сѣдаленъ святителя — Неизреченныя мудрости: Слава: — Сущую свыше: И нынѣ: богородиченъ — Пламень геенскій: по 6-й кондакъ святителя — Отъ небесъ пріялъ еси: и икосъ. На 9-й пѣсни поемъ Честнѣйшую: Свѣтиленъ святителя — Златозарными словесы: Слава: святителя — Великогласнѣйшаго покаянія: И нынѣ: богородиченъ — Дѣво всенепорочная: На хвалитехъ, во гл. 4-й, стихиры святителя — Сосудъ честнѣйшій: на 4; Слава: святителя — Златыми словесы: И нынѣ: богородиченъ — Владычице, пріими молитву: Славословіе великое. Тропарь святителя; Слава, и нынѣ: богородиченъ — Иже насъ ради: Ектеніи и отпустъ. Часъ 1-й.

На часахъ тропарь и кондакъ святителя.

На литургіи блаженна на 8; отъ канона святителя, пѣснь 3-я на 4 и пѣснь 6-я на 4. По входѣ тропари см. 2-го января — № 3. Прокименъ — Уста моя возглаголютъ: Апостолъ ко Евр. зач. 318-е. Аллилуіа во гл. 2-й. Евангеліе отъ Іоан. зач. 36-е. Причастенъ — Въ память вѣчную:

15-го НОЯБРЯ. Суббота. **Начало Рождественскаго поста.** Свв. мученикъ Гурія, Самона и Авива.

Ради субботы, поемъ службу на — Богъ Господь: а не по постному. Совершается Божественная Литургія.

На вечерни по возгласѣ — Благословенъ Богъ нашъ: чтецъ [34]— Пріидите, поклонимся: и псаломъ 103-й — Благослови, душе моя, Господа: Ектенія великая. Каѳизмы 18-я; На — Господи воззвахъ: во гл. 4-й; стихиры мучениковъ — Авивъ всемудрый: на 6; Слава: мучениковъ — Едесъ веселится: И нынѣ: догматикъ отдающагося гласа — Царь небесный: Входа нѣтъ. Чтемъ — Свѣте тихій: Прокименъ — Боже, заступникъ мой: — Сподоби Господи: — Исполнимъ вечернюю молитву:

---

34) Аще 9-й часъ не читается, то вечерня начинается полнымъ началомъ

Ноябрь

На стиховнѣ стихиры Октоиха 8-го гласа — Мученицы Господни: со обычными стихами; Слава: мучениковъ — Пріидите, мученикролюбцы: И нынѣ: богородиченъ — Спаси отъ бѣдъ: По — Нынѣ отпущаеши: тропарь мучениковъ — Чудеса святыхъ Твоихъ: Слава, и нынѣ: богородиченъ отдающагося гласа — Иже насъ ради: Ектенія и отпустъ.

На утрени іерей съ кадиломъ предъ престоломъ — Благословенъ Богъ нашъ: Чтецъ — Аминь; — (Аще нѣсть полунощницы, то по возгласѣ — Царю Небесный:) Трисвятое: по — Отче нашъ: іерей — Яко Твое есть Царство: и кадитъ церковь. Чтецъ — Аминь; Пріидите поклонимся: 3-жды и чтетъ псалмы 19-й и 20-й. Ектенія по обычаю и возгласъ: — Слава Святѣй: шестопсалміе. Ектенія великая. На — Богъ Господь: во гл. 5-й тропарь мучениковъ 2-жды; Слава, и нынѣ: богородиченъ — Радуйся двере Господня: Каѳизмы 19-я и 20-я. Ектеніи и сѣдальны по каѳизмахъ Октоиха. 50-й псаломъ: Каноны: мучениковъ изъ Минеи на 6 припѣвъ — Святіи мученицы Гуріе, Самоне и Авиве, молите Бога о насъ), храма святаго на 4 и всѣмъ святымъ — Честніи бисеріе: изъ Октоиха на 4 (припѣвъ — Святіи мученицы, молите Бога о насъ). (Аще ли храмъ Христовъ или Богородицы, поемъ канонъ храма со ирмосомъ на 6 и мучениковъ на 4). Ирмосы — Моря чермную: или храма. По 3-й, 6-й, 8-й и 9-й пѣсняхъ катавасія, ирмосы отъ канона Октоиха. По 3-й пѣсни сѣдаленъ мучениковъ — Крестомъ вооружившеся: Слава: мучениковъ — Христу поработавше: И нынѣ: богородиченъ — Яко дѣву: по 6-й кондакъ мучениковъ — Съ высоты, мудріи: и икосъ. На 9-й пѣсни поемъ — Честнѣйшую: По 9-й пѣсни — Достойно есть: и поклонъ поясный. Ектенія малая. По возгласѣ свѣтиленъ мучениковъ — Иже отъ гроба отроковицу: Слава: Октоиха — Иже и мертвыми: И нынѣ: богородиченъ — Мы о тебѣ хвалимся: Чтемъ хвалитьны псалмы. — Тебѣ слава подобаетъ: Іерей — Слава Тебѣ, Показавшему намъ свѣтъ. Чтецъ — Слава въ вышнихъ Богу: Ектенія — Исполнимъ утреннюю: На стиховнѣ поются хвалитные стихиры Октоиха, гласъ 8-й — Вельми подвизастеся святіи: съ обычными припѣвами; Слава, и нынѣ: богородиченъ — Азъ, дѣво святая Богородице: — Благо есть исповѣдатися: 1-жды. Трисвятое: по — Отче нашъ: тропарь мучениковъ; Слава, и нынѣ: богородиченъ — Отъ дѣву возсіявый міру: (см. богородичны отъ меньшихъ, гл. 5-й, въ субботу въ концѣ утрени). Ектенія и безъ отпуста, часъ 1-й.

На часахъ тропарь и кондакъ мучениковъ.

На литургіи блаженна Октоиха на 6; По входѣ тропари храма Христовъ или Богородицы, дня — Апостоли, мученицы и пророцы:, мучениковъ; кондакъ храма Христовъ, мученика; Слава: — Со святыми упокой: И нынѣ: храма Богородицы или — Предстательство христіанъ: Прокименъ — Святымъ, иже сутъ на земли: и — Веселитеся Господа Бога нашего: Апостолъ ко Ефес. зач. 233-е и къ Гал. зач. 205-е. Аллилуіа во гл. 4-й. Евангеліе отъ Луки зач. 64-е и отъ Луки зач. 46-е. Причастенъ — Радуйтеся праведніи:

16-го НОЯБРЯ. **Недѣля 26-я по Пятидесятницѣ.** Гласъ 1-й. **Апостола и Евангелиста Матѳея.**

На великой вечерни — Блаженъ мужъ: На — Господи воззвахъ: стихиры на 10; Октоиха 4 и апостола — Испытуяй сердца: 6; Слава: апостола — Зовущу Христу: И нынѣ: догматикъ — Всемірную славу: Входъ. — Свѣте тихій: Прокименъ — Господь воцарися: Чтенія апостола 3. На стиховнѣ стихиры Октоиха; Слава: апостола — Изъ глубины злобы: И нынѣ: богородиченъ — Творецъ и Избавитель: По — Нынѣ отпущаеши: — Богородице Дѣво: 3-жды.

На утрени на — Богъ Господь: тропарь воскресенъ 2-жды; Слава: апостола — Усердно отъ мытницы: И нынѣ: богородиченъ — Тя ходатайствовавшую: По каѳизмахъ сѣдальны Октоиха. Полѵелей и величаніе апостола **— Величаемъ тя, апостоле Христовъ и евангелисте Матѳее, и чтемъ болѣзни и труды твоя, имиже трудился еси во благовѣстіи Христовѣ.** 1-жды. (Въ воскресные дни избранные псалмы не поются.) — Ангельскій соборъ: Vпакои гласа. Сѣдальны апостола вси — Первый Христово: — Дѣлы просіявъ: Слава: — Во вся концы: И нынѣ: богородиченъ — Яко дѣву и едину: Степенна и прокименъ гласа. Евангеліе воскресное 4-е, отъ Луки зач. 112-е. — Воскресеніе Христово: Псаломъ 50-й и прочее воскресно. Каноны: воскресенъ на 4, крестовоскресенъ на 2, Богородицы на 2 и апостола на 6 (припѣвъ — Святый апостоле и евангелисте Матѳее, моли Бога о насъ). Ирмосы — Твоя побѣдительная: Катавасія — Отверзу уста моя: По 3-й пѣсни кондакъ апостола — Мытарства иго отвергъ: и икосъ; сѣдаленъ апостола — Во вся концы протече: Слава: апостола — Яко свѣтильника свѣта: И нынѣ: богородиченъ — Яко всенепорочная: по 6-й кондакъ воскресный и икосъ. На 9-й пѣсни поемъ — Честнѣйшую: — Святъ Господь Богъ нашъ. Свѣтиленъ воскресный 4-й — Добродѣтельми блиставшеся: апостола — Сказа намъ: Слава: апостола — Мытарства иго: И нынѣ: богородиченъ воскресенъ 4-й — Радоватися вѣщавый: На хвалитехъ стихиры на 8; Октоиха 4 и апостола — Просіялъ еси: со Славнымъ — Иго оставивъ неправды: 4; съ припѣвами ихъ — Во всю землю: и — Небеса повѣдаютъ: Слава: стихира евангельская 4-я — Утро бѣ глубоко: И нынѣ: — Преблагословенна еси: Славословіе великое. Тропарь — Днесь спасеніе: Ектеніи и отпустъ воскресный. Часъ 1-й.

На часахъ тропарь воскресенъ; Слава: апостола. Кондаки апостола и воскресенъ поперемѣнно.

На литургіи блаженна гласа на 10; гласа на 6 и отъ канона апостола, пѣснь 3-я на 4. По входѣ тропари см. 2-го января — № 2. Прокименъ — Буди, Господи, милость Твоя на насъ: и — Во всю землю: Апостолъ ко Ефес. зач. 229-е и къ Кор. зач. 131-е. Аллилуіа во гл. 1-й. Евангеліе отъ Луки зач. 53-е (нед. 25-я) и отъ Матѳ. зач. 30-е. Причастенъ — Хвалите Господа: и — Во всю землю: Отпустъ воскресный.

Ноябрь

19-го НОЯБРЯ. Среда. **Святителя Филарета, митрополита Московскаго.**

Служба свят. Филарета напечатана на интернетѣ. Зри: http://www.sbkrpc.ru/bogosluzhebnye-teksty/sluzhby-svyatitelyam/109-sluzhba-svt-filaretu-mitr-moskovskomu.html

На великой вечерни — Блаженъ мужъ: на — Господи воззвахъ: во гл. 6-й; стихиры святителя — Днесь благодать: на 8; Слава: святителя — О, пречудный святителю Филарете: И нынѣ: догматикъ — Царь небесный: Входъ. — Свѣте тихій: Прокименъ — Милость Твоя, Господи: Чтенія святителя 3. На литіи стихира храма и стихиры святителя — О благоутробія Божія: Слава: святителя — Яко преемникъ: И нынѣ: богородиченъ — Владычице пріими молитвы:. На стиховнѣ стихиры святителя — Сосуде избранный: Слава: святителя — Днесь Коломна именитая: И нынѣ: богородиченъ — Безневѣстная Дѣво: По — Нынѣ отпущаеши: на благословеніи хлѣбовъ тропарь святителя — Духа Святаго благодать: 2-жды и — Богородице Дѣво: 1-жды.

На утрени на — Богъ Господь: во гл. 4-й, тропарь святителя 2-жды; Слава, и нынѣ: богородиченъ — Еже отъ вѣка: По каѳизмахъ сѣдальны святителя. Полiелей и величаніе святителя — **Величаемъ тя, святителю отче Филарете, и чтемъ святую память твою, ты бо молиши за насъ Христа Бога нашего.** Псаломъ избранный — Услышите сія вси языцы, внушите вси живущіи по вселеннѣй. Сѣдальны святителя — Отъ юности руку: Слава, и нынѣ: богородиченъ — О всепѣтая Мати: Степенна — Отъ юности: Прокименъ — Благовѣстихъ правду въ церкви велицей. Евангеліе отъ Іоанна зач. 35-е отъ полу. Псаломъ 50-й. Слава: — Молитвами святителя Филарета: И нынѣ: — Молитвами Богородицы: — Помилуй мя, Боже: стихира святителя — Пастырю мудрый: Каноны: Богородицы молебный на 6 и святителя на 8 (припѣвъ — Святителю отче Филарете, моли Бога о насъ). Ирмосы — Воду прошедъ: Катавасія — Отверзу уста моя: По 3-й пѣсни сѣдаленъ святителя — Ты еси пастырь добрый: Слава, и нынѣ: богородиченъ — Яко всенепорочная: по 6-й кондакъ святителя — Яко истинный подражатель: На 9-й пѣсни поемъ — Честнѣйшую: Свѣтиленъ святителя — Яко благочестія лампаду: Слава, и нынѣ: богородиченъ — Что ти принесемъ: На хвалитехъ во гл. 5-й, стихиры святителя — Радуйся, святителю: на 4; Слава: святителя — О Филарете славный: И нынѣ: — Всё упованіе мое:. Славословіе великое. Тропарь святителя; Слава, и нынѣ: богородиченъ — Еже отъ вѣка: Ектеніи и отпустъ. Часъ 1-й.

На часахъ тропарь и кондакъ святителя.

На литургіи блаженна на 8; изъ канона святителя, пѣснь 3-я на 4 и пѣснь 6-я на 4. По входѣ тропари см. 2-го января — № 3. Прокименъ — Уста моя возглаголютъ: Апостолъ ко Ефес. зач. 233-е. Аллилуіа во гл. 4-й. Евангеліе отъ Матѳ. зач. 11-е. Причастенъ — Въ память вѣчную:

21-го НОЯБРЯ. Пятница. **ВВЕДЕНІЕ ВО ХРАМЪ ПРЕСВЯТЫЯ ВЛАДЫЧИЦЫ НАШЕЯ БОГОРОДИЦЫ И ПРИСНОДѢВЫ МАРІИ.**

На великой вечерни — Блаженъ мужъ: На — Господи воззвахъ: во гл. 1-й; стихиры праздника — Днесь вѣрніи: на 8; Слава, и нынѣ: праздника — По рождествѣ Твоемъ: Входъ. — Свѣте тихій: Прокименъ — Помощь моя отъ Господа: Чтенія праздника 3. На литіи стихиры праздника — Да радуется днесь: Слава, и нынѣ: праздника — Возсія день: На стиховнѣ стихиры праздника — Радуется небо: Слава, и нынѣ: праздника — Днесь собори: По — Нынѣ отпущаеши: на благословеніи хлѣбовъ тропарь праздника — Днесь благоволенія: 3-жды.

На утрени на — Богъ Господь: во гл. 4-й; тропарь праздника 2-жды; Слава, и нынѣ: тойже. По каѳизмахъ сѣдальны праздника. Поліелей и величаніе — **Величаемъ Тя, Пресвятая Дѣво, богоизбранная Отроковице, и чтемъ еже въ храмъ Господень вхожденіе Твое.** Псаломъ избранный — Велій Господь и хваленъ зѣло, во градѣ Бога нашего, въ горѣ святѣй Его. Сѣдаленъ праздника — Да радуется Давидъ: Степенна — Отъ юности моея: Прокименъ праздника — Слыши, дщи, и виждь, и приклони ухо твое. Евангеліе отъ Луки зач. 4-е. Псаломъ 50-й. Слава: праздника — Днесь храмъ одушевленный: И нынѣ: тойже. — Помилуй мя, Боже: и стихира праздника — Днесь боговмѣстимый храмъ: Каноны: два канона праздника, ирмосы по 2-жды, тропари на 12 (припѣвъ — Пресвятая Богородице, спаси насъ). Ирмосы — Отверзу уста моя: и — Пѣснь побѣдную: Катавасія — Христосъ раждается:[35]) По 3-й пѣсни сѣдаленъ праздника — Возопій Давиде: Слава, и нынѣ: — Непорочная Агница: по 6-й кондакъ праздника — Пречистый храмъ Спасовъ: и икосъ. На 9-й пѣсни *не поемъ* Честнѣйшую: но припѣвъ — **Ангели вхожденіе Пречистыя зряще удивишася, како Дѣва вниде во святая святыхъ;** и ирмосъ — Яко одушевленному: Свѣтиленъ праздника — Юже древле: 3-жды. На хвалитехъ во гл. 1-й; стихиры праздника — Свѣщеносицы дѣвы: на 4 Слава, и нынѣ: праздника — Днесь въ храмъ: Славословіе великое. Тропарь праздника. Ектеніи и отпустъ праздника — **Христосъ истинный Богъ нашъ, молитвами Пречистыя Своея Матере и всѣхъ святыхъ, помилуетъ:** Часъ 1-й.

На часахъ тропарь и кондакъ праздника.

На литургіи блаженна на 8; отъ перваго канона праздника, пѣснь 3-я на 4 и отъ втораго, пѣснь 6-я на 4. По входѣ тропарь праздника; Слава, и нынѣ: кондакъ праздника. Прокименъ пѣснь Богородицы — Величитъ душа моя Господа: Апостолъ ко Евр. зач. 320-е. Аллилуіа во гл. 8-й. Евангеліе отъ Луки зач. 54-е. Задостойникъ — Ангели вхожденіе: и — Яко одушевленному: Причастенъ — Чашу спасенія: Отпустъ праздника — **Христосъ истинный Богъ нашъ, молитвами Пречистыя Своея**

---

[35]) Катавасія — Христосъ раждается: поется отъ сего дня во всѣ дни воскресные, праздничные и великихъ святыхъ ло 31-го декабря, т. е. до отданія Рождества Христова.

Ноябрь

Матере, иже во святыхъ отца нашего Іоанна, архіепископа Константина града Златоустаго и всѣхъ святыхъ, помилуетъ:

23-го НОЯБРЯ. **Недѣля 27-я по Пятидесятницѣ.** Гласъ 2-й. *Попразднство Введенія во Храмъ Пресвятыя Богородицы.* **Св. благовѣрнаго вел. кн. Александра Невскаго, въ схимѣ Алексія.**

На великой вечерни — Блаженъ мужъ: на — Господи воззвахъ: стихиры на 10; Октоиха 3, праздника — Да приведутся, глаголетъ: (стиховны вечерни въ службѣ Амфилохію Иконійскому и Григорію Акрагантійскому) 3 и святаго — Кіими похвальными вѣнцы: 4; Слава: святаго — Всякъ градъ и страна: И нынѣ: догматикъ — Прейде сѣнь: Входъ. — Свѣте тихій: Прокименъ — Господь воцарися: Чтенія святаго 3. На литіи стихиры праздника — Взятся грядежъ: Воспѣша дѣвственніи лицы: Внутрь святилища: (см. на службу Амфилохію и Григорію, на стиховнѣ утрени), и стихиры святаго — Земля наша и страна блаженне: Слава: святаго — Пріидите Христоименитіи собори: И нынѣ: праздника — Возсія день радостенъ: На стиховнѣ стихиры Октоиха; Слава: святаго — Радуйся и веселися: И нынѣ: праздника — Днесь собори вѣрныхъ: По — Нынѣ отпущаеши: на благословеніи хлѣбовъ — Богородице Дѣво: 2-жды и тропарь праздника: 1-жды.

На утрени на — Богъ Господь: тропарь воскресенъ 2-жды; Слава: святаго; И нынѣ: праздника. По каѳизмахъ сѣдальны воскресны. Поліелей и величаніе — **Величаемъ тя, благовѣрный великій княже Александре, и чтемъ святую память твою, ты бо молиши за насъ Христа Бога нашего.** (Въ воскресные дни избранные псалмы не поются.) — Ангельскій соборъ: Ѵпакои гласа. Сѣдальны святаго вси — Радуйся, яко вторый Ѳессалонъ: — Благодарно зовемъ вси: Слава: святаго — Духъ святый тя: И нынѣ: праздника — Прежде зачатія, чистая: Степенна и прокименъ гласа. Евангеліе воскресное 5-е, отъ Луки зач. 113-е. — Воскресеніе Христово: Псаломъ 50-й и прочее обычно. Каноны: воскресенъ на 4, праздника (второй) на 4 (припѣвъ — Пресвятая Богородице, спаси насъ) и святаго оба канона на 6 (припѣвъ — Святый благовѣрный великій княже Александре, моли Бога о насъ). Ирмосы — Во глубинѣ: Катавасія — Христосъ раждается: По 3-й пѣсни кондакъ праздника — Пречистый храмъ Спасовъ: и икосъ; кондакъ святаго — Яко звѣзду тя: и икосъ; сѣдаленъ святаго — Яко звѣзда многосвѣтлая; Слава, и нынѣ: праздника — Непорочная Агница: по 6-й; кондакъ воскресный и икосъ. На 9-й пѣсни поемъ — Честнѣйшую: — Святъ Господь Богъ нашъ. Свѣтиленъ воскресенъ 5-й — Животъ и путь: Слава: святаго — Слышана бысть: И нынѣ: праздника — Юже древле: На хвалитехъ стихиры на 8; Октоиха на 4 и святаго — О преславнаго чудесе: со Славнымъ — Пріидите вси языцы: 4; съ припѣвами ихъ — Честна предъ Господемъ: и — Блаженъ мужъ: Слава: стихира евангельская 5-я — О премудрыхъ судебъ: И нынѣ: — Преблагословенна еси: Славословіе великое. Тропарь — Воскресъ изъ гроба: Ектеніи и отпустъ воскресный. Часъ 1-й.

На часахъ тропарь воскресенъ; Слава: праздника и святаго поперемѣнно; Кондакъ воскресенъ, праздника и святаго поперемѣнно.

На литургіи блаженна на 12; гласа на 4, отъ канона праздника, пѣсни 4-я и 5-я на 4 и отъ канона святаго, пѣснь 6-я на 4. По входѣ тропари воскресенъ, праздника и святаго; кондаки воскресенъ; Слава: святаго; И нынѣ: праздника. Прокименъ — Крѣпость моя и пѣніе: и — Честна предъ Господемъ: Апостолъ ко Ефес. зач. 233-е и ко Ефес. зач. 213-е. Аллилуіа во гл. 2-й и 6-й. Евангеліе отъ Луки зач. 66-е (нед. 26-я) и отъ Матѳ. зач. 43-е. Задостойникъ — Ангели вхожденіе: и — Яко одушевленному: Причастенъ — Хвалите Господа: и — Въ память вѣчную: Отпустъ воскресный.

24-го НОЯБРЯ. Понедѣльникъ. *Попразднство Введенія во Храмъ Пресвятыя Богородицы.* Св. великомученицы Екатерины. Св. великомученика Меркурія Кесарійскаго.

На вечерни по возгласѣ — Благословенъ Богъ нашъ: чтецъ — Пріидите, поклонимся:[36] и псаломъ 103-й — Благослови, душе моя, Господа: Ектенія великая. Каѳизмы нѣтъ. На — Господи воззвахъ: во гл. 1-й; стихиры на 6; мученицы — Днесь красуется: 3 и мученика — Побореніемъ духа: 3; Слава: мученицы — Радостно къ торжеству: И нынѣ: праздника — По рожествѣ твоемъ: Входа нѣтъ. Чтецъ — Свѣте тихій: Прокименъ — Се нынѣ благословите: — Сподоби Господи: Ектенія — Исполнимъ вечернюю молитву: На стиховнѣ стихиры праздника — Пріидите празднолюбцы: Слава: мученицы — Житіе невещественно: И нынѣ: праздника — Давидъ провозглашаше: По — Нынѣ отпущаеши: Трисвятое по — Отче нашъ: тропарь мученицы — Добродѣтельми, яко лучами: Слава: мученика — Мученикъ Твой Господи: И нынѣ: праздника — Днесь благоволенія: Сугубая ектенія — Помилуй насъ Боже: Таже отпустъ.

На утрени іерей съ кадиломъ предъ престоломъ — Благословенъ Богъ нашъ: чтецъ — Аминь. Іерей кадитъ церковь. Чтецъ — Пріидите поклонимся; и чтетъ псалмы 19-й и 20-й. Ектенія по обычаю и возгласъ: — Слава Святѣй: шестопсалміе. Ектенія великая. На — Богъ Господь: во гл. 4-й; тропарь праздника 1-жды; мученицы 1-жды; Слава: мученика; И нынѣ: праздника. По каѳизмахъ сѣдальны праздника. 50-й псаломъ. Каноны: праздника (первый) съ ирмосомъ на 6 (припѣвъ — Пресвятая Богородице, спаси насъ), мученицы на 4 (припѣвъ — Святая великомученице Екатерино, моли Бога о насъ) на 4 и мученика (припѣвъ — Святый великомучениче Меркуріе, моли Бога о насъ) на 4. Ирмосы — Отверзу уста моя: По 3-й, 6-й, 8-й и 9-й пѣсняхъ катавасія, ирмосы послѣдняго канона изъ Минеи. По 3-й пѣсни кондакъ праздника — Пречистый храмъ Спасовъ: и икосъ; кондакъ мученика — Во бранѣхъ: сѣдаленъ мученицы — Жениха твоего: Слава: мученика — Мученикъ Меркурій: И нынѣ: праздника — Давиде, предъиди: по 6-й

---

36) Аще 9-й часъ не читается, то вечерня начинается полнымъ началомъ

Ноябрь

кондакъ мученицы — Ликъ честный: и икосъ; На 9-й пѣсни поемъ — Честнѣйшую: Свѣтиленъ мученицы — Возжиляема мудрованіемъ: Слава, и нынѣ: праздника — Ангельстіи чини: Читаемъ хвалитные псалмы. На хвалитехъ стихиры мученицы — Память всесвященную: на 4; Слава: мученицы — Житіе невещественно: И нынѣ: праздника — Днесь собори вѣрныхъ: Славословіе чтемъ. Ектенія просительная. Стиховные стихиры праздника — Свѣтъ тя: Слава, и нынѣ: праздника — Двери небесныя: — Благо есть: Трисвятое по — Отче нашъ: Тропарь мученицы; Слава: мученика; И нынѣ: праздника. Сугубая ектенія и часъ 1-й.

На часахъ тропарь праздника; Слава: мученицы и мученика поперемѣнно. Кондакъ только праздника.

На литургіи блаженна на 8; отъ канона праздника, пѣснь 7-я и 8-я на 4 и отъ канона мученицы, пѣснь 6-я на 4. По входѣ тропари храма Христова, праздника, храма святаго, мученицы, мученика; кондакъ храма Христова или святаго; мученицы; Слава: мученика; И нынѣ: праздника. Прокименъ пѣснь Богородицы — Величитъ душа моя Господа: и — Дивенъ Богъ во святыхъ Своихъ: Апостолъ къ Тим. зач. 294-е, и къ Ефес. зач. 233-е. Аллилуіа во гл. 8-й и 1-й. Евангеліе отъ Луки зач. 86-е, и отъ Луки зач. 106-е. Задостойникъ — Ангели вхожденіе: и — Яко одушевленному: Причастенъ — Чашу спасенія: и — Радуйтеся праведніи:

25-го НОЯБРЯ. Вторникъ. *Отданіе Введенія во храмъ Пресвятыя Богородицы.* Священномучч. Климента, папы Римскаго и Петра Александрійскаго.

На вечерни и утрени служба праздника, кромѣ входа, паремій, литіи и поліелея, но съ припѣвами праздника на 9-ой пѣсни — **Величай душе моя:** и съ великимъ славословіемъ. Поемъ въ соединеніи службъ священномучениковъ.

На литургіи по входѣ тропарь праздника и святыхъ; Слава: кондакъ святыхъ; И нынѣ: праздника. Прокименъ, аллилуіа и причастенъ праздника и святыхъ. Апостолъ и евангеліе дне, праздника и святыхъ. Задостойникъ — Ангели вхожденіе: и — Яко одушевленному:

27-го НОЯБРЯ. Четвергъ. **Праздникъ иконы Знаменія Пресвятыя Богородицы «Курско-Коренныя» (Всезарубежныя нашея Одигитріи).** *Творимъ бдѣніе.*

Служба напечатана отдѣльной брошюрой или смотрите на интернетѣ. Зри:

http://osanna.russportal.ru/index.php?id=liturg_book.menaion_sept_aug. november_m2702

На великой вечерни — Блаженъ мужъ: На — Господи воззвахъ: во гл. 8-й, стихиры Богородицы — О Дѣво всепѣтая: 8; Слава, и нынѣ: — Днесь всепразднственный ликъ: Входъ. Прокименъ — Боже, во имя Твое: Чтенія Богородицы 3. На литіи стихиры Богородицы — Пріидите вся отечествія: Слава, и нынѣ: Богородицы — Егда пріидетъ: На стиховнѣ стихиры Богородицы — Воистинну Богородице: Слава, и нынѣ: Богородицы — Руцѣ Твои: По — Нынѣ отпущаеши: на благословеніи хлѣбовъ тропарь Богородицы — Яко необоримую стѣну: 2-жды и — Богородице Дѣво: 1-жды.

На утрени на — Богъ Господь, во гл. 4-й, тропарь Богородицы 2-жды; Слава, и нынѣ: тойже. По каѳизмахъ сѣдальны Богородицы. Полiелей и величаніе Богородицы — **Достойно есть величати Тя, Богородице, честнѣйшую Херувимъ, и славнѣйшую безъ сравненія Серафимъ.** Псаломъ избранный — Боже, судъ Твой Цареви даждь, и правду Твою Сыну Цареву. Ектенія малая. Сѣдаленъ Богородицы — Наста днесь праздникъ: Степенна — Отъ юности моея: Прокименъ — Помяну имя Твое: Евангеліе отъ Луки зач. 4-е. Псаломъ 50-й. Слава: — Молитвами Богородицы: И нынѣ: тойже; — Помилуй мя, Боже: Стихира Богородицы — Нынѣ возвеселися: Канонъ Богородицы молебный (припѣвъ — Пресвятая Богородице, спаси насъ) и канонъ праздника Богородицы на 8. Ирмосы — Воду прошедъ; Катавасія — Христосъ раждается: По 3-й пѣсни сѣдаленъ Богородицы — Кій убо праздникъ: Слава, и нынѣ: тойже; по 6-й кондакъ Богородицы — Пріидите, вѣрніи: и икосъ. На 9-й пѣсни поемъ — Честнѣйшую: Свѣтиленъ Богородицы — Солнца свѣтлѣйшая: Слава, и нынѣ: Богородицы — Ризы крещенія: На хвалитехъ во гл. 8-й, стихиры Богородицы — Сердца съ колѣны: 4; Слава, и нынѣ: Богородицы — За міръ весь: Славословіе великое. Тропарь Богородицы. Ектеніи и отпустъ. Часъ 1-й.

На часахъ тропарь и кондакъ Богородицы.

На литургіи блаженна на 8; отъ канона Богородицы, пѣснь 3-я на 4 и пѣснь 6-я на 4. По входѣ тропарь Богородицы; Слава, и нынѣ: кондакъ Богородицы; *въ храмѣ Христовомъ:* Тропари храма и Богородицы; Слава: кондакъ храма; И нынѣ: Богородицы. Прокименъ, пѣснь Богородицы — Величитъ душа моя Господа: Апостолъ ко Евр. зач. 316-е. Аллилуіа во гл. 8-й. Евангеліе отъ Луки зач. 54-е. Причастенъ — Чашу спасенія:

ТРОПАРЬ, ГЛАСЪ 4-й.

Яко необоримую стѣну,/ и источникъ чудесъ,/ стяжавше Тя, раби Твои, Богородице Пречистая,/ сопротивныхъ ополченія низлагаемъ./ Тѣмже молимъ Тя:/ миръ отечеству нашему даруй,// и душамъ нашимъ велію милость.

КОНДАКЪ, ГЛАСЪ 4-й.

Пріидите вѣрніи,/ свѣтло да празднуемъ всечестнаго образа Богоматере чудное явленіе,/ и отъ того благодать почерпающе,/ первообразнѣй умильно возопіимъ:// радуйся, Маріе Богородице, Мати Божія, благословенная.

Ноябрь

30-го НОЯБРЯ. Недѣля 28-я по Пятидесятницѣ. Гласъ 3-й. **Св. апостола Андрея Первозваннаго.**

На великой вечерни — Блаженъ мужъ: На — Господи воззвахъ: стихиры на 10; Октоиха 4 и апостола — Иже Предтечевымъ свѣтомъ: на 6; Слава: апостола — Рыбъ ловитву: И нынѣ: догматикъ — Како не дивимся: Входъ. — Свѣте тихій: Прокименъ — Господь воцарися: Чтенія апостола 3. На стиховнѣ стихиры Октоиха; Слава: апостола — Скровника Петрова: И нынѣ: предпразднства — Іосифе, рцы намъ: По — Нынѣ отпущаеши: — Богородице Дѣво: 3-жды:

На утрени на — Богъ Господь: тропарь воскресенъ 2-жды; Слава: апостола — Яко апостоловъ: И нынѣ: богородиченъ — Еже отъ вѣка: По каѳизмахъ сѣдальны воскресны. Полiелей и величаніе апостола — **Величаемъ тя, апостоле Христовъ Андрее, и чтемъ болѣзни и труды твоея, имиже трудился еси во благовѣстіи Христовѣ.** 1-жды. (Въ воскресные дни избранные псалмы не поются.) — Ангельскій соборъ: Vпакои гласа. Сѣдальны апостола вси — Яко божественнаго: — Первозванна тя обрѣте: Слава: апостола — Апостола вси восхвалимъ: И нынѣ: богородиченъ — Иже на тя надежды: степенна и прокименъ гласа. Евангеліе воскресное 6-е, отъ Луки зач. 114-е. — Воскресеніе Христово: Псаломъ 50-й и прочее обычно. Каноны: воскресенъ на 4, Богородицы на 2 и апостола два — Смутившуяся мою: и Тростію евангелія: на 8 (припѣвъ — Святый апостоле Андрее, моли Бога о насъ). Ирмосы — Воды древле: Катавасія — Христосъ раждается: По 3-й пѣсни кондакъ апостола — Мужества тезоименитаго: и икосъ; сѣдаленъ апостола — Яко первозваннаго: Слава: инъ — Идольскія свирѣпства: И нынѣ: богородиченъ — Радуйся, престоле: по 6-й кондакъ воскресный и икосъ. На 9-й пѣсни поемъ — Честнѣйшую: — Святъ Господь Богъ нашъ. Свѣтиленъ воскресенъ 6-й — Показуя, яко человѣкъ еси: апостола — Слово пребезначальное: Слава: апостола — Петрова скровника: И нынѣ: богородиченъ воскресенъ 6-й — Творецъ созданія: На хвалитехъ стихиры на 8; Октоиха 4 и апостола — Виѳсаидо, нынѣ веселися: со Славнымъ — Проповѣдника вѣры: 4; съ припѣвами ихъ — Во всю землю: и — Небеса повѣдаютъ: Слава: стихира евангельская 6-я — Истинный миръ Ты, Христе: И нынѣ: — Преблагословенна еси: Славословіе великое. Тропарь — Днесь спасеніе: Ектеніи и отпустъ воскресный. Часъ 1-й.

На часахъ тропарь воскресенъ; Слава: апостола; Кондаки апостола и воскресенъ поперемѣнно.

На литургіи блаженна на 10; гласа на 6 и отъ канона апостола, пѣснь 3-я. По входѣ тропари см. 2-го января — № 2. Прокименъ — Пойте Богу нашему пойте: и — Во всю землю: Апостолъ къ Кол. зач. 250-е. и къ Кор. зач. 131-е. Аллилуіа во гл. 3-й и 1-й. Евангеліе отъ Лука зач. 71-е (нед. 27-я) и отъ Іоан. зач. 4-е. Причастенъ — Хвалите Господа: и — Во всю землю: Отпустъ воскресный.

XII. ДЕКАБРЬ

4-го ДЕКАБРЯ. Четвергъ. Св. великомученицы Варвары. Преподобнаго Іоанна Дамаскина.

На вечерни по возгласѣ — Благословенъ Богъ нашъ: чтецъ — Пріидите, поклонимся:[37] и псаломъ 103-й — Благослови, душе моя, Господа: Ектенія великая. Каѳизма 12-я. На — Господи воззвахъ: во гл. 2-й; стихиры на 6; мученицы — Егда на судищи: 3 и преподобнаго — Отче Іоанне всемудре: 3; Слава: мученицы — Отечество, родъ: И нынѣ: богородиченъ — Око сердца моего: (см. богородичны отъ меньшихъ, гласъ 6-й, въ среду вечера). Входа нѣтъ. Чтецъ — Свѣте тихій: Прокименъ — Боже, во имя Твое: — Сподоби Господи: Ектенія — Исполнимъ вечернюю молитву: На стиховнѣ стихиры Октоиха гл. 3-й — Во всю землю изыде: Слава: преподобнаго — Преподобне отче: И нынѣ: богородиченъ — Око сердца моего: (см. богородичны отъ меньшихъ, гласъ 6-й, въ среду вечера). По — Нынѣ отпущаеши: Трисвятое по — Отче нашъ: тропарь мученицы — Варвару святую: Слава: преподобнаго — Православія наставниче: И нынѣ: богородиченъ — Мысленная врата: (см. богородичны отъ меньшихъ, гласъ 8-й, въ среду вечера). Сугубая ектенія — Помилуй насъ Боже: Таже отпустъ.

На утрени іерей съ кадиломъ предъ престоломъ — Благословенъ Богъ нашъ: чтецъ — Аминь. (Аще нѣсть полунощницы, то по возгласѣ — Царю Небесный: Трисвятое: по — Отче нашъ: — Яко Твое есть Царство): іерей кадитъ церковь. Чтецъ — Аминь; Пріидите поклонимся, и чтетъ псалмы 19-й и 20-й. Ектенія по обычаю и возгласъ: — Слава Святѣй: шестопсалміе. Ектенія великая. На — Богъ Господь: во гл. 8-й; тропарь мученицы; 2-жды; Слава: преподобнаго; И нынѣ: богородиченъ — Мысленная врата: (см. богородичны отъ меньшихъ, гласъ 8-й, въ четвертокъ на — Бог Господь:). По каѳизмахъ сѣдальны Октоиха. 50-й псаломъ. Каноны: апостоловъ Октоиха гл. 3-й на 6 (припѣвъ — Святіи апостоли, молите Бога о насъ), мученицы на 4 (припѣвъ — Святая великомученице Варваро, моли Бога о насъ) и преподобнаго на 4 (припѣвъ — Преподобне отче Іоанне, моли Бога о насъ). Ирмосы — Воды древле: По 3-й, 6-й, 8-й и 9-й пѣсняхъ катавасія, ирмосы послѣдняго канона изъ Минеи. По 3-й пѣсни кондакъ преподобнаго — Пѣснописца и честнаго: и икосъ; сѣдаленъ мученицы — Въ страданіи: Слава: преподобнаго — Труба благогласна: И нынѣ: богородиченъ — Божественная скинія была: по 6-й кондакъ мученицы — Въ Троицѣ благочестно: и икосъ; На 9-й пѣсни поемъ — Честнѣйшую: Свѣтиленъ Октоиха — Во всю подсолнечную: мученицы — Яко шипокъ краснѣйшій: Слава: преподобнаго — Яко божественъ: И нынѣ: богородиченъ — Воистинну тя Богородицу: Читаемъ хвалитные псалмы до — Хвалите его, на силахъ: На хвалитехъ стихиры мученицы — Земныя пищи:

---

37) Аще 9-й часъ не читается, то вечерня начинается полнымъ началомъ

Декабрь

на 4; Слава: мученицы — Страдальческимъ шествовавши: И нынѣ: богородиченъ — Преложеніе скорбящихъ: (см. богородичны отъ меньшихъ, гласъ 6-й, въ четвертокъ на утрени). Славословіе чтемъ. Ектенія просительная. Стиховные стихиры Октоиха гл. 3 — Во всю землю изыде: съ обычными припѣвами; Слава: преподобнаго — Монаховъ множества: И нынѣ: богородиченъ — Исхити мя (см. богородичны отъ меньшихъ, гласъ 8-й, въ четвертокъ утрени). — Благо есть: Трисвятое по — Отче нашъ: Тропарь мученицы; Слава: преподобнаго; И нынѣ: богородиченъ — Дѣво пречистая: (см. богородичны отъ меньшихъ, гласъ 8-й, въ четвертокъ утрени) Сугубая ектенія и часъ 1-й.

На часахъ тропарь мученицы; Слава: преподобнаго. Кондаки преподобнаго и мученицы поперемѣнно.

На литургіи блаженна на 8; отъ канона мученицы, пѣснь 3-я на 4 и отъ канона преподобнаго, пѣснь 6-я на 4. По входѣ тропари храм Христова или Богородицы, апостоловъ — Апостоли святіи: храма святаго; мученицы и преподобнаго; кондакъ храма Христово, дне — Твердыя и боговѣщанныя: храма святаго; мученицы, преподобнаго; Слава: мертвенъ — Со святыми упокой: И нынѣ: *аще храмъ Христова* — Вознесыйся: храма Богородицы или — Предстательства христіанъ: Прокименъ — Во всю землю: и — Дивенъ Богъ во святыхъ Своихъ: Апостолъ ко Евр. зач. 315-е, и къ Гал. зач. 208-е. Аллилуіа во гл. 1-й и 1-й. Евангеліе отъ Луки зач. 100-е и Марка зач. 21-е. Причастенъ — Во всю землю: и — Радуйтеся праведніи:

6-го ДЕКАБРЯ. Суббота. **Святителя Николая, архіепископа Мѵръ Ликійскихъ, чудотворца.** *Творимъ бдѣніе.*

На великой вечерни — Блаженъ мужъ: На — Господи воззвахъ: во гл. 2-й, стихиры святителя — Въ Мѵрѣхъ поживъ: на 8; Слава: святителя — Святителей удобреніе: И нынѣ: догматикъ отдающагося гласа — Како не дивимся. Входъ. — Свѣте тихій: Прокименъ — Боже, заступникъ мой: Чтенія святителя 3. На литіи стихира храма и стихиры святителя — Правило вѣры: Слава: святителя — Благій рабе: И нынѣ: предпразднства — Сіоне торжествуй: На стиховнѣ стихиры святителя — Радуйся священная главо: Слава: святителя — Человѣче Божій: И нынѣ: предпразднства — Безневѣстная Дѣво, откуду: По — Нынѣ отпущаеши: на благословеніи хлѣбовъ тропарь святителя — Правило вѣры: 2-жды и — Богородице Дѣво: 1-жды.

На утрени на — Богъ Господь: во гл. 4-й, тропарь святителя 2-жды; Слава, и нынѣ: богородиченъ отдающяго гласа — Тя ходатайствовавшую: По каѳизмахъ сѣдальны святителя. Полілей и величаніе святителя **Величаемъ тя, святителю отче Николае, и чтемъ святую память твою, ты бо молиши за насъ Христа Бога нашего.** Псаломъ избранный — Услышите сія вси языцы, внушите вси живущіи по вселеннѣй. Сѣдаленъ святителя — Премудраго іерарха: Слава: — Предстатель теплѣйшій: И нынѣ: богородиченъ — Скоро пріими:

Степенна — Отъ юности моея: Прокименъ — Честна предъ Господемъ: Евангеліе отъ Іоанна зач. 36-е. Псаломъ 50-й. Слава: — Молитвами святителя Николая: И нынѣ: — Молитвами Богородицы: — Помилуй мя, Боже: стихира святителя — Наслѣдниче Божій: Каноны: Богородицы прешедшія недѣли утренніи (воскресный) со ирмосомъ на 6 (припѣвъ — Пресвятая Богородице, спаси насъ), (аще ли храмъ Христовъ или Богородиченъ, поемъ канонъ храма со ирмосомъ на 6) и святителя оба канона на 8 (припѣвъ — Святителю отче Николае, моли Бога о насъ). Ирмосы — Пѣснь новую: или храма. Катавасія — Христосъ раждается: По 3-й пѣсни сѣдаленъ святителя — Возшедъ на высоту: Слава: — Рѣку исцѣленій: И нынѣ: богородиченъ — Яко Дѣву: по 6-й кондакъ святителя — Въ Мѵрѣхъ святе: и икосъ. На 9-й пѣсни поемъ — Честнѣйшую: Свѣтиленъ святителя — Великаго архипастыря: Слава: святителя — Вельми тя прослави: И нынѣ: богородиченъ — Мудрость ѵпостасную: На хвалитехъ, во гл. 1-й, стихиры святителя — Воззрѣвъ неуклонно: на 6; Слава: — Вострубимъ трубою пѣсней, взыграемъ: И нынѣ: богородиченъ — Вострубимъ трубою пѣсней, приникши: Славословіе великое. Тропарь святителя; Слава, и нынѣ: богородиченъ отдающаго гласа — Тя ходатайствовавшую: Ектеніи и отпустъ. Часъ 1-й.

На часахъ тропарь и кондакъ святителя.

На литургіи блаженна на 8; отъ перваго канона святителя, пѣснь 3-я на 4 и отъ втораго канона, пѣснь 6-я на 4. По входѣ тропари см. 2-го января — № 3. Прокименъ — Возвеселится праведникъ: Апостолъ ко Евр. зач. 335-е. Аллилуіа во гл. 4-й. Евангеліе отъ Луки зач. 24-е. Причастенъ — Въ память вѣчную:

7-го ДЕКАБРЯ. **Недѣля 29-я по Пятидесятницѣ.** Гласъ 4-й. Святителя Амвросія Медіоланскаго.

На великой вечерни — Блаженъ мужъ: на — Господи воззвахъ: стихиры на 10; Октоиха 7 и святителя — Владычества престолъ: 3; Слава, и нынѣ: И нынѣ: догматикъ — Иже Тебе ради: Входъ. — Свѣте тихій: Прокименъ — Господь воцарися: На стиховнѣ стихиры Октоиха; Слава, и нынѣ: богородиченъ — Призри на моленія: По — Нынѣ отпущаеши: — Богородице Дѣво: 3-жды.

На утрени на — Богъ Господь: тропарь воскресенъ 2-жды; Слава: святителя — Правило вѣры: И нынѣ: богородиченъ — Еже отъ вѣка: По каѳизмахъ сѣдальны воскресны. Полѵелей. — Ангельскій соборъ: Ѵпакои, степенна и прокименъ гласа. Евангеліе воскресное 7-е, отъ Іоанна зач. 63-е. — Воскресеніе Христово: Псаломъ 50-й и прочее обычно. Каноны: воскресенъ на 4, крестовоскресенъ на 3, Богородицы на 3 и святителя на 4 (припѣвъ — Святителю отче Амвросіе, моли Бога о насъ). Ирмосы — Моря чермную пучину: Катавасія — Христосъ раждается: По 3-й пѣсни кондакъ святителя — Божественными догматы: и сѣдаленъ святителя: Пророка Илію: Слава и нынѣ: богородиченъ — Помышленьми поползохся: по 6-й кондакъ воскресенъ и икосъ. На 9-й

Декабрь

пѣсни поемъ — Честнѣйшую: — Святъ Господь Богъ нашъ. Свѣтиленъ воскресенъ 7-й — Яко взяша Господа: Слава:, и нынѣ: богородиченъ воскресенъ 7-й — Велія и преславная: На хвалитехъ стихиры Октоиха 8; Слава: стихира евангельская 7-я — Се тьма, и рано: И нынѣ: — Преблагословенна еси: Славословіе великое. Тропарь — Воскресъ изъ гроба: Ектеніи и отпустъ воскресный. Часъ 1-й.

На часахъ тропарь воскресенъ; Слава: святителя; Кондакъ воскресенъ.

На литургіи блаженна гласа на 8. По входѣ тропари см. 2-го января — № 2. Прокименъ — Яко возвеличишася: Апостолъ къ Кол. зач. 258-е (нед. 30-я). Аллилуіа во гл. 4-й. Евангеліе отъ Луки зач. 85-е (нед. 29-я). Причастенъ — Хвалите Господа: Отпустъ воскресный.

Объясненіе: Въ недѣлю свв. праотецъ всегда читается тотъ самый апостолъ, который въ указателѣ при книгѣ Апостола означенъ, какъ чтеніе недѣли 29-й, и то Евангеліе, которое въ евангельскомъ указателѣ положено въ недѣлю 28-ю (о званныхъ на вечерю). Отсюда бываетъ та или другая перестановка рядовыхъ чтеній.

12-го ДЕКАБРЯ. Пятница. **Преп. Германа Аляскинскаго Чудотворца.**
Служба преп. Германа напечатана отдѣльной брошюрой или смотрите на интернетѣ. Зри:
http://osanna.russportal.ru/index.php?id=liturg_book.menaion_sept_aug.december_m1202

На великой вечерни — Блаженъ мужъ: на — Господи воззвахъ: во гл. 3-й; стихиры преподобнаго — Взыграйте, воды Валаама: на 8; Слава: преподобнаго — Кая нѣдра земли: И нынѣ: догматикъ — Кто Тебе не ублажитъ: Входъ. — Свѣте тихій: Прокименъ — Помощь моя отъ Господа: Чтенія преподобнаго 3. На литіи стихира храма и стихира преподобнаго — Новаго Валаама подвижниче: Слава: преподобнаго — Приближившуся отшествію: И нынѣ: богородиченъ — Владычице Богородице Дѣво: На стиховнѣ стихиры преподобнаго — Радуйся, живоносный Кресте: Слава: преподобнаго — Преподобне отче: И нынѣ: богородиченъ — Творецъ и Избавитель: По — Нынѣ отпущаеши: на благословеніи хлѣбовъ тропарь преподобнаго — Пустыни сѣверныя: 2-жды и — Богородице Дѣво: 1-жды

На утрени на — Богъ Господь во гласъ 4-й: тропарь преподобнаго 2-жды; Слава, и нынѣ: богородиченъ — Еже отъ вѣка: По каѳизмахъ сѣдальны преподобнаго. Полiелей и величаніе преподобнаго —**Ублажаемъ тя, преподобне отче Германе, и чтемъ святую память твою, наставниче монаховъ и собесѣдниче ангеловъ.** Псаломъ избранный —Терпя потерпѣхъ Господа, и внятъ ми, и услыша молитву мою. Ектенія малая. Сѣдаленъ преподобнаго —На бренномъ корабли: Слава, и нынѣ: богородиченъ — Владычице наша: Степенна —Отъ юности моея: Прокименъ — Честна предъ Господемъ смерть преподобныхъ Его. Евангеліе отъ Матѳ. зач. 43-е. —Псаломъ 50-й. Слава: —Молитвами преподобнаго Германа: и прочее. Стихира преподобнаго —Кая нѣдра земли: Каноны: Богородицы молебный со ирмосомъ на 6 и преподобнаго на 8 (припѣвъ —Преподобне отче Германе, моли Бога о насъ). Ирмосы —Воду прошедъ: Катавасія —Христосъ раждается: По 3-й пѣсни сѣдаленъ преподобнаго —Приспѣ днесь: Слава, и нынѣ: богородиченъ —Радуйся, благодатная Дѣво: по 6-й кондакъ преподобнаго —Валаама постриженице: и икосъ. На 9-й пѣсни поемъ —Честнѣйшую: Свѣтиленъ преподобнаго —Свѣтодавче Господи: Слава, и нынѣ: богородиченъ — Богоневѣсто, свѣще: На хвалитехъ во гл. 8-й, стихиры преподобнаго —Кроткій и смиренный Германъ: на 4; Слава: преподобнаго —На лѣствицу добродѣтелей: И нынѣ: богородиченъ — Владычице, пріими молитву: Славословіе великое. Тропарь преподобнаго; Слава, и нынѣ: богородиченъ—Еже отъ вѣка: Ектеніи и отпустъ. Часъ 1-й.

На часахъ тропарь и кондакъ преподобнаго.

На литургіи блаженна на 8; гласа на 4, изъ канона преподобнаго, пѣснь 3-я на 4 и пѣснь 6-я на 4. По входѣ тропари см. 2-го января— № 3. Прокименъ—Честна предъ Господемъ: Апостолъ къ Гал. зач. 213-е. Аллилуіа во гл. 6-й. Евангеліе отъ Луки зач. 24-е. Причастенъ—Въ память вѣчную:

14-го ДЕКАБРЯ. **Недѣля 30-я по Пятидесятницѣ,** *она же святыхъ праотецъ.* Гласъ 5-й.

(Служба святыхъ праотцевъ напечатана подъ 11-мъ декабря въ Минеи или смотри въ Великомъ сборникѣ.)

На великой вечерни — Блаженъ мужъ: На — Господи воззвахъ: стихиры на 10; Октоиха 6 и праотцевъ — Праотцевъ днесь: 4; Слава: праотцевъ — Иже прежде закона: И нынѣ: И нынѣ: догматикъ — Въ Черненъ мори: Входъ. — Свѣте тихій: Прокименъ — Господь воцарися: Чтенія отцевъ 3. На стиховнѣ стихиры Октоиха; Слава: праотцевъ — Праотцевъ соборъ: И нынѣ: богородиченъ — Безъ сѣмене: По — Нынѣ отпущаеши: — Богородице Дѣво: 2-жды и тропарь праотцевъ — Вѣрою праотцы: 1-жды.

На утрени на — Богъ Господь: тропарь воскресенъ 2-жды; Слава, и нынѣ: праотецъ. По каѳизмахъ сѣдальны воскресны. Полиелей. — Ангельскій соборъ: Ѵпакои гласа. Сѣдаленъ праотцевъ — Авраама, Исаака же: Слава, и нынѣ: богородиченъ — Благодарственное похваленіе: Степенна и прокименъ гласа. Евангеліе воскресное 8-е, отъ Іоанна зач. 64-е. — Воскресеніе Христово: Псаломъ 50-й и прочее обычно. Каноны: воскресенъ на 4, отроковъ на 4 (припѣвъ — Святіи тріе отроцы, молите Бога о насъ) и праотцевъ на 6 (припѣвъ — Святіи праотцы, молите Бога о насъ). Ирмосы — Коня и всадника: Катавасія — Христосъ раждается: По 3-й пѣсни ѵпакои праотцевъ — Въ росу дѣтемъ: по 6-й кондакъ праотцевъ — Рукописаннаго образа: и икосъ. На 9-й пѣсни поемъ — Честнѣйшую: — Святъ Господь Богъ нашъ. Свѣтиленъ воскресенъ

Декабрь

8-й — Два ангела: Слава: праотцевъ — Адама восхвалимъ: И нынѣ: богородиченъ праотцевъ — Солнце великое: На хвалитехъ стихиры на 8; Октоиха 4 и праотцевъ — Вси честныхъ нынѣ: 4 съ припѣвами ихъ — Благословенъ еси Господи: и — Яко праведенъ еси: Слава: праотцевъ — Пріидите вси: И нынѣ: — Преблагословенна еси: Славословіе великое. Тропарь — Днесь спасеніе: Ектеніи и отпустъ воскресный. Слава, и нынѣ: стихира евангельская 8-я — Маріины слезы: Часъ 1-й.

На часахъ тропарь воскресенъ; Слава: праотцевъ; Кондакъ праотцевъ.

На литургіи блаженна на 10; гласа на 6 и отъ канона праотцевъ, пѣснь 3-я на 4. По входѣ тропари воскресенъ, праотцевъ; Слава, и нынѣ: кондакъ праотцевъ. Прокименъ пѣснь отцевъ — Благословенъ еси, Господи Боже отецъ нашихъ: Апостолъ къ Кол. зач. 257-е (нед. 29-я). Аллилуіа во гл. 4-й. Евангеліе отъ Луки зач. 76-е (нед. 28-я). Причастенъ — Хвалите Господа: и — Радуйтеся, праведніи: Отпустъ воскресный.

20-го ДЕКАБРЯ. *Суббота предъ Рождествомъ Христовымъ. Предпразднство Рождества Христова. Священномученика Игнатія Богоносца, еп. Антіохійскаго.* **Св. прав. Іоанна Кронштадтскаго, чудотворца.** *Творимъ бдѣніе.*

Служба св. прав. Іоанна напечатана отдѣльной брошюрой или смотри на интернетѣ. Зри:

http://osanna.russportal.ru/index.php?id=liturg_book.menaion_sept_aug.october_m1903

Съ сего дня начинаются дни предпразднства Рождества Христова. Вся служба по Минеѣ. На повечеріяхъ трипѣснцы и каноны предпразднства.

На великой вечерни — Блаженъ мужъ: на — Господи воззвахъ: во гл. 1-й, стихиры на 10; предпразднства — Предпразднуимъ людіе: 3, мученика — Богоносецъ нарицаемый: 3 и святаго Іоанна — Вся житейская: 4; Слава: святаго Іоанна — Сердцемъ вѣровалъ: И нынѣ: предпразднства — Воспріими, Виѳлееме: Входъ. Прокименъ — Боже, заступникъ мой: Чтенія св. Іоанна 3. На литіи стихира храма и стихиры св. Іоанна — О крѣпосте моя: Слава: св. Іоанна — Молящеся, Духомъ: И нынѣ: предпразднства — Пріимите ясли: На стиховнѣ стихиры предпразднства — Се время: Слава: св. Іоанна — Не отцы наши: И нынѣ: предпразднства — Господи, въ Виѳлеемъ пришедъ: По — Нынѣ отпущаеши: на благословеніи хлѣбовъ тропарь св. Іоанна — Во Христѣ во вѣки: 2-жды и предпразднства — Готовися Виѳлееме: 1-жды.

На утрени на — Богъ Господь: во гл. 4-й, тропарь предпразднства 1-жды; мученика — И нравомъ причастникъ: 1-жды; Слава: св. Іоанна; И нынѣ: предпразднства. По каѳизмахъ сѣдальны св. Іоанна; Слава, и нынѣ: предпразднства, вмѣсто богородичныхъ. Поліелей и величаніе — **Величаемъ тя, святый праведный отче Іоанне, и чтемъ святую память твою, ты бо молиши за насъ Христа Бога нашего.** Псаломъ избранный — Блаженъ мужъ бояйся Господа: По поліелеи сѣдаленъ св. Іоанна — Слова Божія: Слава, и нынѣ: предпразднства — Свирѣлей пастырскихъ: Степенна — Отъ юности моея: Прокименъ — Священницы Твои облекутся въ правду и преподобніи Твои возрадуются. Евангеліе отъ Луки зач. 24-е. Псаломъ 50-й. Слава: — Молитвами святаго праведнаго Іоанна: И нынѣ: — Молитвами Богородицы: — Помилуй мя, Боже: стихира св. Іоанна — Ангеле земный: Каноны: предпразднства со ирмосомъ на 4 (припѣвъ — Слава Тебѣ, Боже нашъ, слава Тебѣ), мученика на 4 (припѣвъ — Священномучениче Игнатіе, моли Бога о насъ) и святаго Іоанна на 6 (припѣвъ — Святый праведный Іоанне, моли Бога о насъ). Ирмосы — Пѣснь побѣдную: Катавасія — Христосъ раждается: По 3-й пѣсни кондакъ предпразднства — Дѣва днесь превѣчное: и икосъ; кондакъ мученика — Свѣтлыхъ подвигъ: и икосъ; сѣдаленъ мученика — Отъ востока возсіявъ: Слава: св. Іоанна — Плачъ мнозѣхъ: И нынѣ: предпразднства — Изъ чрева прежде вѣкъ: по 6-й пѣсни кондакъ св. Іоанна — Отъ младенства: и икосъ. На 9-й пѣсни — Честнѣйшую: Свѣтиленъ мученика — Слово пребезначальное: Слава: св. Іоанна — Въ храмѣ: И нынѣ: предпразднства — Украсися Виѳлееме: На хвалитехъ во гл. 6-й, стихиры на 8; предпразднства — Ангельскія: 4 и св. Іоанна — О прерадостныя повѣсти: со Славнымъ — Покланяяся святымъ иконамъ: 4 съ припѣвами ихъ — Расточи, даде убогимъ: и — Готово сердце: Слава: мученика — Столпъ одушевленъ: И нынѣ: предпразднства — Вертепе благоукрасися: Славословіе великое. Тропарь мученика; Слава: св. Іоанна; И нынѣ: предпразднства. Ектеніи и отпустъ. Часъ 1-й.

На часахъ тропарь предпразднства; Слава: мученика и св. Іоанна поперемѣнно. Кондаки предпразднства и св. Іоанна поперемѣнно.

На литургіи блаженна на 12; отъ канона предпразднства, пѣснь 3-я на 4, отъ канона мученика, пѣснь 3-я на 4 и отъ канона св. Іоанна, пѣснь 6-я на 4. По входѣ тропари предпразднства, мученика и св. Іоанна; Кондакъ мученика; Слава: св. Іоанна; И нынѣ: предпразднства. Прокименъ — Возвеселится праведникъ о Господѣ: Апостолъ (суббота предъ Рождествомъ) къ Гал. зач. 205, ко Евр. зач. 311-е и Соборнаго посл. Іоаннова зач. 73-е отъ полу (1 Іоанна 4 гл. съ 7-го по 11 ст. включительно). Аллилуіа во гл. 4-й. Евангеліе (суббота предъ Рождествомъ) отъ Луки зач. 72-е, отъ Марка зач. 41-е и отъ Луки зач. 26-е. Причастенъ — Въ память вѣчную:

21-го ДЕКАБРЯ. **Недѣля 31-я по Пятидесятницѣ,** *она же предъ Рождествомъ Христовымъ. Свв. отец. Гласъ 6-й. Предпразднство Рождества Христова.* **Святителя Петра Московскаго, митрополита Кіевскаго и всея Россіи.** *(Въ сей годъ исполняется 700 лѣтъ со дня преставленіе святаго.)*

(Служба свв. отцевъ напечатана подъ 18-мъ декабря въ Минеи, или смотри въ Великомъ сборникѣ.)

(Служба свв. отецъ **безъ** *послѣдованіи свят. Петра Московского совершается аще изволитъ настоятель.)*

На великой вечерни — Блаженъ мужъ: На — Господи воззвахъ: сти-

Декабрь

хиры на 10; Октоиха 3, отцевъ — Явися міра: 3 и святителя — Кіими похвальными: со Славнымъ: — Божественнако свыше: 4; Слава: отцевъ — Даниилъ мужъ желаній: И нынѣ: предпразднства — Вертепе благоукрасися: Входъ. Прокименъ — Господь воцарися: Чтенія отцевъ 3 и святителя 3. На литіи стихира предпразднства — Незаходимое солнце: (писано на — Господи воззвахъ:); стихиры святителя — Свѣтло днесь церковь: 3 и отцевъ — Лучами облиставшеся: Слава: отцевъ — Праотцевъ соборъ: И нынѣ: предпразднства — Благоукрасися, Виѳлееме: На стиховнѣ стихиры Октоиха; Слава: отцевъ — Радуйтеся пророцы: И нынѣ: предпразднства — Се время приближися: По — Нынѣ отпущаеши: на благословеніи хлѣбовъ — Богородице Дѣво: 1-жды, тропарь отцевъ — Велія вѣры: 1-жды и святителя — Яже прежде безплодная земля: 1-жды.

На утрени на — Богъ Господь: тропарь воскресенъ 1-жды; отцевъ — Велія вѣры: 1-жды; Слава: святителя; И нынѣ: предпразднства — Готовися Виѳлееме: (въ Минеи 21-го дек.) Полiелей и величаніе — **Величаемъ тя, святителю отче Петре, и чтемъ святую память твою, ты бо молиши за насъ Христа Бога нашего.** 1-жды. (Въ воскресные дни избранные псалмы не поются.) По каѳизмахъ сѣдальны воскресны. — Ангельскій соборъ: Vпакои гласа. Сѣдальны святителя — Великій Христовъ: — Милостивому Христову: Слава: — Православными сіяніи: И нынѣ: предпразднства — Вифлееме, готовися: Степенна и прокименъ гласа. Евангеліе воскресное 9-е, отъ Іоанна зач. 65-е. — Воскресеніе Христово: Псаломъ 50-й и прочее обычно. Каноны: воскресенъ на 4, святителя на 4 (припѣвъ — Святителю отче Петре, моли Бога о насъ) и отцевъ — Днесь соборъ: на 6 (припѣвъ — Святіи отцы, молите Бога о насъ). Ирмосы — Яко по суху: Катавасія — Христосъ раждается: По 3-й пѣсни кондакъ святителя — Взбранному и дивному: и икосъ; vпакои отцевъ — Ангелъ отроковъ: сѣдаленъ святителя — Свѣтильникъ свѣтосіяненъ: Слава, и нынѣ: предпразднства — Дѣвы, предначните: По 6-й кондакъ отцевъ — Веселися Виѳлееме: и икосъ. На 9-й пѣсни поемъ — Честнѣйшую: — Святъ Господь Богъ нашъ. Свѣтиленъ воскресенъ 9-й — Заключеннымъ, Владыко: отцевъ — Патріарховъ избранніи: Слава: святителя — Духъ Святый святителя: И нынѣ: предпразднства — Агница нескверная: На хвалитехъ стихиры на 8; Октоиха 3, отцевъ — Возвыси твой гласъ: 2 и святителя — Преподобне отче Петре: со Славнымъ — Всякъ градъ и страна: 3 съ припѣвами ихъ — Уста моя возглаголютъ: и — Уста праведнаго: Слава: отцевъ — Законныхъ ученій: И нынѣ: — Преблагословенна еси: Славословіе великое и тропарь — Воскресъ изъ гроба: Ектеніи и отпустъ воскресенъ. Слава, и нынѣ: стихира евангельская 9-я — Яко въ послѣдняя: Часъ 1-й.

На часахъ тропарь воскресный; Слава: отцевъ и святителя поперемѣнно. Кондаки отцевъ и святителя поперемѣнно.

На литургіи блаженна на 12; гласа на 4, отъ канона отцевъ, пѣснь 3-я на 4 и отъ канона святителя, пѣснь 6-я на 4. По входѣ тропари воскресенъ, отцевъ — Велія вѣры: предпразднства — Готовися Виѳлееме: и святителя; кондаки отцевъ; Слава: святителя; И нынѣ: предпразднства — Дѣва днесь: Прокименъ пѣснь отцевъ — Благословенъ еси, Господи Боже отецъ нашихъ: и — Уста моя возглаголютъ премудрость: Апостолъ ко Евр. зач. 328-е и ко Евр. зач. 318-е. Аллилуіа во гл. 4-й и 2-й. Евангеліе отъ Матѳ. зач. 1-е и отъ Луки зач. 24-е. Причастенъ — Хвалите Господа: и — Радуйтеся, праведніи: Отпустъ воскресенъ.

24-го ДЕКАБРЯ. Среда. **Навечеріе Рождества Христова.** Преподобномученицы Евгеніи Римскія.

На вечерни по возгласѣ — Благословенъ Богъ нашъ: чтецъ — Пріидите, поклонимся:³⁸ и псаломъ 103-й — Благослови, душе моя, Господа: Ектенія великая. Каѳизма 6-я. На — Господи воззвахъ: во гл. 5-й; стихиры на 6; предпразднства — Носиши Адамовъ: 3 и мученицы — Міра оставльши: Слава, и нынѣ: предпразднства — Се время приближися: Входа нѣтъ. Чтецъ — Свѣте тихій: Прокименъ — Милость Твоя, Господи: — Сподоби Господи: Ектенія — Исполнимъ вечернюю молитву: На стиховнѣ стихиры предпразднства — Дары Тебѣ приносяще: съ припѣвами — Богъ отъ юга: и — Господи, услышахъ: Слава, и нынѣ: предпразднства — Сіоне, торжествуй: По — Нынѣ отпущаеши: Трисвятое по — Отче нашъ: тропарь предпразднства — Написовашеся иногда: Сугубая ектенія — Помилуй насъ Боже: Таже отпустъ.

На маломъ повечеріи канонъ — Волною морскою:

На утрени іерей съ кадиломъ предъ престоломъ — Благословенъ Богъ нашъ: чтецъ — Аминь. Іерей кадитъ церковь. Чтецъ — Пріидите поклонимся; и чтетъ псалмы 19-й и 20-й. Ектенія по обычаю и возгласъ: — Слава Святѣй: шестопсалміе. Ектенія великая. На — Богъ Господь: тропарь предпразднства 2-жды; Слава, и нынѣ: тойже. По каѳизмахъ сѣдальны предпразднства. Псаломъ 50-й. Каноны: предпразднства со ирмосомъ на 8 (припѣвъ — Слава Тебѣ, Боже нашъ, слава Тебѣ) и мученицы на 4 (припѣвъ — Препобномученице Евгеніе, моли Бога о насъ). Ирмосы — Во глубинѣ: По 3-й, 6-й, 8-й и 9-й пѣсняхъ катавасія, ирмосы послѣдняго канона изъ Минеи. По 3-й пѣсни сѣдаленъ мученицы — Воздержавшися въ трудѣхъ: Слава, и нынѣ предпразднства — Небо мнѣ: по 6-й кондакъ предпразднства — Дѣва днесь Превѣчное Слово: и икосъ. На 9-й пѣсни поемъ — Честнѣйшую: Свѣтиленъ предпразднства — Иже во свѣтѣ: Слава, и нынѣ: инъ — Пѣніе вѣрніи: Чтемъ хвалитные псалмы. На хвалитехъ стихиры предпразднства — Звѣзда возсія: на 4; Слава: предпразднства — Гряди, Виѳлееме: И нынѣ: предпразднства — О блаженное: Славословіе чтемъ. Ектенія просительная. Стиховные стихиры предпразднства — Домъ Вседетеля: Слава: Слава Тебѣ: И нынѣ: Радуйся, яже Жизнь: — Благо есть: Трисвятое по — Отче нашъ: Тропарь предпразднства. Сугубая ектенія и отпустъ. *Не присоедимяемъ* здѣсь 1-й часъ, но поемъ его съ прочими часами заутра.

---

38) Аще 9-й часъ не читается, то вечерня начинается полнымъ началомъ

Декабрь

Послѣдованiе Царскихъ часовъ въ навечерiи Рождества Христова.

Около 8 ч. утра (по церковному счету въ началѣ 2-го часа) iерей въ фелони царскими вратами износитъ святое Евангелiе, полагаетъ его на аналогiи посреди церкви и начинаетъ — Благословенъ Богъ нашъ: Чтецъ — Аминь. — Слава Тебѣ, Боже нашъ, слава Тебѣ. — Царю Небесный: Трисвятое: по — Отче нашъ: Господи помилуй (12 разъ), Слава, и нынѣ: — Прiидите, поклонимся: и псалмы. На каждомъ часѣ два особыхъ псалма и одинъ изъ читаемыхъ обычно. На псалмахъ каждeнie, начинаемое отъ аналоя съ Евангелiемъ (на 1-мъ часѣ священникъ творитъ полное каждeнie, т. е. алтаря и всего храма; на 3-мъ и 6-мъ дiаконъ творитъ малое, на 9-мъ священникъ творитъ полное). На часахъ тропарь предпразднства — Написавошеся иногда: Затѣмъ на каждомъ часѣ, послѣ его богородична, поются особыя стихиры (тропари со стихами); — Вонмемъ. Прокименъ и паремiя. Апостолъ. По чтенiи апостола, iерей — Миръ ти; чтецъ — И духови твоему; дiаконъ — Премудрость, прости услышимъ святаго Евангелiя; iерей — Миръ всѣмъ; поемъ — И духови твоему; iерей — Отъ Матѳея святаго Евангелiя чтенiе; поемъ — Слава Тебѣ, Господи, слава Тебѣ; дiаконъ — Вонмемъ. Евангелiе. И продолжается чтенiе часа, т. е. на 1-мъ — Стопы моя направи: на 3-мъ — Господь Богъ благословенъ: и т. д. На всѣхъ часахъ кондакъ предпразднства — Дѣва днесь превѣчное Слово: на 9-мъ часѣ послѣдняя стихира — Днесь раждается: сперва торжественно прочитывается и при словахъ — Покланяемся Рождеству Твоему, Христе... iерей, чтецъ и молящiеся полагаютъ три поясныхъ поклона. Затѣмъ послѣ многолѣтствованiй (гдѣ онѣ возглашаются), или сразу по трехъ поклонахъ — Слава, и нынѣ: и поется та же стихира, гласъ 6-й — Днесь раждается: Святое Евангелiе, по прочтенiи его на 9-мъ часѣ, относится въ алтарь. Тогда царскiя врата закрываются, iерей снимаетъ фелонь. По молитвѣ 9-го часа псалмы — Благослови, душе моя, Господа: и — Хвали, душе моя: и прочее изобразительныхъ. По — Ликъ святыхъ ангелъ: На — И нынѣ:[39]) —Ослаби, остави: —Отче нашъ: кондакъ — Дѣва днесь превѣчное Слово: — Господи, помилуй (40 разъ). — Всесвятая Троице: Iерей — Премудрость: и поемъ — Достойно есть, яко воистину, блажити Тя Богородицу, присноблаженную и пренепорочную и Матерь Бога нашего. (И творимъ поясной поклонъ.) Iерей — Пресвятая Богородице, спаси насъ; и поемъ — Честнѣйшую херувимъ: iерей — Слава Тебѣ, Христе Боже: и поемъ — Слава, и нынѣ: Господи помилуй (трижды) — Благослови. Iерей малый отпустъ.

На вечерни съ литургiей свят. Василiя Великаго въ 11-й (по-церковному въ 5-й) часъ дня. Iерей — Благословенно царство: Чтецъ — Аминь. — Слава Тебѣ, Боже нашъ, слава Тебѣ. — Царю небесный: Трисвятое: и прочее. — Прiидите поклонимся: и псаломъ предначительный 103-й. Ектенiя великая. *Не поемъ* — Блаженъ мужъ: На — Господи воззвахъ:

---

[39]) Такъ какъ въ сей день предстоитъ литургiя, то не читается на изобразительныхъ — Вѣрую: — Буди имя Господне: и псаломъ — Благословлю Господа.

во гл. 2-й, стихиры праздника — Пріидите возрадуемся Господеви: на 8; Слава, и нынѣ: праздника — Августу единоначальствующу: Входъ съ Евангеліемъ. — Свѣте тихій. Прокименъ — Боже, во имя Твое: Чтеніе 8-ми паремій. Послѣ 3-й пареміи царскія врата отверзаются и возглашаетъ чтецъ тропарь — Тайно родился еси: со стихами, а пѣвчіе поютъ припѣвъ къ каждому стиху. Въ концѣ чтецъ поетъ той же припѣвъ, и затворяются царскія врата. Чтется паремія 4-я и прочее. Во всемъ подобно бываетъ и по 6-й пареміи, когда возглашается тропарь — Возсіялъ еси Христе: По 8-мъ чтеніи царскія врата отверзаются. Ектенія малая и возгласъ — Яко святъ еси: и Трисвятое. Таже прокименъ гласъ 1-й — Господь рече ко мнѣ: Сынъ Мой еси Ты, Азъ днесь родихъ Тя. Апостолъ ко Евр. зач. 303-е. Аллилуіа во гл. 5-й. Евангеліе отъ Луки зач. 5-е. И по ряду литургія Василія Великаго. На просительныхъ ектеніяхъ и на — Прости прчимше: вмѣсто — Дне всего: говорится — Вечера всего: Вмѣсто — Достойно есть: поемъ — О Тебѣ радуется: Причастенъ — Хвалите Господа. Отпустъ праздника — **Иже въ вертепѣ родивыйся, и въ яслехъ возлегій нашего ради спасенія, Христосъ истинный Богъ нашъ:**

По отпустѣ же зажигается свѣча на подсвѣчникѣ и поставляется посреди церкви, и пѣвчіе, сойдя на средину, поютъ велегласно тропарь — Рождество Твое: Слава, и нынѣ: кондакъ — Дѣва днесь: и многолѣтствіе.

ЗРИ: Въ навечеріе Рождества Христова всегда бываетъ строгій постъ; пища съ постнымъ масломъ, но безъ рыбы, вкушается уже только передъ бдѣніемъ.

25-го ДЕКАБРЯ. Четвергъ. **ЕЖЕ ПО ПЛОТИ РОЖДЕСТВО ГОСПОДА БОГА И СПАСА НАШЕГО ІИСУСА ХРИСТА.**
Бдѣніе начинается повечеріемъ великимъ съ литіей. Іерей въ фелони возглашаетъ — Благословенъ Богъ нашъ: и кадитъ всю церковь. Поемъ — Аминь. И повечеріе великое наряду съ пѣніемъ — Съ нами Богъ: (Царскія врата открываются на пѣніе — Съ нами Богъ: и на пѣніе тропаря и кондака). По 1-мъ трисвятомъ тропарь — Рождество Твое: по 2-мъ трисвятомъ кондакъ — Дѣва днесь: По — Слава въ вышнихъ Богу: На литіи стихиры праздника — Небо и земля: Слава: — Волсви персидстіи: И нынѣ: — Ликуютъ ангели: На стиховнѣ стихиры — Веліе и преславное: Слава: — Веселися Іерусалиме: И нынѣ: — Въ вертепъ: По — Нынѣ отпущаеши: на благословеніи хлѣбовъ тропарь — Рождество Твое, Христе: 3-жды.

На утрени на — Богъ Господь: во гл. 4-й, тропарь праздника 2-жды; Слава, и нынѣ: тойже. По каѳизмахъ сѣдальны праздника. Полielей и величаніе — **Величаемъ Тя, Живодавче Христе, насъ ради нынѣ плотію рождшагося отъ безневѣстныя и пречистыя Дѣвы Маріи.** Псаломъ избранный — Воскликните Господеви вся земля, пойте же имени Его, дадите славу хвалѣ Его. Сѣдаленъ праздника — Пріидите, видимъ: Степенна — Отъ юности моея: Прокименъ — Изъ чрева прежде

Декабрь

денницы родихъ Тя, клятся Господь и не раскается. Евангеліе отъ Матѳея зач. 2-е. Псаломъ 50-й. Слава: — Всяческая днесь: И нынѣ: — Всяческая днесь: (съ инымъ концомъ). — Помилуй мя, Боже: и стихира — Слава въ вышнихъ Богу: — Спаси, Боже: Каноны два праздника, каждый съ ирмосомъ на 8, ирмосы по 2-жды (припѣвъ — Слава Тебѣ, Боже нашъ, слава Тебѣ). Ирмосы — Христосъ раждается: и — Спасе люди: Катавасія: тѣ же ирмосы. По 3-й пѣсни ѵпакои — Начатокъ языковъ: по 6-й кондакъ праздника — Дѣва днесь: и икосъ. На 9-й пѣсни *не поемъ* — Честнѣйшую: но припѣвы — **Величай, душе моя, честнѣйшую и славнѣйшую горнихъ воинствъ, Дѣву пречистую Богородицу;** и прочіе. Свѣтиленъ праздника — Посѣтилъ ны есть: 3-жды. На хвалитехъ во гл. 4-й, стихиры праздника — Веселитеся праведніи: на 4; Слава: — Егда время: И нынѣ: — Днесь Христосъ: Славословіе великое. Тропарь праздника. Ектеніи и отпустъ — **Иже въ вертепѣ родивыйся, и въ яслехъ возлегій нашего ради спасенія, Христосъ истинный Богъ нашъ:** Часъ 1-й.

На часахъ тропарь и кондакъ праздника.

На литургіи свят. Іоанна Златоуста антифоны праздника. Входное — **Изъ чрева прежде денницы родихъ Тя, клятся Господь и не раскается: Ты іерей во вѣкъ по чину Мелхиседекову.** По входѣ тропарь праздника; Слава, и нынѣ: кондакъ. Вмѣсто Трисвятаго поемъ — Елицы во Христа: Прокименъ — Вся земля да поклонится Тебѣ: Апостолъ къ Гал. зач. 209-е. Аллилуіа во гл. 1-й. Евангеліе отъ Матѳея зач. 3-е. Задостойникъ — Величай, душе моя: и ирмосъ — Любити убо намъ: Причастенъ — Избавленіе посла Господь людемъ Своимъ. Отпустъ праздника — **Иже въ вертепѣ родивыйся:**

26-го ДЕКАБРЯ. Пятница. **Второй день праздника Рождества Христова.** *Соборъ Пресвятыя Богородицы.*

На великой вечерни по возгласѣ — Благословенъ Богъ нашъ: чтецъ — Пріидите, поклонимся:[40] и псаломъ 103-й — Благослови, душе моя, Господа: Ектенія великая. Каѳизмы нѣтъ. На — Господи воззвахъ: во гл. 2-й, стихиры праздника — Пріидите, возрадуемся Господеви: на 6; Слава, и нынѣ: праздника — Слава въ вышнихъ Богу: Входъ съ кадиломъ. — Свѣте тихій: Прокименъ великій, гл. 7-й, — Кто богъ велій, яко Богъ нашъ, Ты еси Богъ творяй чудеса. Ектенія — Рцемъ вси: — Сподоби Господи: Ектенія просительная. На стиховнѣ стихиры праздника — Преславное таинство: Слава, и нынѣ: праздника — Въ Виѳлеемъ стекошася: По — Нынѣ отпущаеши: тропарь праздника — Рождество Твое, Христе: Отпустъ праздника — **Иже въ вертепѣ родивыйся:**

На утрени на — Богъ Господь: во гл. 4-й, тропарь праздника 2-жды; Слава, и нынѣ: праздника. По каѳизмахъ малая ектенія и сѣдальны праздника. Псаломъ 50-й. Каноны два праздника, первый съ ирмосомъ на 8, второй съ ирмосомъ на 6; ирмосы по 2-жды (припѣвъ — Слава

---

40) Аще 9-й часъ не читается, то вечерня начинается полнымъ началомъ

Тебѣ, Боже нашъ, слава Тебѣ). Ирмосы — Христосъ раждается: и — Спасе люди: Катавасія: тѣ же ирмосы. По 3-й пѣсни кондакъ праздника — Дѣва днесь: и икосъ; Слава, и нынѣ: ѵпакои — Начатокъ языковъ: по 6-й кондакъ Богородицы — Иже прежде денницы: и икосъ. На 9-й пѣсни *не поемъ* — Честнѣйшую: но припѣвы — **Величай, душе моя, честнѣйшую и славнѣйшую горнихъ воинствъ, Дѣву пречистую Богородицу;** и прочіе. Свѣтиленъ праздника — Посѣтилъ ны есть: 3-жды. На хвалитехъ во гл. 4-й, стихиры праздника — Веселитеся праведніи: на 4; Слава: праздника — Днесь невидимое: И нынѣ: праздника — Днесь Христосъ: Славословіе великое. Тропарь праздника. Ектеніи и отпустъ — **Иже въ вертепѣ родивыйся, и въ яслехъ возлегій нашего ради спасенія, Христосъ истинный Богъ нашъ:** Часъ 1-й.

На часахъ тропарь праздника; кондакъ Богородицы — Иже прежде денницы:

На литургіи блаженна на 8; отъ 1-го канона праздника, пѣснь 3-я на 4 и отъ втораго канона, пѣснь 6-я на 4. По входѣ — Спаси ны, Сыне Божій, рождейся отъ Дѣвы, поющыя Ти: Тропарь праздника; Слава, и нынѣ: кондакъ Богородицы— Иже прежде денницы: Трисвятое. Прокименъ пѣснь Богородицы — Величитъ душа моя Господа: ко Евр. зач. 306-е. Аллилуіа во гл. 8-й. Евангеліе отъ Матѳ. зач. 4-е. Задостойникъ — Величай, душе моя: и — Любити убо намъ: Причастенъ — Избавленіе посла Господь людемъ своимъ; Отпустъ праздника — **Иже въ вертепѣ родивыйся:**

27-го ДЕКАБРЯ. *Суббота по Рождествѣ Христовѣ*. **Третій день праздника Рождества Христова.** Св. апостола, первомученика и архидіакона Стефана. Преп. Ѳеодора начертаннаго, брата Ѳеофана, творца каноновъ.

На вечерни по возгласѣ — Благословенъ Богъ нашъ: чтецъ — Пріидите, поклонимся:[41] и псаломъ 103-й — Благослови, душе моя, Господа: Ектенія великая. Каѳизмы 9-я. На — Господи воззвахъ: во гл. 4-й, стихиры на 6; апостола — Духа благодатію: 3 и преподобнаго — Странничества язвамъ: 3; Слава: апостола — Царю и Владыцѣ: И нынѣ: праздника — Веліе и преславное чудо: Входа нѣтъ. Чтецъ — Свѣте тихій: Прокименъ — Боже, заступникъ мой: — Сподоби Господи: Ектенія просительная. На стиховнѣ стихиры праздника — Изъ Отца прежде: Слава: апостола — Первый въ мученицѣхъ: И нынѣ: праздника — Ликуютъ ангели: По — Нынѣ отпущаеши: тропарь апостола — Подвигомъ добрымъ: Слава: преподобнаго — Православія наставниче: И нынѣ: праздника — Рождество Твое: Сугубая ектенія. Отпустъ праздника — **Иже въ вертепѣ родивыйся:**

На утрени на — Богъ Господь: во гл. 4-й, тропарь праздника 1-жды, апостола 1-жды; Слава: преподобнаго; И нынѣ: праздника. По

---

41) Аще 9-й часъ не читается, то вечерня начинается полнымъ началомъ

каѳизмахъ малая ектенія и сѣдальны праздника. Псаломъ 50-й. Канонъ праздника 1-й со ирмосомъ на 6 (припѣвъ — Слава Тебѣ, Боже нашъ, слава Тебѣ), апостола на 4 (припѣвъ — Святый первомучениче и архидіаконе Стефане, моли Бога о насъ) и преподобнаго на 4 (припѣвъ — Преподобне отче Ѳеодоре, моли Бога о насъ). Ирмосы — Христосъ раждается: По 3-й, 6-й, 8-й и 9-й пѣсняхъ катавасія — ирмосы послѣдняго канона изъ Минеи. По 3-й пѣсни кондакъ праздника — Дѣва днесь: и икосъ; сѣдаленъ апостола — Апостоле Христовъ: Слава: преподобнаго — Уста былъ еси: И нынѣ: праздника — Рождество безсѣменное: по 6-й кондакъ апостола — Владыка вчера намъ: и икосъ. На 9-й пѣсни — Честнѣйшую: Свѣтиленъ апостола — Одесную стояща Отца: Слава, и нынѣ: праздника — Во яслехъ положися: Читаемъ хвалитные псалмы до — Сотворите въ нихъ судъ написанъ: поемъ стихиры апостола — Страдальческій вѣнецъ: Слава: апостола — Первомучениче апостоле: И нынѣ праздника — Непостижимое совершаемое: Славословіе читается. Ектенія просительная. На стиховнѣ стихиры праздника — Вождествуетъ праздникъ: Слава: апостола — Радуйся въ Господѣ: И нынѣ: праздника — Како изреку: — Благо есть: Трисвятое: по — Отче нашъ: тропарь апостола; Слава: преподобнаго; И нынѣ: праздника. Сугубая ектенія и часъ 1-й. Отпустъ праздника — **Иже въ вертепѣ родивыйся:**

На часахъ тропарь праздника; Слава: апостола и преподобнаго поперемѣнно. Кондакъ праздника.

На литургіи блаженна на 8; праздника, отъ 1-го канона пѣснь 1-я на 4 и отъ канона апостола, пѣснь 3-я на 4. По входѣ — Спаси ны, Сыне Божій, рождейся отъ Дѣвы: Тропари праздника, храма Богородицы или святаго, апостола и преподобнаго; *Аще храмъ Спасителя:* Слава: кондакъ апостола; И нынѣ: праздника. *Аще храмъ Богородицы:* Кондакъ праздника; Слава: апостола; И нынѣ: храма. *Аще храмъ святаго:* Кондакъ храма святаго; Слава: апостола; И нынѣ: праздника. Прокименъ (суббота по Рождествѣ) — Помяну имя Твое во всякомъ родѣ и родѣ; и апостола — Во всю землю: Апостолъ къ Тим. зач. 288-е, къ Сол. 273-е и Дѣяній зач. 17-е. Аллилуіа во гл. 8 и гл. 1-й. Евангеліе отъ Матѳ. зач. 46-е отъ полу, отъ Луки зач. 81-е и отъ Матѳ. зач. 87-е. Задостойникъ — Величай, душе моя: и — Любити убо намъ: Причастенъ — Чашу спасенія: и — Во всю землю: Отпустъ праздника — **Иже въ вертепѣ родивыйся:**

28-го ДЕКАБРЯ. **Недѣля 32-я по Пятидесятницѣ** она же по Рождествѣ Христовомъ. Святыхъ Богоотецъ.[42]) Гласъ. 7-й.

(*Служба напечатана подъ 26-мъ декабря въ Минеи, или смотри въ Великомъ сборникѣ.*)

На великой вечерни — Блаженъ мужъ: На — Господи воззвахъ: стихиры на 10; Октоиха 3, праздника — Пріидите, возрадуемся: (поемыя на самый праздникъ) 4 и святыхъ — Богоотца вси восхвалимъ: 3;

---

[42]) Такъ называется служба недѣли по Рождествѣ Христовѣ, въ которую прославляются свв. Іосифъ Обручникъ, Давидъ-царь и Іаковъ, братъ Господень.

Слава: святыхъ — Память совершаемъ: И нынѣ: догматикъ — Мати убо позналася еси: Входъ. — Свѣте тихій: Прокименъ — Господь воцарися: На стиховнѣ стихиры Октоиха; Слава: святыхъ — Священныхъ память: И нынѣ: праздника — Днесь невидимое: По — Нынѣ отпущаеши: тропарь праздника — Рождество Твое: 2-жды и тропарь святыхъ — Благовѣствуй Іосифе Давиду: 1-жды.

На утрени на — Богъ Господь: тропарь воскресенъ 2-жды; Слава: святыхъ; И нынѣ: праздника. По каѳизмахъ сѣдальны воскресны. — Ангельскій соборъ: Ѵпакои, степенна и прокименъ гласа. Евангеліе воскресное 10-е, отъ Іоанна зач. 66-е. — Воскресеніе Христово: Псаломъ 50-й и прочее обычно. Каноны: воскресенъ на 4, Богородицы на 2, праздника (второй) на 4 (припѣвъ — Слава Тебѣ, Боже нашъ, слава Тебѣ) и святыхъ на 4 (припѣвъ — Святіи сродницы Христовы, молите Бога о насъ). Ирмосы — Маніемъ Твоимъ: Катавасія — Христосъ раждается: По 3-й пѣсни праздника — Дѣва днесь: и икосъ; сѣдаленъ святыхъ — Іосифа праведнаго: Слава: инъ — Дѣва роди: И нынѣ: — Ликъ пророческій: по 6-й кондакъ святыхъ — Веселія днесь: и икосъ. На 9-й пѣсни поемъ Честнѣйшую: Свѣтиленъ воскресенъ 10-й — Тиверіадское море: Слава: святыхъ — Со Іаковомъ: И нынѣ: праздника — Посѣтилъ ны есть: На хвалитехъ стихиры на 8; Октоиха на 4 и праздника — Веселитеся праведніи: на 4; съ припѣвами ихъ — Изъ чрева прежде: и — Рече Господь: Слава: святыхъ — Кровь и огнь: И нынѣ: — Преблагословенна еси: Славословіе великое. Тропарь — Днесь спасеніе: Ектеніи и отпустъ воскресенъ. Слава, и нынѣ: стихира евангельская 10-я — По еже во адъ сошествіи: Часъ 1-й.

На часахъ тропарь воскресенъ; Слава: праздника и святыхъ поперемѣнно. Кондаки праздника и святыхъ поперемѣнно.

На литургіи блаженна на 12; гласа на 4, отъ канона праздника, пѣснь 7-я на 4 и отъ канона святыхъ, пѣснь 6-я на 4. По входѣ тропари воскресенъ, праздника и святыхъ. Слава: кондакъ святыхъ; И нынѣ: праздника. Прокименъ — Господь крѣпость: и — Дивенъ Богъ: Апостолъ къ Гал. зач. 200-е. Аллилуіа во гл. 7-й и 4-й. Евангеліе отъ Матѳ. зач. 4-е. Задостойникъ — Величай, душе моя: и — Любити убо намъ: Причастенъ — Хвалите Господа: и — Радуйтеся праведніи: Отпустъ воскресный.

31-го ДЕКАБРЯ. Среда. *Отданіе Рождества Христова.*

На вечерни и утрени вся служба праздника, кромѣ входа, паремій и литіи на вечерни и поліелея на утрени.

На литургіи по входѣ тропарь праздника; Слава, и нынѣ: кондакъ. Прокименъ, аллилуіа и причастенъ праздника. Апостолъ и евангеліе дне.

Конецъ Тѵпикона на 2026-й годъ и Богу нашему слава.

УКАЗАТЕЛЬ ИМЕНЪ СВЯТЫХЪ

(нп. - обозначаетъ нед. свв. Праотецъ)
(сс - обозначаетъ память всѣхъ Преподобныхъ Отецъ въ подвизѣ просіявшихъ, совершаемая въ сырную субботу)
(іюн. 10к - обозначаетъ память свв. мучениковъ въ Китаѣ изб.)

МУЖСКІЯ ИМЕНА

Ааронъ нп; іюл. 1, 20
Абидъ фев. 18
Або янв. 8
Абросимъ ноя. 10
Авбертъ дек. 15
Аввакиръ сс; мар. 12
Аввакумъ нп; іюл. 6; авг. 6; дек. 2, 17
Аввасъ ноя. 22
Авгарь дек. 31
Авгурій авг. 2
Августинъ іюн. 15; ноя. 10
Авда мар. 31
Авдальдъ іюн. 6
Авделай апр. 17
Авдикій апр. 10
Авдифаксъ іюл. 6
Авдіесъ апр. 9
Авдіисусъ мая. 16
Авдій нп; сен. 5; окт. 28; ноя. 19
Авдонъ іюл. 30
Авель нп
Авениръ ноя. 19, 22
Аверкій мая. 26; іюн. 17; окт. 22; ноя. 14
Авивъ янв. 29; мар. 28; мая. 7; авг. 2; сен. 6; ноя. 15, 29
Авидъ сен. 5
Авилій фев. 22
Авимъ авг. 1
Авипъ мар. 26
Авитъ фев. 5; авг. 21
Авіаѳаръ окт. 1
Авксентій сс; янв. 25; фев. 14; апр. 18, 27; іюн. 12; сен. 28; дек. 13
Авксивій фев. 17, 19
Авктъ ноя. 7
Авраамій нед. 4-я по Пасхѣ
Авраамій сс; нед. 5-я по Пасхѣ; янв. 25; фев. 14; апр. 18, 27; іюн. 12; сен. 28; дек. 13
Авраамъ нп; окт. 9; дек. 6
Австоллъ іюн. 28
Автономъ сен. 12
Авудимъ іюл. 15

Авундій іюл. 30; авг. 13
Агава ноя. 22
Агавъ янв. 4; апр. 8
Агапитъ сс; фев. 18; апр. 17; мая. 21; іюн. 1, 5; іюл. 4; авг. 10
Агапій сс; фев. 18; апр. 17; мая. 21; іюн. 1, 5; іюл. 4; авг. 10
Агапіонъ ноя. 22
Агаѳангелъ янв. 23; апр. 19; окт. 3, 30
Агаѳодоръ фев. 2; мар. 7; окт. 13
Агаѳоникъ авг. 22
Агаѳонъ, сс; янв. 8; фев. (2) 20; мар. 2; окт. 13
Агаѳоподъ, апр. 5
Агаѳопусъ дек. 23
Аггей, нп; дек. 16
Аглай мар. 9
Агнъ янв. 20; мар. 26
Агриппа ноя. 1
Агриппинъ янв. 30; ноя. 9
Агрицій янв. 13
Адамнанъ сен. 23
Адамъ нп; янв. 14
Адолій сс
Адріанъ фев. (2) 3; мар. 5; апр. 17; мая. 5, 8, 17; авг. (3) 26; ноя. 1, 19
Аетій мар. 6, 9
Аза ноя. 19
Азаданъ апр. 10
Азарія нп; фев. 3; дек. 17
Азатъ апр. 14, 17; ноя. 20
Аиѳалъ сен. 1; ноя. 3; дек. 11
Айданъ авг. 31
Аіо сс
Акакій сс; янв. 14; мар. 4, 9, 31; апр. 9, 12, 17; мая. 1, 7, 19; іюл. 7, 28; авг. 17; сен. 15; окт. 24; ноя. 26, 29
Акепсима ноя. (2) 3
Акепсій дек. 11
Акила янв. 4, 21; фев. 13; іюл. 14
Акиндинъ апр. 18; авг. 22; ноя. 2
Акка окт. 20
Акутіонъ апр. 21

Албанъ іюн. 22
Александръ (2) сс; янв. (3) 1, 4, 18, 25; фев. (3) 4, 6, 7, 8, 9, 21, 23, 25; мар. 1, 4, 9, 12, 13, (3) 15, 16, 17, 27, 28; апр. 10, 14, 15, 17, 20, 24; мая. 11, (3) 13, 16, (2) 19, 20, 26, 28, (2) 29; іюн. 6, (4) 7, 9, 10, 10к,13, 14, 18, 23, 27, 30; іюл. 3, 8, 9, (2) 10, 20, (2) 25; авг. 1, 7, 11, (2) 12, 13, 14, 16, 20, 21, 22, 27, 28, (4) 30, 31; сен. (2) 4, 5, 7, (2) 9, 13, 20, (2) 21, 25, 28, 30; окт. 1, 11; 12, 15, 17, 19, 20, 21, (3) 22, 23, 26 (2) 30, 31; ноя. (2) 1, (2) 3, 4, (3) 7, 9, 10, (2) 12, (3) 14, (2) 19, 20, (2) 23, (2) 24, 25, 30; дек. 4, 9, (2) 10, 12, (2) 13, 15, 16, 17, 22, (2) 26, (2) 28
Алексій янв. 18; фев. (2) 4, 7, 12, (2) 15, 17, 23; мар. 9, 11, 15, 17, 23, 29; апр. 5, (2) 21, (2) 24; мая, 20; іюн. 9, (4) 10к, 13, 21, 23, 30; іюл. 1, (2) 4, (2) 20, 22, 29; авг. 4, 7, 9, 12, 14, 20, (2) 22, 28, 30; сен. 3, 9, 10, (2) 12, 16, 18, 19, 21, 30; окт. 1, 5, 16, (3) 21, 29, 31; ноя. 9, 10, (2) 14, 19, (2) 20, (2) 22, 23, (3) 24 (2) 27, (3) 28; дек. 2, 4, 10, 13
Алимъ авг. 1
Алипій авг. 17; ноя. 26
Алквіадъ авг. 16
Алоній сс; іюн. 4
Алпсидій янв. 15
Алфей мая. 26; іюл. 24; сен. 28; ноя. 18
Алфій мая. 10
Альбинъ сен. 15
Альвіанъ мая. 4
Амандинъ янв. 30
Амандъ іюн. 6
Амвросій сс; нед. предъ Воздв.; мар. 16; іюн. 27; іюл. 27; окт. 8, (2) 10, 14; дек. 7
Амикъ фев. 22
Аммонаѳа сс
Аммоній сс; янв. 10
Аммонъ (2) сс; янв. 2, 26; фев. 9; окт. (2) 4
Аммунъ сс; сен. 1
Амой сс
Амонитъ ноя. 7
Амосъ нп; іюн. (2) 15
Амплій янв. 4; окт. 31
Амфилохій сс; мар. 23; апр. 29 авг. 28; сен. 18; окт. 10, 12; ноя. 23; дек. 19
Амфіанъ апр. 2; іюн. 12
Анаклетъ іюн. 7
Ананія нп; янв. 4, 26; мар. 18, 27; апр. 17; іюн. 10к, 17; окт. 1, 3; ноя. 1, 16; дек. 1, 17
Анастасій янв. 8, 21, (2) 22, 24; фев. 1, 10; апр. 15, (3) 20; іюл. 8; авг. 8, 11, 29; сен. 3, 17, (2) 20; окт. 25; ноя. 18; дек. 5

Анатолій сс; янв. 10, 25; фев. 6; апр. 23; іюн. (2) 27; іюл. (4) 3, 29, 30; сен. 2; окт. (2) 10, 17, 21, (2) 31; ноя. 6, (2) 20; дек. 10
Ангели дек. 3
Ангелисъ сен. 1
Ангелій окт. 28
Ангеляръ іюл. 27
Ангій мар. 9
Андрей янв. 6; фев. 4, 8, (2) 22; мар. 14; мая. 14, 18, (2) 29; апр. 15; мая. 15; іюн. 2, (3) 10к, 12, (2) 30; іюл. (4) 4, 11, 23; авг. 19, 22; сен. 3, 7, 15, (2) 21, 23; окт. 2, 10, 17, 18, 24, 27, 29; ноя. 25, 27, 28, (2) 30; дек. 2, 3
Андроникъ янв. 4; мая. 17; іюн. 7, 13; іюл. 30; сен. (2) 9; окт. 9, 12; дек. 7
Анектъ мар. 10; іюн. 27
Анемподистъ ноя. 2
Аникита авг. 12; ноя. 7
Анинъ сс; мар. 13, 18
Анисій дек. 31
Аніанъ апр. 25; ноя. 16
Аннемундъ сен. 28
Ансгарій фев. 3
Антипа янв. 10; фев. 22; апр. 11
Антипатръ сс; апр. 29; іюн. 13
Антіохъ сс; фев. 23; іюл. 16; окт. 15; ноя. 13, дек. 13, 24
Антонинъ фев. 23; апр. 19; іюн. 7; авг. 1, 4; сен. 23; окт. 22; ноя. 7, 13
Антоній сс; янв. 8, 14 (6) 17, 19; фев. 5, 10, 12, 20; мар. (2) 1, 16, 27; апр. 14, 18; мая. 4, 7, 11, 12, 19; іюн. 7, 10к, 23, 24; іюл. 3, 6, (2) 10; авг. 3, 7, 9, 12, 27; сен. 2; окт. (2) 10, 17, 19, 26; ноя. 1, 9, 11, 23; дек. (2) 7, 17, 20, 21
Анувій сс; іюн. 5
Анѳимій дек. 30
Анѳимъ сс. фев. 15; іюн. 13; сен. 3, 4, 14, 27; окт. 17
Анѳиръ авг. 5
Аодъ нп; іюл. 31
Апеллесъ сс
Апеллій янв. 4; сен. 10; окт. 31
Аполлинарій іюл. 23; авг. 30
Аполлоній мар. 31; іюл. 10, 30; дек. 14
Аполлонъ іюн. 5; ноя. 10
Аполлосъ сс; янв. 4; мар. 30; апр. 21; ноя. 27; дек. 8
Апостолъ свѣтлый вторникъ; авг. 16
Апріонъ фев. 7
Апроніанъ іюн. 7
Апронкулъ мая. 14

Апфія сс; ноя. 22
Араторъ апр. 22
Аргиръ мая. 11
Ардаліонъ апр. 14; іюл. 16
Аредій авг. 25
Арестъ апр. 3
Ареѳа мая. 15; іюл. 28; окт. (3) 24; дек. 28
Аристархъ янв. 4; апр. 15; сен. 27; ноя. 14
Аристовулъ янв. 4; мар. 16; окт. 31
Аристоклій іюн. 20; авг. 24
Аристонъ сен. 3
Арисъ сс; дек. 13, 19
Аріанъ дек. 14, 30
Арій іюн. 5
Аркадій янв. 12, 26; фев. 4, 10; мар. 6, 7; апр. 7; іюн. 11; іюл. 1; авг. 12, 14; окт. 21; сен. 18; дек. 13, 16, 28
Ароносъ іюл. 6
Арпила мар. 26
Арсакій окт. 11
Арсеній сс; янв. 19, 28, 31; фев. 6, 28; мар. 2; апр. 10, 29; мая. 3, (3) 8; іюн. 12; іюл. 12, 31; авг. 4, 18, 24, 30; сен. 25; окт. (2) 28; ноя. 6, 20; дек. 13
Артема янв. 4; апр. 29
Артемій мар. 24; іюн. 23; окт. (2) 20
Артемонъ мар. 24; апр. 13
Архелай янв. 30; мар. 5; дек. 26
Архилій апр. 6
Архиппъ янв. 4; фев. 19; сен. 6, 9; ноя. 22
Арчилъ мар. 20; іюн. 21
Асафъ мая 1
Асинкритъ янв. 4; апр. 8
Асиръ нп
Аскалонъ мая 20
Асклипіадъ мар. 11; окт. 18
Асклипій фев. 27
Асклипіодотъ іюл. 3
Астерій мая. 20; іюн. 10; іюл. 6; авг. 7; окт. 29, 30
Астіонъ іюл. 7
Астій іюн. 4
Атталъ іюл. 25
Аттикъ сс; янв. 8; ноя. 3
Аттій авг. 1
Афраатъ янв. 29
Африканъ мар. 13; апр. 10; окт. 28
Афродисій сс; мая. 4; іюн. 21; дек. 24
Афѳоній сс; фев. 10; апр. 6; ноя. 2
Ахазъ апр. 1
Ахаикъ янв. 4; іюн. 15

Ахеманидъ ноя. 3
Ахила янв. 4, 17
Ахилла сс; іюн. 3
Ахиллій мая. 15
Ахія ноя. 12
Ахмедъ мая. 3; дек. 24
Ацисклъ ноя. 17
Ашотъ янв. 29
Аѳанасій (2) сс; свѣт. среда; янв. 1, 4, 7, 13, (3) фев. (2) 20, 22; мар. 8, 9; апр. 20, 23; мая. (3) 2, 4, 17; іюн. 3, 7, 10к, 20, 22; іюл. (3) 5, 20, 24; авг. 2, 7, 10, 22; сен. 5, 8, (2) 12, 26; окт. 15, 24, 26, 29; ноя. 7, 22; дек. (2) 2, 17
Аѳинагоръ іюл. 24
Аѳиногенъ іюл. 16
Аѳинодоръ сс; дек. 7, 29
Аѳръ сс; іюн. 8
Бавонъ окт. 1
Байтенъ іюн. 9
Барбасцеминъ янв. 14
Беза фев. 27
Бекканъ мар. 17
Бенигнъ апр. 21
Беуно апр. 21
Блейнъ авг. 11
Бидзинъ сен. 18
Бландинъ іюн. 2
Богданъ іюл. 11
Боголѣпъ іюл. 24; авг. (2) 22
Божидаръ іюл. (2) 11
Борисъ янв. 25; мая. (2) 2, 31; іюл. 24; сен. 18; ноя. 10, 22, 23, 27; дек. 2, 22
Боянъ мар. 28
Бранко апр. 24
Брауліо мар. 26
Брендонъ мая. 16; ноя. 29
Будиміръ іюл. 11
Бурхардъ окт. 14
Вавила (2) сс; янв. 24; фев. 22; сен. (2) 4; дек. 28
Вадимъ апр. 9; іюн. 10к
Вакхъ мая. 6; окт. 7; дек. 15
Валентинъ апр. 24; фев. 22; сен. (2) 4; дек. 28
Валентъ фев. 16; мар. 9
Валеріанъ янв. 21; фев. 10; мая. 4; іюн. 1; сен. 13; окт. 15; ноя. 22; дек. 8
Валерій янв. 29; фев. 22; мар. 9; апр. 23; окт. 25; ноя. 7; дек. 9
Валтасаръ дек. 25
Ванантій окт. 13
Ваптосъ фев. 10
Варадатъ фев. 22

Варакъ нп
Варахисій мар. 28
Варахіилъ ноя. 8
Варахій ноя. 7
Варваръ мая. (2) 6
Варда мая. 16
Варипсавъ сен. 10
Варлаамъ пятокѣ по всѣхъ свв.; янв. 14, 23; фев. 7, (2) 20; мая. 5; іюн. 6, 19; авг. 8; 12, 30; окт. 5, 8; ноя. (3) 6, (3) 19, 25; дек. 27
Варнава янв. 4; фев. 17; мая. 19; іюн. (2) 11; іюл. 11; авг. 12, 18; окт. 30
Варсава дек. 11
Варсанофій мар. 2, 15; апр. 1, 11; іюн. 27; сен. 2; окт. (2) 4, 10
Варсануфій фев. 6; окт. 10
Варсима янв. 24
Варсимей янв. 29
Варсисъ авг. 25
Варулъ ноя. 18
Варухъ сен. 28
Варѳоломей янв. 28; іюн. 11, 30; авг. 25; сен. 26
Василидъ янв. 20; апр. 1; дек. 23
Василискъ мар. 3; мая. 22; дек. 29
Василій (2) сс; янв. (3) 1, 2, 3, 6, 8, 14, 25, 30; фев. 1, 3, 4, 9, 10, 12, (2) 13, 16, (2) 20, 28; мар. (3) 1, (2) 4, 7, 11, 20, (2) 22, (2) 23, 26, 28; апр. (2) 12, 15, 18, 25, 26, 29, 30; мая. 2, 9, 13, 18, 19, 27, (2) 30; іюн. 1, 8, 10, 10к, (2) 18, 22, (2) 25, 28; іюл. 1, (4) 3, (2) 4, 6, 10, 15, 28, 31; авг. (2) 2, 7, 11, 12, 13, 14, 22, 27; сен. 2, (2) 3, 4, 7, (2) 9, (2) 10, (3) 21, (2) 24, 30; окт. 4, 8, 15, (3) 21, 22, 29, (2) 31; ноя. 2, (2) 3, 6, 7, (3) 14, 16, 17, 20, 22, 25, (3) 26, 27, (3) 28; дек. 4, 7, 9, 13, 15, 23, 26
Васой мар. 6
Вассіанъ сс; фев. 12, 20; мар. 23; іюн. 5, 10, 11, 12; сен. 12; окт. 10; дек. 14
Вассъ янв. 20
Вастъ іюл. 6
Вата мая. 1
Вахтангъ ноя. 30
Вахтисій мая. 18
Ваѳусій мар. 26
Велиміръ іюл. 11
Венацій дек. 14
Вендеміанъ фев. 1
Венедиктъ сс; фев. 11; мар. 14
Венедимъ мая. 18
Венерій янв. 30
Венигнъ ноя. 1, 9
Веніаминъ нп; сс; янв. 14; мар. 1, 31; апр. 4;

іюн. 7; іюл. 31; сен. 18, 22; окт. (2) 13; ноя. 7, 19; дек. 29
Венусть мая. 29
Вериссимъ окт. 1
Веркъ мар. 26
Ветранъ янв. 25; апр. 20
Веттій іюл. 25
Вивіанъ мар. 9
Викентій мая. 24; ноя. 3, 11, 28
Викторинъ янв. 31; фев. 24; мар. 7, 10; ноя. 2; дек. 15, 18
Викторъ янв. 8, 31; фев. 18, (2) 22, 24; мар. 10, 17, 20; апр. 15, 18, 19; мая. 19; іюн. 7, 10к, 18; іюл. 21; авг. 26; сен. 2, 11, 16; окт. 8, 24, 29; ноя. 9, 11, 14; 16, 17, 18, 25
Вилибрордъ ноя. 7
Вильфридъ апр. 24; окт. 12
Вилъ окт. 28
Винвало мар. 3
Виннибальдъ дек. 18
Виннокъ ноя. 6
Винъ сс
Виргилій мар. 5
Вириладъ іюл. 10
Виринъ дек. 3
Виръ дек. 30
Виссаріонъ сс; апр. 18; іюн. 6; іюл. 29; авг. (2) 12; сен. 15, окт. 21
Висъ фев. 27
Виталій сс; янв. 25; апр. 22, 28; іюн. 20; сен. 24; окт. 24
Витимій сс; дек. 24
Витъ мая. 16; іюн. 10к, 15
Виѳоній апр. 3
Віаноръ іюл. 10
Віаръ сс
Владиміръ янв. 8, (2) 11, 18, 25, 28, 30; фев. 3, 13, 18, 22; мар. 8, 12, 20, 21, 24; мая. 19, 22; іюн. 7, 27; іюл. 5, 7, 15, 31; авг. (2) 14, 20, 25, 27, 31; сен. 2, (2) 3, 18, 21, 26; окт. 4, 8, (5) 15, 21, 22, 23; ноя. 3, 12, 20, 22, 27; дек. 2, (2) 9, 13, (2) 16, 18
Владиславъ іюл. 30; сен. 24
Власій фев. 3, 11, 18; мар. 31
Вонифатій іюн. 10к, іюл. 30; сен. 24; дек. 19
Врисій ноя. 13
Всеволодъ фев. 11; апр. 22, сен. 6; окт. 31; ноя. 27
Вукашинъ мая. 16
Вуколъ фев. 6
Вукославъ іюл. 11, 25

Вульфилаихъ ноя. 17

Вячеславъ янв. 1; мар. 4; авг. 3, 10, 12, 23; сен. 28, 30

Гаведдай сен. 29

Гавиній авг. 11

Гавріилъ янв. 15, 22, 25, 26; фев. 2, 3, 9, 11, 13; мар. 17, 26; апр. 7, 9, 20, 22; мая. 9, 13; іюн. 1, 5, 22; іюл. 12, 13; авг. 22, 30; сен. 10, 24; окт. 5, 18, 19, 20; ноя. 5, (2) 6, 8, 14, 27; дек. 3, (2) 13

Гадданъ сс

Гадъ нп

Гаіанъ мая. 5

Гай сс; янв. 4; мар. 9; мая. 5; іюн. 23; авг. 11; окт. 4, 21; ноя. 5; дек. 31

Галактіонъ янв. 12; іюн. 22; сен. 24; ноя. 5; дек. 7

Галатій фев. 22

Галикъ апр. 3

Галлъ іюл. 1; окт. 16

Галликанъ іюн. 26

Гамаліилъ авг. 2

Гаспаръ дек. 25

Гатіанъ дек. 18

Гауденцій окт. 25

Гедеонъ нп; сен. 26; дек. 30

Геласій сс; фев. 20, 27; іюн. 30; дек. 23, 31

Гелерій іюл. 16

Гемеллъ дек. 10

Геминіанъ сен. 17

Геминъ ноя. 17

Геннадій сс; янв. 23; фев. 9, 10; апр. 6; мая 19; іюл. 5; авг. 19, 31; ноя. 10, 17, 19; дек. 4, 5

Георгій янв. 8, 14, 17, 22; фев. 4, 7, 11, 13, 14, 21; мар. 10, (2) 11, 26, 28; апр. 1, 2, 4, 5, (2) 7, 19, (3) 23, 24, 26; мая 9, (2) 13, 16, (2) 19, 24, 26; іюн. 5, 10к, 14, 21, 26, 27, 31; іюл. 3, 4, 10, (3) 20, 28; авг. 18, 24, 26, 28; сен. 8, 28; окт. 1, 2, 16, 24, 28; ноя. (2) 3, 7, 10, 14, (3) 26; дек. (2) 3, 29

Герасимъ сс; янв. 2, 15, 24, 29; мар. (2) 4; апр. 7; мая. 1, 19; іюн. 7, іюн. 10к, 24; іюл. 3; авг. 16; сен. 15; окт. 20; ноя. 19, 22

Гервасій окт. 14

Геркулинъ янв. 30

Германъ (2) сс; фев. 10, 22, 29; мая. 12, 19, 28; іюн. (2) іюн. 10к, 23, 28; іюл. 3, 7, 27, 30, 31; авг. 12; сен. 2, 11, 25, 27; окт. 20, 22, 30; ноя. 6, 13, 22; дек. 12

Геронтій апр. (2) 1; мая. 28; іюл. 26; авг. 12; окт. 5

Геронъ окт. 17

Гигантій ноя. 7

Гимнасій сен. 27

Гликерій апр. 23; іюн. 15; дек. 28

Глѣбъ мая. 2; іюн. 20; іюл. 24; сен. 5, 10

Гоаръ іюл. 6

Гоброн ноя. 17

Гоммеръ окт. 11

Гоноратъ янв. 16

Гонорій сен. 30

Гораздъ іюл. 27; авг. 22

Горгіанъ фев. 22

Горгій іюн. 5

Горгоній мар. 9; сен. 3; дек. 28

Гордіанъ мая. 9; сен. 13

Гордій янв. 3

Гормиздъ авг. 8

Госпитій мая. 21

Гоѳоніилъ нп

Григорисъ мар. 6

Григорій (3) сс; 2-я нед. В.П.; нед. предъ Воздв.; янв. 1, 5, (3) 8, 10, 19, (2) 25, 30; фев. 10, 21; мар. (2) 4, 12, 13; апр. 2, 6, 10, 20; мая. 24; іюн. 7, 8, 15, 22, 27, 28; іюл. 12; авг. (2) 8, 18, 25, 30; сен. 4, 7, 9, 15, 16, (2) 30; окт. 1, 5, 22; ноя. 5, 14, 15, (3) 17, 20, (2) 23, 24, 25; (2) 28; дек. 7, 10, 13, 19, 26, 29

Губертъ ноя. 3

Гурій мар. 17; іюн. 20; авг. 1; окт. 4; ноя. (2) 15; дек. 5, 7

Гуссинъ мая. 29

Гутлакъ апр. 11

Давидъ нп; нед. Богоотецъ; четв. по Вознес.; сс. нед. пр. 6 сен.; янв. 26; фев. 20; мар. 1, 5; апр. 12; мая. 2, 7, 18; іюн. 1, іюн. 10к, 25, (2) 26; іюл. 24; сен. 5, 6, 19, 24; окт. 2, 18; ноя. 1; дек. 23

Давиктъ окт. 4

Дада апр. 28; сен. 29

Далматъ сс; іюн. 25; іюл. 25; авг. 3

Дамаскинъ янв. 16; сен. 2; ноя. 13

Даміанъ фев. (3) 23; мая 18, 23; іюл. 1, 11; окт. 5, 17, 21; ноя. 1

Даміонъ апр. 11

Данактъ янв. 16; мая. 6, дек. 2

Даніилъ нп; (2) сс; фев. 16, 21; мар. 4, 18; апр. 7, 15; іюн. 7, іюл. 10к; іюл. 10, 29; авг. (2) 30; сен. 11, 12, 21; ноя. 18, 26, 28; дек. 11, 16, (2) 17, (2) 18, 20, 30

Данъ нп

Дасій окт. 21; ноя. 1, 20

Деогратій мар. 22

Дидимъ мая 27; сен. 11
Димитріанъ іюн. 20; сен. 11; ноя. 6
Димитрій янв. 8, 14, 25, 27, 29, 30; фев. 3, (3) 4, 6, 11, 19; мар. 9, 10, 12, 18, 19; апр. 10, 13, 14, 22; мая. 4, 9, 15, 19, 28; іюн. 2, (2) 3, 13, 14; іюл. 4, 8, 11, 20; авг. 1, 4, 7, 9, 11, 12, (2) 17, 18, 26, 27, 31; сен. 6, 9, 11, 15, 21, (2) 26, 27; окт. 4, 8, 9, (3) 15, 18, 21, (3) 26, 28; ноя. 1, 9, 10, 12, (3) 14, 15, 16, 19, 26, 27; дек. 2, 4, 15, 22, 26
Димитріонъ мая. 6
Димъ апр. 10
Дисанъ апр. 9
Дисидерій апр. 21
Дифригъ ноя. 14
Діадохъ сс; авг. 31
Діодоръ янв. 31; фев. 3; мар. 10, 19; апр. 29; іюл. 6; сен. 11; ноя. 20, 27
Діодотъ ноя. 7
Діоклъ сс
Діомидъ іюл. 3; авг. 16
Діонисій (2) янв. 4, 24; фев. 4, 20; мар. (2) 10, (2) 15, 28; апр. 21; мая. 6, 12, 18, 28; іюн. 1, 3, 25, 26; іюл. 31; авг. 4, 18, 24; окт. (3) 3, 5, 15, 22; ноя. 1, 10, 23, 29; дек. 17
Діонъ іюл. 6
Діоскоръ апр. 21; мая. 11, 28
Дій сс; апр. 3; іюл. 19
Доброславъ іюл. (2) 11
Довмонтъ мая. 20
Додо среда 7-я по Пасхѣ; мая. 23
Доментіанъ апр. 15
Дометіанъ сс; янв. 10; мар. 9; мая. 7; окт. 10
Дометій сс; мар. 8, 23; іюн. 25; авг. (2) 7
Домнинъ окт. 1; ноя. 5
Домній апр. 11
Домнъ янв. 2, 14; мар. 9
Донатъ апр. 9, 23, 30; мая. 22; іюл. 4
Доннанъ апр. 17
Доримедонтъ сен. 19
Дороѳей фев. 18; іюн. (3) 5; сен. 3, 16; ноя. 5, 7; дек. 10, 28
Досиѳей фев. 19; сен. 9, 12; окт. 8; дек. 13, 31
Драгутинъ окт. 30
Дракона ноя. 11
Дросданъ іюл. 11
Дубтахъ окт. 7
Дука апр. 24
Дукитій ноя. 7
Дула іюн. (2) 15

Дунстанъ мая. 19
Душанъ іюл. 11
Евагрій янв. 4; фев. 4, 5; мар. 6; апр. 3
Евангелъ іюл. 7
Еварестъ дек. 23, 26
Еввентій окт. 9
Еввіотъ дек. 18
Еввулъ фев. 3, 28 мар. 6, 30
Евгеній янв. 18, 21, 31; фев. 12, 13, 19; мар. 7; іюн. (2) 10к; іюл. 4; авг. 18; сен. (2) 7, 10; окт. 16, 29; ноя. (2) 7, 11, 24; дек. 10, 13
Евграфъ ноя. 24; дек. (2) 10
Евдемонъ сс; окт. 4
Евдокимъ іюн. 10к; іюл. 31; окт. 5
Евдоксій сен. 6; ноя. 3
Евелпистъ іюн. 1
Еверъ нп
Евиласій фев. 6
Евкарпій мар. 18
Евклей авг. 1
Евкулъ дек. 30
Евлалій сс; авг. 30
Евлампій мар. 5; іюл. 3; окт. 10
Евлогій сс; фев. 13; мар. 5, 11; апр. 27; авг. 2, 25
Евменій іюн. 10к; іюл. 10; сен. 18; окт. 7
Евникіанъ дек. 23
Евноикъ мар. 9
Евной окт. 20
Евнъ фев. 27
Еводъ янв. 4; сен. 1, 7; дек. 22
Еворъ окт. 20
Евплъ авг. 11
Евпоръ дек. 23
Евпрепій сс; сен. 20
Евпсихій апр. 9; сен. 7; ноя. 5
Евсевій сс; янв. 14, 20, 23, 30; фев. 15; апр. 2, 28; іюн. 22; іюл. 3; сен. (2) 21; окт. 4, 7, 23; ноя. 28; дек. 10
Евсевонъ авг. 1
Евсигній авг. 5
Евстаѳій (2) сс; янв. 4; фев. 4, 21; мар. 14, 29; апр. 14, 22; мая. 31; іюл. 28, 29; авг. 16, 30; сен. 20; ноя. 20
Евстратій янв. 9; мар. 28; дек. 13
Евстохій іюн. 23; ноя. 15
Евсхимонъ мар. 14
Евтихіанъ авг. 17; дек. 22
Евтихій янв. 20; мар. 9; апр. 3, 6, 21; мая. 28; авг. 23, 24; ноя. 7, 20, 22
Евтихъ авг. 24

Евтропій фев. 11; мар. 3; апр. 30; іюн. 16; окт. 17
Евфрасій апр. 28; ноя. 13
Евфросинъ мар. 2, 20; мая. 13, 15; сен. 11; окт. 31
Евхаристъ сс
Евхарій фев. 20; ноя. 16
Евѳасій янв. 12
Евѳерій фев. 22; мар. 7
Евѳимій сс; нед. предъ Воздв.; янв. 3, 4, 19, (5) 20, 22; мар. 11, 22; апр. 1, 11, 18; мая. 1, 5, 13; іюн. (2) 10к; іюл. 4, 6, 20; авг. 5, 8, (2) 12; сен. 2, (2) 3, 5, 9; окт. 10, 15; ноя. 9, 10; дек. 26, 28
Егезиппъ апр. 7
Едесій апр. 2
Ездра нп
Езекія нп; авг. 28
Екдикій мар. 9
Ексакустодіанъ авг. 4; окт. 22
Елеазаръ нп; янв. 13; іюн. 4; авг. (2) 1; сен. 2; ноя. 23
Елевсиппъ янв. 16
Елевѳерій фев. 20; мая. 26; апр. 13; авг. 4, 8, 14; окт. 3; дек. (2) 15
Елезвой окт. 24
Еленъ ноя. 23
Елизбаръ сен. 18
Елиссей нп; іюн. (2) 14; авг. 7; окт. 23
Елладій сс; янв. 8; фев. 5; мая. 28; окт. 4; ноя. 9
Еллинъ сс
Еллій іюл. 14
Елпидифоръ апр. 3; ноя. 2
Елпидій мар. 7; сен. 2; ноя. 15
Емиліанъ янв. 8; мар. 7; іюл. 18; авг. 8; авг. 18; окт. 23; ноя. 12; 20; дек. 13
Емилій іюн. 20
Еида мар. 21
Еносъ нп
Енохъ нп
Епагаѳъ іюл. 25
Епархій іюл. 1
Епафрасъ янв. 4
Епафродитъ янв. 4; мар. 30; дек. 8
Епенетъ янв. 4; іюл. 30
Епиктетъ іюл. 7
Епимахъ мар. 11; мая. 9; окт. 31
Епиподъ апр. 22
Епифаній сс; мая. 12; авг. 25; ноя. 7
Епполоній сен. 4

Еразмъ фев. 24; мая. 4, 10; іюн. 2
Ерастъ янв. 4; ноя. 10
Ермилъ янв. 13; авг. 30
Ерминингельдъ ноя. 1
Ермиппъ іюл. 26; авг. 18
Ермій янв. 4; мая. (2) 31; іюл. 6; ноя. 4
Ермогенъ фев. 17; мая. 12; іюн. 16; авг. 12, 20; сен. 1; окт. 5; ноя. 24; дек. 10
Ермократъ іюл. 26
Ермолай іюл. 26
Ермъ янв. 4, 30; мар. 8; апр. 8; мая. 31; авг. 18; ноя. 5
Еросъ іюн. 24
Есперъ мая. 2
Етимасій ноя. 28
Ефивъ іюл. 30
Ефремъ нп; сс; янв. 18, (3) 28; мар. 7, 27; апр. 17; мая. 5, 16; іюн. 8, 11, 15, 16; авг. 23, 2, 30; сен. 26, ноя. 1
Еѳерій іюн. 18
Жери авг. 11
Завулонъ нп; мая. 20
Закхей нед. мытаря и фарисея; апр. 22; ноя. 18
Заниѳанъ мар. 28
Захарія нп; сс; янв. 20; фев. 8, 21; мар. 15, (2) 24, 30; мая. 22, 28; сен. 5, 9; ноя. 17; дек. 5
Зевинъ фев. 23; окт. 20
Зигфридъ авг. 22
Зина янв. 4; іюн. 22; сен. 27
Зиновій янв. (2)10; окт. 30
Зинонъ сс; янв. (2) 30; мар. 3; апр. 10, 12, 18, 28; мая. 7; іюн. 19, 22; авг. 22, сен. 3, 6, 17, 21; дек. 26, 28
Зоилъ сс; мар. 3; апр. 13
Зола дек. 3
Зоровавель нп
Зорсисъ янв. 2
Зосима сс; янв. 4, 24; фев. 13; мар. 30; апр. 3, (2) 4, 15, 17; мая. 1, 6, 8; іюн. 4, 8, 19; іюл. 15; авг. (2) 8; сен. 19, 28; окт. 20, 24; ноя. 7
Зотикъ апр. 18; іюл. 21; авг. 22; сен. 13; окт. 21; дек. 23, 30
Ивистіонъ сс; авг. 26
Ивхиріонъ апр. 15
Игаѳраксъ мар. 26
Игнатій сс; янв. 28, (2) 29; фев. 3, 20; апр. 30; мая. 1, 19, (2) 28; іюн. 7; авг. 21, 30; сен. 15, 27; окт. 8, 14, 23; ноя. 19; дек. (2) 20, 28
Игорь іюн. 5; іюл. 5; сен. 19
Икуменій мая. 3
Иларій янв. 14; мая. 5; іюл. 12

Иларіонъ сс; фев. 14; мар. (2) 28; апр. 27; іюн. 6, 27, 30; іюл. 11, 24; авг. (2) 18, 22, 28; сен. 18, 20, 28; окт. (2) 10, (4) 21; ноя. 7, 19, 20, 25; дек. 14, 15
Иліанъ мар. 9
Илій нп; мар. 9
Иліодоръ авг. 20; сен. 9, 28; ноя. 19
Илія нп; (2) сс; янв. 4, 8, 14, 21, 31; фев. 16, 27; мар. 23, 28; апр. 4, 24; іюн. 10к; іюл. 4, (3) 20; авг. 12, 17; сен. 3, 4, 7, 13, 17
Иллидій іюн. 5
Иллирикъ апр. 3
Индисъ сен. 3; дек. 28
Инна янв. 20; іюн. 20
Иннокентій фев. 3, 9; мар. 19, 31; апр. 24; мая 25; іюн. (2) 10к; іюл. 4, 6; сен. 9; окт. 5, 10, 13, 31; ноя. 16, 26; дек. 24
Ипатій янв. 14; мар. (3) 31; іюн. 3, 18; сен. 21; ноя. 20
Иперехій іюн. 5
Иперихій сс; янв. 29
Ипполитъ янв. 30; мая. 19; авг. 13
Ираклемонъ іюн. 12; дек. 2
Ираклидъ сен. 17
Ираклій мар. 9; мая. 5, 18, 28; окт. 22
Ираклъ іюл. 14; дек. 4
Иреніонъ дек. 16
Иринархъ янв. 13; іюл. 17; ноя. 28
Ириней мар. 26; авг. 13, 22, 23
Ириній іюн. 5
Иродіонъ янв. 4; апр. 8; іюл. 3; сен. 28
Исаакій фев. 14; мар. 22; апр. 21; мая. 30; авг. 3, 22; сен. 21; окт. (2) 10; ноя. 20; дек. 26
Исаакъ нп; янв. 14, 28; апр. 12; мая. 4, 18; іюн. 17; сен. 16; ноя. 20
Исавръ іюл. 6
Исаія нп; сс; янв. 14; фев. 16; мая. 9 (2) 15; іюн. (2) 10к; іюл. 3, авг. 21
Исе мая. 7; дек. 2
Исидоръ янв. 8; фев. (2) 4; мая. 7, (2) 14; іюл. 6; ноя. 20; дек. 30
Исихій сс; фев. 19; мар. 2, 5, 9, 28; мая. 10; іюн. 15; іюл. 7; окт. 3; ноя. 7
Иской мар. 26
Исмаилъ іюн. 17; сен. 10; окт. 1; ноя. 4
Иссахаръ нп
Истукарій ноя. 3
Исхиріонъ сс; ноя. 23
Іадоръ фев. 4
Іакинѳъ іюл. 3, 18; окт. 1; ноя. 4
Іакисходъ апр. 28

Іаковъ нп; нед. Богоотецъ; янв. 1, 4, 13, 22, 29; фев. 3, 6, 27; мар. 4, 21, 24; апр. 4, 6, 10, (2) 11, 15, 21, 30; мая. 5, 22, 30; іюн. 24, (2) 30; іюл. 16, 26; авг. 9, (2) 12, 13, 16, 17, 30; сен. 15; окт. 4, 8, 9, (2) 10, 13, (2) 21, (2) 23, 31; ноя. (3) 1, (2) 19, 22, 26, (2) 27; дек. 10, 13
Іамвлихъ авг. 4; окт. 22
Іаникита іюл. 10
Іаннуарій янв. 25; апр. 16, 21, 28; сен. 19
Іаредъ нп
Іарлафъ іюн. 6
Іасонъ янв. 4; мар. 19; апр. 28
Іафеѳъ нп
Іегудиилъ ноя. 8
Іезекіиль нп; іюл. 21
Іераксъ сс; мая. 8; іюн. 1; окт. 28
Іереміилъ ноя. 8
Іеремія сс; нп; янв. 14; фев. 16; апр. 6; мая. 1, 19; окт. 5
Іеронимъ сс; іюп. 15; авг. 17; окт. 3
Іеронъ ноя. 7
Іероѳей сс; мая. 31; авг. 7, 22; сен. 13; окт. 4; ноя. 28
Іессей нп; мая. 7; дек. 2
Іефѳай нп
Іисусъ Навинъ нп; мар. 6; мая. 29; сен. 1
Іоадъ мар. 30
Іоакимъ янв. 18; фев. 10; мар. 2; іюн. 10к; іюл. 3; авг. 16, 19; сен. (3) 9, 17; окт. 4
Іоанникій апр. 26; іюн. 4, 7, 23; авг. 16, 30; сен. 3, 9; окт. 10; ноя. 4, 10; дек. 1,
Іоаннъ (5) сс; 4-я нед. В.П.; янв. (2) 1, 7, (2) 8, 14, 15, 16, (5) 22, 24, (2) 26, 27, 29, 30, 31; фев. 3, (5) 4, (2) 6, 9, 10, (3) 13, (2) 15, (3) 20, 21, (4) 22, (2) 23, 24, (3) 26, (2) 29; мар. 1, 3, (2) 5, 8, 9, 10, 11, 12, 19, 20, 27, (2) 28, 29, (3) 30, 31; апр. 1, (2) 4, 6, 8, 11, 12, 14, 16, (3) 18, 19, 21, 23, 26, (3) 27, 29; мая. 4, (2) 7, 8, (2) 12, 13, 14, 18, (3) 19, 20, 22, 24, 25, 26, 27, (4) 29; іюн. 2, 4, 9, 10, (10) 10к, (3) 12, 13, 14, (2) 19, 21, (5) 24, (2) 26, 28, (2) 30; іюл. 1, (2) 3, (2) 4, 5, (2) 11, (2) 12, 14, (4) 16, (2) 18, 20, 21, 23, 24, 27, (3) 28, (2) 30, (2) 31; авг. 3, 4, 5, 7, 9, (3) 12, 13, (2) 18, (3) 22, (2) 23, 25, (2) 27, 28, 29, (2) 30, 31; сен. (4) 2, 3, 4, (2) 6, (2) 7, 8, (2) 10, 12, 13, 14, (4) 15, 17, 18, (4) 20, (4) 21, (4) 23, (2) 26, (2) 29; окт. (2) 1, 3, 5, 6, (2) 8, (2) 12, (3) 15, (2) 16, (3) 19, (3) 20, (5) 21, 22, (2) 24, (2) 28, (3) 29, 31; ноя. 1, 3, 4, 7,

9, (2) 10, (2) 12, 13, 16, 17, (4) 19, (3) 20, (2) 22, 23, 24, (3) 25, 26, (4) 27, (2) 28, 30; дек. (3) 2, 3, (3) 4, (3) 7, 10, 11, 12, 13, 17, 18, (2) 20, 29

Іоасафъ мар. 4, 9; апр. 20; іюл. 27; авг. 12, 13; сен. 4, 10; окт. 5, 10, 26; ноя. (3) 19, 22, (2) 27; дек. 10

Іовъ нп; янв. 14; мар. 6; апр. 5; мая. (3) 6, 17, 29; іюн. 19; іюл. 15; авг. 5, 28; окт. 5, 9, 10, 28; дек. 29

Іоиль нп; окт. 19

Іокундъ мая. 29

Іона нп; янв. 9, 29; фев. 20; мар. 9, 28, 29, 31; мая. 4, 27; іюн. 5; (2) 6, (2) 10к, 12, 15, 21; сен. 21; (3) 22; окт. 5, 7, 8; ноя. 5; лек. 15; 23

Іонаѳанъ нп

Іорданъ фев. 2; апр. 15

Іосифъ нп; нед. Богоотецъ; сс; вел. пон.; 3-я нед. по Пасхѣ; янв. 5, (2) 14, 22, 26; фев. 4, 22; мар. 31; апр. (2) 4, 8, 24; мая. 7, 9, 11, 19, 20; іюн. 3, (2) 10к. 14, 17, 23; іюл. 10, 31; авг. 8, 20, 26, 28; сен. (2) 9, (2) 15, 16, 21; окт. 7, 10, 17, 18, 30; ноя. 3, 7, 9, 20

Іосія нп; янв. 4; мар. 20; апр. 8

Іувеналій сс; іюл. 2, 20; окт. 11; дек. 12

Іувентинъ сен. 5

Іуда нп; іюн. 19, 30

Іуліанъ янв. 8, 29; фев. 6, 16, 27; мар. 6, 16; іюн. 3, (2) 21; іюл. 13, 28; авг. 9; сен. 4, 12, 13; окт. 7, 18, 30

Іулій мая. 27; іюн. 21; іюл. 1

Іустиніанъ ноя. 14; дек. 5

Іустинъ сс; іюн. (3) 1

Іустъ янв. 4; іюн. 6; іюл. 14; окт. 30

Кадокъ сен. 25

Каинанъ нп

Кайминъ мар. 24

Кайхосро іюн. 16

Калантій апр. 26

Каллимахъ мая. 6; ноя. 7

Каллиникъ мая. 24; апр. 11; іюл. 29; авг. 23; ноя. 7; дек. 14

Каллистратъ сен. 27; дек. 30

Каллистъ сс; мая. 6; іюн. (2) 20; окт. 17; ноя. 22

Калліопій апр. 7

Калуѳъ мая. 19

Кандидъ янв. 21; мар. 9

Канидій янв. 21

Канидъ іюн. 10

Кантидіанъ авг. 5

Кантидій авг. 5

Капикъ іюл. 6

Капитонъ мар. 7; іюн. 10к; авг. 12

Карелъ мая 29

Каріонъ сс; дек. 5

Карпъ янв. 4; мая. 26; сен. 11; окт. 13

Картерій янв. 8; ноя. 5

Кассіанъ сс; фев. (2) 29; мая. 6, 16, 21; іюн. 15; окт. 2; дек. 3

Кассій апр. 3

Кастинъ янв. 25

Касторій дек. 18

Касторъ сс; фев. 13; авг. 12; сен. 18

Кастрихій ноя. 7

Кастулъ дек. 18

Катерій ноя. 3

Катунъ авг. 1

Квадратъ мар. 4

Квартилозія фев. 24

Квартъ янв. 4; ноя. 10

Квентинъ окт. 31

Квинтиліанъ апр. 28

Квинтиніанъ ноя. 13

Кевинъ іюн. 3

Кеддъ окт. 26

Кедманъ фев. 11

Келестинъ мая. 25; апр. 8

Кельсій янв. 8; окт. 14

Кенельмъ іюл. 17

Кеннеѳъ окт. 11

Кенсоринъ янв. 30

Кентигернъ янв. 14

Кердонъ іюн. 15

Кесарій мар. 9; апр. 18; авг. 27; окт. 7; ноя. 1

Кесарь мар. 30; дек. 8

Киби ноя. 5

Киліанъ іюл. 9

Киндей фев. 20; іюл. 11; авг. 1

Киннудій апр. 3

Кинтіонъ ноя. 15

Кипріанъ сс; фев. 20; мар. 10; мая. 10, 27; іюн. 3; іюл. 5, 22; авг. 17, 26, 31; сен. 16, 29; окт. (2) 2, 5, 10, 21; ноя. 2

Кипръ янв. 30

Кирикъ мар. 27; іюл. 15

Кириллъ (2) сс; янв. (2) 18; фев. 4, 14; мар. 9, (2) 18, 21, 29; апр. (2) 28; мая. 4, 11, 19, 21, 29; іюн. (2) 9, 10к, 17, 27; іюл. 6, 9, 22; сен. 6, 28; окт. 10; ноя. (2) 7; дек. 2, 8

Киринъ янв. 30; іюн. 4, 7; іюл. 6

Кирїакъ фев. 22; апр. 22, 28; мая. 2; їюн. 7, 20, 24; авг. 1; сен. 6, 29; окт. 27, 28, 30
Кирїонъ мар. 9; їюн. 27
Киръ янв. 8, 31; мар. 12; їюн. 10к, 28
Кифа мар. 30; їюн. 10к; дек. 8
Кїеранъ мар. 5; сен. 9
Кїонъ сен. 4
Клавдїанъ фев. 3; їюл. 3; ноя. 7
Клавдїй янв. 31; мар. 9, 10, 19; їюн. 3, 6, 7; авг. 11; окт. 29; дек. 18
Клеоникъ мар. 3
Клеопа янв. 4
Климентъ (2) сс; янв. 4, 23; апр. 22, 30; мая. 4; їюн. 10к, 17; їюл. 4, 27; сен. 10; ноя. 22, (2) 25
Клодоальдъ сен. 7
Кодратъ янв. 4; мар. (2) 10; апр. 15, 21; авг. 17; сен. 21
Кодръ мая. 22
Коинтъ їюл. 6
Колманъ фев. 18; їюн. 7; їюл. 9; окт. 29; дек. 12
Коломбанъ ноя. 21
Колумба їюн. 9; дек. 13
Комасїй ноя. 28
Комгаллъ мая. 11
Коммодъ янв. 30
Конитъ фев. 8
Конкордїй їюн. 4
Конлетъ мая. 10
Кононъ фев. 19, 20; мар. (2) 5, (2) 6; мая. 19; їюн. 5
Константинъ сс; янв. 29; фев. 14; мар. 5, 6; апр. 16; мая. 11, 12, (2) 21, 23, 30; їюн. 2, 5, 8, 16; їюл. 3, 5, 9, 14, (2) 20, (2) 29, 31; авг. 13, (2) 16; сен. 3, 6, 10, 18, (3) 19, 21; окт. 2, (2) 9, 21, 22, 28; ноя. 2, 6, 7, (2) 9, 10, 12, 14, 19; дек. 2, 10, 26
Констанцїй дек. 26
Копрїй сс; фев. 4; їюл. 9; сен. 24
Коривъ дек. 15
Кормидолъ окт. 18
Корнилїй фев. (2) 20; мая. (2) 19; їюл. 22; авг. 21; сен. 13; ноя. 24; дек. 28
Корнутъ сен. 12
Коронатъ авг. 17
Космa янв. 2; фев. 18; апр. 18; їюл. 1, 18, 20, 29; авг. 3, 24; сен. 22; окт. 5, 10, 12, 17, 29; ноя. (2) 1, 3, 25; дек. 2, 3, 5
Крискентїанъ їюн. 7
Крискентъ янв. 4; мар. 10; апр. 13; мая 28; їюл. 30
Криспинїанъ окт. 25
Криспинъ їюн. 20; окт. 25

Криспъ янв. 4
Кронанъ апр. 28
Кронидъ мар. 23; сен. 11, 13; ноя. 27
Кронїонъ фев. 27; окт. 30
Ксанѳїй сс; мар. 9; ноя. 7
Ксенофонтъ сс; янв. 26; апр. 24, їюн. 28; ноя. 27
Куартъ янв. 4; ноя. 10
Кукуфасъ їюл. 25
Кукша авг. 27; сен. 16; дек. 11
Кутонїй їюл. 6
Куфїй авг. 1
Куѳбертъ мар. 20
Лаврентїй сс; янв. 20, 29; фев. 3; мар. 7; мая. 10, 16; авг. (2) 10, 28; окт. 12, 24; дек. 10, 29
Лавръ авг. 18
Лазарь суб. Ваїй; фев. 23; мар. 8, 28; апр. 23; мая. 4; їюн. 15; їюл. 11, 17; сен. 6; окт. 17; ноя. 7, 17
Ламбертъ сен. 17
Ламехъ нп
Лампадъ їюл. 5
Лампръ їюл. 2
Лаодикїй мая. 13
Ларгїй їюн. 7
Левїй нп
Левкїй їюн. 20; авг. (2) 17; дек. 14
Левъ янв. 20; фев. (2) 18, 20; їюн. 10к, 27; сен. 7, 23; окт. 10, 11; ноя. 12
Леодегарїй окт. 2
Леонардъ ноя. 6
Леонидъ мар. 5, 10; апр. 15, 16, 22; їюн. 5; їюл. 17; авг. 8, 12; сен. 30; окт. 15, 20, 29, 30, 31; ноя. 19; дек. 26, 28
Леоннъ ноя. 13
Леонтїй (2) сс; янв. 13, 22, 28, 29; фев. 13, 20; мар. 9; апр. 24; мая. 4, 14, 23; їюн. (3) 18, 23; їюл. 1, 10, 18; авг. 1, 9, 28; сен. 11, 13; окт. 17, 19; дек. 11, 21
Леонтъ янв. 22
Ливанїй дек. 29
Ливерїй авг. 27
Ликарїонъ фев. 6
Лимнїй фев. 22
Линъ янв. 4; мар. 11; ноя. 5
Лисимахъ мар. 9
Литорїй сен. 13
Лоллїй їюн. 23
Лоллїонъ апр. 27
Лонгинъ сс; фев. 10; апр. 24; їюн. 24; їюл.

3; окт.
(3) 16; ноя. 7, 17
Лотъ нп; сс; окт. 9, 22
Луарсабъ іюн. 21
Лудгеръ мар. 26
Лука янв. 4, 29; фев. 7, 10, 12, 20; мар. 5, 23; апр. 22, 24; мая. 3, 29; іюл. 30; сен. 7, 9; окт. 13, 18; ноя. 4, (2) 6, 24; дек. 11, 27
Лукилліанъ іюн. 3
Лукіанъ фев. 22; апр. (2) 15; іюн. 3; іюл. 6, 7; сен. 8, 13; окт. (2) 15
Лукій янв. 4; фев. 11, 24; авг. 20; сен. 10
Лупиціанъ мар. 21
Лупицинъ янв. 24
Луппъ іюл. 29; авг. 23; сен. 25; окт. 26
Луцій іюн. 6
Маврикій фев. 22; іюл. 10; сен. 21
Мавръ янв. 30; мар. 19; іюн. 7
Мавсима янв. 23
Магнъ апр. 29
Магъ мая. 31
Маелъ фев. 6
Маиръ янв. 11
Маіоръ фев. 15
Макарій (3) сс; янв. 10, 14, 17, (5) 19, 22, 30; фев. 5, 8, 16, 19, 27; мар. 17, 23; апр. (2) 1, 10, 17; мая. 1, (3) 13, 18, 22, 26, 27, 28; іюл. 25; авг. 9, 15, 18, 22, 30; сен. 4, 6, (2) 7, 9, 14, 22; окт. (2) 5, 6, 10, 12, 30; ноя. 16, 20, 23; дек. 16, 21, 23, 30
Македоній янв. 24; апр. 25; сен. 12
Македонъ мар. 23
Макровій мая. 4; сен. 13
Максиміліанъ авг. 4; окт. 12, 14, 22
Максиміанъ апр. 21; ноя. 7
Максимъ сс; янв. 13, 15, 16, 18, (2) 21, (2) 30; фев. 6, 19; апр. 9, 28, 30; мая. 14, (2) 19, 22; іюн. 17, 21; іюл. 30, 31; авг. 11, (2) 13, 24; сен. 5, 15; окт. 9, 28; ноя. 11, 17, 22, 27; дек. 6, 27
Максіанъ іюн. 3
Малахія нп; янв. 3; сен. 29
Малаѳгеній окт. 21
Малелеилъ нп
Малхъ сс; мар. 26, 28; ноя. 24
Малъ окт. 16; ноя. 14, 15
Мамай мая. 3
Мамантъ сен. 2; ноя. 7
Маммій апр. 28
Манассія нп
Мануилъ янв. 22; мар. 15, 27; іюн. 17; окт. 28

Маппаликъ апр. 28
Мардарій мар. 5; ноя. 29; дек. (2) 13
Мардоній сен. 3; дек. 28
Маринъ мар. 17, 28; іюл. 6; авг. 7; окт. 18; дек. 16
Маріавъ апр. 9
Маріанъ мар. 19
Маркеллинъ іюн. 3, 7; іюл. 14; дек. 18
Маркеллъ сс; фев. 9; мар. 1; мая. 22; іюн. 7; авг. 1, 12, 14; окт. 30; ноя. 1, 15; дек. 29
Маркіанъ сс; янв. 2, 10, 18; фев. 17; іюн. 5, 8; іюл. 13; авг. 9; окт. 3, 25, 30; ноя. 2
Маркъ (2) сс; янв. 2, (4) 4, 14, 19; іюн. 5, 10к; іюл. 3, 11; авг. 2; сен. 27, 28; окт. 22, 27, 30; ноя. (3) 22; дек. 18, 29
Маронъ фев. 14
Марсалій апр. 28
Мартиніанъ сс; янв. 12; фев. 13; апр. 11; авг. 4; окт. 7, 10, 22
Мартинъ мар. 20, 24; апр. 14; мая. 5; іюн. 27; іюл. 4; окт. 12; ноя. 11, 12
Мартирій фев. 10; мар. 1; апр. 12; мая. 6; іюн. 20; авг. 24; сен. 9; окт. (3) 25; ноя. 11
Мартіанъ ноя. 10
Мартій апр. 13
Маруѳа фев. 16
Маруѳанъ мар. 28
Марціалъ янв. 25
Маръ янв. 25
Матой сс
Маттуръ іюл. 25
Матѳей янв. 5; мая. 14; іюн. (2) 10к, 30; авг. 12, 14, 16; сен. 30; окт. 5, 15, 30; ноя. 12, (2) 16; дек. 2
Матѳій мая. 19; іюн. 30; авг. 9
Махаръ ноя. 12
Маѳусалъ нп
Медардъ іюн. 8
Медимнъ сен. 5
Мекаръ фев. 27
Меланъ янв. 6
Меласиппъ ноя. 7
Мелевсиппъ янв. 16
Мелетій сс; янв. 14, 19; фев. (2) 12; мая. 24; сен. 1, 3, 10, 21, 30; окт. 13
Мелиссенъ мар. 6
Мелитонъ мар. 9; апр. 1
Мелхиседекъ нп; мая. 22; окт. 1
Мелхіонъ окт. 28
Мелхіоръ дек. 25
Мемнонъ апр. 29; авг. 20; дек. 16

Менандръ мая. 19
Меней іюл. 10
Менингъ ноя. 22
Меркурій авг. 7; ноя. 4, (3) 24
Мертій янв. 12
Месиръ мая. 6
Метрій іюн. 7
Меѳодій фев. 4; апр. 6; мая. 11; іюн. 4, (2) 14, 20; іюл. 9; авг. 27; окт. 5
Мигдоній сен. 3; дек. 28
Миладенъ іюл. 11
Миланъ мая. (2) 26; іюн. 17: іюл. (3) 11
Милій ноя. 10
Милорадъ іюл. 11
Мильтіадъ апр. 10
Милютинъ окт. 30
Милъ сс
Мимненосъ апр. 15
Мина янв. 5, 30; фев. 17; апр. 12; іюн. 10к, 20; авг. 25; окт. 10, 22, 25; ноя. 11; дек. 10
Минеонъ авг. 1
Минсиѳей авг. 1
Мираксъ дек. 11
Миріанъ окт. 1
Мирко іюл. 11, 21
Миронъ мар. 20; авг. 8, 17, 31; іюн. 10к; сен. 17
Мисаилъ нп; апр. 10; дек. (2) 17
Митридатъ іюл. 8
Митрофанъ сс; мая. 19; іюн. 4, 10к, 23; авг. 7; сен. 4; ноя. 19, 23, 24
Михаилъ сс; янв. 1, (2) 8, 11, 15, 18; фев. 1, 3, 4, 5, 13, 14, 15, (2) 17, (2) 22, 23, 27; мар. 1, 3, 9, 10, 13, 14, 15, 20, 21, 29; апр. 16, 17; мая. 1, 2, 3, 7, 11, 18, (2) 19, 21, 22, (2) 23, 27, 31; іюн. 3, 5, 7, 10к, 15, 16, 24, 30; іюл. 3, (2) 9, 11, 12, 22, 23, 29; авг. 4, 7, 12, 18, 22, 24, 27, 31; сен. 2, 3, 4, (2) 6, 7, 18, 20, 27, 30; окт. (2) 1, 4, 6, 14, (2) 15, 20; ноя. 4, (2) 7, 8, 10, (2) 14, (2) 16, 17, 19, (2) 22, 24, 26, 28; дек. 7, (3) 10, 18, 21, (2) 26, 31
Михей нп; янв. 5; мая. 6; авг. 12, 14; окт. 10
Міанъ сен. 4
Міосъ сс
Мнасонъ окт. 18
Моби окт. 12
Модестъ мая. 16; іюн. 15; дек. 18
Моисей нп; сс; янв. (2) 14, 25; фев. (3) 23; мая 21; іюн. 16; іюл. 26, 28; авг. 25, 28; сен. 4; окт. 10, 21
Мокій янв. 29; мая. 11; іюл. 3
Момчило іюл. 11
Монагрей янв. 30

Монтанъ фев. 24; мар. 26
Мотій сс
Мстиславъ апр. 15; іюн. 14
Муко іюл. 30
Муринъ апр. 28
Муртахъ авг. 12
Навкратій сс; іюн. 8
Назарій фев. 23; іюн. 4; авг. 14; окт. 14; ноя. 28
Наркиссъ янв. 4; авг. 7; окт. 31
Нарсинъ мар. 28
Наталій мая. 30
Наумъ нп; іюн. 20; іюл. 27; окт. 29; дек. 1, 23
Наѳанаилъ сс; апр. 22; ноя. 27
Наѳанъ нп; дек. 29
Неаниксъ іюн. 10
Неархъ апр. 22
Неемія нп
Нектанъ іюн. 17
Нектарій сс; янв. 15; апр. 3, 29; мая. 17; іюл. 11; авг. 21; окт. 10, 11; ноя. 9, 29; дек. 5, 15
Немезій дек. 19
Неонъ янв. 16; апр. 24, 28; сен. 28; окт. 29
Неотъ іюл. 31
Неофитъ янв. (2) 21, 24; мая. 5; авг. 22; окт. 17, 21, 28; ноя. 9
Нерангіосъ апр. 15
Неставъ сен. 21
Несторъ фев. 28; мар. 1, 7; мая 6; іюл. 10, 11; окт. (3) 27; ноя. 9, 10
Нефѳалимъ нп
Никандръ мар. (2) 15; іюн. 5, 8, 29, 30; іюл. 15; сен. 19, 24; окт. 21; ноя. (2) 4, 7
Никаноръ янв. 4; іюн. 18; іюл. 28; дек. 28
Никита янв. 31; фев. 19; мар. 20; апр. 2, 3, 4, 29, 30; мая. 4, 14, 20, 24, 28; іюн. 10к, 17, (2) 21, 24; сен. 9 (2) 15; окт. 13; ноя. 6, 15; дек. 17, 21
Никифоръ сс; янв. 31; фев. (2) 9; мар. 10, 13; апр. 4, 19; мая. 1, (3) 4, 8; іюн. (2) 2, 10к, 16, 17; окт. 23; ноя. 13, 28; дек. 7, 11
Никодимъ 3-я нед. по Пасхѣ; мая. 11; іюн. 5; іюл. 1, 3, (2) 11; авг. 2, 8, 16, 30; сен. 17; окт. 20, 22,31; дек. 26, 28
Никола окт. 14
Николай сс; янв. 1, 4, 11, 14, 16, 18, 19, 22, 24; фев. 1, 3, (4) 4, 5, 12, 13, 14, 15, 17, 18, 20, 22, 23, 25, 28; мар. (2) 5, 7, (2) 9, 13, 19, (2) 28; апр. 4, 5, 6, 9, 11, 20, 21, 24, 26, 27;

мая. 3, 4, (3) 9, (2) 16, 17, (2) 19, 28, (3) 31;
іюн. 5, (3) 7, (4) 10к, 13, (2) 14, 20, 21; іюл.
4, 8, 14, 24, 25, 27, 28, 31; авг. 3, 4, 8, 12, 13,
14, 19, 20, 23, 26, 27, 30; сен. 1, 2, 3, (3) 4, 7,
10, (2) 11, 12, 13, (2) 15, 19, 23, 25, 26, 30;
окт. 1, 4, 7, (2) 8, 12, 13, (3) 15, 18, 19, 20,
21, (2) 22, (2) 23, 24, 28, 29, 31; ноя. (3) 3, 4,
(2) 6, (3) 7, 10, 12, (3) 14, 15, 16, 18, (2) 20,
25, (2) 20, 25, (2) 26, (4) 27, 28; дек. (3) 2, 3,
4, (3) 6, (2) 10, 11, 13, 14, 16, (2) 17, (2) 18,
20, 24, (2) 26, 28
Никонъ сс; мар. (2) 23; іюн. 10к, 25; іюл. 4;
сен. 28; окт. 10; ноя. 7, 17, 26, 27; дек. 11
Никостратъ дек. 18
Никтополіонъ ноя. 3
Нилъ сс; мар. 7; апр. 7; мая. (2) 7, 27; іюн.
10к, 26; іюл.
4; 16; сен. 17, 19, 26; ноя. (2) 12; дек. 7
Нимфа фев. 28
Нимфанъ фев. 28
Ниніанъ сен. 16
Нирса ноя. 20
Нисѳерой сс
Нитъ окт. 28
Нифонтъ фев. 20; апр. 8, іюн. 14; авг. 11;
ноя. 10; дек. 23
Ной нп
Ноннъ сс; ноя. 10
Нягу сен. 26
Одо іюн. 2
Олафъ іюл. 29
Олвіанъ мая. 25, 29
Олегъ сен. 20
Олимпанъ янв. 4
Олимпій янв. 30; іюн. 12; іюл. 30
Олимпъ янв. 4; фев. 14; сен. 7; ноя. (2) 9;
дек. 8
Омврій дек. 30
Омиръ апр. 19
Онисимъ янв. 4; фев. 15; мая. 10; іюл. 14,
21; окт. 4
Онисифоръ янв. 4; мая. 19; іюн. (4) 12;
іюл. 21; сен. 9, 29
Онисій мар. 5
Онуфрій сс; янв. 4; мая. 19; іюн. (4) 12;
іюл. 21; сен. 9, 29
Опрій окт. 21
Оптатъ іюн. 4
Орентій іюн. 24
Орестъ ноя. 10; дек. 13
Оропсъ авг. 22

Орсисій сс; іюн. 15
Оръ нп; авг. 7; окт. 22
Освальдъ фев. 29
Освинъ авг. 20
Осія нп; авг. 27; окт. 17
Ослябя сен. 7
Острихій ноя. 7
Отаръ авг. 12
Оффа дек. 15
Павелъ (2) сс; янв. 4, 9, 10, (2) 14, 15, 20, 24;
фев. 3, 13, 15, 16, 17, 22; мар. 4, (2) 7, (2) 10, 17,
22, 27, (2) 29; апр. (2) 6, 27; мая. 18, (2) 19, (2)
22, 28; іюн. 1, 3, (2) 7, 8, (6) 10к, 14, 20, 21, 26, 28,
29; іюл. 7, 16, 28; авг. 17, 21, 23, 27, (2) 30; сен.
(2) 2, 4, (2) 10, 17, 24; окт. 4, 8, 10, 20, 22, (2) 29;
ноя. (2) 3, 4, 6, 7, 9, 22, 25; дек. 2, 7, 15, 16, (2)
23, 29
Павлинъ янв. 23; мая. 18; авг. 31; окт. 10, 21;
ноя. 7; дек. 30
Павсикакій мая. 13
Павсилиппъ апр. 8
Павсирій янв. 24
Паисій янв. 8; апр. 17; мая. 23; іюн. 6, 7, (2) 19,
29; іюл. 19; ноя. 17; дек. 17, 31
Пактовій ноя. 3
Паламонъ сс; авг. 12
Палатинъ фев. 22
Палладій сс; янв. 28; сен. 10; ноя. (2) 27
Памва (2) сс; іюл. (2) 18
Памвонъ іюн. 5
Памфалонъ мая. 17
Памфамиръ мая. 17
Памфилъ фев. 16; авг. 12; ноя. 5
Панагіотъ апр. 5; іюн. 24
Панаретъ мая. 1
Панкратій фев. (2) 9; мая. 12; іюл. 9
Пансофій янв. 15
Пантелеимонъ іюл. (2) 27; ноя. 14, 16
Пантенъ іюл. 7
Панхарій мар. 19
Папа мар. 16;
Папила окт. 13
Папиринъ янв. 13
Папиръ окт. 24
Папій янв. 31; фев. 3, 22; мар. 10; іюн. 7; іюл. 7
Парамонъ ноя. 29
Пардъ дек. 15
Паригорій янв. 29; фев. 18
Парменій іюл. 30
Парменъ янв. 4; іюл. 28
Пародъ янв. 22, мар. 28

21 декабря/3 января исполняется
700 лѣтъ со дня кончины святителя
Петра, митрополита Московскаго (1326 г.)

Парѳеній фев. 7, 13; мар. 17, 24; мая. 19; іюл. 10; сен. 3, 4; окт. 10; ноя. 9
Пасикратъ апр. 24
Пассаріонъ сс; авг. 11
Патамонъ мая. 18
Патапій дек. 8
Патермуфій сс; іюл. 9; сен. 17
Патіентъ сен. 11
Патрикій мар. 11, 17, 20; апр. 3; мая. 19
Патровъ янв. 4; ноя. 5
Патроклъ авг. 17; ноя. 19
Пафнутій сс; янв. 8, фев. (2) 15, 25; мар. 27; апр. 19; мая. 1; сен. 11, 25; ноя. 25
Пахомій сс; суб. по Просв.; янв. 13; фев. 20; мар. 21; апр. 1; мая. 6, 7, (2) 15, 21; іюл. 24, 29; сен. 7; окт. 8
Пахонъ сс
Пелагіанъ сен. 27
Пелагій іюн. 26
Пелій сен. 17
Пеонъ іюн. 1
Перегринъ іюл. 6, 7
Пересвѣтъ сен. 7
Петроній сс; сен. 4; окт. 23
Петръ сс; нед. пр. 6 сен.; янв. 1, (2) 9, 10, 12, 13, 14, 16, 19, (2) 22, 25, 26, 27, 30; фев. 1, 4, 7, 8, 9, 10, 26, (2) 27; мар. 1, 4, 24, 28; апр. 6, 26; мая. 3, 12, 14, 16, 18, 28; іюн. (2) 4, 5, 7, (3) 10к, 12, 16, 23, 25, 27, 29, (2) 30; іюл. 1, 9, 10, 15, 16, 20, 21; авг. 7, 9, (2) 12, 14, 24 (2) 26, (2) 30; сен. 2, (2) 3, (3) 4, 5, 7, (3) 4, 5, 7, (3) 10, 13, 15, 18, 21, 22, 23, 27, (2) 30; окт. (2) 4, (2) 5, (2) 8, (2) 9, 14, 15, 18, 20, 24, 31; ноя. 1, (2) 3, 7, 10, 12, 14, 15, (2) 19, 21, (2) 25, (2) 26, (3) 28, 30; дек. 7, 10, 12, 16, 17, 21, 28, (2) 31
Пигасій ноя. 2
Пименъ сс; фев. 10, 20; мар. 16; мая. 8; авг. (2) 7, 17, (3) 27; сен. 3; ноя. 3
Пинна янв. 20; іюн. 20
Пинуфрій сс; ноя. 27
Пирръ мая. 7
Пистамонъ сс
Пистъ сс; авг. 21
Питиримъ янв. 29; іюл. 28; авг. 19
Питирунъ сен. 29
Пиерій іюн. 27
Піоній мар. 11
Піоръ (2) сс; іюн. 17; окт. 4
Плакида сен. 20
Платонъ янв. 1; апр. 5, 22; іюл. 27; авг. 2; ноя. 18

Полидоръ сен. 3
Поликарпъ фев. (2) 23; апр. 2; іюл. 24
Полихроній фев. (2) 23; іюл. 30; окт. 7
Поліевктъ янв. 9; фев. 5; апр. 15; дек. 19
Поліенъ мая. 19; авг. 18
Полувій мая. 12
Помпій апр. 10; іюл. 7; окт. 28; дек. 23
Помпіонъ іюн. 22
Понтикъ іюл. 25
Понтій авг. 5
Поплій янв. 25
Попліонъ апр. 27
Поссидоній сс
Портіанъ ноя. 24
Порфирій фев. 10, 16, 26; сен. 15; окт. 15; ноя. 4, 9, 14, (2) 19, 24
Поссидій мая. 16
Потитъ іюл. 1
Поѳинъ іюн. 2; авг. 23
Прилидіанъ сен. 4
Примолъ мая. 29
Примъ ноя. 1
Прискъ мар. 9, 28; сен. 21
Провій іюн. 23
Провъ окт. 12; дек. 19
Прокессъ апр. 11
Проклъ сс; янв. 14; іюл. 12; ноя. 20
Прокопій нед. предъ Воздв.; фев. 27; апр. 1; іюн. 25;
Прокулъ апр. 21; іюл. 30
Просдукъ апр. 15
Протасій окт. 14; ноя. 24
Протерій фев. 28
Протогенъ авг. 25
Протолеонъ апр. 23
Протъ дек. 24
Прохоръ янв. 4, 15; фев. 10, 12; апр. 6; іюн. 10к; іюл. 28; сен. 7; окт. 19
Псой сс; авг. 9
Пудъ янв. 4; апр. 15
Пуплій сс; мар. (2) 13, 15; апр. 5
Равула сс; фев. 19
Радолюбъ іюл. 11
Раду авг. 16
Ражденъ авг. 3
Разумникъ дек. 12
Ратоміръ іюл. 11
Рафаилъ фев. 27; апр. 9; іюн. 6, (2) 9, 20; авг. 16, 21; ноя. 8, 28
Реасъ мар. 26
Ревокатъ фев. 1

Релье іюл. 11
Ремакль сен. 3
Ремигій окт. 1
Ренъ фев. 24
Реститутъ дек. 9
Ригинъ фев. 25
Риксъ іюл. 6
Римма янв. 20; іюн. 20
Рихарій апр. 26
Рогатъ окт. 24
Родіанъ мар. 20
Родіонъ янв. 4; ноя. 10
Родолюбъ іюл. 25
Родопіанъ апр. 29
Романъ янв. 5, 6, 29; фев. 3, 16, 17, 24; мая. 1, 2, 6, 30; іюл. 19, 21, 24, 29; авг. 10, 16, 26; сен. 3; окт. 1; ноя. (2) 18, 24, 27
Ромилъ янв. 11, 16; мар. 15; мая. 6; сен. 6
Ромуальдъ іюн. 19
Ростиславъ мар. 14; мая. 11
Руадханъ апр. 15
Рувимъ нп
Рустикъ янв. 30; окт. 3
Руфинъ мар. 10; апр. 7; іюл. 6
Руфъ сс; янв. 4; апр. 3, (2) 8, 29; іюл. 6; окт. 22
Савва сс; янв. 12, 14, 19; фев. 8, 20; мар. 2, 25, 28; апр. 2, 25, (3) 24; мая 6; іюн. 4, (3) 10к, 13, 14; іюл. 4, (2) 11, 20, 26, 27; авг. 10, 12, 27, 28, (2) 30; окт. 1, 5, 10, 13; ноя. 1, 12, 22; дек. 3, 5
Савватій мар. 2; іюл. 4; авг. 8; сен. 19, 27
Савелъ іюн. 17
Саверій ноя. 20
Савиніанъ ноя. 1
Савинъ янв. 30; мар. 13, 16; мая. 12; окт. 15
Сагарисъ окт. 6
Садокъ фев. 20; окт. 19
Саисъ янв. 5
Сакердонъ мар. 9
Сакердосъ сен. 12
Сактъ іюл. 25
Саламанъ янв. 23
Салафіилъ ноя. 8
Салонъ мая. 23, 30
Сальвій сен. 10
Самегаръ нп
Самей янв. 9
Самонъ фев. 20; ноя. 15
Сампсонъ нп; іюн. 10к, 27; іюл. 28; дек. 30
Самуилъ нп; фев. 16; авг. 9, 20; ноя. 30
Сарвилъ окт. 15, 28
Сарматъ сс; авг. 30

Сармеанъ авг. 21
Сасоній ноя. 20
Сатиръ фев. 1
Саторинъ мар. 10
Саторнилъ фев. 1
Саторнинъ іюл. 7; дек. 23
Саторній апр. 28
Сатурнинъ іюл. 3, 7, 22; ноя. 29
Сатуръ іюл. 6
Сверъ іюл. 5
Свитбертъ мар. 1
Свитхунъ іюл. 15
Святославъ фев. 3
Себби авг. 29
Севастіанъ фев. (2) 26; мар. 20; апр. 6; окт. 9; ноя. 17; дек. (2) 18
Северинъ іюн. 4; окт. 23
Северіанъ фев. 21; мар. 9; апр. 18; іюн. 4; авг. 22; сен. 9
Северъ окт. 24
Севиръ мар. 24; іюн. 27; авг. 20; дек. 30
Сегинъ авг. 12
Секуанъ сен. 19
Секундъ фев. 1; мая. 21
Селевкъ фев. 16; сен. 13; окт. 31
Селиній іюн. 5
Синесій мая. 23
Сенисъ іюл. 30
Сеннуфій мар. 24
Сенохъ окт. 24
Септиминъ апр. 16
Серапіонъ сс; янв. 31; фев. 20; мар. 10, 16, (2) 21; апр. (2) 7; мая. 12, 14, 15, 24; іюн. 27; іюл. 12, 13, 17; авг. 12, 18, 24; сен. 7, 11, 13; окт. 29, 30; ноя. 14
Серафимъ янв. 2, 23; фев. 4, 13; мар. 21; іюл. 11, 19, 29; авг. 13, 24, 28; сен. (3) 9, 17, (2) 30; окт. 8, 15, 22; ноя. 10, 23, 25, 27, 28; дек. 4
Серванъ іюл. 1
Серватій мая. 13
Сервилъ сен. 5
Серинъ сс
Сергій янв. 2, 5, (2) 14, 18; фев. 4, 8, 20, (2) 22, 23, 26, 27; мар. (2) 9, 12, 20, 23; апр. 1, 8, (2) 12, 24, 25, 27; мая. 12, 13, 19; іюн. (3) 10к, 18, (2) 28; іюл. (2) 28; сен. 3, 4, 9, 11, 16, 18, 24, 25; окт. (3) 7, 10, 15, (2) 18, 19, (3) 21, 27, 31; ноя. (2) 3, (2) 7, (4) 14, 16, 19, (2) 27, (2) 28, 29, 30; дек. (2) 2, 5, (3) 7, 8, 10, 17, 18, 21, 24
Секунделлъ авг. 1

Серидъ сс; авг. 13
Серіолъ фев. 1
Сивелъ авг. 5
Сивсиѳинъ мар. 28
Сигицъ мар. 26
Сикстъ авг. 10
Сила янв. 4; мар. 26; іюл. 30
Силанъ іюн. 4
Силванъ сс; янв. 18, 25, 29; мая. 4, 15; окт. 14; ноя. 5
Силуанъ сс; янв. 4; мая. 15; іюн. 10; іюл. (2) 10, 30; сен. 11
Сильвестръ янв. (2) 2; фев. 13, 20, 25; апр. 25; іюл. 3
Симеонъ нп; (3) сс; янв. (3) 4, 5, 26; фев. (2) 3, 8, 10, 13, 15; мар. (2) 12, (2) 19; апр. 5, 17, 19, 24, 27; мая. 12, 18, 24; іюн. 10к, 15, 25; іюл. 21; авг. 4, 21, 27; сен. 1, 4, 10, 12, 15, 30; окт. 15; ноя. 3, 9, 12, 19, 25; дек. 16, 18
Симо іюл. 11, 21
Симонъ нп; мая, (3) 10; іюн. 30; іюл. 12; авг. 5, 12; сен. 24; окт. 10; ноя. 4, 24; дек. 28
Симфоріанъ авг. 22; дек. 18
Симъ нп
Сина ноя. 10
Синесій мая. 10
Синетосъ дек. 12
Сиръ апр. 15
Сисиній мар. 9; іюн. 7; іюл. 10, 27; окт. 11; ноя. 23
Сисой сс; мая. 6; іюл. (2) 6; окт. 24
Сиѳъ нп
Сіоній янв. 22
Слободанъ іюл. 11
Смарагдъ мар. 9; іюн. 7
Созонтъ авг. 7; сен. 7; окт. 23
Сократъ мар. 18; апр. 21; ноя. 28
Соломонъ нп; сс; іюн. 17; дек. 2
Солохонъ мая. 17
Сонирилъ мар. 26
Сосипатръ янв. 4; апр. 28; ноя. 9, 10
Сосиѳей дек. 9
Соссій апр. 21
Сосѳенъ янв. 4; мар. 30; сен. 16; дек. 8
Софонія нп; іюн. 10к; дек. 3
Софроній сс; мар. (3) 11, 21, 30; мая. 11, 12, 28; іюн. 30; іюл. 17; авг. (2) 18; сен. 8; окт. (2) 21; дек. 9
Спевсиппъ янв. 16
Спиридонъ сс; іюн. 15; авг. 30; сен. 24; окт. 31; дек. 12

Стаматій авг. 16
Станко апр. 29
Стахій янв. 4; окт. 31
Стефанъ янв. (2) 4, 11, (2) 14, 25, 30; фев. 22, 27; мар. 12, 13, 23, 24, 28; апр. 25, 26, 27; мая. 7, 17, 20, 24; іюн. (3) 10к, 12, 30; іюл. 1, 5, 10, 13, 14, 18, 19; авг. (2) 2, 5, 7, 16, 27, 28; сен. (2) 2, (2) 4, 7, 13, 15, 24; окт. 4, 9, 28, 30; ноя. 11, 22, (2) 28; дек. 2, 9, 10, 15, 17, 27
Стиліанъ ноя. 26
Стиракинъ янв. 30
Стратоникъ янв. 13; мар. 4; авг. 17; сен. 13; окт. 31
Стратонъ авг. 17
Страторъ сен. 9
Стремоній ноя. 1
Студій іюн. 20; дек. 30
Суимвлъ мар. 26
Сухій апр. 15
Тавріонъ мая. 25; ноя. 7
Талале апр. 15
Тарасій сс; фев. 25; мар. 9; окт. 12
Тарахъ окт. 12
Таричанъ мая. 18
Тассахъ апр. 14
Татіанъ сен. 12
Татіонъ авг. 24
Тейло фев. 9
Телесфоръ фев. 22
Телетій мая. 30
Терентій мар. 13; апр. 10; іюн. 21; окт. (2) 28
Тертій янв. 4; іюн. 21; окт. 30; ноя. 10
Тетрикъ мар. 18
Тибальдъ апр. 28
Тивуртій ноя. 22; дек. 18
Тигрій іюн. 16
Тимолай мар. 15
Тимоній іюл. 10
Тимонъ янв. 4, 21; іюл. 28; дек. 30
Тимоѳей сс; янв. 4, 22, 24; фев. 3, 13, 21; мая. 3, 20; іюн. (2) 10, 12, 30; іюл. 20, 30; авг. 1, 16, 19; окт. 29; ноя. 5, 19, 28; дек. 19
Тираннъ мар. 6
Тиридатъ ноя. 29
Тисиліо ноя. 8
Титъ янв. 4, фев. 20, 22, (2) 27; апр. 2; іюн. 4; авг. 25
Тифой сс; авг. 26
Тифунъ іюл. 11
Тихикъ янв. 4; дек. 8

Тихонъ фев. 9, 20; мар. 25; мая. 14; іюн. (3) 16, 26; іюл. 4, 20; авг. 13; сен. 26; окт. 4, 5; ноя. 5, 26; дек. 27
Товитъ нп
Товія нп; дек. 17
Тотманъ іюл. 9
Транквиллинъ дек. 18
Тредентій мая. 29
Тривимій мар. 1
Тривунъ янв. 30
Трифиллій іюн. 13
Трифонъ фев. (2) 1, 14; апр. 19; сен. 7; окт. 8; дек. 15, 19
Тріандафилъ авг. 8
Троадій мар. 2
Трофимъ янв. 1, 4; мар. 16, 18; апр. 15; 10к; іюл. 23; сен. 19; дек. 29
Трудо ноя. 23
Трумвинъ фев. 10
Тудвалъ ноя. 30
Турвонъ янв. 16
Уаръ сен. 10; окт. 19
Уврикій дек. 30
Уиро мая. 8
Ульрихъ іюл. 4
Ульфіанъ апр. 3
Умврій дек. 30
Урванъ янв. 4; фев. 12; іюн. 23; сен. 4, 5; окт. 31
Уріилъ ноя. 8
Урошъ ноя. 11; дек. 2
Урпасіанъ мар. 9
Урсикій авг. 14
Усѳазанъ апр. 17
Фавій авг. 5
Фавстіанъ апр. 28
Фавстъ апр. 21; мая. 24; авг. 3; сен. 6, 28; окт. 4
Фантинъ авг. 30
Фанурій авг. 27
Фармуѳій сс; апр. 11
Фарнакій іюн. 24
Федимъ сс
Феликиссимъ авг. 10
Феликсъ янв. 25; апр. 16; 18; іюн. 20; іюл. 6; окт. 24; ноя. 2
Феліціанъ янв. 24
Феринъ мая. 6
Филагрій фев. 9
Филадельфъ мая. 10
Филаретъ фев. 22; авг. 8, 9; сен. 9; окт. 5, 10, 11, 12; ноя. 19; дек. 1, 21, 30
Филастрій іюл. 18

Филей фев. 4
Филибертъ авг. 20
Фидикъ окт. 7
Филиклъ янв. 30
Филимонъ янв. 4, фев. 19; апр. 29; іюн. 10к; ноя. 22; дек. 14
Филиппикъ янв. 24
Филиппъ янв. (2) 4, 9, 25; фев. 20, 22; апр. 3, 11; мая. 12; іюн. 10к, 30; іюл. 3; авг. (2) 17; сен. 2, 3; окт. 5, 11, 29; ноя. (2) 14, 15, 23; дек. 24
Филитъ мар. 23
Филлъ мар. 26
Филогоній дек. 20
Филоктимонъ мар. 9
Филологъ янв. 4; ноя. 5
Филонидъ іюн. 17
Филонъ янв. 24
Филоромъ фев. 4; мар. 9
Философъ мая. (2) 31
Филоѳей янв. 29; мая. 31; сен. 15; окт. 11, 21; дек. 5
Филуменъ ноя. 16, 29
Финанъ фев. 17
Финбаръ сен. 25
Финеесъ мар. 12
Финіанъ сен. 10; дек. 12
Финодъ мая. 29
Финтанъ окт. 21
Фирмиліанъ окт. 28
Фирминъ іюн. 24
Фирмосъ іюн. 24
Фирмъ іюн. 1
Фирсъ янв. 20; авг. 17
Флавіанъ сс; фев. 18, 24; іюл. 20; сен. 27
Флавій мар. 9; окт. 24
Флегонтъ янв. 4; апр. 8, 10
Флорентій фев. 22; авг. 23; окт. 13; дек. 30
Флорибертъ апр. 27
Флоріанъ мая. 4
Флоръ авг. 18; окт. 19; дек. 18
Фока сс; (2) апр. 15; іюл. 22; сен. (2) 22
Фольквинъ дек. 14
Форвинъ апр. 5
Фортунатъ янв. 4; апр. 9, 16; іюн. 15
Фортъ сс
Фостирій янв. 5
Фотинъ фев. 22
Фотій фев. 6; мая. 27; іюл. 2; авг. 9, 12; сен. 16; окт. 5
Фотъ окт. 28

Фридолинъ мар. 6
Фридрихъ іюл. 18
Фріардъ авг. 1
Фронтасій іюн. 4
Фронтонъ апр. 14
Фронтъ окт. 25
Фруктуозъ авг. 2
Фрументій ноя. 30
Фульвіанъ ноя. 16
Фульгентій янв. 1; мая. 6
Фусикъ апр. 17
Халевъ нп
Харалампій фев. 10
Харисимъ авг. 22
Харитонъ сс; апр. 11; іюн. 1; авг. 15; сен. 9, (2) 28; ноя. 28
Херимонъ сс; авг. 16; окт. 4
Хибальдъ дек. 14
Хомъ сс
Хризостомъ нед. предъ Воздв.; авг. 27
Хрисанѳъ янв. 4; мар. 19; апр. 10
Хрисанфій окт. 25
Хрисафій окт. 25
Хрисогонъ дек. 22
Христесія мая. 11
Христодулъ фев. 26; мар. 16; іюл. 27; авг. 18
Христосъ ноя. 28
Христотелъ іюл. 30
Христофоръ апр. 14, 16, 19; мая. 9, 11, 13; іюн. 5; іюл. 25; авг. 18, 30
Христъ фев. 12; апр. 3; авг. 5
Хроній сс
Худіонъ мар. 9
Чадъ мар. 2
Чолфридъ сен. 25
Шалва іюн. 17; сен. 18
Шіо четв. сырной; мая. 7, 9; іюн. 1
Эбрульфъ дек. 29
Эгбертъ апр. 24; ноя. 19
Эгвинъ дек. 30
Эгульфъ 3 сен.
Эдбертъ 6 мая.
Эдмундъ окт. 12; ноя. 20
Эдуардъ мар. 18
Элигій дек. 1
Элеимонъ сс
Эммерамъ сен. 22
Энгусъ мар. 11
Энезій сс
Эрконвальдъ апр. 30

Эта окт. 26
Эѳельбертъ фев. 25; мая. 20; окт. 17
Эѳельредъ мая. 4; окт. 17
Эѳильвалдъ фев. 12; авг. 1
Ярополкъ ноя. 22
Ярославъ фев. 20, 28; мая. 21; ноя. 25
Ѳавмасій апр. 29
Ѳаддей янв. 4; мая. 7; іюн. 7, 30; авг. (2) 21; окт. 13; дек. 18, 29
Ѳала мар. 16
Ѳалалей фев. 27; мая. 20
Ѳалассій сс; фев. 22; мая. 20
Ѳемелій ноя. 7
Ѳемистоклій дек. 21
Ѳеогенъ янв. 2; іюн. 30; ноя. 7
Ѳеогній фев. 15; авг. 21
Ѳеогность мар. 14; мая. 19; іюл. 29; окт. 5
Ѳеодардъ сен. 10
Ѳеодоритъ мар. 8; апр. 15; авг. 17; сен. 10
Ѳеодоръ (4) сс; 1-я суб. вел. поста; янв. (2) 11, (2) 19, 26, 28, (2) 30; фев. 4, 8, 14, (4) 17, 19, 20, 22; мар. 5, 6; апр. 15, 17; 20, (2) 21, 22; мая. 10, (2) 12, 16, 21, 22, 24, 31; іюн. (2) 5, (3) 8, 10к, 15, 22; іюл. 4, 5, 6, 8, 9, 12, 16, (2) 20, 23; авг. 2, (2) 11, 12, 14, (2) 22, 30; сен. 4, 5, (2) 12, (2) 19, (2) 20, 25, 27; окт. (2) 2, 4, 10, 21, 22; ноя. 1, 7, 9, 11, (2) 14, 16, 22, 23, 27, (4) 28; дек. 2, 3, 22, (2) 27
Ѳеодосій сс; янв. 1, (3) 11, 17, 28; фев. 4, 5, 17; мар. 9, 27; апр. 20; мая. 3, 12; іюн. 10к; іюл. 5, 9, 26, 29; авг. 7, 14, 28; сен. (2) 2, 5, 9, 17, 22, 24; окт. 12; ноя. 27; дек. 9, 16, 21, 29
Ѳеодотіанъ янв. 24
Ѳеодотъ янв. 1; фев. 19; мар. 2; апр. 29; мая. 18; іюн. 7, 10к; іюл. 4; сен. (2) 2, 9, 15, 27; ноя. 2, (2) 7
Ѳеодохъ ноя. 7
Ѳеодулъ сс; янв. 14; фев. 16, 18; мар. 9; апр. 5; мая. 2; іюн. 18; сен. 12; окт. 28; ноя. 7; дек. (2) 3, 23
Ѳеоидъ янв. 5
Ѳеоктистъ сс; мая. 19; іюн. 10к; сен. 20; ноя. 20; дек. 23
Ѳеона янв. 2; сен. 20
Ѳеопемптъ янв. 2, 5
Ѳеопистъ янв. 2; сен. 20
Ѳеопреній мар. 23; авг. 22
Ѳеостириктъ фев. 29; ноя. 10
Ѳеотихъ апр. 29
Ѳеотимъ апр. 20; ноя. 5
Ѳеотихъ дек. 14

Θеофанъ сс; янв. 5, 10; мар. 5, 12; мая. 3, 17; іюн. 8, 10, 10к, 16; авг. 19; сен. 3, 9, 29; окт. (2) 11; дек. 11, 29
Θеофилактъ мар. 8; мая. 11; дек. 31
Θеофилъ янв. 8, 30; фев. 6, 20; мар. 5, 6, 9; іюн. 8, 12; іюл. 8, 14, 23, 24; сен. 3; окт. 10, 21, 24, 26, 28; ноя. 5, 7; дек. 2, 6, 28, 29
Θеохарій свѣтлый вторникъ
Θерапонтъ мая. 25, (3) 27; дек. 12, 27
Θеринъ апр. 23
Θермъ мар. 26
Θеспесій іюн. 1; ноя. 20; дек. 30
Θивеянинъ сс
Θирсъ дек. 14
Θифаилъ сен. 5
Θома фев. 20; мар. 21, 24; апр. 24; мая. 16; іюн. 10к, 20, 30; іюл. 3, 7; авг. 17; окт. 6, 10; ноя. 1, 15, 28; дек. 10
Θрасей окт. 5

ЖЕНСКІЯ ИМЕНА

Августа ноя. 24; дек. 26
Авита сс
Авреліа окт. 15
Агапія апр. 16
Агаѳія фев. 4, 5; іюн. (4) 10к; окт. 29; дек. 28
Агаѳоклія сен. 17
Агаѳоника окт. 13
Аглаида мар. 22; дек. 19
Агнія янв. 14, 21; іюл. 5
Агриппина іюн. 23; дек. 26, 29
Агриппа фев. 18
Адамантина сен. 1
Акилина апр. 7; мая. 9; іюн. (3) 10к, 13; сен. 27
Акрива сен. 1
Алевтина іюл. 16
Александра фев. 5; мар. 1, 3, 9, 20; апр. 23; мая. 18; іюн. (3) 10к, 13; іюл. 4; сен. 17, 30; окт. 2; ноя. 6; дек. 10
Алла мар. 26
Анастасія (2)) сс; свѣт. четвертокъ; мар. 10, 23; апр. 10, 15, 27; іюн. (2) 10к, 21; іюл. (2) 4, 28; окт. 20, (2) 29, 30; дек. 4, 22
Анатолія мар. 20
Ангелина іюл. 1, 30; дек. 10
Анимаиса мар. 26
Анисія іюн. (2) 10к; ноя. 28; дек. 30
Анна нп; фев. 3, 4, 10, 13, 17, 26, 28; мар. 1,

7, 26; апр. 28; іюн. (15) 10к, 12, 13; іюл. 4, 5, 21, 23, 25, 31; авг. 16, 28; сен. 9, 28; окт. 2, 4, 22, 28, 29; ноя. 3, 10, 14, 20, 28; дек. (2) 9, (2) 10, (2) 29
Антига фев. 22
Антигона сен. 1
Антонина мар. 1, 7, іюн. 10, 13; дек. 2, 27
Антоніаны фев. 22
Анѳиса іюл. 27; авг. 27; дек. 8, 26
Анѳія дек. 15
Анѳуса апр. 12; авг. 22
Аполлинарія янв. 5; мар. 22; сен. 30
Аполлонія фев. 9
Апфія фев. 19
Аргира апр. 30
Аривоа сен. 1
Аріадна сен. 18
Арсенія янв. 10
Артема окт. 30
Артемія іюн. 7, (2) 10к
Архелая іюн. 6
Аскитрея апр. 17
Асклипіодота фев. 19; сен. 15
Аскліада сен. 15
Аспасія сен. 1
Афра авг. 7
Афродита сен. 1
Аѳанасія янв. 31; апр. 12, 29; іюн. 10к; окт. 9; ноя. 6
Аѳина сен. 1
Батильда янв. 30
Бега сен. 6; окт. 31
Бландина іюл. 25
Бригитта фев. 1
Бургундофара апр. 3
Вазіанилла сс
Валентина фев. 10; іюл. 16
Вальбурга фев. 25
Варвара янв. 17; фев. 22; мар. 23; іюн. (2) 10к; іюл. 5; сен. 28; дек. 4, 20, 29
Василія апр. 22
Василла дек. 24
Василисса янв. 8; мар. 10, 22; апр. 15, 16; сен. 3
Васса мар. 19; апр. 16; іюн. 10к; авг. 21; дек. 7
Венерія сс
Верана сен. 1
Вербурга фев. 3
Вероника апр. 15; іюл. 12; окт. 4
Вивея окт. 15
Вивлія іюл. 25
Викторина фев. 22
Викторія окт. 24; ноя. 17; дек. 8

Вильфрида сен. 9
Винифреда ноя. 3
Виринея окт. 4
Вріенна сс; авг. 30
Вульфхильда сен. 9
Вѣра фев. 13; іюн. 1, 10к; сен. 17; дек. 2, 18
Гааѳа мар. 26
Гаіанія сен. 30
Гала мар. 10
Галина мар. 10; апр. 16
Геласія авг. 29
Геновефа янв. 3
Гермогена мая. 28
Гертруда мар. 17
Глафира апр. 26
Гликерія мая. (2) 13; окт. 22
Голиндуха іюл. 3, 12
Горгонія фев. 23
Гуделія сен. 29
Дарія мар. 1, 19, 22; мая. (2) 23; іюн. (3) 10к;
авг. (2) 5
Датива фев. 22
Деввора нп
Динара іюл. 30
Діона сен. 1
Діонина апр. 15
Додона сен. 1
Домитилла мая. 7
Домна сен. 3; окт. 16; дек. 28
Домника янв. 6, 8; фев. 28; мая. 28; окт. 12; ноя. 27
Домнина янв. 5; мар. 1, 20; окт. 4
Донатулла фев. 22
Дороѳея фев. (2) 6; іюн. 10к; сен. 24
Доса авг. 20
Досиѳея сен. 25
Дота фев. 22
Дросида мар. 22; іюл. 28
Дуклида мар. 26
Ева нп; авг. 14
Еванѳія сен. 11
Евгенія янв. 5; іюн. 10к; ноя. 4; дек. 24
Евдокія янв. 23; мар. (3) 1, 7; мая. 12, 17, 19, 23; іюн. (3) 10к; іюл. 7, 29; авг. 4, 5, 13, 14; сен. 15; ноя. 3; дек. (2) 29
Евдоксія янв. 31
Евлалія авг. 22; дек. 10
Евлампія окт. 10
Евникія окт. 28
Евпраксія (2) сс; янв. 12; мая 3; іюн. 10к;

іюл. 25; окт. 16
Евстелла апр. 30
Евстолія іюн. 10к; ноя. 9
Евстохіума ноя. 2
Евстохія сен. 28
Евтропія мар. 16; іюн. 25; окт. (2) 30
Евфимія мар. 20; іюн. (3) 10к; сен. 16
Евфрасія янв. 19; мар. 20; мая. (2) 18
Евфросинія сс; нед. пр. 6 сен.; фев. 15; мая. 17, 19, 23; іюн. 25; іюл. 3, 7; сен. 18, (2) 25; окт. 16, 23; ноя. 6; дек. 9, 29
Евѳалія мар. 2
Евѳимія янв. 4; іюл. 11
Екатерина янв. 23; фев. 4; мар. 7; іюн. (5) 10к; іюл. 4, ноя. 24; дек. 4
Елена мар. 23; мая. (2) 21, 25, 26, 28; іюн. (9) 10к; іюл. 11, 28; сен. 4; окт. 30; ноя. 1, 18
Елеса авг. 1
Еликонида мая. 28
Елима іюл. 30
Елисавета янв. 17; фев. 22; апр. 24; іюн. 10к; іюл. 5, 31; авг. 30; сен. 5, 28; окт. 8, 18, 22; ноя. 1, 7
Емерита фев. 22
Емилія янв. 1; мая. 8
Еннаѳа фев. 10
Епистима ноя. 5
Епихарія сен. 27
Ермилиндисы окт. 29
Ерміонія сен. 4
Еротіида окт. 6, 27
Есія іюн. 7
Есѳирь нп; дек. 20
Зевина окт. 20
Зинаида окт. 11
Зиновія окт. 30
Злата окт. 13, 18
Зоя фев. 13; мая. 2; іюн. 10к; дек. 18
Иларія мар. 19
Ираида мар. 5; іюл. 25; сен. 5, 23
Ирина фев. 13, 18, 22; апр. 9, (2) 16; мая. 5, 13; іюн. (5) 10к; іюл. 28; авг. 13; сен. 17, 18
Исидора сс; мая. 10
Іаиль нп
Іароя іюл. 4
Іерія сс; іюн. 3
Іоанна 3-я нед. по Пасхѣ; іюн. 27; дек. 15
Іоанникія ноя. 20
Іовилла янв. 16
Іудиѳь нп; сен. 7
Іулитта сс; іюн. 10к, 14; іюл. 15, 31
Іуліанія янв. 2; фев. 10; мар. 4, 20; мая. 3; іюн. 2,

10к, 22; іюл. 6; авг. 17; ноя. 1; дек. 4, (2) 21
Іулія мая. 18; іюл. 16; окт. 1
Іунія мая. 17
Іуста сс; фев. 22; апр. 26
Іустина окт. 2
Ія іюн. (2) 10к; сен. 11
Каздоя сен. 29
Калерія іюн. 7
Калиса мар. 10; апр. 16
Каллиника мар. 22; мая. 9
Каллироя сен. 1
Каллиста фев. 6; сен. 1
Каллисѳенія окт. 4
Каллія фев. 12; окт. 25
Кандида авг. 29
Капитолина іюн. 10к; окт. 27
Касинія ноя. 7
Кассіана сен. 7
Кассія сен. 7
Каста фев. 22
Кастула фев. 22
Квитерія мая. 22
Керкира апр. 28
Кетевань сен. 13
Кикилія ноя. 22
Киприлла іюл. 4
Кира фев. 28; дек. 4
Кирилла іюл. 5
Киріакія мар. 20, іюн. 7; іюл. 7
Киріена ноя. 1
Клавдія мар. 20; мая. 18; ноя. 6; дек. 24
Клеоника сен. 1
Клеопатра сен. 1; окт. 19
Кліо сен. 1
Клотильда іюн. 3
Комита фев. 22
Конкордія авг. 13
Коралія сен. 1
Крискентія мая. 16; іюн. 15
Криспина дек. 5
Ксанѳипа сен. 23
Ксенія янв. 18; (2) 24; мар. 7; мая. 3; авг. 13; сен. 2, 11
Лампро сен. 1
Лариса мар. 26
Леонида іюн. 15, 25
Леонилла янв. 16
Либоза фев. 22
Ливія іюн. 25
Лидія янв. 6; мар. 23
Лія нп

Лукина іюн. 7
Лукія іюн. 10к; іюл. 4, 6; сен. 17; дек. 13
Любовь фев. 8; іюн. 10к; сен. 17
Людмила сен. 15, 16
Мавра мая. 3; іюн. (2) 10к; іюл. 28; окт. 31
Магдалина 3-я нед. по Пасхѣ; іюл. 22; ноя. 25
Магна ноя. 18
Макарія дек. 26
Македонія мар. 11
Макрина мая. 30; іюн. 10к; іюл. 19
Максимы фев. 22; мар. 26; окт. 1
Мамелхѳа окт. 5
Мамика мар. 26
Мамфуса мар. 22
Манеѳа іюл. 29; ноя. 13
Марана сс
Маргарита іюл. 17; авг. 9; сен. 1; дек. 2
Марина фев. 22, 28; іюн. (2) 10к, 18; іюл. 17
Маріанѳа сен. 1
Маріамна фев. 17
Маріамъ нп
Маріонилла янв. 8; дек. 2
Марія (3) сс; 5-я нед. В.П.; суб. Ваій; (4) 3-я нед. по Пасхѣ; янв. 6, 18, 26; фев. 4, 6, 12; мар. 7, 18, 19; апр. 1, 4, 27; мая. 1, 4, (2) 23, 29; іюн. 4, 7, 9, (13) 10к, 19; іюл. 4, 12, 20, 22; авг. 5, 9, 19, 26; сен. (2) 15, 19, 28, 29; окт. 8, 29; дек. (2) 2, 26, 30
Маркелла янв. 31; іюл. 22
Маркеллина фев. 22
Марѳа суб. Ваій; 3-я нед. по Пасхѣ; фев. 6; мар. 3, 19; апр. 13; мая. 24; іюн. 4, 9, 10к; іюл. 4, 6; авг. 21; сен. (2) 1; ноя. 8
Мастридія фев. 7; ноя. 24
Матрона сс; фев. 22, 23; мар. (2) 1, 7, 19, 20, 27; апр. 19; мая. 18; іюн. (2) 10к; іюл. 16; окт. 20, 25; ноя. 6, 9; дек. 2, 29
Мелангелла мая. 17
Меланія сс; іюн. 8, 10к; дек. 31
Мелитина сен. 16
Мельпомена сен. 1
Мессалина янв. 24
Меуриса дек. 19
Мигдонія окт. 6
Милдреда іюл. 13
Милица іюл. 19
Минодора іюн. 10к; сен. 10
Миропія дек. 2
Митродора сен. 10
Михаилы сен. 28
Моико мар. 26

Мосхо сен. 1
Монака мар. 26
Монегунда іюл. 2
Моника мая. 4
Морвенна іюл. 5
Мстислава фев. 25
Муза мая. 16; іюн. 10к
Надежда мар. 1, 7; апр. 25; іюн. (3) 10к; сен. 17; окт. 8
Нана окт. 1
Наталія мар. 9, 18; іюн. 10к; авг. 26; сен. 1; дек. (3) 29
Неонила окт. 28
Ника мар. 10; апр. 16
Никоса фев. 22
Нимфодора сен. 10; дек. 2
Нина янв. 14; мая. 1; іюн. 10к; ноя. 6
Нонна авг. 5
Нунехія мар. 10; апр. 16
Ода окт. 23; ноя. 27
Одилія дек. 13
Одрады ноя. 5
Октавія апр. 15
Олда нп; апр. 10
Олдама нп; апр. 10
Олимпіада мая. 20, іюн. 10к; іюл. 25; авг. 6
Ольга янв. 28; фев. 21; мар. 1; іюн. (4) 10к; іюл. 4, 11; ноя. 10
Ореозилла іюл. 26
Осиѳа окт. 7
Павла янв. 26; фев. 10, 22; іюн. 3, 20
Пандоры сен. 1
Пансемія іюн. 10
Параскева фев. 22; мар. 20, 26; іюн. 10к, 23; іюл. 26; сен. 22; окт. 14, 17, 28; ноя. 22, 28
Пелагія сс; янв. 30; мая. 4; іюн. (3) 10к, 13, 17; окт. 7, (2) 8, 21; дек. 3
Пенелопа сен. 1
Перегрена фев. 22
Перожавра янв. 15
Перпетуя фев. 1; іюл. 5
Піама мар. 3
Плакилла сен. 15
Платонида сс; апр. 6
Полактія ноя. 6
Поликсенія сен. 23
Полимнія сен. 1
Полиника сен. 1
Поплія окт. 9
Потаміена іюн. 7

Потамія апр. 15; авг. 7
Препедигна авг. 11
Прискилла фев. 13; іюн. 7
Прокла окт. 27
Просдока окт. 4
Проскудія окт. 4
Пруденція апр. 15
Пульхерія фев. 17; сен. 10
Пятница окт. 28
Раавъ нп
Радегонда авг. 13
Раиса сен. 5
Рафаила фев. 4
Рахиль нп; сен. 27
Ревекка нп
Регина фев. 22
Репарата окт. 8
Рипсимія сен. 30
Рогатіана фев. 22
Руфина сен. 2
Руѳь нп
Сабина мар. 11
Сабіана дек. 31
Савина мар. 11
Саломія 3-я нед. по Пасхѣ; янв. 15; іюл. 20; авг. 3
Сапфо сен. 1
Сарра нп; сс; іюн. (2) 10к; іюл. 13
Свѣтлана нед. 5-я по Пасхѣ; фев. 13; мар. 20
Севастіана іюн. 28; сен. 16
Секундула фев. 22
Серафима іюн. 10к; іюл. 29; сен. 2; ноя. 6
Сидонія окт. 1
Сильвія ноя. 4
Синклитикія сс; янв. 5; окт. 24
Сира авг. 24
Снандулія ноя. 3
Соломія нп
Соломонія авг. 1; дек. 16
Сосанна мая 20; іюн. 7; авг. 11; дек. 15
Софія фев. 15; мар. 19, 22, 24; апр. 23, 28; мая. 22; іюн. 4, (2) 10к; авг. 1; сен. 17, 18; дек. 16
Стефанида ноя. 11
Сусанна нп; 3-я нед. по Пасхѣ; іюн. 6, 10к; дек. 19
Схоластика фев. 10
Тавиѳа нед. 4-я по Пасхѣ; окт. 25
Таисія сс; мар. 22; мая. 10; окт. 8
Талида янв. 5

Тамара нед. 3-я по Пасхѣ; апр. 18; мая. 1; дек. 2
Таора янв. 5
Татіана янв. 5, 12; іюн. (2) 10к; іюл. 4; сен. 1, 10, 28; окт. 8; ноя. 20; дек. (2) 10
Текуса мая. 18; ноя. 6
Терасихора сен. 1
Тертіана окт. 6
Трифена янв. 31
Троада сен. 1
Уирко мар. 26
Уранія сен. 1
Урвана фев. 22
Урсула окт. 21
Усія сс
Фавста фев. 6: іюл. 16
Фаина мая. 18
Февронія сс; нед. пр. 6 сен.; іюн. (2) 10к, (2) 25; окт. 28; дек. 2
Феликилана іюн. 20
Фелицитата фев. 1
Фервуѳа апр. 4
Фива сен. 3
Филикита іюл. 5
Филиппія апр. 21
Филицата янв. 25
Филонилла окт. 11
Филоѳея фев. 19; дек. 7
Флавія фев. 22
Фотида мар. 20
Фотина нед. 5-я по Пасхѣ; мар. 20
Фотинія фев. 13
Фото мар. 20
Фридесвида окт. 19
Фурната фев. 22
Хайдо сен. 1
Харита іюн. 1
Харитина окт. (2) 5
Хариклея сен. 1
Харіесса мар. 10; апр. 16
Хильда авг. 25; ноя. 17
Хіонія апр. 16; іюл. 16; окт. 4
Хриса окт. 13, 18
Хрисія янв. 30

Христина фев. 6; мар. 13; мая. 18; іюл. 24
Христодула сен. 4
Хье сент. 2
Цицилія ноя. 22
Шушаника авг. 28; окт. 17
Эбба авг. 23
Эвтерпа сен. 1
Эльпиника сен. 1
Эрасмія сен. 1
Эрато сен. 1
Эрминея сен. 1
Эѳельдреда іюн. 23
Юлія іюн. 14
Яздундокта ноя. 3
Ѳалія сен. 1
Ѳамара іюн. 10
Ѳеано сен. 1
Ѳекла іюн. 6, 9, 10к; авг. 19; сен. 24; окт. 15; ноя. 20; дек. 10
Ѳеодора сс; фев. 11; мар. 10, 11; апр. 5, (2) 16; мая. 27; авг. 7; сен. 11; ноя. 14; дек. (2) 30
Ѳеодосія мар. 20; апр. 3; мая. (2) 29; іюл. 8
Ѳеодота янв. 2
Ѳеодотія сс; янв. 31; іюл. 4, 29; сен. 17; окт. 22; ноя. 1; дек. 22
Ѳеодула сс
Ѳеодулія фев. 5
Ѳеозва янв. 10
Ѳеоклита авг. 21
Ѳеоктиста янв. 31; ноя. 9, 10
Ѳеонимфа сен. 1
Ѳеоноя сен. 1
Ѳеопистія сен. 20
Ѳеотима мая. 19
Ѳеофана сен. 1
Ѳеофанія дек. 16
Ѳеофила дек. 28
Ѳессалоникія ноя. 7
Ѳея дек. 19
Ѳивея сен. 5
Ѳома янв. 10
Ѳомаида сс; янв. 3, апр. 13

Jordanville Candles

100% SOLID PURE BEESWAX Church Candles

Traditionally dipped, naturally tapered

Automatic bulk pricing starting at $122 per box

Learn More:
JordanvilleCandles.org